Das weite Spektrum der analytischen Philosophie

Perspektiven der Analytischen Philosophie
Perspectives in Analytical Philosophy

Herausgegeben von
Georg Meggle und Julian Nida-Rümelin

Band 14

Walter de Gruyter · Berlin · New York
1997

Das weite Spektrum
der analytischen Philosophie

Festschrift
für Franz von Kutschera

Herausgegeben von
Wolfgang Lenzen

Walter de Gruyter · Berlin · New York
1997

∞ Gedruckt auf säurefreiem Papier,
das die US-ANSI-Norm über Haltbarkeit erfüllt.

Die Deutsche Bibliothek – *CIP-Einheitsaufnahme*

> Das **weite Spektrum der analytischen Philosophie** : Festschrift
> für Franz von Kutschera / hrsg. von Wolfgang Lenzen. – Berlin ;
> New York : de Gruyter, 1997
>   (Perspektiven der analytischen Philosophie ; Bd. 14)
>   ISBN 3-11-015386-6
> NE: Lenzen, Wolfgang [Hrsg.]; Kutschera, Franz von: Festschrift; GT

© Copyright 1997 by Walter de Gruyter & Co., D-10785 Berlin
Dieses Werk einschließlich aller seiner Teile ist urheberrechtlich geschützt. Jede Verwertung
außerhalb der engen Grenzen des Urheberrechtsgesetzes ist ohne Zustimmung des Verlages
unzulässig und strafbar. Das gilt insbesondere für Vervielfältigungen, Übersetzungen, Mikroverfilmungen und die Einspeicherung und Verarbeitung in elektronischen Systemen.
Printed in Germany
Datenkonvertierung und Druck: Arthur Collignon GmbH, Berlin
Buchbinderische Verarbeitung: Lüderitz & Bauer, Berlin
Einbandentwurf: Rudolf Hübler, Berlin

Inhaltsverzeichnis

WOLFGANG LENZEN
Hommage und Einleitung   1

LENNART ÅQVIST
On Certain Extensions of von Kutschera's Preference-Based
Dyadic Deontic Logic.   8

ANSGAR BECKERMANN
Wissen und wahre Meinung 24

ANTONELLA CORRADINI
Bemerkungen zu den *Grundlagen der Ethik* 44

RUDOLF HALLER
Gegenstandstheoretische Betrachtungen 60

RAINER HEGSELMANN
Glaucons Herausforderung: Was ist Motiv und Lohn der Tugend? 76

ANDREAS KAMLAH
Die Logik der Überzeugungen und das Leib-Seele-Problem . . . 95

ANDREAS KEMMERLING
Die (sei's auch metaphorische) These vom Geist als Computer 112

KAREL LAMBERT
Nonextensionality 135

HANS LENK
Realistischer Realismus als ein methodologischer und pragmatischer Interpretationismus. 149

WOLFGANG LENZEN
Die Newcomb-Paradoxie – und ihre Lösung 160

GEORG MEGGLE
Das Leben eine Reise 178

UWE MEIXNER
It is NOW 193

ULISES MOULINES
Der epistemologische Kulturrelativismus – Eine dialogische Paralyse?. 203

JULIAN NIDA-RÜMELIN
Objektivität und Moral 216

ARNOLD OBERSCHELP
Intensionale Semantik und physikalische Größen 231

EWA ORLOWSKA and PAUL WEINGARTNER
Semantic Considerations on Relevance 250

EIKE VON SAVIGNY
Die Lügner-Antinomie: eine pragmatische Lösung 262

MATTHIAS SCHIRN
Frege über Widerspruchsfreiheit und die Schöpfung mathematischer Gegenstände 274

GERHARD SCHURZ
Die Goodman-Paradoxie: ein Invarianz- und Relevanzproblem   290

PETER SIMONS
Vagueness, Many-valued Logic, and Probability 307

WOLFGANG SPOHN
Begründungen a priori – oder: ein frischer Blick auf Dispositionsprädikate 323

PIRMIN STEKELER-WEITHOFER
Zu einer Interpretation von Platons Dialog ‚Parmenides' 346

WERNER STELZNER
Bestätigung und Relevanz 364

RAINER STUHLMANN-LAEISZ
Die Theorie der Urteilsformen in der deutschen Schullogik des 19. Jahrhunderts 383

CHRISTIAN THIEL
Der mathematische Hintergrund des Erweiterungsschrittes in Freges ‚Grundgesetzen der Arithmetik' 401

RAINER TRAPP
Sind moralische Aussagen objektiv wahr? 408

HERMANN WEIDEMANN
Ein drittes modallogisches Argument für den Determinismus: Alexander von Aphrodisias 429

Schriftenverzeichnis Franz von Kutschera 447
Sachindex 452
Über die Autoren. 456
Verzeichnis der Autoren. 462

Hommage und Einleitung

von Wolfgang Lenzen

Wie kein anderer deutschsprachiger Philosoph des 20. Jahrhunderts hat Franz von Kutschera in zahlreichen bedeutenden, international anerkannten Schriften[1] das breite Spektrum analytischer Philosophie „abgearbeitet". Seine Hauptwerke lassen sich chronologisch in zwei Perioden einordnen: Die Münchener Periode von der Promotion über die Habilitation bis zum Ruf auf einen Lehrstuhl für Philosophie an der Universität Regensburg im Wintersemester 1968/69; und die anschließende, bis heute reichende Regensburger Periode. Wie Titel und Inhalt von Wolfgang Stegmüllers *Probleme und Resultate der Wissenschaftstheorie und Analytischen Philosophie* belegen, war Analytische Philosophie in München praktisch gleichbedeutend mit Logik, Wissenschaftstheorie und Sprachphilosophie. Mit Analytischer Philosophie in diesem engeren Sinne hat von Kutschera sich in vier Monographien auseinandergesetzt, die innerhalb von knapp acht Jahren in rascher Folge erschienen. Die [1964] publizierte Habilitationsschrift beschäftigt sich mit den *Antinomien der Logik*, insbesondere mit einer genauen semantischen Analyse der Lügner-Antinomie sowie der Antinomien von König, Grelling und Burali-Forti. Die dem Titel nach elementare, dem Inhalt nach jedoch weit anspruchsvollere *Elementare Logik* von [1967] faßt die Resultate der Aussagen- und Prädikatenlogik erster und zweiter Stufe bis hin zur Klassenlogik zusammen. Die *Sprachphilosophie* von [1971] präsentiert einen Überblick über die wichtigsten Bedeutungs- und Grammatiktheorien sowie eine Auseinandersetzung mit der Frage nach dem Zusammenhang von Sprache und Erkenntnis. Abgerundet wird das Ensemble der Münchener Periode durch die zweibändige, [1972] erschienene *Wissenschaftstheorie*, die neben einer extensiven Beschäftigung mit Theorien von Wahrscheinlichkeit und Induktion (inklusive des Problems der Bestätigung) eine erhellende Diskussion des Aufbaus und der Leistungen empirisch-wissenschaftlicher

---

[1] Eine aktuelle Bibliographie seiner philosophischen Monographien und Aufsätze findet sich am Ende des Bandes.

Theorien enthält. Allein mit diesen Werken hat Franz von Kutschera sich neben Wolfgang Stegmüller zu *dem* Ahnherrn der Analytischen Philosophie in Nachkriegsdeutschland etabliert.

Das hervorstechende Merkmal des wissenschaftlichen Werks von Franz von Kutschera besteht nun darin, daß er sich während der folgenden 25 Jahre kontinuierlich in die unterschiedlichsten Gebiete abseits von Logik und Wissenschaftstheorie hineingearbeitet und dadurch das Spektrum analytischer Philosophie auf damals kaum vorstellbare Weise erweitert hat. Zwar spielte auch während der Regensburger Periode die Logik weiterhin eine überaus wichtige Rolle. Man vergleiche die populäre, zuerst [1971] erschienene, seitdem in vielen Auflagen gedruckte *Einführung in die moderne Logik*, die [1973] veröffentlichte *Einführung in die Logik der Normen, Werte und Entscheidungen* und die für den deutschen Sprachraum bahnbrechende *Einführung in die intensionale Semantik* von [1976]; ferner die [1985] erschiene Arbeit *Der Satz vom ausgeschlossenen Dritten* sowie die Monographie über *Gottlob Frege* aus dem Jahre [1989]. Das ganz Besondere des umfangreichen Oeuvres von Franz von Kutschera besteht jedoch, wie bereits betont, darin, daß er sich neben all den Verzweigungen der Logik eben auch völlig andere Disziplinen systematisch betriebener, d. h. nicht primär historisch orientierter Philosophie „erobert" hat: [1981] die Erkenntnistheorie mit den *Grundfragen der Erkenntnistheorie*; [1982] die Ethik in Form der *Grundlagen der Ethik*; [1988] die Ästhetik mit der *Ästhetik*; und [1990] die Religionsphilosophie durch *Vernunft und Glaube*.

Wenn man in diesem dichten Netz noch kleinere Lücken entdecken bzw. darüber spekulieren möchte, welcher Disziplin von Kutscheras nächste Monographie gewidmet sein wird, dann wird man entweder auf die Philosophie von Recht, Staat und Gesellschaft tippen oder auf die Philosophie des Geistes, mit der *Die falsche Objektivität* von [1993] sich nur in einzelnen Kapiteln beschäftigt. Andererseits scheint es nicht bloß möglich, sondern einigermaßen wahrscheinlich, daß quasi in Fortsetzung der [1995] erschienenen Arbeit über *Platons »Parmenides«* von Kutscheras künftige Publikationen sich mit Hauptwerken weiterer Klassiker auseinandersetzen werden – Aristoteles, Descartes, Leibniz, Locke oder Hume wären heiße Kandidaten, aber auch Kant oder vielleicht sogar Hegel sind denkbar. Schließlich wird so mancher, der von Kutscheras Lehrtätigkeit aufmerksam verfolgt hat, auch damit rechnen, daß in seinem Spätwerk Lehrbücher zu der einen oder anderen Epoche – speziell zum Englischen Empirismus, zum Französischen

Rationalismus oder zum Deutschen Idealismus – erscheinen werden, oder schließlich sogar eine umfassende Geschichte der abendländischen Philosophie?

Genug der Spekulation und zurück zu dem, was Kutschera bisher schon geleistet hat! Seine philosophischen Schriften zeichnen sich nicht bloß quantitativ dadurch aus, daß sie praktisch das gesamte Spektrum der analytisch betreibbaren Philosophie abdecken, sondern auch durch ein durchgängig hohes wissenschaftliches Niveau. Von Kutschera war nicht einfach ein Vielschreiber, der sich vorgenommen hätte, gemäß der Maxime „to resch[er] a book"[2] unbedingt jedes Jahr ein neues Opus zu veröffentlichen. Die enorme Produktivität ging nie auf Kosten der Qualität, sondern wurde ihm ermöglicht durch eine seltene Kombination zweier Gaben: Enormer Fleiß auf der einen, souveräner Scharfsinn auf der anderen Seite. Von Kutscheras Fähigkeit, sich mit Eifer und Ausdauer in kürzester Zeit in neue Teilgebiete der Philosophie einzuarbeiten, die umfangreiche Literatur zu sondieren, die viele Spreu vom wenigen Weizen zu trennen, die wesentlichen Probleme eines Sachgebiets mit Zielsicherheit zu erkennen und systematisch zu diskutieren – das waren und sind die eigentlichen Stärken des Jubilars. Diese Talente lernten nicht nur Generationen von Studenten zu schätzen, die sich dank seiner Standardwerke einen schnellen und verläßlichen Überblick über die Fragestellungen, Theorien und Probleme der Logik, Wissenschaftstheorie, Sprachphilosophie, Erkenntnistheorie, Ethik, Ästhetik und Religionsphilosophie verschaffen konnten, sondern sie waren und sind auch von unschätzbarem Wert für uns Kollegen, die wir diese Festschrift zu seinen Ehren verfaßt haben.

Die hier versammelten Beiträge nehmen ganz unterschiedlich Bezug auf die vielen Facetten des von Kutscheraschen Werks. Im Vordergrund stehen – wie beim Jubilar selber – Arbeiten zur *Logik*. EIKE VON SAVIGNY setzt sich in „Die Lügner-Antinomie: eine pragmatische Lösung" insbesondere aus sprechakttheoretischer Perspektive mit der Lügner-Antinomie auseinander, die von Kutschera [1964] in *Die Antinomien der Logik* diskutiert hatte. LENNART ÅQVIST greift in „On Certain Extensions of von Kutschera's Preference-Based Dyadic Deontic Logic" von Kutscheras Gedanken über „Normative Präferenzen und

---

[2] Vgl. den Eintrag im amüsanten, von Daniel Dennett herausgegebenen „Philosophical Lexicon" [APA, University of Delaware]: „To evince an extravagant or pathological degree of intellectual energy ... »He is always resching into print – one can't keep up with his stuff«."

bedingte Gebote" [1974] sowie zu den „Semantic Analyses of Normative Concepts" [1975] auf und entwickelt sie weiter zu einem System einer auf Präferenzen basierenden zweistelligen deontischen Logik. UWE MEIXNER knüpft mit „It is NOW" an von Kutscheras Überlegungen zur „T×W Completeness" einer kombinierten Modal- und Zeitlogik [1996] an und führt in diesem Rahmen einen neuen zeitlogischen Operator ‚NOW' ein, dessen syntaktische und semantische Eigenschaften im Detail erarbeitet werden. PETER SIMONS diskutiert in „Vagueness, Many-Valued Logic, and Probability" die Frage der adäquaten logischen bzw. wahrscheinlichkeitstheoretischen Behandlung vager Sätze, mit der von Kutschera sich u. a. [1985] in *Der Satz vom ausgeschlossenen Dritten* beschäftigt hatte. Sowohl MATTHIAS SCHIRN als auch CHRISTIAN THIEL beleuchten mit ihren Arbeiten „Frege über Widerspruchsfreiheit und die Schöpfung mathematischer Gegenstände" bzw. „Der mathematische Hintergrund des Erweiterungsschrittes in Freges ‚Grundgesetzen der Arithmetik'" Aspekte jenes logisch-mathematischen Werks, das von Kutschera in der Monographie über *Gottlob Frege* [1989] zusammengefaßt und analysiert hatte. KAREL LAMBERT zeigt in „Nonextensionality" durch Rückgriff auf Ergebnisse der sog. „free logic", daß zwei geläufige Kriterien für die Unterscheidung ‚extensional/intensional', wie sie u. a. in von Kutscheras *Einführung in die intensionale Semantik* [1976] diskutiert wurden, miteinander nicht äquivalent sind. ARNOLD OBERSCHELP knüpft in „Intensionale Semantik und physikalische Größen" ebenfalls an von Kutscheras Standardwerk [1976] an und zeigt, wie man Resultate bzw. Techniken der Extensionalisierung von Intensionen fruchtbar machen kann für eine logische Analyse von physikalischen Größenbegriffen. ANDREAS KAMLAH diskutiert in „Die Logik der Überzeugungen und das Leib-Seele-Problem" kritisch den von v. Kutschera in „Global supervenience and belief" [1994] ausgearbeiteten Versuch, durch Resultate der epistemischen Logik die physikalistische Reduktion des Systems der Glaubensannahmen einer Person auf entsprechende Gehirnzustände zu widerlegen. ANSGAR BECKERMANN setzt sich in „Wissen und wahre Meinung" mit einem anderen Detail der von v. Kutschera u. a. in [1976] und [1982] verteidigten epistemischen Logik auseinander, indem er die Frage der erkenntnistheoretischen Adäquatheit der Konzeption von Wissen als wahrer Überzeugung diskutiert. HERMANN WEIDEMANN präsentiert „Ein drittes modallogisches Argument für den Determinismus: Alexander von Aphrodisias" und knüpft dabei nicht nur im Titel, sondern auch in der methodischen Behandlung dieses Themas aus der

Geschichte der Logik an von Kutscheras „Zwei modallogische Argumente für den Determinismus: Aristoteles und Diodor" [1986] an. RAINER STUHLMANN-LAEISZ behandelt in „Die Theorie der Urteilsformen in der deutschen Schullogik des 19. Jahrhunderts" ein interessantes, obgleich von der Logikgeschichtsschreibung ziemlich vernachlässigtes Thema, das insofern auch in von Kutscheras Schriften keine Berücksichtigung gefunden hatte. PAUL WEINGARTNER entwickelt zusammen mit EWA ORLOWSKA in „Semantic Considerations on Relevance" allgemeine Bedingungen und Kriterien für sog. Relevanzlogiken, mit denen sich von Kutschera trotz intensiver Diskussion nicht-klassischer Logiksysteme (speziell [1985] in *Der Satz vom ausgeschlossenen Dritten*) offenbar nie selber beschäftigt hat. WOLFGANG LENZEN diskutiert „Die Newcomb-Paradoxie – und ihre Lösung" und bewegt sich dabei auf dem Grenzgebiet von Logik und Entscheidungstheorie, das von Kutschera [1972] mit der *Logik der Normen, Werte und Entscheidungen* ausgekundschaftet hatte.

Im Vergleich mit der Logik besitzt die *Ethik* im Oeuvre des Jubilars zwar quantitativ nur einen relativ geringen Stellenwert, trotzdem hat sie – nicht zuletzt durch die italienische und spanische Übersetzung der *Grundlagen der Ethik* von [1982] – entscheidend zu von Kutscheras internationalem Renommee beigetragen. So überrascht es nicht, wenn dieses Teilgebiet der analytischen Philosophie im vorliegenden Band gleich von vier verschiedenen AutorInnen behandelt wird. ANTONELLA CORRADINI schildert in ihren „Bemerkungen zu den *Grundlagen der Ethik*" die wichtigsten Modifikationen, die von Kutscheras Standardwerk während der Vorbereitung der italienischen Übersetzung [1991] erfuhr. Dort hat von Kutschera u. a. den Objektivismus in der Ethik mit Akzentuierung eher praktischer als theoretischer Rechtfertigungen neu begründet. Eben dieser Objektivismus wird dann zum Bezugspunkt nicht nur von JULIAN NIDA-RÜMELIN's allgemeiner, d. h. über Kutschera hinausgehender, kohärentistischer Verteidigung in „Objektivität und Moral", sondern auch von RAINER TRAPP's spezieller, konstruktiver Kritik, die für eine negative Antwort auf die Frage „Sind moralische Aussagen objektiv wahr?" plädiert. RAINER HEGSELMANN diskutiert in „Glaucons Herausforderung: Was ist Motiv und Lohn der Tugend?" das Motivationsproblem, *warum* jemand *moralisch handeln* sollte. Dabei geht er u. a. kritisch auf den Lösungsvorschlag aus den *Grundlagen der Ethik* ein, wo von Kutschera sich für den logisch-analytischen Charakter der Aussage ausgesprochen hatte, daß jedermann das tun solle, was er für moralisch geboten hält.

Der nächste Komplex von Beiträgen berührt von Kutscheras (*Grundfragen der*) *Erkenntnistheorie*, die sich nicht nur durch eine (auf das formale Instrument der epistemischen Logik zurückgreifende) Kritik des Skeptizismus und Relativismus auszeichnet, sondern auch – ins Positive gewendet – durch die Verteidigung einer gemäßigten Form eines Realismus. In teilweiser Übereinstimmung mit von Kutscheras antiskeptischer Position führt C. ULISES MOULINES in „Der epistemologische Kulturrelativismus: Eine dialogische Paralyse?" aus, warum die u. a. von M. Hesse vertretene skeptische These ‚Alle Wahrheiten sind kulturrelativ' als sozialwissenschaftliche „Erkenntnis" pragmatisch nutzlos ist und argumentativ in eine Sackgasse führt. Auf dem Hintergrund eines andernorts entwickelten „Interpretationismus" knüpft HANS LENK's „Realistischer Realismus als ein methodologischer und pragmatischer Interpretationismus" an den „realistischen" bzw. „immanenten" Realismus an, den von Kutschera in den „Bemerkungen zur gegenwärtigen Realismus-Diskussion" [1989] und in Abschnitten von *Die falsche Objektivität* [1993] entwickelt hatte.

Ein weiteres, teils epistemisch-logisches, teils epistemologisches Problem war im übrigen auch in Ansgar Beckermanns Beitrag über den Wissensbegriff thematisiert worden. Darüber hinaus existieren naheliegende Verbindungen zwischen Erkenntnis- und *Wissenschaftstheorie*. WOLFGANG SPOHN präsentiert in „Begründungen a priori – oder: ein frischer Blick auf Dispositionsprädikate" – ausgehend von Kripke's sprachphilosophischen und erkenntnistheoretischen Thesen aus *Name und Notwendigkeit* – einen neuen Ansatz zur Begründung von Dispositionseigenschaften. Dabei verknüpft er indirekt auch von Kutscheras frühe *Wissenschaftstheorie* mit dessen späteren Überlegungen „Zwischen Skepsis und Relativismus" [1994]. GERHARD SCHURZ behandelt in „Die Goodman-Paradoxie: ein Invarianz- und Relevanzproblem" ein klassisches Problem der analytischen Wissenschaftstheorie, mit dem von Kutschera sich nicht nur in der fraglichen Monographie [1972], sondern auch in dem Aufsatz „Goodman on Induction" von [1978] beschäftigt hatte. Ähnlich greift WERNER STELZNER in „Bestätigung und Relevanz" die von Hempel, Carnap und Popper entwickelten und in Kap. 5 der *Wissenschaftstheorie* diskutierten Gedanken zur induktiven Bestätigung bzw. zur deduktiven Bewährung wissenschaftlicher Hypothesen auf und versucht – anders als von Kutschera [1972] – die Inkompatibilitäten zwischen diesen Ansätzen durch Verwendung einer nicht-klassischen (Relevanz-)Logik auszuräumen.

Die restlichen Beiträge sind *Varia* unterschiedlichster Provenienz. RUDOLF HALLER präsentiert und verteidigt in „Gegenstandstheoretische Betrachtungen" die ontologischen Theorien von Meinong und Twardowski. GEORG MEGGLE's „Das Leben eine Reise" bietet anthropologische Reflexionen über den Sinn des Lebens. ANDREAS KEMMERLING erörtert in „Die (sei's auch metaphorische) These vom Geist als Computer" ein zentrales Thema der zeitgenössischen Philosophie des Geistes. PIRMIN STEKELER-WEITHOFER liefert ausführliche Anmerkungen „Zu einer Interpretation von Platons Dialog ‚Parmenides'" und setzt sich dabei speziell auch mit von Kutscheras Monographie [1995] zu diesem Thema auseinander.

Insgesamt beleuchtet somit die Festschrift auf ihre eigene Art und Weise das breite Spektrum der analytischen Philosophie, wenngleich sie die enorme Produktivität und den Gedankenreichtum des Franz von Kutschera nur bedingt widerzuspiegeln vermag.

On Certain Extensions of von Kutschera's Preference-Based Dyadic Deontic Logic*

by LENNART ÅQVIST

1 Introduction
2 Two Dyadic Deontic Logics: The Systems **Gm** [$m = 1, 2, ...$] and **G**
3 On the Relation of the "Core" System **G** to the Logics **Gm** [$m = 1, 2, ...$]
4 Representability of Dyadic Deontic Logics in Alethic Modal Logics with Systematic Frame Constants
5 References

1 Introduction

In a large number of significant contributions — notably Kutschera (1973), (1974), (1975), (1976) and (1982) — Franz von Kutschera has dealt in a highly illuminating way with the topics of Dyadic Deontic Logic [Logic of Conditional Obligation/Permission] and the Logic of Preference [Preferability, Betterness] as well as with their interrelationships. My purpose in this paper is to study certain extensions of von Kutschera's system **D3** of Dyadic Deontic Logic as presented in his (1974); that system is also known as **P1** in Kutschera (1975), where it is characterized as being based on a notion of *intrinsic value* as opposed to, e. g., those of *normal value* (excluding farfetched possibilities) and of *expected value*, which familiarly involves a mixture of the concepts of preferability and *probability*. Kutschera (1975) claims that intrinsic betterness is the fundamental notion of betterness from which all others derive, and I fully agree.

The plan of this paper is as follows. In section 2 *infra* we start out by decribing the syntax, proof theory and semantics of an infinite hierarchy **Gm**, with m any positive integer, of extensions of von Kutschera's dyadic deontic logic **D3**. The soundness and completeness

---

* The present contribution reports research done under the auspices of the Swedish Council for Research in the Humanities and the Social Sciences (HSFR) project "On the Legal Concepts of Rights and Duties: An Analysis Based on Deontic and Causal Conditional Logic".

of every system in that hierarchy is then asserted in a Theorem, for the proof of which we refer the reader to an earlier paper of mine, Åqvist (1996). Again, still in section 2, we describe and report the soundness and completeness of another extension of **D3**, called **G** *simpliciter*, which forms a sort of "core" system in relation to the **Gm** [$m = 1,2,\ldots$]. The bulk of the paper is to be found in section 3, where we prove a result to the effect that the logic **G** is the *intersection* of all the logics **Gm** [$m = 1,2,\ldots$] (identifying a "logic" with the set of its theses, or sentences provable in it). Among other things, our proof will be seen to profit from the fact that the system **G** ist known to be *deductively equivalent*, under appropriate definitions, to a certain logic **PR** of preference, as was shown in § 33 of the Appendix to Åqvist (1987); a similar result was reached by von Kutschera in his (1974) with respect to **D3** and the preference-logical calculus **D4** (= **P2** of Kutschera (1975)). Finally, in the concluding section 4, we point out that the dyadic deontic logics **Gm** are *representable* in a hierarchy of alethic modal logics **Hm** [$m = 1,2,\ldots$], which lack deontic operators in their primitive vocabulary, but which are such that we can *define* those operators in them, somewhat in the spirit of the well known Andersonian reduction. The detailed proof of this result in effect formed the bulk of my earlier paper Åqvist (1996); in section 4 below, we just present enough material so as to enable us to state that result in an intelligible way.

The main technical device employed in the two hierarchies **Gm** and **Hm** is this: in the models of both, we work with a set

$$\{\text{opt}_1, \text{opt}_2, \ldots, \text{opt}_m\}$$

which is to be a *partition* of the set W of "possible worlds" into exactly m non-empty, pairwise disjoint and together exhaustive "optimality" classes, viewed as so many *levels of perfection*. Intuitively, we think of opt_1 as the set of "best" [optimal] members of W as a whole, opt_2 as the set of best members of W-opt_1 [the "second best" members of W], opt_3 as the set of best members of W-($\text{opt}_1 \cup \text{opt}_2$) [the "third best" members of W]; and so on. Now, we shall represent each level of perfection in the object-language of the systems by a so-called *systematic frame constant*. The truth conditions and axioms governing those constants can then be seen to play a highly important, characteristic role in our axiomatizations.

A main difference between von Kutschera's **D3** and our extensions **Gm** [$m = 1,2,\ldots$] is obviously that the former system lacks the systematic frame constants in its primitive logical vocabulary. This is by no means surprising, since, as far as deontic logic is concerned, the frame-constant-technique does not appear to have been used before Åqvist (1984) and (1987); in fact, the first successful application of it for the purpose of obtaining completeness results in dyadic deontic logic is, to the best of my knowledge, in Åqvist (1993).

Furthermore, there are quite a few additional differences not only between **D3** and the **Gm**, but also between **D3** and our "core" system **G**. In §§ 27, 34 of the Appendix to Åqvist (1987), we discussed the relations of **D3** to **G** mainly from a purely axiomatic or proof-theoretical viewpoint. A fuller discussion would have to deal more extensively with von Kutschera's *semantics* for his system, which is largely inspired by that of Lewis (1973) for various conditional logics. This task is beyond the scope of the present paper, however.

2 Two Dyadic Deontic Logics: The Systems Gm [m = 1,2,...] and G

The *language* of the systems **Gm** (m any positive integer) has, in addition to an at most denumerable set *Prop* of propositional variables and the usual Boolean sentential connectives (including the constants *verum* and *falsum*, i. e. $\top$ and $\bot$), the following characteristic primitive *logical operators*:

N (for universal necessity)
M (for universal possibility)
O (for conditional obligation)
P (for conditional permission)

as well as a family

$\{Q_i\}_{i = 1,2, \ldots}$

of *systematic frame constants*, indexed by the set of positive integers. The Q_i are to represent different "levels of perfection" in the models of the systems **Gm**, as explained above. The set *Sent* of well-formed sentences (formulas, wffs) is then defined in the straightforward way — we think of the Q_i as zero-place connectives on a par with $\top$ and $\bot$. Note that there are no restrictions as to iterations of dyadic deontic operators or alethic modal ones.

Remark on Notation for Dyadic Deontic Operators. We write $O_B A$ [$P_B A$] to render the ordinary language locution "if B, then it ought to be that A" ["if B, then it is permitted that A"]. We prefer this style of notation to the current one $O(A/B)$ [$P(A/B)$], because (i) it is parenthesis-free, and (ii) the reading goes from left to right, and not the other way around.

Furthermore, the language of the system **G** (without numerical index, then) is like that of the **Gm** except for lacking the systematic frame constants in its primitive logical vocabulary. The definition of *Sent* is straightforward in the case of **G** as well.

It is convenient to begin the presentation of those systems by outlining their *proof theory*. The following rule of inference and rule of proof are common to **Gm** [$m = 1,2,...$] and **G**:

Rule of inference

    MP (modus ponens) $A, (A \supset B) \vdash B$

Rule of proof

    NEC (necessitation for N)   If $\vdash A$, then $\vdash NA$

Consider next the following list of

Axiom schemata

A0	All tautologies over *Sent*
A1	S5-schemata for N, M
	(i. e.: $MA \equiv \neg N \neg A$; $N(A \supset B) \supset (NA \supset NB)$; $NA \supset A$;
	$NA \supset NNA$; $MNA \supset A$).
A2	$Q_i \supset \neg Q_j$, for all positive integers i,j, with $1 \leq i \neq j < \omega$
A3	$Q_1 \vee ... \vee Q_m$
A4	$MQ_1 \wedge ... \wedge MQ_m$
a1	$P_B A \equiv \neg O_B \neg A$
a2	$O_B(A \supset C) \supset (O_B A \supset O_B C)$
a3	$O_B A \supset N O_B A$
a4	$NA \supset O_B A$
α0	$N(A \equiv B) \supset (O_A C \equiv O_B C)$
α1	$O_A A$
α2	$O_{A \wedge B} C \supset O_A (B \supset C)$
α3	$MA \supset (O_A B \supset P_A B)$
α4	$P_A B \supset (O_A(B \supset C) \supset O_{A \wedge B} C)$
α6	$P_B Q_i \supset ((Q_1 \vee ... \vee Q_{i-1}) \supset \neg B)$, for all i with $1 < i \leq m$
α7	$Q_1 \supset (O_B A \supset (B \supset A))$
α8	$(Q_i \wedge O_B A \wedge B \wedge \neg A) \supset P_B(Q_1 \vee ... \vee Q_{i-1})$, for all $1 < i \leq m$.

Then, the *axiomatic system* **Gm** [$m = 1,2,...$] is determined by *all* these schemata (and the above rules). On the other hand, the axiom schemata of the *system* **G** are just A0, A1, a1−a4, α0−α4, i. e. what remains after we have dropped every schema in the **Gm** containing occurrences of frame constants.

We define the notions of *provability, deducibility,* [in]*consistency* and *maximal* consistency for the systems **Gm** and **G** in the usual way.

Turning next to the *semantics* of the logics **Gm**, we define, for any positive integer m, a **Gm**-*structure* as an ordered quintuple

$$\mathcal{M} = <W, V, \{opt_i\}_{i=1,2,...}, m, best>$$

where:

(i) $W \neq \emptyset$ [W is a non-empty set of "possible worlds"].
(ii) V: *Prop* → *pow*(W) [V is a valuation function which to each propositional variable assigns a subset of W].
(iii) $\{opt_i\}_{i=1,2,...}$ is an infinite sequence of subsets of W.
(iv) m is the positive integer under consideration.
(v)   *best*: *Sent* → *pow*(W) [*best* is a function which to each sentence in the **Gm**-language assigns a subset of W, heuristically, the set of best worlds in the extension (truth-set) of the sentence under consideration].

We can now tell what it means for any sentence A to be *true at* a point ("world") x (εW) *in* a **Gm**-structure $\mathcal{M}$ [in symbols: $\mathcal{M}, x \models A$], starting out with obvious clauses like

$\mathcal{M}, x \models p$ iff $x \varepsilon V(p)$ (for any p in the set *Prop*)
$\mathcal{M}, x \models \top$
not: $\mathcal{M}, x \models \bot$

and so on for molecular sentences having Boolean connectives as their main operator. We then handle sentences having the characteristic **Gm**-operators as their main operator as follows:

$\mathcal{M}, x \models NA$ iff for each y in W: $\mathcal{M}, y \models A$
$\mathcal{M}, x \models MA$ iff for some y in W: $\mathcal{M}, y \models A$
$\mathcal{M}, x \models O_BA$ iff for each y in $best(B)$: $\mathcal{M}, y \models A$
$\mathcal{M}, x \models P_BA$ iff for some y in $best(B)$: $\mathcal{M}, y \models A$
$\mathcal{M}, x \models Q_i$ iff $x \varepsilon opt_i$ (for all positive integers i).

We now focus our attention on a special kind of **Gm**-structures called "**Gm**-models". By a **Gm**-*model* we shall mean any **Gm**-structure $\mathcal{M}$, where $\{opt_i\}$, m and *best* satisfy the following additional conditions:

Exactly *m* Non-Empty Levels of Perfection

This condition requires the set {opt$_1$, opt$_2$,..., opt$_m$} to be a *partition* of W in the sense that

(a) opt$_i \cap$ opt$_j = \emptyset$, for all positive integers i, j with $1 \leq i \neq j \leq m$
(b) opt$_1 \cup ... \cup$ opt$_m$ = W
(c) opt$_i \neq \emptyset$, for each i with $1 \leq i \leq m$.
(d) opt$_i = \emptyset$, for each i with $m < i < \omega$.

The second condition is one on our "choice" function *best*; it is intended to capture the intuitive meaning of that function:

γ0. x ε *best*(B) iff $\mathcal{M}, x \models$ B and for each y in W: if $\mathcal{M}, y \models$ B, then x $\succeq$ y.

Here, the weak preference relation $\succeq$, "is at least as good (ideal) as", is to be understood as follows. First of all, by clauses (a) and (b) in the condition *Exactly m Non-Empty Levels of Perfection*, we have that for each x in W there is *exactly one* positive integer i with $1 \leq i \leq m$ such that x ε opt$_i$. We then define a "ranking" function r from W into the closed interval $[1, m]$ of integers by setting

r(x) = *the* i, with $1 \leq i \leq m$, such that x ε opt$_i$.

Finally, we define $\succeq$ as the binary relation on W such that for all x, y in W:

x $\succeq$ y iff   r(x) $\leq$ r(y).

Armed with the notion of a **Gm**-model, we then say that a sentence A is **Gm**-*valid* iff $\mathcal{M}, x \models$ A for all **Gm**-models $\mathcal{M}$ and all points x in W. And we say that a set Γ of sentences is **Gm**-*satisfiable* iff there exists a **Gm**-model $\mathcal{M}$ and a member x of W such that for all sentences A in Γ: $\mathcal{M}, x \models$ A.

Theorem [Soundness and Completeness of the Systems **Gm** [*m* = 1,2,...]]:
Weak version: For every sentence A: A is **Gm**-provable iff A is **Gm**-valid.
Strong version: For each set Γ of sentences: Γ is **Gm**-consistent iff Γ is **Gm**-satisfiable.
Proof: See Åqvist (1996).

We close the present section by a brief consideration of the dyadic deontic logic **G**, which, as we recall, lacks the frame constants in its vocabulary, and which is determined by the axiom schemata A0, A1, a1-a4, and α0-α4 (in addition to the rules MP and NEC for N).

As to the *semantics* for **G**: a **G**-*structure* is an ordered triple

$$\mathcal{M} = <W, V, best>$$

where, as usual, (i) $W \neq \emptyset$, (ii) V: *Prop* → *pow*(W), and (v) *best*: *Sent* → *pow*(W). The relevant clauses in the truth-definition for **G**-sentences have then all been stated. Again, by a **G**-*model* we mean any **G**-structure $\mathcal{M}$ satisfying the following five conditions parallelling the axioms α0-α4 [cf. Åqvist (1987: ch. VI, p. 166); for any **G**-sentence A, we let $\| A \|^{\mathcal{M}}$, or $\|A\|$ for short, be the *extension* in $\mathcal{M}$ of A, i. e. $\|A\| = \{x \in W: \mathcal{M}, x \models A\}$]:

σ0 $\|A\| = \|B\|$ only if $best(A) = best(B)$
σ1 $best(A) \subseteq \|A\|$
σ2 $best(A) \cap \|B\| \subseteq best(A \wedge B)$
σ3 $\|A\| \neq \emptyset$ only if $best(A) \neq \emptyset$
σ4 $best(A) \cap \|B\| \neq \emptyset$ only if $best(A \wedge B) \subseteq best(A) \cap \|B\|$

for any **G**-sentences A,B. **G**-validity and **G**-satisfiability are as usual.

Theorem [Soundness and Completeness of the System **G**]:
Weak version: For each A in *Sent*: A is **G**-provable iff A is **G**-valid.
Strong version: For each $\Gamma \subseteq$ *Sent*: Γ is **G**-consistent iff Γ is **G**-satisfiable.

Proof: Omitted and left as an exercise. *Hint*: Pp. 160−165 of Åqvist (1987) are helpful, although the setting is somewhat different from the present one.

3 On the Relation of the "Core" System G to the Logics Gm [m = 1,2,...]

In the present section we deal with the system **G** and prove a result which answers the question how **G** is related to the **Gm**.

Theorem:
For each **G**-sentence A:
$\vdash_G$ A [A is provable in **G**] iff for each positive integer m, $\vdash_{Gm}$ A [A is provable in **Gm**]
Proof. Clearly, there are no occurrences of frame constants in A, since A is a **G**-sentence. Now, the left-to-right direction here is of course

Extensions of von Kutschera's Preference-Based Dyadic Deontic Logic 15

trivial, since each **Gm** is an extension of **G**. The opposite direction is much harder, however, as can be seen from its contraposed version: if A is *not* **G**-provable, then there exists a positive integer m such that A is *not* **Gm**-provable (either). We would like to establish this result by the following type of "overall" argument:

1.   Not $\vdash_G$ A   hypothesis
2.   Not $\models_G$ A [i. e. A is not **G**-valid]   from 1 by the (weak) completeness of **G**
3.   Not $\mathscr{M}$, x $\models$ A, for some **G**-model $\mathscr{M}$ = <W,V,*best*> and some x in W   from 2 by the definition of **G**-validity

Let $\mathscr{M}^*$ = <W*, V*, *best**> be the *filtration* of $\mathscr{M}$ through the set of subsentences of A (in a sense to be rigorously defined in a moment), and let [x] be the equivalence class of x under a certain equivalence relation on W (also to be rigorously defined in a moment). We then obtain:

4.   Not $\mathscr{M}^*$, [x] $\models$ A   from 3 by a Filtration Lemma (to be established below).

We now observe that the filtration $\mathscr{M}^*$ is necessarily a *finite* **G**-model, so that there can be at most a *finite* number of levels of perfection compatible with and definable on $\mathscr{M}^*$. Again, this means that we can construct, for some positive integer m, a **Gm**-model

$$\mathscr{M}^{*+} = <W^*, V^*, \{opt_i\}_{i=1,2,\ldots,m}, best^*>$$

with the property that

5.   Not $\mathscr{M}^{*+}$, [x] $\models$ A   from 4 by the fact that the new items $\{opt_i\}$ and m do not affect the truth-value of the **G**-sentence A

and then argue:

6.   Not $\models_{Gm}$ A [A is not **Gm**-valid]   from 5 by the definition of **Gm**-validity
7.   Not $\vdash_{Gm}$ A   from 6 by the soundness of each system **Gm**

where 7 is our desired conclusion. The proof of our present Theorem will be finished, when all gaps in the above pattern of argument have been filled in. Clearly, Steps 4 and 5 both require a detailed careful justification.

Justification of Step 4 with $\mathcal{M}^*$ a finite **G**-*model*

Let Γ be a set of **G**-sentences closed under subsentences. For any **G**-model $\mathcal{M} = \langle W, V, best \rangle$ we define the equivalence relation $\sim_\Gamma$ on W by setting, for all x, y in W:

$$x \sim_\Gamma y \text{ iff for every } A \in \Gamma: \mathcal{M}, x \models A \text{ iff } \mathcal{M}, y \models A.$$

Whenever $x \in W$, [x] will be the equivalence class of x under $\sim_\Gamma$.

Next, define a translation ϕ from the whole set of **G**-sentences into the set of **G**-sentences *based on* the propositional variables *in* Γ, if any, by the following recursive stipulations:

$$\phi(p) = \begin{cases} p, \text{ if p is a propositional variable in } \Gamma \\ \S, \text{ if p is a propositional variable not in } \Gamma \end{cases}$$

where § is a *designated* propositional variable in Γ, if there are propositional variables at all in Γ, and a designated variable in *Prop*, otherwise. The remaining clauses are obvious, viz.

$$\phi(\top) = \top$$
$$\phi(\bot) = \bot$$
$$\phi(\neg A) = \neg\phi(A)$$
$$\phi(A \wedge B) = \phi(A) \wedge \phi(B)$$

and so on for **G**-sentences having Boolean connectives as their main operators;

$$\phi(NA) = N\phi(A)$$
$$\phi(MA) = M\phi(A)$$
$$\phi(O_B A) = O_{\phi(B)}\phi(A)$$
$$\phi(P_B A) = P_{\phi(B)}\phi(A)$$

Given the above notions as just explained, we now define the *filtration* of $\mathcal{M}$ *through* Γ as the **G**-structure

$$\mathcal{M}^* = \langle W^*, V^*, best^* \rangle$$

where

(i) $W^* = \{[x]: x \in W\}$
(ii) V^* is the function from *Prop* into *pow* (W^*) defined by setting, for each p in *Prop*: $V^*(p) = \{[x]: x \in V(\phi(p))\}$

(iii)   best* is the function from the set of **G**-sentences into *pow*(W*) such that for all **G**-sentences B: *best**(B) = {[x]: x ε *best*(φ(B))}.

We then have the following result.

Filtration Lemma (for the System **G**):
Let Γ, φ, $\mathcal{M}$, and $\mathcal{M}^*$ be as above. Then:

(i)   For all **G**-sentences A: if A ε Γ, then φ(A) = A;
(ii)   For all **G**-sentences A and all x in W:
        $\mathcal{M}^*$, [x] ⊨ A iff $\mathcal{M}$, x ⊨ φ(A);
(iii)   For all **G**-sentences A in Γ and all x in W:
        $\mathcal{M}^*$, [x] ⊨ A iff $\mathcal{M}$, x ⊨ A.

Proof: (i) and (ii) are established by induction on the length of A, using the relevant definitions. The details are left to the reader. And (iii) is an immediate consequence of (i) and (ii).

Corollary:
Let $\mathcal{M}^*$ be as above and suppose that Γ is a finite set [like the set of all subsentences of any given **G**-sentence]. Then $\mathcal{M}^*$ is a finite **G**-model.

Proof: We first show that the structure $\mathcal{M}^*$ is a **G**-model by verifying that is satisfies the five conditions σ0–σ4. In the presence of the Filtration Lemma, this is an easy task. Secondly, everybody knows that if Γ has k elements, then W* has at most 2^k elements. Hence, if Γ is finite, so is $\mathcal{M}^*$.

Corollary:
G is decidable.
Proof. Immediate from the results just stated.
Let us next turn to the crucial point of our argument, viz.
Construction of the **Gm**-*model* $\mathcal{M}^*+$ *and justification of Step 5*
In the spirit of von Kutschera (1974), (1975) and (1976), we propose the following definitions to be added to our system **G**:

Def. ≽:   A ≽ B $=_{df}$ N¬(A∨B) ∨ $P_{A∨B}$A
Def. ≻:   A ≻ B $=_{df}$ M(A∨B) ∧ $O_{A∨B}$¬B
Def. ≈:   A ≈ B $=_{df}$ A ≽ B ∧ B ≽ A

which are intended to capture comparative preferential notions such as *better than* (≻), *at least as good as* (≽), and *equally good as* (≈). In the Appendix to Åqvist (1987: § 33) I prove that the properties of these three relations, as defined, can be systematized in a calculus **PR**, which is seen to be *deductively equivalent* to the system **G** under the three definitions just given.

We then proceed to the following, quite important

Lemma on Strict Preferences (in **G**):

Let $\mathcal{M} = \langle W, V, best \rangle$ be a **G**-model. Assume that there are *at least m* **G**-sentences $A_1, A_2,\ldots, A_m$ such that for some x in W:

$\mathcal{M}, x \models A_1 \succ A_2$, and
$\mathcal{M}, x \models A_2 \succ A_3$, and
.
.
.
$\mathcal{M}, x \models A_{m-1} \succ A_m$, and
$\mathcal{M}, x \models A_m \succ \bot$.

Then the cardinality of W is greater than or equal to *m* [in symbols: card(W) $\geq m$].

Proof: Assume the hypothesis of the Lemma and define the following series of subsets of W ("reversing" the normal order of things):

$opt_m = \|A_m\|$
$opt_{m-1} = \|A_{m-1} \wedge \neg A_m\|$
$opt_{m-2} = \|A_{m-2} \wedge \neg A_{m-1} \wedge \neg A_m\|$
.
.
.
$opt_2 = \|A_2 \wedge \neg A_3 \wedge \ldots \wedge \neg A_{m-1} \wedge \neg A_m\|$
$opt_1 = \|A_1 \wedge \neg A_2 \wedge \ldots \wedge \neg A_{m-1} \wedge \neg A_m\|$

As usual, we assume that $\|A\| = \{x \in W : \mathcal{M}, x \models A\}$, for any **G**-sentence A.

We then verify that, as just defined, the sets $opt_1, opt_2,\ldots, opt_m$ are such that

(a) $opt_i \cap opt_j = \emptyset$, for all positive integers i,j with $1 \leq i \neq j \leq m$;
(b) $opt_1 \cup \ldots \cup opt_m \subseteq W$; and
(c) $opt_i \neq \emptyset$, for each positive integer i with $1 \leq i \leq m$.

The satisfaction of conditions (a) and (b) is more or less immediate. In the latter case, we obtain the result that $opt_1 \cup \ldots \cup opt_m$ is identical to the *extension* in $\mathcal{M}$ of the *disjunction* of the formulas defining the separate sets opt_i ($1 \leq i \leq m$); hence, it must be a subset of W. The case of (c) is somewhat more complicated: to start with, we verify that the sequence [using an obvious mode of abbreviation]

$$A_1 \succ A_2 \succ A_3 \succ \ldots \succ A_{m-1} \succ A_m \succ \bot$$

implies in **G**-with-*Def.* $\succ$ the following sequence:

$$A_1 \succ (A_2 \vee A_3 \vee \ldots \vee A_{m-1} \vee A_m)$$
$$A_2 \succ (A_3 \vee \ldots \vee A_{m-2} \vee A_{m-1} \vee A_m)$$
.
.
.
$$A_{m-3} \succ (A_{m-2} \vee A_{m-1} \vee A_m)$$
$$A_{m-2} \succ (A_{m-1} \vee A_m)$$
$$A_{m-1} \succ A_m \succ \bot.$$

For the detailed proof of this assertion, §§ 32–34 in the Appendix to Åqvist (1987) are helpful. Then, show that this sequence in turn implies in **G**-with-*Def.* $\succ$ every sentence MA, where A is the formula defining the set opt_i ($1 \leq i \leq m$). Our desired result, that (c) is satisfied, then follows from the soundness of the system **G** together with the relevant truth conditions.

The desired conclusion of the present Lemma as a whole, to the effect that $\text{card}(W) \geq m$, is then immediate by the fact that the sets $\text{opt}_1, \ldots, \text{opt}_m$ satisfy conditions (a), (b) and (c). Q. E. D.

Corollary:

Let $\mathcal{M} = <W, V, best>$ be a finite **G**-model, i. e. with $\text{card}(W) = m$, for some positive integer m. Then there are *at most m* **G**-sentences $A_1, \ldots A_m$ such that for some x in W:

$$\mathcal{M}, x \models A_1 \succ A_2, \text{ and}$$
$$\mathcal{M}, x \models A_2 \succ A_3, \text{ and}$$
.
.
.
$$\mathcal{M}, x \models A_{m-1} \succ A_m, \text{ and}$$
$$\mathcal{M}, x \models A_m \succ \bot.$$

Proof: Suppose, contrary to the Corollary, that there are at least $m+1$ **G**-sentences $A_1, \ldots, A_{m+1}$ satisfying the relevant sequence of conditions. By the Lemma on Strict Preferences, $\text{card}(W) \geq m+1$, which result contradicts the hypothesis that $\text{card}(W) = m$. Q. E. D.

We are now in a position to deal with the problem of constructing a **Gm**-model $\mathscr{M}*+$ from the filtration $\mathscr{M}*$ figuring in Step 4. We recall that $\mathscr{M}*$ is a finite **G**-model so that card($W*$) = k, for some positive integer k. By the Corollary to the Lemma on Strict Preferences in **G**, then, there are *at most* k **G**-sentences $A_1,\ldots,A_k$ satisfying the by now familiar sequence of conditions. On the other hand, setting $A_1 = A_k = \top$ in that sequence, we get that there is *at least one* **G**-sentence A such that for some x in $W*$: $\mathscr{M}*, x \models (A \succ \bot)$, viz. $\top$. This is so because the sentence $\top \succ \bot$ is readily seen to be provable, and valid, in **G**-with-*Def.* $\succ$. Hence, there must be a positive integer m, with $1 \leq m \leq k$, such that there are *exactly m* **G**-sentences $A_1,\ldots,A_m$ satisfying our familiar sequence of conditions (for some x in $W*$).

Consider that m, and define a series $opt_1, opt_2,\ldots, opt_m$ of subsets of $W*$ just as in the proof of our Lemma on Strict Preferences in **G** *except that* we set $A_1 = \top$. By the same proof we then have that this series satisfies conditions (a)–(c). Comparing those conditions to the matching ones in the requirement *Exactly m Non-Empty Levels of Perfection* in the definition of a **Gm**-model given in the preceding section, we face the question: can the left-to-right inclusion in (b) be strengthened to an identity? Obviously, this will be the case iff the opposite, right-to-left inclusion holds as well; does it? The answer is Yes: having replaced A_1 by $\top$ in the definition of opt_1, we readily verify that the disjunction of the formulas defining the sets opt_i ($1 \leq i \leq m$) is now *provable* in **G**. Hence, since $opt_1 \cup \ldots \cup opt_m$ equals the extension in $\mathscr{M}*$ of that disjunction, the right-to-left inclusion in (b) holds as well.

Upshot: take our desired $\mathscr{M}*+$ to be the structure

$$\mathscr{M}*+ = <W*, V*, \{opt_i\}_{i=1,2,\ldots}, m, best*>$$

where $opt_1,\ldots,opt_m$ are defined as above (with $\top$ replacing A_1 in the definition of opt_1) and, for any $i > m$, $opt_i = \|\bot\| = \emptyset$. Then, clearly, $\mathscr{M}*+$ is a **Gm**-model satisfying clauses (a)-(d) in the condition *Exactly m Non-Empty Levels of Perfection* ($\gamma 0$ causes no problem). Furthermore, highlighting $\{opt_i\}$ and m in this way by no means affects the truth-value of the original **G**-sentence A — the three models $\mathscr{M}$, $\mathscr{M}*$ and $\mathscr{M}*+$ are alike in falsifying A at some point in their world-set. Hence, Step 5 in the overall argument given in the beginning of the present section is fully justified. Hence, all gaps in that overall argument have now been filled in, and the proof of our present Theorem is complete.

4 Representability of Dyadic Deontic Logic in Alethic Modal Logics with Systematic Frame Constants

Consider the result of banishing the dyadic deontic operators O and P from the *primitive* logical vocabulary of the systems **Gm** [$m = 1, 2, \ldots$]. Then, for any positive integer m, let the *axiomatic system* **Hm** of alethic modal logic be determined by the rule of inference MP, the rule of proof NEC (for N), and the axiom schemata A0-A4; i. e. by those axiom schemata in our previous list that do not contain occurrences of O or P. Clearly, each system **Gm** is an extension of **Hm**. As to the *semantics* for the alethic modal logics **Hm** [$m = 1, 2, \ldots$], a **Hm**-*structure* will be the ordered quadruple that results from deleting the function *best* in a **Gm**-structure, and a **Hm**-*model* will be a **Hm**-structure satisfying (a)-(d) in the requirement *Exactly m Non-Empty Levels of Perfection* (whereas the condition γ0 on *best* vanishes altogether). We then have the following result:

Theorem [Soundness and Completeness of the Systems **Hm** [$m = 1, 2, \ldots$]]:
Weak version: For every sentence A: A is **Hm**-provable iff A is **Hm**-valid.
Strong version: For each set Γ of sentences: Γ is **Hm**-consistent iff Γ is H-satisfiable.
Proof: See Åqvist (1996).

What is the interest of the just considered infinite hierarchy **Hm** of alethic modal logics? We take it to be this: although the operators O (for conditional obligation) and P (for conditional permission) are not primitive in the language of the **Hm**, they can be *defined* in those systems as follows:

Def. O:

$O_B A =_{df} [M(Q_1 \wedge B) \supset N((Q_1 \wedge B) \supset A)] \wedge$
$[(\neg M(Q_1 \wedge B) \wedge M(Q_2 \wedge B)) \supset N((Q_2 \wedge B) \supset A)] \wedge \ldots$
$\wedge [(\neg M(Q_1 \wedge B) \wedge \ldots \wedge \neg M(Q_{m-1} \wedge B) \wedge M(Q_m \wedge B)) \supset N((Q_m \wedge B) \supset A)].$

Def. P:

$P_B A =_{df} M(Q_1 \wedge B \wedge A) \vee (\neg M(Q_1 \wedge B) \wedge M(Q_2 \wedge B \wedge A)) \vee \ldots$
$\vee (\neg M(Q_1 \wedge B) \wedge \ldots \wedge \neg M(Q_{m-1} \wedge B) \wedge M(Q_m \wedge B \wedge A)).$

We can then prove the following

Deductive Equivalence Theorem (for **Hm** and **Gm**):

Let **Hm** + *Def. O* + *Def. P* be the result of adding the definitions *Def. O* and *Def. P supra* to the alethic system **Hm**. Then, for all $m = 1, 2,\ldots$, **Hm** + *Def. O* + *Def. P* is *deductively equivalent* to **Gm** in the sense that the following two conditions are satisfied:

(i) **Hm** + *Def. O* + *Def. P* contains **Gm**.
(ii) Each of *Def. O* and *Def. P* is provable in the form of an equivalence in **Gm**.

Proof. See Åqvist (1996).

An alternative, more "semantical" method of representing the dyadic deontic systems **Gm** in the alethic modal logics **Hm** is this: define recursively a certain *translation* Φ from the set of **Gm**-sentences into the set of **Hm**-sentences by the stipulations:

$\Phi(p) = p$, for each propositional variable p in *Prop*
$\Phi(\top) = \top$
$\Phi(\bot) = \bot$
$\Phi(Q_i) = Q_i$, for each positive integer i
$\Phi(\neg A) = \neg \Phi(A)$
$\Phi(A \wedge B) = \Phi(A) \wedge \Phi(B)$

and similarly for **Gm**-sentences having $\vee, \supset, \equiv$ as their main operator.

$\Phi(NA) = N\Phi A$
$\Phi(MA) = M\Phi A$

where we have written ΦA instead of $\Phi(A)$ to the right. Finally we have two characteristic clauses corresponding to *Def. O* and *Def. P*:

$\Phi(O_B A) = [M(Q_1 \wedge \Phi B) \supset N((Q_1 \wedge \Phi B) \supset \Phi A)] \wedge [(\neg M(Q_1 \wedge \Phi B) \wedge M(Q_2 \wedge \Phi B)) \supset N((Q_2 \wedge \Phi B) \supset \Phi A)] \wedge \ldots \wedge [(\neg M(Q_1 \wedge \Phi B) \wedge \ldots \wedge \neg M(Q_{m-1} \wedge \Phi B) \wedge M(Q_m \wedge \Phi B)) \supset N((Q_m \wedge \Phi B) \supset \Phi A)]$

Similarly for $\Phi(P_B A)$: write it out as an *m*-termed disjunction!

We then have the following result:

Translation Theorem (for the systems **Gm**):

For each positive integer *m*, and for each **Gm**-sentence A:

$\vdash_{Gm} A$ iff $\vdash_{Hm} \Phi(A)$.

Proof: Again, see Åqvist (1996). The left-to-right direction is more or less immediate from the proof of the Deductive Equivalence Theorem *supra*. The proof of the right-to-left direction is reminiscent of that of the Theorem on the relation of **G** to the **Gm** in respect of utilizing a relevant completeness result in the second step.

Combining the present Translation Theorem with the Theorem on the relation of **G** to the **Gm**, we obtain the obvious

Corollary:
For any **G**-sentence A:

$\vdash_G$ A iff for all $m = 1, 2,..., \vdash_{Hm} \Phi(A)$.

Proof: Immediate from the two Theorems just mentioned.

5 References

ÅQVIST, Lennart (1984): "Deontic Logic". In: D. M. Gabbay & F. Guenthner (eds.), *Handbook of Philosophical Logic, Vol. II: Extension of Classical Logic*, Dordrecht (Reidel), 605–714.

ÅQVIST, Lennart (1987): *Introduction to Deontic Logic and the Theory of Normative Systems*. Napoli (Bibliopolis).

ÅQVIST, Lennart (1993): "A Completeness Theorem in Deontic Logic with Systematic Frame Constants". *Logique et Analyse* 36, 177–192.

ÅQVIST, Lennart (1996): "Systematic Frame Constants in Defeasible Deontic Logic: A New Form of Andersonian Reduction". Forthcoming in D. Nute (ed.), *Defeasible Deontic Reasoning*, Dordrecht (Kluwer).

KUTSCHERA, Franz von (1973): *Einführung in die Logik der Normen, Werte und Entscheidungen*. Freiburg/München (Alber).

KUTSCHERA, Franz von (1974): "Normative Präferenzen und bedingte Gebote". In: H. Lenk (Hrg.), *Normenlogik*, Pullach (Verlag Dokumentation), 137–165.

KUTSCHERA, Franz von (1975): "Semantic Analyses of Normative Concepts". *Erkenntnis* 9, 195–218.

KUTSCHERA, Franz von (1976): *Einführung in die intensionale Semantik*. Berlin/New York (de Gruyter).

KUTSCHERA, Franz von (1982): *Grundlagen der Ethik*. Berlin/New York (de Gruyter).

LEWIS, David K. (1973): *Counterfactuals*. Oxford (Blackwell).

Wissen und wahre Meinung

von Ansgar Beckermann

1.

Wissen kann sich nicht in wahrer Meinung erschöpfen. Das ist ein in der Diskussion um einen adäquaten Wissensbegriff fast einhellig akzeptierter Gemeinplatz. Der Grund dafür ist einfach und auf den ersten Blick einleuchtend. Unserem normalen Gebrauch des Wortes „Wissen" zufolge würden wir von jemandem, der aufgrund bloßen Ratens zu der Überzeugung kommt, daß beim nächsten Spiel die Roulettekugel auf der Zahl 34 liegen bleibt, auch dann nicht sagen, er habe *gewußt*, daß es so kommen werde, wenn das Ergebnis tatsächlich eintritt. Wir unterscheiden *zufällig* wahre Überzeugungen von solchen, die nicht zufällig, sondern z. B. aufgrund sorgfältigen Überlegens zustandegekommen sind. Nur im zweiten Fall sprechen wir von Wissen; bloß zufällig wahre Überzeugungen haben keinen Anspruch auf diesen Ehrentitel. „Bloß zufällig wahr" nennen wir Überzeugungen, die auf eine Weise zustande gekommen sind, die mit ihrer Wahrheit nichts zu tun hat: durch Raten, Vorahnungen, Überredung usw.

Schon Platon argumentiert im *Theaitetos* auf diese Weise: Wenn Richter durch das geschickte Reden eines Anwalts zu einer Überzeugung kommen, die nur jemand, der die Sache selbst gesehen hat, adäquat beurteilen kann, dann erlangen sie kein Wissen, auch wenn ihre Überzeugung *de facto* wahr ist.

> „**Sokrates**: Wenn also Richter so, wie es sich gehört, überredet worden sind in bezug auf etwas, das nur, wer es selbst gesehen hat, wissen kann, sonst aber keiner: so haben sie dieses, nach dem bloßen Gehör urteilend, vermöge einer richtigen Vorstellung, aber ohne Erkenntnis abgeurteilt, so jedoch, daß die Überredung richtig gewesen, wenn sie nämlich als Richter gut geurteilt haben? **Theaitetos**: So ist es allerdings. **Sokrates**: Nicht aber, o Freund, könnte jemals, wenn richtige Vorstellung und Erkenntnis einerlei wären, auch der beste Richter und Gerichtshof etwas richtig vorstellen ohne Erkenntnis. Nun aber scheint beides verschieden zu sein." (201b7–c7)

Und in einer modernen Einführung in die Philosophie findet sich die folgende Passage:

> "May we, then, equate knowledge simply with true belief? Absolutely not! To see why not, consider a person who has a hunch and thus believes that the final score of next year's Army-Navy football game will be a 21–21 tie. Moreover, suppose that the person is quite ignorant of the outcome of past contests and other relevant data. Finally, imagine, as a mere matter of luck, he happens to be right. That it is a mere matter of luck is illustrated by the fact that he often has such hunches about the final scores of football games and is almost always wrong. His true belief about the outcome of the Army-Navy game should not be counted as knowledge. It was a lucky guess and nothing more." (Cornman/Lehrer/Pappas 1987: 43)

Nichts könnte, scheint es, klarer sein. Um so erstaunter erfährt man im Abschnitt 1.3 der *Grundfragen der Erkenntnistheorie*, daß sich Franz von Kutschera sehr nachdrücklich für einen Wissensbegriff ausspricht, der nur die ersten beiden Bedingungen der traditionellen Wissensdefinition umfaßt, also einen *minimalen* Wissensbegriff, den er so definiert:

(MinW) $W_0(S,p) := G(S,p) \land p$ – S weiß, daß p, genau dann, wenn S glaubt, daß p, und damit recht hat. (1982: 16)

„Glauben" versteht von Kutschera dabei allerdings im starken Sinn von „Überzeugtsein". D. h. der Ausdruck „glauben" in der Definition (MinW) ist so zu verstehen:

(Gl) S glaubt (im starken Sinne) genau dann, daß p, wenn p für S die Wahrscheinlichkeit 1 hat.

Was spricht nach von Kutschera für den minimalen Wissensbegriff der Definition (MinW)? Was spricht für die These, Wissen sei nichts anderes als wahre Meinung (im folgenden kurz: WwM-These)? Warum glaubt von Kutschera, ohne weitere Bedingungen auskommen zu können?

2.

Als erste Antwort findet sich das folgende Argument:

> „Überzeugung [im starken Sinn] ist ... ein hinreichendes subjektives Kriterium für Wissen. Eine Suche nach stärkeren subjektiven Kriterien für Wissen ist also illusorisch: Sicherer als ganz sicher kann man

nicht sein. Stärkere objektive Kriterien für Wissen als die Wahrheit des Sachverhalts sind aber ebenfalls nicht denkbar: Richtiger als wahr kann ein Satz ebenfalls nicht sein. Wissen wird hier also in zwei Komponenten aufgespalten: in die subjektive Komponente der Überzeugung und in die objektive Komponente der Wahrheit, und beide sind einer Steigerung nicht fähig." (1982: 16)

Aber natürlich ist sich auch von Kutschera darüber im klaren, daß der minimale Wissensbegriff intuitiv zu weit ist, da er Fälle umfaßt, die wir dem normalen Sprachgebrauch folgend nicht als Wissen bezeichnen würden. Und natürlich ist er sich der Argumente bewußt, die für die Anfügung einer dritten, einer Rechtfertigungsbedingung sprechen. Allerdings: Anders als für die meisten ist für ihn der Sprachgebrauch nicht allein entscheidend; für ihn geht es auch um die Frage, was wir − *systematisch gesehen* − eigentlich gewinnen, wenn wir der Wahrheits- und der Glaubensbedingung als dritte eine Rechtfertigungs- oder, wie von Kutschera sich ausdrückt, eine Fundierungsbedingung hinzufügen.

Angenommen, wir würden „Wissen" im Sinne der traditionellen dreigliedrigen Wissensdefinition so definieren:

(FundW) $W_F(S,p) := G(S,p) \wedge F(S,p) \wedge p$ − S weiß genau dann, daß p, wenn S glaubt, daß p, wenn diese Annahme fundiert ist und wenn p wahr ist. (1982: 17)

Hätten wir damit einen Wissensbegriff gefunden, der dem minimalen Wissensbegriff „qualitativ" überlegen ist? Von Kutscheras Antwort auf diese − seiner Überzeugung nach entscheidende − Frage ist ein klares „Nein". Und seine Argumente sind − kurz zusammengefaßt − folgende.

Grundsätzlich gibt es, so von Kutschera, fünf Möglichkeiten, den Begriff der Fundiertheit zu fassen:

(I) $F(S,p)$ besagt, daß S für den Sachverhalt p eine Begründung angeben kann, die S selbst für korrekt hält.

(Ia) $F(S,p)$ besagt, daß S für den Sachverhalt p eine Begründung angeben kann, die tatsächlich korrekt ist (d. h. S kann p aus wahren Prämissen mit gültigen Schlußweisen ableiten).

(II) $F_\mathcal{M}(S,p)$ besagt, daß die Person S ihre Überzeugung, daß p, durch (korrekte) Anwendung der Methode $\mathcal{M}$ gewonnen hat.

(IIa) $F_\mathcal{M}(S,p)$ besagt, daß die Person S ihre Überzeugung, daß p, durch (korrekte) Anwendung der zuverlässigen Methode $\mathcal{M}$ gewonnen hat.

(III)   F(*S*,*p*) besagt, daß *S* den Sachverhalt *p* kompetent beurteilen kann.

Wenn man Fundiertheit im Sinne von (I) versteht, ist der Wissensbegriff (FundW) nach von Kutschera auf keinen Fall anspruchsvoller als der Wissensbegriff (MinW). Denn nach (I) ist eine Überzeugung einer Person *S* auch dann fundiert, wenn *S p* aus Prämissen ableiten kann, die *S* zwar für wahr hält, die *de facto* aber nicht zutreffen:

> „... eine wahre Überzeugung der Person *S* [kann aber] nicht dadurch einen anspruchsvolleren Status erhalten ..., daß *S* in der Lage ist, dafür Gründe anzugeben, von denen sie fälschlich glaubt, sie seien wahr. Wenn schon wahre Überzeugungen allein kein Wissen darstellen sollen, so können das auch nicht wahre Überzeugungen tun, die durch falsche begründet sind." (1982: 21)

Auch mit dem Fundierungsbegriff (Ia) kommt man jedoch nicht viel weiter. Denn auf der einen Seite ist es sicher ein Fortschritt, nur korrekte Gründe zur Fundierung von Überzeugungen zuzulassen. Auf der anderen Seite gilt aber auch: „Wenn man wahre Überzeugung nicht als zureichende Bedingung für Wissen ansieht, so wird man auch korrekte Annahmen nicht als hinreichendes Fundament für ein Wissen ansehen können; ..." (1982: 22). Da keine Konklusion besser begründet ist als die schwächste ihrer Prämissen, wird man für einen adäquaten Fundierungsbegriff deshalb fordern müssen, daß die Gründe, auf die *S* seine Überzeugung zurückführen kann, nicht nur wahr, sondern auch selbst fundiert sind. Damit gerät man jedoch nicht nur in einen schon von Platon diagnostizierten Begründungsregreß. Vielmehr erweist sich jetzt jede Wissensdefinition nach dem Schema (FundW), die auf einem hinreichend starken Fundierungsbegriff beruht, als zirkelhaft. Denn einem solchen Fundierungsbegriff zufolge ist die Überzeugung von *S*, daß *p*, dann und nur dann fundiert, wenn *S p* mit gültigen Schlußweisen aus Prämissen ableiten kann, von denen *S* weiß, daß sie wahr sind.[1] Auch dieser Weg führt also nicht zum Ziel, zumal der naheliegende Ausweg, zur Fundierung zumindest einiger Überzeugungen nicht auf Begründungen, sondern auf die Evidenz der geglaubten

---

[1] Meiner Meinung nach liegt hier – im Gegensatz zu von Kutscheras Behauptung – doch wohl keine direkte Zirkularität vor, da im Definiens das Prädikat „wissen" nicht im Zusammenhang mit der ursprünglichen Proposition *p* vorkommt. Man könnte also daran denken, auf die angegebene Weise eine *rekursive* Definition des Wissensbegriffes zu konstruieren. Das Problem, das sich für einen solchen Ansatz aus der Argumentation von Kutscheras ergibt, ist aber, daß sich für eine solche rekursive Definition keine Definitionsbasis finden läßt.

Sachverhalte zu rekurrieren, nach von Kutschera ebenfalls verschlossen ist.[2]

Wie steht es aber mit den Fundierungsbegriffen (II) und (IIa)? Läßt sich vielleicht mit ihrer Hilfe ein Wissensbegriff definieren, der dem minimalen Begriff überlegen ist? Von Kutschera zufolge nicht; denn gegen diese Fundierungsbegriffe lassen sich analoge Einwände vorbringen wie gegen die Begriffe (I) und (Ia).

Zunächst einmal gibt es keinen Grund für die Annahme, daß wahre Überzeugungen, die durch (korrekte) Anwendung einer *nicht* zuverlässigen Methode $\mathcal{M}$ gewonnen wurden, wertvoller sind als Überzeugungen, die einfach nur wahr sind. Wenn überhaupt, kann also wieder nur der Fundierungsbegriff (IIa) in Frage kommen. Doch hier gibt es analoge Probleme wie beim Fundierungsbegriff (Ia). Entweder (IIa$_1$): Man hält es für ausreichend, daß die Methode $\mathcal{M}$ einfach nur zuverlässig ist, ohne daß S die Zuverlässigkeit begründen kann. Oder (IIa$_2$): Man fordert für die Fundiertheit einer Überzeugung von S nicht nur, daß S diese Überzeugung durch (korrekte) Anwendung der Methode $\mathcal{M}$ gewonnen hat, sondern auch, daß er die Zuverlässigkeit von $\mathcal{M}$ selbst nachweisen kann. Im zweiten Fall gibt es wieder nur zwei Möglichkeiten: 1) S verwendet zum Nachweis der Zuverlässigkeit von $\mathcal{M}$ die Methode $\mathcal{M}$ selbst, dann ist seine Begründung zirkelhaft; oder 2) S verwendet zum Nachweis der Zuverlässigkeit von $\mathcal{M}$ eine andere Methode $\mathcal{M}^*$, dann wird man fordern, daß S auch die Zuverlässigkeit von $\mathcal{M}^*$ nachweisen kann; auf diese Weise gerät man also in einen Regreß. Damit bleibt nur die Alternative (IIa$_1$). Doch diese Alternative führt nach von Kutschera genauso wenig zu einem höherwertigen Wissensbegriff wie die entsprechende Alternative beim Fundierungsbegriff (Ia).

> „Man kann daher zwar den Begriff des Wissens als wahrer Überzeugung im Sinne von (II) einschränken auf wahre Überzeugungen, die auf gewisse Weise gewonnen sind — und das entspricht manchen umgangssprachlichen Verwendungen des Wortes ‚Wissen‘ besser als W_0 —, aber man gelangt dadurch nicht zu einer qualitativ höheren Art des Wissens. Vielmehr beruhen wie im Fall (I), wenn man Wissen zirkelfrei definieren will, fundierte Überzeugungen nur auf anderen (wahren) Überzeugungen; es sind also nur durch (wahre) Überzeugungen vermittelte wahre Überzeugungen; sie sind also erkenntnistheoretisch nicht von höherer Dignität als diese." (1982: 24f.)

---

[2] Vgl. von Kutschera (1982: 22).

Bleibt also nur die Möglichkeit, Fundiertheit im Sinne von (III) zu verstehen. Kommt man wenigstens damit einen Schritt weiter? Nein, auch dies führt nach von Kutschera nicht zu einem akzeptablen Wissensbegriff. Denn selbst wenn man nur Fachleuten im üblichen Sinn (Atomwissenschaftlern, Lungenfachärzten, usw.) in ihrem engeren Fachgebiet die von (III) geforderte Kompetenz zuerkennt, erhält man keinen anspruchsvolleren Wissensbegriff.

> „Die Kompetenz des Fachmanns besteht ja nur darin, daß er in der Regel weiß$_0$, daß ein für seinen Bereich einschlägiger Sachverhalt p besteht, wenn er das glaubt. Sein Wissen, daß p gilt, beinhaltet in diesem Sinn also nicht mehr, als daß er weiß$_0$, daß p besteht, und daß auch seine Überzeugungen bzgl. anderer Sachverhalte seines Arbeitsgebietes in der Regel richtig sind." (1982: 27)

Alles in allem ist für von Kutschera daher die Schlußfolgerung unausweichlich:

> „Die bisher diskutierten Explikationsvorschläge für den Fundiertheitsbegriff fassen also zwar den Wissensbegriff enger als W$_0$ und werden manchen umgangssprachlichen Verwendungen des Wortes ‚Wissen' besser gerecht, *führen aber nicht zu einem in erkenntnistheoretisch relevanter Weise von W$_0$ abgehobenen Wissensbegriff, zum Begriff eines Wissens in einem qualitativ höheren Sinn.*" (ibid. – Hervorh. vom Verf.)

Am Ende des Abschnitts 1.5 faßt von Kutschera seine Argumentation noch einmal auf andere Weise zusammen,[3] wobei er drei Arten von fundierten Überzeugungen unterscheidet:

(A) Fundierte Überzeugungen, die problemlos sind, d. h. für die gilt:
$G_F(S,p) \equiv G(S,G_F(S,p))$.[4]

(B) Fundierte Überzeugungen, die verläßlich sind, d. h. für die gilt:
$G_F(S,p) \supset p$.

(C) Fundierte Überzeugungen, die sowohl problemlos als auch verläßlich sind.

Ausgehend von dieser Unterscheidung schließt er direkt an die erste, oben schon referierte Argumentation an:

---

[3] Vgl. auch von Kutschera (1982: 74–78).
[4] Hierbei gilt: $G_F(S,p) := G(S,p) \wedge F(S,p)$.

(i) Überzeugung im starken Sinn ist als subjektives Kriterium für Wissen nicht zu steigern.

> „(A) besagt, daß Fundiertheit eine subjektive Qualität des Glaubens ist. Da aber ‚Glauben' schon den stärksten Grad subjektiver Gewißheit ausdrückt, ergibt sich dabei keine anspruchsvollere, sondern nur eine engere Umschreibung der für Wissen hinreichenden subjektiven Komponente. Wir haben aber unter den intuitiven Argumenten für eine solche Einengung (vgl. I, II, III) keins gefunden, das eine solche Einengung erkenntnistheoretisch als sinnvoll erscheinen ließe." (1982: 35)

(ii) Wahrheit ist als objektives Kriterium für Wissen nicht zu steigern.

> „(B) besagt, daß Fundiertheit eine objektive Qualität des geglaubten Sachverhalts ist. Da aber Wahrheit nicht steigerungsfähig ist, ergab sich auch hier kein Argument für eine Einengung der Sachverhalte, von denen es ein Wissen geben kann." (ibid.)

(iii) Wenn man den Begriff des Wissens so definiert, daß der ihm zugrundeliegende Begriff des fundierten Glaubens sowohl problemlos als auch verläßlich ist, wenn man also Wissen mit perfektem Wissen identifiziert, dann wird der resultierende Wissensbegriff zu eng.

> „Fundiertheitsbegriffe, die sowohl (A) wie (B) genügen, erg[e]ben zwar Wissensbegriffe, die in erkenntnistheoretisch relevanter Weise von wahrer Überzeugung abgehoben sind, aber diese Begriffe sind wiederum zu eng ..." (ibid.)

Denn perfektes Wissen ist von Kutschera zufolge nur bei analytischen Sätzen und bei Sachverhalten möglich, die die jeweils eigenen Überzeugungen betreffen.[5]

Noch wichtiger als die einzelnen Argumente, die von Kutschera gegen die Alternativen zum minimalen Wissensbegriff ins Feld führt, scheint mir allerdings, *wie* er sich gegen den Vorwurf verteidigt, der minimale Wissensbegriff sei angesichts des normalen Sprachgebrauchs viel zu weit.

> „Was gegen [den minimalen Wissensbegriff] spricht, ist zunächst nur, daß er – gemessen am normalen Gebrauch des Wortes ‚wissen' – zu weit ist. Da es uns aber nicht primär um eine möglichst genaue Entsprechung zum normalen Wissensbegriff geht, ist das allein kein Grund, ‚Wissen' in der Erkenntnistheorie nicht so zu verwenden. Daher haben wir untersucht, ob erkenntnistheoretisch relevante Gründe

---

[5] Vgl. von Kutschera (1982: Abschnitt 1.4).

für eine andere Explikation sprechen und ob es eine anspruchsvollere Form von Wissen gibt, der man diesen Namen vorbehalten sollte." (ibid.)

In dieser Passage wird völlig klar, daß von Kutschera in seinen Überlegungen zum Wissensbegriff ein ganz anderes Ziel verfolgt als die meisten anderen Autoren. Ihm geht es nicht um eine Definition, die die Intension (oder zumindest die Extension) des alltagssprachlichen Wissensbegriffs möglichst genau einfängt,[6] sondern um die Entwicklung eines Wissensbegriffs, der den systematischen Bedürfnissen der Erkenntnistheorie am besten entspricht. Für ihn lautet die entscheidende Frage daher: Gibt es *systematische* Gründe dafür, alternative, engere Wissensbegriffe dem minimalen Begriff (MinW) vorzuziehen? Ich werde im Abschnitt 4 auf diesen Ansatz zurückkommen. Zunächst möchte ich jedoch auf Überlegungen von Crispin Sartwell eingehen, der in zwei Aufsätzen von 1991 und 1992 mit einer etwas anderen Argumentation zu demselben Ergebnis wie von Kutschera kommt.

3.

In seinem ersten Aufsatz von 1991 versucht Sartwell zunächst nur, die WwM-These gegen eine Reihe von Standardeinwänden zu verteidigen. In diesem Aufsatz geht es ihm also weniger darum, seine These positiv zu untermauern, als vielmehr darum, Zweifel daran zu säen, daß der zu Beginn dieses Aufsatzes angesprochene Gemeinplatz tatsächlich so gut begründet ist, wie viele meinen.

Die meisten Standardeinwände gegen die WwM-These beruhen, wie wir schon gesehen haben, auf Gegenbeispielen, in denen eine Person (vermeintlicherweise) eine wahre Überzeugung bzgl. *p* hat, in denen wir aber trotzdem nicht sagen würden, sie wisse, daß *p*. Sartwell allerdings meint, daß es sich durchaus lohne, diese Beispiele genauer zu analysieren. Zu diesem Zweck führt er selbst vier Fälle an, von denen ich hier die ersten beiden zitiere:

"(1) Having no training in geometry, I dream that the Pythagorean theorem is true. On that basis, and for no other reason, I come to believe that it *is* true. And of course it is. But it seems that the con-

---

[6] Nur wenn man dieses Ziel verfolgt, hat das bekannte Spiel: Definitionsvorschlag, Gegenbeispiel, verbesserter Definitionsvorschlag, neues Gegenbeispiel ... überhaupt einen Sinn!

> nection between the theorem and my dream that it obtains is arbitrary. To put it another way, I have no *good* reason to believe that the theorem is true. Or to put it yet another way, it appears that my belief is unjustified.
>
> (2) I close my eyes, put my finger on the name of a horse on the racing form, and then bet the baby that the horse to whose name I have pointed to will win the fifth race. (The horse does indeed win the race.)" (1991: 157)

Auch Sartwell bezweifelt nicht, daß in diesen beiden Fällen kein Wissen vorliegt. Aber liegt das daran, daß jeweils die Rechtfertigungsbedingung nicht erfüllt ist? Könnte es nicht auch sein, daß andere Bedingungen nicht erfüllt sind? Ist z. B. klar, daß er im ersten Beispiel wirklich *glaubt*, daß der Satz des Pythagoras wahr ist. Sicher wäre das nur der Fall, wenn sein mathematisches Wissen wenigstens so weit reicht, daß er diesen Satz zumindest verstehen kann. In dieser Hinsicht ist das Beispiel allerdings unterbeschrieben. Wenn man jedoch hinzufügen würde, daß in diesem Fall die Rechtfertigungsbedingung schon deshalb nicht erfüllt sein könne, weil Sartwells mathematische Kenntnisse nicht über das Einmaleins hinausgehen, dann würde man damit zugleich echte Zweifel daran begründen, daß die Glaubensbedingung erfüllt ist.

> "The strongest way to frame the counter-example, one which makes it clear that the belief is not justified on any account of justification, is to isolate the belief completely, to suppose that I am a mathematical naif. But a problem arises here, namely: *is this a case of belief?*" (1991: 158)

Auch beim zweiten Beispiel stellt sich eine ähnliche Frage. In diesem Fall wettet Sartwell zwar eine Menge Geld darauf, daß das Pferd, auf dessen Namen er mit dem Finger zeigt, gewinnen wird; aber *glaubt* er dies wirklich in dem Sinne, daß er diesem Ereignis die Wahrscheinlichkeit 1 zumißt? Ist er von diesem Ereignis wirklich mit der für Wissen notwendigen Gewißheit überzeugt? Auch hier sind sicher Zweifel erlaubt.

> "If I am a compulsive gambler, I may look for some technique to pick horses without having any pronounced confidence that the technique is a good way to pick winners, or that any particular application of the technique will lead to the desired result. In such a case, I may act as though the proposition is true without believing it." (ibid.)

Grundsätzlich gilt jedenfalls, daß eine Person, die von p überzeugt ist, damit zumindest zu einem hohen Grade auf die Wahrheit von p

festgelegt ist. Wenn sie ihre Überzeugung schon dann zurücknimmt, wenn *p* auch nur in Frage gestellt wird, hat man daher gute Gründe, daran zu zweifeln, daß sie überhaupt von *p* überzeugt war.

Es lohnt sich daher, zumindest die Frage zu stellen, ob die Schwäche der meisten Beispiele, die gegen die WwM-These angeführt worden sind, nicht eher darin begründet ist, daß in ihnen nicht einmal die Glaubensbedingung erfüllt ist.

> "... arguments to the effect that some third condition is required for knowledge often play on an insufficiently rich notion of belief. Such arguments, again, often take the form simply of pointing out that a lucky guess does not count as knowledge. But of course, in the usual case, a lucky guess is not even a belief." (1991: 159)

Aber die Gegner der WwM-These haben noch ein weiteres Argument: Sie können darauf verweisen, daß es, wenn eine Person behauptet, sie wisse, daß *p*, immer legitim ist zu fragen, woher sie das wisse. Warum sollte das so sein, wenn Rechtfertigung nicht zu den notwendigen Bedingungen von Wissen gehörte? Auf diesen Einwand könnte man erwidern, daß in diesem Punkt eigentlich keine Disanalogie zwischen Wissen und Glauben bestehe; denn auch, wenn jemand nur sagt, er glaube, daß *p*, sei es legitim zu fragen, warum er das glaube. Doch diese Erwiderung greift zu kurz. Denn im Fall des Wissens ist die Antwort auf die Frage „Woher weißt Du das?" auch relevant dafür, ob der Wissensanspruch zu Recht erhoben wird. Wenn diese Frage nicht adäquat beantwortet werden kann, haben wir durchaus einen guten Grund für die Entgegnung: „Du weißt es ja gar nicht wirklich!". Im Fall des bloßen Glaubens gilt dagegen in der Regel nichts Entsprechendes. Auch wenn man diese Disanalogie zugesteht, bleibt jedoch die Frage, ob sie nur durch die Annahme erklärt werden kann, daß Rechtfertigung zu den *Definitionsbedingungen* von Wissen zählt. Sartwell jedenfalls meint, daß man diese Disanalogie auch anders erklären kann – durch die Annahme nämlich, daß Rechtfertigung keine Definitionsbedingung, sondern nur ein *Kriterium* für Wissen ist.

> "Let us take a criterion, roughly, to be a test of whether an item has some property, a test that we apply if we are in doubt as to whether the item has that property or not. For example, it is a criterion for something to be gold that it yields a certain characteristic taste when bitten. In cases where we are in doubt about whether something is gold or not, we may well employ this criterion in deciding the matter. But it is hardly a logically necessary condition of something's being gold that it yields this taste when bitten. ... I claim that justification is a criterion of knowledge in the sense that, if the case is doubtful,

> the request for a justification acts as a test of whether *S* knows that *p*. But justification is not a logically necessary condition of knowledge." (1991: 161)

Genauer gesagt: Sartwell zufolge verwenden wir, wenn wir nach der Rechtfertigung eines Wissensanspruchs fragen, ein Kriterium, mit dem wir zu überprüfen versuchen, ob die fragliche Proposition *p wahr* ist, d. h. mit dem wir versuchen, herauszubekommen, ob die erste, die Wahrheitsbedingung erfüllt ist. Denn dies ist, da wir an der Tatsache, daß die betreffende Person *S p* wirklich glaubt, in der Regel nicht zweifeln, der entscheidende Punkt, wenn wir – dem Wissensbegriff (MinW) gemäß – überprüfen wollen, ob *S* tatsächlich weiß, daß *p*.

Diese Auffassung wird auch durch die Tatsache gestützt, daß sich eigentlich alle Erkenntnistheoretiker darin einig sind, daß Rechtfertigung *wahrheitsfördernd* sein muß, d. h. daß *x* (was immer *x* ist) nur dann eine Rechtfertigung für *p* sein kann, wenn *p* wahr oder wenigstens wahrscheinlich wahr ist, falls *x* der Fall ist. Wenn etwa manche rechtfertigungstheoretischen Fundamentalisten die Auffassung vertreten, daß die Überzeugung, daß *p*, dann und nur dann gerechtfertigt ist, wenn *p* aus evidenten Prämissen deduktiv abgeleitet werden kann, dann steckt hinter dieser Auffassung offensichtlich die Überlegung, daß Rechtfertigung sogar wahrheitsgarantierend sein muß. Denn falls evidente Propositionen wahr sind, dann muß, wenn *p* aus evidenten Propositionen mit wahrheitserhaltenden Schlußverfahren hergeleitet werden kann, auch *p* wahr sein.

Dafür, daß Rechtfertigung immer auf Wahrheit bezogen sein muß, argumentiert z. B. Paul Moser:

> "[E]pistemic justification is essentially related to the so-called cognitive goal of truth, insofar as an individual belief is epistemically justified only if it is appropriately directed toward the goal of truth. More specifically, on the present conception, one is epistemically justified in believing a proposition only if one has good reason to believe it is true." (1985: 4)

Auch Alvin Goldmann vertritt diese Auffassung, wenn er schreibt, daß jeder Rechtfertigungsbegriff der Bedingung genügen muß, daß Überzeugungen, die diesem Begriff zufolge gerechtfertigt sind, wahrscheinlich wahr sind, und daß jeder plausible Rechtfertigungsbegriff daher eine Verbindung zur Wahrheit hat.[7]

---

[7] Vgl. Goldmann (1986: 116–121).

Noch deutlicher äußert sich Laurence BonJour:

> "If epistemic justification were not conducive to truth in this way, if finding epistemically justified beliefs did not substantially increase the likelihood of finding true ones, then epistemic justification would be irrelevant to our main cognitive goal and of dubious worth. It is only if we have some reason for thinking that epistemic justification constitutes a path to truth that we as cognitive beings have any motive for preferring epistemically justified beliefs to epistemically unjustified ones. Epistemic justification is therefore in the final analysis only an instrumental value, not an intrinsic one." (1985: 8)

Rechtfertigungen bedürfen, so BonJour, daher immer einer *Meta-Rechtfertigung*, d. h. einer Argumentation, die plausibel macht, daß entsprechend gerechtfertigte Überzeugungen (wahrscheinlich) wahr sind. Sartwell meint daher ganz im Einklang mit den Überlegungen BonJours:

> "This indicates ... that justification is subordinate to truth, that *our epistemic goal is true belief*, while *justification is a means* by which we reach this goal and a means by which we confirm that this goal has been reached." (1991: 161 – Hervorh. vom Verf.)

Wenn jemand, der behauptet hat, Goldbachs Vermutung sei wahr, auf die Frage „Woher weißt Du das?" antwortet: „Prof. Ersatz hat in seinem letzten Artikel einen Beweis veröffentlicht", dann geht es ihm nach Sartwell also nicht darum zu zeigen, daß er die dritte Bedingung des traditionellen Wissensbegriffs erfüllt, d. h. daß er *gerechtfertigt* ist zu glauben, daß Goldbachs Vermutung wahr sei. Es geht ihm vielmehr darum, Gründe anzuführen, die dafür sprechen, daß seine Überzeugung *wahr* ist, aus denen also hervorgeht, daß die erste – die Wahrheitsbedingung – erfüllt ist. Rechtfertigung ist dementsprechend also nicht selbst eine Bedingung des Wissensbegriffs, sie dient nur *als Mittel*, um plausibel zu machen, daß eine andere, die Wahrheitsbedingung erfüllt ist.

Damit ist die Frage nach der Rechtfertigung einer Überzeugung aber nicht überflüssig, sie bekommt nur einen anderen Stellenwert.

> "... justification (a) gives procedures by which true beliefs are obtained, and (b) gives standards for evaluating the products of such procedures with regard to that goal. From the point of view of (a), justification prescribes techniques by which knowledge is gained. From the point of view of (b), it gives a criterion for knowledge. But in neither case does it describe a logically necessary condition for knowledge." (Sartwell 1992: 174)

Der Grundgedanke dieser Argumentation wird von Sartwell in seinem zweiten Aufsatz von 1992 noch einmal systematisch aufgenommen. Diesmal beginnt er mit der Bemerkung, daß Diskussionen über die angemessene Explikation des Wissensbegriffs häufig darunter leiden, daß nicht klar ist, welcher intuitive Vorbegriff eigentlich expliziert werden soll. Sartwell selbst schlägt vor, diesen Vorbegriff so zu fassen: *„knowledge is our epistemic goal in the generation of particular propositional beliefs"* (1992: 167). Für ihn stellt sich die Frage damit so: Wie läßt sich dieses Ziel genauer fassen? Oder, auf den gegenwärtigen Kontext bezogen: Ist es plausibler zu sagen, daß das Ziel unserer Erkenntnisbemühungen darin besteht, wahre Überzeugungen zu gewinnen, oder darin, wahre, gerechtfertigte Überzeugungen zu gewinnen?

Für Sartwell ist die Antwort klar: Bei all unseren Erkenntnisbemühungen geht es letzten Endes immer nur um wahre Überzeugungen. Bevor wir auf seine Gründe für diese Antwort eingehen, zuerst noch ein kurzer Blick auf Sartwells Explikation des Vorbegriffs des Wissens. Was spricht eigentlich für die Auffassung, Wissen sei in erster Linie das Ziel unserer Erkenntnisbemühungen? Sartwell selbst nennt zwei Gründe.

Erstens: Wenn Wissen nicht das Ziel unserer Erkenntnisbemühungen ist, warum spielt dieser Begriff in der Erkenntnistheorie dann so eine zentrale Rolle?

Zweitens: Wenn man auf der einen Seite die Auffassung akzeptiert, das Ziel unserer Erkenntnisbemühungen seien einfach wahre Überzeugungen, sich auf der anderen Seite aber weigert, Wissen als wahre Überzeugung zu definieren, und wenn man auf diese Weise impliziert, daß Wissen nicht das Ziel unserer Erkenntnisbemühungen ist, dann hat das erhebliche Folgen:

a) „Wissen" wird zu einem *terminus technicus* mit einer rein konventionellen Definition.

b) Die Rolle des Wissensbegriffs in der Erkenntnistheorie wird ausgehöhlt.

c) Die rein konventionelle Definition von „Wissen" ist entweder redundant oder inkohärent.

Mit anderen Worten: Wenn Wissen nicht das Ziel unserer Erkenntnisbemühungen ist, dann bleibt sowohl die Rolle als auch die Definition von Wissen völlig unklar, d. h. dann bleibt letzten Endes unklar, warum wir uns überhaupt für den Begriff des Wissens interessieren sollten.

Doch damit zurück zu der entscheidenden Frage: Was spricht für die Auffassung, das Ziel unserer Erkenntnis seien wahre Überzeugungen und sonst nichts? Zur Beantwortung dieser Frage verweist Sartwell zunächst noch einmal auf die schon angesprochene Tatsache, daß sich eigentlich alle Erkenntnistheoretiker darin einig sind, daß Rechtfertigung wahrheitsfördernd sein muß, daß sie also im wesentlichen einen instrumentellen Wert besitzt, indem sie uns dem Ziel wahrer Überzeugungen näher bringt. Alle Autoren, die diese Auffassung vertreten, haben sich nach Sartwell zumindest implizit schon darauf festgelegt, daß Wissen bloß in wahrer Überzeugung besteht und daß Rechtfertigung nur ein Kriterium darstellt, aber keinen eigenständigen Bestandteil des Wissensbegriffs. Denn es hat einfach keinen Sinn, etwas, was nur Mittel zur Erreichung eines Zieles ist, mit in die Definition dieses Zieles aufzunehmen.

> "Another way of putting the matter is this. If we describe justification as of merely instrumental value with regard to arriving at truth, as BonJour does explicitly, we can no longer maintain both that knowledge is the *telos* of inquiry and that justification is a necessary condition of knowledge. It is incoherent to build a specification of something regarded *merely* as a means of achieving some goal into the description of the goal itself; in such circumstances, the goal can be described independently of the means. So, if justification is demanded because it is instrumental to true belief, it cannot also be maintained that knowledge is justified true belief." (1992: 174)

Dieses Ergebnis läßt sich durch eine andere Überlegung noch untermauern. Auch Sartwell leugnet nicht, daß wir an Rechtfertigungen interessiert sind; daß wir uns darum bemühen, Gründe für unsere Überzeugungen zu haben; daß wir uns nicht damit zufriedengeben, einfach von etwas überzeugt zu sein. Allerdings können wir offenbar ohne weiteres fragen, warum das so ist. Diese Frage wäre jedoch völlig verfehlt, wenn Rechtfertigung Teil des Ziels unserer epistemischen Bemühungen wäre. „For there is no good answer to the question of why we desire our ultimate ends." (1992: 175) Aber die Frage ist nicht fehl am Platze. Und auch daraus ergibt sich ein deutlicher Hinweis darauf, daß Rechtfertigung kein Ziel unserer Erkenntnisbemühungen, sondern nur ein Mittel ist, dieses Ziel zu erreichen.

Letzten Endes kann man nach Sartwell die Gründe für den zweiten Teil der Gleichung
Wissen = das Ziel unserer Erkenntnisbemühungen = wahre Überzeugungen

auf einen einfachen Nenner bringen. Jeder, der diesen Teil der Gleichung bestreitet und stattdessen die Auffassung vertritt, das Ziel unserer Erkenntnisbemühungen seien *gerechtfertigte* wahre Überzeugungen, ist sofort mit einem Dilemma konfrontiert: Rechtfertigung ist nämlich entweder (a) ein Mittel zum Erlangen wahrer Überzeugungen oder (b) ein Mittel zum Erlangen anderer Ziele bzw. ein Selbstzweck.

(a) Wenn Rechtfertigungen nur Mittel zum Erlangen wahrer Überzeugungen sind, und wenn daher alle Rechtfertigungsverfahren einer Meta-Rechtfertigung als wahrheitsfördernd bedürfen, dann interessieren uns Rechtfertigungen nur, weil es uns darum geht, zu wahren Überzeugungen zu kommen. Wenn Wissen das Ziel unserer Erkenntnisbemühungen ist, ist in diesem Fall Wissen also nur wahre Überzeugung. Denn es wäre unsinnig, ein Mittel zur Erlangung eines Ziels in dessen Definition aufzunehmen.

(b) Wenn Rechtfertigung dagegen ein Mittel zur Erlangung anderer Ziele bzw. ein Selbstzweck ist, dann wird der dreigliedrige Wissensbegriff inkohärent. Denn dann verfolgen wir, wenn wir nach Wissen streben, nicht ein, sondern zwei Ziele, die nicht immer simultan realisiert sein müssen.

> "... either justification is instrumental to truth or it is not. If it is, then knowledge is merely true belief. If it is not, there is no longer a coherent concept of knowledge. Thus knowledge is mere true belief. Q. E. D." (1992: 180)

4.

Es wäre meiner Meinung nach verfehlt, in den bisher referierten Argumenten nach kleinen Fehlern oder Ungereimtheiten zu suchen;[8] denn dabei würde man schnell die große Richtung der Argumentation aus dem Auge verlieren. Und gerade die scheint mir sehr überzeugend. Versuchen wir also, das Wesentliche im Blick zu behalten.

Klar scheint mir nach dem Gesagten, daß es in der Erkenntnistheorie drei Grundfragen gibt:

---

[8] Das letzte Argument Sartwells etwa ist in dieser Form sicher nicht haltbar. Natürlich kann man alte Goldmünzen suchen, auch wenn manche alten Münzen nicht aus Gold und manche Goldmünzen nicht alt sind. „Inkohärent" wäre der traditionelle dreigliedrige Wissensbegriff nur, wenn sich Wahrheit und Rechtfertigung gegenseitig ausschlössen.

1) Was ist das Ziel unserer Erkenntnisbemühungen?
2) Wie – mit welchen Mitteln und Verfahren – können wir dieses Ziel erreichen? (Und in welchen Bereichen können wir es erreichen?)
3) Wie – mit Hilfe welcher Kriterien – können wir überprüfen, ob bzw. inwieweit wir dieses Ziel erreicht haben?

Und klar scheint mir nach allen Argumenten auch, daß die Antwort auf die erste Frage lauten muß: Wahrheit und nichts als die Wahrheit. Was wir anstreben, sind wahre Überzeugungen – nicht mehr und nicht weniger. Daß sich dieses Ziel nicht steigern läßt, daß es in diesem Sinne keinen „qualitativ höheren" als den minimalen Wissensbegriff (MinW) gibt, scheint mir jedenfalls auch ein Hauptpunkt der Argumentation von Kutscheras zu sein. Natürlich könnte man vorschlagen, nicht nur wahre Überzeugungen anzustreben, sondern wahre Überzeugungen, die mit Hilfe verläßlicher Methoden erworben wurden. Dagegen ist aber „zu betonen, daß eine methodisch gewonnene wahre Überzeugung weder subjektiv sicherer noch objektiv wahrer ist als jede andere wahre Überzeugung" (von Kutschera 1982: 25). Wahrheit ist in diesem Sinne nicht steigerbar. Insofern können wir kein höheres epistemisches Ziel haben als die Erkenntnis der Wahrheit.

Dies bedeutet jedoch, worauf ja sowohl von Kutschera als auch Sartwell nachdrücklich hinweisen, auf keinen Fall die Ablehnung *verläßlicher Methoden*. Ganz im Gegenteil: Gerade für den, der ein Ziel ernsthaft zu erreichen versucht, sind die Mittel und Wege von größter Bedeutung, die mit einiger Sicherheit zur Erreichung seines Zieles führen. Gerade wer die Auffassung vertritt, das Ziel unserer Erkenntnisbemühungen seien wahre Überzeugungen und sonst nichts, wird sich daher in besonderer Weise um verläßliche Methoden der Erkenntnisgewinnung bemühen. Denn ohne solche Methoden kann er sein Ziel nicht erreichen. Allerdings wird das Ziel selbst durch diese Methoden nicht definiert. D. h., Antworten auf die Frage nach verläßlichen Methoden der Erkenntnisgewinnung sind Antworten auf die zweite, nicht auf die erste der drei Grundfragen der Erkenntnistheorie.

Auch nach dieser Klärung bleibt aber noch eine Frage offen – die Frage nämlich, welche Rolle Rechtfertigung eigentlich spielt, wenn sie nicht zu den Definitionsbedingungen von Wissen zählt.

Sartwell, das haben wir schon gesehen, ist der Meinung, Rechtfertigung sei sowohl ein Mittel zur Erreichung von Wissen – im Sinne von (MinW) – als auch ein Mittel zur Überprüfung, ob unsere Überzeugungen tatsächlich Wissen darstellen. Er gibt letzten Endes also auf die zweite und die dritte Frage dieselbe Antwort: Rechtfertigung. Aber das ist wenig überzeugend. Schon sprachlich scheint es kaum möglich, auf die Frage, mit welchen Mitteln und Verfahren wir das Ziel unserer Erkenntnisbemühungen erreichen können, die Antwort „Rechtfertigung" zu geben. Diese Schwierigkeit ließe sich nur umgehen, wenn man Rechtfertigung mit verläßlichen Methoden gleichsetzte. Doch auch das wäre nicht plausibel. Denn wir verweisen zwar manchmal zur Rechtfertigung einer Überzeugung darauf, daß sie mit Hilfe einer verläßlichen Methode erworben wurde. Aber dies ist keineswegs das einzig mögliche Mittel der Rechtfertigung.

Ein guter Ansatzpunkt, um die Rolle von Rechtfertigung im Erkenntnisprozeß zu klären, ist die Frage, aus welchem Grund wir von anderen (oder auch von uns selbst) Rechtfertigungen verlangen. Die Antwort auf diese Frage liegt ziemlich nahe: Weil wir wissen wollen, ob wir uns auf das, wovon andere (oder auch wir selbst) überzeugt sind, *verlassen* können, ob wir in unserem Denken und Handeln von ihren Überzeugungen ausgehen können, mit anderen Worten: ob diese Überzeugungen (wahrscheinlich) wahr sind.[9]

Dies wird nach Sartwell, wie ich bereits erwähnt hatte, ganz deutlich, wenn man sich überlegt, unter welchen Bedingungen wir die Frage „Woher weißt Du das?" stellen. Unter normalen Umständen fragen wir *nicht* nach einer Rechtfertigung, wenn eine Überzeugung völlig selbstverständlich oder trivial ist.[10] Wenn eine Person S sagt, sie wisse, daß 2+2=4 oder daß der Himmel an Sonnentagen blau ist, dann werden wir sie normalerweise nicht mit der Frage „Woher weißt Du das?" behelligen. Wenn sie aber sagt, sie wisse, daß Goldbachs Vermutung zutreffe, daß es Nilpferde auf Madagaskar gebe, oder daß Gerhard Schröder der nächste Bundeskanzler sein werde, dann sehen die Dinge anders aus. Im ersten Fall sind wir an einer Rechtfertigung nicht interessiert, da wir von der Wahrheit dessen, was S zu wissen glaubt, selbst schon überzeugt sind. Im zweiten Fall dagegen sind wir daran interessiert herauszubekommen, woher S weiß, was sie zu wissen glaubt, weil wir wissen möchten, was dafür spricht, daß S's Überzeugung *verläßlich* ist, d. h. was dafür spricht, daß diese Überzeugung

---

[9] Manchmal verfolgen wir nach Sartwell allerdings auch andere Ziele. Denn manchmal fragen wir nach Rechtfertigungen, um zu prüfen, inwieweit die Person, um die es geht, als rational angesehen werden kann.
[10] Zu den außergewöhnlichen Umständen, unter denen wir auch bei diesen Überzeugungen nach einer Rechtfertigung fragen würden, vgl. Sartwell (1991: 162).

wahr ist. Denn wenn wir selbst noch nicht glauben, was *S* zu wissen glaubt, dann wollen wir natürlich wissen, ob wir das auch glauben sollen oder nicht. Wenn *S* keine Rechtfertigung angeben kann, werden wir dies nicht ohne weiteres tun, weil wir keinen Grund haben, zu glauben, daß das, was sie zu wissen glaubt, wahr ist. Mit anderen Worten: Rechtfertigungen sind kein Selbstzweck, sondern dienen dazu, Wahrheitsansprüche zu überprüfen. Sie sind, wie Sartwell sagt, *Kriterien*, mit deren Hilfe wir beurteilen, ob das, was *S* zu wissen glaubt, tatsächlich wahr ist und ob *S*'s Überzeugungen insofern im Sinne von (MinW) als Wissen gelten können.

Mit anderen Worten: „Rechtfertigung" ist die Antwort auf die dritte Grundfrage der Erkenntnistheorie – die Frage, mit Hilfe welcher Kriterien wir überprüfen können, ob bzw. inwieweit wir das Ziel unserer Erkenntnisbemühungen erreicht haben. Und diese Feststellung liefert uns zugleich einen wichtigen Hinweis darauf, wie der Begriff der Rechtfertigung selbst zu verstehen ist: Eine Überzeugung, daß *p*, ist genau dann gerechtfertigt, wenn sie ein Merkmal besitzt, aus dem hervorgeht, daß *p* (wahrscheinlich) wahr ist. Überzeugungen, die durch verläßliche Methoden gewonnen wurden, sind also gerechtfertigt; aber auch Überzeugungen, für die die jeweilige Person *S* gute Gründe anführen kann. Denn auch dieses Merkmal spricht dafür, daß das, was *S* glaubt, wahr ist.[11]

Wenn wir Bilanz ziehen, ergibt sich also folgendes Ergebnis: *Wahrheit* und *Rechtfertigung* sind Antworten auf zwei ganz verschiedene Fragen der Erkenntnistheorie. Wahrheit ist das Ziel und Rechtfertigung nur ein Mittel bzw. ein Kriterium. Was wir anstreben, sind *wahre Überzeugungen*. Ob eine Überzeugung *gerechtfertigt* ist, interessiert uns nur deshalb, weil ihre Wahrheit in der Regel nicht auf der Hand liegt.

Eine Person *S* behauptet, daß *p*. Sollen wir ihr glauben oder nicht? Sollen wir selbst diese Überzeugung übernehmen und unser Überlegen und Handeln an ihr ausrichten? Wenn wir wüßten, ob *p* wahr ist, würden sich diese Fragen von selbst beantworten. Leider ist das im allgemeinen jedoch nicht offensichtlich. Deshalb wählen wir einen indirekten Weg: Wir fragen, ob *S* vernünftige Gründe für ihre Überzeugung angeben kann bzw. ob diese Überzeugung auf verläßliche Weise zu-

---

[11] Diese Auffassung hat den Vorteil, daß sie zeigt, daß jede Debatte um *den* angemessenen oder gar richtigen Rechtfertigungsbegiff völlig müßig ist. *Alles*, woraus hervorgeht, daß eine Überzeugung wahrscheinlich wahr ist, kann in dem angeführten Sinn als Rechtfertigung dieser Überzeugung gelten.

stande gekommen ist. Mit anderen Worten: Wir fragen, ob *S* in ihrer Überzeugung gerechtfertigt ist. Warum tun wir das? Aus zwei Gründen: Erstens weil die Frage, ob *S* in ihrer Überzeugung, daß *p*, gerechtfertigt ist, in der Regel leichter zu beantworten ist als die Frage, ob *p* wahr ist. Und zweitens weil Rechtfertigung etwas mit Wahrheit zu tun hat: Bei gerechtfertigten Überzeugungen spricht zumindest eine gewisse Wahrscheinlichkeit dafür, daß sie wahr sind. Rechtfertigung interessiert uns also, weil sie ein *Kriterium* für Wahrheit ist.

Es ist deshalb Unsinn, zu sagen, wir würden nach wahren *und* gerechtfertigten Überzeugungen streben. Entscheidend ist die Frage, ob eine Überzeugung wahr ist. Ob sie gerechtfertigt ist, interessiert uns nur, solange wir das nicht wissen. D. h., gerechtfertigte Überzeugungen interessieren uns nur ‚hilfsweise', weil man einer Überzeugung in der Regel nicht ‚ansehen' kann, ob sie wahr ist, und weil gerechtfertigte Überzeugungen zumindest wahrscheinlich wahr sind.

Systematisch gesehen gibt es in der Erkenntnistheorie somit *zwei* interessante Begriffe – den Begriff der *wahren Überzeugung* und den Begriff der *gerechtfertigten Überzeugung*. Aber diese beiden Begriffe spielen zwei ganz *unterschiedliche Rollen*. Und daher ist es völlig verfehlt, diese Begriffe in *einem* Hybridbegriff des Wissens zu vereinen. Der traditionelle dreigliedrige Wissensbegriff ist somit systematisch gesehen ein Unding. Er bringt Dinge zusammen, die nicht zusammengehören und die zusammenzubringen nur Verwirrung stiften kann. *Dieser* Begriff hat in einer *systematisch* betriebenen Erkenntnistheorie keinen Platz. Es hat deshalb – von einem systematischen Standpunkt aus gesehen – auch gar keinen Zweck, zu versuchen, die Intension (oder zumindest die Extension) *dieses* Begriffs durch einen präziseren einzufangen.[12] Aber was soll man dann mit dem Wissensbegriff überhaupt anfangen?

Grundsätzlich gibt es zwei Möglichkeiten: Entweder man hält – wie von Kutschera und Sartwell – daran fest, dem Begriff des Wissens in der Erkenntnistheorie eine zentrale Rolle zuzugestehen. In diesem Fall scheint es am vernünftigsten, den Ausdruck „Wissen" als Ausdruck für das Ziel unserer Erkenntnisbemühungen zu verwenden. Wenn man dies tut, gibt es jedoch keine Alternative zum minimalen Wissenbegriff, d. h. zur Identifikation von Wissen mit wahrer Über-

---

[12] Aus diesem Grunde halte ich auch Sartwells eher verzweifelten Versuch für verfehlt, zu zeigen, daß man den minimalen Wissensbegriff doch mit allen vermeintlichen Gegenbeispielen in Einklang bringen kann.

zeugung. Denn das Ziel aller Erkenntnisbemühungen sind wahre Überzeugungen und nichts anderes.

Oder man verzichtet ganz auf den Wissensbegriff und beschränkt sich auf die Begriffe der wahren Überzeugung und der gerechtfertigten Überzeugung. Mir will fast scheinen, daß dieser zweite Weg der vernünftigere ist. Denn erstens hat er den Vorteil, daß man mit ihm unliebsamen und fruchtlosen Debatten aus dem Wege geht, die letztlich nur zu immer weiteren Konfusionen führen müssen. Und zweitens verliert man nichts, wenn man sich für diesen Weg entscheidet, da sich alle Fragen, die wir im Bereich der Erkenntnistheorie klären wollen, auch ohne den alltagssprachlichen Wissensbegriff formulieren und beantworten lassen.

Literatur

BonJour, Laurence (1985): *The Structure of Empirical Knowledge.* Cambridge MA (Harvard University Press).

Cornman, James W., Lehrer, Keith, & Pappas, George S. (1987): *Philosophical Problems and Arguments: An Introduction.* 3rd ed. Indianapolis (Hakkett).

Goldman, Alvin (1986): *Epistemology and Cognition.* Cambridge MA (Harvard University Press).

Kutschera, Franz von (1982): *Grundfragen der Erkenntnistheorie.* Berlin (de Gruyter).

Moser, Paul K. (1985): *Empirical Justification.* Dordrecht (Reidel).

Platon: *Theaitetos.* In: *Sämtliche Werke*, Bd. 4. Hamburg (Rowohlt Taschenbuch Verlag) 1958.

Sartwell, Crispin (1991): "Knowledge is Merely True Belief". *American Philosophical Quarterly* 28, 157–165.

Sartwell, Crispin (1992): "Why Knowledge is Merely True Belief". *The Journal of Philosophy* 89, 167–180.

Bemerkungen zu den *Grundlagen der Ethik*

von Antonella Corradini

0. Statt einer Einleitung: Eine persönliche Geschichte

Meine erste Begegnung – als Doktorandin der Philosophie – mit Kutscheras *Grundlagen der Ethik* (1982) trug den Charakter einer „Liebe auf den ersten Blick". Verschiedene Aspekte dieses Buches übten eine starke Faszination auf mich aus. Es schien mir zuerst ein Werk im echten „analytischen Stil", sowohl aufgrund seiner Klarheit und seiner (teilweise bis ins Formale gehenden) Genauigkeit, als auch dank der Fähigkeit des Verfassers, die unterschiedlichen ethischen Positionen bis zur letzten Konsequenz zu durchdenken. Auf der anderen Seite vermochte der Autor aber auch, sich von einigen Gemeinplätzen der analytischen Ethik zu lösen, indem er sich zu Gesichtspunkten bekannte, die innerhalb dieser meistens als „ketzerisch" zu bezeichnen sind: Eine solche war zum Beispiel seine Verteidigung des Objektivismus und seine Idee, eine nicht utilitaristische teleologische Ethik zu entwerfen, die den Wert der Person anerkennt. Diese beiden Gedanken entsprachen ganz genau den theoretischen Absichten, die ich damals in meiner Dissertation zu realisieren versuchte, so daß ich mich durch Kutscheras Buch ermutigt fühlte, mein Projekt fortzusetzen. Gleichzeitig faßte ich auch einen zweifachen Entschluß, d. h. erstens nach der Doktoratszeit bei Kutschera weiter zu arbeiten und zweitens die *Grundlagen der Ethik* ins Italienische zu übersetzen. Beide Vorhaben sind dank der Gastfreundlichkeit Kutscheras und eines Forschungsstipendiums der Alexander-von-Humboldt Stiftung zur Verwirklichung gekommen. Die italienische Ausgabe (die einer geplanten zweiten deutschen Ausgabe entspricht) erschien 1991, in einer aber teilweise revidierten Form, da Kutschera inzwischen einige seiner Überzeugungen geändert hatte. Die bedeutendsten Veränderungen betrafen eben die beiden oben angeschnittenen Thesen, nicht in dem Sinne, daß Kutschera sie nicht mehr teilte, sondern daß er auf eine andere Art, sie zu verteidigen, abzielte. Er plädierte nämlich jetzt auf der einen Seite für eine praktische, statt für eine theoretische Rechtfertigung seiner objektivistischen Position und wandte sich auf der anderen von der Perspektive einer rein teleologischen Konzeption der Ethik ab, indem er eine Integration von Teleologie und Deontologie befürwortete[1]. Mit solchen Modifikationen sah ich mich also während der Übersetzungsarbeit konfrontiert. In diesem Beitrag möchte ich einige meiner Überlegungen von damals vorlegen, wobei ich versuche, die Veränderungen in dem Kontext des gesamten Werkes zu denken. Das kann — stelle ich mir vor — auch für den deutschen Leser von Interesse sein, zumal die neuere Version ihm in dem Moment, in dem ich schreibe (Ende 1995), noch nicht zugänglich ist.

1. Objektivismus und Subjektivismus: Zwei praktische Alternativen?

Im Unterschied zu der ersten Auflage der *Grundlagen* behauptet nun Kutschera, daß nur eine praktische, und nicht eine theoretische Rechtfertigung für die Option zugunsten des Objektivismus möglich ist. Der Verfasser ist nämlich der Meinung, daß jedes Argument zur Verteidigung des Objektivismus seine Überzeugungskraft allein aus der Befürwortung der Grundannahmen zieht, von denen er ausgeht, während es auf den Subjektivisten keine Wirkung zeigt. Objektivismus und Subjektivismus stellen nach Auffassung des Autors zwei radikal verschiedene und wechselseitig inkommensurable Paradigmen dar: Beide haben ihre eigenen Bestätigungsinstanzen, die nur ausgehend von dem Paradigma, das man befürwortet, solche sind, so daß keine gemeinsame Grundlage besteht, aufgrund der man die Gültigkeit der beiden rivalisierenden Weltauffassungen beurteilen könnte[2].

Was rechtfertigt also die Entscheidung zugunsten des einen oder des anderen Paradigmas? Kutschera ist der Ansicht — und damit will er sich vom Dezisionismus unterscheiden — daß die Unmöglichkeit, theoretisch zwingende Gründe für das eine oder für das andere anzuführen, an sich nicht die Auffassung nach sich zieht, daß die ethischen Entscheidungen willkürlich sind. Es stimme zwar, daß keiner, der die Existenz objektiver Werte anerkennt, über „neutrale" Evidenzen oder Erkenntnisse verfüge, die seine Entscheidung stützen würden; dennoch

---

[1] Vgl. das Vorwort zu Kutschera (1991).
[2] Vgl. Kutschera (1991: 284–296 und 340–341).

sei er in der Lage, Gründe für seine objektivistische Option vorzubringen, und zwar Gründe praktischer und nicht theoretischer Art.

Solche praktischen Gründe werden in dem besonderen Interesse an der Lebensform gesehen, an die der Objektivismus gebunden ist: Wer ihr entsprechend lebt, beschränkt sich nicht darauf, seine persönlichen Interessen zu verfolgen, sondern gibt seinem Leben dadurch Sinn und Würde, daß er überindividuelle und objektive Werte anstrebt und realisiert. Die damit verbundene Mühe ist jedoch nur in dem Maße sinnvoll, in dem tatsächlich objektive Werte existieren: Sollten diese eine bloße Illusion sein, dann wäre das Engagement des Objektivisten vergeblich. Die Entscheidung zugunsten objektiver Werte ergibt sich also aus dem Bedürfnis, dem persönlichen moralischen Einsatz einen Sinn zu verleihen. Wer diese Entscheidung trifft, kann dafür keine theoretischen Gründe anführen (er entscheidet unter Unsicherheit), aber er hat den starken praktischen Grund, daß er die Bedingungen realisiert sehen will, unter denen seine Option für die objektivistische Lebensform sinnvoll ist. Dies ist ausreichend, damit man die Entscheidungsstrategie unter Unsicherheit nicht der Irrationalität bezichtigen kann, welche nicht allein darauf abzielt, die Verluste zu minimieren, wie es das Kriterium des Maximin vorschreiben würde, sondern den maximalen Nutzen zu erreichen, den man erlangt, wenn objektive Werte existieren und man sich nach ihnen richtet. Die Option zugunsten der objektiven Werte ist also – wie Kutschera, sich an Kant anlehnend, behauptet – ein „Fürwahrhalten aus einem praktischen Bedürfnis".

Die Idee, daß die Alternative zwischen Subjektivismus und Objektivismus theoretisch unentscheidbar ist, ist Teil einer globaleren Überzeugung Kutscheras, und zwar, daß die letzten Prämissen einer Position argumentativ nicht mehr zu verteidigen sind. Wenn man nämlich die Kette der Voraussetzungen zurückverfolgt und zu den letzten Voraussetzungen gelangt, dann sind diese nicht mehr explizierbar und daher einfach anzunehmen oder abzulehnen. Wie gesagt gilt das nicht allein hinsichtlich der Alternative Objektivismus-Subjektivismus in der Ethik (wie im Dezisionismus), sondern in allen Fällen, in denen es um die Grundlagenforschung geht, also z. B. auch im Fall der Kontroverse zwischen Realismus und Idealismus oder zwischen Platonismus und Konstruktivismus[3].

Nun stimmt es schon, daß ein „direkter" Beweis der Gültigkeit der letzten Prämissen schon definitorisch unmöglich ist; es bleibt aber die

---

[3] Kutschera (1991: 285).

− von Aristoteles im Buch 4 der *Metaphysik* theoretisierte − Möglichkeit eines „indirekten" Beweises übrig, der darin besteht, zu zeigen, daß der Gegner genau die Position anzuerkennen gezwungen ist, die er explizit zurückweist. Wie Aristoteles hinsichtlich des Prinzips des ausgeschlossenen Widerspruchs bemerkt, ist das der einzige Beweis, der für die letzten Prinzipien möglich ist. Sollte er gelingen, würde er aber *theoretisch relevante Argumente* zugunsten der einen oder der anderen Position liefern, so daß es nicht mehr nötig wäre, auf eine nur praktische Entscheidung zurückzugreifen[4].

Die Angemessenheit dieser Idee in den verschiedenen Bereichen der Grundlagenforschung zu prüfen, würde hier zu weit führen und den Rahmen dieser Überlegungen sprengen. Ich möchte mich daher darauf beschränken, ihre Gültigkeit allein hinsichtlich der Kontroverse zwischen Objektivismus und Subjektivismus zu überprüfen.

Wenn es richtig ist, daß der Subjektivismus von der Ablehnung der Wertobjektivität charakterisiert wird, so ist es andererseits ebenso richtig, daß auch der Subjektivist sich das Problem der Rechtfertigung des Normativen stellt: Er vertritt nämlich meistens die Meinung, daß nicht alle subjektiven Präferenzen moralisch gerechtfertigt sind, sondern nur diejenigen, die sich aus einem intersubjektiv gültigen Selektionsverfahren ergeben. In der Forderung, die tatsächlich bestehenden Präferenzen vom moralischen Gesichtspunkt aus zu rechtfertigen, liegt also die Gemeinsamkeit von Objektivismus und Subjektivismus, während die Modalitäten einer solchen Rechtfertigung unterschiedlich sind: Im Falle des Objektivismus besteht sie darin, daß das moralische Agens eine objektive Wertordnung anerkennt, mit der es seine Präferenzen in Einklang bringen soll; im Subjektivismus dagegen darin, daß die Präferenzen aller Beteiligten unparteilich in Betracht gezogen werden müssen. Wenn aber die Forderung nach einer Rechtfertigung des Moralischen eine gemeinsame Ebene für die beiden antagonistischen Konzeptionen darstellt, dann ist die Frage berechtigt, welche von beiden dieser Forderung am besten nachkommt. Gelingt es dem Subjektivisten wirklich, die von ihm aufgestellten moralischen Normen zu rechtfertigen?

Um diese Frage zu beantworten, können wir eine Argumentation aufgreifen, die Kutschera ebenfalls in der italienischen Auflage des Buches zur Kritik des Subjektivismus entwickelt[5]. Kutschera argumen-

---

[4] Vgl. dazu z. B. Berti (1989).
[5] Kutschera (1991: 137−138).

tiert kurz gefaßt folgendermaßen: Typisch für die subjektivistischen Ethiken ist die These, nach der allein die subjektiven Präferenzen von einzelnen oder Gruppen die Grundlagen von normativen Sätzen bilden. Die Präferenzen sind empirische Gegebenheiten, die feststellbar sind und sich mit deskriptiven Sätzen beschreiben lassen. Die subjektivistischen Ethiken stellen also normative Prinzipien auf, die darin bestehen, die Wertpositivität faktischer Daten, wie es die subjektiven Präferenzen sind, zu erklären. Was ist aber der logische Status solcher Prinzipien? Aufgrund des Humeschen Gesetzes kann der Übergang von den faktischen zu den normativen Sätzen nicht als logisch gültiger Schluß angesehen werden. Hieraus folgt, daß die fraglichen Prinzipien entweder analytischer oder synthetischer Art sein müssen. Wenn der Subjektivist im ersten Fall zu einer Form von Naturalismus gelangt, die Kutschera für höchst unplausibel hält, so erweist sich der zweite Fall für den Subjektivisten noch folgenschwerer, als er sich solchermaßen die Möglichkeit versperrt, bei der Begründung der von ihm verfochtenen Prinzipien kohärent subjektivistisch zu verfahren. Die subjektivistischen Prinzipien sind nämlich, werden sie als synthetische Sätze aufgefaßt, Brücken-Prinzipien, die zwischen Fakten (den Präferenzen) und Werten eine Beziehung herstellen. Sie bilden also normative Prinzipien, die – da sie synthetisch sind – einer Rechtfertigung bedürfen. Aber wie ist es möglich, sie zu rechtfertigen, ohne den Rahmen des Subjektivismus zu verlassen, wenn dieser die normativen Sätze einzig und allein auf faktische Sätze über subjektive Präferenzen gründet? Um solche Brücken-Prinzipien zu rechtfertigen, müßte man auf weitere Brücken-Prinzipien zurückgreifen, was letztendlich zu einem *Regressus ad infinitum* führen würde, der nie in einer Rechtfertigung mündet.

Was nun für subjektive Präferenzen einzelner gilt, argumentiere ich weiter, gilt auch für die intersubjektive Präferenz. Es ist immer sinnvoll zu fragen, ob eine intersubjektiv als gültig anerkannte Norm auch wirklich gültig ist, was für denjenigen, der konsequent subjektivistisch argumentieren will, einen unannehmbaren *Regressus ad infinitum* zur Folge hat. Um diesen zu vermeiden, stehen dem Subjektivisten nur zwei Wege offen: die Rechtfertigungskette willkürlich abzubrechen, wobei er seinen Prinzipien nicht Rechnung trägt, oder zu akzeptieren, was er ablehnen möchte, d. h. die Existenz objektiver Werte, die solche in sich sind und nicht, weil sie von jemandem gewollt werden; nur die objektive Gültigkeit einer Norm oder eines moralischen Prinzips gibt nämlich eine Antwort auf die Frage nach ihrer bzw. seiner Rechtfertigung, die keine weiteren Fragen nach sich zieht und daher auch nicht zu einem *Regressus ad infinitum* führt[6].

Kutschera scheint nun die Stärke des von ihm selber entworfenen Arguments zu unterschätzen, wenn er behauptet, es bestehe kein entscheidendes Element gegen den Subjektivismus. Die Entwicklung seiner Argumentation führt nämlich gerade zu dem oben genannten „indirektem Beweis", den Aristoteles für die Rechtfertigung der ersten Prinzipien benützt. Da zwischen Subjektivismus und Objektivismus eine kontradiktorische Opposition besteht, ist es möglich, von der Selbstwiderlegung des ersteren auf die Wahrheit des letzteren zu schließen, der auf diese Weise *dialektisch* bewiesen wird. Es stimmt schon, daß im Unterschied zu dem dialektischen Beweis des Prinzips vom ausgeschlossenem Widerspruch die dialektische Beweisführung des Objektivismus nicht ohne Voraussetzungen ist: Ihr Gelingen hängt nämlich wesentlich von der Bereitschaft des Subjektivisten ab, sich dem Problem der Rechtfertigung des Moralischen zu stellen. Dennoch haben wir gesehen, daß der Subjektivismus als *moralische Theorie* darauf nicht verzichten will.

Der Gewinn, den man aus diesem indirekten Beweis zieht, ist, daß es – vom *theoretischen* Gesichtspunkt aus gesehen – objektive Werte geben muß. Es bleibt natürlich noch die Frage offen, ob wir *im Positiven* die Existenz objektiver Werte aufzuweisen imstande sind. Diese Aufgabe kann nur der Analyse unseres Werterkennens überlassen werden, die zeigen soll, daß darin eine objektive Komponente nicht wegzudenken ist. Auf dieser Linie bewegt sich tatsächlich auch Kutschera, der die kognitive Relevanz einer objektivistisch interpretierbaren *Werterfahrung* mehrfach betont. Schon in der ersten Auflage der *Grundlagen* ist nämlich die Verteidigung des Objektivismus eng verbunden mit der These der Existenz einer Werterfahrung, die uns den Zugang zu objektiven – also nicht nur vom Subjekt abhängigen – normativen Sachverhalten erschließt. Daß es eine Erfahrung der den Sachen inhärenten Wertqualitäten und nicht nur eine *wertende* Erfahrung[7] von natürlichen Sachverhalten gibt, ist von dem – von der heutigen Wissenschaftstheorie allgemein anerkannten – Umstand der *Theoriebeladenheit* jeder Beobachtung bestätigt. Wenn die Erfahrungen theoriebeladen sind, so argumentiert Kutschera, dann verhindert nichts, daß

---

[6] Damit wird nicht an eine „Letztbegründung" gedacht. Gemeint ist vielmehr, daß ein objektives Prinzip vielleicht *de facto*, aber nicht prinzipiell hinterfragbar ist. Mit diesen Problemen habe ich mich in Corradini (1994) beschäftigt.
[7] Kutschera (1991: 266 f).

die Hypothesen, aufgrund deren wir bestimmte Erfahrungen machen, Hypothesen normativer Natur sind: Ihnen ist es zu verdanken, daß wir nicht nur die natürlichen Eigenschaften erfahren, sondern auch die Wertqualitäten der Sachverhalte, also auch ihre moralische Positivität oder Negativität. Die Theoriebeladenheit der Erfahrung impliziert aber nicht − weder hier noch in dem natürlichen Bereich −, daß die Theorien gegenüber der Falsifikation immun sind: In beiden Bereichen ist es zwar schwierig, festzustellen, wann eine Theorie als falsifiziert gilt; das impliziert aber in keiner Weise, daß die Falsifikation prinzipiell unmöglich ist und daß die Beobachtungen die Theorie immer nur bestätigen können. Kutschera schlägt daher ein einheitliches erkenntnistheoretisches Modell vor, das sich explizit auf Poppers kritischen Rationalismus beruft: Unsere Theorien − sowohl die normativen als auch die nicht normativen − sind kühne schöpferische Hypothesen, die ihre kognitive Valenz aus der Möglichkeit gewinnen, von der Erfahrung falsifiziert zu werden[8].

Die Reflexionen, die Kutschera der Verteidigung einer objektiven Werterfahrung widmet, gehören zu den schönsten Seiten seines Buches. Es ist daher doch bedauerlich, daß er seine brillanten Argumentationen letztendlich außer acht läßt, wenn es um eine begründete Entscheidung zwischen Objektivismus und Subjektivismus geht. Solche Überlegungen sind nämlich laut Kutschera nur intraparadigmatisch gültig. Mir scheint dagegen, daß eine Kombination zwischen dem „indirekten Beweis" des Objektivismus und den Argumenten zugunsten einer objektiven Werterfahrung es erlauben würde, die Grenzen des eigenen Paradigmas zu überschreiten: Wenn auf einer Seite der „indirekte Beweis" zeigt, daß es objektive Werte *geben muß*, zeigt auf der anderen die Werterfahrung, daß man mit guten Gründen behaupten kann, daß es objektive Werte *tatsächlich gibt*. Sicherlich sind diese Gründe nicht absolut im Sinne von apodiktisch, selbstgarantiert oder unwiderlegbar; wir verfügen nie über eine absolute Garantie, daß *dieser* Wert, den wir als objektiv empfinden, wirklich ein solcher ist. Eben aus diesem Grund muß man doch immer auf eine praktische Komponente zurückgreifen, die die Lücke im theoretischen Argumentieren füllt. Die praktische Komponente spielt aber im Unterschied zu der Überzeugung Kutscheras nur eine subsidiäre Rolle in der ethischen Begründung, insofern sie nur dann ins Gewicht fällt, wenn die theoretischen Argumente ihre Arbeit schon getan haben. Eine ethische Ent-

---

[8] Kutschera (1991: 264−284; 341−342).

scheidung ist daher Sache einer Zusammenarbeit von theoretischer und praktischer Vernunft, so daß sie eher eine Entscheidung unter Risiko als eine unter Unsicherheit, wie Kutschera meint, darstellt.

Die Mißachtung des theoretischen Moments im ethischen Bereich bringt übrigens die Gefahr mit sich, daß man – auch ohne es zu wollen, wie im Fall Kutscheras – in eine Art Dezisionismus abgleitet. Rufen wir uns hierzu die These Kutscheras in Erinnerung, daß die Entscheidung für die objektiven Werte ein „Fürwahrhalten aus einem praktischen Bedürfnis" ist. Da Kutschera häufig auf Kant Bezug nimmt, halte ich es für angebracht, einige Differenzierungselemente zwischen den beiden Denkern zu unterstreichen, auf die übrigens Kutschera selbst hinweist. Der Gedanke eines „Fürwahrhaltens aus einem praktischen Bedürfnis" taucht bei Kant und Kutschera in unterschiedlichen Kontexten auf. Wenn es für letzteren darum geht, (praktisch) die Hypothese der Existenz objektiver Werte zu rechtfertigen, liegt die Absicht Kants darin, die praktische Notwendigkeit der drei Postulate Freiheit, Unsterblichkeit und Existenz Gottes zu beweisen, und zwar ausgehend von dem für ihn evidenten „Faktum" der moralischen Verpflichtung. Dieser kontextuelle Unterschied hat meiner Auffassung nach wichtige Konsequenzen für die Schlüssigkeit von Kutscheras Argumentation. Ich möchte diesen Punkt eingehend untersuchen.

In dem Argument von Kant ist die Unterscheidung zwischen einem illusorischen und einem objektiv begründeten Interesse wesentlich, da es im erstgenannten Fall nicht legitim ist, aus seinem Bestehen das Bestehen der Bedingungen abzuleiten, die seine Befriedigung ermöglichen. Illusorisch ist beispielsweise ein Interesse zu nennen, das bloß aus einer Neigung heraus entsteht. Das moralische Interesse, auf dem die Annahme der drei praktischen Postulate gründet, trägt jedoch einen anderen Charakter. Es ist nämlich objektiv in der Pflicht verankert, die jedem Menschen obliegt, zur Verwirklichung des höchsten moralischen Guten beizutragen, d. h. eines Vollkommenheitszustandes, in dem sich Tugend und Glück vereinigen. Was geboten ist, muß aber auch möglich sein, so daß der moralisch Handelnde berechtigt ist, die Bedingungen als real zu postulieren, unter denen das Gebotene möglich ist. Diese Bedingungen kommen in den Postulaten der praktischen Vernunft zum Ausdruck: Der vernünftige Glaube an die Freiheit, die Unsterblichkeit und die Existenz Gottes wird also mit (praktischer) Notwendigkeit von dem legitimen Interesse des moralisch Handelnden daran impliziert, daß das höchste Gute verwirklicht werden kann.

Es ist leicht zu erkennen, daß die logische Stringenz der Kantschen Argumentation (falls man natürlich deren Grundannahmen akzeptiert) auf der praktisch notwendigen Verbindung beruht, die er zwischen der moralischen Verpflichtung und dem Bedürfnis nach ihrer sinnvollen Erfüllung sieht; nur kraft dieser Verbindung ist es möglich, auf die Legitimität des Glaubens an den Inhalt der drei Postulate zu schließen. Bestünde eine solche Verbindung nicht, wäre dieser letzte Schritt nicht zulässig, weil eine subjektive Neigung nicht hinreicht, die Legitimität des Bedürfnisses nach ihrer Realisierung zu rechtfertigen, und daher auch nicht die Legitimität des Glaubens an ihre Möglichkeitsbedingungen.

Nun kann diese bei Kant wesentliche Unterscheidung in ein bloß subjektives Bedürfnis und ein „Vernunftbedürfnis aus einem objektiven Bestimmungsgrunde des Willens, nämlich dem moralischen Gesetze entspringend"[9] aus offensichtlichen Gründen von Kutschera nicht übernommen werden. Sie setzt nämlich jene Objektivität der moralischen Obligation voraus, zu deren Gunsten Kutschera argumentieren möchte. Seine These stellt sich eher folgendermaßen dar: „Wer ein besonderes Interesse an einer Lebensform hat, und zwar an derjenigen, die die Realisierung objektiver Werte zum Inhalt hat, ist berechtigt, an die Existenz solcher Werte zu glauben". Da aber hier von vornherein die Möglichkeit ausscheidet, zwischen bloß subjektiven Interessen und Vernunftinteressen zu unterscheiden, muß man sich fragen, wie man den Übergang vom Interesse an objektiven Werten zu dem Glauben an die Bedingungen legitimieren kann, unter denen solch ein Interesse sinnvoll ist: Denn wie wir oben gesehen haben, berechtigt ein bloßes Bedürfnis nicht dazu, an die Realität seines Objektes zu glauben. Aber wenn das Interesse an den objektiven Werten nicht notwendigerweise die Vernünftigkeit des Glaubens an sie impliziert, dann erweist sich dieser Glaube letztendlich als *ungerechtfertigt*: Zugunsten der Annahme von der Existenz objektiver Werte können dann weder theoretische Gründe angeführt werden, noch der praktische Grund, der in dem Interesse an ihnen besteht. Wenn dem so ist, riskiert aber die Position Kutscheras, sich nicht mehr eindeutig vom Dezisionismus zu unterscheiden, der die Entscheidung zwischen Objektivismus und Subjektivismus als eine bloß willkürliche Option betrachtet. Kutschera lehnt aber den Dezisionismus entschlossen ab; ich frage mich, ob er seine anti-dezisionistische Intention nicht besser verwirklichen könnte, würde er dem theoretischen Moment mehr Platz einräumen.

---

[9] Kant (KpV: 165, Fußnote).

2. Teleologie *versus* Deontologie

Die zweite wesentliche Veränderung, die Kutschera in der italienischen Ausgabe seines Buches vorgenommen hat, besteht in der Abkehr von einer rein teleologischen Sicht und in dem Übergang zu einer teilweise deontologischen Position. Wie der Autor selbst sagt, wird dies aufgrund der Tatsache notwendig, daß keines der beiden zur Rechtfertigung der moralischen Urteile angeführten antagonistischen Kriterien für sich allein in überzeugender Weise unseren ethischen Intuitionen Rechnung zu tragen vermag. Der Teleologie wirft er im wesentlichen vor, daß sie nicht in angemessener Weise den Pflichtbegriff auszudrücken und zu begründen fähig ist, einen Begriff, dem im moralischen Bereich die gleiche, wenn nicht sogar eine noch größere Bedeutung als dem Wertbegriff zukommt. Wer sich innerhalb eines teleologischen Rahmens bewegt, ist insbesondere nicht imstande, auf der einen Seite zwischen „ordentlicher" und „super-erogatorischer" Moralität zu unterscheiden und auf der anderen die Beachtung von unbedingt gebotenen Handlungsweisen vorzuschreiben, wie z. B. von denjenigen, die in der Anerkennung der unveräußerlichen Rechte der Person bestehen.

Auch die deontologische Sicht ihrerseits ist nicht völlig zufriedenstellend. Sie erkennt zwar die Priorität und Ursprünglichkeit des Pflichtbegriffs an — und des Rechtsbegriffs, der diesen widerspiegelt — indem sie dessen Unabhängigkeit von Optimierungserwägungen erklärt; andererseits jedoch ist es praktisch unmöglich, in einem rein deontologischen Bereich kohärent zu bleiben, insofern als das Phänomen der Pflichtenkollisionen oft den Rückgriff auf Güterabwägungen erfordert, die nur in einem teleologischen Kontext erfolgen können[10].

Aus diesen kurz angedeuteten Gründen spricht sich Kutschera in den letzten beiden Kapiteln des Werkes für eine Integration der teleologischen mit der deontologischen Sicht aus. Letzterer obliegt es, eine angemessene Begründung der Rechts- und Pflichtbegriffe (vor allem des unveräußerlichen Rechts der Person) zu liefern; die erstgenannte hingegen bietet die Möglichkeit, den Dingen, Situationen oder Handlungsalternativen einen Wert zuzuschreiben und daher aufgrund von Maximierungskriterien in all den Fällen zu entscheiden, in denen keine vorrangigen Rechte und Pflichten im Spiel sind.

Die Frage, auf die ich nun meine Aufmerksamkeit lenken will, ist, ob der Übergang von einer rein teleologischen zu einer teilweise deon-

---

[10] Vgl. dazu Kutschera (1991: 75—90).

tologischen Position tatsächlich notwendig ist. Zur Beantwortung dieser Frage müssen wir auf Kutscheras Kritik an der Teleologie etwas ausführlicher eingehen (wobei ich mich auf die Kritik der Mißachtung der unveräußerlichen Rechte der Person konzentrieren werde).

Der Autor wirft nämlich der Teleologie vor, daß man in ihrem Rahmen keine unumstößlichen Verhaltensmodalitäten und vor allem nicht die unbedingte Beachtung der Personenrechte rechtfertigen kann. Es scheint mir angebracht, diese beiden Kritiken getrennt voneinander zu analysieren, wobei ich bei der letztgenannten beginnen möchte.

Bekanntlich stützt sich einer der häufigsten Einwände gegen den Utilitarismus – die gegenwärtig einflußreichste und am weitesten verbreitete teleologische Theorie – darauf, daß dieser die unveräußerlichen Rechte der Person nicht anerkenne. Aus seiner Sicht würden nämlich geringe Vorteile für eine große Zahl von Betroffenen große Verluste für eine kleine Anzahl aufwiegen; so grundlegende Rechte wie das Recht auf Leben, auf Freiheit und auf eine gerechte Behandlung könnten prinzipiell aufgrund von Optimierungserwägungen verletzt werden. Für den Utilitarismus bestünden also keine unantastbaren Rechte; jedes Recht des einzelnen könne im Namen eines höheren Gesamtnutzens außer acht gelassen werden.

Zugegeben, diese Kritik trifft tatsächlich einen schwachen Punkt der utilitaristischen Ethiken. Heißt das, daß sie jede teleologische Theorie als solche trifft? Meiner Meinung nach läßt sich dies nicht generell behaupten, wenn man zwischen Utilitarismus, verstanden als besondere teleologische Theorie, und Teleologie schlechthin unterscheidet. Letztere stellt sich vor allem als eine Pflichttheorie dar und besteht darin, jene Handlungsalternative für obligatorisch zu erklären, die in einer gegebenen Situation das Gute maximiert. Der formale teleologische Mechanismus als solcher spezifiziert aber nicht, wie dann inhaltlich das Gute, dessen Maximierung er vorschreibt, auszusehen habe: Die Teleologie als *Pflichttheorie* ist unabhängig von der Teleologie als *Werttheorie*. Nun sind in der Geschichte der Philosophie oft beide Aspekte der Teleologie eng verbunden aufgetreten, so daß manchmal der falsche Eindruck entstand, die teleologischen Kriterien liefen parallel mit einer spezifischen Wertkonzeption. Dies ist im Falle des Utilitarismus geschehen, wo die teleologische Pflichttheorie an eine Werttheorie gebunden ist, die sich als hedonistisch in ihren klassischen Formulierungen und als (meistens) subjektivistisch in den gegenwärtigen Versionen darstellt.

Der Utilitarismus fällt also nicht mit der Teleologie zusammen, sondern ist eher eine besondere Form der Teleologie, die eine spezifische

Interpretation des moralisch Guten beinhaltet. Daneben bestehen völlig berechtigt andere teleologische Theorien, die sich auf zu denen des Utilitarismus alternative Wertkonzeptionen stützen. Hierzu gehören z. B. jene teleologischen Theorien, die eine Wertethik personalistischer Prägung entwickeln: Sie erkennen eine Pluralität objektiver und hierarchisch angeordneter Werte an und messen der Person den höchsten Wert bei[11]. Im Rahmen so gestalteter Konzeptionen ist es klar, daß der oben erwähnte Einwand seine Gültigkeit verliert: Es ist nämlich undenkbar, daß eine Handlung, durch die die grundlegendsten Rechte der Person verletzt werden, das Gute maximiert. Da das teleologische Prinzip die Realisierung des höchsten Wertes vorschreibt, werden alle Handlungen obligatorisch sein, die das Gute der Person respektieren und fördern.

Wenn nun Kutschera die Meinung vertritt, daß die Verteidigung der Rechte der Person die Abkehr von einer rein teleologischen Position erfordert, dann zollt auch er – so will mir scheinen – einen Tribut an die verbreitete Überzeugung, daß die Teleologie im wesentlichen mit einer Werttheorie utilitaristischer Prägung zusammenfällt. Während er nämlich im ersten Teil des Buches die teleologischen Theorien als Theorien auszeichnet, die den deontischen Charakter einer Handlung von der Optimalität der von ihr bewirkten Resultate abhängig machen[12], so identifiziert er sie im zweiten Teil mit jenen Wertkonzeptionen, die keine absoluten Werte anerkennen und nach denen jeder Wert verrechenbar ist[13]. Nun ist es diese letztgenannte – und nicht die erstgenannte – Bedeutung der Teleologie, die den Übergang zu einer deontologischen Ethik erforderlich macht, wenn man den besonderen Wert der Person anerkennen will. Wie Kutschera selbst zugibt[14], kann andererseits der von ihm verfochtene Standpunkt nicht als ein rein deontologischer angesehen werden. Zuvor hatte er nämlich formal die Deontologie als die These definiert, die die moralische Eigenschaft einer Handlung von den in ihr realisierten Handlungsmodalitäten abhängig macht[15]; in den letzten Kapiteln hingegen geht er zu einer inhaltlichen Charakterisierung der Deontologie über, die dadurch gekennzeichnet ist, daß sie die Achtung der Menschenwürde zur unbedingten Pflicht erklärt. In Kutscheras Perspektive stellt also die

---

[11] Dazu z. B. Scheler (1980).
[12] Kutschera (1991: 78).
[13] Kutschera (1991: 337).
[14] Kutschera (1991: 340).
[15] Kutschera (1991: 77).

Menschenwürde in Wirklichkeit den höchsten Wert dar[16], den zu respektieren unter allen Umständen geboten ist, und gerade deshalb kann sie meiner Meinung nach in einem teleologischen Rahmen besser zum Ausdruck kommen als in einem deontologischen. Der Hauptgrund, der Kutschera dazu führt, eine teilweise deontologische Position zu vertreten, ist also anscheinend nicht so sehr die Ablehnung, die Person als einen Wert zu betrachten, sondern liegt eher in den Schwierigkeiten, auf die man seiner Meinung nach im teleologischen Bereich stößt, wenn man nicht-verrechenbare Güter identifizieren will. Wenn man behauptet, daß die Menschenwürde der höchste Wert ist, so will man damit nämlich nicht nur ausdrücken, daß man ihr ein größeres Gewicht beimessen soll als anderen Gütern, wie z. B. dem wirtschaftlichen Wohlstand oder der Achtung vor der Natur; darüber hinaus ist in dieser Behauptung der Gedanke enthalten, daß der Wert der Person inkommensurabel viel höher ist als jeder andere Wert, so daß kein endliches Maß eines niedrigeren Gutes einen Unwert in der Dimension der Werte der Person aufwiegen kann.

Wenn nun auch viele teleologische Theorien nur mit endlichen Gewichten arbeiten[17], bedeutet dies als solches nicht, daß es in einem teleologischen Rahmen nicht möglich wäre, eine Wertordnung zum Ausdruck zu bringen, die auch hierarchische Inkommensurabilitätsrelationen zwischen Werten vorsieht. Hinweise in dieser Richtung finden sich schon bei einigen Wertethikern, die eben den höchsten Wert der Person zu verfechten trachten[18]. Auch vom formalen Gesichtspunkt aus gesehen, hat überdies die Entscheidungstheorie ein technisches Instrumentarium entwickelt, das es gestattet, mit unendlichen numerischen Werten zu arbeiten[19].

Wenn nun einmal die technische Realisierbarkeit einer Werttheorie festgestellt ist, die hierarchische Inkommensurabilitätsrelationen zwischen Werten zuläßt und die andererseits die Forderung beinhaltet, die Person als den höchsten Wert anzuerkennen, so steht demjenigen, der die Existenz unveräußerlicher Rechte vertreten und gleichzeitig den rein teleologischen Rahmen nicht verlassen will, nichts mehr im Wege. Es ist meine Überzeugung, daß ein rein teleologischer Ansatz sogar Vorteile gegenüber einem teilweise deontologischen bietet. Die Deon-

---

[16] Kutschera (1991:340, 350, 364, 377).
[17] Die Idee, daß die Teleologie nur verrechenbare Güter betreffen kann, ist übrigens sehr verbreitet; siehe dazu z. B. Pettit (1991: 237 f).
[18] Dazu z. B. noch Scheler (1980: 104, Fußnote).
[19] Vgl. dazu z. B. Skala (1975); Narens (1974); Corradini (1989).

tologie schreibt nämlich Handlungsmodalitäten vor[20], und mir erscheint sehr fragwürdig, daß es unbedingt verbotene oder gebotene Handlungsmodalitäten gibt. „Unbedingt" bedeutet nämlich „abgesehen von den konkreten Bedingungen", in denen das moralische Agens tätig wird. Wenn z. B. das Lügen unbedingt verboten ist, so sind keine Umstände denkbar, die die Illegitimität dieses Aktes aufheben. Nun wird man schwerlich behaupten können, daß eine so rigide Moralität die wirklichen Entscheidungssituationen widerspiegelt. Darüber hinaus muß man sich jedoch fragen, ob diese Art von Ansatz eine plausible Sicht des moralischen Phänomens zu liefern weiß oder ob es nicht adäquater innerhalb einer teleologischen Perspektive Ausdruck findet, die zwar absolute Werte anerkennt, wie z. B. den der Person, es aber der Diskriminierungsfähigkeit des einzelnen überläßt, die Handlungsmodalität zu wählen, die in dem konkreten Fall den fraglichen Wert am besten realisiert. Das Verbot zu lügen kann z. B. leicht aus der Pflicht abgeleitet werden, die Menschenwürde zu respektieren; es gibt jedoch Fälle — typisch hierfür ist der Fall der barmherzigen Lüge — in denen die Wahrheit zurückgehalten wird, nicht um in unzulässiger Weise einen Vorteil aus der Unwahrheit zu ziehen, sondern um dem anderen Leid zu ersparen, also aus einem Gefühl des Respekts und der Liebe ihm gegenüber heraus. Während nun ein Deontologe nicht qualitativ zwischen den verschiedenen Formen eines Verstoßes gegen das Verbot zu lügen zu unterscheiden weiß, ist ein Teleologe hingegen in der Lage, zwischen diesen Unterschiede zu sehen und abzuwägen, welches Verhalten in dem konkreten Fall mehr zur Realisierung des Wertes der Person beiträgt.

Darüber hinaus kann meiner Meinung nach ein teleologischer Ansatz der historischen Evolution der moralischen Verhaltensnormen adäquater Rechnung tragen. Die Richtigkeit oder Unrichtigkeit bestimmter Handlungsmodalitäten ist nicht unabhängig von den Lebensbedingungen, auf deren Grundlage bestimmte Gebote oder Verbote aufgestellt werden, und ihre Veränderung bringt oft auch eine unterschiedliche Bewertung der vorgeschriebenen Handlungsmodalitäten mit sich. Hierzu ein Beispiel von Kutschera: Gesetzt den Fall, daß sich in einer Gesellschaft die Sitte verbreitet, immer das Falsche zu sagen, so daß jeder darauf vertrauen kann, daß die Wahrheit dem Gegenteil dessen entspricht, was der andere sagt, dann würde die Pflicht, wahr-

---

[20] Für die Unterscheidung zwischen Handlung und Handlungsweise vgl. Kutschera (1991: 10).

haftig zu sein, wie wichtig sie auch unter den gegenwärtig gegebenen Umständen sein mag, mit größter Wahrscheinlichkeit ihre Gültigkeit verlieren. Während nun ein Deontologe, der die unbedingte Gültigkeit bestimmter Handlungsmodalitäten verficht, nicht zugestehen kann, daß diese auch von historischen Umständen abhängt, erkennt der Teleologe – wobei er sehr wohl an der Absolutheit bestimmter Werte festhält – daß die Realisierung dieser Werte sich in verschiedenen historischen Augenblicken unterschiedlich darstellen kann. Der Respekt vor der Menschenwürde ist z. B. ein unbedingt gültiger Wert und als solcher überzeitlich; was es aber konkret bedeutet, die Menschenwürde in einem bestimmten historischen Augenblick zu respektieren, kann man oft nur festlegen, wenn man sich die tatsächlich gegebenen Umstände vor Augen hält. Die Handlungsmodalitäten zu erkennen, die *hic et nunc* diesen Wert konkretisieren, ist daher keine Frage, bei deren Beantwortung man von der geschichtlichen Entwicklung und von sozio-kulturellen Bedingungen abstrahieren kann.

Die Triftigkeit dieser Ansicht kann man sich überdies leicht klarmachen, wenn man an die neuen Probleme denkt, mit denen wir uns in den letzten Jahren aufgrund des stürmischen technologischen Fortschritts auseinandersetzen mußten. Denken wir vor allem an die Probleme, die die Biotechnologien aufgeworfen haben; angesichts dieser Probleme wird das Scheitern einer starren Moral immer offensichtlicher und damit auch die Notwendigkeit ethischer Kriterien, die sich dem Umfang und der Tragweite der betreffenden Fragen anzupassen wissen, ohne dabei allerdings die wesentlichen Orientierungspunkte aus den Augen zu verlieren. Hieraus resultiert z. B. die Dringlichkeit, den klassischen Begriff der Person im Lichte der Herausforderungen durch die Biotechnologien neu zu überdenken: Dies ist meiner Meinung nach eine der grundlegenden Aufgaben, die der ethischen Forschung in der heutigen Zeit obliegen.

3. Literatur

BERTI, Enrico (1989): *Le ragioni di Aristotele*, Roma-Bari (Editori Laterza).
CORRADINI, Antonella (1989): *Semantica della preferenza e decisione etica*, Milano (Franco Angeli).
CORRADINI, Antonella (1994): „Intersubjektivität und Objektivität der moralischen Werte". *Freiburger Zeitschrift für Theologie und Philosophie* 41, 137–154.
KANT, Immanuel (KpV): *Kritik der praktischen Vernunft*. Hamburg (Meiner), 1985.

KUTSCHERA, Franz von (1982): *Grundlagen der Ethik*. Berlin/New York (de Gruyter).
KUTSCHERA, Franz von (1991): *Fondamenti dell'etica*, hrsg. von A. Corradini. Milano (Franco Angeli).
NARENS, Louis (1974): „Measurement without Archimedean Axioms". *Philosophy of Science* 41, 374–393.
PETTIT, Philip (1991): „Consequentialism". In P. Singer (ed.), *A Companion to Ethics*, Oxford (Blackwell), 230–240.
SCHELER, Max (1980): *Der Formalismus in der Ethik und die materiale Wertethik*, Bern/München (Francke) 6. Auflage.
SKALA, Heinz J. (1975): *Non-Archimedean Utility Theory*. Dordrecht/Boston (Reidel).

Gegenstandstheoretische Betrachtungen

von Rudolf Haller

1

Ich werde in dieser Studie einem Thema nachgehen, das in verschiedenen Wellen seit über hundert Jahren, wie man so sagt, uralte Fragen der Philosophie in neues Licht gerückt hat, und weil es sich dabei um elementare grundlegende Probleme handelt, ordne ich sie dem Gebiet der philosophischen Grundlagenforschung zu. Als Zugang wähle ich ohne Skrupel und historische Abfolge naheliegenderweise Beispiele, die einerseits zur Vorgeschichte und Geschichte der analytischen Philosophie und andererseits, wo es bequem ist, auch der österreichischen Philosophie oder dem, was so genannt wurde, zugehören oder ihnen nahestehen.

Gilbert Ryle, den ich nach wie vor als eine der bedeutenden Figuren der Philosophie unseres Jahrhunderts ansehe, sagte in seiner Eröffnungsrede zum Grazer Meinong-Symposium [1972: 7] vor fünfundzwanzig Jahren:

> "Let us frankly concede from the start that Gegenstandstheorie itself is dead, buried and not going to be resurrected... We in 1970 do not merely suspect that Gegenstandstheorie will not do; we have learned just why it will not do..."

Das heißt, daß eigentlich am allerersten Beginn, die Rückschau auf die österreichische Philosophie mit dem Hauptstrom der analytischen Philosophie zu verbinden, die Prognose feststehen sollte: ein Irrweg. Aus diesen Quellen und jedenfalls aus jener der Philosophie Meinongs sollten keine fruchtbaren Fortsetzungen zu erwarten sein. Eben in dieser Feststellung und Prognose irrte Ryle.

Überblickt man die Gesamtheit aller Phänomene, so kann man – mit Brentano – zwei deutlich voneinander unterschiedene Klassen von Phänomenen registrieren: physische Phänomene und psychische Phänomene. Von den ersteren wird gesagt, daß sie äußerlich erscheinen, von den letzteren, daß sie jedenfalls eine Beziehung zu immanenten

Objekten haben. So heißt es in einem unveröffentlichen Fragment vom 4. April 1906: „Psychische Tätigkeit nennen wir eine solche, welche ein Objekt hat."[1] Wenn wir uns also denkend verhalten, die psychische Einstellung des Glaubens etc. einnehmen, dann soll für alle Akte gelten, daß sie – intentional gerichtet – einen Gegenstand haben. Ob das „alle" verallgemeinernd und ungenau verwendet wird, weil es Ausnahmen gibt oder geben könnte – man denke etwa an gewisse Stimmungen oder Empfindungen – oder ob es im strikten Sinne für alle und nur für psychische Tätigkeiten gelten soll, wird nicht zum Gegenstand der Überlegung genommen.

Daß alles Sehen und Hören, Nachdenken und Sprechen, alles worauf wir uns bei unseren intentionalen Einstellungen des Glaubens, Wünschens, Hoffens, wie der übrigen, beziehen, *gegenstandsgerichtet* ist, scheint keine besonders neue Erkenntnis, sondern wohl allgemeines Gedankengut der Philosophen, soweit sie sich mit den allgemeinsten Fragen über die Welt, den Geist oder die Sprache befaßt haben oder sich eben in unseren Tagen damit beschäftigen. Und weil es so allgemein, um nicht zu sagen selbstverständlich ist, hat man sehr oft und oft sehr lange Zeit hindurch wenig Anlaß gesehen, sich dem allerallgemeinsten Gegenstand selbst, d. h. den Gegenständen als solchen, zuzuwenden.

Wenn z. B. Tugendhat in seinen *Vorlesungen* [1976: 37 ff.] zur Frage gelangt, was denn ein Gegenstand sei, stellt er zuerst fest, daß es – in der Philosophie – ein *Kunstausdruck* sei, während wir in der Umgangssprache nur materielle Gegenstände und nicht Personen, nicht Ereignisse und nicht abstrakte Gegenstände als Gegenstände bezeichneten. Das war mir neu und ist sicher nicht richtig, denn wir sprechen jedenfalls auch vom „Gegenstand der Untersuchung oder Verhandlung", sei dieser Gegenstand ein Kriminalfall, eine Eigentumsübertragung oder der Stoff einer Unterrichtsstunde.

In der Erläuterung des 2. Traktatsatzes setzt Wittgenstein die Gegenstände promiscue mit *Sachen* und *Dingen* gleich. „Das Ding, das mir im Kopf herumgeht", muß kein materieller Gegenstand sein und ist oft keiner. Wenn die Umgangssprache den einschränkenden Sinn eines materiellen Dinges mit dem Ausdruck „Gegenstand" verbände, handelte es sich in der Tat um einen Kunstausdruck.

Auch in seinem allerweitesten Sinn und Gebrauch ist der Ausdruck kein Kunstausdruck, denn als ein solcher müßte er wohl durch ein

---

[1] Vgl. Brandl (1987: 27).

definiens, das uns die künstlich unterschobene Bedeutung erklärte, bestimmt sein. Das ist gewöhnlich nicht der Fall. Freilich gibt es Theorien, in denen vom Begriff des Gegenstandes Gebrauch gemacht wird, dieser in einem gewissen Sinne näher bestimmt wird. Aber in den allermeisten Fällen — jedenfalls jenen, die mir geläufig sind — bleibt dem Gegenstandsbegriff das allergrößte Anwendungsspektrum erhalten, das sich etwa durch den Ausdruck „Etwas" ersetzen läßt. So wenn wir an die verschiedenen Formulierungen der sogenannten *Intentionalitätsthese* denken, derzufolge niemand daran zweifelt, „daß man nicht vorstellen kann, ohne *etwas* vorzustellen, und auch nicht urteilen kann, ohne über *etwas* zu urteilen."² Setzt man nun alles, was *etwas* ist, mit dem gleich, was als Gegenstand bezeichnet wird, so ist die Versuchung nahe, den Gegenstandsbereich mit dem Bereich alles dessen, was als etwas, als irgend-etwas *existiert*, gleichzusetzen. Hier mag der Rat befolgt werden, sich mehr auf den sprachlichen Hintergrund als auf eine ungrammatische Ausdrucksweise zu verlassen, wie ein „Gegenstand sei ein Etwas" oder ähnliches. Dieser sprachliche Hintergrund scheint auf die richtige Fährte zu führen, nämlich auf jene sprachlichen Ausdrücke, deren Funktion es ist, „für einen Gegenstand zu stehen", also die Eigennamen zuvörderst, die wir ja geradezu als Stellvertreter des Gegenstandes, des Dinges oder der Person anzusehen gelernt haben, also jener Gegenstände, die als Subjekte (möglicher) wahrer Prädikationen auftreten können.³ Dabei scheint naheliegend, nur an jene Gegenstände zu denken, die existieren oder zumindest existieren können. Unserem Vorurteil zugunsten des Wirklichen entraten wir nicht ohne weiteres.

Es war Kasimir Twardowskis Traktat *Zur Lehre vom Inhalt und Gegenstand der Vorstellungen* (1894), der als erster in der Reihe der aus der Brentano-Schule hervorgegangenen gegenstandstheoretischen Betrachtungen der Grundfrage, was denn überhaupt ein Gegenstand sei, eine tragfähige und aufklärende Analyse widmete. Was nun Twardowski und — wie ich sogleich zu zeigen hoffe — auch Meinong gegenüber der mächtigen, bis Russell, Quine, Ryle und übrigens auch Tugendhat wirkenden Tradition auszeichnet, ist die unvoreingenommene, nicht ontologisch oder metaphysisch gebundene Einstellung, die erlaubt, Gegenstände als das zu betrachten, was sie sind, *gleichgültig* ob sie existieren oder nicht. Bevor ich zu dieser letztgenannten Bedingung

---

[2] Meinong [1899: 381].
[3] Vgl. Husserl [1992, 15]; vgl. Tugendhat [1976: 37].

näheres zu sagen habe, soll in aller Kürze der Rahmen der Theorie umrissen werden, wobei ich zunächst von Einzelgegenständen ausgehe. Angenommen werden zwei Grundklassen geistiger, oder wie man heute gerne sagt, mentaler Tätigkeiten: Vorstellen und Urteilen, Klassen, die strikt von einander gesondert sind, obschon sie in ihrer Struktur einander gleichen: Sowohl Vorstellen wie Urteilen sind psychische, wir können sagen geistige Akte, die *jeweils* durch den *jeweiligen* Inhalt gegenstandsgerichtet sind. Was sie von anderen psychischen Akten unterscheidet, sind ihre Inhalte wie die Gegenstände: Die wesentliche Differenzierung liegt darin, daß Urteile etwas anerkennen oder verwerfen, was als Gegenstand des Urteils fungiert. Dieses Objekt wird von Brentano z. B. nicht besonders charakterisiert; wohl aber von Meinong. Er nennt es – im Gegensatz zu den *Objekten*, auf welche die Vorstellungen gerichtet sind – *Objektiv.* Objektive – oder wie man auch sagen kann, Sachverhalte – sind also die unmittelbaren *Gegenstände* von Urteilen. Aber nach Meinong gibt es noch eine zweite Art von Akten, die gleichfalls auf Objektive bzw. Sachverhalte gerichtet sind, nämlich *Annahmen.* Es gibt keinen Sachverhalt, der nicht annahmefähig ist. Mit Hilfe der epistemischen Einstellung einer Annahme ist es sogar möglich, etwas, was es nicht gibt, als Gegenstand positiver Beurteilung anzunehmen oder – wie Frege sagen würde – deren Fall zu setzen. So könnte man mit Meinong neben den Gegenständen von Vorstellungen, Urteilen und Annahmen auch noch Gegenstände emotionaler Art und Präsentation anerkennen, die als Dignitative und Desiderative den Gefühlen und Willenseinstellungen entsprechen.

2

Es wurde gesagt, daß Vorstellungen wie Urteile gegenstandsgerichtet sind; aber, so mag man fragen, wie dann, wenn der Gegenstand eines Gedankens, einer Vorstellung *nicht* existiert? Die Existenz des Gegenstandes ist eine Voraussetzung nur für das bejahende Urteil, die *Anerkennung,* denn alle Urteile sind durch Anerkennen oder Verwerfen des Urteilsgegenstandes charakterisiert. Hier tritt die Wichtigkeit der Unterscheidung von Inhalt und Gegenstand auf der einen Seite und die Zuschreibung bzw. das Urteil in Form von Anerkennung oder Verwerfung auf der anderen Seite in ihre Funktion. Wäre der *Inhalt* meines Glaubens (meines Urteils) identisch mit dem *Gegenstand,* dann würde – wenn ein Gegenstand aus inneren Gründen notwendigerweise nicht existierte bzw. unmöglich existieren könnte (wie das runde Viereck) – auch für den Inhalt meines Urteiles gelten, daß derselbe unmöglich existieren kann. Dann hätten wir als die Urteilenden jedoch keinen Begriff vom runden Viereck und könnten von diesem nicht Eigenschaften, die ihm zukommen, nämlich rund und viereckig zu sein, bejahen und verwerfen. Wie sein Lehrer Robert Zimmermann warnt daher auch Twardowski [1984: 18] vor der Verwechslung von Inhalt und Gegenstand und empfiehlt als eingängige Lösung: Vom Inhalt könne man sagen, daß er *in* der Vorstellung gedacht, und vom Gegenstand, daß er *durch* den Vorstellungsinhalt vorgestellt werde.

Es ist, wie ich denke, offenkundig, daß wir es hier nicht bloß mit psychischen Tatsachen zu tun haben, die Analyse sich also nicht nur auf geistige Vorgänge oder nur den intentionalen Gegenstand bezieht. Ganz und gar nicht: ein Grundsatz der Analyse von Gegenständen ist: der (jeweilige) Gegenstand ist, was er ist und wie er ist, unabhängig von seiner Existenz. Das ist der reine Gegenstand.

Was in einem psychischen Akt erfaßt, was z. B. durch die Vorstellung vorgestellt wird, ist der Gegenstand mit seinen *materiellen* und *formalen* Bestandteilen, wobei in beiden Fällen zwischen den einfachen und den zerlegbaren Teilen des Gegenstandes unterschieden wird (wählt man als Beispiel ein Buch, so sind materielle Teile erster Ordnung etwa die Seiten und der Buchdeckel, materielle Teile zweiter Ordnung Größe, Farbe, am Einband Vorder- und Rückseite sowie der Buchrücken etc.) Solche Differenzierungen sind immer relative, genauso auch bei den formalen Bestandteilen der Gegenstände: denn die formalen Bestandteile gliedern sich jedenfalls in zwei Gruppen von Beziehungen: solchen, welche die Beziehungen zwischen den einzelnen Bestandteilen und dem *Gegenstands-Ganzen* betreffen und solche, welche nur die Beziehungen der Bestandteile untereinander betreffen. In diesem Sinne spricht man eben davon, daß ein Ganzes Teile hat, während vom Standpunkt der Teile aus betrachtet, diese das Ganze bilden (z. B. eine Mauer, die aus Ziegeln in bestimmter Anzahl und Anordnung, aus Ziegelstücken an bestimmten Stellen besteht, für welche gilt, daß sie durch Mörtel verbunden würde etc., ist zuvörderst eine Mauer. Von den Teilen aus betrachtet, können diese sehr verschiedene einzelne Stücke von verschiedener Größe sein). So ist der Gegenstand als Ganzes größer als seine Teile, er kann den Teilen ähnlich oder unähnlich sein, zwischen den Teilen und dem Ganzen kann z. B. das Verhältnis der Sukzession (z. B. im Falle einer Bewegung, ein Jahr) bestehen etc. Und so gibt es natürlich auch auf dem Gebiete der Relationen der

Teile untereinander eine große Mannigfaltigkeit. Einige davon sind gleich den Eigenschaften, die wir Gegenständen als Ganzheiten zuschreiben. Ob die Anzahl der formalen Bestandteile der Anzahl der materialen Bestandteile gleich mächtig ist und angebbar, scheint mir eher fraglich. Denn wie sollte, wenn man von der Möglichkeit unendlich vieler Relationen absieht, eine solche überprüfbar sein? Und wenn nicht überprüfbar, wie sollte die Behauptung sonst verstanden werden?[4]

Wie schon J. St. Mill, so erklärt auch Twardowski die Funktion der sprachlichen Zeichen, die als Namen auftreten, als die Gegenstände der mentalen Einstellung benennende kategorematische Zeichen. Genauer aber – Bühlers Diktum der dreifachen Leistung der Sprache analog und zum Teil vorausnehmend – sagt Twardowski, daß den drei Momenten, die man an der Vorstellung unterscheiden könne, auch „eine dreifache Aufgabe, die jeder Name zu erfüllen hat" entspreche: *Erstens* gibt er *kund*, indem er das Vorhandensein des psychischen Aktes der entsprechenden Einstellung des Sprechenden *zeigt*, *zweitens*, „erreicht er im Hörenden einen bestimmten psychischen Inhalt", d.i. das, was man unter der Bedeutung (in Freges Terminologie: Sinn) des Namens versteht. Die *dritte* Aufgabe, die ein Name zu erfüllen hat, „ist die *Nennung* eines Gegenstandes."[5] Da Twardowski auch Ausdrücke wie „Der Begründer der Ethik", „Der Sohn, der seinen Vater beleidigt hat", als Namen klassifiziert, haben wir durchaus recht, die Klasse dieser Zeichen auch als *singuläre Terme* anzusprechen.

So können wir, das bisher Gesagte zusammenfassend, noch einmal Twardowski [1894: 40] zustimmend zitieren:

> „Alles, was durch eine Vorstellung vorgestellt, durch ein Urteil anerkannt oder verworfen, durch eine Gemütstätigkeit begehrt oder verabscheut wird, nennen wir Gegenstand. Die Gegenstände sind entweder real oder nicht real, sie sind entweder mögliche oder unmögliche, sie existieren oder existieren nicht. Allen ist gemeinsam, daß sie Objekt (*nicht* das intentionale!) psychischer Akte sein können oder sind, daß ihre sprachliche Bezeichnung der Name, und daß sie, als Gattung betrachtet, das summum genus bilden, welches seinen üblichen sprachlichen Ausdruck im ‚Etwas' findet."

Was die grundlegende Unterscheidung zwischen dem Inhalt und dem Gegenstand anbetrifft, die nach Twardowski nicht bloß eine logische, sondern eine reale Verschiedenheit ausmacht, sieht er in den von

---

[4] Vgl. Smith [1994: 171 f.].
[5] Twardowski [1894: 10ff].

ihm als „*Wechselvorstellungen*" bezeichneten Einstellungen das beste Beweismittel ihrer wesentlichen Differenz. Als Wechselvorstellungen werden jene bezeichnet, für die gilt, daß sie dieselbe Extension, aber verschiedenen Inhalt haben. Als ein Beispiel dient ihm: „Die an Stelle des römischen Juvavum gelegene Stadt" und „Der Geburtsort Mozarts". In semantischer Ausdrucksweise sagt Twardowski: Die beiden Namen bedeuten etwas Verschiedenes, aber sie *nennen* beide *dasselbe*. Kurz, wir finden bei ihm das Morgenstern-Abendstern-Beispiel Freges zum gleichen Zweck, einmal in psychologischer, einmal in logischer Formulierung, einmal auf Inhalt und Gegenstand der Vorstellung, einmal auf Bedeutung und Gegenstand von Namen bezogen. Nicht zuletzt probiert er auch noch den Unterschied zwischen Vorstellungen verschiedener Inhalte, die einander widersprechen, gegenüber Gegenständen aus, die nicht existieren und die nicht existieren können, weil eben die angegebenen Bestimmungen Existenz ausschließen.

Es ist für den Kenner von Meinongs, aber auch von Husserls Schriften offenkundig, welchen bedeutenden Schritt deren gegenstandstheoretische oder, wie sie auch genannt wurden, logische Untersuchungen dem Traktat von Twardowski verdanken mußten. Und, bevor ich fortsetze, möchte ich doch auch an dieser Stelle der bezeichnenden Bemerkung von Alfred Tarski [1992, 10] in einem Brief an Neurath erinnern, in der es hieß: „Fast alle Forscher, die in Polen die Philosophie der exakten Wissenschaften betreiben, stammen unmittelbar oder mittelbar von Twardowski her."[6]

3

Sicher ist eine Funktion eines Namens, das Ding, den Gegenstand, dessen Namen er ist, zu benennen und damit den benannten Gegenstand irgendwie zu kennzeichnen, um ihn bestimmbar, d. h. hier, identifizierbar zu machen. Für Twardowski wie für Meinong, welche eben auch von nicht-bestehenden Sachverhalten, Objektiven wie Objekten redeten und reden wollten, waren daher Theorien, welche die *Existenz* des Gegenstandes als eine notwendige Voraussetzung einer echten Be-

---

[6] Erst auf diesem Hintergrund versteht man nämlich die Nähe der gegenstandstheoretischen Fragestellung zwischen Twardowski und Meinong und die enge Beziehung des Reismus von Kotarbinski mit jenem von Brentano und schließlich auch die Verwandtschaft des Wiener Kreises mit den Warschauern, der sogenannten Warschau-Lemberger Schule, die Tarski 1930 nach Wien führte.

nennung ansehen, problematisch und abzulehnen. Damit schließen sie eigentlich an eine Problematik an, die man zu Recht verantwortlich für die Gleichsetzung von *Ontologie* und *Gegenstandstheorie* gemacht hat[7] und die in der Tat davon ausgeht, daß die Begriffe des Seins im Sinne von Existenz mit dem der Gegenstände kontaminiert werden. Vielleicht ist die Gegenstandstheorie, wie sie uns bei Twardowski und ausgebildet sodann bei Meinong begegnet, eben eine Antwort auf die Fragen, die man sonst gerne der Semantik zuspricht. Die erste und zentrale Frage war so natürlich: Wofür stehen die Namen? In den *Principles of Mathematics* hatte z. B. Bertrand Russell [1903: 449] noch behauptet, daß selbst „Zahlen, Homerische Götter, Relationen, Chimaeren und vierdimensionale Räume" Sein haben. Und seine Begründung dafür war, daß man sonst keine Aussagen über sie („no propositions about them") machen könnte: „Being is that which belongs to every conceivable term, to every possible object of thought..." Wie Russell an derselben Stelle sagt, heißt das, daß die Proposition „A ist nicht" impliziert, daß es einen Term A *gibt*, dessen Sein (being) verneint wird und daß daher gilt: *A ist*. Kurz: „Sein" ist ein allgemeines Attribut, ein Attribut von allem und jedem; Existenz hingegen nur die Prerogative von einigem unter allem Seienden. Russell aber war, wie man weiß, ein sich ständig Wandelnder, wobei gar nicht klar ist, was in ihm den Wandel in *diesem* Fall tatsächlich hervorgerufen hat. Waren es die Meinongschen Positionen, die mit der Theorie der bestimmten Beschreibungen exstirpiert werden sollten? Es spricht in der Tat alles dafür, daß Meinongs Problem tatsächlich den eigentlichen Grund, eine Alternative zu suchen, bildete. Jedenfalls um diese Zeit kehrte die spekulative Vernunft wieder auf den rauhen Boden der Wirklichkeit der Erfahrung zurück. Nun, d. h. zwei Jahre später als das soeben Zitierte, ließ Russell gar keinen Zweifel aufkommen, daß dem robusten Wirklichkeitssinn zufolge ein Gegenstand, ein Ding, das *nicht* existiert, auch keinen echten Namen zu haben verdient. Wenn das Ding dennoch benannt wird, dann eben durch keinen logisch-ontologisch gerechtfertigten Namen, sondern durch einen *leeren* Namen, einen Namen, *der nichts benennt*. Wenn also etwa von „Pegasus" als dem geflügelten Pferd, das von Bellarophon gefangen wurde, die Rede ist, dann bezeichnet der Name keinen Gegenstand, kein Ding, das ein Pferd *ist*, sondern der Name hat keine bezeichnende Funktion. Demgegenüber wird man nicht leugnen können, daß der Gegenstand – wird er als

---

[7] Vgl. Tugendhat [1976: 158, 358].

Gegenstand meiner Einstellung betrachtet — erstens als ein einheitliches *Ganzes*, in welchem die Teile zu diesem Ganzen vereinigt werden, vorgestellt oder gedacht, und zweitens, eben dadurch als eine *Einheit*, nämlich als die Einheit des Ganzen eines Gegenstandes gedacht wird. Diese Einheit eines Gegenstandes, die Twardowski übrigens als eines seiner Merkmale hervorhebt, wird vorausgesetzt, wenn wir von einem Gegenstand behaupten, er sei mit sich selbst identisch. Dabei ist festzuhalten, daß in der Unterscheidung von Inhalt und Gegenstand gilt, daß der Inhalt selbst niemals real sein kann, während der Akt, in dem ein Gegenstand präsentiert ist, immer real ist. Real sind alle Gegenstände, die der konkreten Existenz fähig sind, wie z. B. ein Berg, ein Baum, ein Haus, Tränen der Verzweiflung, ein Schmerzzustand, ein schriller Ton. Beispiele für Nicht-Reales sind: Abwesenheit, Mangel, Möglichkeit, sie zählen für ihn als nicht-reale Gegenstände. Aber so wie die realen Gegenstände einmal existieren und ein andermal nicht, so kann je nachdem auch das Nicht-Reale einmal existieren, wie z. B. Mangel an Geld, und ein andermal nicht. Kurz, Urteile über Nicht-Reales sind, „unabhängig von der Nicht-Realität des durch sie anerkannten oder verworfenen Gegenstandes", entweder wahr *oder* falsch.

Bisher schien es, als wären die Gegenstände des Denkens — um diesen weiten Begriff für die übrigen intellektuellen und psychischen Fertigkeiten zu gebrauchen — als wären die Gegenstände des Denkens selbst von zweierlei Gestalt, entweder einfach — wenn nicht weiter zerlegbar oder analysierbar — oder komplex, wenn das nicht der Fall ist und die Gegenstände aus Teilen bestehen. Nun gilt für alle Gegenstände wohl auch, daß sie Gegenstände einer Art sind, wie Mensch, Baum, Berg oder selbst ein Einzelnes, wie Gegenstände unter bestimmten Beschreibungen, „der letzte Mensch im Saal" (lösche das Licht). „Die Linde in meinem Garten", wenn von mir selbst geäußert, oder „der höchste Berg der Erde". Aber zu den Gegenständen, die uns interessieren, gehören naturgemäß auch jene sprachlichen Formen und Äußerungsformen, die komplexe sprachliche Zeichen sind, mit Hilfe deren wir *Urteile* ausdrücken.

Es ist an dieser Stelle, daß ich zu Meinongs Theorie zurückkehren möchte, denn sie ist es, die uns eine ausgereifte Theorie der Gegenstände bietet, auch wenn wir die Annahmen dieser Theorie nicht immer teilen müssen. Hier möchte ich zunächst drei thesenartige Behauptungen herausstellen, die Meinongs Position charakterisieren und diese sogleich sowohl von den Brentanoschen Auffassungen wie auch von jener Twardowskis unterscheiden, damit der Gegenstandstheorie eine solidere Basis bietend als ihre Vorgänger.

Die erste dieser Behauptungen stellt das Prinzip der Unabhängigkeit des So-Seins vom Sein dar. Die Überlegung, deren Resultat dieses Prinzip bildet, könnte etwa folgendermaßen geführt werden: Man stelle sich irgendeinen Menschen vor, der an einen goldenen Berg denkt, obschon er weiß, daß kein goldener Berg existiert. Die übliche Erläuterung neigt dazu, zu sagen: natürlich existiert der Gegenstand dieses Gedankens, dieser Vorstellung nicht, da jedoch die Behauptung, jemand denke an einen goldenen Berg, wahr sein könne, sei es der *Inhalt* eines solchen Gedankens (z. B. einer Vorstellung), der existierte, während der *Gegenstand* selbst eben nicht existiert, weil es gar keine goldenen Berge gibt. Es ist jedoch ungereimt zu sagen, jemand habe die Vorstellung eines flügellosen Vogels, aber ein flügelloser Vogel sei kein Gegenstand, z. B. kein Gegenstand, den man sich vorstellen könne. In diesem Sinne gibt es also keine gegenstandslosen Vorstellungen, keine gegenstandslosen Gedanken, sehr wohl aber Gedanken über Gegenstände, die nicht existieren. Dem entgegengesetzt hat Bolzano im § 67 seiner Wissenschaftslehre (1837) von *gegenstandslosen* Vorstellungen gesprochen, d. h. Vorstellungen, die derart sind, daß ihre Annahme entweder einander widersprechende Bestimmungen anzunehmen implizierte oder gar die Verneinung jedes Gegenstandes oder zumindest die Verneinung der Möglichkeit ihrer Erfahrung. Bolzano-Beispiele sind − außer dem goldenen Berg, den auch er benützt − „Nichts, rundes Viereck oder grüne Tugend". Der Inhalt der letzteren Vorstellung wird vermutlich von der Phantasiestärke der vorstellenden Person abhängen, aber sicher bleibt bestehen, daß sich diese auf etwas richtet, was durch den Inhalt so bestimmt ist wie das runde Viereck, dessen Eigenschaften klar definiert sind, der Phantasie weniger Spielraum lassen und die ausschließen, daß ein solcher Gegenstand wie z. B. das runde Viereck existiert. Dennoch − darin ist Twardowski und Meinong Recht zu geben − können wir *über* den Gegenstand urteilen und wahrheitsgemäß die Unmöglichkeit seiner Existenz behaupten und erklären, wenn diese logisch oder faktisch ausgeschlossen ist.

Diese Redeweise legt vielleicht noch immer nahe, als wollte man irgendeine verdünnte Existenzform, gewissermaßen einen Existenzfaden retten, damit man einen Gegenstand als Gegenstand unseres Denkens retten könnte. Meinong sagt nicht, daß solchen Gegenständen Existenz oder irgendeine Abart von Sein zukomme. Was nicht existieren kann, weil seine Existenzmöglichkeit ausgeschlossen ist, kann eben in keinem Sinne — und sei er noch so verdünnt — existieren, sein oder bestehen. Dennoch gilt: solche Gegenstände haben Eigenschaften, die wir beschreiben können, sie sind so-und-so und haben also ein *Sosein*, und eben aufgrund dieses Soseins lassen sich Annahmen und Urteile über ihre Existenz fällen und rechtfertigen. Kurz, aus der Tatsache, daß ein Gegenstand etwas ist, nämlich so-und-so ist, folgt nicht, daß der Gegenstand existiert,[8] aber es folgt, daß er *so* ist wie er ist. An dieser Stelle scheint es mir nötig, an die beiden Seinsweisen, die Meinong unterscheidet, zu erinnern, um jene eigenartige dritte Kategorie verstehen zu können. Wir haben gehört, daß vollständige Bestimmtheit ein Kriterium der Existenz von Gegenständen ist, aber müssen auch akzeptieren, daß nur Reales existiert, das sind also raum- und zeitlich bestimmte Gegenstände. Andererseits können Zahlen nicht im selben Sinne existieren: So unterscheidet Meinong Existenz von Bestand, wobei die letztere Zuschreibung allen Gegenständen höherer Ordnung, die sich auf gewöhnlichen aufbauen, zukommt. *Objektive* existieren nicht, sondern bestehen entweder, oder sie bestehen nicht. Bestehende Objektive bezeichnet Meinong als Tatsachen. Aber da Tatsachen auch das sind, was Objektive wahr machen kann, wird man Simons [1986: 103] recht geben, daß Objektive nicht nur als Wahrheits*träger* auftreten, sondern auch als Wahr*macher*.

Außer den beiden Seinsweisen — Existieren und Bestehen — kennt Meinong noch eine dritte, die aber weder Sein *noch* Nichtsein dem Gegenstand zuschreibt. Und es ist dieser Gesichtspunkt, den ich als einen der wertvollsten Beiträge seiner Theorie ansehe. Er nennt dies das *Außer-Sein des reinen Gegenstandes*, damit dem Dogma, daß jeder Name etwas benennt, scheinbar widersprechend. Außersein ist ein scheinbarer Begriff, zu dem keine Verneinung existiert. Und es kommt jedem Gegenstand zu: Das ist gemeint, wenn davon gesprochen wird, daß dem Gegenstand als solchem weder Sein noch Nichtsein zugesprochen wird, der *reine* Gegenstand also jenseits von Sein und Nichtsein ist. Kurz, Meinong findet, daß der Gegenstand, jeglicher Gegenstand nicht nur der Beurteilung seiner Existenz, sondern jeglicher Beurteilung in gewisser Weise vorgegeben sein muß: ich muß den Gegenstand gewissermaßen *ergreifen*, um zum Beispiel Sein oder Nichtsein von ihm aussagen zu können.

---

[8] Vgl. Chisholm [1973: 209 f.].

Nun könnte man verlangen, daß die semantische Eigenschaft von Ausdrücken, die sich auf *Etwas* beziehen, entweder eingelöst wird durch die Akzeptierung der Bezugnahme (der Referenz), oder es gibt eine Weise, diese Ausdrucksweise zu reformulieren, so daß die ursprüngliche Bezugnahme verschwindet. Russells *Theory of Description* von 1905 entschied für die letztere Alternative und eskamotierte damit die Tatsache, daß *über* Außerseiendes gesprochen und nachgedacht werden kann. Das zu versuchen, eben das letztere zu rechtfertigen, war Meinongs Weg, der dabei blieb, daß es Dinge bzw. Gegenstände gibt, deren Existenz logisch ausgeschlossen ist, die aber ob ihres So-Seins sehr wohl unser Nachdenken beschäftigen und zum Gegenstand von wahren und falschen Aussagen werden können. Trennt man den Gegenstandsbereich vom Quantifikationsbereich, so gibt es verschiedene Möglichkeiten, wahre Aussagen über das So-Sein nicht-existierender Gegenstände zu bilden.

Die jahrzehntelangen Versuche von Richard Routley, gipfelnd in seinem riesigen Dschungel-Buch *Exploring Meinong's Jungle and Beyond* (1980), sind ein gutes Beispiel für das Gelingen solcher Versuche. R. Routley, in den letzten Jahren umbenannt in Sylvan, hat m. E. neben Chisholm am allermeisten für die Reanimation von Meinongs Gegenstandstheorie in der englischsprechenden Welt getan. Er macht zu Recht die Konzentration semantischer Untersuchungen auf das Gebiet der Wissenschaftssprache, oder was man dafür hält, verantwortlich dafür, daß die interessanten Fragen, etwa der Fiktionen, relativ wenig bearbeitet wurden, gar nicht zu reden von einer allgemeinen Gegenstandstheorie. In dem vor fünfzehn Jahren erschienenen 1000-seitigen Werk findet man in den verschiedensten Richtungen Angriffe gegen eine einseitige Reference Theory, um den von ihm benützten Terminus zu zitieren. In ihr sieht er hauptsächlich eine Verteidigung der klassischen Logik und einen Irrweg, so wie der sogenannte späte Wittgenstein in der Devise der Notwendigkeit des Übersetzens der gewöhnlichen in die Sprache der Principia mathematica einen fundamentalen Irrweg sehen wollte. Die Abwendung vom Ideal einer Idealsprache bedeutet für Routley allerdings nicht den Verzicht auf die Mittel logischer Analyse, nur sollten diese nicht dominiert werden von den Idealen der klassischen Logik, zu deren modernsten Formen er auch die logischen Theorien von Frege, Russell und Quine rechnet. Die Philosophie des Common Sense verteidigend, greift er, wie Roderick Chisholm und Keith Lehrer, auf das Werk von Thomas Reid zurück und natürlich auf Meinong. Die Theorie, die Routley entwickelt, nennt sich

Nonism (oder Noneism) und ersetzt den Terminus Gegenstandstheorie (Theory of Objects) als *Theory of Items*. Der große, von Meinong vorgegebene Schritt ist die Anerkennung von nicht-existenten Gegenständen als Objekte intellektueller Tätigkeit wie unseres Gefühlslebens, so daß die Operationen und natürlich auch die logischen Operationen sich nicht nur mit der wirklichen Welt und möglichen Welten beschäftigen, sondern ohne Restriktion auf unmögliche Gegenstände ausgedehnt werden. Das seit Russell anstoßerregende Urteil „Das runde Viereck ist rund" wird so zu einem normalen, indem es den Gegenstand, über den geurteilt wird, so akzeptiert wie er gedacht und verwendet wird. Die Logik des *Nonism* akzeptiert Meinongs Gegenstandsbegriff als grundlegend. Alles, ob denkbar oder nicht, möglich oder nicht, vollständig oder nicht vollständig, alles ist etwas, ist ein Gegenstand. Viele dieser Gegenstände existieren nicht. Aber, wie existierende, haben auch nicht-existierende Gegenstände Eigenschaften. Die Eigenschaften, die einen Gegenstand charakterisieren, sind genau diese, die gebraucht werden, um einen Gegenstand zu charakterisieren. D. h. ein Gegenstand *hat* die Eigenschaften, die zu seiner Charakterisierung verwendet werden. Das Sosein geht der Existenz voraus. Das sind die Grundzüge, wie sie der allgemeinen Theorie der Gegenstände zugeschrieben werden.

Andere Lösungen finden sich in Karel Lamberts und Co. entwickelter „Presupposition-Free Logic"[9], deren singuläre Terme, so wie Meinongs bestimmte Beschreibungen nicht-existierender Gegenstände, nicht bezeichnenden Charakter haben müssen. Unweigerlich muß ich hier auch auf meinen verstorbenen Freund Hector-Neri Castañeda wie auf Rapaport und Ed Zalta hinweisen. Natürlich ist deren Grundposition nicht immer gleich; während die letzteren die Prädikation im Fokus haben, von der sie zwei Arten unterscheiden, nimmt die andere Gruppe von Logikern zwei Arten von Eigenschaften an, solche, von denen gilt, daß sie ein Gegenstand exemplifiziert, aber nicht einschließt, und solche, die anderer Natur sind.

4

Im letzten, kürzesten Teil will ich noch, zu den Gegenständen selbst zurückkehrend, der Unterscheidung zwischen vollständigen und nichtvollständigen Gegenständen Aufmerksamkeit zuwenden. Wenn wir die

---

[9] Vgl. Lambert [1983].

Gegenstände noch einmal betrachten, wie sie sind, dann können uns zwei Eigentümlichkeiten auffallen, die für die Lösung schwieriger Fragen und Einwände, wie sie z. B. von Russell vorgebracht wurden, von allergrößter Wichtigkeit sind und welche schließlich auch für die Gegenstandstheorie selbst eine Vertiefung bedeuten.

Die erste dieser Eigentümlichkeiten betrifft die erwähnte Tatsache, daß alle existierenden Gegenstände, d. h. daß alles, was überhaupt existiert, *vollständig bestimmt* ist. Da aber zur Bestimmung, genauer zur vollständigen Bestimmung, eine unendliche Anzahl von Eigenschaften und Relationen benötigt werden, ist ihre Erkenntnis nie im vollen Sinne vollständig und kann nicht vollständig sein. Im Erkenntnisbemühen – und Meinongs Zugang zu den Gegenständen und ihrer Theorie sind Erkenntnis und Erkenntnistheorie – im Erkenntnisbemühen verwenden wir hingegen unvollständige Gegenstände – *Hilfsgegenstände*, deren Inhalte uns zum Ergreifen und Erfassen der Zielgegenstände dienen. So ist *mein Bild*, meine Vorstellung von Frankfurt ein wesentlicher Teil des (Hilfs-)Gegenstandes „Frankfurt", mit Hilfe dessen ich mich auf den *vollständigen realen Gegenstand* beziehe; dieser reale, vollständige Gegenstand ist ein Gegenstand, der ja allein wegen des Beziehungsgefüges, in dem er steht, unendlich viele Eigenschaften bzw. Relationen und daher nicht ausschöpfbare Attribute hat. In der Tat zeigt uns die neuere Debatte über die Wege der Bezugnahme, die ein Subjekt mit Gegenständen in Beziehung bringt, daß unsere Einstellungen zu vollständigen Gegenständen – Dingen und Komplexen von Dingen, also Sachverhalten – eben nur einzelne *Züge – Stereotype –* benützt, um sie einer Art unterzuordnen, was man als ersten Zielgegenstand auffassen kann, und anderen, die sie von ähnlichen Gegenständen der gleichen Art unterscheiden.

Meinong meinte, daß in diesen Fällen der Hilfsgegenstand, der eine erkenntnisleitende Funktion erfüllt, im vollständigen Gegenstand implektiert ist, aber nicht ein Teil dieses Gegenstandes sein könne, da ihm ja sonst im selben Sinne Existenz zukäme, wie dem vollständigen Gegenstand. Ein vollständiger Gegenstand hat als reale Teile eben gleichfalls existierende, wie ein Klavier den Deckel, die Seiten, Pedale, genaugenommen unendlich viele Teile und Eigenschaften, während ein Hilfsgegenstand begrenzt ist, als ein solcher der Präsentation des realen Gegenstandes, der existiert, dienend.

Die *zweite Eigentümlichkeit*, die Meinong entdeckte, ist die des Unterschieds zwischen Konstitution und außerkonstitutorischen Bestimmungen eines Gegenstandes. Was zur inneren Bestimmung der Natur eines Gegenstandes gehört, Bestimmungen, die das *Sosein* des Gegenstandes beschreiben und kennzeichnen, sind *konstitutive Bestimmungen*; Bestimmungen, die hingegen die Seinsart des Gegenstandes betreffen, wie Existenz, Bestand oder deren Verneinung, Vollständigkeit und Unvollständigkeit, Einfachheit und Einheit, so betreffen diese nicht das Sosein des bestimmten Gegenstandes selbst, sondern Bestimmungen, die dem Gegenstand gerade wegen seines So-Seins im Ganzen zugesprochen werden.

Es war mit Hilfe dieser philosophischen Grundlage, daß Meinongs Semantik einer Neubelebung fähig war und als eine rechtfertigbare und praktikable Alternative zu einer Russellschen Typs angesehen werden konnte.

Mir ging es und geht es dabei nicht um die Rechtfertigung von Meinong oder bestimmten anderen Gegenstandstheoretikern, auf die ich hier nur mit wenigen Beispielen hinweisen konnte. Mir geht es vielmehr um das allgemeine Programm einer Theorie der Gegenstände, d. h. einer Theorie von allem, was Etwas ist, ohne daß die Existenzvoraussetzung, deren Erfüllung wir fordern, dabei ins Gewicht fällt. Nur im Rahmen der allerweitesten Betrachtungsweise, der gegenstandstheoretischen, kann auch eine Ontologie ihren Platz finden, eine Ontologie, die Raum läßt für unseren Geist, mit Hilfe dessen wir neue Gegenstände und Welten von Gegenständen erfahren und beschreiben und – wie wir wissen – auch erzeugen können. Wenn das „ist" der Prädikation, wie Meinong richtig gesehen hat, nicht das „ist" der Existenz impliziert, dann können unter diesen Gegenständen und „Welten" unendlich viele sein, *die nicht existieren*. Einmal darauf aufmerksam gemacht, finden sich viele Seiten, von denen aus Gegenstände, die nicht existieren, nicht weniger Interesse und oft weit mehr Interesse erwecken und verdienen als Gegenstände, die existieren.

Es ist nicht bloß die Lust, in das Reich des Nicht-Existierenden einzudringen, die ein solches Unternehmen nötig und interessant macht. Es ist vielmehr ein Akt kluger Sorgfalt, auf die Unterschiede zu achten, die es in der Welt und in der Welt der Erkenntnis gibt.

5 Literatur

BOLZANO, B.: *Wissenschaftslehre*. Sulzbach (J. E. v. Seidelsche Buchhandlung) 1837.
BRANDL, J.: *Brentanos Urteilslehre. Eine Studie über die logische Form von Akt und Inhalt*. Unveröffentlichtes Typoskript, Graz 1987.

CHISHOLM, R. M.: „Homeless Objects". *Revue Internationale de Philosophie* 104/105 (1973), 207–223.
CHISHOLM, R. M.: „Beyond Being and Nonbeing". In: Haller [1972], 25–36.
HALLER, R. (Hrg.): *Jenseits von Sein und Nichtsein. Beiträge zur Meinongforschung.* Graz (Akademische Druck- und Verlagsanstalt) 1972.
HUSSERL, E.: „Ideen zu einer reinen Phänomenologie I § 3, Wesenserschauung und individuelle Anschauung". Zitiert nach E. Husserl, *Gesammelte Schriften* Bd. 5, hrg. v. E. Ströker, Hamburg (Meiner) 1992.
LAMBERT, K.: *Meinong and the Principle of Independence. Its Place in Meinong's Theory of Objects and its Significance in Contemporary Logic.* Cambridge (Cambridge University Press) 1983.
MEINONG, A.: „Über Gegenstände höherer Ordnung und deren Verhältnis zur inneren Wahrnehmung". In A. Meinong, *Gesamtausgabe* Bd. 2, *Abhandlungen zur Erkenntnistheorie und Gegenstandstheorie.* Bearbeitet von R. Haller, Graz (Akademische Druck- und Verlagsanstalt) 1971.
ROUTLEY, R.: *Exploring Meinong's Jungle and Beyond.* Canberra (Australian National University) 1980.
RUSSELL, B.: *The Principles of Mathematics.* London (W. W. Norton & Company) 1903.
RYLE, G.: „Intentionality-Theory and the Nature of Thinking". In Haller [1972], SS. 7–14.
SIMONS, P.: „Alexius Meinong: Gegenstände, die es nicht gibt". In J. Speck (Hrg.), *Grundprobleme der großen Philosophen – Philosophie der Neuzeit IV*, Göttingen (Vandenhoeck & Ruprecht) 1986, 91–127.
SMITH, B.: *Austrian Philosophy. The Legacy of Brentano.* Chicago (Open Court) 1994.
TARSKI, A.: „Drei Briefe an Otto Neurath", hrg. v. R. Haller. *Grazer Philosophische Studien* 43 (1992), SS. 1–32.
TUGENDHAT, E.: *Vorlesungen zur Einführung in die sprachanalytische Philosophie.* Frankfurt (Suhrkamp) 1976.
TWARDOWSKI, K.: *Zur Lehre vom Inhalt und Gegenstand der Vorstellungen. Eine psychologische Untersuchung.* Nachdruck der 1. Aufl. Wien 1894, mit einer Einleitung von R. Haller, München-Wien (Philosophia) 1982.

Glaucons Herausforderung:
Was ist Motiv und Lohn der Tugend?

von RAINER HEGSELMANN

Die *Gerechtigkeit* ist das große Thema von Platons *Politeia*. Im *ersten* Buch der *Politeia* werden verschiedene Verständnisse von Gerechtigkeit vorgetragen. Gerechtigkeit sei eine gewisse Gerissenheit bei der Unterstützung von Freunden, sie bedeute, Freunden Vorteile zu verschaffen, Feinden hingegen zu schaden. In seiner üblichen Art legt Sokrates dann intellektuelle Hinterhalte. Er macht Einwürfe und stellt scheinbar harmlose Frage, die seine Gegenüber in Widersprüche und Zirkularitäten verstricken: Wer sei ein Freund? Sei es vielleicht nur derjenige, der *nicht nur gutartig scheine*, sondern auch wirklich *gutartig sei*? Wenn das aber wiederum so sei, was heiße dann „gutartig". Müsse man die zur Explikation von „Gerechtigkeit" herangezogene „Gutartigkeit" nicht ihrerseits unter Rückgriff auf den Gerechtigkeitsbegriff explizieren? usw. usw. ... Schließlich platzt einem der Beteiligten, nämlich dem *Trasymachos*, der Kragen: In einem vernünftigen Sinne von „gerecht" sei gerecht das, *was dem Stärkeren nütze*. Der in einem üblichen und naiven Sinne Gerechte sei überall schlechter dran als der Ungerechte. Ungerechtigkeit zahle sich nämlich aus, allerdings müsse man sie im großen Stile begehen und sich z. B. als Tyrann gleich ein ganzes Gemeinwesen unterwerfen. – *Sokrates* stellt dem entgegen, daß es sich *unter allen Umständen lohne, gerecht zu sein*.

Schon in der *Politeia* überzeugt die These des Sokrates nicht alle Beteiligten. Gleich zu Beginn des *zweiten* Buches wirft *Glaucon* die Frage auf, *was denn der Lohn des Gerechten bzw. ein nachvollziehbares Motiv für Gerechtigkeit sei*. Nachdrücklich fordert er Sokrates auf, vor dem Hintergrund der These des Trasymachos, nach der sich Ungerechtigkeit auszahle, im Einzelnen darzulegen, in welchem Sinne und aus welchen Gründen sich Gerechtigkeit unter allen Umständen lohne. – Das damit angesprochene Problem möchte ich die *Herausforderung des Glaucon* bzw. auch das *Motivationsproblem* nennen. In einer etwas *allgemeineren* Weise könnte man diese Herausforderung auch so formulieren: *Was könnte Lohn und Motiv der Tugend sein, wenn Tugendhaftigkeit oft darauf hinausläuft, Rücksichten zu nehmen, die nicht im Eigeninteresse liegen?*

1. Wie überhaupt auf die Herausforderung des Glaucon reagieren?

Auf die Herausforderung des Glaucon ist in sehr unterschiedlicher Weise reagiert worden. Die Reaktionen haben jene Bandbreite, die in der Philosophie bei nahezu allen Problemen der Normalfall ist:

- Einige meinen, es sei *kein philosophisches Problem*.
- Andere meinen, das Problem sei ein *Scheinproblem bzw. trivial auflösbar*.
- Wieder andere sagen, es sei *beweisbar unlösbar*.
- Und schließlich gibt es viele, die das Problem für *ernst, philosophisch und lösbar* halten und sich an entsprechenden Lösungen versuchen.

Nach einer *ersten* Auffassung ist das durch Glaucon angesprochene Motivationsproblem *kein philosophisches Problem*. Es betreffe vielmehr eine existentielle Dimension des subjektiven Entscheidens und Wählenkönnens, die auch dann noch bleibe, wenn klar sei, was unter dem Gesichtspunkt der Moral zu tun wäre. In etwa diesem Sinne liegt das Motivationsproblem nach *Toulmin außerhalb des moralphilosophischen Aufgabenbereichs*. Diejenigen, die nach einer positiven Lösung des Motivationsproblems suchen „are giving philosophy a job which is not its own. To show that you ought to choose certain actions is one thing: to make you want to do what you ought to do is another, and not a philosopher's task" (Toulmin 1950: 163).

Man kann nun durchaus konzedieren, daß auch eine hohe Dosis Moralphilosophie nicht den zwangsläufigen Effekt haben müßte, daß wir wollen, was wir sollen. Gleichwohl würden wir im Sinne der Herausforderung des Glaucon gern genauer *verstehen, wie und warum wir überhaupt wollen und tun könnten, was wir unter moralischem Gesichtspunkt zu tun hätten, wenn wir das, was dann zu tun wäre, unter selbstinteressierten Gesichtspunkten nur zu häufig lieber ließen*. Und selbst wenn dies aus irgendwelchen Gründen disziplinärer Abgrenzungen kein philosophisches Problem wäre, es wäre jedenfalls für jeden, der an einer realistischen Moralphilosophie interessiert ist, *ein moralphilosophisch folgenreiches Problem*. Sollte sich nämlich z. B. herausstellen, daß für bestimmte moralische Forderungen keine motivationale Basis geschaffen werden könnte, dann hätte dies Folgen für jeden, der den für eine realistische Moralphilosophie konstitutiven Grundsatz „Ultra posse nemo obligatur" akzeptiert.

Eine *zweite* Reaktion auf das Motivationsproblem besteht darin, das Problem zu *trivialisieren* bzw. zu einem *Scheinproblem* zu erklären. Einem solchen Reaktionsmuster folgt, wer das Motivationsproblem zunächst auf die Frage bringt „Warum soll [sollte] ich tun, was ich für moralisch geboten halte?", dann auf die den *Gebrauch* der Begriffe „Sollen" bzw. „Geboten" regierende Logik verweist und im Anschluß erklärt, es sei schlicht eine *logische Wahrheit*, daß man tun solle [sollte], was man für moralisch geboten halte. Dieser argumentativen Linie folgt v. Kutschera (vgl. 1982: 57 ff., 214).

Die semantische Trivialisierung verschiebt jedoch das Problem nur: Es mag logisch wahr sein, daß man tun soll, was man für moralisch geboten hält. *Dieser* logische Zusammenhang garantiert aber *nicht*, daß man auch de facto *täte*, was man nach eigener moralischer Überzeugung zu tun hätte. Von Kutschera vertritt daher eine noch stärkere These, die er die *Korrespondenzthese* (vgl. 1982: 57) nennt. Sie läuft darauf hinaus, daß es eine *logische* Wahrheit sei, daß etwas *für moralisch geboten zu halten*, zu einem entsprechenden Handeln *motiviere*. Fälle, in denen jemand das, was er nach eigener oder anderer Auffassung für moralisch geboten hielt, nicht tat, würden also im Rahmen dieses Sprachgebrauchs immer nur zeigen, daß jemand eine bestimmte moralische Überzeugung *im Ernst doch nicht hatte*. – Man mag darüber streiten, ob dies wirklich unser bzw. ein insgesamt zweckmäßiger Sprachgebrauch ist. Aber selbst wenn man sich auf ihn einließe, die Herausforderung des Glaucon würde sich innerhalb dieses sprachlichen Rahmens der Sache nach ebenfalls ergeben. Zu fragen wäre nämlich: Wie kann man etwas *überhaupt für geboten halten*, wenn das für geboten Gehaltene nur zu oft darauf hinausläuft, Rücksichten zu nehmen, die nicht im Eigeninteresse liegen? Dies heißt nicht, daß das Motiviationsproblem nicht auf eine Weise gelöst werden könnte, die als *Komponente* die oben beschriebene semantische Trivialisierung enthält. Es heißt vielmehr lediglich, daß das Problem durch die Trivialisierung noch nicht gelöst ist.

Eine *dritte* Reaktionsmöglichkeit auf das Motivationsproblem ist die *Kants*. Nach ihm ist das Motivationsproblem in einem bestimmten Sinne *unlösbar*. Allerdings sei erklärbar, warum es dahin kommen müsse. Es sei also – so könnte man sagen – *beweisbar unlösbar*. Um der Objektivität, d. h. der Allgemeinheit und Notwendigkeit eines Moralgesetzes willen, könne ein Moralgesetz nämlich nicht auf kontingente Bedingungen der inneren oder äußeren Natur gestützt werden. Das Absehen von allem Kontingenten erzwinge, daß Moralität nur darin bestehen könne, daß einzig der Umstand, daß eine Handlungsmaxime als allgemeines Gesetz gewollt werden könne, Bestimmungsgrund des Willens sei. Bedingung der Moralität wird daher eine transzendentale Freiheit, die keine empirisch-sinnlichen Neigungen und Interessen als mögliche Triebfedern der Moralität zuläßt. Unlösbar wird das Motivationsproblem dann zusammen mit der weiteren Annahme, daß wir nur hinsichtlich der empirisch-sinnlichen Neigungen und Interessen recht gute Vorstellungen darüber haben, wie sie als Triebfedern unseres Handelns wirken. Wie hingegen eine von allen empirischen Neigungen und Interessen freie Vernunft ein reines, moralisches Interesse an der Verallgemeinerbarkeit von Maximen bewirken könne, dies sei prinzipiell nicht erklärbar. Grund dafür ist wiederum, daß es hier um Kausalbeziehungen zwischen intelligibler und empirischer Welt ginge. Die intelligible Welt ist uns allerdings kognitiv verschlossen und Kausalbeziehungen können nur im Bereich der empirischen Welt gefunden werden.

Mir scheint diese Konsequenz im Rahmen des kantischen Ansatzes unvermeidlich zu sein. Wir sollten sie allerdings nicht im Sinne einer nun nachgewiesenen „äußersten Grenze aller praktischen Philosophie" (GMS: 455) verstehen, sondern als den gelungenen Nachweis nehmen, daß hier die moralphilosophische Konzeption Kants an eine Grenze stößt und ein im Prinzip vertrautes, aber eben undurchschautes Faktum, nämlich ein pflichtgemäßes Handeln um der Pflicht willen, zu einem *prinzipiellen Explanations-Rätsel erklären muß*. Ich möchte allerdings vorschlagen, einer philosophischen Heuristik zu folgen, die gerade in solchen Fällen die erneute Reflexion der für die Erzeugung prinzipieller Rätsel verantwortlichen Annahmen und die Suche nach Alternativen empfiehlt.

2. Eine grundsätzliche Schwierigkeit positiver Antwortversuche

Weder die Behauptung, das Motivationsproblem sei kein philosophisches, *noch* die Trivialisierung des Problems, *noch* die These von der angeblich beweisbaren Unlösbarkeit des Problems haben sich als überzeugend erwiesen. Wie steht es daher mit einer positiven Lösung des Problems? Dazu liegen zahlreiche und sehr verschiedene Versuche vor: Insbesondere im Rahmen antiker Lösungsversuche wird versucht nachzuweisen, daß es eine Einheit von Tugend und Glück gibt, wobei die zu diesem Resultat führenden Argumentationen so verschieden sein können wie die der Stoa und des Epikureismus. Einige gehen von einem faktischen Vernunftinteresse bzw. einem Interesse daran aus, in einem Einklang von Handeln und moralischem Urteil leben zu wollen. Anderen gilt die Achtung vor dem Moralgesetz als eigenständiges Handlungsmotiv. Wieder andere schreiben uns ein unmittelbares Interesse an moralischer Integrität und Selbstachtung zu.

Die Plausibilität solcher (und anderer) Lösungsversuche hängt zwar nicht nur, sicher aber ganz entscheidend davon ab, was im Rahmen der jeweiligen moralphilosophischen Gesamtkonzeption *die Moralität überhaupt ausmacht*. Mir scheint nun, daß die genauere Analyse dieser Lösungsversuche zu dem folgenden *allgemeinen* Resultat führt: Je weiter moralphilosophische Konzeptionen das, was in ihrem Rahmen Basis und Kern der Moral ausmacht, von den faktischen Interessen und Neigungen der Individuen lösen, um so schwieriger wird es für sie sein, eine plausible Lösung des Motivationsproblems vorzulegen.

Diese These wird offenbar von einer Allquantifizierung über alle moralphilosophischen Konzeptionen regiert und ist entsprechend schwer zu belegen. Sie soll hier lediglich an *zwei Beispielen* belegt werden.

Das *erste Beispiel*, das ich zum Beleg der These anführen möchte, betrifft eine moralphilosophische Konzeption, in der menschliche Interessen und die Basis der Moral — im wörtlichen Sinne — *verschiedenen Welten* angehören: der platonistische Intuitionismus *Nicolai Hartmanns*. Basis der Moral sind bei Hartmann *Werte*, die ihrerseits *Gegenstände einer eigenständigen, außerhalb von Raum und Zeit existierenden Wertwelt* sind. Die Dinge, Ereignisse oder Handlungen der üblichen Welt können an diesen Werten ‚teilhaben' und werden sozusagen im Grade ihrer Teilhabe von uns als wertvoll empfunden. Unser Wertfühlen erschließt uns also das Reich der Werte; im Gegensatz zu einem subjektivistischen Vorurteil schafft dieses Wertfühlen jedoch nicht die Werte, sondern ist seinerseits deren Reflex.

Man könnte hier durchaus konzedieren, daß eine Handlung als wertvoll zu empfinden bereits *heißt*, ein Motiv zu haben, sie zu tun. Aber die *Nachfolgefrage* ist: Wenn Werte uns ontologisch so fern stehen, wie kommt es eigentlich, daß wir *ausgerechnet das als wertvoll empfinden, was Wert hat?* Hartmann hat diese Schwierigkeit durch eine recht aufwendige Konstruktion zu bewältigen gesucht: Ausgangspunkt ist die Annahme, daß es schon im idealen Ansichsein des Wertes ein Sollensmoment gebe, das aber nur ein *ideales Seinsollen* sei, dem nicht eindeutig ein Tunsollen entspreche (Hartmann 1926: 170 ff.). Die Differenz von Wirklichkeit und idealem Seinsollen konstituiert dann ein *aktuales Seinsollen,* das seinerseits das Subjekt benötigt, um es auf seine Ziele hin zu lenken, denn „das Sollen hat von sich aus keine Seinsenergie; es braucht ein anderes, das ihm seine Seinsenergie darbietet, das sich mitsamt dieser seiner Energie von ihm leiten läßt" (a. a. O.: 180). Über den Gesamtzusammenhang schreibt Hartmann dann:

> „Sofern nun das Sollen ins Sein greift und das aktual Seinsollende zum Seienden macht, kann es das nur, indem es sich ein bereits Seiendes gleichsam ‚greift' und dieses dahin determiniert, wohin seine Sollensrichtung weist. Es greift sich das Subjekt. Denn dieses allein läßt sich von der idealen Macht der Werte ergreifen. Das übrige Seiende ist dumpf und stumpf gegen den Ruf des Idealen. Es ‚vernimmt' ihn nicht, ist ‚vernunftlos'" (a. a. O.: 178).

Diese Lösung Hartmanns gibt *Rätsel über Rätsel* auf. Unterstellen wir eine eher *analoge und metaphorische* Verwendung der Begriffe, *dann* bleiben die sprachlichen Bedeutungen zentraler Begriffe rätselhaft. Gehen wir hingegen von den *üblichen Bedeutungen* aus, *dann* entstehen sachliche Nachfolgeprobleme, bei denen rätselhaft bleibt, wie der Weg ins Abstrus-Kuriose vermieden werden soll. Was soll es z. B. auch nur *bedeuten,* daß ein Ideales existiert, das rufen und auch greifen kann und dessen Ruf wir vernehmen? Angenommen aber, wir verstünden das, sollen dann Unmoralitätsphänome als Fälle von Weghören oder zu leisen Rufens verstanden werden? Wie soll auf dieser Linie mit dem historischen Wertwandel umgegangen werden? Hat das Ideale sich nicht immer gleich vernehmen lassen, ruft es manchmal undeutlich, hat es phasenweise ganz geschwiegen oder können seine Rufe im allgemeinen Lärm untergehen? – Mir scheint, daß eine weitere Ausarbeitung dieser Theorie zwangsläufig in Kuriositäten enden muß. Jedenfalls ist nicht zu sehen, wie hier eine Lösung des Motivationsproblems gefunden werden soll.

Daß das Motivationsproblem auch im Rahmen von moralphilosophischen Konzeptionen entsteht, die Moral und Interesse in einen vergleichsweise engen Zusammenhang bringen, zeigt sich an meinem *zweiten Beispiel,* nämlich dem *Utilitarismus.* Das Motivationsproblem wird in seinem Rahmen zu der Frage „Was könnte das Motiv sein, sich an einer utilitaristischen Wohlfahrtsfunktion zu orientieren, in die die persönliche Nutzenfunktion zwar eingegangen ist, die aber allenfalls zufällig zur Auszeichnung jener Handlungen (oder Handlungsweisen) führt, die sich bei rationalem Entscheiden auf Basis der individuellen Nutzenfunktion ergäben?"

Was die *klassischen Utilitaristen* betrifft, so hat *Sidgwick* dieses Problem für extrem brisant gehalten und eine Lösung ins Auge gefaßt, nach der Sanktionen Gottes dafür sorgen, daß es individuell rational wird zu tun, was moralisch geboten ist. *Bentham* hat ebenfalls auf äußere, allerdings diesseitige Sanktionen gesetzt. *Mill* glaubte an die Wirksamkeit innerer Sanktionen. Diese würden anknüpfen an ein natürliches Gemeinschaftsgefühl, das sich endogen im Rahmen von Kooperationsbeziehungen stärke und darüber hinaus durch geeignete Formen der Moralerziehung weiterentwickelt werden könne. Der *moderne* Utilitarist *Harsanyi* hat im Zusammenhang dieses Problems geltend gemacht, man müsse eben einfach faktisch ein Interesse am gemeinschaftlichen Wohlergehen haben (vgl. Harsanyi 1985: 55).

Offenbar spielen hier *Sanktionen* eine nicht unerhebliche motivationale Rolle. Ob man einer bestimmten Moralkonzeption genügen kann, indem man ihr um der Vermeidung bestimmter Sanktionen willen folgt, hängt entscheidend davon ab, welche Freiheiten eine Moralkonzeption hinsichtlich der Motive ihrer Befolgung noch läßt. Für eine *kantisch* verstandene Moralität wäre jedenfalls klar, daß sie als Moralität *um einer Sanktionsvermeidung willen* nicht konsistent lebbar ist.[1] Für eine *utilitaristisch* verstandene Moralität scheint es mir hingegen *nicht* zu Inkonsistenzen führen zu müssen, wenn man ihr um der Vermeidung von Sanktionen willen folgte.

Es ist aber *nicht dieser Aspekt des Motivationsproblems*, der *hier* interessiert. Es geht insbesondere *nicht* um *externe* Sanktionen zur Erzwingung von moralischem oder jedenfalls moral*konformem* Verhalten. Mir geht es hier und im folgenden vielmehr um Möglichkeiten einer *inneren Bindung* an Moral bzw. Tugend, und zwar mit Blick auf Menschen, die die Bühne des Lebens jedenfalls nicht als Heilige betreten. Bei dem Entstehen von inneren Bindungen an Moral mögen externe Sanktionen durchaus eine Rolle spielen, aber das entsprechende System von (häufig nicht kostenlosen) Sanktionierungen müßte seiner-

---

[1] Diese Problematik spielt übrigens auch im Zusammenhang der *Pascalschen Wette* eine nicht unbedeutende Rolle.

seits auf der Basis realistischer Annahmen über die menschliche Natur verstanden werden.

Mit Blick auf den *Utilitarismus* ergibt sich bei dieser Engführung des Motivationsproblems daher die offene Frage, wie überhaupt eine innere Bindung an ein im utilitaristischen Sinne verstandenes Allgemeinwohl möglich sein soll, wo doch dieses Allgemeinwohl radikal unvereinbar sein kann mit dem, was das starke Motiv Eigeninteresse nahelegt.

3. Ein Ansatz von der anderen Seite: Wohin führt Moralität?

Die bisherigen Ausführungen zum Motivationsproblem legen eine bestimmte Lösungsstrategie nahe: Ließe sich zeigen, daß es *‚irgendwie' im wohlverstandenen Eigeninteresse* läge, moralisch zu sein, dann würde sich das Motivationsproblem recht leicht lösen lassen, ist doch der erkannte Umstand, daß etwas im eigenen Interesse liegt, häufig und für viele ein starkes Motiv, das derart im eigenen Interesse Liegende eben auch zu tun. *Aber Vorsicht*: Es scheint nämlich andererseits gerade eine alltägliche Erfahrung zu sein, daß Forderungen der Moral mit dem *konfligieren*, was unter dem Gesichtspunkt des Eigeninteresses zu tun wäre. – Offenbar droht hier eine Sackgasse, eventuell sogar ein ernstes Dilemma.

Es soll daher im folgenden das Problem gewissermaßen *von der anderen Seite her aufgerollt werden*. Statt wie bisher zu fragen:

- *Welches Interesse könnten wir haben, moralisch zu sein?*

möchte ich nun fragen:

- *Was sind genauer die Folgen, die Moralität für die Eigeninteressen hätte?*

Die damit aufgeworfene Frage kann nur dann mit Aussicht auf Erfolg beantwortet werden, wenn in hinreichendem Umfange klar ist, *was Moralität ausmacht*. In dieser Hinsicht möchte ich mich zunächst an moralischen Intuitionen orientieren, auf die im Alltag etwa mit Hinweisen von der Art *„Und wenn das jeder täte?!"* angespielt wird. Moralphilosophische Konzeptionen, die mit der einen oder anderen Variante von Verallgemeinerbarkeitskriterien operieren, lassen sich auch als Versuche verstehen, solche Intuitionen zu systematisieren und zu fundieren.

Was sind es für Situationen, in denen der Hinweis „Und wenn das jeder täte?!" gut fallen oder in den Sinn kommen könnte? Ich denke, es könnte z. B. jene Alltagssituation sein, in der es darum geht, eine Mehrweg- oder aber eine Einwegflasche zu kaufen. Vor dem entsprechenden Regal des Supermarktes stehend, würde uns durch den Kopf gehen, daß wir einen Zustand, in dem alle Mehrwegflaschen verwenden, natürlich deutlich jenen Verhältnissen vorziehen, die dann eintreten, wenn alle Einwegflaschen kaufen. Es käme uns allerdings der weitere Gedanke, daß der Kauf der Einwegflasche die bequemere Lösung ist. Und es würde uns auch klar, daß die durch unsere Einwegflasche entstehenden Müllprobleme bedeutungslos sind: Sind es eher viele oder gar alle anderen, die Mehrwegflaschen verwenden, so würde unsere Einwegflasche den dann kleinen Müllberg nur unwesentlich größer machen. Wären es eher wenige andere, die Mehrwegflaschen verwenden, dann wird der Müllberg eh sehr groß sein und der durch uns angerichtete zusätzliche Schaden ist wiederum vernachlässigbar. Wieviele andere also auch immer Mehrwegflaschen benutzen, das durch unsere Einwegflasche entstehende, zusätzliche Müllbeseitigungsproblem ist immer vernachlässigbar. – Und wenn nach diesem Räsonnement die Hand schon zu der eben bequemeren Einwegflasche greift, dann mag uns plötzlich die Frage „Und wenn das jeder täte?!" durch den Kopf schießen. Diese Frage würde uns darauf stoßen, daß nur jeder so denken und so handeln muß, damit etwas entsteht, was sich niemand wünscht, nämlich gewaltige Flaschenberge.

Die Beispiele für Situationen mit einer ganz ähnlichen Struktur sind zahlreich (vgl. Barry/Hardin 1982). Sie treten bereits im Bereich elementarer Lebensvollzüge auf oder können z. B. die Bereitstellung, Pflege und Nutzung sog. kollektiver Güter („tragedy of the commons"), also beispielsweise den möglichen Raubbau an gemeinschaftlich genutzten Ressourcen (und sei es die Nutzung als affektiv besetzbare, ästhetische Ressource) betreffen (vgl. Hardin 1971). Wenn Trittbrettfahrer-Probleme angesprochen werden, geht es um Situationsstrukturen, die der des Mehrwegflaschen-Beispiels analog sind. Viele der unter dem Stichwort „Reziprozität" angesprochenen Strukturen gehören hierher. Strukturen, die isomorph zu der des Mehrwegflaschen-Beispiels sind, betreffen so unterschiedliche Dinge wie die Verwendung der beliebten Weichspüler, die Einhaltung von Versprechen oder die mit Aufwand verbundene Beteiligung an der Regelung öffentlicher Belange.

Die gemeinsame Grundstruktur all dieser – offenbar nicht exotischen – Situationen läßt sich mit spieltheoretischen Mitteln recht gut, nämlich einfach und aufschlußreich, charaktisieren.[2] Die Grundstruktur selbst ist dort als *Gefangenen-Dilemma* bekannt, das ich für den 2-Personen-Fall genauer charakterisieren möchte. In einem klassischen 2-Personen-Gefangenendilemma stehen zwei Spieler jeweils vor der Alternative, eine kooperative oder eine unkooperative Strategie zu wählen. Die gesamten Umstände bringen es mit sich, daß es für jeden der beiden das jeweils beste Resultat wäre, wenn *er* sich *unkooperativ*, der *andere* sich aber *kooperativ* verhalten würde; umgekehrt führt es für jeden zum schlechtestmöglichen Resultat, wenn er sich kooperativ verhält, während der andere unkooperativ spielt. Beidseitige Kooperativität ist für beide das zweitbeste, beidseitige Unkooperativität ist für jeden das drittbeste Resultat. Die Situation der beiden Spieler kann daher durch die folgende Matrix dargestellt werden.

	Kooperativ		Unkooperativ	
Kooperativ	3	3	1	4
Unkooperativ	4	1	2	2

Weiterhin wird vorausgesetzt, daß die Spieler *keine bindenden Vereinbarungen* treffen können. Man kann sich nun klarmachen, daß gleichgültig, was der jeweils andere jeweils tut, für jeden Spieler die Wahl der unkooperativen Strategie gegenüber jeder möglichen Strategiewahl des jeweils anderen die bessere Auszahlung liefert. Eine Strategie, die die einzige beste Antwort auf jede mögliche Strategie des Gegenspielers ist, nennt man *dominant*. Es ist nicht zu sehen, wie eine Theorie rationalen Entscheidens für Situationen, in denen dominante Strategien existieren, etwas anderes als das Spielen dominanter Strategien empfehlen könnte. Damit ist die beidseitige Wahl unkooperativer Strategien die Lösung des Spiels. Diese Lösung ist in gewissem Sinne aber *eine Katastrophe für beide Spieler*, denn für jeden der beiden ist die mit beidseitiger Kooperativität verbundene Auszahlung höher als die bei beidseitiger Unkooperativität. Das Spielresultat, das rationale Spieler herbeiführen, ist daher in dem Sinne *suboptimal*, daß ein alternatives Resultat existiert, das beide Spieler besser stellt. Die „invisible hand" Adam Smith's kann also versagen; *rationale Verfolgung selbstinteressierter Präferenzen kann eine böse Falle sein*. Es ist die trau-

---

[2] Darstellungen der Spieltheorie geben z.B. Luce/Raiffa (1957), Harsanyi (1977) und Binmore (1992). Hinsichtlich der Bedeutung der Spieltheorie für die Moralphilosophie vgl. Binmore (1994).

rige, triviale, aber eben nicht unwichtige Lektion, die der Analyse von sozialen Dilemma-Situationen nach Art des Gefangenen-Dilemmas entnommen werden kann, daß die einzig erreichbare Lösung eines Spiels ein Resultat sein kann, zu dem Alternativen existieren, die jeden besser gestellt hätten, aber gleichwohl unerreichbar sind.

Soziale Gemeinschaften haben auf unterschiedliche Weise solche Situationen zu entschärfen verstanden, z. B. durch rechtliche Normierungen mit korrespondierenden Sanktionen, Einführung von Zwangsabgaben und die Einrichtung professioneller Überwachungs- und Erzwingungsstäbe. Es springt aber zugleich geradezu ins Auge, daß der *kategorische Imperativ* (bzw. verwandte Verallgemeinerbarkeitsprinzipien) gerade in sozialen Dilemma-Situationen gute Dienste leisten könnten.[3] Für eine solche *funktionale* Betrachtung des kategorischen Imperativs wird der kategorische Imperativ also *aus der kantischen Gesamtkonzeption herausgelöst*. Von Komplikationen seiner *Begründung* bei Kant kann daher ebenso *abgesehen* werden wie von den Schwierigkeiten, im kantischen Rahmen das Motivationsproblem zu lösen.

Es erfordert keine große Mühe, den kategorischen Imperativ so zu reformulieren, daß er in Gefangenen-Dilemma-Situationen greift. Eine prominente Formulierung des kategorischen Imperativs lautet: „Handle nur nach derjenigen Maxime, durch die Du zugleich wollen kannst, daß sie ein allgemeines Gesetz werde" (GMS, 421). Es liegt nahe, diesen kategorischen Imperativ in der Terminologie der Spieltheorie so zu formulieren: *Spiele eine Strategie, von der Du wollen kannst, daß alle Spieler sie wählen!*

Damit dieser Imperativ greift, muß die Wendung „*wollen können*" präzisiert werden. Kant hat in den bekannten vier Beispielen aus der *Grundlegung* recht unterschiedliche, nicht sehr präzise und auch fragwürdige Kriterien des Wollen-könnens verwandt. Ich möchte hinsichtlich des Wollen-könnens eine Annahme machen, die man möglicherweise als *teleologische Umdeutung Kants* ansehen könnte, die mir aber gleichwohl sachlich naheliegend zu sein scheint. Annehmen möchte ich nämlich, daß eine Strategiewahl aller Spieler jedenfalls nur dann gewollt werden kann, wenn zu dem dadurch eintretenden Spielresultat

---

[3] So haben z. B. Rapoport (1960: 369 f., Anm. 51), Sen (1974: 56), Ullmann-Margalit (1977: 55) und Kliemt (1986: 181 ff.) den kategorischen Imperativ bzw. verwandte Verallgemeinerbarkeitsprinzipien in einen Zusammenhang mit Gefangenen-Dilemma-Situationen gebracht.

keine Alternative existiert, die jeden besser stellen würde.[4] Die Spieler stehen nun gerade vor der Wahl zwischen der kooperativen und der unkooperativen Strategie. Da die unkooperative Strategie diejenige ist, die, wird sie von allen gespielt, zu einem suboptimalen Resultat, die durchgängige Wahl der kooperativen Strategie hingegen zu einem optimalen Resultat führt, läuft der so reformulierte kategorische Imperativ schlicht auf die Forderung hinaus, *kooperativ zu spielen*.

Wir können also *festhalten*: In Gefangenen-Dilemma-Situationen müssen Spieler, die klug sind und daher rational ihre selbstinteressierten Präferenzen verfolgen, die Vorteile gemeinsamer Kooperativität verschenken. Lassen sich jedoch *alle* Spieler vom kategorischen Imperativ leiten, dann können sie kooperative Lösungen herbeiführen. Durch eine kooperative Lösung wird dabei jeder unter dem Gesichtspunkt seiner *egoistischen* Präferenzen gegenüber jenem Resultat bessergestellt, das für rational-selbstinteressierte Spieler einzig erreichbar ist. Moral könnte also eine Art „List der Vernunft" sein.[5]

4. Eine unangenehme Überraschung: Lohn, aber kein Motiv?

Es liegt nahe, an dieser Stelle die *Herausforderung des Glaucon* wieder aufzugreifen: *Wenn sich Tugendhaftigkeit bzw. Moralität aller ge-*

---

[4] Daß dies keine Annahme ist, die Kant völlig fremd wäre, sieht man daran, daß er den Maximentest einmal so formuliert: „Würde ich wohl damit *zufrieden* (Hervorhebung durch R. H.) sein, daß meine Maxime – als ein allgemeines Gesetz (sowohl für mich als andere) gelten solle" (GMS: 403).

[5] Ganz ähnlich haben z.B Baier (1958: 287), Warnock (1971: 26), Sen (1974) und Mackie (1977: 244) argumentiert. – An dieser Stelle ist auf ein *ernstes Nachfolgeproblem* aufmerksam zu machen: Die kooperative Lösung eines Gefangenen-Dilemmas kann darin bestehen, daß alle durch Nichtbetreten eines Rasens zum Entstehen einer ästhetischen Ressource beitragen. Die kooperative Lösung kann aber auch auf die Kooperativität einer Gangsterbande hinauslaufen. Der Effizienzgewinn, den diese Bande durch „Moralität" realisieren könnte, ginge vermutlich zu Lasten Dritter. Will man ausschließen, daß diese Form von Kooperativität als Moralität gilt, so könnte man sich auf Gefangenen-Dilemma-Situationen beschränken, in denen Kooperativität jedenfalls keine negativen Effekte für nicht am Spiel Beteiligte hat. Eine solche Restriktion findet sich bei Ullmann-Margalit (1977: 42). Verzichtet man auf eine solche Beschränkung, sollte man im Auge behalten, daß Verallgemeinerbarkeit auf eine Gruppenmoral hinauslaufen kann, deren Funktionieren für *Dritte* wenig wünschenswert ist. Könnte man daher zeigen, daß es unter gewissen Bedingungen klug ist, moralisch zu sein, dann wären die potentiellen Opfer dieser Moralität gut beraten, dafür zu sorgen, daß diese Bedingungen gerade nicht erfüllt sind. – Mackie gibt übrigens den Rat, die Gangstermoral zum Ausgangspunkt zu nehmen, um dann von ihr aus ein Verständnis dessen zu gewinnen, was wir üblicherweise *die* Moral nennen (Mackie 1977: 9).

rade unter dem Gesichtspunkt des Eigennutzes lohnt, haben wir dann nicht mit dem Lohn der Tugend gleich auch das Motiv für Tugendhaftigkeit? Oder anders formuliert: Wenn einerseits rationale Verfolgung des Eigeninteresses eine so böse Falle sein kann und andererseits jeder besser gestellt werden kann, wenn sich in Situationen von der Struktur eines Gefangenen-Dilemmas jeder in seinen Strategiewahlen vom kategorischen Imperativ leiten ließe, ist das nicht Motiv genug, die Grundsätze rational-selbstinteressierten Entscheidens aufzugeben und – als Ausdruck von Moralität bzw. Tugendhaftigkeit – den kategorischen Imperativ zum Prinzip seiner Wahlen zu machen?

Die Antwort auf diese Frage kann nur *negativ* sein. Im Grunde sind wir nämlich in ein *erweitertes Spiel* geraten, in dem es darum geht, ob wir in sozialen Dilemma-Situationen nach Grundsätzen rationaler Verfolgung egoistischer Interessen *oder aber* gemäß dem kategorischen Imperativ unsere Entscheidungen treffen wollen. Ich möchte dieses Spiel *Moralspiel* nennen. In ihm stehen *zunächst* zwei Wahl- oder Lebensstrategien zur Wahl, nämlich die Strategie *„Moralität/kategorischer Imperativ" einerseits* und die Strategie *„Klugheit/rationaler Egoismus" andererseits*. Je nach der an dieser Stelle getroffenen Entscheidung regiert dann *im Anschluß* entweder Moralität oder Klugheit die nachfolgende Strategienwahl in einem dann zu spielenden Gefangenen-Dilemma.

Nach den früheren Überlegungen steht fest, daß derjenige, der sich zuvor für die Lebensstrategie „Moralität/kategorischer Imperativ" entschieden hatte, *kooperativ* spielt. Wer sich hingegen für die Anwendung von Klugheitsgrundsätzen entscheidet, spielt im Anschluß *unkooperativ*. Man kann dieses Spiel also etwa so charakterisieren:

			Spieler 2	
			Moralität	Klugheit
			⇓	⇓
			kooperativ	unkooperativ
	Moralität ⇒	kooperativ	3 3	1 4
Spieler 1	Klugheit ⇒	unkooperativ	4 1	2 2

Wäre es nun im Sinne einer *Klugheit zweiter Stufe* klug, die Anwendung von Klugheitsgrundsätzen in Gefangenen-Dilemma-Situationen aufzugeben und stattdessen den kategorischen Imperativ anzuwenden?

Offensichtlich nicht, und zwar deshalb nicht, weil *das so entstehende Moralspiel selber auch wieder ein Gefangenen-Dilemma ist!* Gleichgültig nämlich, ob der jeweils andere sich für Verallgemeinerbarkeit oder aber für Klugheit entscheidet, die einzige beste Antwort darauf ist immer die eigene Klugheit. *Rationale Egoisten werden sich daher für die Klugheit und gegen die Verallgemeinerbarkeit entscheiden – und sich eben dadurch unter egoistischem Gesichtspunkt schlechter stellen als sie gestellt wären, wenn sie sich gemeinschaftlich zu einer durch den kategorischen Imperativ regierten Lebensform hätten entschließen können.*

Dies wiederum hat eine häufig übersehene Konsequenz: Natürlich ziehen rationale Egoisten einen Zustand, in dem sich jeder vom kategorischen Imperativ leiten ließe, einem Zustand vor, in dem die Klugheit regiert. Gleichwohl, daß bei Moralität aller jeder gewinnen würde, kann für selbstinteressierte und strategisch rationale Individuen kein Motiv sein, sich an einer moralischen Lösung zu beteiligen, *da sich die desaströse Anreizstruktur auf höherer Stufe wiederholt.* Der Ruin der rationalen Egoisten resultiert aus einer bestimmten Verführung: Moralität aller ist für jeden nur die zweitbeste Lösung. Noch besser ist eigene Unmoralität bei gleichzeitiger Moralität aller anderen. – Damit entsteht insgesamt eine schwierige Situation: *Es gibt offenbar einen Lohn der Tugend, aber kein Motiv für Tugendhaftigkeit.*

5. Könnte eine „Synthese" von Kant und Hume weiterhelfen?

Angenommen, man hätte zeigen können, daß in dem eben analysierten Moralspiel rationale und selbstinteressierte Spieler sich den kategorischen Imperativ zueigen machen und im Anschluß kooperativ spielen. (Und in der Tat kann man zeigen, daß *kooperative Lösungen dann möglich werden*, wenn ein Gefangenen-Dilemma nicht nur einmal gespielt wird, sondern es eine hinreichend hohe Wahrscheinlichkeit dafür gibt, daß die Spieler in einer nächsten Periode zu einem nächsten Spiel erneut aufeinander treffen.) Auch dann wäre das Glauconsche Motivationsproblem aus einer kantischen Sicht *nicht adäquat gelöst.* Für eine Moralität im Sinne Kants käme es nämlich entscheidend darauf an, daß sich die Spieler gerade nicht um der dadurch möglichen, höheren Auszahlungen willen für eine vom kategorischen Imperativ regierte Lebensform entscheiden. *Moralität im kantischen Sinne verlangt, daß dem kategorischen Imperativ um seiner selbst willen gefolgt wird.*

Nehmen wir einmal an, Kant habe völlig recht damit, daß der Kern moralischen Handelns gerade in der Suspendierung von Klugheits- und Nutzenmaximierungsüberlegungen besteht. *Für Kant spricht dabei*, daß es *moral- und motivationsphänomenologisch* offenbar wahr ist, daß es in einem bestimmten Umfange so etwas wie ein *Handeln aus Pflicht* und *Tugendhaftigkeit um der Tugendhaftigkeit willen* gibt. Die Integration und das Verstehen auch solcher Phänome gehört zu den zentralen Aufgaben im Rahmen des Projekts „Entwicklung eines umfassenden Verständnisses aller moralischen Phänomene", mögen wir ein solches Projekt *Moralphilosophie*, *Moraltheorie* oder auch *Moralwissenschaft* nennen. Angewandt auf das Gefangenen-Dilemma würden also *mit einer kantischen Moralität ausgestattete Spieler garnicht erst strategische Überlegungen anstellen, sondern um des kategorischen Imperativs willen kooperativ spielen.* Eben dadurch könnten sie sich aber unter dem Gesichtspunkt ihrer egoistischen Präferenzen erheblich besserstellen als die Spieler des eben charakterisierten Moralspiels.

Aber warum? Man kann das, was hier geschieht, auch so ausdrükken, daß die mit einer kantischen Moralität ausgestatteten Spieler sich definitiv bestimmter strategischer Möglichkeiten begeben haben. Sie haben sich − um ein Bild *J. L. Mackies* zu gebrauchen − erfolgreich bestimmte *innere Ketten* angelegt. Die Spieler kommen daher bereits mit einer *bestimmten kooperativen Handlungsdisposition* daher, angesichts derer bestimmte strategische Möglichkeiten einfach entfallen. *Demgegenüber schauten die Spieler des eben analysierten Moralspiels angesichts der Frage, ob man immerzu auf seinen Vorteil schielen soll, unmittelbar auf die Vorteile dieser oder jener Option, und wurden dadurch Opfer einer Anreizstruktur, in der man − wie es scheint − seinen eigenen Vorteil eben völlig vergessen haben muß, um ihn zu erhalten.*

Wie aber kann man sich eine solche Disposition, die im Eigeninteresse zu liegen scheint, überhaupt zulegen. Die Analyse des Moralspiels zeigt, daß rationale Egoisten offenbar Schwierigkeiten haben, sich eine solche Disposition auf *direktem* Wege, nämlich im Sinne einer strategisch rationalen Entscheidung, zuzulegen. Aber gäbe es vielleicht einen *indirekten* Weg?

Genau dies hat *Hume* gemeint (vgl. T, EPM). Ein Kernpunkt der Humeschen Moralphilosophie ist die Unterscheidung von *natürlichen* und *künstlichen* Tugenden.[6] Die Unterscheidung selbst ist nicht ganz klar und auch nicht ganz einfach, und die Gesamtkonzeption Humes

---

[6] Für eine sehr gelungene, spieltheoretische Hume-Rekonstruktion vgl. Lahno (1994).

ist in *Of Morals* und in *Enquiry concerning the principles of morals* auch nicht völlig identisch. Jedenfalls sind die künstlichen Tugenden *Handlungsdispositionen*, die wir *nicht* von Natur aus mitbringen, auf der Stufe der Vergesellschaftung im Rahmen sozialer *Kleinst*verbände *nicht nötig* sind und daher auf dieser Stufe auch noch nicht Gegenstand von Lob und Tadel sind. Die zentrale künstliche Tugend ist bei Hume die *Gerechtigkeit*, zu deren Kern die Respektierung der für Großgruppen unabdingbaren Eigentumsordnung und die Einhaltung von Versprechungen gehört. *Ohne* die Tugend der Gerechtigkeit könnten die bei Zusammenleben in Großgruppen möglichen *Kooperationsgewinne nicht realisiert werden.*

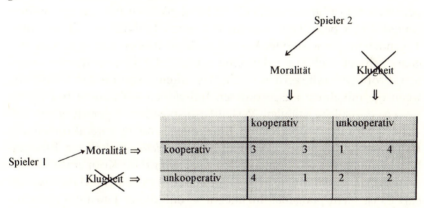

Familiäre Kleingruppen bräuchten – so Hume – eine solche Tugend nicht, da deren Zusammenleben schon allein auf Basis natürlicher Tugenden, insbesondere eines natürlichen Nahbereichsaltruismus funktioniere. Diese Parteilichkeit für Nahestehende zusammen mit einer tief in der menschlichen Natur verwurzelten Selbstsucht wird jedoch zu einem ernsten Problem für das Zusammenleben in größeren Sozietäten. Nach Hume ist die Menschheit allerdings eine *erfinderische Spezies*: Durch die Erfindung geeigneter Einrichtungen wie z. B. des Eigentums und des Versprechens sowie durch Antrainieren bestimmter Handlungsdispositionen, nämlich die des Respekts dieser Institutionen, werde dann das Leben in größeren Verbänden möglich. In dieser Humeschen Sicht verfügen wir also über so etwas wie eine Charakterumbildungstechnologie, über die wir uns und anderen relativ erfolgreich bestimmte Tugenden als dann im Anschluß nicht mehr so ganz einfach abstellbare, stabile Handlungsdispositionen antrainieren können. Für derartige, moralisch überformte Individuen stünde die Tugend dann nicht mehr fallweise zur Disposition. Aus ihrer Binnensicht würden solche Individuen Züge einer kantischen Moralität aufweisen: Sie wären um der Tugendhaftigkeit willen tugendhaft.

6. Eine neue Komplikation: Die Ausbeutbarkeit der Tugend

Haben wir damit über den Lohn der Tugend hinaus auch ein Motiv für Tugendhaftigkeit, nämlich Tugendhaftigkeit um der Tugendhaftigkeit willen, wobei die Genese dieses „Um-seiner-selbst-willen" uns letztlich wieder zu den faktischen Interessen, starker Selbstsucht und begrenztem Großmut zurückführt? Ich denke, wir müssen eine *weitere Komplikation* bedenken: Natürlich können Individuen, die *alle* über Tugenden im Sinne stabiler Verhaltensdispositionen verfügen, *untereinander* sehr einfach für jedermann vorteilhafte Kooperationen eingehen. Problematisch werden solche Verhaltensdispositionen aber dann, wenn die mit ihnen ausgestatteten Individuen auf andere Individuen treffen, die solche stabilen Verhaltensdispositionen gerade *nicht* aufweisen. Moralisch überformte Individuen sind in Interaktionen mit Individuen ohne moralische Bindungen *die sicheren Verlierer*. Eine stabile Verhaltensdisposition, die auf *bedingungslose* Kooperativität *gegenüber jedermann* hinausliefe, ist offenbar in extremem Maße *ausbeutbar*. Es ist nicht plausibel anzunehmen, daß dieser Umstand nicht bemerkt und genutzt werden sollte, was dann insgesamt zu einer raschen Erosion der Tugendhaftigkeit führen müßte, da sie eine reine Verliererstrategie ist. Hume selbst betont, daß, wer unter die Räuber gefallen sei, die Tugend vergessen solle und besser nach Schwert und Schild Ausschau halte.

Um auf Dauer stabil sein zu können, müßte die Tugend, um die es hier gehen könnte, offenbar *komplexer sein* und über *Abwehrmechanismen* verfügen. Jedenfalls der *tugendhafte Teil einer Population* müßte relativ erfolgreich diejenigen *identifizieren* können, die ihrerseits *zum tugendhaften Teil gehören*. Die Tugendhaften müßten sicherstellen können, daß sie im wesentlichen *nur untereinander kooperieren*. Die stabile Disposition für bedingungslose Kooperativität dürfte also so ganz bedingungslos eben doch nicht sein, sondern müßte diskriminieren.[7]

---

[7] Frank (1988) beschreibt ein Modell, das genau dies leistet. Er stellt zahlreiche Belege dafür zusammen, daß wir über subtile Fähigkeiten der ex ante Identifikation von Kooperateuren und Defekteuren verfügen.

7. Ist die Herausforderung des Glaucon damit beantwortet?

Man sollte die Ausführungen als die *Skizze eines Arguments* betrachten, mit dem man versuchen könnte, die Frage nach Lohn und Motiv der Tugend zu beantworten. Es ist eine *Skizze*, und das heißt, daß viele Details, darunter durchaus entscheidende, ausarbeitungsbedürftig sind.

Daß diese Überlegungen sehr stark in der *Tradition Humes* stehen, ist offensichtlich. Humes Verständnis der Moral läßt sich seinerseits *bis in die Antike zurückverfolgen*. Im Prinzip finden wir die Konzeption bereits bei *Protagoras*. In dem gleichnamigen platonischen Dialog trägt Protagoras *den Mythos von Prometheus und Epimetheus vor*. Nach diesem Mythos übertrugen die Götter Epimetheus und Prometheus die Aufgabe, sterbliche Wesen zu schaffen. Epimetheus beginnt zunächst allein mit der Arbeit an der Schöpfung und bemüht sich dabei um eine Eigenschaftsaustattung seiner Kreaturen, die vom Effekt her keine Gattung zum Aussterben verurteilt. So schafft er zwar starke und schwache Wesen, gibt den besonders schwachen aber z. B. besondere Fähigkeiten zur Flucht oder auch besonders sichere Behausungen. Wer in der Kälte zu leben hat, bekommt ein Fell usw. usw. Als es um die Ausstattung der Menschen geht, hat Epimetheus allerdings bereits alle zu vergebenden Vorzüge verbraucht. Die Menschen stehen daher sehr armselig da: kein Fell, keine Schuhe, keine Waffen. In dieser Situation kommt Prometheus, um die Arbeit des Epimetheus zu besichtigen. Prometheus, entsetzt über die Lage der Menschen, begeht daraufhin den für ihn selbst so folgenreichen Diebstahl weiterer Eigenschaften, mit dem Effekt, daß die Menschen nun über das Feuer und gewisse handwerkliche Fähigkeiten verfügen. Zunächst völlig verstreut lebend, drohen die Menschen im Kampf mit den wilden Tieren unterzugehen. Ihre verzweifelten Versuche zur Bildung größerer Verbände scheitern jedoch am Streit und der Konkurrenz der Menschen untereinander. Schließlich erbarmt sich Zeus und schickt Hermes, damit er den Menschen moralisch-rechtliche Institutionen bringe. Da größere Verbände andernfalls nicht funktionieren könnten, verlangt Zeus ausdrücklich eine Gleichverteilung der Tugend. Sicherheitshalber gibt er dem Hermes allerdings noch ein Gesetz mit, das die Tötung derjenigen vorschreibt, die nicht willens oder in der Lage sind, sich die Tugend anzueignen.

Unschwer kann man in diesem Mythos wesentliche Aspekte der humeschen Konzeption wiedererkennen. Bereits von Protagoras wird der

Mythos als *Skizze einer naturalistischen Erklärung moralisch-rechtlicher Institutionen* verstanden.

8. Literatur

BARRY, R./HARDIN, R. (eds) (1982): *Rational Man and Irrational Society? — An Introduction and Sourcebook*, London.
BAYER, K. (1958): *The Moral Point of View — A Rational Basis of Ethics*, Ithaca/New York.
BINMORE, K. (1992): *Fun and Games — A Text on Game Theory*, Toronto.
BINMORE, K. (1994): *Game Theory and the Social Contract*, Vol. I, *Playing fair*, Cambridge [MA].
FRANK, R. H. (1988): *Passions within Reasons — The Strategic Role of Emotions*; dt. *Strategie der Emotionen*, München 1992.
HARDIN, R. (1971): „Collective action as an agreeable n-prisoners' dilemma". *Behavioral Science* 16, 472–481; wieder abgedruckt in Barry/Hardin (1982), 121–135.
HARSANYI, J. C. (1977): *Rational Behavior and Bargaining Equilibrium in Games and Social Situations*, Cambridge.
HARSANYI, J. C. (1985): „Does reason tell us what moral code to follow and, indeed, to follow any moral code at all?" *Ethics* 96, 42–55.
HARTMANN, N. (1926): *Ethik*, Berlin 1962 (4.Aufl.).
HUME, D. (T): *A Treatise of Human Nature*; dt. *Ein Traktat über die menschliche Natur* (2 Bände), Hamburg 1978.
HUME, D. (EPM): *An Enquiry Concerning the Principles of Morals*; dt. *Eine Untersuchung über die Prinzipien der Moral*, Stuttgart 1984.
KANT, I. (GMS): *Grundlegung zur Metaphysik der Sitten* (Akademieausgabe Bd. IV).
KUTSCHERA, F.v. (1982): *Grundlagen der Ethik*, Berlin.
KLIEMT, H. (1986): *Antagonistische Kooperation — Elementare spieltheoretische Modelle spontaner Ordnungsentstehung*, Freiburg.
LAHNO, B. (1994): *Versprechen*, München.
LUCE, R. D. / RAIFFA, H. (1957): *Games and Decisions*, New York.
MACKIE, J. L. (1977): *Ethik — Auf der Suche nach dem Richtigen und dem Falschen*, Stuttgart 1981.
RAPOPORT, A. (1960): *Fights, Games, and Debates*, Ann Arbor.
SEN, A. K. (1974): „Choice, Orderings and Morality". In St. Körner (ed): *Practical Reason*, Oxford, 54–67; wieder abgedruckt in A. K. Sen: *Choice, Welfare and Measurement*, Oxford (1982), 74–83.
TOULMIN, St. (1950): *Reason in Ethics*, Oxford 1970.
ULLMANN-MARGALIT, E. (1977): *The Emergence of Norms*, Oxford.
WARNOCK, G. J. (1971): *The Object of Morality*, London.

Die Logik der Überzeugungen und das Leib-Seele-Problem

von Andreas Kamlah

1. Einleitung

Im WS 1993/94 hielt F. v. Kutschera in Osnabrück einen Gastvortrag, in dem er den Materialismus mit den Mitteln der „doxastischen Logik" (genauer gesagt der Überzeugungslogik, nicht der Glaubenslogik, siehe Lenzen 1995), zu widerlegen versuchte. Meine erste Reaktion war: Das ist unmöglich! Sowenig wie wir die Existenz Gottes oder die Unsterblichkeit der Seele mit Hilfe der Logik oder irgendeiner philosophischen Logik beweisen können, so wenig läßt sich in der Kontroverse zwischen Materialismus und Dualismus das Leib-Seele-Problem entscheiden. Derartige Widerlegungen erschienen mir als die reinste Scholastik. Also fing ich an, nach Fehlern in v. Kutscheras Beweis zu suchen. Irgendwo mußte ja der Zauberer das Kaninchen versteckt haben, das er später aus dem Hut zog.[1]

Doch die Suche ergab zunächst, daß alle Ableitungsschritte v. Kutscheras richtig waren. Es blieb ein Widerspruch zwischen den Axiomen und zwei zusätzlichen Postulaten einerseits und der Fassung der These des Materialismus, die v. Kutschera in Frage stellen wollte, andererseits. Nun ist die Frage, welche der sich widersprechenden Prämissen weichen muß. Der Widerspruch läßt sich also nicht durch einfaches Nachrechnen aufklären, sondern es bedurfte der Erwägungen von mehr grundsätzlicher Art. Ich möchte nun in diesem relativ kurzen Beitrag erst ein paar Bemerkungen zur Überzeugungslogik machen, dann den Materialismus in der von v. Kutschera diskutierten Fassung abhandeln und am Schluß die Vereinbarkeit beider untersuchen.

---

[1] Ich danke Herrn v. Kutschera dafür, daß er mir das Mskr. seines Vortrags zur Verfügung gestellt hat, das sich inhaltlich stark mit v. Kutschera 1992 und 1994 überschneidet.

2. Glossar der verwendeten Symbole

Bevor die Überzeugungslogik v. Kutscheras kurz dargestellt wird, möchte ich die Symbole auflisten, die ich verwende und die in der Regel die gleichen wie bei v. Kutschera sind:

Junktoren der Aussagenlogik: ¬, ⊃, ∧, ∨, ≡;
Quantoren: ∀, ∃;
Aussagenvariablen fette Buchstaben: **A**, **B**, ...

Es wird nicht zwischen logischen Zeichen verschiedener Sprachebenen (Objekt- und Metasprache) unterschieden.

Zeichen der Mengenlehre: ∈, {..|...}, ∅, ∪, ∩, ×, ℘ usw.
W = Menge der möglichen Welten, genauer: der Beschreibungen möglicher Welten,
W_{ph} = Menge der physikalischen Weltbeschreibungen, ohne Berücksichtigung geistiger Eigenschaften von Personen,
T = Menge aller Zeitpunkte,
P = Menge aller Personen.
[**A**] = Menge der möglichen Welten, in denen **A** wahr ist.
Modallogische Zeichen: □**A** ≡ **A** ist notwendig; ◊**A** ≡ **A** ist möglich; Ω = die wirkliche Welt (= w_0 bei v. Kutschera)

Spezielle Zeichen in v. Kutscheras Arbeit:

$w \sim w'$ ≡ die Welten w und w' stimmen in ihren physikalischen Eigenschaften überein.
$O(\mathbf{A})$ ≡ **A** ist objektiv bzw. eine Aussage über physikalische Eigenschaften der Welt.

Zentrale Begriffe der Überzeugungslogik sind natürlich der Überzeugungsbegriff selbst und die Mengenfunktion, durch die er semantisch erklärt wird:

S_w = Menge der in der Welt w für möglich gehaltenen Welten.
$C(\mathbf{A}) \equiv S_\Omega \subseteq [\mathbf{A}]$ ≡ die Person p ist von **A** überzeugt.

Die Operationen A_0 und $A_\sim$ für die Menge A werden in Abschnitt 3 durch Def. H erklärt. Die genauere Bedeutung dieser Zeichen, soweit sie nicht zur Standardsymbolik gehören, wird in den folgenden Abschnitten deutlich werden. Ich werde mit diesen Zeichen relativ nachlässig umgehen und hoffe dennoch, damit das Ziel dieser Arbeit nicht zu verfehlen.

3. Die Überzeugungslogik

Seit einigen Jahrzehnten befassen sich die Logiker mit philosophischen Logiken. Es gibt eine Modallogik und eine Logik der Konditionale, eine epistemische und eine deontische Logik. Dabei sind durch sogenannte semantische Untersuchungen große Erfolge erzielt worden, insbesondere seit Kripkes erfolgreicher Behandlung der Modallogik.

Die Erfolge der Methode von Kripke verleitet nun dazu, weitere Anwendungen zu suchen, z. B. auf eine Logik der Überzeugungen. Diese verwendet zunächst den Operator $C(\mathbf{A}) \equiv$ „p ist überzeugt, daß $\mathbf{A}$". Es lassen sich dann leicht Aussagen formulieren, die für einen solchen Operator wahr sein müssen, etwa:

$$C(C(\mathbf{A})) \equiv C(\mathbf{A})$$

In Worten: „(p ist überzeugt, daß er überzeugt ist, daß $\mathbf{A}$) ist äquivalent mit (p ist überzeugt, daß $\mathbf{A}$)."

Für solche Aussagen sucht man entweder Axiome, oder man versucht sie aus einer Semantik des erwähnten Typs zu beweisen. Bei geeigneter Einführung möglicher Welten, wie das in der Semantik der Modallogik üblich ist, und einer zweistelligen Relation zwischen diesen erhält man auch tatsächlich etwas, was sehr ähnlich wie Kripkes Semantik der Modallogik aussieht. Wir wollen nun v. Kutschera folgen und für die Überzeugungslogik eine derartige Semantik angeben.

Ich möchte die Semantik für die Überzeugungslogik von Anfang an für ein Modell formulieren, um ihr einen festen Rahmen zu geben. Dieses Modell verwendet v. Kutschera unter der Bezeichnung minimales Modell, weil es nur mit einem Minimum von Eigenschaften ausgestattet ist. In diesem Modell ist quasi alles möglich, was sich denken läßt und mit den elementaren Bedeutungspostulaten von „eine Überzeugung haben" verträglich ist, wie etwa:

> Jeder Mensch hält etwas für möglich. (Siehe auch Kutschera 1994, D1, 3a)

oder

> Jeder Mensch kennt seine Überzeugungen und ist davon überzeugt, daß er sie hat. (Folgt aus v. Kutschera 1994, D1)

Natürlich kann man darüber streiten, ob das in jeder möglichen Welt gelten soll. Bei realen Menschen ist es durchaus möglich, daß sie von etwas überzeugt sind, diese Überzeugungen aber nur durch ihre Handlungsweise zum Ausdruck bringen können und, wenn man sie nach ihren Überzeugungen fragt, darauf nicht richtig antworten können. Man könnte aber Kriterien zur Feststellung der Überzeugung eines Menschen definieren, die automatisch diese Voraussetzung erfüllen. Außerdem wird in der Überzeugungslogik die recht problematische vereinfachende Annahme gemacht, daß jedermann auch immer die logischen Konsequenzen seiner Überzeugungen kennt und davon überzeugt ist. Wir wollen dies für unsere Diskussion als Voraussetzung akzeptieren.

Da wir nun aber schon mit einigen sehr weitgehenden Idealisierungen begonnen haben, werden wir bei der Konstruktion unseres Modells noch einige weitere vornehmen, etwa die Unterstellung, daß der psychische Zustand einer Person aus nichts weiter besteht als ihren Überzeugungen über physische Sachverhalte und darüber, daß sie diese Überzeugungen hat. Das ist sicherlich im allgemeinen unzulässig und nur im Hinblick auf unser Diskussionsziel zu verantworten. Man könnte zwar auf diese Idealisierung verzichten, ohne zu anderen Resultaten zu kommen. Das würde aber die Formeln noch komplizierter machen, als sie ohnehin schon sind.

Wir beginnen mit physikalischen Weltbeschreibungen $w_{ph} \in W_{ph}$, Personen $p \in P$ und Zeitpunkten $t \in T$. Das Tripel $z = \langle w_{ph}, p, t \rangle$ will ich eine „objektive Situation" $z \in W_0$ nennen ($W_0 = W_{ph} \times P \times T$). Dazu kommt dann noch die „subjektive Situation". Diese besteht einfach in der Menge Z der objektiven Situationen, die p für möglich hält. Damit wird die Gesamtsituation oder kurz: Situation $w = \langle z, Z \rangle$ = $\langle \langle w_{ph}, p, t \rangle, Z \rangle$. Diese „Situationen" sind dann in unserer Theorie die *möglichen Welten*, und wir wollen sie deshalb auch wieder so nennen.

Wir wollen dabei von der Realität in dem Sinne abweichen, daß Z nur die Überzeugungen von p zur Zeit t über die physikalische Welt charakterisiert. Diese sicherlich problematische Vereinfachung wird ihren Zweck erfüllen, und das mag hier vorerst genügen. Dabei ist $z \in W_0 = W_{ph} \times P \times T$, Element der Menge der objektiven Situationen. Die Menge Z (mit $Z \subseteq W_0$) hingegen, die Menge derjenigen z, die mit allen Überzeugungen p's über die physikalische Welt verträglich sind, ist eine Teilmenge von W_0, der Menge der objektiven Situationen.

Wir müssen nun S_w konstruieren, die Menge der für möglich gehaltenen Situationen oder Welten. Denn p ist gerade von allen Aussagen **A** überzeugt, die in allen von ihm für möglich gehaltenen Welten $s \in S_w$ wahr sind. Die Person p ist also von **A** überzeugt, genau dann wenn $S_w \subseteq [\mathbf{A}]$. Dabei ist $[\mathbf{A}]$ die Menge der **A** wahrmachenden möglichen Welten. Nun hält ja p alle objektiven Situationen $x \in Z$ für möglich. Welche subjektiven Situationen kommen denn für ihn in Frage? Hier sichern wir durch unsere Modellkonstruktion, daß p es nur für möglich hält, daß sein subjektiver Zustand, den er ja kennt, so ist, wie er tatsächlich ist. Es reicht also aus, wenn die Menge der subjektiven Situationen W_1 nur die Menge Z als Element enthält; sie ist also einfach $\{Z\}$. Die übrigen Überzeugungen ergeben sich automatisch, wenn wir $S_w = S_{\langle z,Z \rangle}$ geeignet konstruieren. Das geschieht wie folgt:

$$S_{\langle z,Z \rangle} = Z \times \{Z\}.$$

Die Funktion $S_{\langle z,Z \rangle}$ haben wir so gebildet, daß p in der möglichen Welt $\langle z,Z \rangle$ davon überzeugt ist, daß alle **A** mit $Z \times \{Z\} \subseteq [\mathbf{A}]$ wahr sind, und außerdem so, daß S_w gar nicht von der objektiven Situation z abhängt, sondern nur von der subjektiven Situation Z. Mit anderen Worten: Was einer für möglich hält und wovon er überzeugt ist, hängt logisch gesehen nicht davon ab, in welcher physischen Situation er sich befindet, auch nicht davon, in welchem Zustand sein Gehirn ist. Wenn es eine solche Abhängigkeit gibt, kann sie nur empirisch sein.

Wir führen ferner eine Äquivalenzrelation $\sim$ ein, die Übereinstimmung von $\langle y,Y \rangle$ und $\langle z,Z \rangle$ im Vorderglied, $y = z$. Diese Relation bringt die Gleichheit zweier Welten in ihren physikalischen Eigenschaften zum Ausdruck. Schließlich darf auch der Name Ω der wirklichen Welt nicht fehlen, wenn in dem Modell wahre kontingente Aussagen möglich sein sollen. Wir wollen ein solches Modell, das wir so erhalten, ein *minimales Überzeugungsmodell* nennen und dafür eine formale Definition formulieren:

Def. MM:

$\langle W_0, S, \sim, \Omega \rangle$ ist ein *minimales Überzeugungsmodell* gdw.
      $S: W \to \wp(W)$, $\sim \subseteq W \times W$, $\Omega \in W$.
a) $W_1 = (\wp(W_0)) \setminus \{\emptyset\}$; $W = W_0 \times W_1$.
b) $S_{\langle z,Z \rangle} = Z \times \{Z\}$.
c)   Sei $\langle y,Y \rangle, \langle z,Z \rangle \in W$, dann gilt $(\langle y,Y \rangle \sim \langle z,Z \rangle) \equiv (y = z)$.

Als nächstes wollen wir sagen, was *Überzeugungsstrukturen* sind. Die minimalen Überzeugungsmodelle sind dann spezielle Beispiele dieser Strukturart. Die Überzeugungsstrukturen sind dann die semantischen Pendants von Satzsystemen der *Überzeugungslogik* in einer Mögliche-Welten-Semantik. Dabei sind wieder die Funktion S und die

Relation $\sim$ von Bedeutung und schließlich Ω als Name der wirklichen Welt. Wir definieren:

Def. ÜS:

$\langle W, S, \sim, \Omega \rangle$ ist eine Überzeugungsstruktur gdw. mit $u, v, w \in W$ gilt:
$S: W \to \wp(W), \sim \subseteq W \times W, \Omega \in W$.
a) $S_w \neq \emptyset$.
b) $w \in S_v \supset S_w = S_v$.
      $\sim$ ist eine Äquivalenzrelation, d. h.
c) $w \sim w$,
d) $w \sim v \supset v \sim w$,
e) $u \sim v \wedge v \sim w \supset u \sim w$.

Man überzeugt sich leicht, daß minimale Überzeugungsmodelle auch Überzeugungsstrukturen sind:

Bew. von ÜSa: Da nach MMb $S_{\langle z, Z \rangle} = Z \times \{Z\}$, ferner nach MMa in $W_1 = (\wp(W_0)) \backslash \{\emptyset\}$ die Nullmenge ausgeschlossen ist und $Z \in W_1$, ist $Z \neq \emptyset$ und $S_{\langle z, Z \rangle} = Z \times \{Z\}$ nicht leer.

Bew. von ÜSb: Nach MMb ist $S_{\langle y, Y \rangle} = Y \times \{Y\}$ und $S_{\langle z, Z \rangle} = Z \times \{Z\}$. Sei ferner $\langle y, Y \rangle \in S_{\langle z, Z \rangle}$ dann ist nach MMb $Y = Z$ und schließlich $S_{\langle y, Y \rangle} = S_{\langle z, Z \rangle}$.

Bew. von ÜSc-e: $\sim$ bedeutet nach MMc Übereinstimmung im ersten Paarglied der $\langle z, Z \rangle \in W$, ist also eine Äquivalenzrelation.

Schließlich wollen wir für Mengen $A \subseteq W$ noch zwei Hilfsoperationen A_0 und $A_\sim$ einführen, von denen wir Gebrauch machen wollen: die Projektionen von A auf die physikalischen Zustände und die Vereinigung der Äquivalenzklassen von $\sim$, die mit A einen nicht leeren Durchschnitt haben.

Def. H:

a) $A_0 = \{z | \exists X (\langle z, X \rangle \in A)\}$.
b) $A_\sim = \{\langle z, Z \rangle | \exists Y (\langle z, Y \rangle \in A)\}$.

Beide Operationen hängen über $A_\sim = A_0 \times W_1$ miteinander zusammen.

Wir können nun in diesem Formalismus Operatoren der *Überzeugungslogik* definieren. Die logisch stärkste Aussage, die in einer Menge A von möglichen Welten wahr ist, will ich mit **A** bezeichnen. Ich will eckige Klammern benutzen, um Aussagen die entsprechenden Mengen zuordnen zu können: $A = [\mathbf{A}]$. Das erweist sich insbesondere als notwendig, wenn komplexen Ausdrücken solche Mengen zugeordnet werden, wie etwa [**A** ∧ **B**]. Wir definieren nun:

Def. ÜL:

a) □**A** ≡ ∀w(w ∈ [**A**]) d. h. **A** ist in allen möglichen Welten wahr.
b) ◊**A** ≡ [**A**] ≠ ∅ ≡ ∃w(w ∈ [**A**]), d. h. **A** ist in mindestens einer möglichen Welt wahr.
c) $O(\mathbf{A})$ heißt **A** ist objektiv, enthält nur Aussagen über die physikalische Welt, d. h. [**A**] ist identisch mit der Vereinigung der Äquivalenzklassen bezüglich ~ für die in ihr enthaltenen Elemente: $O(\mathbf{A}) \equiv ([\mathbf{A}] = [\mathbf{A}]_0 \times W_1)$ bzw. $O(\mathbf{A}) \equiv ([\mathbf{A}] = [\mathbf{A}]\sim)$ bzw. $O(\mathbf{A}) \equiv \forall v \forall w((v \in [\mathbf{A}] \wedge v \sim w) \supset (w \in [\mathbf{A}]))$.
d) $C(\mathbf{A})$ heißt p ist von **A** überzeugt:
$C(\mathbf{A}) \equiv S_\Omega \subseteq [\mathbf{A}]$ bzw. $[C(\mathbf{A})] \equiv \{v | S_v \subseteq [\mathbf{A}]\}$.

Ich will hier keine Liste von Theoremen der Überzeugungslogik abarbeiten; so etwas findet sich in der einschlägigen Literatur (siehe z. B. Lenzen 1995). Sondern ich möchte mich auf zwei Lemmata beschränken, die wir danach gleich brauchen werden. Im übrigen werde ich mich im weiteren hauptsächlich der Sprache von ÜS bedienen.

L1   **A** ⊃ ◊(**A**).

Bew.: In der Schreibweise der Überzeugungsstrukturen lautet L1: $\Omega \in [\mathbf{A}] \supset \exists w(w \in [\mathbf{A}])$. In dieser Form ist es ein Beispiel für eine bekannte Regel der Prädikatenlogik.

L2   ◊(C(**A**)) ⊃ ◊(**A**).

Bew.: Nach ÜSa ist $S_w \neq \emptyset$. Daher gilt, daß wenn $\exists w(S_w \subseteq [\mathbf{A}])$, es ein v gibt, so daß $v \in S_w \subseteq [\mathbf{A}]$. Daher gilt auch: $\exists w(S_w \subseteq [\mathbf{A}]) \supset \exists w(w \in [\mathbf{A}])$, oder $\exists w(w \in \{w | S_w \subseteq [\mathbf{A}]\}) \supset \exists w(w \in [\mathbf{A}])$. Nach ÜLd ist aber $\{w | S_w \subseteq [\mathbf{A}]\} = [C(\mathbf{A})]$, und somit gilt $\exists w(w \in [C(\mathbf{A})]) \supset \exists w(w \in [\mathbf{A}])$, was nach ÜL in die Sprache der Logik übersetzt mit L2 identisch ist.

Das minimale Überzeugungsmodell hat nun, außer daß es eine Überzeugungsstruktur ist, noch einige weitere Eigenschaften, die v. Kutschera in seinen Postulaten P1, P2, P3 und P3a ausdrückt:

> Mögliche Aussagen über objektive Sachverhalte können mit Überzeugung geglaubt werden (werden in mindestens einer möglichen Welt geglaubt):

P1 $\quad O(\mathbf{A}) \wedge \Diamond(\mathbf{A}) \supset \Diamond(C(\mathbf{A}))$.

Aussagen über objektive Sachverhalte können gewußt werden (werden in mindestens einer möglichen Welt gewußt):

P2 $\quad O(\mathbf{A}) \wedge \mathbf{A} \supset \Diamond(C(\mathbf{A}) \wedge \mathbf{A})$.

Es ist stets möglich, daß von zwei beliebigen möglichen Aussagen über objektive Sachverhalte eine wahr ist und die andere mit Überzeugung geglaubt wird:

P3 $\quad O(\mathbf{A}) \wedge O(\mathbf{B}) \wedge \Diamond(\mathbf{A}) \wedge \Diamond(\mathbf{B}) \supset \Diamond(C(\mathbf{A}) \wedge \mathbf{B})$.

Es ist stets möglich, daß von zwei beliebigen Aussagen über objektive Sachverhalte $\mathbf{A}$ und $\mathbf{B}$, von denen $\mathbf{A}$ möglicherweise geglaubt wird und $\mathbf{B}$ möglich ist, zugleich $\mathbf{A}$ mit Überzeugung geglaubt wird und $\mathbf{B}$ wahr ist:

P3a $\quad O(\mathbf{A}) \wedge O(\mathbf{B}) \wedge \Diamond(C(\mathbf{A})) \wedge \Diamond(\mathbf{B}) \supset \Diamond(C(\mathbf{A}) \wedge \mathbf{B})$.

Mit Hilfe dieser Aussagen, die er für plausibel hält, versucht v. Kutschera (1994, S. 105ff.) dann den Materialismus zu widerlegen. Ich will, um die Diskussion nicht zu kompliziert werden zu lassen, die Plausibilität dieser Aussagen nicht abstreiten und hier kurz zeigen, daß sie für das minimale Überzeugungsmodell gelten, das ich als solches bereits im Rahmen der bereits genannten brutalen Idealisierungen vernünftig finde. Wir werden gleich sehen, daß man alle diese Postulate aus P3 ableiten kann. Daher wird uns weiter unten vor allem P3 interessieren.

Bew. für P3: Wir beginnen mit zwei Einzelaussagen: $\exists z(z \in [\mathbf{A}]_0) \supset \exists Z(\exists y(y \in Z) \wedge (Z \subseteq [\mathbf{A}]_0))$, und $\exists z(z \in [\mathbf{B}]_0) \supset \exists z(z \in [\mathbf{B}]_0)$. Davon gilt die erste Aussage auf Grund der Mengenlehre und die zweite ist eine reine Identität. Diese beiden Aussagen setzen wir dann zur folgenden zusammen: $\exists z(z \in [\mathbf{A}]_0) \wedge \exists z(z \in [\mathbf{B}]_0) \supset \exists z \exists Z(\exists y(y \in Z) \wedge (Z \subseteq [\mathbf{A}]_0) \wedge (z \in [\mathbf{B}]_0))$. Indem ich nun für $\langle z, Z \rangle$ die Variable w setze ($w = \langle z, Z \rangle$) und die Prämissen mit $([\mathbf{A}] = [\mathbf{A}]_\sim) \wedge ([\mathbf{B}] = [\mathbf{B}]_\sim)$ verstärke, erhalte ich:

$([\mathbf{A}] = [\mathbf{A}]_\sim) \wedge ([\mathbf{A}] \neq \emptyset) \wedge ([\mathbf{B}] = [\mathbf{B}]_\sim) \wedge ([\mathbf{B}] \neq \emptyset) \supset ((\{w | S_w \subseteq [\mathbf{A}]\} \cap [\mathbf{B}]) \neq \emptyset)$.

Das ist aber nach ÜL gerade die Formulierung von P3 in der Sprache der Überzeugungsstruktur.

Aus P3 können wir dann die anderen drei Postulate ableiten.

Bew. für P1, P2 und P3a: Man erhält dann P1 und P2 aus P3, indem man für $\mathbf{B}$ die Aussage $\mathbf{A}$ einsetzt, für P1 die Konklusion abschwächt und für P2 die Prämisse mittels L1 verstärkt. Man erhält P3a, indem man in P3 die Prämisse mit L2 verstärkt.

Damit haben wir die Überzeugungslogik für unsere Zwecke hinreichend kennengelernt, und können jetzt zum Materialismus übergehen, den v. Kutschera widerlegen will.

4. Die Korrelation psychischer und physischer Phänomene

Spätestens seit G. T. Fechner im vorigen Jahrhundert sind verschiedene Thesen über die funktionale Abhängigkeit psychischer Phänomene von physischen aufgestellt worden. Fechner vertrat eine Zwei-Aspekte-Theorie, wonach das psychische Erlebnis ein physiologisches Korrelat hat, derart, daß zum gleichen Gehirnzustand immer das gleiche Erlebnis gehört. Beide sind Phänomene des gleichen Objekts, das sozusagen nur unter verschiedenen Blickwinkeln betrachtet wird. Fechner bringt dazu (1860, S. 3) das Beispiel des Planetensystems.

> „Das Sonnensystem bietet von der Sonne aus einen ganz anderen Anblick dar, als von der Erde aus. Dort ist es die Copernikanische, hier die Ptolemäische Welt." Es reicht hin, „den Standpunkt zu wechseln, so tritt für die eine Welt die andere in Erscheinung."

Diese Analogie wendet er auf den menschlichen Geist an:

> „Was dir auf dem inneren Standpunkte als dein Geist erscheint, der du selbst dieser Geist bist, erscheint auf äußerem Standpunkte als dieses Geistes körperliche Unterlage. Es ist ein Unterschied, ob man mit dem Gehirne denkt oder in das Gehirn des Denkenden hineinsieht. Da erscheint ganz Verschiedenes; aber der Standpunkt ist auch ganz verschieden, dort ein innerer, hier ein äußerer;" (o. c., S. 4)

Eine vollkommen präzise Formulierung des psychophysischen Zusammenhangs findet sich bei Fechner nicht, wenn man von Äußerungen absieht wie: „Leib und Seele gehen mit einander; der Änderung im Einen correspondiert eine Änderung im Anderen." (S. 5) Dennoch hat Fechner vielleicht als erster die heute vielleicht einzige ernstzunehmende Form des Materialismus entwickelt. Ich möchte hier darauf verzichten, Fechner mit einem Etikett zu versehen wie „Identitätstheorie" oder „nichtreduktiver Materialismus" (siehe Heidelberger 1994, S. 219ff). Dazu müßten wir ihn noch etwas ausführlicher diskutieren.

Die Korrelationen zwischen psychischen Vorgängen und ihren physiologischen Korrelaten sind nach Fechner *empirische Tatsachen* – das wird weiter unten bei der Diskussion der v. Kutscheraschen These noch wichtig werden. Zwar war und ist der eigentliche physiologische Gehirnvorgang, der einem Erlebnis entspricht, zu Zeiten Fechners und auch heute noch unbekannt. Aber wir kennen physikalische Vorgänge, die damit in engem kausalen Zusammenhang stehen. Ein Druck auf den Sehnerv wird als Lichtblitz erlebt, einer auf den Gehörsnerv als akustische Wahrnehmung. Fechner schuf eine eigene Disziplin zur Erforschung dieser Zusammenhänge, die „Psychophysik", die „exakte Lehre von den funktionellen Abhängigkeitsbeziehungen zwischen Körper und Seele, ..." (S. 8), von der ein Teil heute unter dem Etikett „Sinnesphysiologie" als Wissenschaft fest etabliert ist. Am bekanntesten daraus ist das Weber-Fechnersche Gesetz, das zuerst von W. Weber entdeckt und von Fechner in seiner grundsätzlichen Bedeutung erkannt wurde:

> Einer geometrischen Reihe von physikalischen Reizen entspricht eine arithmetische Reihe von subjektiven Wahrnehmungen.

Dabei dienen als Maß der Wahrnehmungen die kleinsten wahrnehmbaren Unterschiede (Rein 1943, S. 446). Aber auch das bekannte Farbendreieck in heutigen Lehrbüchern über Sinnesphysiologie gehört in die Psychophysik, auch wenn man diesen Terminus heute nicht mehr benutzt. Die Intensität der Farbe Blau wird in der physikalischen Sprache durch ein Integral über einen Wellenlängenbereich definiert (hierfür und für die folgenden Absätze siehe Richter 1976). Ist $u(\lambda)$ die Lichtintensität in Abhängigkeit von der Wellenlänge λ, dann ist die Intensität des Blau-Anteils der Farbwahrnehmung durch eine Gewichtsfunktion $t(\lambda)$ wie folgt gegeben:

$$I_t = \int t(\lambda) u(\lambda) d\lambda$$

Die Farbwahrnehmung setzt sich aus drei solchen Komponenten zusammen, I_p, I_d, I_t, so daß alle Farben Punkte in einem dreidimensionalen Raum bilden. Da die Vielfalt der Spektren im Bereich des sichtbaren Lichtes viel größer ist, erhält man für ganz verschiedene Spektralverteilungen $u(\lambda)$ unter Umständen den gleichen Farbvektor. Zum Beispiel erhält man für eine Mischung von Licht mit den Wellenlängen von $\lambda = 580$ nm und $\lambda = 480$ nm (nm = Nanometer) im Verhältnis von etwa 4:3 weißes Licht, das genau so aussieht wie Licht der Sonne. Daß diese beiden Mischungen als gleich empfunden werden, ist eine psychophysische Tatsache, die wir nur durch Erfahrung ermitteln können, genau so wie das Weber-Fechnersche Gesetz. Vielleicht ist man heute bereits in der Lage, mit kleinen Sonden in den Sehnerven die Größen I_p, I_d und I_t unmittelbar zu messen. Dann ist es aber immer noch eine empirische Tatsache der Psychophysik, daß diese gemessenen Größen genau der subjektiven Farbwahrnehmung entsprechen.

Ein Materialismus, der nur eine physikalische Sprache zuläßt, die zugleich Gehirn und Psyche beschreibt, was für ihn ja dasselbe ist, ist unfähig, in der Psychophysik Erkenntnisse zu sehen. Die Psychophysik läßt sich in einer rein physikalischen Sprache gar nicht ausdrücken. Der Zusammenhang zwischen physiologischen Farben und den zugrunde liegenden physikalischen Reizen ist dann eine Definition und keine empirische Aussage wie in der Psychophysik. Die Beziehung zwischen psychischen Erlebnissen und ihrem materiellen Substrat ist dann analytisch. Es ist dann logisch und nicht empirisch falsch, zu sagen: „Eine Mischung von Licht der Wellenlängen λ = 650 nm und λ = 450 nm im Verhältnis 1:1 ergibt weißes Licht." (In Wahrheit erhält man auf diese Weise Purpur.) Für eine Überzeugungslogik hätte das die Konsequenz, daß die Aussage:

> Ich glaube, daß eine Mischung von Licht der Wellenlängen λ = 650 nm und λ = 450 nm im Verhältnis 1:1 weißes Licht ergibt.

überzeugungslogisch falsch ist, da etwas logisch Falsches nach dieser Logik nicht geglaubt werden kann.

Ich weiß nicht, ob es Menschen gegeben hat, die einen solchen Standpunkt wirklich vertreten haben. Ich weiß nicht, ob es so vernagelte Materialisten gibt, die leugnen, daß der Zusammenhang zwischen Erlebnissen und Hirnzuständen empirisch ist. v. Kutschera meint hier Carnap während seiner Wiener Zeit mit seinen Aufsätzen in *Erkenntnis* anführen zu können. Tatsächlich schrieb Carnap (1930: 461)

> „Alle Sätze ... des wissenschaftlichen Systems ... sind in die physikalische Sprache übersetzbar; diese ist eine Universalsprache, ... die Sprache der Wissenschaft."

Aber Carnap meinte, daß psychische Zustände als physische Verhaltensdispositionen von Personen definiert sind. Die Beziehung dieser Zustände zu den Zuständen des Gehirns ist auch bei ihm empirisch. Es würde den Rahmen dieses Aufsatzes sprengen, wenn ich den Carnapschen Physikalismus um 1930 hier diskutieren wollte. Aber wir können uns unabhängig vom historischen Carnap im Jahre 1930 Leute vorstellen, die die Position des Zitats uneingeschränkt vertreten, den „logischen Physikalismus", wie v. Kutschera ihn nennt (1993, S. 2). Solche Leute würden nur eine physikalische Sprache als alleinseligmachend und zur Formulierung wahrer Sätze geeignet zulassen.

Bei vielen späteren Autoren wie z. B. bei J. J. C. Smart (1963: 92) findet sich dann eine tolerantere Auffassung, die der von Fechner wieder sehr nahe ist.

> „Aristotle, or for that matter an illiterate peasant, can report his images and aches and pains, and yet nevertheless may not know that the brain has anything to do with thinking. (Aristotle thought that the brain was an organ for cooling the blood.) Therefore what Aristotle or the peasant reports cannot *be* a brain process, though it can, of course, be something which is (unknown to Aristotle or the peasant) causally connected with a brain process."

Wenn wir die physikalische Sprache als die einzig sinnvolle Sprache betrachten, müßten wir Aristoteles und dem ungebildeten Bauern das Recht absprechen, sinnvoll über ihre Phantasien oder Schmerzen zu sprechen. Sie hätten nur Worte ohne Bedeutung gebraucht, da sie deren physikalische Definitionen noch nicht kannten. Sind wir aber heute in einer besseren Position? Auch wir wissen immer noch nicht, was Gedanken und Gefühle physiologisch gesehen genau sind, und würden daher genau wie Aristoteles nichts als Unsinn reden. Es ist absurd, zu glauben, daß erst nach der vollständigen Erforschung des Gehirns ein sinnvolles Reden möglich ist.

Warum schreibe ich hier so ausführlich über den psychophysischen Zusammenhang? Ich kann nur Eulen nach Athen bringen, wenn ich v. Kutschera dies alles berichte. In seinem Buch *Die falsche Objektivität* (1993, S. 2) stellt er selbst die Position z. B. von Smart dar. Dennoch – wir werden das noch sehen – übersieht er an einer entscheidenden Stelle seiner Argumentation, daß den meisten heutigen Materialisten der empirische Charakter der psychophysischen Beziehung bekannt ist und unterstellt ihnen einen „logischen Physikalismus".

Man wird den Fechnerschen Standpunkt durchaus als das bezeichnen dürfen, was v. Kutschera „strong supervenience" der psychischen Ereignisse von den physischen nennt. Man sollte gar nicht erst versuchen, durch Nachschlagen des Wortes „to supervene" in einem englischen Lexikon zu verstehen, was das heißt; denn das hilft nicht weiter. Unter „strong supervenience" versteht v. Kutschera eine bestimmte Art von funktionaler Abhängigkeit psychischer Ereignisse von physischen (v. Kutschera 1992, S. 335):

> „Sind x und y zwei Personen in zwei verschiedenen naturgesetzlich möglichen Welten v und w, dann gilt: Sind $\langle x,v \rangle$ und $\langle y,w \rangle$ in allen physikalischen Eigenschaften gleich, so auch in allen psychischen."

Fassen wir x,v und y,w, so wie wir das im letzten Abschnitt gemacht haben, zu möglichen Welten v und w der Semantik unserer Überzeugungslogik zusammen, bezeichnen wir ferner, wie dort geschehen, die Äquivalenz in den physikalischen Eigenschaften möglicher Welten mit $v \sim w$ und die naturgesetzlich möglichen Welten, in denen die Naturgesetze $\mathbf{L}$ gelten, mit $w \in [\mathbf{L}]$, so können wir in der Notation v. Kutscheras die „strong supervenience" wie folgt ausdrücken:

$$\forall v \forall w(v,w \in [\mathbf{L}] \land v \sim w \supset v = w).$$

Er selbst meint übrigens, dieser Ausdruck gebe die „global supervenience" wieder. Das ist aber für den hier verwendeten Typ von möglichen Welten, die ja Tripel von Personen, Zeitpunkten und möglichen Welten im üblichen Sinne sind, nicht richtig (v. Kutschera 1994, S. 108, Fml. 12).

In dieser Formulierung v. Kutscheras, die für uns hier allein interessant ist, fällt der Unterschied weg, den er in einer prädikatenlogischen Formulierung zwischen „supervenience" und „dependence" macht. Deshalb können wir auch getrost von einer „funktionellen Abhängigkeit" reden, die wir auch mit Hilfe einer Funktion $f: W_0 \to \wp(W_0)$ für das minimale Überzeugungsmodell formulieren können:

Es gibt eine Funktion $f: W_0 \to \wp(W_0)$, so daß, wenn $\langle z,Z \rangle \in [\mathbf{L}]$, auch $Z = f(z)$.

Oder modellunabhängig:

Es gibt eine Funktion $F: W_0 \to W$, so daß, wenn $w \in [\mathbf{L}]$, auch $w = F(w_0)$.

Damit sind wir nun hinreichend gerüstet, uns v. Kutscheras Argument anzusehen, mit dem er den Materialismus glaubt, widerlegen zu können.

Exkurs: Analogie zur Reduktion physikalischer Theorien. Ich möchte hier nur kurz erwähnen, daß die Reduktion psychischer Phänomene auf physikalische Vorgänge viel Ähnlichkeit hat mit der Reduktion einer physikalischen Theorie T_2 und der von ihr beschriebenen Prozesse auf solche einer tieferliegenden Theorie T_1 und ihre physikalischen Vorgänge. Auch hier haben wir es mit einer Funktion ρ^{-1} zu tun, die Beschreibungen x_1 von Vorgängen von T_1 in Beschreibungen x_2 von Vorgängen von T_2 abbildet. J. D. Sneed nennt solche Vorgangsbeschreibungen „mögliche Modelle". Diese treten nun an die Stelle der möglichen Welten. Die Funktion ρ^{-1} ist die inverse Relation von

Sneeds Reduktionsrelation ρ. Für Einzelheiten möchte ich auf eine eigene Arbeit verweisen, die einige Unterschiede zur orthodoxen strukturalistischen Darstellung aufweist (Kamlah 1985). In diesem Aufsatz habe ich ebenfalls im Anschluß an T. Nagel den empirischen Charakter von $ρ^{-1}$ bzw. ρ betont (auf S. 123 f.). Reduktion von T_2 auf T_1 bedeutet auch in der Physik letztlich logische Deduktion von T_2 aus T_1, aber eben nicht aus T_1 allein, sondern aus T_1 und den Aussagen, die $ρ^{-1}$ beschreiben. So läßt sich die geometrische Optik auf die Elektrodynamik reduzieren. Es ist aber eine empirische Erkenntnis, daß das überhaupt und wie das möglich ist.

5. Anwendung der Fechnerschen Gedanken auf v. Kutscheras Argument

Das minimale Modell, in dem P3 gilt, hat meines Erachtens einige Eigenschaften, die es adäquat machen, wenn man einmal von der vereinfachenden Nichtbeachtung wichtiger Bestandteile des psychischen Zustands von *p* absieht. In diesem Modell nämlich ergibt sich der Überzeugungsoperator *C* automatisch aus der Beschaffenheit der entsprechenden möglichen Welt, und anders kann es gar nicht sein. In der Welt *w* besteht nämlich die Überzeugung, die nach der empirischen Beschreibung des Überzeugungszustands der Person *p* eben besteht. Es gibt, wenn man sich im Bereich logisch möglicher Welten bewegt, eben nichts, was nicht jederzeit eine beliebige Überzeugung bei beliebigem physikalischen Zustand zuließe. v. Kutschera (1994, S. 106) sagt dazu:

> „That we hold certain beliefs about the physical world does not logically imply anything about its actual condition; our assumptions about it may in principle always turn out to be mistaken."

Das klingt allerdings ein bißchen so, als rede er über eine (empirische) anthropologische Tatsache. Die Außenwelt schließt hier ja das Gehirn mit ein, und in den möglichen Welten, in denen unsere Naturgesetze einschließlich der Existenz der in der wirklichen Welt lebenden Arten von Lebewesen gelten, hat eben alles, was wir glauben, irgendwelche Konsequenzen für die Synapsen in unserem Gehirn. P3 gilt aber nicht bereits, wenn man die möglichen Welten auf diese spezielle Klasse einschränkt, sondern erst, wenn man noch viele weitere mit in Betracht zieht. Deshalb ist in dem Zitat das Wort „logically" von großer Bedeutung. Es handelt sich hier eben nicht um eine empirische

Aussage über die menschliche Unwissenheit. Es ist eben alles in irgendeiner möglichen Welt möglich. Also kann es für den Bereich der möglichen Welten keine einengenden Bedingungen dafür geben, was jemand glaubt oder nicht glaubt. Somit ist P3 vollkommen gerechtfertigt.

Ein Zusammenhang zwischen dem objektiven Zustand der Welt (bzw. des Gehirns) und der Überzeugung einer Person kann immer nur empirisch sein. Das war bereits die wichtigste Erkenntnis Fechners gewesen. Das läßt sich im Formalismus v. Kutscheras dadurch ausdrücken, daß man die möglichen Welten, in denen die Gesamtheit der Naturgesetze **L** (der wahren Gesetzesaussagen) der wirklichen Welt gilt, zu einer Menge [**L**] zusammenfaßt, die nicht objektiv ist, d. h. die die Äquivalenzklassen der Relation ~ für ihre Elemente nicht alle enthält. Es gilt also für [**L**] *nicht* folgender Satz LP (v. Kutschera 1994, Fml. 3a):

LP $\quad w \in [\mathbf{L}] \land w \sim w' \supset w' \in [\mathbf{L}]$.

v. Kutschera unterstellt nun LP ganz selbstverständlich für die Materialisten. Danach müßten die Materialisten, die die „strong" oder auch die „global supervenience", die Reduzierbarkeit der psychischen Zustände auf physikalische vertreten, auch vertreten, daß alle Naturgesetze objektiv seien und es so etwas wie eine empirische Psychophysik nicht gäbe. Damit läßt sich dann ein Widerspruch erzeugen. Der Widerspruch liegt sogar auf der Hand; denn P3 steht natürlich im Widerspruch zur Aussage, daß für $\langle z, Z \rangle \in [\mathbf{L}]$ die Menge Z eine Funktion von z ist. Dazu bedarf es keiner komplizierten Ableitungen. Ich verwende für [**A**] die Operation $[\mathbf{A}]_0$ nach Def. Ha, die Projektionen von [**A**] auf die physikalischen Zustände: $[\mathbf{A}]_0 = \{z | \exists X (\langle z, X \rangle \in [\mathbf{A}])\}$. Damit lautet P3′, das in unserem Modell mit P3 für **A** und **B** äquivalent ist, wenn beide Aussagen möglich sind:

> Zu jedem **A** und **B** gibt es eine mögliche Welt $\langle z, Z \rangle$, so daß $Z \subseteq [\mathbf{A}]_0$ und $z \in [\mathbf{B}]_0$.

Andererseits behauptet die „strong supervenience":

> Es gibt eine Funktion $f: W_0 \to \wp(W_0)$, so daß, wenn $\langle z, Z \rangle \in [\mathbf{L}]$, $Z = f(z)$.

Diese beiden Postulate schließen sich solange nicht aus, als es zu $\langle z, Z \rangle \in [\mathbf{L}]$ noch beliebig viele Z' geben kann, mit $\langle z, Z' \rangle \notin [\mathbf{L}]$, die also gegen die Naturgesetze der wirklichen Welt verstoßen. Es könnte in einer möglichen Welt, die nicht unseren Naturgesetzen gehorcht,

z. B. eine andere Funktion f' geben mit $Z' = f'(z)$. Wenn aber außerdem noch gefordert wird, daß [L] objektiv ist, dann wird diese Möglichkeit geleugnet und dann ist der Widerspruch komplett. Aus einem Widerspruch läßt sich bekanntlich alles folgen, z. B. auch, daß Till Eulenspiegel die Dampfmaschine erfunden hat. Es erübrigen sich daher alle Ableitungen absurder Folgerungen im einzelnen, und wir müssen uns mit v. Kutscheras Theoremen (4), (5) und (6) in seinem Aufsatz von 1994 gar nicht mehr befassen.

Es könnte hier der Einwand kommen, das vorgebrachte Argument sei in kritischer Weise vom benutzten Modell abhängig. Das ist aber nicht der Fall. Wir brauchen nur aus einem beliebigen Modell zur möglichen Welt w die Projektionen w_0 und w_1 wie folgt zu konstruieren: $w_0 = \{u | u \sim w\}$ ist also die Äquivalenzklasse von w bezüglich der Relation $\sim$ und $w_1 = (S_w)_0$. Wir können dann für z und Z die Werte w_0 und w_1 einsetzen, und das Argument verläuft genau so wie vorher. Dabei wird von der „strong supervenience" $w, w' \in [L] \wedge w \sim w' \supset S_w = S_{w'}$ garantiert, daß es ein f gibt, so daß $(S_w)_0 = f(w_0)$, das dann ausschließlich vom physikalischen Teil von w abhängt.

Nach v. Kutschera würden „logische Physikalisten" nur eine physikalische Sprache als alleinseligmachend und zur Formulierung wahrer Sätze geeignet zulassen. In einer solchen Sprache würde zwar LP gelten, aber könnte andererseits auch P3 nicht gelten; denn daß eine Person p von **A** überzeugt ist, ist in dieser Sprache eine komplizierte Aussage über die physikalische Welt. Es wäre also nicht jede physikalische Aussage vereinbar mit der Aussage, daß p von **A** überzeugt ist. Auch P1, P2 und P3a ließen sich dann aus ähnlichen Gründen nicht mehr aufrechterhalten.

Daher hat v. Kutschera für den logischen Physikalismus, für den jedes zulässige Reden ein Reden über physikalische Materie ist, einen Widerspruch zu seinen Prämissen nachgewiesen. Er sah aber offenbar nicht, wie stark seine Argumente waren und daß es ausgereicht hätte, einen Widerspruch bereits in den Prämissen zu konstatieren, anstatt daraus einzelne seltsame Folgerungen abzuleiten, die die Absurdität des Materialismus zeigen sollten.

Ein toleranter Materialismus wird hingegen die Psychophysik als empirische Disziplin nicht leugnen. Für ihn ist klar, daß nur empirisch geklärt werden kann, welches Z jeweils zu einem z gehört und daß die so erhaltenen Aussagen dann keine objektiven oder physikalischen Aussagen mehr sind.

Ein solcher empiristischer Materialismus, der lediglich die Reduzierbarkeit von Aussagen über die Psyche auf solche des Gehirns auf

Grund empirischer psychophysischer Tatsachen behauptet, läßt sich daher durch v. Kutscheras Argumente auch nicht widerlegen. Danach könnte ein Aussage über die Psyche nur bei Verwendung psychophysischer Tatsachenaussagen als zusätzliche Prämissen aus physikalischen Aussagen über das Gehirn oder die Sinnesorgange abgeleitet werden.

Was ist die Moral von der Geschicht? Geht die ganze Widerlegerei am Ende aus wie das Hornberger Schießen? Ich glaube nicht. v. Kutscheras Überlegungen führen uns tief in das Problemdickicht der Erkenntnistheorie und der analytischen Anthropologie hinein und sind daher außerordentlich lehrreich. Ich habe daraus vor allem gelernt, daß der empirische Charakter der Reduktionsfunktion *f* absolut ernst zu nehmen ist, so wie das Fechner bereits getan hat. Wir können uns auch an Hand von v. Kutscheras Artikel darüber klar werden, daß man philosophische Logik nicht ohne Berücksichtigung erkenntnistheoretischer Aspekte betreiben kann, und das ist es wohl auch, was v. Kutschera zeigen wollte.

Literatur

CARNAP, R., „Die physikalische Sprache als Universalsprache der Wissenschaft", *Erkenntnis* 2, 433–465.

FECHNER, T. G., 1860, *Elemente der Psychophysik*, 2 Bde., Leipzig; Nachdruck 1964, Amsterdam: Bonset.

HEIDELBERGER, M., 1994, „Unity of Nature and Mind: Gustav Theodor Fechner's Non-Reductive Materialism", in S. Poggi, M. Bossi (eds.), *Romanticism in Science*, Dordrecht: Kluwer, 215–236.

KAMLAH, A., 1985, „On Reduction of Theories", *Erkenntnis* 22, 119–142.

KUTSCHERA, F. v., 1992, „Supervenience and Reductionism", *Erkenntnis* 36, 333–343.

KUTSCHERA, F. v., 1993, *Die falsche Objektivität*, Berlin/New York: de Gruyter.

KUTSCHERA, F. v., 1994, „Global Supervenience and Belief", *Journal of Philosophical Logic* 23, 103–110.

LENZEN, W., 1995, „On the Semantics and Pragmatics of Epistemic Attitudes", in A. Laux, H. Wansing (Eds.), *Knowledge and Belief in Philosophy and Artificial Intelligence*, Berlin: Akademie Verlag, 181–197.

REIN, H., 1943, *Physiologie des Menschen* (7. Aufl.), Berlin: Springer.

RICHTER, M., 1976, *Einführung in die Farbmetrik*, Berlin/New York: de Gruyter.

SMART, J. J. C., 1963, *Philosophy and Scientific Realism*, London: Routlegde & Kegan Paul.

Die (sei's auch metaphorische) These vom Geist als Computer*

von Andreas Kemmerling

Die These, der menschliche Geist sei ein Computer, erregt die Gemüter der Gebildeten in unsern Tagen nicht wenig. Ich nenne diese These im folgenden auch häufig die Metapher vom Geist als Computer, oder kurz die Computer-Metapher. Indem ich diese These als Metapher bezeichne, will ich sie weder im vorhinein abmildern noch verächtlich machen. Ich folge damit vielmehr nur einem in der Fachliteratur üblichen Sprachgebrauch, einem Sprachgebrauch, der auch unter Anhängern dieser These verbreitet ist. Selbst eine so eloquente und scharfsinnige Proponentin wie Margaret Boden (1979) spricht von der Computer-Metapher in der Psychologie. Metaphorisch ist die These vom Geist als Computer jedenfalls dann, wenn wir – dem allergewöhnlichsten Sprachgebrauch unter Laien folgend – unter einem Computer eine von Menschenhand gebaute Maschine verstehen. Niemand könnte den menschlichen Geist für eine von Menschenhand gebaute Maschine halten.

Ein Ziel meiner nachfolgenden Betrachtungen ist es, herauszuschälen, welche verschiedenen, wörtlich zu nehmenden Behauptungen sich hinter der Computer-Metapher verbergen, und wie deren Wahrheitsgehalt einzuschätzen ist. Es wird sich zeigen, daß dies kein Leichtes ist. Wenn Geist und Computer in engen explikativen Zusammenhang gebracht werden, dann entsteht ein Knäuel aus sehr vielen und sehr verschiedenartigen Fäden. Ethik, Metamathematik, die sog. Neurowissenschaften, Informatik, Psychologie und theoretische Philosophie, (vielleicht auch die Theologie) all dies sind Domänen intellektueller Bemühung, die darauf Anspruch erheben dürfen, dem zu führenden Gespräch einen Faden beizusteuern; und damit habe ich vermutlich nicht alle zu nennenden Disziplinen genannt. Die Metapher ist fach-

---

* Dank an Ansgar Beckermann, Ida Butsch, Gerhard Helm, Wolfgang Lenzen, Wolfgang Prinz, Katia Saporiti, Eike von Savigny und Werner Tack für Hinweise zu früheren Versionen dieser Arbeit.

übergreifend und sehr facettenreich. Das Knäuel der Probleme hat mannigfache Verschlingungen. Was ich im Folgenden thematisiere, sind nur kleinere Unterverknotungen im Bereich Philosophie des Geistes und kognitive Psychologie.

Franz von Kutschera setzt sich im dritten Kapitel seines Buchs *Die falsche Objektivität* unter dem Titel „Der Geist als Maschine" mit der Computer-These auseinander. Ihm geht es dabei allerdings vornehmlich um die Frage (1993: 73), „ob es grundsätzlich möglich ist, überhaupt eine umfassende Theorie unserer kognitiven Prozesse zu entwickeln". Er will die Behauptung widerlegen, daß es eine *vollständige* Theorie dieser Art gibt. Ich setze voraus, daß er damit recht hat, und werde mich vornehmlich mit der Frage beschäftigen, auf welche Bereiche mentaler Phänomene sich eine (sei's auch ohne Vollständigkeitsanspruch vertretene) Computer-Theorie des Geistes plausiblerweise beziehen kann.

I

Computer sind Maschinen. Mithin wird in unserer Metapher der Geist mit Maschinen in Zusammenhang gebracht. Das ist nichts, was den Geist auszeichnet. Die Maschinenmetapher hat geradezu grenzenlose Anwendung. Wir haben uns daran gewöhnt, daß alles und jedes – vom Kosmos über den Staat bis zum Einzeller – mit einer Maschine verglichen wird. Dennoch verbreitet die Metapher vom *Geist* als Computer einen ganz eigentümlichen Schrecken, der sich bei vielen andern Maschinenmetaphern nicht einstellt. Wenn etwa der Staat mit einer Maschine verglichen wird, so wird dies nur einigen begrifflich Empfindsamen und Nachdenklichen eine Gänsehaut machen. Wie kommt es, daß die Computermetapher den meisten von uns auf Anhieb Unbehagen bereitet?

Wird der Geist mit einer Maschine verglichen, so betrifft dies unser Selbstbild an einem sehr persönlichen, sozusagen intellektuell intimen Punkt. Zudem kommt die Maschinenmetapher gerne mit einer besonderen Pose daher („Ich bin eigentlich gar keine Metapher, sondern die brutale Wahrheit selbst; man nennt mich nur Metapher, weil man mich nicht erträgt"); oder anders, mit einem auch in diesem Zusammenhang passenden Wort der Historikerin Barbara Stollberg-Rilinger, gesagt: Die Maschine ist die Metapher der Metapherngegner.

In der Computer-Metapher scheint die Cartesische Lehre vom menschlichen Körper als Maschine ihre Entsprechung für den menschlichen Geist zu finden. Ein Cartesianer konnte die Schrecken der mechanistischen Betrachtung seiner selbst dadurch abwehren, daß er Trost in der Cartesischen Philosophie des Geistes fand, wonach das eigentliche Selbst eines Menschen in einem ganz andern Bereich sich befinde, in einem Bereich, in dem der Mechanismus (und damit erst recht jedes Bild von einer Maschine) nicht anwendbar ist. Das war der Bereich des Geistigen. Der Geist durfte sich bei Descartes in doppelter Weise vor mechanistischen Übergriffen geschützt wähnen: zum einen in ontologischer Hinsicht durch seine Immaterialität; zum andern in psychologischer Hinsicht durch die völlige Freiheit des Willens. Gewiß, es gab gegen Descartes in der Folgezeit materialistische Anfeindungen (von La Mettrie bis David Lewis), aber die leugneten überhaupt das Vorhandenseins eines autonomen geistigen Bereichs.

Mit der Computer-Metapher hingegen wird gar nicht bestritten, daß es einen autonomen Bereich des Geistigen womöglich gibt. Sie ist, für sich genommen, neutral gegenüber der Frage, ob es einen ontologisch eigenständigen geistigen Bereich gibt. Sie attackiert nicht per se den Körper/Geist-Dualismus. Vielmehr eröffnet sie ein neuartiges mechanistisches Bombardement auf theoretische Befestigungen, die sich vor derlei Befeuerung sicher wähnen mochten. Der schiere Dualismus ist, angesichts der Computer-Metapher, keine Zuflucht mehr vor dem Maschinismus. Selbst wer sagt „Der Geist ist nichts Körperliches", müßte vielleicht dennoch einräumen, daß der Geist mechanisch funktioniert und zumindest in diesem Sinn eine Maschine ist. Dies, denke ich, ist einer der Schrecken, den die Computermetapher unterschwellig verbreitet.

Was also besagt die These, der Geist sei ein Computer? Zunächst möchte ich herausarbeiten, was hier unter „Geist" und was unter „Computer" zu verstehen ist. Diese Klärungen werden uns zu dem Zwischenergebnis führen, daß die Computer-Metapher nicht für den Geist als ganzen passend ist. Im Hinblick auf einen Teilbereich des Geistigen werde ich dann eine These formulieren, in der m. E. ganz gut eingefangen wird, worin wohl alle Anhänger der Computer-Metapher inhaltlich übereinstimmen. Hinter diesem Konsens verbirgt sich jedoch ein Dissens darüber, wie diese These zu deuten ist. Eine realistische und eine instrumentalistische Lesart sind derzeit in der Diskussion, werden aber oft nicht auseinandergehalten. Beide Positionen sind, wie ich zu begründen versuchen werde, erheblichen Einwänden ausgesetzt.

Noch eine Klarstellung vorab. Die Computer-Metapher, um die es hier geht, ist eine psychologische und muß unterschieden werden von ihrem neurobiologischen Korrelat: der These, daß das Hirn ein Computer ist. Je nach den hinzukommenden Zusatzannahmen bestehen zwischen der These über den Geist als Computer und der These über das Hirn als Computer sehr verschiedene Zusammenhänge. Ein reduktiver Materialist beispielsweise wird behaupten, die These über das Hirn folge aus der über den Geist. Aber all das soll uns hier nicht kümmern; wir halten nur fest: die These, das Hirn sei ein Computer, ist nicht unser Thema. Die Computer-Metapher, um die es uns im folgenden geht, besagt, für sich genommen, nur etwas über den Geist und ist ohne weitere Zusatzannahmen auf keine Aussagen über das Hirn festgelegt.

II

Aber was ist Geist, oder: ein Geist? Ohne damit eine Definition für die Ewigkeit geben zu wollen, schlage ich folgende Erläuterung vor:

> x ist ein *Geist*: x ist das logische Subjekt[1] einer wahren Zuschreibung einer geistigen Eigenschaft.

Die Frage, was (ein) Geist sei, wird – vermittels des heiklen Begriffs vom logischen Subjekt – verschoben auf die Frage, was eine geistige Eigenschaft ist. Solch eine Verschiebung wirkt allzu leicht als etwas, das uns in der Sache nicht weiterbringen kann. Aber manchmal kann sie es. Zum Beispiel dann, wenn eine Verschiebung vom Exotischen zum leidlich Vertrauten stattfindet. Und das ist hier die Hoffnung. Die Frage „Ist Harvey (ein) Geist?" ist exotisch. Man weiß nicht, wonach man schauen soll, um darauf Ja oder Nein zu sagen. Die Frage hingegen, ob Harvey das logische Subjekt der Zuschreibung „Harvey ist selbstverliebt" und ob diese Zuschreibung wahr ist, bewegt sich im Bereich des leidlich Vertrauten. Wir können uns ohne weiteres Um-

---

[1] Das logische Subjekt der Zuschreibung einer Eigenschaft ist die Entität, die sich nach logischer Analyse der Zuschreibung als der Träger der Eigenschaft ergibt. Wenn es im politischen Kommentar heißt: „Bonn befürchtet, Paris könnte verstimmt sein, falls ...", dann ist das logische Subjekt, von dem ausgesagt wird, es befürchte etwas, keine Stadt. Was genau es sein könnte, müßte eine logische Analyse ergeben. (Die notorisch ausbleibt. Und von der wir gar nicht so genau wissen, wie sie im einzelnen auszuführen ist.)

stände vorstellen, die uns zeigen, daß Harvey selbstverliebt ist. Und wir können uns logische Analysen vorstellen, die uns zeigen, daß die Person Harvey das logische Subjekt dieser Zuschreibung ist. Auf solch einem Weg könnten wir im Lichte unserer obigen Erläuterung zu dem Ergebnis gelangen: Eine Person, insofern sie geistige Eigenschaften hat, ist ein Geist.

Das wäre immerhin etwas: Wir hätten Anwendungsfälle von Geist. Es wäre, zugestandenermaßen, nichts sonderlich Klares, aber auch nichts völlig Unklares. Der Begriff des Geistes wäre auf diese Weise in anderen Begriffen (wie z. B. dem der Person) verankerbar.

Was sind geistige Eigenschaften? Zunächst einmal: Was sind Eigenschaften? „Eigenschaft" verwende ich hier in einem sehr laxen Sinn; Vorgänge, Zustände und Ereignisse sollen einfach mit darunter fallen. Das ist harmlos, weil wir Berichte über Zustände, Prozesse und Ereignisse immer als Berichte über Eigenschaften reformulieren können. Statt „Sie befand sich im Zustand so-und-so" oder „Sie durchlief den Prozeß so-und-so" sagen wir dann einfach: „Sie hat die Eigenschaft, sich im Zustand so-und-so befunden bzw. den Prozeß so-und-so durchlaufen zu haben". Das klingt zwar überflüssig umständlich, macht die Ausdrucksweisen aber insofern einfacher, als wir von nun an mit dem Begriff der Eigenschaft auskommen, um alle Phänomene abzudecken, um die es uns zu tun sein muß. „Eigenschaft" bezeichnet hier eine ontologische Schublade, in die jedes geistige Phänomen passen soll, nicht nur geistige *Eigenschaften* im engeren Sinn.

Auch was den Inhalt des andern Wortes angeht, werde ich den Begriff der geistigen Eigenschaft sehr weit verwenden, wie dies inzwischen – zumindest in der Philosophie – üblich geworden ist. „Geist" oder „geistig", das mag zwar in vielen Ohren vornehmlich nach Intellekt, Verstand und Intelligenz, weniger nach Sinneswahrnehmung, Emotion oder Trieb klingen. Im Folgenden soll aber jede Eigenschaft einer Person, die in den Bereich der *Empfindung* oder in den der *intentionalen Einstellungen* fällt, als eine geistige gelten. Kitzligkeit, Durst und sexuelle Begierde sind also nicht weniger geistige Eigenschaften als Wissen, Rationalität und Erkenntnisstreben. Der Begriff des Geistes, um den es gemäß heutigem terminologischem Konsens unter den Fachleuten geht, ist weit. Er soll das Mentale erfassen, nicht nur das Intellektive. (Einiges an Descartes' Begriff der *mens* weist zwar in diese Richtung; aber auch für Descartes gilt noch: je reiner die Geistigkeit eines Phänomens, desto größer sein Intellekt-Anteil; und ganz reiner

Geist ist für ihn dasselbe wie Intellekt.[2] Im deutschen philosophischen Sprachgebrauch ist ein weiter Begriff von Geist nicht gebräuchlich. Bei Kant heißt das, wovon ich rede, eher „Gemüt" als „Geist".)

Ich belasse es guten Gewissens bei diesen Erläuterungen zum Begriff des Geistes, weil er im derzeit unter den einschlägigen Fachleuten herrschenden Sprachgebrauch mindestens so unklar ist, wie ich ihn gerade geschildert habe. Mir geht es hier ja nicht um Vorschläge zur begrifflichen Verfeinerung des fachterminologischen Sprachgebrauchs (die gewiß nottut), sondern darum, den Inhalt der These vom Geist als Computer möglichst genau so (und also auch: so unklar) einzufangen, wie sie gemeint ist.

III

Was ist ein Computer? Zunächst einmal einfach ein Rechner, ein Datenverarbeitungsgerät, eine nach algorithmischem Schema verfahrende Symbolmanipulationsmaschine. Am besten ist es, wir denken uns den Computer als etwas, das wesentlich durch genau diese Eigenschaft charakterisiert ist: Es überführt im Einklang mit irgendeinem vorgegebenen Algorithmus Symbolketten in Symbolketten. Wie der Rechner das macht – ob mit Papier, Radiergummi und Stift oder vermittels einer andern Technik –, das ist gleichgültig. Er arbeitet, wenn er in Gang gesetzt ist, ohne die Intervention einer äußeren Instanz. Man gibt ihm eine geeignete Symbolkette ein, und dann rattert er von selbst. Am Ende kommt wieder irgendeine Symbolkette – und normalerweise eine ganz andere als die eingegebene – heraus. Den Zusammenhang zwischen Eingabekette und Ausgabekette kann man oft (und wenn man die Begriffe weit genug dehnt, natürlich immer) als den Zusammenhang zwischen einem formalen Problem und seiner Lösung beschreiben. Und zu alledem braucht es, wenn man es hinreichend abstrakt betrachtet, nicht mehr als eindeutige Instruktionen und minimale technische Voraussetzungen für deren Ausführung: (1) genug (idealiter: beliebig viel) Platz für die Symbole, die zu bearbeiten sind (im Extremfall gibt es nur ein einziges Symbol); den Platz stellt etwa ein Band bereit, das in Felder unterteilt ist und das schrittweise in beide Richtungen bewegt werden kann, (2) die Fähigkeit, ein markier-

---

[2] Zu Belegen für diese Bemerkungen über Descartes vgl. Kemmerling (1996: 105 ff. und 171 ff.).

tes von einem unmarkierten Feld zu unterscheiden, (3) die Fähigkeit, ein unmarkiertes Feld zu markieren, (4) die Fähigkeit, die Markierung auf einem Feld zu löschen, und (5) die Fähigkeit, jeden Zustand einer endlichen Menge von Zuständen einzunehmen, aus denen sich gemeinsam mit dem Symbol auf dem Arbeitsfeld eindeutig ergibt, was zu tun ist. Letztlich bedarf es nur dieser bescheidenen Mittel, um jedes beliebige formale Problem zu lösen, das sich überhaupt mit Hilfe eines endlichen Verfahrens lösen läßt. Eine Turing-Maschine ist durch ihre sog. Maschinentafel charakterisiert; das ist eine Auflistung aller Instruktionen, die die Maschine bei der Bearbeitung des Bandes befolgt. Diese Instruktionen handeln nur von so simplen Dingen wie den gerade erwähnten: „Geh auf das Nachbarfeld rechts!", „Lösche das Symbol!", „Geh in Zustand Nr. Soundsoviel über!".

Für unsere auf Psychologie ausgerichteten Zwecke bedeutsamer wird dies alles, wenn wir uns der universalen Turing-Maschine zuwenden. Solch eine Maschine bietet einen denkbar guten Bezugspunkt für die Klärung des Begriffs „Computer". Eine universale Turing-Maschine ist so konstruiert, daß sie dazu gebracht werden kann, alles zu tun, was irgendeine beliebige Turing-Maschine tun kann. Die ingeniösen Einzelheiten müssen hier nicht interessieren. Wichtig ist, daß man mit der universalen Maschine einen wünschenswert deutlichen Unterschied zwischen Computer und Programm machen kann (ohne dabei mit der ganz andern Unterscheidung zwischen *hardware* und *software* ins Gedremmel zu kommen). Als Computer soll im Folgenden immer nur die universale Maschine bezeichnet werden, die in einem Datenverarbeitungsgerät enthalten ist. Das Programm hingegen, mit dem der Computer operiert, ist ein bestimmter Ausschnitt seines Inputs, der in kodierter Form die Beschreibung einer speziellen Turing-Maschine enthält. Kurzum, ich schlage folgende Erläuterung vor:

> x ist ein *Computer*: x verarbeitet Daten und realisiert dabei die Maschinentafel einer universalen Maschine.

Was ich hier über Turing-Maschinen gesagt habe, hat genauer genommen wenig mit der Architektur tatsächlicher Datenverarbeitungsmaschinen zu tun, wie wir sie kennen. Das sind zumeist von Neumann-Maschinen, viel weniger umständlich zwar und viel leichter zu programmieren, aber dafür auch weniger einfach zu beschreiben. Doch was wir fürs Folgende brauchen, haben wir jetzt: eine leidlich gute Klärung des Begriffs Computer.

Wenn wir in dieser Weise erklären, was ein Computer ist, dann ist der von Searle wiederholt erhobene Einwand entkräftet, die Computer-Metapher sei ohne weiteren Zusatz nichtssagend, weil alles sich als Computer auffassen lasse. Searle (1986: 35) schreibt: „Der Federhalter auf dem Schreibtisch vor mir läßt sich – in einem völlig trivialen Sinn – als digitaler Computer beschreiben. Er hat halt ein sehr langweiliges Computerprogramm. Das Programm besagt: Bleib, wo du bist. In diesem Sinn ist also einfach alles ein digitaler Computer, weil einfach alles sich so beschreiben läßt, als führe es ein Computer-Programm aus". Ich weiß nicht, in welchem Sinn Searle hier von Computer spricht, aber nach unserer Definition ist Searles Federhalter gewiß kein Computer; denn Searles Federhalter realisiert gewiß nicht die Maschinentafel einer universalen Turing-Maschine. – Ein zweiter Vorteil unserer Definition besteht darin, daß das, wodurch etwas zu einem Computer wird, nichts mit seiner spezifischen materiellen Beschaffenheit zu tun hat; die Leistungen, die etwas zu erbringen vermag, und die schrittweise Art, wie es die Leistungen erbringt, sind ausschlaggebend dafür, ob es ein Computer ist; der Stoff, aus dem es sich zusammensetzt, ist irrelevant. Unser allergewöhnlichster Begriff des Computers ist das nicht, aber ich vermute, es erfaßt gerade den Sinn, den die Anhänger der Computer-Metapher bei ihrer Gleichsetzung im Auge haben. Dafür spricht z. B. auch, daß der Künstliche Intelligenz-Forscher Allen Newell in einer sehr einflußreichen Arbeit (1980) den Begriff des physischen Symbolsystems in gerade dieser Weise fixiert hat.

IV

Werfen wir nach diesen Begriffsklärungen oder Festlegungen einen Blick zurück auf unser Thema. Auf den ersten Blick paßt die Computer-Metapher eher mit einem engeren Begriff des Geistes zusammen, und interessanterweise gerade mit einem intellektualistischen wie dem, den ich oben als zu eng bezeichnet habe. Ein Computer ist eine Symbolmanipulationsmaschine. Damit lassen sich geistige Eigenschaften, die mehr auf der herzhaften Seite angesiedelt sind (z. B. die reiche Familie der Sinnenfreuden, die Speisekarte hoch und runter) überhaupt nicht angehen. Der Genuß, den ich hätte, wenn ich jetzt einen 90er Chateau Figeac tränke, dieser spezielle und vermutlich große Genuß wäre eine meiner geistigen Eigenschaften. Aber diese geistige Eigenschaft hat herzlich wenig mit der Symbolmanipulationsmaschine zu tun, die ich womöglich *auch* bin. Kein des Lesens, Schreibens und mit Maßen des Rechnens fähiger Mensch wie ich sollte bestreiten, daß er (d. h. eine geistige Seite an ihm) *auch* als eine Symbolmanipulationsmaschine betrachtet werden kann. Es sei denn, ihm gefällt schon das Wort „Maschine" in diesem Zusammenhang nicht, was ich ihm nachfühlen kann, aber hier nicht verfolgen möchte.

Das Bild von der Symbolmanipulations- oder Datenverarbeitungsmaschine paßt aber von vornherein schlecht auf den Geist als den erlebenden und empfindenden. Ich denke, es paßt genau genommen gar nicht. Sei da einer, der mit großem Genuß einen Schluck Wein trinkt; selbst wenn er in gewissen Hinsichten eine Symbolmanipulationsmaschine ist, so besteht doch der Genuß – die geistige Eigenschaft, ein angenehmes Erlebnis zu haben – nicht in der Manipulation von Symbolen. Selbst wenn der Betreffende ein noch so begnadeter Rechner ist, der Genuß, den er beim Trinken hat, ist kein auf rechnerischem Weg erreichter Zustand. So ist man geneigt, die Dinge erst einmal zu betrachten.

Doch seien wir ruhig ein bißchen spitzfindig und malen uns folgende Situation aus, in der unser Genießer seinen Genußzustand tatsächlich durch Rechnen erreicht: Er hat nämlich einen eingebauten Weinanalysator, der dem Wein im Hinblick auf siebenhundertzwölf Faktoren Zahlenwerte zuordnet und diese dann einem eingebauten Weinevaluator übermittelt; der Weinevaluator berechnet daraus gemäß einer komplizierten Gewichtungsfunktion Wertprädikate; im vorgegebenen Fall berechnet er das Prädikat: „ausgesprochen genußvoll". Und nun funktioniere unser Genießer so, daß er ein Weingenußerlebnis hat, sobald sein Evaluator zu diesem Ergebnis gelangt. Ja, das Genußerlebnis sei sogar eine unmittelbare Wirkung des Evaluationsergebnisses. Und um das Maß übervoll zu machen, wollen wir annehmen, Weingenuß könne sich bei unserem Genießer gar nicht auf einem andern Weg einstellen. Dann ist der Genuß, den unser Genießer bei seinem Schluck Wein hat, ein wesentlich auf rechnerischem Weg erreichter Zustand. Der Genießer hat sich sozusagen ausgerechnet, daß der Wein ihm schmeckt, und deshalb schmeckt er ihm.

Paßt hier das Bild vom Genuß als Datenverarbeitung nicht besser? Ja und nein. Ja, weil der Weg zum Genuß hier ganz maschinal ist. Nein, weil das Bild in der entscheidenden Hinsicht nicht paßt. Der Genuß selbst ist auch in dieser Erweiterung unseres Beispiels nicht maschinal. Wir haben bloß eine Reihe von extravaganten Annahmen gemacht, durch die unser Genießer in vielen Hinsichten einem Weinqualitätstaxierungscomputer gleicht. Aber gerade in der entscheidenden Hinsicht hat sich dadurch nichts geändert. Das Genußerlebnis selbst ist dadurch kein Rechenschritt geworden. Eine Reihe von Rechenschritten – d. h. eine Reihe von Symbolmanipulationen – haben zum Erlebnis hingeführt. Aber das ist auch schon alles. Eine Reihe von Überlegungen führen zu einem Schachzug; der Schachzug ist keine Überlegung. Eine Reihe von Therapiemaßnahmen führen zur Heilung; die Heilung ist keine Therapiemaßnahme. Und so weiter. Es gibt beliebig viele Beispiele, die zeigen, daß es verfehlt wäre, von etwaigen Rechenschritten, die zum Genuß führen, darauf zu schließen, der Genuß selbst sei ein Rechenschritt. Und da auch sonst nichts für solch eine Annahme spricht – jedenfalls nichts mir Bekanntes –, lasse ich sie im Folgenden beiseite.

Eine erste Einschränkung an der Computermetapher ist also nötig. Die Metapher erstreckt sich allenfalls auf das am Geist, was nicht wesentlich erlebnishaft ist. Genüsse und Schmerzen aller Art, wiewohl unbestreitbar geistige Phänomene, passen von vornherein nicht in den Rahmen dieses Bilds. Nicht der ganze Geist ist ein Computer.

V

Worauf genau, auf welche Teile des Geistes, zielt die Computermetapher ab? Die Anhänger der Computer-Metapher sind in ihrer Antwort nicht einig; viele sagen überhaupt nichts dazu. Deshalb möchte ich mich auf den geistigen Bereich beschränken, auf den nach allgemeiner Übereinstimmung die Computer-Metapher auf jeden Fall Anwendung finden soll. Das ist der Bereich der kognitiven Fähigkeiten oder – allgemein gesagt – Eigenschaften. Was eine kognitive Eigenschaft ist, soll hier nicht problematisiert werden. Der Psychologe Neil Stillings schreibt in seinem kognitionswissenschaftlichen Standardlehrbuch (1987: 1) sehr knapp: „Das Wort *kognitiv* bezieht sich auf das Wahrnehmen und Wissen. Mithin ist Kognitionswissenschaft die Wissenschaft des Geistes. Kognitionswissenschaftler versuchen das Wahrnehmen, Denken, Erinnern, Sprachverstehen, Lernen und andere geistige Phänomene zu verstehen". Den von Stillings umrissenen Rahmen (Wahrnehmen, Denken, Erinnern, Sprachverstehen, Lernen) wollen wir von nun an als den eigentlich intendierten Anwendungsbereich für die Computermetapher akzeptieren.

Mit den beiden obigen Erläuterungen und der gerade erwähnten Einschränkung auf den Bereich des Kognitiven, gelangen wir zu folgender vorläufiger Präzisierung der Computer-Metapher: Eine Person, insofern sie kognitive Eigenschaften besitzt (und insbesondere kognitive Fähigkeiten ausübt), ist etwas, das Daten verarbeitet und dabei die Maschinentafel einer universalen Maschine realisiert. Genauer gesagt:

> Bei der Ausübung einer kognitiven Fähigkeit durchläuft eine Person eine Abfolge psychischer Zustände derart, daß diese Abfolge psychischer Zustände isomorph zu den Rechenschritten eines Computers ist (und zwar eines Computers, der mit einem Programm geladen ist, mit dessen Abarbeitung die Ausübung der betreffenden Fähigkeit simulierbar ist).

VI

Bislang ging es darum, in einem ersten Angang die Begriffe, die in der Computer-Metapher in Zusammenhang gebracht werden, zu verdeutlichen und den Anwendungsbereich der Metapher auf das nicht von vornherein Abwegige zu beschränken. Im nun folgenden Teil möchte ich die Idee des Simulationsprogramms thematisieren. Und zwar die Idee, kognitive Eigenschaften in psychologisch aufschlußreicher Weise auf einem Computer zu simulieren. Diese Idee ist nach meiner Einschätzung der eigentliche Treibstoff der Diskussion zur Computer-Metapher in der Philosophie des Geistes und der Psychologie.

Eine grundlegende Frage dabei ist: Was zeigt eine Simulation über das Simulierte? Wenn der Ablauf X eine Simulation des Ablaufs Y ist, welchen Aufschluß gibt X dann über die Beschaffenheit von Y? – Solche Fragen haben keine verbindlichen Antworten. Sie können keine haben, solange nicht ziemlich genau gesagt wird, (1) unter welchen Bedingungen etwas als die Simulation von etwas anderem zu gelten hat, (2) um welchen Aspekt der Beschaffenheit des Simulierten es gehen soll, und (3) welche Standards induktiver Verallgemeinerung oder überhaupt rationaler Korrelation anzulegen sind. Was hier vonnöten wäre, ist eine Logik der Simulation. Aber so etwas gibt es derzeit nicht, und nichts dergleichen ist in Sicht. Ich will hier gar nicht erst versuchen, den Begriff der Simulation weiter zu problematisieren oder zu klären, sondern es bei diesem Hinweis belassen und einfach so tun, als könne vorausgesetzt werden, es bestünde zumindest darüber Einigkeit unter uns, wann ein Computerprogramm relativ zu einem bestimmten Computer eine gewisse kognitive Eigenschaft simuliert.

Es gibt jede Menge Programme, die alles mögliche simulieren: das Wetter, den Börsenverlauf, den Anblick von nie gebauten oder längst verfallenen Gebäuden oder die Reaktionsweisen eines Menschen, der von einer bestimmten Psychose befallen ist. Uns interessieren nun natürlich Programme, die kognitive Fähigkeiten in psychologisch aufschlußreicher Weise simulieren. Schachprogramme simulieren die Fähigkeit, gut Schach zu spielen; aber sie simulieren diese Fähigkeit nicht in psychologisch aufschlußreicher Weise; der Überlegungsprozeß eines guten Schachspielers spiegelt sich darin nicht oder nur ganz partiell wider. Das berühmte Programm „Shrdlu" simuliert die Fähigkeit, Fragen über die Konfiguration gewisser Bauklötzer zu beantworten. Das berüchtigte Programm „Eliza" simuliert die Fähigkeit, Therapiegespräche zu führen. In gewissem Sinn ist dieses Programm (auf Grund seiner Erfolge bei Patienten) psychologisch sehr aufschlußreich; es gibt uns aber (so hoffe ich) keinen Aufschluß über die geistige Verfassung eines Therapeuten.

All diese Programme sind gut und schön. Aber was zeigen sie eigentlich? Ganz gewiß geben sie uns einen gewissen Aufschluß über die algorithmische oder formal erfaßbare Komplexität und Strukturierbarkeit der simulierten Fähigkeit. Jedes solche Programm beantwortet die Frage: „Was hat es mit dieser Fähigkeit — formal, algorithmisch, symbolmanipulativ, kurz: logisch gesehen — auf sich?". Die *logische* Nuß der betreffenden geistigen Eigenschaft wird von einem Simulationsprogramm also geknackt. Doch wie steht es um die psychologische? Was zeigt uns so ein Programm über den Geist eines Menschen, der diese Fähigkeit besitzt? Meines Erachtens im wesentlichen dies: daß der Geist, falls er die betreffende Fähigkeit computesk[3] besitzen sollte, in einem mit diesem Programm geladenen Computer ein gutes psychologisches Modell haben könnte.

Ein Programm, mit dem auf einem bestimmten Computer eine kognitive Fähigkeit simuliert wird, gibt uns somit in zweierlei Weise Aufschluß über die kognitive Fähigkeit und den kognitiv Befähigten. Das Programm gibt uns, erstens, kategorischen Aufschluß über den algorithmischen Zuschnitt der Fähigkeit; wir gewinnen Einsicht in das formale, algorithmische Wesen der simulierten kognitiven Eigenschaft.

---

[3] Eine Analogiebildung zu „grotesk" oder „kafkaesk".

Psychologisch besagt das von sich aus wenig. Der eigentlich psychologische Aufschluß ist erstens nicht kategorischer, sondern hypothetischer Art und zweitens nicht spezifisch, sondern sehr allgemein: *Wenn der menschliche Geist im Hinblick auf diese kognitive Eigenschaft sich so verhält wie ein Computer zu einem seiner Programme, dann ist das Simulationsprogramm eines der unüberschaubar vielen möglichen* psychologischen Modelle für den Besitz dieser Eigenschaft.

Damit sind wir beim Kern der Sache. *Unter einer gewissen Bedingung* geben Computerprogramme sei's auch sehr unspezifischen psychologischen Aufschluß über den Besitz kognitiver Eigenschaften. Diese Bedingung lautet „Ein menschlicher Geist verhält sich bei der Ausübung einer kognitiven Fähigkeit wie ein Computer, der mit einem Programm geladen ist und es nun abarbeitet". Anders gesagt: Geistige Vorgänge, wie sie mit der Ausübung kognitiver Eigenschaften einhergehen (oder gar für sie konstitutiv sind), haben ihre Entsprechung in den algorithmischen Schrittfolgen einer geeigneten Computersimulation.

Das ist die Kernthese der Computer-Theorie des Geistes, wie sie von Alan Turing in den Fünfziger Jahren angeregt, von Hilary Putnam in den Sechziger Jahren aufgegriffen und von ihm und andern zum sog. Funktionalismus in der Philosophie des Geistes ausgearbeitet wurde. Die Richtigkeit dieser These ist Voraussetzung dafür, daß Computersimulationen kognitiver Fähigkeiten psychologisch aufschlußreich sind. Und die Computer-Metapher in der Psychologie ist nun nichts anderes als eine Verschärfung dieser These gerade in diesem Punkt. Die Verschärfung besteht darin, daß die psychologische Analyse einer kognitiven Eigenschaft gleichgesetzt wird mit einer algorithmischen Analyse. Und so möchte ich unsere psychologische Computer-These endgültig folgendermaßen formulieren:

> Kognitive Prozesse haben ihr psychologisch aufschlußreiches Abbild in den algorithmischen Schrittfolgen einer geeigneten Computersimulation.

Wenden wir uns nun der Frage zu: Unter welchen Umständen stimmt es denn eigentlich, daß das Verhältnis von Geist zu Kognition (psychologisch gesehen) dasselbe ist wie das von Computer zu Programmabarbeitung? Zunächst einmal müssen wir zwischen einer *realistischen* und einer *instrumentalistischen* Lesart unserer Metapher unterscheiden. Gemäß der realistischen Lesart besteht eine Isomorphie zwischen Kognition und Programmabarbeitung letztlich aus dem sehr banalen Grunde, daß Kognition schlicht und einfach ein spezieller Fall von Programmabarbeitung ist. Der Geist ist sensu stricto ein Computer; er ist ein Datenverarbeiter, der bei der Ausführung seiner kognitiven Operationen Algorithmen abarbeitet. Vertreter dieser realistischen Variante der Computer-Metapher findet man in der Künstlichen Intelligenz, in der kognitiven Psychologie und gelegentlich auch in der Philosophie; klangvolle Namen, die hier zu nennen wären, sind Marvin Minsky in der KI, David Marr in der kognitiven Psychologie und Jerry Fodor in der Philosophie.

Die realistische Lesart der Computermetapher muß unterschieden werden von der instrumentalistischen Lesart, die besagt, daß Computerprogramme zur Simulation kognitiver Eigenschaften psychologisch aufschlußreich sind. Und sie muß auch von der sog. *starken KI-These* unterschieden werden. Die starke KI-These ist die Behauptung, hinreichend gut gemachte Datenverarbeitungsgeräte hätten geistige Eigenschaften. Nichts dergleichen muß ein Anhänger der realistischen Lesart vertreten. Die starke KI-These ist dem Animismus zuzurechnen, sie beseelt Maschinen; die (realistisch verstandene) Computermetapher ist eine neue Form des Maschinismus, sie macht aus dem Geist eine Maschine.

Drei Grundauffassungen sollten wir in diesem Zusammenhang also gegen einander absetzen: Erstens, die nicht-metaphorische Behauptung, daß hochentwickelte Rechenmaschinen geistige Eigenschaften haben. Zweitens, die nicht-metaphorische Behauptung, daß der menschliche Geist bei der Ausübung seiner kognitiven Fähigkeiten Algorithmen abarbeitet (also in genau dem Sinn rechnet, in dem ein Computer das tut, der diese Fähigkeit simuliert). Drittens, die nicht-metaphorische Behauptung, daß die Entwicklung von Programmen zur Simulation kognitiver Leistungen auf einem Computer aufschlußreich für die Psychologie des Menschen ist.

Die erste These, die starke KI-These, halte ich für keinen Gegenstand seriöser Diskussion.[4] Ich möchte die starke KI-These deshalb hier beiseite lassen. Die zweite These halte ich − zumindest in dieser Allgemeinheit − für gelinde gesagt nicht plausibel. Und die dritte These schließlich hat m. E. keine eigenständige Glaubwürdigkeit; nur wer die zweite These akzeptiert, hat einen einsichtigen Grund, der dritten These anzuhängen. Dies möchte ich nun ausführen.

---

[4] Meine Gründe für diese negative Einschätzung habe ich in einer kleinen Arbeit (1987) dargelegt.

VII

Die instrumentalistische Lesart der Computer-Metapher war unsere dritte These. Sie besagt: Computer-Programme zur Simulation kognitiver Eigenschaften sind psychologisch aufschlußreich. Meine Frage ist: Wie könnte das sein, ohne daß der Geist ein Computer ist? Wie könnten Algorithmen psychologischen Aufschluß geben, wenn der Geist kein Computer wäre? Anders gefragt: Wie könnte die instrumentalistische Lesart zutreffen, ohne daß die Metapher in ihrer realistischen Lesart ebenfalls zutrifft?

Meine Frage sieht sehr dumm aus. Denken wir ans Wetter und ein Computerprogramm, mit dem die Entwicklung der mitteleuropäischen Wetterlage simuliert wird. Wenn das Programm etwas taugt, dann wird man Daten zum heutigen Wetter eingeben und eine gute Prognose über das morgige Wetter herausbekommen. So etwas ist gewiß im Prinzip möglich. Wenn nun jemand daherkäme und ganz analog zu meiner Frage fragte: „Wie kann eine Computersimulation der Wetterentwicklung meteorologisch aufschlußreich sein, ohne daß das Wetter ein Computer ist?", wäre das nicht abwegig? Ganz gewiß wäre es das. Niemand käme auf die Idee, das Wetter wegen seiner Computersimulierbarkeit für einen Computer zu halten. Dennoch will ich, und mit Nachdruck, fragen „Wie könnte die Computersimulation einer geistigen Eigenschaft psychologisch aufschlußreich sein, ohne daß der Geist ein Computer ist?".

Ein entscheidender Unterschied zwischen meteorologischer und psychologischer Simulation im Lichte der Computerthese betrachtet liegt in folgendem: Das Wetter wird *im* Computer simuliert, Kognition wird *durch* den Computer simuliert. Der logische Unterschied dieser beiden Simulationsformen wird deutlich, wenn wir darauf achten, wie wir über einen Kognitionssimulator reden, etwa über einen Computer, der gerade ein Schachprogramm abarbeitet. Wir sagen dann sehr leicht: „Der Computer rochiert" oder „Er deckt seinen Turm", und das heißt: der Computer ist in solchen Aussagen das logische Subjekt von Prädikationen, die ihre eigentliche Anwendung im Bereich des Simulierten haben. Nichts dergleichen tun wir im Falle meteorologischer Simulation. Wir sagen nicht „Der Computer ist im Einfluß eines Azorenhochs" oder „Er ist regnerisch mit Schneefällen in Höhenlagen". Der Computer wird nicht zum logischen Subjekt von Wetterprädikaten gemacht. Wir verlieren bei diesem Typus von Simulation nicht aus den Augen, daß der Computer nur das Vehikel der Simulation ist.

Bei Kognitionssimulation im Lichte der Computer-Metapher spielt der Computer also eine Doppelrolle: zum einen ist er das Simulationsvehikel, zum zweiten ist er auch Quasi-Subjekt der simulierten Eigenschaften.[5] Eine Computersimulation kognitiver Eigenschaften in dieser besonderen Weise zu interpretieren, gehört zum Wesen der Computer-Metapher. Auch der dem Instrumentalismus zuneigende Interpret der Computer-Metapher darf nicht bestreiten, daß Computersimulationen kognitiver Eigenschaften in viel eminenterer Weise psychologisch aufschlußreich sind, als Computersimulationen von Wetterverläufen meteorologisch aufschlußreich sind. Bestritte er dies und stellte sich auf den Standpunkt, der Computer sei überhaupt nichts weiter als das Vehikel der Simulation, dann hätte er die Computer-Metapher damit aufgegeben und nicht etwa instrumentalistisch erläutert. Denn es geht um die These: „Der Geist *ist* ein Computer".

Und diese These kann, auch als Metapher, nicht nur besagen, daß der Computer ein Vehikel psychologisch aufschlußreicher Simulation ist. Andernfalls wäre allein schon deshalb, weil der Computer ein Vehikel meteorologisch aufschlußreicher Simulation ist, die These vertretbar: „Das Wetter ist ein Computer". Doch das ist schlicht Humbug und taugt nicht einmal als Metapher.

Kurz gesagt: Die Computer-Metapher soll von der Natur des Geistes handeln; eine These über Vehikel zur Simulation von *x* ist aber aus eigener Kraft noch keine These über *x* – ganz gewiß nicht über das Wesen von *x*.

Eine instrumentalistische Deutung muß wenigstens behaupten, daß die computationale Betrachtungsweise in der Psychologie eine *theoretisch* unverzichtbare Stipulation ist, die sich aus der Beschaffenheit menschlicher Kognition ergibt und zwar unabhängig davon, daß wir sie mit Hilfe des Computers simulieren möchten. Mein Bedenken gegen jede instrumentalistische Lesart ist nun, allgemein gesprochen, folgendes: Die besondere „Nicht-nur-Simulationsvehikel"-Weise, in der Computersimulationsprogramme psychologisch aufschlußreich sein sollen, ist höchstens im Lichte der realistischen Lesart verständlich. Sie kann kein eigenständiger Ersatz für die realistische Lesart sein, sondern nur eine (bislang) unbestimmte Abschwächung. Der Instru-

---

[5] Entscheidend ist hierbei, daß dem Computer die *simulierten* Eigenschaften zugeschrieben, nicht daß er als Quasi-Subjekt aufgefaßt wird. Natürlich können wir auch über einen Computer, der Wetterentwicklungen simuliert, wie über ein Subjekt sprechen („Schau mal, er läßt das Hoch an England vorbeiziehen"), bezeichnenderweise aber nicht wie über das Subjekt der simulierten Eigenschaften.

mentalist schuldet uns eine Logik der Simulation und Erläuterungen zur Metatheorie der Psychologie, um seine These überhaupt nur als eine verständlich zu machen, die nicht auf die realistische Lesart der Computer-Metapher festgelegt ist.

VIII

Nun also zur realistischen Lesart. Die Frage ist: Arbeitet der menschliche Geist tatsächlich Algorithmen ab?

Die Antwort muß sein: Ja, sicherlich, gelegentlich. Beim schriftlichen Addieren der Zahlen 763922 und 479362 zum Beispiel. Oder bei dem Versuch, mit den Mitteln des Tableaukalküls zu überprüfen, ob eine komplizierte prädikatenlogische Formel eine Tautologie ist oder nicht. Und es scheint mir völlig richtig zu sein, daß der Geist im Zuge solcher Verrichtungen ein Computer ist: Er nimmt Symbolketten mit Repräsentationsgehalt als Input, manipuliert die Symbole gemäß einem Algorithmus und liefert Symbolketten mit Repräsentationsgehalt als Output. Doch nun muß noch einmal gefragt werden: Wie viel vom Geist ist ein Computer?

Genau das ist der Titel − bzw. dessen Übersetzung − einer Arbeit des Philosophen Hugh Mellor (1989). Seine Antwort ist, der Geist sei höchstens da ein Computer, wo er wahrnimmt und folgert, also auf dem Gebiet derjenigen kognitiven Eigenschaften, die auf Wahrheit und auf nichts sonst ausgerichtet sind. Denn wahrheitserhaltende Symbolmanipulationen seien gerade das funktionale Charakteristikum eines Computers, und dieses Charakteristikum sei aus prinzipiellen Gründen höchstens bei kognitiven Funktionen anzutreffen, in denen es um den Erwerb oder die Bewahrung von Überzeugungen (d. h. von Für-**wahr**-Haltungen) geht. Jeder Versuch, weitere kognitive Eigenschaften im Rahmen der realistischen These zu erfassen, sei grundsätzlich verfehlt. Der Grund, den Mellor gegen jede Ausdehnung des Bereichs der Anwendbarkeit der realistischen These vorbringt, ist bemerkenswert. Mellor behauptet nämlich, daß die These vom Geist als einer symbolverarbeitenden Maschine eine bloße Metapher werde, wenn sie auf andere Bereiche des Geistigen ausgedehnt werde. Ich möchte auf die Einzelheiten von Mellors Argumentation hier nicht eingehen, sondern nur das für unsere Zwecke interessante Ergebnis seiner Überlegungen festhalten: der Bereich des Kognitiven muß (laut Mellor) noch einmal entschieden eingeengt werden, damit die präzisierte These nicht ihre

Wörtlichkeit verliert. Anders gesagt, Mellor sieht die realistische Lesart der Computer-Metapher immer noch als Metapher an, es sei denn man schränkt den Anwendungsbereich noch einmal einschneidend ein.

Die realistische Lesart stünde – wenn all das nicht ganz schiefliegt – vor folgendem Dilemma: *Entweder* sie ist tatsächlich eine wörtlich zu nehmende Behauptung über den menschlichen Geist, Unterabteilung kognitive Eigenschaften; dann muß sie noch unabsehbar viel schmäler werden, und am Ende ist sie dann vielleicht so schmal, daß sie über den Geist als ganzen nichts Interessantes mehr besagt. *Oder* sie ist falsch.

Warum bleibt denn so wenig übrig, wenn wir uns überlegen, in welchen Hinsichten der menschliche Geist ein Computer ist? Mellor argumentiert sehr philosophisch und verwickelt über den Begriff der Datenverarbeitung. Eine ganz andere, viel plattere und direktere Argumentation liegt näher. Die Behauptung, ich übe eine meiner geistigen Fähigkeiten aus, wie ein Computer eines seiner Programme abarbeitet, akzeptiere ich deshalb in gewissen Fällen, weil ich in diesen Fällen erlebe, daß meine Überlegungsschritte in einer gewissen Weise ablaufen. Da ist dieser fremde Satz „Ego existo", ich nehme den Abstand zwischen dem O von „ego" und dem E von „existo" wahr, und komme zu dem Ergebnis, daß da zwei Wörter sind. Ich nehme den Georges zur Hand und schlage das Wort „ego" nach und finde dort auf Spalte 2207 den Eintrag, der beginnt: „*Pron. pers.* (ἐγώ); Genit. *mei,* Dat. *mihi*" – und das ziemlich lang weiter so, mit Abkürzungen, die das Herz erfreuen, wie „wahrsch. zsgzg. od. synkop. aus *nostrorum* oder *nostrarum,* die bei den Komik. auch noch für *nostrum* vorkommen, s. Brix *Plaut. mil.174.* Wagner *Ter. haut. 386*". Ich überfliege all das nur und halte ein beim ersten Halbfettdruck, er lautet: **ich**. Ich breche ab, schreibe das Wort „ich" hin und schlage das Wort „existo" nach. Es findet sich in Spalte 2385 und hat den Eintrag „s. exsisto". Den Rest will ich Ihnen ersparen, am Schluß – ein veritables kognitives Happyend – jedenfalls steht auf meinem Zettel „Ich existiere".

Soweit der Computer, der ich wäre, wenn ich so aus dem Lateinischen übersetzte. Da wird ein Algorithmus abgearbeitet, wenn es das Problem zu lösen gilt, lateinische Symbolketten in deutsche Symbolketten zu überführen. Es ist ein sehr anspruchsvoller Algorithmus, aber was ich da tue, das könnte eine universale Turing-Maschine zu tun gebracht werden. Bis zu diesem Punkt sind der entsprechend programmierte Computer und ich dann leistungsgleichwertig: Wir beide überführen die Symbolkette „Ego existo" in formal gleicher Weise in die Symbolkette „Ich existiere". Wenn meine Lateinkenntnisse tatsächlich so beschaffen wären, dann besäße ich die Fähigkeit, Latein in Deutsch zu übersetzen, computesk.

Nun zu meinem Deutsch. Besitze ich auch die Fähigkeit, Deutsch zu verstehen, computesk? Ich sitze nun da, habe meinen Georges zugeklappt, und auf dem Zettel unter das „Ego existo" artig mein „Ich existiere" hingeschrieben. Welchen Algorithmus bringe ich nun zur Anwendung bei der Ausübung der kognitiven Fähigkeit, diesen deutschen Satz zu verstehen? Denn diesen Satz verstehe ich doch, und die Fähigkeit, Sätze zu verstehen, ist ein unbestrittenes Paradigma einer kognitiven Fähigkeit. Ich kenne darauf nur eine Antwort im Rahmen der realistischen Lesart der Computer-Metapher. Sie lautet, grob gesagt: Nun aktiviere ich, für den deutschen Satz, ein weiteres Übersetzungsprogramm, ein Programm, das mich von deutschen Sätzen zu Sätzen meiner Geistessprache führt.

Diese Antwort weist auf den Punkt, an dem die realistische Lesart – meines Erachtens – alle Plausibilität verliert. Wenn ich den deutschen Satz verstehe, durchlaufe ich keinen Prozeß von der Art, wie er für Übersetzungsalgorithmen kennzeichnend ist. Ich schlage keinen inneren Georges auf und übersetze das vertraute Wort „ich" – ja, in was denn überhaupt? Bestenfalls in ein weiteres Wort, ein inneres Wort, das ich auch wiederum verstehen muß. Am Schluß hilft hier nur eine ganz extreme theoretische Maßnahme weiter, wie etwa Augustinus oder Leibniz sie empfehlen. Augustinus lehrt, daß es neben den Gemeinsprachen für jeden eine innere Sprache gibt, in der Gott zu ihm spricht (und in dieser gibt es keine Probleme des Verstehens außer für Gotteslästerer).[6] Leibniz lehrt, daß die Grundbegriffe der Sprache des Denkens sich von selbst verstehen, aber er sagt nicht, wie das zugehen möchte.[7] Beide Antworten sind unbefriedigend. Es gibt eine dritte Antwort; sie stammt von Jerry Fodor (1975; 1987); Fodors Antwort bringt zwar weder Gott noch die Selbstverständlichkeit ins Spiel, aber sie ist nicht weniger unbefriedigend.[8]

---

[6] Siehe *De Trinitate*, Buch XV, 11.
[7] Für Leibniz führt kein Weg daran vorbei, daß die *notiones primitivae* des sog. Alphabets des Denkens durch sich selbst verstanden werden, denn, so schreibt er 1679 in einem Brief an Vagetius, „wenn nichts durch sich selbst verstanden wird, wird gar nichts verstanden" (*Sämtliche Schriften und Briefe*, hrsg. von der Deutschen Akademie der Wissenschaften zu Berlin, Darmstadt 1923, Band II–I, S. 497).
[8] Weshalb ich Fodors Antwort für unannehmbar halte, habe ich in (1991) ausführlich begründet.

Nicht einmal das Verstehen der Muttersprache paßt zur realistischen Deutung der Computermetapher. Es sei denn, die Dimension des Unbewußten würde enorm aufgebläht. Das ist eine Dimension, die der Introspektion entzogen ist, sei's bloß faktisch, sei's prinzipiell. Könnte es nicht sein – das ist jetzt die Idee –, daß der Geist, zumindest der Intellekt als ein Teil des Geistes, beständig Algorithmen abarbeitet, ohne daß der Geist dessen gewahr wird?

Nehmen wir also an, da ist jemand, der Folgendes behauptet: „In seinen kognitiven Prozessen arbeitet der Geist beständig Algorithmen ab, aber es gibt kein unmittelbares Wissen davon, weil dies unbewußt – und zwar prinzipiell unbewußt – geschieht; wir können allerdings theoretisches Wissen davon erlangen, und solches Wissen erlangen wir zumindest approximativ durch immer bessere Computer-Simulationen kognitiver Prozesse". Das ist z. B. eine Auffassung, wie sie von Noam Chomsky seit vielen Jahren vertreten wird. Mit dieser Auffassung ist ein Punkt erreicht, an dem die realistische Lesart der Computer-Metapher sich in ihrem empirischen Gehalt der instrumentalistischen Lesart annähert. Ein Algorithmus, der in der realistischen Auffassung als unbewußt abgearbeitet bezeichnet wird, tendiert dazu, sich im Hinblick auf empirische Bestätigung und Widerlegung nicht von einem zu unterscheiden, der laut instrumentalistischer Auffassung nur theoretisch stipuliert wurde.

Dieser Eindruck verstärkt sich, wenn wir bedenken, daß bei Computersimulationen nur die – wie man das in Anlehnung an Chomskys Terminologie nennen könnte – kognitive *Kompetenz* thematisiert wird, über die eine Person verfügt. Eine Simulation der tatsächlichen Performanz ist ein Unding. Man kann hoffen, ein Programm zu schreiben, das Kasparows heutige Schachkompetenz einfängt. Man kann aber nicht einmal hoffen, Kasparows heutige Performanzdisposition mit einem Computer zu simulieren; unter hinreichend drastischer Beeinflussung werden seine Züge unvorhersehbar. Kompetenz-Theorien sind natürlich stark idealisierend, oder anders gesagt: Der Begriff der Kompetenz ist das Drachenblut, in dem sich eine Theorie kognitiver Eigenschaften badet, um gegen empirische Falsifikation gewappnet zu sein.

Mein wichtigster Vorbehalt gegen die realistische Lesart liegt allerdings nicht bei diesen Aspekten, in denen sich die Tendenz zur Immunisierung gegen empirische Widerlegung abzeichnet. Für noch grundsätzlich bedenklicher halte ich Folgendes. Angenommen, es gibt einen theoretisch und empirisch befriedigenden Simulationsalgorithmus für irgendeine bestimmte kognitive Eigenschaft. Unseren psychologischen Daten über Reaktionszeiten, charakteristische Fehler und dergleichen wird der Algorithmus ebenso gerecht wie unseren theoretischen Vorlieben für Einheitlichkeit und Einfachheit. Dann ist es meines Erachtens plausibel anzunehmen, daß es auch noch andere Algorithmen gibt, mit denen sich diese Eigenschaft nicht weniger befriedigend auf einer universalen Maschine simulieren ließe. Mein Grund für diese Vermutung ist schlicht folgender: Wenn etwas sich überhaupt formalisieren läßt, dann läßt es sich auf verschiedene Weisen formalisieren. Nun wird mit der realistischen Lesart aber vorausgesetzt, daß nur *ein* ganz bestimmter der in Frage kommenden Algorithmen psychisch real ist, oder genauer gesagt: daß der Geist einer Person, die die fragliche kognitive Eigenschaft hat, immer nur genau einen Algorithmus abarbeitet.

Wenn die Gesamtheit der psychologischen Daten und theoretischen Kriterien aber nicht einen einzigen Algorithmus auszeichnet, dann ist zu fragen, was unser Realist sich unter psychischer Realität vorstellt. Und aus dieser Frage ergibt sich für die realistische Lesart folgendes Trilemma. Nur drei Antworten scheinen mir nämlich möglich. Die erste mögliche Antwort: Es wird bestritten, daß alle empirischen und theoretischen Restriktionen für die Simulation einer kognitiven Eigenschaft gleich gut von mehreren Algorithmen erfüllt werden. Somit müßte etwas a priori Einleuchtendes bestritten werden. Die zweite mögliche Antwort: Es wird auf irgendeine Weise zugelassen, daß mehrere Algorithmen gleichermaßen psychisch real sind. Dies wäre eine Abschwächung der realistischen Lesart hin zu einer instrumentalistischen, von der wir gesehen haben, daß sie keinen stabilen Stand hat ohne realistische Stütze. Die dritte mögliche Antwort: Es werden weitere Daten ins Spiel gebracht, und zwar Daten über das Hirn. Es ist jedoch nicht klar, daß dies in der Sache etwas Entscheidendes ändern könnte. Denn obwohl Daten über das Hirn es gewiß erlaubten, viele Algorithmen, die psychologisch akzeptabel sind, als neurobiologisch inakzeptabel auszuschließen, gibt es doch keinerlei Grund anzunehmen, es ließen sich auf diese Weise alle Algorithmen bis auf einen einzigen allein ausschließen.

IX

Zum Schluß. – Die These vom Geist als Computer ist von vornherein auf ein Teilgebiet des Geistigen einzuschränken. Drei verschiedene

Thesen, die heutzutage vertreten werden, sind dabei zu unterscheiden. Die starke KI-These darf man getrost phantasiebegabten Moralisten überlassen; die besten Kommentare zu ihr findet man in Filmen wie *Bladerunner* oder Romanen wie Dicks *Do Androids Dream of Electric Sheep?*. Die instrumentalistische These vom Geist als Computer ist, schon was ihre Verständlichkeit angeht, wacklig auf den Beinen, solange sie nicht von einer realistischeren Version untergehakt wird. Die realistische Lesart der Computer-Metapher schließlich kann das Herz eines braven Szientisten (für den sie doch wohl gemeint ist) nicht erfreuen. Sie ist darauf angewiesen, den Zusammenprall mit der Empirie (insbesondere mit introspektiven Daten) von vornherein durch immunisierungsträchtige Begriffe wie „unbewußt" und „Kompetenz" abzudämpfen. Noch schlimmer ist, daß sie letztlich wohl nicht ohne die (wiederum metaphorische) These auskommt, daß das Hirn ein Computer sei.

Mit alledem ist nichts gegen die Computer-Metapher bewiesen. (Wie wollte man denn auch gegen eine Metapher etwas *beweisen*?) Doch selbst wenn Metaphern letztlich unwiderlegbar sein sollten, sind sie doch nicht unangreifbar. Zwar sind sie semantische Parasiten; sie zehren von den wörtlicheren Bedeutungen, auf denen sie herumspielen. Aber das enthebt sie nicht aller Ansprüche auf einen greifbaren und verteidigbaren Inhalt. Zugunsten einer Metapher, die als These brauchbar ist, muß sich in wörtlicher Rede etwas sagen lassen. Und wohl mehr, als wir hier gefunden haben.

Literatur

BODEN, Margaret: „The Computational Metaphor in Psychology", in: N. Bolton (ed.), *Philosophical Problems in Psychology*, London 1979, S. 111–132.
DICK, Philip K.: *Do Androids Dream of Electric Sheep?*, New York 1968.
FODOR, Jerry A.: *The Language of Thought*, New York 1975.
FODOR, Jerry A.: *Psychosemantics*, Cambridge, Mass. 1987.
KEMMERLING, Andreas: „Die Maschine spricht Deutsch. (Oder nicht?)", in: *Vorträge des Germanistentages Berlin 1987*, Bd. 4, hrsg. von N. Oellers, Tübingen 1988, S. 63–71.
KEMMERLING, Andreas: „Mentale Repräsentationen", *Kognitionswissenschaft* 1, 1991, S. 47–57.
KEMMERLING, Andreas: *Ideen des Ichs – Studien zur Philosophie Descartes'*, Frankfurt a.M. 1996.
KUTSCHERA, Franz von: *Die falsche Objektivität*, Berlin 1993.

MELLOR, Hugh: „How Much of the Mind is a Computer?", in: *Computers, Brains and Minds*, hrsg. von P. Slezak und W. R. Albury, Dordrecht 1989, S. 47–69.
NEWELL, Allen: „Physical Symbol Systems", *Cognitive Science* 4, 1980, S. 135–183.
SEARLE, John R.: *Geist, Hirn und Wissenschaft*, Frankfurt a.M. 1986.
STILLINGS, Neil et al.: *Cognitive Science*, Cambridge, Mass. 1987.

Nonextensionality[*,1]

by Karel Lambert

1 Introduction

Consider the statement

(1)   Necessarily 9 = 9.

(1) is believed by most philosophical logicians to be nonextensional according to either of two prominent conceptions of extensionality. First, it fails the *salva veritate* substitution test when, for example, '9' is replaced by the co-referential singular term 'the number of planets'. Second, its truth, in this age of possible world semantics, generally is regarded as dependent on the reference-in-all-possible-worlds of '9', or, alternatively, on the intension of '9' conceived as a function from possible worlds to individuals.

More generally, a statement is **extensional according to the *salva veritate* substitution conception** just in case singular terms co-referential with the statement's constituent singular term(s), if any at all, and predicates co-extensive with the statement's general terms, if any at all, and statements co-valent with (= having the same truth value as) the statement's substatement(s), if any at all, substitute in that statement *salva veritate*. A statement is nonextensional, according to this conception, if there is at least one failure of *salva veritate* substitution. (This is close to the characterization in Quine [1960: 151][2]) A statement is **extensional according to the truth value dependence conception**

---

[*] The research in this essay was supported in part by a grant from the Program in the History and Philosophy of Science at the University of California, Irvine.
[1] Not the least of his many contributions is Kutschera's widely known little book on intensional logic, Kutschera [1976]. Indeed, the division between the extensional and the intensional, both the linguistic distinction and the ontological one, are pivotal in the entire broad corpus of his work. The current essay is dedicated to this small part of the wide ranging interests characterizing Kutschera's professional endeavors over many decades.
[2] Quine uses the expression 'general term' rather than 'predicate', a difference which is important later in this essay.

just in case its truth value depends only on the extensions *simpliciter*, if any at all, of its constituent singular terms, predicates and statements. A statement is nonextensional, according to this conception, if entities other than extensional entities are involved in the computation of its truth value.

That a statement may be nonextensional according to the truth value dependence conception but not according to the *salva veritate* conception is evident in Frege's treatment of indirect (*ungerade*) discourse. For instance, Frege, who disallowed failures of substitutivity of identity, nevertheless held that the truth value of statements such as

(2)   The man who looked like Beethoven but acted like Wagner was believed by Peter to be a philosopher.

depended in part on the *sense* of 'the man who looked like Beethoven but acted like Wagner', presumably an intensional entity. So (2) is nonextensional according to the truth value dependence standard, but may not be according to the *salva veritate* substitution conception; the referent of 'the man who looked like Beethoven but acted like Wagner' is a certain sense in (2) but not (for Frege) in the statement

(3)   The man who looked like Beethoven but acted like Wagner is the man who wrote *Fuzzy Thoughts, Clear Beliefs*.

which, let us assume, is true. Hence, even though (3) guarantees the co-referentiality of its constituent singular terms, there can be no violation of *salva veritate* substitution *vis a vis* the singular terms in (2) because in (3) they pick out the same individual rather than the same sense.

What is not so often recognized, however, is that the relationship — or rather the lack thereof — holds the other way round; a statement can be nonextensional *qua salva veritate* substitution, but be extensional *qua* truth value dependence. It may seem remarkable, and probably repugnant to many, that a statement can fail the *salva veritate* substitution test, yet its truth value be dependent solely on the extensions *simpliciter*, if any at all, of its constituent singular terms, predicates, and substatements. But with the advent of free logics, such a result is easily demonstrated. In many such logics, the principle that co-extensive predicates substitute *salva veritate* fails even though no appeal is made to anything other than extensions in the computation of the truth value of the statements in the underlying formal language.

The general argument for this claim has been well established for two decades (see Lambert [1974]). It will suffice here to present merely a sketch.

A free logic is a predicate logic allowing singular terms referring to no existent object, but whose quantifiers nevertheless have their standard interpretation. Suppose such a logic, and suppose it to contain *only* identities as its atomic statements. In such logics, '**t** exists', where '**t**' is a singular term constant, is shorthand for '$\exists x(x = \mathbf{t})$'. (It is convenient, but not necessary,[3] to use the locution '**t** exists' in what follows.) Suppose also that the universe of discourse contains (intuitively) only existent objects, if any objects at all, and that the interpretation function defined on the singular terms is partial. In such model theoretically based free logics, the predicates 'is self-identical', 'is a self-identical existent' and 'is self-identical if existent' are coextensive.

Now consider the statement

(4) $1 \div 0 = 1 \div 0$.

(Read: '$1 \div 0$ is self-identical'). No matter what truth value this statement is assumed to have, including none at all, *salva veritate* substitution of coextensive predicates will fail. For example, suppose the atomic identity in question is true (as in most *positive* free logics). Substitution of 'is a self-identical existent' for 'is self-identical' in the host statement yields the statement

(5) $1 \div 0 = 1 \div 0 \wedge 1 \div 0$ exists.

(Read: '$1 \div 0$ is a self-identical existent'). But (5) is false. Similary if the host statement is taken to be false (as in *negative* free logics), and 'is self-identical' is replaced by 'is self-identical if existent', the true statement

(6) $1 \div 0$ exists $\supset 1 \div 0 = 1 \div 0$

---

[3] In the late 1950s, Hintikka showed, in effect, that in a certain free logic singular existence was nontrivially definable in terms of existential quantification and identity. In the late 1960s, I showed, in effect, that Hintikka's result carried over to any free logic. Later, Meyer/Bencivenga/Lambert [1982] proved that in a free logic consisting of the usual truth functional connectives, quantifiers, singular terms and general terms, but not identity, singular existence was not definable. Still later Lambert/Bencivenga [1986] showed that if the formal language underlying a free logic sans identity is augmented with a complex predicate forming operator, singular existence could be defined in a manner reminiscent of an informal suggestion by Arthur Prior.

(read: '1÷0 is self-identical if existent') is the result. And so on. So even in as sparse a language as imagined above, a language containing no modalities, psychological verbs, or the like, statements such as (4) are nonextensional in the *salva veritate* sense.

Consider now the species of free logic called negative free logic[4]. In these logics *all* atomic statements containing at least one singular term referring to no existent are false. For example, (4) would be false because '1÷0' refers to no existent, and hence has no extension, given the supposition above about the make-up of the universe of discourse and the nature of the interpretation function. So the computation of its truth value depends only on the extensions, if any, of the singular term '1÷0', and the predicate 'is self-identical' (assuming identity is not regarded as a logical constant). Since this is the semantical policy in most developments of negative free logic, (4) is extensional, according to the truth value dependence conception, in such logics.

Since the early 1980s, mechanistic mathematicians have developed theories of partial functions founded on free logics for use in the development of computer programs. An example is Farmer's [1993] IMPS, which is based on negative free logic; another is Dana Scott's COLD[5] which is based on a positive free logic, a perhaps more familiar species of free logic which counts *some* statements containing only singular terms referring to no existent object true[6]. (4), to repeat, is usually counted true in positive free logics. Free logics – as emphasized by Lambert/van Fraassen [1972: 209-210] – recommend themselves as a natural foundation for the theory of partial functions because they regard a function name such as '1÷0' as a genuine singular term (contra classical predicate logic) even though it refers to no existent, and hence allow some functions – division, for example – to fail to have values for some pairs of arguments; the pair $\langle 1,0 \rangle$, for instance. Since the underlying logics in recent treatments of partial functions essential to programming theories like IMPS and COLD are free, one might wonder if the failure of the *salva veritate* substitution of co-extensive

---

[4] The first negative free logic was invented in the early 1960s by Rolf Schock [1968]. A much more general negative free logic with complex general terms was developed by Ronald Scales [1969] in his Ph. D. Dissertation at the University of California, Irvine. But perhaps the best known version of negative free logic is due to Tyler Burge [1974].

[5] See, for example, Feijs/Jonkers [1992].

[6] The first positive free logic was sketched in Leonard [1956]. The other definitive papers of this species of free logic were, respectively, Hintikka [1959]; Leblanc/Hailperin [1959]; and Lambert [1963].

predicates in such logics cannot be undone or at least explained away. Such an argument or explanation amounts to an attempt to subvert, in one way or another, the demonstration above against the *salva veritate* substitution of co-extensive predicates in free logic. It also amounts to subverting a threat to full-fledged extensionality − at least in one direction − that is, to the principle that extensionality in the sense of truth value dependence is not independent of extensionality in the sense of *salva veritate* substitution. In the remainder of this essay, I will examime critically two such possible attempts at subversion. The first attempt concerns the notion of 'predicate', and depends on Leonard's treatment of predicates in Leonard [1964]. The second attempt concerns the notion of 'co-extensive', and is latent in the inner domain-outer domain semantics for free logic especially in Scott [1967].

2 Predicates and General Terms

The first attempt to undermine the argument that *salva veritate* substitution of co-extensive predicates fails in free logic turns on a narrowing of the answer to the question, "What is a predicate?". Following a tradition beginning at least with Peirce and reaffirmed by Leonard, a sharp distinction is made between expressions like '( ) is a planet' and general terms like 'object such that it is a planet'. Predicates are exclusively *identified* with general terms, and hence as expressions which are true (or false) of each of possibly many things in a given class. (Peirce called statement fragments such as '( ) is a planet' *rhemes*.[7])

The view just described is a departure from the conception of predication in conventional applications of modern logic to colloquial discourse, a conception which views a predicate as what one gets by deleting at least one singular term from a statement. In more traditional language, general terms are categorematic, but rhemes like '( ) is a planet', are only quasi-categorematic because they are not the sort of expression which even purports to be true or false of anything.

General terms, however, can be generated out of rhemes in the following way. From '( ) is a planet', for example, open sentences can be obtained by replacing the gap with a free variable. Then general terms, and hence predicates, can be generated from them by binding

---

[7] For evidence, see Quine [1981: 164].

them with a general term forming operator, here designated by 'Δ'. For instance, prefixing 'x is a planet' with 'Δx' yields the general term 'Δx(x is a planet)' and may be read as 'object x such that x is a planet'. And the same applies to rhemes with more than one gap — "relational" rhemes, if you will. Thus it now becomes possible to discriminate between statements like

(7)   Vulcan is a nonexistent,

that is, Vulcan is an object x such that it is not the case that x exists, a predication involving a "negative" general term, and statements like

(8)   It is not the case that Vulcan exists,

that is, it is not the case that Vulcan is an object x such that x exists, the negation of a predication involving a "positive" general term. Significantly, for the negative free logician, (7) is false, but (8) is true — following the spirit if not the letter of Russell. This leads to the following restricted form of general term abstraction:

(9) t is an $\Delta x(\Phi x) \equiv (t$ exists $\wedge \Phi t)$,

that is, t is an object x such that Φx if and only if both t exists and Ft, where 't' is an arbitrary singular term constant, and 'Φx' is an arbitrary rheme containing the free variable 'x'. Now consider the two statements

(10)   Vulcan exists ⊃ Vulcan is identical with Vulcan,

and

(11)   Vulcan is an object x such that (x exists ⊃ x is identical with x).

The first of these statements is true in negative free logics, but (11) is false (in virtue of (9)). It would appear then that if 'predicate' is narrowly construed in the sense of Leonard (and perhaps Peirce), the failure of *salva veritate* substitution of co-extensive predicates can be avoided after all[8]. For consider: in negative free logics, the predicates (general terms) 'object x such that x is identical with x' and 'object x such that if x exists, then x is identical with x' are co-extensive because

(12) $\forall y((y$ is an object x such that x is identical with x) $\equiv$ (y is an object x such that (x exists ⊃ x is identical with x)))

---

[8] See Leonard [1964], and, in particular, Part VII therein.

is true. But

(13)   Vulcan is an object x such that x is identical with x

is false. Yet, (11), which is the result of replacing the predicate 'object x such that x is identical with x' in (13) by the predicate 'object x such that (x exists ⊃ x is identical with x)', is now false, given (9). Indeed, this test of extensionality conforms exactly to Quine's own wording in [1960: 151] where *salva veritate* substitution concerns statements and *terms*, singular and general. Moreover, the importance of the emphasis on general terms looms even larger in view of the fact that in negative free logic the inference from

(14)   ∀x(x is identical with x ≡ (x exists ⊃ x is identical with x))

and (10) to

(15)   Vulcan is identical with Vulcan

is *invalid*!

The foregoing counter-argument presumes, of course, the kind of model structure outlined earlier, a kind of model structure which is characteristic of many free logics. And it should be emphasized that in negative free logic, there need be no difficulty giving a semantical account of the difference in truth value between statements like (10) and (11). (Indeed, even in positive free logics sharing the aforementioned syntax and model structure, not only is it straightforward semantically to distinguish similarly between (10) and (11), but it is also a simple matter to distinguish between (15), which, in contrast to negative free logic, comes out true, and (13) which comes out false[9].)

The philosophical idea behind the technical distinction between rhemes and general terms is easily expressed. It is that only statements like (11) and (13) are genuine predications; indeed, this again conforms closely with Quine's [1960: 96] conception of predication in the unregimented formal language in which predication is defined not by means of the expression 'predicate' but rather by means of the expression 'general term'. Nevertheless, there are serious questions with this way of undermining the argument that in free logic *salva veritate* substitution of co-extensive predicates fails, questions having to do both with the significance of the distinction between rhemes and predicates, and with the motivation underlying that distinction.

---

[9] For evidence, see Scales [1969] and Lambert/Bencivenga [1986].

In the first place, unless rhemes are treated as a kind of quasi-predicate in the sense of having extensions, though perhaps not being true or false of anything, it is difficult to see how a semantical account of the difference in truth value between (10) and (11), let alone of the difference between (13) and (15), would proceed. In fact, rhemes are treated in just this way in most semantical developments of free logic having a term forming operator like 'Δ'. But then to say that negative free logics do not violate the *salva veritate* substitution of co-extensive predicates seems rigid and arbitrary turning on a semantically inessential feature of expressions of the form '( ) is a planet'. For, as the argument from (10) and (14) to (15) shows, in negative free logic co-extensive rhemes do not substitute *salva veritate*!

In the second place, there is the perplexing question of how one interprets the result of substituting a constant singular term ('Vulcan') for the gap in a rheme containing a regimented general term as a subpart ('( ) is an object x such that x is a planet') – is it a predication or isn't it?

In the third place, many philosophical logicians are sure to be skeptical of the view that only statements of the form '**t** is an object x such that Φx' express predications *if* a predication is understood as a statement attributing a property to something or other. The complaint is that statements of this form no more express the attribution of a property to a thing than they express the membership in a class of that thing. The first of these is more accurately expressed by statements of the form '**t** has *the property* of being an x such that Φx', and the latter by statements of the form '**t** is a member of *the class* of x's such that Φx'. In these statements the italicized expressions are not general terms, but singular terms, and hence don't qualify for the status of predicate; predicates, if terms at all, can only be general terms. So the pivotal philosophical reason for distinguishing between rhemes and predicates runs aground on the sands of improper logical grammar.

Finally, the belief that only predications (even in the earlier mentioned non ontically committing sense of Quine) imply the existence of the purported references of their constituent singular terms in contrast to statements composed of rhemes and singular terms – a belief essential to (9) and hence to the difference in truth values between (10) and (11) in negative free logic – is not even shared by all proponents of the view that only statements of the form '**t** is an object x such that Φx' express predications. Leonard, for example, holds that whether a predication implies the existence of its purported references depends entirely on the character of the constituent predicate, whether, in his words, it is "existence entailing"; for Leonard the predicate 'object x such that x is fictional' is not an existence entailing predicate and, hence, the predication 'Pegasus is an object x such that x is fictional' does not imply the existence of Pegasus. This sort of consideration again tends to weaken the motivation underlying the predicate-rheme distinction, and hence the credibility of the current attempt to undermine the master argument that *salva veritate* substitution of co-extensive predicates fails in many free logics.

3 Co-extensive Predicates Revisited

A critic of the master argument is sure to point out that it depends entirely on the kind of model structure presumed in a free logic; only when the models are of the sort described above, in which the universe of discourse is imagined to consist solely of existent objects, does the master argument succeed. For only then will the predicates 'self-identical', 'is a self-identical existent' and 'is self-identical if existent' be co-extensive. If, however, the universe of discourse is of the inner domain-outer domain variety, where only the inner domain is imagined to comprise the existents[10], the master argument fails because the predicates in question will no longer be co-extensive; in particular, the set of things which are self-identical will be distinct from the set of things which exist and are self-identical. So there is no pressing need to resort to the extremity of redefining 'predicate' to avoid the failure of *salva veritate* substitution of co-extensive predicates. In fact, it may be urged, if such substitution is adopted as a desideratum for free logics, then model structures in which the universe of discourse is of the inner domain-outer domain kind must be preferred.

To illustrate, imagine only the inner domain to consist of existent objects and the outer domain to consist of nonexistents, for example, as in Scott's [1967] semantical theory of virtual classes. And imagine the interpretation function defined on the singular terms to be total so that every singular term gets assigned a member in the union of the inner and outer domains, and every predicate, depending on its degree,

---

[10] This is the original and most common conception of the universe of discourse in the development of the semantical foundations of free logic. It was first suggested independently by Nuel Belnap and by me in the late 1950s.

gets assigned a set of n-tuples of members from the union of the inner and outer domains – that is, the union of the existents and nonexistents. Then the predicate 'is self-identical' will have in its extension virtual entities like the Russell set (or Mill's round square), but the extension of the predicate 'is a self-identical existent' will contain no such "entities". So the two predicates cannot be co-extensive, and *salva veritate* substitution of co-extensive predicates is preserved. But this way out of the master argument, appealing though it may be, is not cost free. The costs I shall adumbrate are different from the usual complaints about the mystery and/or incomprehensibility of the notion of nonexistent (or virtual) objects; indeed, much of the sting of this complaint has been removed by the provably sound accounts of Parsons [1980], Pasniczek [1988] and others.

For starters, consider the notion of a partial function, and, in particular, the two place partial function of division. Given the sort of model structure outlined in the previous paragraph, this function either is no longer partial or is partial only with respect to a subset of its range. For '1÷0' now turns out to have a value, though to be sure not a value among the existents. This is a strange solution to a problem in the underlying logic of a theory of partial functions. It is like adopting an explanation of the behavior of the man who looks like Beethoven but behaves like Wagner which requires denying that there is such a person or holding that the explanation instead applies to his cousin!

In the second place, the current objection to the master argument succeeds at the expense of obliterating the traditional notion of extension, and hence does violence to what it means traditionally for predicates to be co-extensive. The traditional notion is that the extension of a predicate is the set of *existent* entities of which that predicate is true (or false); what passes for the extension of a predicate in the current attempt to undermine the master argument more closely resembles (to use C. I. Lewis' famous label) the *comprehension* of a term – the set of entities existent or nonexistent of which the predicate is true (or false). This notion is an important one. For example, it is important in the distinction between natural and strict modality (and hence to the explanation of the sense in which the statement 'Nothing is both simultaneously red and green all over' is true "by virtue of the meanings of words alone"[11]). But if the traditional notion of extension

---

[11] See, for example, Lambert/van Fraassen [1970].

is re-introduced, the master argument against the principle that co-extensive predicates substitute *salva veritate* again prevails because the predicates used in that argument *are* co-extensive in the traditional sense of the word 'co-extensive'.

In the third place, even if the expanded sense of 'extension' is cleaved to, unless the outer domain consists of a limited, finite set of objects, there can be no object language counterpart of co-extensive predicates without doing something seemingly quite alien to the very enterprise of free logic. To fix the ideas, imagine the simplest case in which the outer domain consists of a single member. Then the object language measure of co-extensive predicates would be the truth of

(16)   "$\forall x(\Phi x \equiv \Psi x) \wedge (\Phi^* \equiv \Psi^*)$"

where '$\Phi(\ )$' and '$\Psi(\ )$' are predicate schemata, and '*' is the name of the single entity in the outer domain of the universe of discourse. Clearly, this method of "expressing" the notion of co-extensive predicates in the object language can be extended, if the number of entities in the outer domain is finite, just by adding the appropriate finite number of conjuncts to the universal biconditional in (16) (and extended practically if that finite number is not exceedingly large). But what happens if the outer domain is infinite — as is the case, for example, in Scott's theory of virtual classes? The number of conjuncts which have to be added must be infinite, thus precluding an object language standard of what it means for predicates to be co-extensive on the model of (16). The obvious resolution would be the addition of another quantifier intended to range over the members in the union of the inner and outer domains. For instance, one might now introduce the wider ranging universal quantifier 'Ax' (to be read: 'Everything x, existing or not') and "express" co-extensive predicates in the object language by

(17) $Ax(\Phi x \equiv \Psi x)$.

The suggestion is quite alien to free logic which recognizes only actualist quantifiers as basic. Indeed, with the "wider" quantifier 'Ax', the quantifiers of free logic would now be *definable*, given an existence predicate, in terms of the primitive non-actualist quantifier 'Ax'; for instance, '$\forall x(\Phi x)$' would simply be an abbreviation for '$Ax(E!(x) \supset \Phi x)$'. Why not recognize an outer quantifier and regard free logics, formally speaking, just as a subspecies of the wider predicate logic?

Scott [1970: 146/7] himself has provided an answer. Conceiving the outer domain to consist of virtual objects, he considers the question whether we should quantify over the virtual objects and replies:

> I think the answer should be a firm no. If we have come to value the virtual entities so highly that we want to quantify over them, then we have passed to a *new* theory with a *new* ontology (and with new virtuals also!). The role of virtual entities is to make clear the structure of the basic domain D [the inner domain], not to introduce a whole new collection of problems. That is why we are happier when references to virtuals can be eliminated.

It might be replied that this sort of objection to a quantifier over everything does not apply to other semantical developments of free logic in which the outer domain consists of expressions, for example, as in the nominal domain-real domain approach of Meyer/Lambert [1968]. There an outer quantifier 'Ax' would range over existent things, namely, concrete expressions. Unfortunately, this rebuttal is unsatisfying in two respects. First, the extension of a predicate now consists of things and words; for example, the extension of '( ) is a horse' consists not only of actual horses but also of the expression 'Pegasus' (rather than the nonexistent but possible horse captured by Bellerophon). Despite certain possible technical advantages of this second intention-like approach, it must be admitted that it is not philosophically very satisfying. And even if one could overcome the natural repugnance to this new way of viewing the contents of the extension of any predicate, there is the difficulty (pointed out by Bencivenga [1986: 407]) that this approach to the semantics of free logic requires a prior *primitive* classification of singular terms into those which refer and those which don't, a classification which cannot be represented in the formal language itself!

To conclude, the ways considered above of subverting the master argument to show that co-extensive predicates do not substitute *salva veritate* are either so controversial or so costly that one might better consider seriously as fact that extensionality in the truth value dependence sense does not imply extensionality in the *salva veritate* substitution sense. Of course, this *may* mean giving up on the inner domain-outer domain based semantics. But *vis a vis* the theory of partial functions, this approach is already so suspect discretion recommends avoidance of this sort model structure — at least as a foundation for that theory.

4 Literature

BENCIVENGA [1986]: Ermanno Bencivenga, "Free Logics", in D. Gabbay and F. Guenther (eds.) *Handbook of Philosophical Logic, Vol. III*, Dordrecht (Reidel), 373–426.
BURGE [1974]: Tyler Burge, "Truth and Singular Terms", *Noûs* 8, 309–325.
FARMER [1993]: William Farmer, "A Simple Theory of Types with Partial Functions and Subtypes", Bedford, MA (The MITRE Corporation), 1–37.
FEIJS/JONKERS [1992]: L. M. G. Feijs and H. B. M. Jonkers, *Formal Specification and Design* (Cambridge Tracts in Theoretical Computer Science 35), Cambridge (Cambridge University Press).
HINTIKKA [1959]: Jaakko Hintikka, "Existential Presuppositions and Existential Commitments", *The Journal of Philosophy* 56, 125–137.
KUTSCHERA [1976]: Franz von Kutschera, *Einführung in die intensionale Semantik*, Berlin (de Gruyter).
LAMBERT [1963]: Karel Lambert, "Existential Import Revisited", *Notre Dame Journal of Formal Logic* 4, 288–292.
LAMBERT [1974]: Karel Lambert, "Predication and Extensionality", *Journal of Philosophical Logic* 3, 255–264.
LAMBERT/BENCIVENGA [1986]: Karel Lambert and Ermanno Bencivenga, "A Free Logic with Simple and Complex Predicates", *Notre Dame Journal of Formal Logic* 27, 247–256.
LAMBERT/VAN FRAASSEN [1970]: Karel Lambert and Bas van Fraassen, "Meaning Relations, Possible Objects and Possible Worlds" in K. Lambert (ed.), *Philosophical Problems in Logic*, Dordrecht (Reidel), 1–19.
LAMBERT/VAN FRAASSEN [1972]: Karel Lambert and Bas von Fraassen, *Derivation and Counterexample*, Encino, CA (Dickenson).
LEBLANC/HAILPERIN [1959]: Hugues Leblanc and Theodore Hailperin, "Nondesignating Singular Terms", *Philosophical Review* 68, 239–243.
LEONARD [1956]: Henry S. Leonard, "The Logic of Existence", *Philosophical Studies* 7, 49–64.
LEONARD [1964]: Henry S. Leonard, "Essences, Attributes and Predicates", *Proceedings and Addresses of the American Philosophical Association* 37, 25–51.
MEYER/BENCIVENGA/LAMBERT [1982]: Robert K. Meyer, Ermanno Bencivenga and Karel Lambert, "The Ineliminability of E! in Free Quantification Theory without Identity", *Journal of Philosophical Logic* 11, 229–231.
MEYER/LAMBERT [1968] Robert K. Meyer and Karel Lambert, "Universally Free Logic and Standard Quantification Theory", *The Journal of Symbolic Logic* 33, 8–26.
PARSONS [1980]: Terence Parsons, *Nonexistent Objects*, New Haven (Yale University Press).
PASNICZEK [1988]: J. Pasniczek, *The Meinongian Version of Classical Logic*, Lublin, Wydawnictwo Uniwersytetu Marii Curie-Sklodowskiej.
QUINE [1960]: Willard Van Orman Quine, *Word and Object*, Cambridge (MIT Press) and New York (Wiley).
QUINE [1981]: Willard Van Orman Quine, *Theories and Things,* Harvard (Harvard University Press).

SCALES [1969]: Ronald Scales, *Attribution and Existence*. Ph. D. Dissertation, University of California, Irvine (*The University of Michigan Microfilms*).

SCHOCK [1968]: Rolf Schock, *Logics Without Existence Assumptions*, Stockholm (Almqvist & Wiksells).

SCOTT [1967]: Dana Scott, "Existence and Description in Formal Logic", in R. Schoenman (ed.), *Bertrand Russell: Philosopher of the Century*, London (Allan & Unwin), 181–200.

SCOTT [1970]: Dana Scott, "Advice on Modal Logic", in K. Lambert (ed.), *Philosophical Problems in Logic*, Dordrecht (Reidel), 143–173.

Realistischer Realismus als ein methodologischer und pragmatischer Interpretationismus

von Hans Lenk

Der praktische und pragmatische Alltagsrealismus hat in der Geschichte der Philosophie eine große Rolle gespielt – bereits seit der Antike, insbesondere in Auseinandersetzung mit den skeptischen Argumenten, welche die Erkenntnis des wirklich Realen, das wir naiv unterstellen, immer kritisch angegriffen haben – und zwar bis heute sehr erfolgreich. Es läßt sich kein absoluter logischer oder auch nur material-analytischer Beweis für die Existenz der realen Außenwelt führen. Das ist nach wie vor ein gültiges Argument, das in der Antike schon von Pyrrhon und von Sextus Empiricus benutzt wurde und schließlich dann in der Neuzeit insbesondere von David Hume wieder aufgenommen wurde. Hume gelangte zu einer insgesamt sehr skeptischen Erkenntnistheorie, indem er im Grunde die Erkenntnistheorie nur als kritische oder negativistische Disziplin auffaßte bzw. in eine Art von Erkenntnispsychologie umsetzte: Es geht gar nicht mehr um die Rechtfertigung der Annahme einer realen Welt, sondern um die Rechtfertigung unseres psychischen Glaubens an eine Realität. Diese Ansicht steht durchaus parallel zu seiner skeptischen empiristisch-sensualistischen und psychologistischen Theorie der Kausalität und der Induktion.

Doch auch nach der methodologischen Pragmatisierung und problematizistischen (vgl. Röd 1991) und modell- oder schemainterpretationistischen Beschränkung jedes vertretbaren Realismus kann man von dem ontologischen Realismus der Unterstellung einer wirklichen Welt die i. e. S. erkenntnistheoretische Frage, den erkenntnistheoretischen Realismus unterscheiden, der als die Behauptung zu kennzeichnen ist, daß wir etwas über die Wirklichkeit wissen. Die erkenntnistheoretische Frage also ist, ob wir verläßliche oder wenigstens einigermaßen verläßliche oder überhaupt irgendwelche zutreffenden oder akzeptablen oder gar exakte, präzise Informationen über die Wirklichkeit und über das „Wesen" der real existierenden Welt erhalten können. Man kann sich „die Wirklichkeit" natürlich so vorstellen wie die von den Naturwissenschaftlern beschriebene Wirklichkeit: die Naturwissenschaftler versuchen die Wirklichkeit der Natur zu erkennen, und sie können diese erklären oder zumindest beschreiben – und zwar in wahren oder auf Wahrheit hin orientierten Theorien (dies ist auch die Alltagsauffassung). Ein erkenntnistheoretischer Realismus kann nun einerseits ein *umfassender* erkenntnistheoretischer Realismus sein. Er kann behaupten, daß wir eine umfassende Erkenntnis der Welt an sich zu erwerben in der Lage sind. Oder er kann sich andererseits auch als ein *partieller* erkenntnistheoretischer *Realismus* darstellen, d. h., daß wir nur teilweise in der Lage sind, verläßliche oder präzise Informationen über die Wirklichkeit zu gewinnen. Von diesem erkenntnistheoretischen Realismus sollte man vielleicht noch eine andere Art von Realismus unterscheiden, die eher disziplinbezogen ist und auf die Art und Weise, wie wir mit unserer Sprache als Instrument der Wirklichkeitsbeschreibung operieren, eingeht; diese Variante könnte man den *semantischen Realismus* nennen: er behauptet eigentlich nur, daß es von unseren Beschreibungsweisen, insbesondere den sprachlich formulierten Ausdrucksweisen unabhängige Tatsachen irgendeiner Art gibt, d. h., die Sprache beschreibt etwas, was von Sprache oder auch von unseren Beschreibungsweisen allgemeinerer – etwa mathematischer oder konfigural-bildlicher oder konzeptueller – Art unabhängig ist. Man kann das cum grano salis auch auf die interpretationistischen Schemakonstitutionskonzepte beziehen und fragen: Sind unsere Interpretationsweisen derart, daß sie etwas von uns unabhängig Existierendes zutreffend erfassen, oder ist alles, was als Gegenstand der Untersuchung dargestellt wird, nichts anderes als Konkretion unserer eigenen, z. B. durch unsere Schematadeutungen produzierten Tätigkeit oder von deren Ergebnissen? Ist die Welterkenntnis Produktion oder Konstitution, oder trifft sie auf irgend etwas anderes von dieser Beschreibungsweise Unabhängiges zu? Der semantisch geprägte erkenntnistheoretische Realismus würde behaupten, daß jede zutreffende Beschreibung tatsächlich etwas trifft, was unabhängig von der Beschreibungsweise existiert. Die Beschreibung ist also dann adäquat, zutreffend, korrekt, und zwar in einem Sinne, daß das Beschriebene mit dem unterstellten Realen, in gewisser Weise „übereinstimmt". Das ist die alte Idee der Korrespondenztheorie der Wahrheit, daß Wahrheit in der „Übereinstimmung" der Aussagen, der Sätze, der Beschreibungen mit der Wirklichkeit oder mit wirklichen Fakten, Tatsachen besteht. Der semantische Realismus wird oft – etwa in der Folge von Dummetts Auffassung – auch mit der Korrespondenztheorie und dem Zweiwertigkeitsprinzip der Wahrheit („jeder kognitive Satz ist entweder wahr oder falsch") gleichgesetzt, was m. E. eine zu spezielle Auffassung des semantischen Realismus ist. Ich folge daher eher von Kutschera (1989, 1993). In der Tat ist es ein großes Problem: Wie kann man unabhängig von Beschreibungsweisen und von vorausgesetzten Sprach- und Interpretationsweisen, Schemaanwendungen usw. überhaupt die Realität an sich erkennen, damit man einen kontrollierten Vergleich herstellen kann? Wir werden allerdings sehen, daß man das nicht leisten kann. Man hat keinen beschreibungs-, sprach- und interpretationsfreien Zugang zur Wirklichkeit an sich, um die Adäquatheit der Beschreibungen in Ausdrucksweisen dieser verschiedenen Ansätze überprüfen zu können. Man muß diese Übereinstimmungsüberprüfbarkeit sozusagen rein hypothetisch postulieren, voraussetzen, praktisch unterstellen und meinen, daß wir mit technischen oder sonstigen erfolgreichen Manipulationen oder Umgangsweisen, Voraussagen, Erklärungen doch so etwas wie einen deskriptiven Gehalt der Aussagen über Wirklichkeit zutreffend erfassen, beschreiben und wiedergeben können.

Ich möchte im folgenden eine neuere Variante des gemäßigten Realismus diskutieren, die Franz von Kutschera in Auseinandersetzung mit den Realismusansätzen in der analytischen Philosophie entwickelt hat. Kutschera sprach zwar etwas witzig (1989) von einem *realistischen Realismus*, einem Realismus, der der üblichen Alltagsauffassung entsprechend ist und dennoch wissenschaftlich und analytisch vertreten werden kann. In einem neueren Buch *Die falsche Objektivität* nennt er diesen einen *immanenten Realismus* (1993, 182) – natürlich in Anlehnung an Putnams internen Realismus. Was meint er damit? Zunächst sagt er, daß die traditionellen Unterscheidungen zwischen ontologischem und erkenntnistheoretischem Realismus sinnvoll sind, daß er aber auch den *semantischen Realismus* (1989, 515) als berechtigt ansieht, nämlich die These, daß es eine von unseren sprachlichen Strukturen, Erfassungsweisen, generell von unserer Sprache unabhängige Wirklichkeit gibt, die von den Beschreibungen der Sprache in gewisser Weise erfaßt wird. Die Sprache ist also ein Instrument zur Beschreibung der sprachunabhängigen Wirklichkeit, und der Bezug von Ausdrücken auf die Wirklichkeit und die Wahrheit von Aussagen wird als Relation zwischen sprachlichen Ausdrücken und der sprachunabhängigen Wirklichkeit aufgefaßt. Kutschera meint, daß die Namen in der Sprache oder in sprachlich verfaßten Theorien in bezug auf die vorausgesetzte Sprache objektiv reale Objekte bezeichnen und daß die Prädikate der Sprache, insbesondere die Eigenschaftsprädikate aber auch die Relationsprädikate, dann entsprechend Attribute von solchen realen Gegenständen bzw. Relationen von solchen Gegenständen bezeichnen (1989: 492). Der semantische Realismus in diesem Sinne ist eigentlich (lediglich) eine Verneinung oder wenigstens eine Konsequenz der Verneinung der antirealistischen linguistischen Relativitätsthese nach Sapir und Whorf; diese hatten gemeint, die Welt werde erst durch unsere sprachlichen Formen konstituiert und sei immer nur relativ zur sprachlichen Wahrnehmungsweise oder Erfassungsweise oder Ausdrucksweise zu erfassen. (Das letztere ist natürlich trivial richtig – und wird auch im Interpretationismus betont.) Es gibt Sprachunabhängiges, das ist die These, die den semantischen Realismus kennzeichnet, und in gewisser Weise – d. h. indirekt, vermittels des Instruments der Sprache – kann man die von dieser Sprache (und von uns) unabhängige Realität zu beschreiben versuchen. Kutschera verweist zu Recht darauf (1989: 494), daß die Sprache weder nur ein „Instrument des Beschreibens" noch nur eines des „Bestimmens von Realität" ist, sondern daß in solchen extremen und radikalen „Formulierungen der Relativitätsthese" die Einsicht der Abhängigkeit des Erfaßten von unserer Sprachformulierung überspitzt wird –

> „ähnlich wie im Idealismus die Einsicht, daß unsere Erfahrungen nicht nur von der Außenwelt bestimmt werden, sondern auch von den subjektiven Faktoren wie der Organisation unseres Wahrnehmungs- und Denkapparats sowie von unseren Erwartungen abhängen: Beidesmal wird die Abhängigkeit eines Resultats von zwei Faktoren in die Abhängigkeit von nur einem Faktor umgedeutet, so daß der zweite als Funktion des ersten erscheint – die Welt als Produkt des Bewußtseins bzw. der Sprache" (ebd.).

Nun sind aber der semantische und der ontologische oder der physische Realismus eigentlich unabhängig voneinander, man könnte auch einen semantischen Realismus mit einem Idealismus der Existenz sprachunabhängiger Sachverhalte in Gestalt von bloßen Vorstellungsverbindungen vertreten, wie das z. B. in der Tradition, etwa auch in der Transzendentalphilosophie Kants vertreten wurde, nach der Vorstellungen unabhängig von der Sprache existieren und beschrieben werden können und es so etwas gibt wie „Vorstellungssachverhalte", die unabhängig von der Sprache existieren und dann beschrieben werden können. Auch umgekehrt könnte man sich sogar materialistische und realistische Ansätze vorstellen, die nicht den semantischen Realismus umfaßten, aber dann müßte man in gewisser Weise andere Prädikate und Sprachbedingungen, wie z. B. die Beschreibungskorrektheit durch Sprache, aufgeben. Man könnte eine Kantische Sicht der unerkennbaren Welt an sich als ontologischen Realismus, als Hintergrund- oder rudimentären Realismus annehmen und ihn mit einem semantischen Realismus verbinden; und dasselbe gilt entsprechend für die Varianten des erkenntnistheoretischen Realismus, also des kognitiven Realismus à la Rescher beispielsweise. Kutschera selbst gelangt zu einem bescheideneren realistischen Realismus (1989, 512 ff.), den er später – wie erwähnt – einen *immanenten Realismus* nennt. Einerseits wird die Unabhängigkeit der Welt im Sinne des ontologischen Realismus anerkannt, andererseits die Sprachabhängigkeit und Theorieabhängigkeit der Erkenntnis und aller Zugriffsweisen zu dieser Welt zugestanden, und die Welt als eine in bezug auf die Menge der Sachverhalte und die entsprechenden Beschreibungen offene aufgefaßt. Die Welt ist einerseits offen hinsichtlich der Möglichkeiten weiterer Erkenntnisse und Beschreibungen: Erkenntnisse, Beschreibungen usw. sind revidierbar: Man versteht unter „Welt"

> „etwas, das Eigenschaften haben und Arten von Objekten enthalten kann, die wir in unserer Sprache, so wie sie gegenwärtig ist, nicht beschreiben können, etwas das anders sein kann als es die Theorien darstellen, die wir gegenwärtig akzeptieren" (1989: 514).

Andererseits gibt es doch so etwas wie einen Bezug, eine Referenz von sprachlichen Ausdrücken, im Sinne des oben charakterisierten semantischen Realismus, zu den sprachunabhängigen Sachverhalten, wobei aber die Theorieabhängigkeit und Sprachabhängigkeit der Kategorisierungen, d. h. der Erfassungsweisen, sozusagen der herausgreifenden Formen und Funktionen der Sprache, immer anerkannt werden. Die begriffliche (Mit-)Bestimmtheit, beispielsweise die Theoriebeladenheit, die Theorieimprägniertheit, läßt sich also grundsätzlich nicht umgehen, ist auch eine Form des Bestimmens. Wir bestimmen mit Hilfe von theoretischen und sprachlichen Instrumenten – und *benennen* nicht nur, dennoch muß diese Sprachbeladenheit und die Theoriebeladenheit nicht in dem Sinne (absolut) aufgefaßt werden, daß keinerlei Beschreibung sprachunabhängiger Sachverhalte mehr möglich wäre, wie es etwa die Whorfhypothese behauptete, sondern in dem Kleid der entsprechenden Sprache und Theorien ist eine Charakterisierung der Sachverhalte durch Sätze der entsprechenden Sprache möglich:

> „Der semantische Realismus ist nun so zu formulieren, daß er mit dieser Konzeption der Sprache als Instrument des Begreifens verträglich ist. Diese Bedingung ist aber erfüllt, wenn die sprachunabhängige

> Realität, über die man mit einer empirischen Sprache im Sinne der These SR (SR = Semantischer Realismus, H. L.) spricht, als Welt im Sinne der obigen Bestimmungen verstanden wird, denn wir begreifen danach zwar die Welt mit Hilfe der Sprache, aber in einer revidierbaren, vorläufigen Weise, so daß man nicht sagen kann, die Welt sei durch eine Sprache bestimmt und damit von ihr abhängig" (1989: 515).

Die Sprachabhängigkeit wird also nicht als totales Bestimmtsein durch die Sprache verstanden, sondern als eine relative, die sich ausschließlich auf die Formen und das „Kleid" der Darstellung, nicht aber auf den Gehalt bzw. die Referenz bezieht, die weiterhin als Beziehung zwischen sprachlichen Ausdrücken einerseits und der Wirklichkeit andererseits verstanden wird bzw. durch Referenzhandlungen oder -verfahren herzustellen ist. Referenz ist also nur als sprachlich und begrifflich vermittelte zu erfassen, aber *nicht* ausschließlich sprachlich *produziert* oder *theorienerzeugt*. Ebensolches gilt nach Kutschera auch für die Wahrheit (1989: 516). Jedenfalls meint er, daß die Auffassung des antirealistischen linguistischen Relativitätsprinzips zu widerlegen sei, und daß die Sprache nicht die von uns erfaßte Welt erst erzeugen würde. In der Tat ist richtig, daß hier häufig zu einfach der Gegensatz zwischen einer sprachlichen Abhängigkeit der Form einerseits und einer unabhängigen Existenz der Realität andererseits, die auch unsere Theorien in gewisser Weise doch mitbeeinflussen kann, gesehen worden ist.

Im Grunde ist der immanente Realismus Kutscheras auch noch eine Variante der Kantischen Verbindung zwischen der Anerkennung der Welt oder des Dings an sich einerseits und der subjekt- oder spracherzeugten Abhängigkeit der Formen der Erkenntnis andererseits. Die Unterstellung der Relation zwischen sprachlichen Ausdrücken und der Welt, das Reden von „der Welt" und entsprechend die direkte Hypostasierung der Wirklichkeit, wo immer von *der* Wirklichkeit gesprochen wird, ist methodisch oder methodologisch wohl noch ein wenig zu einfach.

Ich denke, daß insbesondere die hier nicht behandelten Kritiken Kutscheras an den antirealistischen, pluralistischen und intern-realistischen Ansätzen richtig sind, daß aber sein eigener Sprachgebrauch etwas zu vereinfachend auf die Unterscheidung von Welt und Sprache an sich zurückgeht, ohne explizit — wie methodologisch erforderlich — zu berücksichtigen, daß seine eigenen erkenntnistheoretischen Ansätze natürlich auch auf höherer Stufe interpretationsbeladen sind. Auch sein Realismus ist eine Position, die selbst auf der einfachen deskriptiven Sprachverwendung aufbaut – und eben einfach die Trennung von Begriffswelt und Welt an sich (objektiven Sachverhalten, Gegenständen und Eigenschaften oder Relationen im Sinne der jeweils gewählten Grundsprache oder Grundtheorie) voraussetzt. Der bescheidene, offene, Variationen erlaubende, aber dennoch die Existenz der sprachunabhängigen Wirklichkeit unterstellende semantische Realismus kann als eine Stufe höher – sozusagen als eine epistemologische oder linguistisch-erkenntnistheoretische Fassung einer gleichsam verfeinerten theoretischen Ansatzweise – aufgefaßt werden, die i. S. der Fragestellung des erkenntnistheoretischen Realismus diesen und jeden ontologischen Realismus überformt. Dabei kann es durchaus sein, daß eine agnostische oder verneinende Position in Hinsicht auf den erkenntnistheoretischen Realismus eingenommen wird (unerkennbares „Ding an sich"), obwohl wenigstens hinsichtlich der sprachlichen Bezeichnungsweisen (Referenz) dennoch semantisch realistisch die Unabhängigkeit der Dinge von der Sprache selbst anerkannt wäre.

Während Kutschera (1989: 515f.) freilich unterstellt, daß, „realistisch gesehen, eine Relation zwischen sprachlichen Ausdrücken und der Welt" erst Referenz und Wahrheit begründet und geradezu die Idee des bescheidenen „realistischen Realismus" ausmacht oder erst sinnvoll macht, so hat er selbst einfach die eine Ebene des Sprechens von „der Welt" als in direkter Supposition unterstellt und nicht den Modellcharakter des interpretativen Konstrukts, der auch gerade in diesen erkenntnistheoretischen Ansatz eingeht, deutlich gesehen oder herausgestellt. Es mag sein, daß das nur eine Frage der Analyse-Ebenen, der Metastufen der Perspektiven oder Interpretationen ist, aber diese darf nicht einfach ausgelassen werden. Wir können nicht einfach den Ausdruck „die Welt" naiv im Rahmen unseres umfassenden philosophisch-erkenntnistheoretischen Ansatzes verwenden, sondern müssen sehen, daß wir beim Sprechen von „der Welt" im philosophisch verfeinerten Diskurs – insbesondere wenn es um Fragen der ontologischen Konzepte und deren Erfassung in Modellen und um die sprachlich-theoretisch-modellartige Erfassung der entsprechenden Beschreibungsweisen geht –, allenfalls von einem Interpretationskonzept oder Interpretationskonstrukt „die Welt" sprechen können, welches im Gegensatz zum alltäglichen und üblichen Normalgebrauch durchaus auch gewissen Verfeinerungs- und Revidierbarkeitsbedingungen – jedenfalls unter den Maßgaben einer exakten Sprachformierung – unterliegt. Mit anderen Worten: man muß auch die Auffassungen von Referenz und Wahrheit als Beziehungen der sprachlichen Ausdrücke zur

„Welt" selbst als ein metatheoretisch-epistemologisches Konstrukt, eben als erkenntnistheoretisches Interpretationskonstrukt oder -modell auffassen. Erst dann kann diese Teilabhängigkeit der Erfassung eben durch die Sprachabhängigkeit und Interpretationsabhängigkeit sowie durch Theoriebeladenheit im Gegensatz zu der Unterstellung der unabhängigen Wirklichkeit auf der Stufe der naiven Sprechweise deutlicher herausgearbeitet werden. Auch alle erkenntnistheoretischen Modelle der Sprachauffassungen sind ihrerseits interpretationsimprägniert, interpretationsbeladen oder eben teilweise abhängig von konstruktiven Gesichtspunkten der Modellkonzeption, wie sie den erkenntnistheoretischen Ansätzen zugrunde liegen. Erkenntnis von Welt und Reden über „Welt" ist immer nur in Erfassungsformen möglich, die sowohl sprachimprägniert, theorieimprägniert als auch schematagebunden sowie interpretationsimprägniert im weitesten Sinne des Wortes sind.

Dennoch können unser Normalrealismus des Common sense und der ontologische Realismus mit guten Gründen unterstellt werden, aber diese Gründe sind im wesentlichen praktischer und pragmatischer Art: Wir können eben nicht Alternativen, theoretische Beschreibungen, Erkenntnisfortschritte, verschiedene Weltsichten in Konkurrenz miteinander überhaupt vergleichen, wenn wir nicht praktisch handelnd und erkennend so etwas wie ein erkenntnistheoretisches und handlungsrealistisches Modell des ontologischen Realismus unterstellen, also uns auf in gewissem Sinne naive Sprechweisen einlassen. Auch aus lebenspraktischen Gründen ist dieser Realismus unumgänglich, selbst wenn er gegenüber einem an übertrieben raffinierten Standards ausgerichteten Skeptizismus nicht (strikt) bewiesen werden kann. Der Realismus in diesem Sinne ist also ein etwas differenzierterer pragmatischer Realismus, der zwar „bescheidener" ist, mit den zuvor diskutierten Formen des moderaten, gemäßigten, schwachen Realismus weitgehend übereinstimmt oder vereinbar ist, jedoch durchaus keine einseitige erkenntnistheoretische Variante eines deskriptiven Realismus bedeutet, der die Einzigkeit etwa wissenschaftlicher Beschreibungen der realen Welt (wie im strengen wissenschaftlichen Realismus unterstellt) annehmen würde. Es gibt gute, praktische, lebenspraktische und pragmatische (performative Widersprüche vermeidende) Varianten des Realismus, die zeigen, daß ein solch bescheidener oder Theorieabhängigkeiten und Sprachabhängigkeiten im Kategorisieren bzw. Konzeptualisieren anerkennender, gleichsam „intern(alistisch)er Realismus" in diesem Sinne (Kutscheras „immanenter Realismus", vgl. 1993) ein pragmatischer Realismus ist, der sich auf gute Gründe stützt, aber keinen irgendwie gearteten absoluten Beweis zuläßt. Darüber hinaus muß dieses Modell selbst als ein erkenntnistheoretisches Konstrukt, also als selbst interpretationsimprägniert, wenn auch aus pragmatischen Gründen, aufgefaßt werden und kann seinerseits nur in recht verwickelter, gleichsam „sophistizierter" Weise als ein Realismus aufgefaßt werden. Als ein Realismus des Bezugs von Sprache und Welt kann, ja, muß dieser eingeschränkte Realismus auf einer bestimmten objektsprachlichen oder der Objektsprache näheren Ebene verstanden werden, die ihrerseits überformt wird durch das diesen Realismus eben als ein erkenntnistheoretisches Interpretationsmodell auffassendes metastufliches Herangehen. In einer der Objektsprache näheren Sprechweise handelt es sich in der Tat bei dem realistischen Bezug – etwa des Referenzbegriffs – um eine Relation zwischen sprachlichen Ausdrücken, theoretischen Konzepten (etwa theoretischen Entitäten) und „der Welt", wie wir sie normalsprachlich, naiv verstehen. In anderer, höherstufiger Hinsicht, die erkenntnistheoretisch differenzierter ist und eben den Modellcharakter des naiven Sprechens in Rücksicht zieht, handelt es sich bei dem relationalen Zusammenspiel zwischen sprachlich-theoretischen Ausdrücken einerseits und „der Welt" andererseits ebenfalls um ein, eben nun *epistemologisches* Konzept, das seinerseits Varianten der Konstruktion zuläßt, jedenfalls selbst – auf dieser höheren Stufe – interpretationsimprägniert ist. Die grundsätzliche Abhängigkeit von mehreren Faktoren, etwa von der (auf niederer Stufe so bezeichneten) Wirklichkeit sowie von der Konstruktbildung auf der höheren Stufe der sprachlich-begrifflichen Formierung oder theoretischen Imprägnierung, ist damit nicht geleugnet, sondern ausdrücklich einbezogen. Revidierbarkeit, Alternativität und pragmatische Verwendung sowie Kommunizierbarkeit und Handlungsorientierung in der Normalwelt des Alltags sprechen für ein solches pragmatisches Konzept des pragmatischen Realismus. Jeglicher eingeschränkte Realismus ist auf höherer Stufe auch ein interpretationsimprägnierter. Es ist sicherlich richtig, daß wir über die Welt und ihre Beschaffenheit immer nur in einer Sprache und abhängig von Interpretationen und Theorien sprechen können und dabei schon ontologisch relevante Unterstellungen implizit einbringen. Realismus und Interpretationismus sind insofern vereinbar, als wir auf bestimmten Stufen der pragmatischen Welteinstellung notwendig realistische Modelle unterstellen und annehmen müssen, die auf anderer Stufe sich wiederum als interpretationsimprägniert, also aus dieser Sicht als konstruktionsabhängige, wenn auch pragmatisch notwendige, Modelle erweisen. Realismen sind methodologisch gesprochen eine Angelegenheit von Interpretationskonstruktionen auf bestimmten Stufen.

Man kann und muß im Sinne eines solchermaßen differenzierten interpretationistischen Konzepts selbst die Redeweisen von „der Wirklichkeit", von „dem Bezug" von Ausdrücken auf „die Wirklichkeit" oder „das Reale" oder „etwas Reales" wiederum auf höherer Ebene unserer Interpretationsstufen als ein zugrundegelegtes erkenntnistheoretisches Interpretationsmodell ansehen und verstehen bzw. analysieren. Man kann und sollte die verschiedenen Auffassungen der direkten Referenz zur Welt und beispielsweise die erkenntnistheoretische Einsicht, daß auch die Auffassung und Distanzierung von „Welt" und dem konzipierbaren Ordnungsmuster, das wir beibringen, auch in verschiedenen Stufen der Interpretation einordnen und auf diese Weise die Berechtigung der Redeweise des Alltags und auch der „direktistischen" Bezugnahme auf Dinge einerseits und dennoch die Erkenntnis, daß es sich hier um Interpretationskonstrukte modelltheoretischer Art andererseits handelt, vereinen. In dieser Weise kann man davon reden, daß ein realistischer Interpretationismus pragmatisch vertretbar ist, auch schon aus lebenspraktischen Gründen. Man muß sprachlich von einem realistischen Modell ausgehen, aber dieses ist dennoch auf einer höheren Stufe immer noch ein Modellkonstrukt. *Jeder eingeschränkte Realismus*, welcher Art auch immer, ist auf höherer Stufe *methodologisch gesehen immer auch ein interpretationsimprägnierter und als ein Interpretationsmodell* aufzufassen. Das gilt gerade auch für einen *pragmatischen Realismus*.

Auch ein pragmatisch notwendiger Realismus ist interpretationsintern, jedenfalls von dieser Warte aus. Jeder pragmatische, jeder „schwache" oder eingeschränkte Realismus ist methodologisch-erkenntnistheoretisch eine (Unter-)Variante des Interpretationismus. Wir können von einem *interpretationistischen Realismus* oder einem pragmatisch-realistischen Interpretationismus sprechen (s. hierzu Lenk 1995 a, b).

Man kann mit guten Gründen auch realistische Interpretationen verteidigen und die interpretationistischen Ansätze mit einem sinnvoll *beschränkten Hintergrundrealismus*, wenn auch dann in einer Art von sprachkritischer Einschränkung verbinden. Man kann also realistisch sein und gleichzeitig Interpretationskonstruktionist; man braucht nicht von einem Interpretationismus und einem Konstruktivismus der

Formen zu einem absoluten Interpretationsidealismus überzugehen. Vielleicht sollte man einfach von einem *schemainterpretationistisch eingeschränkten pragmatischen Realismus* sprechen.

Literatur

KUTSCHERA, F. von (1989): „Bemerkungen zur gegenwärtigen Realismus-Diskussion". In: Gombocz, W. L.; Rutte, H.; Sauer, W. (Hg.): *Tradition und Perspektiven der analytischen Philosophie.* Wien (Hölder-Pichler-Tempsky), 490−521.
Kutschera, F. von (1993): *Die falsche Objektivität.* Berlin/New York (de Gruyter).
LENK, H. (1988): „Welterfassung als Interpretationskonstrukt. Bemerkungen zum methodologischen und transzendentalen Interpretationismus". *Allgemeine Zeitschrift für Philosophie* 13, 69−78.
LENK, H. (1991): „Zu einem methodologischen Interpretationskonstruktionismus. Toward a Methodological Interpretationist Constructionism". *Journal for General Philosophy of Science/Zeitschrift für Allgemeine Wissenschaftstheorie* 22, 283−301.
LENK, H. (1993): *Interpretationskonstrukte: Kritik der interpretatorischen Vernunft.* Frankfurt a. M. (Suhrkamp).
LENK, H. (1995a): *Interpretation und Realität.* Frankfurt a. M. (Suhrkamp).
LENK, H. (1995b): *Schemaspiele. Über Schemainterpretationen und Interpretationskonstrukte.* Frankfurt a. M. (Suhrkamp).
RÖD, W. (1991): *Erfahrung und Reflexion. Theorien der Erfahrung in transzendentalphilosophischer Sicht.* München (Beck).

Die Newcomb-Paradoxie – und ihre Lösung*

von Wolfgang Lenzen

1 Einleitung

In der Festschrift zum 65. Geburtstag von Carl G. Hempel veröffentlichte Robert Nozick einen vielbeachteten Aufsatz, in dem er die philosophische Leserschaft mit einem Entscheidungsproblem bekannt machte, das ursprünglich vom kalifornischen Physiker William Newcomb erfunden worden war. Mir ist nicht bekannt, was Hempel seinerzeit von Nozicks Artikel gehalten hat. Ich hoffe aber, daß Franz von Kutschera meinen Beitrag zur Feier seines 65. Geburtstag als korrekte Lösung der Newcomb-Paradoxie akzeptiert.[1] In den vergangenen knapp 30 Jahren hat die Arbeit von Nozick eine kaum überschaubare Lawine von Aufsätzen ausgelöst, und die Anzahl der Lösungsvorschläge ist Legion. Das Newcomb-*Problem* besteht darin, zu entscheiden, welche von zwei Handlungsweisen in der gleich zu schildernden Situation die rationale oder richtige ist. Auf diese Frage gibt es trivialerweise nur zwei Antworten. Die Newcomb-*Paradoxie* hingegen besteht darin, daß für beide Entscheidungen prima facie sehr überzeugende Argumente existieren. Eine *Lösung* muß dann entweder zeigen, daß die Prämissen der Newcomb-Situation in irgendeinem Sinne inkonsistent sind; oder es muß nachgewiesen werden, daß die Argumentation zugunsten einer Handlung eben nur scheinbar überzeugend, in Wirklichkeit aber unschlüssig ist.

2 Das Problem

Die von Nozick [1969: 114/5] formulierte Version des Entscheidungsproblems lautet (in meiner Übersetzung):

---

* Dank an Christoph Lumer und die Teilnehmer unseres gemeinsamen Newcomb-Seminars im WS 1995/96 für lebhafte und fruchtbare Diskussionen; Dank auch an Stephan Guhe für wertvolle kritische Anregungen!
[1] Kutschera selber hat sich zwar mit anderen Paradoxien im Umfeld der *Logik der Normen, Werte und Entscheidungen* beschäftigt, nicht aber mit dem Newcomb-Para-

„Stell Dir ein Wesen vor, in dessen Fähigkeit, Deine Entscheidungen vorherzusagen, Du größtes Vertrauen besitzt. (Man könnte eine Science-Fiction-Story von einem Wesen aus einer anderen Welt mit fortgeschrittener Technik und Wissenschaft erfinden, das, wie Du weißt, Dir freundlich gesonnen ist, usw.). Du weißt, daß dieses Wesen Deine Entscheidungen in der Vergangenheit oft korrekt vorhergesagt hat (und, so weit Du weißt, hat es Deine Entscheidungen niemals falsch vorhergesagt); außerdem weißt Du, daß das Wesen die Entscheidungen von anderen Leuten, die Dir sehr ähnlich waren und die sich in der speziellen, gleich zu schildernden Situation befunden haben, oft korrekt vorhergesagt hat. Man könnte die Geschichte noch auswalzen, jedenfalls bringt all dies Dich dazu zu glauben, daß die Vorhersage des Wesens über Deine Entscheidung in der zu diskutierenden Situation mit annähernder Sicherheit korrekt sein wird.
Es gibt zwei Kisten, K_1 und K_2. K_1 enthält 1.000 \$, K_2 enthält entweder 1.000.000 \$ (M \$) oder nichts. Wovon es abhängt, welcher Betrag sich in K_2 befindet, wird gleich gesagt. [...] Du hast die Wahl zwischen zwei Handlungen:
(1) Nimm den Inhalt beider Kisten
(2) Nimm nur, was sich in der zweiten Kiste befindet.
Darüber hinaus gilt, wie Du weißt, und wie das Wesen weiß, daß Du es weißt, etc.:
(I) Wenn das Wesen vorhersagt, daß Du den Inhalt beider Kisten nimmst, dann legt es die M \$ nicht in die zweite Kiste
(II) Wenn das Wesen vorhersagt, daß Du nur den Inhalt der zweiten Kiste nimmst, dann legt es die M \$ in die zweite Kiste.[2]
Die Vorgehensweise ist wie folgt: Zunächst macht das Wesen seine Vorhersage. Dann legt es, oder legt nicht, die M \$ in die zweite Kiste, je nachdem, was es vorhergesagt hat. Danach triffst Du Deine Entscheidung. Was sollst Du tun?"

Was jemand vernünftigerweise *tun* sollte, hängt entscheidend davon ab, was er *will* und was er *glaubt*. Die Frage des Wollens dürfte dabei wenig kontrovers sein. Es ist plausibel anzunehmen, daß die Präferenzen der Handelnden eindeutig durch die Höhe des zu gewinnenden Geldbetrags bestimmt werden (wenngleich in manchen Diskussionen des Problems auch in Anschlag gebracht wurde, daß jemand mehr als am schnöden Mammon daran interessiert sein könnte, seine menschli-

---

dox, das zur Zeit der Abfassung seines Buchs [1973] noch nicht hinreichend rezipiert worden war. Die erste Auseinandersetzung im deutschsprachigen Raum findet sich anscheinend bei Spohn [1978].
[2] Nozick ergänzt hier per Fußnote: „Wenn das Wesen vorhersagt, daß Du Deine Entscheidung von einem Zufallsexperiment abhängen läßt, z. B. durch Wurf einer Münze [...], dann legt es die M \$ nicht in die zweite Kiste." Auf diese Komplikation gehe ich im folgenden nicht ein, sondern setze der Einfachheit halber voraus, daß sich jeder Spieler eindeutig für die eine oder für die andere Handlung entscheidet.

che Freiheit zu beweisen)³. Alles andere als unkontrovers ist hingegen die Frage, was man in der Newcomb-Situation vernünftigerweise *glauben kann* bzw. *glauben sollte*. Die im folgenden präsentierten Argumente scheinen nämlich überzeugend zu begründen, daß es einerseits besser ist, nur die Kiste K_2 zu wählen, während es andererseits auch besser erscheint, beide Kisten zu nehmen. So etwas kann jedoch kein rationales Subjekt zugleich glauben.

3 Die Argumente

Das Argument zugunsten der Entscheidung, nur die Kiste K_2 zu nehmen, stützt sich auf die vorausgesetzte hohe Zuverlässigkeit der Vorhersage:

> „Wenn ich den Inhalt beider Kisten nehme, wird das Wesen dies mit annähernder Sicherheit vorhergesagt und die M $ nicht in die zweite Kiste getan haben; deshalb werde ich mit annähernder Sicherheit nur 1.000 $ bekommen. Wenn ich nur das nehme, was sich in der zweiten Kiste befindet, wird das Wesen dies mit annähernder Sicherheit vorhergesagt und die M $ in die zweite Kiste getan haben; deshalb werde ich mit annähernder Sicherheit 1.000.000 $ bekommen. [...] Deshalb sollte ich nur das nehmen, was sich in der zweiten Kiste befindet." (Nozick 1969: 115)

Das konkurrierende Argument beruft sich statt dessen auf die Tatsache, daß zum Zeitpunkt der Entscheidung bereits feststeht, wieviel Geld in K_2 gelegt wurde und daß die Entscheidung des Handelnden hieran nichts mehr zu ändern vermag:

> „Wenn das Wesen die M $ bereits in die zweite Kiste gelegt hat, dann erhalte ich M $ plus 1.000 $, sofern ich den Inhalt beider Kisten nehme, wohingegen ich nur M $ bekomme, wenn ich nur das nehme, was in der zweiten Kiste ist. Wenn das Wesen die M $ nicht in die zweite Kiste gelegt hat und wenn ich den Inhalt beider Kisten nehme, dann bekomme ich 1.000 $, wohingegen ich überhaupt kein Geld bekomme, wenn ich nur das nehme, was in der zweiten Kiste ist. Egal ob die M $ drin sind oder nicht, was bereits fest determiniert ist, bekomme ich also, wenn ich den Inhalt beider Kisten nehme, 1.000 $ mehr als wenn ich nur das nehme, was in der zweiten Kiste ist. Deshalb sollte ich nehmen, was in beiden Kisten ist." (ibid.)

Zur Vereinfachung der folgenden Diskussion ein paar Abkürzungen:

---

³ Vgl. die Ausführungen von I. Asimov, die in Dacey et al. [1977: 80] zitiert werden.

S_1 := Zum Zeitpunkt der Entscheidung liegen 1.000.000 $ in K_2;
S_2 := Zum Zeitpunkt der Entscheidung liegen 0 $ in K_2;
H_1 := Der Handelnde nimmt nur den Inhalt von K_2;
H_2 := Der Handelnde nimmt den Inhalt beider Kisten.

Der Kern des Newcomb-Problems läßt sich dann folgendermaßen zusammenfassen: Es gibt zwei mögliche Situationen S_1 und S_2. In beiden Fällen führt die Handlung H_2 zu einem besseren Resultat als H_1, d. h. – in der Terminologie der Entscheidungstheorie – H_2 ist gegenüber H_1 stark *dominant*. Trotzdem erscheint es insgesamt besser, die nicht-dominante Handlung H_1 zu tun, weil hierdurch anscheinend sichergestellt wird, daß die Situation S_1 eintritt (was zugleich den Gewinn von 1.000.000 $ bedeutet), während die dominante Handlung H_2 scheinbar dazu führt, daß die Situation S_2 vorliegt und somit nur einen Gewinn von 1.000 $ verspricht.

4 Entscheidungstheorie

Die vorangehende Beschreibung des Dilemmas legt es nahe, das Newcomb-Problem als einen Konflikt zwischen zwei allgemeinen entscheidungstheoretischen Prinzipien auffassen, nämlich zwischen dem Dominanzprinzip:

(DOM) Wenn in einer Entscheidungssituation eine (schwach oder stark) dominante Handlungsalternative H existiert, dann ist es auf jeden Fall rational, H zu tun

auf der einen und dem Prinzip der Maximierung des zu erwartenden Nutzens auf der anderen Seite:

(MAX) Wähle stets jene Handlung, deren zu erwartender Nutzen (im Vergleich zum Nutzen der alternativen Handlungen) maximal ist.

Dieser Konflikt an sich stellt jedoch keine Paradoxie dar. Obgleich man auf den ersten Blick erwarten würde, daß eine dominante Handlung *immer* zugleich den größten zu erwartenden Nutzen hat und also mit (MAX) in Einklang steht, ist dies nicht allgemein der Fall. Wie das folgende Beispiel aus Nozick [1969: 123] verdeutlicht, kann es insbesondere dann rational sein, eine nicht-dominante Handlung H_1* zu wählen, wenn es *von den jeweiligen Handlungen abhängt*, welche der fraglichen Situationen S_1^* und S_2^* eintritt:

> „Angenommen, ich spiele an einem manipulierten Roulettetisch und der Besitzer des Casinos bietet mir die Wahl zwischen den Handlungen H_1^* und H_2^* an, für die die folgende Auszahlungsmatrix gilt (wobei S_1^* bedeutet ‚Beim nächsten Durchgang kommt Schwarz' und S_2^* = ‚Beim nächsten Durchgang kommt Rot'):

	S_1^*	S_2^*
H_1^*	5 $	90 $
H_2^*	10 $	100 $

> Angenommen auch noch, ich wüßte, daß der Croupier, der das Roulette bedient und der [...] sich gegenüber dem Besitzer vollkommen loyal verhält, angewiesen wurde, beim nächsten Durchgang Schwarz kommen zu lassen, wenn ich mich für H_2^* entscheide, aber Rot kommen zu lassen, falls ich H_1^* wähle. Obwohl H_2^* gegenüber H_1^* die dominante Handlung ist, sollte ich angesichts meiner Kenntnis dieser Situation offensichtlich H_1^* wählen."

Der Grund für die Rationalität dieser Entscheidung liegt darin, daß die Situationen S_1^* und S_2^* von den Handlungen H_1^* und H_2^* *kausal beeinflußt* werden bzw. – wie Nozick [1969: 123] es vorsichtiger formuliert – von ihnen „nicht wahrscheinlichkeitstheoretisch unabhängig sind". Auf der abstrakten Ebene allgemeiner entscheidungstheoretischer Prinzipien steht das zur Stützung von H_1 herangezogene (MAX) also besser da als das für H_2 benutzte (DOM), welches auf Entscheidungssituationen eingeschränkt werden müßte, bei denen die Handlungen keinerlei kausalen Einfluß darauf haben, welcher der für die Auszahlungen relevanten Zustände eintritt. Wie solche Einschränkungen im Einzelnen ausschauen müßten, braucht hier jedoch nicht näher diskutiert zu werden[4]. Denn die Plausibilität des obigen Argumentes zugunsten von H_2 beruht ja gerade darauf, daß die jeweiligen Handlungen in der Newcomb-Situation keinerlei Einfluß mehr darauf haben, ob S_1 oder S_2 vorliegt. Im folgenden soll nun gezeigt werden, daß – bzw. in welchem Sinne – die dominante Handlung H_2 auch angesichts des konkurrierenden Arguments für H_1 als *die* „rationale" Entscheidung verteidigt werden kann.

---

[4] Ebenso brauchen wir hier nicht auf die im Anschluß an das Newcomb-Problem entwickelten „kausalen Entscheidungstheorien" z. B. von Gibbard/Harper [1978] und Lewis [1981] einzugehen.

5 Rationale Entscheidung und rationaler Glaube

Im üblichen Verständnis der Entscheidungstheorie hängt die Rationalität einer Handlung nur von den Wünschen und dem *Glauben* der jeweiligen Person x ab, wie vernünftig oder irrational dieser Glaube selber auch immer sein mag[5]. In einem strengeren Sinn würde man jedoch nur solche Handlungen als rational bezeichnen wollen, bei denen die für die Entscheidung maßgebenden Glaubensannahmen hinreichend begründet sind. Warum bzw. mit welchem Grund sollte man aber an die konkurrierenden Prämissen des Newcomb-Problems glauben? Zur Begründung der einen Prämisse darf man voraussetzen, daß ein neutraler „Schiedsrichter" über die Einhaltung der Spielregeln achtet und kontrolliert, daß in jedem Einzelfall *zunächst* der Vorhersager seine Vorhersage trifft und das Geld in K_2 deponiert bzw. nicht deponiert, und daß erst *anschließend* die jeweilige Person ihre Entscheidung trifft, ohne daß hierdurch das Bestehen oder Nicht-Bestehen von S_1 bzw. S_2 noch verändert werden könnte. Was die andere Prämisse betrifft, so wurde im ursprünglichen Szenario angenommen, daß man aufgrund recht obskurer Hinweise von der Unfehlbarkeit des Vorhersagers überzeugt sein möge. Nun ist aber ein Glaube an Science-Fiction-Stories und Wesen von einem anderen Stern nicht jedermanns Sache. Deshalb sollte man lieber zur folgenden, von Nozick [1969: 115/116] formulierten Variante übergehen, bei der die Zuverlässigkeit des Vorhersagers auf empirischen Informationen beruht:

> „Du weißt, daß viele Leute Deines Schlags, Philosophie-Studenten, Professoren, usw. das Experiment mitgemacht haben. All diejenigen, die nur den Inhalt der zweiten Kiste nahmen, auch solche, die das zweite Argument [für H_2] zwar kannten, aber nicht befolgten, erhielten 1.000.000 $. Ferner weißt Du, daß all die cleveren Burschen, die dem zweiten Argument folgten und den Inhalt beider Kisten nahmen, nur 1.000 $ bekamen."

Bei der ursprünglichen Fassung war jedoch nur davon die Rede gewesen, daß das fragliche Wesen die Entscheidungen „*oft*" korrekt vorhergesagt habe bzw. daß seine Vorhersagen „mit *annähernder* Sicherheit" korrekt wären. Die gerade zitierte Spielart sieht stattdessen vor, daß die Vorhersagen des Wesens *immer* korrekt sind. Beide Varianten müssen jedoch separat behandelt werden. Der Fall der absolut sicheren Vorhersage wird erst in Abschnitt 8 behandelt.

---

[5] Vgl. z. B. Eells [1985: 198]: „An act is rational relative to a possessed body of information; the quality of the information and the actual facts are both irrelevant."

Für den jetzt zu diskutierenden Fall der annähernd sicheren Vorhersage sei der Einfachheit halber angenommen, es hätten bislang 200 Personen am Spiel teilgenommen, darunter 100 „Gläubige" G = $\{x_1,...,x_{100}\}$, die sich alle für H_1 entschieden, und 100 „Skeptiker" S = $\{y_1,...,y_{100}\}$, die alle H_2 wählten. Ferner mögen 99% der x_i in den Genuß von 1.000.000 \$ gekommen sein, während einer — sagen wir x^* — Pech hatte und leer ausging. Entsprechend mögen 99% der y_j lediglich 1.000 \$ erhalten haben, während wiederum einer, y^*, das ganz große Los zog und mit 1.001.000 \$ von dannen ziehen konnte. Bei Kenntnis dieser Daten (und in Abwesenheit gegenteiliger Informationen) sollte jeder rational Glaubende z diese relativen Häufigkeiten bzw. „objektiven Wahrscheinlichkeiten" als seine eigenen, subjektiven Wahrscheinlichkeiten übernehmen. Wenn z also erfährt, daß sich die Person x_i bei dem gerade stattfindenden Newcomb-Experiment für H_1 entschieden hat, so wäre es für z rational, mit hoher Sicherheit zu glauben bzw. darauf zu wetten, daß bei x_i die Situation S_1 vorliegt. Umgekehrt sollte z, wenn er erfährt, daß bei einem Durchgang die Situation S_1 vorliegt, mit hoher Sicherheit erwarten, daß x_i sich für H_1 entscheiden wird. Und analog natürlich hinsichtlich H_2 und S_2. Insgesamt erscheint es somit für z vollkommen rational, in hohem Grad davon überzeugt zu sein, daß eine beliebige Person sich genau dann für H_1 entscheidet, wenn die Situation S_1 vorliegt, und genau dann für H_2, wenn S_2. Was für *jede* rationale Person vernünftig zu glauben ist, das sollte aber vernünftigerweise auch ein *Skeptiker* glauben. Wie konnte dann aber seine Entscheidung für H_2 jemals *rational* gewesen sein? Im folgenden Abschnitt wird zunächst gezeigt, daß Skeptiker zumindest in dem Sinne „rational" handeln, als H_2 für alle Akteure die *in der jeweiligen Entscheidungssituation gewinnmaximierende* Handlungsalternative darstellt. Dazu betrachten wir eine nützliche Fiktion:

6 Der Beobachter

Gemäß Nozick [1969: 116] darf man das Newcomb-Szenario ohne Verfälschung der relevanten Konstruktionsmerkmale wie folgt modifizieren:

> „Das Wesen hat seine Vorhersage bereits getroffen und die M \$ in der zweiten Kiste deponiert oder nicht deponiert [...] Dies geschah vor einer Woche; [...] Die M \$ liegen bereits in der Kiste K_2 bzw.

nicht [...] [O]bwohl Du von Deiner Seite aus nicht in K_2 schauen kannst, so ist sie doch auf der anderen Seite durchsichtig. Auf dieser anderen Seite von K_2 sitze ich, schaue hinein und sehe, was drin ist. Entweder schaue ich bereits seit einer Woche auf die M $, oder ich schaue bereits seit einer Woche auf eine leere Kiste. Wenn das Geld schon drin ist, bleibt es drin, wie immer Du Dich entscheidest. Es wird nicht verschwinden. Wenn es nicht bereits drin ist, wenn ich also auf eine leere Kiste schaue, dann wird es nicht plötzlich auftauchen, falls Du Dich entscheidest, nur den Inhalt der zweiten Kiste zu nehmen."

Ein solcher Beobachter, der quasi als Schiedsrichter über die Einhaltung der Spielregeln wacht, möge auch schon bei den Spielern $\{x_1,...,x_{100}\}$ und $\{y_1,...,y_{100}\}$ präsent gewesen sein. Dann hätte er das objektive Geschehen wie folgt beschrieben: In unregelmäßiger Folge lag insgesamt 100-mal die Situation S_1 und ebenso oft die Situation S_2 vor, d. h. 100-mal befanden sich in der Kiste K_2 1.000.000 $ und 100-mal war K_2 leer. In 99% der Fälle von S_1 betrat ein Gläubiger das Versuchszimmer, überlegte eine Weile, ließ die 1.000 $ in K_1 unberührt und nahm nur den Inhalt von K_2. Entsprechend kam in 99% der Fälle von S_2 ein Skeptiker in den Raum, überlegte eine Weile und nahm (außer der leeren Kiste K_2) die 1.000 $ aus K_1. Nur ein einziges Mal tauchte in der Situation S_1 ein Skeptiker, sagen wir y*, auf, der daraufhin 1.0001.000 $ kassierte; und nur ein einziges Mal tauchte in der Situation S_2 ein Gläubiger, x*, auf, der ohne irgendeinen $ von dannen ziehen mußte. Diese *objektive Beschreibung der Fakten* rechtfertigt nicht nur die beiden singulären irrealen Konditionalsätze

(IK1) Wenn x* beide Kisten genommen hätte, so hätte er zumindest 1.000 $ erhalten

(IK2) Wenn y* bloß die Kiste K_2 genommen hätte, so hätte er „nur" 1.000.000 $ bekommen

sondern auch die folgenden generalisierten Aussagen für beliebige $x_i \in G$ und $y_j \in S$ mit $x_i \neq x^*$ und $y_j \neq y^*$:

(IK3) Wenn x_i beide Kisten genommen hätte, dann hätte er 1.001.000 $ bekommen

(IK4) Wenn y_j nur die Kiste K_2 gewählt hätte, dann hätte er gar nichts bekommen.

Trotz der wichtigen Untersuchungen von Stalnaker [1968], Lewis [1973] und Kutschera [1974; 1976] sind die Wahrheitsbedingungen für Konditionalsätze leider immer noch recht vage. Relativ unkontrovers ist lediglich die Einsicht, daß die Wahrheit oder Akzeptabilität eines irrealen Konditionalsatzes typischerweise auf entsprechende *Gesetzesaussagen* rekurriert. Im vorliegenden Fall handelt es sich dabei nicht um ein Naturgesetz, sondern um die analytisch geltende „Spielregel", die man mit Hilfe der Parameter

t_G = der Zeitpunkt der Gelddeponierung durch den Vorhersager
t_E = der Zeitpunkt der Entscheidung des Handelnden
t_A = der Zeitpunkt der Auszahlung des Gewinns

für beliebige Akteure z wie folgt präzisieren kann:

(SR) (1) Wenn zum Zeitpunkt t_G die Situation S_1 vorliegt, dann gilt: {(wenn z sich zu t_E für H_1 entscheidet, so erhält er zu t_A 1.000.000 $) und (wenn z sich zu t_E für H_2 entscheidet, so erhält er 1.001.000 $)} und

(2) Wenn zum Zeitpunkt t_G die Situation S_2 vorliegt, dann gilt: {(wenn z sich zu t_E für H_1 entscheidet, dann erhält er zu t_A 0 $) und (wenn z sich zu t_E für H_2 entscheidet, so erhält er 1.000 $)}.

Ebenso wie aus (SR) zusammen mit den *Fakten*, welche Situation bei welcher Person vorgelegen und für welche Handlung sie sich entschieden hat, logisch folgt, wer *de facto* wieviel Geld gewonnen hat, so folgt aus (SR) völlig analog, wieviel Geld welche Person *kontrafaktisch* gewonnen hätte, wenn sie sich – *in der gleichen Situation* – anders entschieden hätte. Eben diese logischen Folgerungen bilden die Basis für die Wahrheit bzw. Akzeptierbarkeit von (IK1) – (IK4) und damit auch der Schlußfolgerung, daß nicht nur y*, sondern ebenso gut jeder andere Skeptiker y_j in der Situation, in der er sich befand, *gewinnmaximierend* gehandelt hat. Hingegen war die Entscheidung nicht nur des Pechvogels x*, sondern auch der anderen Gläubigen x_i in der Situation, in der sie sich befanden, *suboptimal* (wiewohl der Verlust von zusätzlichen 1.000 $ angesichts der gewonnenen 1.000.000 $ praktisch nicht ins Gewicht fiel).

7 Eine konditionalsatzlogische Paradoxie?

Gegen diesen Lösungsansatz haben Verfechter der H_1-Strategie[6] eingewandt, daß die andere Prämisse der Newcomb-Situation nicht

---

[6] Vgl. z. B. Bar-Hillel/Margalit [1972], Olin [1976] und Horgan [1981].

adäquat berücksichtigt wird. Ob ein Handelnder z sich in der Situation S_1 oder in S_2 befindet, sei doch keine Frage von Zufall und Glück, sondern hänge gerade davon ab, ob das mächtige Wesen vorhergesagt hat, daß z sich mit K_2 zufriedengeben wird. Aufgrund dieses „Gesetzes" sollte man vielmehr die folgenden irrealen Konditionalsätze (wiederum für beliebige $x_i \in G$ und $y_j \in S$ mit $x_i \neq x^*$ und $y_j \neq y^*$) für wahr ansehen:

(IK 5) Wenn x_i beide Kisten gewählt hätte, dann hätte W dies vorhergesagt und demzufolge keine 1.000.000 in K_2 gelegt;

(IK 6) Wenn y_j nur die Kiste K_2 gewählt hätte, dann hätte W dies vorhergesagt und demzufolge 1.000.000 in K_2 gelegt.

Zusammen mit den übrigen Spielregeln ergäbe sich dann:

(IK 7) Wenn x_i beide Kisten gewählt hätte, dann hätte er nur 1.000 $ bekommen;

(IK 8) Wenn y_j nur die Kiste K_2 gewählt hätte, dann hätte er 1.000.000 $ bekommen.

Auch wenn — wie oben betont wurde — immer noch kein allgemein akzeptiertes Standardsystem der Konditionalsatzlogik existiert, so dürfte außer Frage stehen, daß die beiden letzten Sätze (IK 7) und (IK 8) mit den früheren (IK 3) und (IK 4) absolut *unverträglich* sind. Wenn sich also (IK 5) – (IK 8) ähnlich zwingend begründen ließen, wie (IK 1) – (IK 4) weiter oben durch die Spielregel (SR) begründet wurden, dann läge insgesamt eine zwar nicht strikt *logische*, aber immerhin *konditionalsatzlogische* Paradoxie vor. Denn dann wären im Newcomb-Szenario sowohl die Aussagen (IK 3) und (IK 4) als auch (IK 7) und (IK 8) zusammen wahr. Wie ist es aber um die Begründung von (IK 5) bzw. (IK 6) — und also ihrer Korollare (IK 7) und (IK 8) — bestellt?

Unter Bezugnahme auf die von Lewis [1973] entwickelte Semantik für irreale Konditionalsätze hat Horgan [1981: 333 ff.] zu zeigen versucht, daß z. B. (IK 7) ebenso gut begründet sei wie (IK 3). Irreale Konditionalsätze seien grundsätzlich vage, wobei sich die Vagheit auf zwei verschiedene Arten auflösen lasse. Man betrachte z. B. die Situation eines Gläubigen x_i, der sich de facto in der Situation S_1 befand und erwartungsgemäß H_1 wählte. Bei der „Standard"-Auflösung soll der Sachverhalt, daß der Vorhersager 1.000.000 $ in K_2 gelegt hat, auch in der „der wirklichen Welt ähnlichsten" Welt, die für die Ermittlung des Wahrheitswertes einer irrealen Konditionaussage à la Lewis in Betracht zu ziehen ist, bestehen bleiben. Wenn also im Antezedens von (IK3) kontrafaktisch angenommen wird, daß x_i sich für H_2 entschieden hätte, würde bei „Standard"-Auflösung weiterhin S_1 gelten, so daß – wie im Sukzedens von (IK3) behauptet wird – x_i 1.001.000 $ bekommen hätte. Daneben existiert aber auch die Möglichkeit einer „Nicht-Standard"-Auflösung, bei der die Vorhersage-Zuverlässigkeit des Wesens einen wichtigeren Parameter für die Ähnlichkeit zwischen Welten darstellen soll als die Übereinstimmung in den kontingenten Fakten des Einzelfalls.[7] In diesem Fall wäre die ähnlichste Welt, in der x_i beide Kisten nimmt, eine solche, in der das Wesen dies korrekt vorhergesagt hat und in der somit das Sukzedens von (IK5) bzw. (IK7) wahr wird.

Horgan übersieht aber, daß der in Lewis [1979: 472] entwickelte Grundgedanke für die Bestimmung der „Ähnlichkeit" zwischen Welten – „It is of the first importance to avoid big, complicated, varied, widespread violations of law" – wirkliche (Natur-)*Gesetze* im Auge hat und nicht bloß statistische Korrelationen. Die Akzeptabilität oder Wahrheit von (IK5), (IK6) steht und fällt mit der Annahme der *Unfehlbarkeit* des mächtigen Wesens W. Bei der bislang diskutierten Variante einer mit 99% zwar sehr hohen, aber eben nicht absolut sicheren Zuverlässigkeit besteht keine Möglichkeit zu folgern, daß wenn irgendjemand sich anders entschieden hätte als er sich de facto entschieden hat, dann das mächtige Wesen dies vorhergesehen hätte: Der Fall des Pechvogels x* bzw. des Maximalgewinners y* zeigt dies aufs deutlichste. Ganz grundsätzlich bleibt festzustellen, daß eine noch so hohe probabilistische Korrelation zwischen Ereignisarten A und B einen entsprechenden irrealen Konditionalsatz niemals zu stützen vermag. Daß auf A mit großer Wahrscheinlichkeit B folgt, gestattet zwar den Schluß, daß dem Ereignis Non-B mit großer Wahrscheinlichkeit Non-A vorausgegangen ist. Aber wenn in einem bestimmten Einzelfall von A erwartungsgemäß B eingetreten ist, darf man keineswegs schließen, daß wenn B nicht eingetreten wäre, dann auch A nicht stattgefunden hätte. Schließlich und endlich ist das unwahrscheinliche Ereignis (A und Non-B) immer *möglich*! Man betrachte z. B. den Wurf von sechs fairen Würfeln! Die Wahrscheinlichkeit dafür, daß alle sechs Würfel die gleiche Zahl zeigen, beträgt $(1/6)^5$, also ca. 0,00013. Aber wenn

---

[7] Vgl. Horgan [1981: 337]: „... the being's predictive correctness is a more important parameter of similarity than is maximization of the spatiotemporal region through which perfect match of particular fact prevails".

während eines langen Würfelabends doch einmal ein solch seltener Wurf gelingen sollte, wäre es absurd, kontrafaktisch schließen zu wollen, daß es sich nicht um den Wurf von sechs fairen Würfeln gehandelt habe. Um – in Anwendung auf das Newcomb-Problem – die fraglichen Konditionalsätze (IK5), (IK6) zu begründen, müßte der Verfechter der H_1-Strategie also zur zweiten Variante übergehen, d. h. dem mächtigen Wesen die Fähigkeit einer *absolut sicheren* Vorhersage unterstellen.

8 Der unfehlbare Vorhersager

Im folgenden sei also vorausgesetzt, daß für beliebige Spieler z gilt:

(U) (z entscheidet sich für H_1 gdw. W vorhergesagt hat, daß z H_1 wählt) und
(z entscheidet sich für H_2 gdw. W vorhergesagt hat, daß z H_2 wählt).

Nun ist aber seit dem *Neuen Rätsel der Induktion* von Goodman [1955] klar, daß selbst eine strikte Allaussage der Form $\Lambda z(Fz \supset Gz)$ (bzw. $\Lambda z(Fz \equiv Gz)$) den irrealen Konditionalsatz ‚Wenn z kein G wäre, dann wäre z auch kein F' nur dann zu stützen vermag, wenn sie *gesetzartigen* Charakter hat. Deshalb muß der Proponent von (IK5), (IK6) weiterhin plausibel machen, daß es sich bei (U) um eine gesetzartige und nicht bloß akzidentell wahre Allaussage handelt. Dies ließe sich nach Nozick [1969: 134] durch folgende Zusatzannahme sicherstellen:

> „Er [der Vorhersager] beobachtet Dich einige Zeit bevor Du die Entscheidung triffst; er untersucht Dich mit einem komplizierten Apparat usw., und anschließend benutzt er seine Theorie, um auf der Grundlage Deines früheren Zustandes vorherzusagen, welche Wahl Du in der späteren Entscheidungssituation treffen wirst."

Zusätzlich zu den früher eingeführten Parametern sei

t_U = der Zeitpunkt der Untersuchung durch den Vorhersager

wobei natürlich $t_U < t_G < t_E < t_A$. Damit nun die Theorie des Vorhersagers in der Form (U) funktionieren kann, müßten die für die Prognose herangezogenen Zustände der Spieler zu t_U auch mit den Entscheidungen bzw. Handlungen zu t_E gesetzartig verknüpft sein. Dies könnte man durch die zusätzliche Annahme des folgenden „Gesetzes" sicherzustellen versuchen:

(D) Für alle z gilt: {(z entscheidet sich zu t_E für H_1 gdw. z sich zu t_U im Zustand Z_1 befindet) und (z entscheidet sich zu t_E für H_2 gdw. z sich zu t_U im Zustand Z_2 befindet)}.[8]

Läßt man einmal außer Acht, welche Gründe jemals für die Wahrheit von (D) und von (U) sprechen könnten[9], so muß man feststellen, daß bei Annahme eines starken Determinismus à la (D) das Newcomb-Problem als Entscheidungsproblem *jeglichen Sinn verliert*! Es wäre offenbar verfehlt, hier überhaupt noch von *Entscheidungen* sprechen zu wollen. Was man sagen dürfte wäre lediglich, daß alle Leute, die sich zum Zeitpunkt der Untersuchung in einem gewissen (z. B. psychophysischen) Zustand Z_1 befanden, mit kausaler bzw. nomologischer Notwendigkeit später die Handlung H_1 *tun werden*, während jeder, der sich zu t_U im konträren Zustand Z_2 befand, später zwangsläufig H_2 *tut*! Ein derart determiniertes Verhalten entzieht sich jedoch jeder Beurteilung als *rational* oder irrational.[10] Nach t_U hat es niemand mehr in der Hand, sich so oder anders zu entscheiden. Dem Glücklichen, der sich zu t_U im Zustand Z_1 befand, werden zu t_G 1.000.000 \$ in K_2 gelegt, und er kann danach seinen Gewinn weder aufs Spiel setzen noch um die 1.000 \$ aus K_1 steigern, denn er vermag nichts anders zu tun, als zu t_A H_1 zu „wählen". Wer sich dagegen zu t_U im Zustand Z_2 befand, für den bleibt K_2 leer; der hat deshalb zwar keine Chance, durch eine spätere Entscheidung für H_1 noch Millionär zu werden, aber er läuft auch nicht Gefahr, den Trostpreis von 1.000 \$ zu verlieren: Er kann nämlich nichts anderes tun, als zu t_A H_2 zu „wählen".

Der von manchen AutorInnen erteilte Ratschlag „Glaube dem Vorhersager, nimm bescheiden nur die Kiste K_2 und werde Millionär!"[11]

---

[8] Vgl. Olin [1976: 132]: „the states used as evidence [for the Being's predictions] are nomically linked to the actions. There is, let us suppose, a law which says that all and only those who do [H_1] are in state [Z_1] one hour before playing; similarly with regard to [H_2] and [Z_2]."

[9] Man sollte meinen, daß jemand, der etwas so Komplexes wie die Entscheidungen von *Personen* vorherzusagen versteht, keinerlei Schwierigkeiten haben dürfte, so etwas Elementares wie das physikalisch determinierte Verhalten von 49 Kugeln in einem geschlossenen Behälter vorherzusagen, also die Resultate jeder Lotto-Ziehung vorherzuwissen. Das ist vielleicht die Erklärung dafür, wieso der Newcomb-Vorhersager so großzügig mit Millionen um sich schmeißen kann!

[10] Vgl. auch Mackie [1977: 151], für den die Frage nach der Rationalität der Handlungen in diesem Fall „müßig" ist. Hingegen versuchen Gibbard/Harper [1978: 370/1] zu begründen, daß die Handlungsstrategie H_2 „even in the case where the predictor is known to be infallible" *rational* sei.

[11] Vgl. z. B. Bar-Hillel/Margalit [1972: 303]: „[...] we hope to convince the reader to take just the one [...] box, and join the millionaire's club!"

erweist sich deshalb als *nutzlos*, sofern er dem Handelnden zum Zeitpunkt der Entscheidung, t_E, zu einem „rationalen" oder gewinnmaximierenden Entschluß verhelfen soll. Zu *diesem* Zeitpunkt sind die Würfel längst gefallen! Eine entsprechende Empfehlung könnte höchstens dann Sinn machen, wenn man zu einer weiteren Modifikation der Situation übergeht, die allerdings mit dem ursprünglichen Newcomb-Problem nur noch wenig gemein hat.

9 *Intendieren und Handeln*

Bei dieser u. a. in Gauthier [1988/89: 186 ff.] betrachteten Variante weiß der Spieler z von vornherein, daß er zum Zeitpunkt t_U untersucht wird und daß sein jeweiliger Zustand Z_1 bzw. Z_2 dann den Ausschlag dafür gibt, ob anschließend die Situation S_1 oder S_2 realisiert wird. Dabei kann Z_1 bzw. Z_2 mit dem psychischen Zustand von z identifiziert werden, fest zu *beabsichtigen*, zu t_E H_1 bzw. H_2 zu tun. Sofern man den „Akt" des Beabsichtigens überhaupt als eine Handlung betrachten darf, die einer Bewertung als rational oder irrational zugänglich ist, wird dann natürlich die „Metahandlung" MH_1, d. h. die Intention, später H_1 zu tun, *die rationale* Option. Die ursprüngliche Dominanz-Überlegung für H_2 läßt sich ja nicht auf die Metahandlung MH_2 übertragen, die darin bestehen würde, zu t_U zu intendieren, zu t_E H_2 zu tun, denn MH_1 bzw. MH_2 haben nach Voraussetzung einen entscheidenden *kausalen Einfluß* darauf, ob die 1.000.000 \$ in die Kiste gelegt werden oder nicht. Hier lautet die richtige Empfehlung also tatsächlich: „Glaube dem Vorhersager, *intendiere*, bescheiden die Kiste K_2 zu nehmen, und werde Millionär!" So weit so gut!

Ein interessantes Nachfolge-Problem entsteht nun dann, wenn man annimmt, daß die späteren *Handlungen* H_1 bzw. H_2 von der früheren *Entscheidung* MH_1 (analytisch bzw. nomologisch) *unabhängig* sind. Könnte es nicht rational sein, *nach* der Untersuchung *gegen* die ursprüngliche Intention zu handeln? Verspricht also, mit anderen Worten, die „kombinierte Handlung" $MH_1 + H_2$ nicht einen noch größeren Gewinn als $MH_1 + H_1$? Nehmen wir an, daß 200 Personen bei einem solchen Spiel mitgemacht hätten, darunter 100 Gläubige $\{x_1,...,x_{100}\}$, die alle im Einklang mit ihrer Intention MH_1 brav H_1 taten, und ebenso viele Wagemutige $\{w_1,...,w_{100}\}$, die sich entgegen ihrer früheren Intention MH_1 für H_2 entschieden. Ferner sei empirisch verbürgt, daß wiederum 99% der x_i die 1.000.000 \$ kassierten, während sich 99% der w_j mit 1.000 $ zufrieden geben mußten. Müßte man hier nicht wirklich urteilen, daß H_1 zu *tun* — und nicht bloß vorher zu *intendieren* — die rationale Entscheidung ist?

Nicht unbedingt! Die Existenz des einen gläubigen Pechvogels, x^*, ebenso wie die des einen erfolgreichen Wagemutigen, w^*, sollte eigentlich deutlich machen, daß das kombinierte Spiel nur die *Illusion* erzeugt, der Gewinn der 1.000.000 $ sei auf die *Handlung* H_1 zurückzuführen, während er in Wirklichkeit eine Folge der *Metahandlung* MH_1 darstellt. In völliger Analogie zu Abschnitt 6 gilt auch hier für beliebige $x_i \neq x^*$ und $w_j \neq w^*$:

(IK3′) Wenn x_i beide Kisten genommen hätte, dann hätte er 1.001.000 $ bekommen

(IK4′) Wenn w_j nur die Kiste K_2 gewählt hätte, dann hätte er gar nichts bekommen.

Spätestens durch Einnahme der Perspektive des wissenden Beobachters sollte einem wieder bewußt werden, daß *in der jeweiligen Situation*, in der sich die Spieler *zu t_E* befanden, H_2 und nicht H_1 die gewinnmaximierende Alternative war. Allerdings müßten sich die 99 erfolglosen Wagemutigen nicht nur den hämischen Kommentar „If you're so smart, why ain't you rich?" gefallen lassen[12], sondern sie müßten sich nach der Replik „Weil ich es offenbar zu t_U — trotz größter Anstrengung — nicht geschafft habe, die feste Absicht zu bilden, zu t_E H_1 zu tun" auf die weitere Belehrung gefaßt machen, man könne eben nur dann die *volle* (echte, aufrichtige) Absicht haben, später H_1 zu tun, wenn man später tatsächlich H_1 tut.

Darin steckt sicher ein Körnchen Wahrheit. Vermutlich ist es nomologisch oder sogar analytisch notwendig, daß jemand nur dann wirklich *beabsichtigt*, später H zu tun, wenn er eine *Disposition*, H zu tun, entwickelt, die über einen gewissen Zeitraum hinweg so stark bleibt, daß er bei entsprechender Gelegenheit wirklich H tut[13]. Zumindest würde man zurecht an der Ernsthaftigkeit der Intention einer Person zweifeln, die von vornherein damit spekuliert, dieser ihrer Absicht spä-

---

[12] Vgl. Gibbard/Harper [1978: 371].
[13] Mit Bezug auf das dem Newcomb-Problem verwandte „Toxin Puzzle" äußert Kafka [1983: 35] analoge Bedenken: "If intentions were inner performances or self-directed commands, you would have no trouble earning your million. [...] Similarly, if intentions were simply decisions, and decisions were volitions fully under the agent's control, there would be no problem. But intentions are better viewed as dispositions to act which are based on *reasons to act*".

ter eventuell zuwider zu handeln. Deshalb stellt das Newcomb-Nachfolge-„Problem" vielleicht nur ein Pseudo-Problem dar, das auf einer unhaltbaren Prämisse hinsichtlich des (nomo-)logischen Verhältnisses von Intentionen und Handlungen beruht. Setzt man jedoch dem Argument zuliebe voraus, daß eine Abkoppelung der späteren Handlungen von den früheren Intentionen möglich ist, so bleibt ein weiteres interessantes Argument zu diskutieren, mit dem die Rationalität von H_1 begründet werden soll. Im Anschluß an Dennett [1986] betrachtet Leder [1996: 13 ff.]:

> „[...] den Tip des Golfprofis, beim Abschlag den Kopf unten zu lassen und den Schläger durchzuschwingen, nachdem man den Ball bereits getroffen hat. Ein vergleichbares Beispiel ist die Empfehlung, beim Top-Spin (im Tischtennis), nachdem man den Ball berührt hat, den Arm in ganz bestimmter Weise weiterzuführen [...]. Wie Dennett argumentiert und viele Sportler ohnehin wissen, hat dies mit abergläubischem Verhalten nichts zu tun. Etwa beim Top-Spin kann man nur, indem man nach der Ballberührung eine bestimmte Bewegung ausführt, sicherstellen, daß man während der Ballberührung das Richtige tut. Wir haben physisch keine Möglichkeit, die Bewegung bis zur Ballberührung genauso auszuführen und danach abzubrechen. Wenn wir sie abbrechen, ist sie auch vorher schon anders. Das heißt: Nur dadurch, daß wir zu einem späteren Zeitpunkt etwas tun, was kausal völlig irrelevant ist, können wir sicherstellen, daß wir im entscheidenden Moment das Richtige tun."

Leders Übertragung dieses Gedankens auf das Newcomb-Problem hinkt jedoch, weil beim kombinierten Spiel laut Voraussetzung (physisch und psychisch) durchaus die *Möglichkeit* besteht, zu t_U optimal zu intendieren, zu t_E H_1 zu tun, und später dennoch nicht H_1, sondern H_2 zu wählen: Nach Voraussetzung hat w* dies ja geschafft.

Daraufhin könnte Leder entgegnen, daß das Reden von physischer Unmöglichkeit nicht ganz wörtlich zu nehmen sei und daß eine hohe statistische Korrelation zwischen richtigem Top-Spin-Schlag und anschließendem „Durchziehen" völlig ausreicht. Auch wenn irgendein Tischtennisspieler irgendwann einmal einen Top-Spin Ball optimal trifft, obwohl er die anschließende Bewegung abbricht, so wird man doch jedenfalls nur dadurch zu einem guten Top-Spin-*Spieler*, daß man das „Durchziehen" regelmäßig trainiert. Entsprechend zeige ja auch der 99-%ige Mißerfolg der Wagemutigen, daß im kombinierten Newcomb-Spiel die Option H_2 (auf lange Sicht) die falsche *Strategie* ist. Dies werde spätestens beim Übergang zur nächsten Variante evident, bei der an Stelle der 100 Gläubigen und 100 Wagemutigen nur noch *ein einziger* Akteur im Spiel bleibt. Dieses *Super-Newcomb-Spiel* läuft so:

> Man nehme an, der Person x würde angeboten, eine Serie von 201 kombinierten Newcomb-Spielen gegen das mächtige Wesen W zu spielen. Bei jedem Durchgang soll x zunächst eine feste *Absicht* bilden, später H_1 bzw. H_2 zu tun. W unterzieht x einer psychologischen Untersuchung und deponiert – je nachdem ob er bei x die feste Absicht entdeckt hat, H_1 zu tun – die 1.000.000 in K_2 oder nicht. Danach trifft x ihre aktuelle *Entscheidung* und *tut* H_1 bzw. H_2.
>
> Zu Beginn jedes der mittlerweile 200 absolvierten Durchgänge versuchte x so gut wie nur irgend möglich, die Intention zu fassen, später H_1 zu tun; anschließend blieb x in insgesamt 100 Fällen dieser Intention treu, wählte jeweils H_1 und erzielte dabei 99-mal einen Gewinn von 1.000.000 $, während er nur ein einziges Mal mit leeren Händen dastand; entsprechend oft probierte x die H_2-Strategie und mußte sich in 99 Fällen mit 1.000 $ begnügen; ein einziges Mal erzielte er so den maximalen Gewinn von 1.001.000 $. Wäre es aufgrund dieser Erfahrungen (und sofern x immer noch daran interessiert ist, eher 1.000.000 als nur 1.000 $ zu bekommen) nicht vollkommen rational, beim Schlußversuch H_1 zu tun?

Diese exotische Variante des Newcomb-Nachfolge-Problems vermag ich (zumindest in diesem Rahmen) nicht mehr zu lösen. Vielleicht kommt in Zukunft ein anderer Kollege auf den Gedanken, in einer anderen Festschrift zu einem anderen runden Geburtstag dieses Problem weiter zu verfolgen.

Literatur

BAR-HILLEL, Maya & MARGALIT, Avishai [1972]: „Newcomb's Paradox Revisited". *British Journal for the Philosophy of Science* 23, 295–304.

DACEY, Raymond et. al. [1977]: „A Cognitivist Solution to Newcomb's Problem". *American Philosophical Quarterly* 14, 79–84.

DENNETT, Daniel C. [1986]: *Ellbogenfreiheit – Die wünschenswerten Formen von freiem Willen.* Meisenheim (A. Hain).

EELLS, Ellery [1985]: „Causality, Decision, and Newcomb's Paradox". In R. Campbell & L. Sowden (eds.), *Paradoxes of Rationality and Cooperation – Prisoner's Dilemma and Newcomb's Problem.* Vancouver (University of British Columbia Press), 183–213.

GÄRDENFORS, Peter & SAHLIN, Nils-Eric (eds.) [1988]: *Decision, Probability, and Utility. Selected readings*, Cambridge (Cambridge University Press).
GAUTHIER, David [1988/89]: „In the Neighbourhood of the Newcomb-Predictor. (Reflections on Rationality)". *Proceedings of the Aristotelian Society* 89, 179–194.
GIBBARD, Allan & HARPER, William L. [1978]: „Two Kinds of Expected Utility". In C. A. Hooker, J. J. Leach & E. F. McClennen (eds.), *Foundations and Applications of Decision Theory*. Vol 1, Dordrecht (Reidel), 125–162. Hier zitiert nach dem Abdruck in Gärdenfors/Sahlin [1988], 341–376.
GOODMAN, Nelson [1955]: *Fact, Fiction, and Forecast*. Cambridge, MA (Harvard University Press).
HORGAN, Terence [1981]: „Counterfactuals and Newcomb's Problem". *Journal of Philosophy* 78, 331–356.
KAFKA, Gregory S. [1983]: „The Toxin Puzzle". *Analysis* 43, 33–36.
KUTSCHERA, Franz von [1973]: *Einführung in die Logik der Normen, Werte und Entscheidungen*. Freiburg (Alber).
KUTSCHERA, Franz von [1974]: „Indicative Conditionals". *Theoretical Linguistics* 1, 257–269.
KUTSCHERA, Franz von [1976]: *Einführung in die intensionale Semantik*. Berlin (de Gruyter).
LEDER, Matthias [1996]: *Was heißt es, eine Person zu sein?* Dissertation FU Berlin; hier zitiert nach dem unveröffentlichten Manuskript.
LEWIS, David [1973]: *Counterfactuals*, Oxford (Blackwell).
LEWIS, David [1979]: „Counterfactual Dependence and Time's Arrow". *Noûs* 4, 455–476.
LEWIS, David [1981]: „Causal Decision Theory". Abgedruckt in Gärdenfors/Sahlin [1988], 377–405.
MACKIE, John L. [1977]: „Newcomb's Paradox and the Direction of Causation". *Canadian Journal of Philosophy* 7, 213–225; hier zitiert nach dem Abdruck in J. L. Mackie, *Logic and Knowledge. Selected Papers Vol. 1*, Oxford 1985, 145–158.
NOZICK, Robert [1969]: „Newcomb's Problem and Two Principles of Choice". In N. Rescher (ed.), *Essays in Honor of Carl G. Hempel*, Dordrecht (Reidel), 114–146.
OLIN, Doris [1976]: „Newcomb's Problem: Further Investigations". *American Philosophical Quarterly* 13, 129–133.
SPOHN, Wolfgang [1978]: *Grundlagen der Entscheidungstheorie*. Kronberg/Ts. (Scriptor).
STALNAKER, Robert [1968]: „A Theory of Conditionals". In N. Rescher (ed.), *Studies in Logical Theory*, Oxford (Blackwell), 98–112.

Das Leben eine Reise

von GEORG MEGGLE

Die Ausgangsfragen: *Was ist der Sinn des Lebens? Hat das Leben überhaupt einen Sinn? Und wenn es einen hat, wie findet man ihn? Was unterscheidet ein sinnvolles Leben von einem sinnlosen? Gibt es überhaupt etwas, wofür es sich wirklich zu leben lohnt?*

Diese Fragen sind selbst Bestandteil unseres Lebens. Sie gehören zu unseren treuesten Begleitern. Wir begegnen ihnen spätestens mit dem Eintritt in die Pubertät. Wir ignorieren sie jahrzehntelang. Und wir treffen, wenn uns der Tod Zeit dazu läßt, gegen Ende des Lebens wieder auf sie. Wird die Sinnfrage von anderen gestellt, lächeln wir nachsichtig – und oft nicht ohne Grund. Gelegentlich legen wir die eine oder andere Antwort, vielleicht sogar in Verse gegossen, unserer Trauerpost bei. Auf den unabänderlichen Gang der Dinge, auf Gottes nicht weniger unabänderlichen Ratschluß und Ähnliches zu verweisen ist eine unserer wirksamsten Formen des Trostes. Aber wie fast jeder von uns wissen wird: Ein einziger Flügelschlag des Schicksals, und schon schreien wir selbst die Frage nach dem Sinn des Ganzen voller Schmerz und Verzweiflung in die eisige Nacht des Universums hinaus. Ja, so ist das eben mit uns Menschen.

Fragen und deren Implikationen. Wer nach dem Sinn von etwas zumindest noch fragt, der drückt damit in der Regel mehreres aus: Zum einen, daß er glaubt, daß es den betreffenden Sinn wirklich gibt oder zumindest geben könnte; zum zweiten, daß er selbst diesen Sinn noch nicht kennt, diesen Sinn aber, drittens, in Erfahrung bringen möchte; und, viertens, daß er es zumindest für möglich hält, daß der Adressat der Frage dem Fragesteller von dem betreffenden Sinn Kenntnis zu geben vermag.

Mein Beispiel: Ich plane für den September eine Reise nach Helsinki. Wer mich nach dem Sinn und Zweck dieser Reise fragt, der bringt damit zum Ausdruck, daß er glaubt, daß diese Reise einen Sinn hat, daß ihm dieser Sinn noch nicht bekannt ist, daß er ihn aber kennen möchte und daß er glaubt, ich sei einer von denen, die ihm diesen Sinn am ehesten verraten können.

Das Leben selbst, so heißt es, **ist wie eine Reise.**
Fragen nach dem Sinn des Lebens scheinen etwas Besonderes an sich zu haben. Die Frage nach dem Sinn meiner Reise hingegen scheint nichts Besonderes an sich zu haben, nichts jedenfalls, was uns irritiert, beunruhigt oder gar verstört. Fangen wir mit dieser einfacheren Frage an und nutzen dann den Vergleich des Lebens mit einer Reise gleichsam als Brücke zu einem besseren Verständnis der angeblich größeren Frage nach dem Sinn des Lebens. Ich selbst werde diese Brücke zwar nach besten Kräften möglichst weit ausbauen, werde aber aus Zeitgründen nicht oft genug zwischen meiner Helsinki-Reise einerseits und Ihrem oder auch nur meinem Leben hin- und herpendeln können. Und so erkläre ich denn hiermit ausdrücklich: Wenn im folgenden von irgendwelchen Reisen die Rede ist, so ist die sogenannte Lebensreise immer mitgemeint. Wenn Sie im folgenden das Wort *Reise* lesen, denken Sie also bitte immer zugleich an das Leben, an meines und an Ihres.

Der Sinn meiner Reise. Informationsfrage. Nehmen wir an, ich befinde mich bereits auf der Fähre, die mich von Oslo nach Helsinki bringen soll. Ich stehe an der Reling und schaue dem chaotisch-sinnvoll-sinnlosen Spiel der Wellen zu. Was der Sinn und Zweck meiner Reise ist? Wenn mich das einer meiner Mitreisenden fragen würde, wüßte ich, was ich ihm antworten würde: Ich möchte auf die Insel Valö; und zu der komme ich nur über Helsinki. Also: *Den Sinn meiner Reise kennt, wer ihren Zweck kennt; und den kennt man, wenn man das Ziel meiner Reise kennt.* (Und jetzt gehen Sie bitte erstmals über die von mir gebaute Brücke.)

Zugegeben, ich hätte meine Antwort schon etwas informativer machen können. Das mache ich auch gleich. Denn der sympathische Mitreisende, mit dem ich meine Kabine zu teilen habe – er heißt übrigens Ernesto und hat, wie Sie gleich merken werden, keine Spur von Scheu auch vor ziemlich direkten Fragen – Ernesto also hakt sofort nach: „Nein nein, ich möchte den eigentlichen Sinn, den eigentlichen Grund Ihrer Reise wissen. Ich möchte nicht nur wissen, wohin Sie fahren, mich interessiert, warum Sie dahin fahren? Was ist der Sinn ihrer Reise nach Helsinki oder meinetwegen auch Valö? Was wollen Sie dort? Warum sind Sie nicht zu Hause geblieben?"

Was soll ich sagen? Es gibt für mich tatsächlich eine ganze Reihe von weiteren Gründen. Es gibt in diesem Sinne gar nicht *den* Sinn oder *den* Zweck meiner Reise; ich verfolge mit meiner Reise eine Reihe von ganz verschiedenen Zielen.

Hier ein paar meiner Gründe: Ich war schon einmal auf Valö, war dort sehr glücklich und möchte das verlorene Glück wiederfinden. Im übrigen liegt diese Insel direkt am Mittelpunkt der Welt. Zudem habe ich jetzt gerade mein Freisemester, und ich will wenigstens einen Teil desselben auf dieser Insel verbringen. Im September, ohne die Motorboote der Touristen, sind das einzige, was man dort hört, das Rauschen des Meeres und der Atem des Windes in den Wipfeln der Bäume. All dies wird mir und meiner Arbeit bestimmt sehr gut tun. Ja, so in etwa würde ich Ernesto antworten. Zunächst mal.

„Mmmhh", meint Ernesto, der mich doch besser zu kennen scheint als ich dachte, „ist das wirklich alles? Gibt es da nicht auch noch tiefere Gründe? Ich sehe Ihnen doch an, daß Sie noch nicht zum Eigentlichen gekommen sind. Nun sagen Sie schon, was ist der eigentliche Sinn ihrer Reise? Was wollen Sie wirklich dort?"

Was soll ich jetzt sagen? Das hängt stark davon ab, wie sehr ich mich Ernesto, den ich in dieser ersten Variante meiner Reise-Geschichte erst vor wenigen Augenblicken kennengelernt habe, schon zu öffnen bereit bin, wie tief ich ihn in mich hinein blicken lassen möchte. Soll ich ihm sagen, daß ich weiß, daß in den ersten Tagen auch Elisabeth und Georg Henrik auf Valö sein werden – und daß mir deren Nähe jetzt viel bedeutet? Soll ich ihm gar sagen, daß der eigentliche Grund meiner Reise nach Valö der ist, daß ich hoffe, dort endlich, endlich ... nein, das sag ich noch nicht. Das geht ihn nichts an. Noch nicht.

Auf die Frage nach dem Sinn meiner Reise gibt es nicht nur *eine* Antwort, sondern eine ganze Reihe verschiedener Antworten. *Alle* diese Antworten können richtig sein. Aber sie sind von unterschiedlicher Tiefe, wobei eine Antwort A genau dann tiefer ist als eine Antwort B, wenn ich die Reise nicht gemacht hätte, wenn es nur den Grund B, nicht aber auch den Grund A gegeben hätte. Und es wäre denkbar, daß eine Antwort tiefer ist als alle anderen. Sie gibt dann *den* Grund (sozusagen den „eigentlichen" Grund) dafür an, daß ich die ganze Reise mache. In dem Beispiel meiner Helsinki-Reise ist der eigentliche Grund der, den ich Ernesto vorenthalten habe.

Wie gesagt: Es *kann* sein, daß es einen solchen eigentlichen Grund gibt, es *muß* aber nicht sein. Vielleicht gibt es mehrere tiefere Antworten, mehrere tiefere Gründe, von denen jeder für sich schon hingereicht hätte, die Reise zu machen, die Reise fortzusetzen, die Reise nicht abzubrechen. Meine Reise wäre dann sozusagen sinnmäßig überdeterminiert. Es wäre dann grundfalsch, darauf zu bestehen, daß es doch *den* Sinn, den eigentlichen Sinn meiner Reise geben müsse, oder gar allgemein, daß es, damit eine Reise überhaupt sinnvoll sein kann, *den* Sinn der Reise geben müsse.

Der großen Wichtigkeit wegen, das gleiche noch einmal: Eine Reise kann sinnvoll sein, obgleich es *den* Sinn der Reise gar nicht gibt. Nebenbei bemerkt, ich glaube, daß die meisten unserer Reisen von dieser Art, d. h. sinnmäßig überdeterminierte Reisen, sind.

Wenn man unbedingt will, daß es *den* Sinn doch geben müsse: Nichts leichter als das. Legen wir einfach fest, daß „der Sinn meiner Reise" nunmehr nichts anderes bedeuten soll als die Summe aller Zwecke und Ziele, die ich mit der Reise verfolge. Aber man beachte, daß der Sinn in diesem neuen Sinne im Unterschied zu dem zuvor erwähnten eigentlichen Sinn jetzt nichts mehr mit Tiefe zu tun hat. Wenn von *dem* Sinn einer Reise die Rede ist, sollte, wenn man sich klar ausdrücken und klar verstanden werden möchte, eben auch immer klar sein, in welchem Sinne des Wortes dabei von *dem* Sinn die Rede ist. Alles andere klingt vielleicht tief, hat aber nichts mit echter Erkenntnis zu tun.

Sinn, im Sinne von Gesamtsinn, meiner Reise, das sind also, wie wir sagten, die ganzen verschiedenen Zwecke und Ziele meiner Reise. Diese Ziele und Zwecke sind Zwecke *von mir*: Sie sind meine Gründe für die Reise. Und wenn wir diese Gründe kennen, dann kennen wir, wie man auch sagen könnte, die Bedeutung, die Funktion oder die Relevanz, die die betreffende Reise für mich selbst hat. In diesem Sinne ist der Sinn meiner Reise genau der Sinn, den diese Reise für mich als einzelnes Subjekt selbst hat. Und für diesen Sinn gilt ganz sicher: Wenn überhaupt jemand den Sinn meiner Reise kennt, dann ich. Wer denn sonst? Wenn meine Reise einen solchen Sinn hat, dann kenne ich ihn. Oder sie hat eben keinen solchen Sinn. Und dann weiß ich das auch. Oder müßte es wenigstens wissen.

Der Sinn meiner Reise. Eine ganz andere Frage. Sie erinnern sich: Es war Ernesto, der mich nach dem Sinn meiner Reise gefragt hat. Und ich habe ihm daraufhin mehr oder weniger erschöpfend Auskunft gegeben. Entsprechend ist jetzt Ernesto über Sinn und Zweck meiner Reise mehr oder weniger gut informiert. Er hätte sich diese Information auch anderweitig beschaffen können. Er hätte zum Beispiel einfach meinen Freund Lutz fragen können; und vielleicht hätte er von dem in psychologischer Hinsicht mehr über mich erfahren, als ich selbst über mich weiß. Aber das ist jetzt nicht so wichtig. Denn wenn es darum geht, welchen Sinn ich selbst mit meiner Reise verbinde, dann ist klar, daß, woher Ernesto seine Informationen auch immer haben mag, es für die Richtigkeit dieser Informationen nur einen Maßstab gibt: Mich selbst. Was zählt, ist einzig und allein: Welchen Sinn meine Reise für mich selbst hat.

Ich glaube nicht, daß es mit der Frage nach dem Sinn meiner Reise bisher allzu große Probleme gegeben hat. Habe ich recht?

Jetzt ändern wir meine Geschichte ein wenig. Die äußere Szenerie bleibt die gleiche. Bloß stehe ich diesmal ganz allein an der Reling. Wieder schaue ich dem ewig gleichen Spiel der Wellen zu. Und auf einmal, sozusagen wie ein Blitz aus heiterem Himmel, schießt mir jene Frage, die mir vorher von Ernesto gestellt worden war, selbst durch den Kopf, frißt sich dort fest und nimmt von mir Besitz: *Ernesto hat recht: Welchen Sinn hat meine Reise denn wirklich? Was soll ich auf Valö? Was soll der ganze Aufwand? Wozu das alles?* Und auf einen Schlag steht mein ganzes Hiersein auf diesem über das Weltenmeer dahindümpelnden Fährschiffchen zur Disposition.

Und damit hat sich, das haben Sie alle gemerkt, auf einen Schlag auch unsere ganze Problemstellung geändert.

Das war gestern Abend. Die Frage nach dem Witz meiner Reise verfolgte mich die ganze Nacht. Ich konnte kein Auge zumachen. Und es war nicht nur die übliche Seekrankheit, die mir zu schaffen machte. Ich bin verändert. Meine Fröhlichkeit ist dahin. Ich verstehe mich selbst nicht mehr. Der Morgen graut. Wieder flüchte ich mich an die Reling. Ernesto, den ich in dieser zweiten Variante meiner Reisegeschichte übrigens schon seit langem kenne, folgt mir und fragt besorgt: *Na, was ist denn los? Geht's Dir nicht gut?* Und nun fehlt mir ganz einfach die nötige Kraft zur Distanz – es bricht aus mir heraus und ich höre mich selbst sagen: „Ernesto, was soll das alles? Wozu bin ich hier? Wozu mache ich denn diese Reise überhaupt?"

Es ist klar, was diese Fragen, egal, ob ich sie an mich oder an Ernesto richte, jetzt nicht mehr sind. Es sind keine Informationsfragen mehr. Und ich erwarte auch gar keine Information, auf die hin, wenn ich sie bekommen habe, die Sache damit erledigt, mein Problem behoben und die Welt für mich wieder in Ordnung wäre. Es ist nicht so, daß ich selbst einfach vergessen hätte, was der Sinn und Zweck meiner

Reise ist oder sein sollte, und ich jetzt Auskunft darüber erheische, was denn das nochmals war, was ich mit dieser Reise eigentlich wollte. Es sind keine Bitten, meiner Vergeßlichkeit auf die Sprünge zu helfen. Ich weiß, was es war, was ich wollte, aber ...

Die typischen Lebens-Reise-Sinnfragen sind wohl sehr oft, wenn nicht sogar meistens, von genau dieser Art. Was diese Art ausmacht, dazu später noch mehr. Aber es sind auf keinen Fall Informationsfragen.

Also sind sie, so lautet jedenfalls eine der in diesem Jahrhundert einflußreichsten Thesen aus der sogenannten Praktischen Philosophie, auch keine echten Fragen. Nur Informationsfragen sind echte Fragen. Und Sinnfragen der obigen Art sind keine solchen. Wer sich selbst oder einen anderen nach dem Sinn seiner eigenen Reise fragt, der stellt damit keine echte Frage im üblichen Sinne, d. h. keine Frage, die, wenn eine bestimmte Information geliefert ist (z. B.: na hör mal, Du wolltest doch nach Valö), ipso facto abgehakt wäre.

Derartige Sinnfragen, so die These des Emotivismus, sind Handlungen, die zwar äußerlich betrachtet Äußerungen von Sätzen in Frageform sind, in Wirklichkeit aber gar keine echten Fragen ausdrücken. Sie sind etwas ganz anderes: Es sind Handlungen mit einer versteckten Botschaft. Sie sind ein ziemlich verläßliches Signal dafür, daß mit dem Betreffenden etwas nicht stimmt. Daß er dabei ist, den Boden unter den Füßen zu verlieren. Daß er Hilfe braucht. Seine Fragen bedeuten in etwa: Ich kenne mich nicht mehr aus, finde mich auf meiner Reise nicht mehr zurecht. Und angemessene Reaktionen wären: Trost, Hilfe, Beistand, vielleicht auch regelrechte Betreuung oder gar Einweisung in eine psychiatrische Klinik. Wortreiche Erklärungen würden, wie wir wissen, die Hilflosigkeit des Fragenden oft nur noch steigern.

Ist es so? Ja, so ist es – jedenfalls häufig. „Was soll das alles?", „Wozu der ganze Aufstand?", „Was hat das alles für einen Sinn?", „Was soll ich noch auf diesem Dampfer?" – das sind oft keine echten Fragen mehr, sondern letzte Appelle vor dem Suizid.

Fragen nach dem Sinn des Lebens sind keine echten Fragen; es sind emotionale Appelle. Entsprechendes gilt für unsere verbalen Reaktionen darauf: Sie sind nichts anderes als verbalisierte Trost und Beistandsgesten, Gesten, deren Vollzug lebenswichtig sein kann – denen aber eines abgeht: ein kognitiver Gehalt. Es ist ziemlich egal, was Sie einem Lebensmüden auf dessen Reise-Sinnfragen hin sagen, die Hauptsache ist, Sie bleiben bei ihm und sagen überhaupt etwas zu ihm.

Das ist die, wie gesagt, in der Philosophie einflußreiche Theorie des sogenannten Emotivismus. Fragen und Antworten, bei denen es um den Sinn des Lebens geht, spielen dieser Theorie zufolge auf unserer Reise zwar eine wichtige Rolle – aber sie haben keinerlei Erkenntniswert. Zuständig für die Behandlung solcher Fragen ist daher nicht der Philosoph, allenfalls der Psychotherapeut.

Und ich will ihnen auch verraten, daß sich Ernesto in meinem Fall an diese Theorie gehalten – und das in dieser Situation einzig richtige getan hat: Er spendierte mir auf meine Fragen hin als erstes einen heißen Grog – und ließ mich die ganze Überfahrt nicht mehr aus den Augen.

Nicht nur emotiv. Trotzdem, die Theorie des Emotivismus ist falsch. Fragen der erwähnten Art tauchen zwar in der Tat vor allem in Krisenzeiten auf, und leider auch allzu oft erst dann, wenn es ohnehin schon zu spät ist. Aus dieser Tatsache und aus der Tatsache, daß diese Fragen dann keine Informationsfragen sind, bezieht der Emotivismus seine ganze Anziehungskraft.

Aber: Daß unsere Sinnfragen oft Appellfunktion haben, heißt nicht, daß sie nur diese Funktion haben. Und selbst wenn Dritten gegenüber diese Fragen tatsächlich nur von seelisch Verirrten oder geistig Verwirrten artikuliert würden, so folgt daraus nicht, daß es ein Zeichen von geistig-seelischer Gesundheit wäre, sich diese Fragen nicht selbst zu stellen. Gerade das Gegenteil könnte der Fall sein: Wer diesen Fragen ausweicht, für den könnte es dann, wenn sie sich nicht weiter verdrängen lassen, zu spät sein.

So ähnlich ist es wohl auch. Sinnfragen haben, so meine ich, gerade deshalb so oft nur noch reine Appellfunktion, weil diejenigen, die sich nur noch so dramatisch verhalten können, den Fragen zu lange ausgewichen waren.

Zum Glück stehen wir jetzt nicht an der Reling – und so haben wir etwas Zeit, uns in größerer Ruhe und Distanziertheit zu fragen, was ich denn so alles tun könnte, um den Sinn meiner Reise und damit, so hoffe ich, auch meine verlorene Lebensfreude wiederzufinden.

Was schlagen Sie vor: Noch einen Grog? Eine Runde autogenes Training? Ein Kurs in Tai Chi? Ein Wochenende mit der Urschreimethode? Oder, wenn das nicht hilft, der Einstieg in eine mehrjährige Psychoanalyse? Ein Flirt mit dem kessen Mädel aus der Nachbarkabine? Oder reicht, wie mein Kollege Kant berichtet, ein einziger Blick auf den gestirnten Himmel über mir?

Nun, eines ist klar: Alle Maßnahmen, die meiner Frage nach dem Sinn der Reise nur wieder ausweichen würden, können mir gestohlen bleiben. Also nichts mit Grog und einem schnellen Flirt. Es geht nicht darum, wie ich auch ohne eine Antwort auf meine Frage leben kann; es geht um die Antwort, und um nichts sonst. Und die Frage ist: Verdammt, was hat meine Reise überhaupt für einen Sinn? Wie bekomme ich das raus?

Das Standard-Verfahren. Allgemein. Auf unserer Fähre gab es natürlich außer Ernesto und mir weitere Passagiere. Ein älterer Herr, Engländer, Freidenker und zudem, wie er fast schon im Sinne einer Warnung selbst sagte, radikal naturwissenschaftlich denkend, hatte uns wohl schon längere Zeit zugehört und fragte, ob er sich nicht zu uns gesellen dürfe. Und ohne meine Antwort abzuwarten meinte er, er wisse aus eigener Erfahrung, wie meinem Problem am besten beizukommen wäre, nämlich mithilfe von SOV, soll heißen: mit dem *Sinn-Objektivierungs-Verfahren*. Er nahm einen Schluck aus seinem Flachmann — und schon begann er, mich mit seiner SOV−Methode zu traktieren. Von SOV gebe es verschiedene Varianten.

Die Variante 1 des Objektivierungsverfahrens SOV sagt: Die Welt ist nun mal so wie sie ist. Mal gefällt Dir die Reise, mal nicht. Kümmer' Dich nicht darum. Ändern kannst Du daran sowieso nichts. Wart's ab. Vielleicht sieht die Welt für Dich schon morgen wieder ganz anders aus.

Meine Replik: Fast wäre ich, wenn nicht Ernesto an meiner Seite gewesen wäre, auf diese, die allerbilligste aller SOV−Varianten hereingefallen. Aber jetzt, wo ich es mir in aller Ruhe überlegen kann, muß ich doch sagen: Diese Antwort nahm mich einfach nicht ernst. Was sie sagt, ist nichts anderes als: Vergiß Deine Frage. Das kann ich aber einfach nicht mehr. Und will es auch gar nicht. Und selbst wenn ich es jetzt könnte, was hülfe mir das? Sie kann jederzeit wieder auftauchen. Und schließlich − das ist das wichtigste − habe ich mich bereits entschieden: Verdrängt wird jetzt nicht mehr. Das ist es aber, was die Antwort von mir verlangt. Nein danke, so nicht mehr. Nicht mehr mit mir.

Variante 2 des SOV sagt: Junge, Du steckst jetzt einfach in der Midlife-crisis. Und zu der gehören einfach solche Schwindelgefühle, da kannst Du nichts machen. Da mußt Du durch.

Meine Replik: Das ist nur eine raffiniertere Neuauflage der ersten Variante. Es mag ja sein, daß meine Frage in bestimmten Lebensphasen gehäuft auftritt oder gar für diese reserviert ist; aber was mich interessiert, ist nicht eine Erklärung für das Auftreten der Frage, sondern eine Antwort. Auch diese Variante 2 nimmt meine Frage selber nicht ernst. Mich selbst daher auch nicht.

Variante 3 des SOV sagt: Der Sinn Deiner Lebens-Reise ist die Reise selbst.
Replik: Wie bitte? Was heißt denn das?

Variante 3a: Nun das heißt: Der Sinn Deiner Reise ist, daß Du das erfährst, was man nur bei Reisen erfährt: Neue Eindrücke, neue Erfahrungen, neue Länder, neue Leute usw.
Replik: Schon klar, wenn ich keine Reise mache, erfahre ich das alles nicht, was man erst erfährt, wenn man eine Reise macht. Aber welchen Sinn sollen diese Reise-Erfahrungen haben? Und mit dem gleichen Argument könnte man doch dafür plädieren, zu Hause zu bleiben, sich vor den Fernseher zu hocken und alle 37 Kanäle durchzuzappen. Denn natürlich gibt es immer auch Dinge, die man nur dann erfährt, wenn man keine Reise macht. (Ich gebe zu, hier hinkt die Lebens-Parallele ein bißchen.)

Variante 4 des SOV: Frage nicht nach dem Sinn, den die Reise für Dich hat, sondern danach, welchen Sinn Deine Reise im größeren Kontext hat. Und dann wirst Du sehen, daß auf der Welt nichts ohne Grund oder Ursache geschieht und nichts ohne Folgen ist.
Replik: Ja, ja, das mag ja sein, obwohl mir einige Kollegen aus der Fachrichtung Physik vor kurzem etwas anderes erzählt haben. Aber auch wenn es so wäre, wie Sie sagen. Dieses Verständnis von Sinn ist mir viel zu weit. Ich kann mit ihm nichts anfangen. Oder besser: Ich will mit ihm gar nichts anfangen. Wissen Sie: Ich suche schon einen Sinn, der nicht für alles, was geschieht, gleichermaßen einschlägig ist. Ich will schon einen Sinn, bei dem es einen Unterschied macht, ob ich meine Reise fortsetze, abbreche, gar nicht erst angetreten habe oder jetzt gleich – freiwillig oder nicht – über Bord gehe.

Und so ging es mit diesen und weiteren Sinn-Objektivierungs-Versuchen noch ziemlich lang weiter. Aber nichts, was ich hörte, war imstande, mir bei meiner Suche nach Sinn auch nur von Nutzen zu sein. Bei allem, was mir mein Gegenüber als Argument präsentierte, war meine Reaktion im Grunde die gleiche: Na und, selbst wenn es so ist, wie Sie sagen, was folgt daraus für mein Problem? Ob ich jetzt nach Valö fahren soll oder nicht, das weiß ich nach all diesen Argumenten immer noch nicht.

Na ja, meinte der ältere Herr resigniert, manche Leute sind eben unbelehrbar, sprach's, griff sich seinen Flachmann und wandte sich einer anderen Gruppe von Passagieren zu. Heute bin ich überzeugt: Wenn ich ihn nach Gründen für sein eigenes Verhalten gefragt hätte, er hätte mir keinen nennen können, der mit den Argumenten, die er selbst vorgebracht hatte, auch nur das geringste zu tun hätte. Ich glaube daher, wir können diesen Herrn ruhig dem Vergessen anheimgeben. Es gibt diesen Herrn im übrigen so oft, daß er nicht mal einen eigenen Namen verdient.

Damit war, wie mich ein Theologe gleich noch belehren sollte, das SOV-Repertoire noch längst nicht erschöpft. Ändern wir, um das klarer zu sehen, ein weiteres mal die Perspektive. Und zwar gleich in zweifacher Hinsicht. Zum einen nochmals die der Geschichte auf dem Schiff; zum anderen dann aber die der Objektivierungsstrategie selbst.

Was war es, was mich bestürzte, als ich bei meinem Blick auf die endlos sich wiederholenden Wellen plötzlich meinen bisherigen Reisesinn über Bord gehen sah? Es war dies: Ich wußte, daß diese Reise für mich nur dann einen Sinn hat, wenn *ich* selbst hinter diesem Sinn stehe. Noch genauer: Ich glaubte zu wissen, daß meine Reise für mich nur dann einen Sinn hat, wenn dieser Sinn auf mich selbst zurückgeht. Wenn ich sozusagen selbst der Sinn-Stifter meiner Reise bin. Und eben diese Sinn-Stifter-Rolle selbst war mit dem Verlust meines Reisesinnes gleich mit über Bord gegangen.

Das Wichtigste, was ich der damaligen Einmischung des besagten Theologen verdanke, ist die Einsicht, daß diese Koppelung zwischen meinem Reise-Sinn einerseits und meiner Rolle als Stifter dieses Sinns andererseits keine notwendige ist. Ich will unser damaliges Streitgespräch nicht nacherzählen, sondern die Sache gleich so darstellen, wie ich das heute als analytischer Philosoph täte, nämlich in möglichst simpler Form.

Wir ändern meine Reise-Problem-Lage einfach so, daß die bisherige Koppelung zwischen dem Sinn meiner Reise und meiner Rolle als Stifter des Sinns meiner Reise nicht mehr besteht.

Das ist ganz einfach: Ich mache die Reise in ihrer jetzt folgenden dritten Variante nicht erst mit 50, sondern schon mit 15. Und ich mache sie auch nicht aus eigener Initiative. Die Initiative zu meiner Reise geht allein von meinem Vater aus. Mehr als das: Er hat nicht nur die

Fahrkarten bezahlt und besorgt, mir genug Geld für die ganze Ferienzeit zugesteckt und Freunde von uns gebeten, mich in Helsinki abzuholen, nein, er hat, wie er selber sagte, auch für alles weitere vorgesorgt. Was das sogenannte Weitere alles sein soll, also den eigentlichen Sinn und Zweck des ganzen Unternehmens, darüber wollte er mir freilich kein Sterbenswörtchen verraten. Er sagte nur: *Du fährst jetzt nach Helsinki, und damit basta. Ich habe mit Dir noch einiges vor.* Er brachte mich noch aufs Schiff, Küßchen auf die Backe zum Abschied und dann „Gute Reise – und komm gesund wieder".

Tja, und jetzt, so dachte ich damals, bleibt mir, mit 15 bitteschön, nichts übrig, als den Wellen zuzuschauen und zu denken: „Welchen Sinn und Witz mag das Ganze wohl haben? Was könnte wohl der eigentliche Zweck meiner Reise sein?"

Und schon ist die Welt wieder in Ordnung. Keine bohrenden Zweifel. Keine schlaflosen Nächte. Meine Frage nach dem Sinn des Ganzen ist jetzt nichts weiter als ein Ausdruck jugendlicher Neugierde. Mein Vater meint es sicher gut mit mir und wird schon wissen, wo's langgeht. Heißa, wie schön ist die Welt!

Daß ich den Sinn meiner Reise selber nicht kenne, störte mich anfangs nicht weiter. Ich wußte, daß sie einen hat, und das reichte mir – anfangs.

Das war die erste Änderung unseres Szenarios. Und in diese ist die angekündigte zweite, nämlich die des Sinn-Objektivierungs-Verfahrens selbst, bereits eingebaut. Was jetzt den Sinn liefert, ist, anders als bei dem Herrn mit dem Flachmann, keine mir fremd gegenüberstehende unpersönliche Welt mehr, sondern mein treusorgender Vater, im Hintergrund tätig als Initiator und Organisator des Ganzen.

So nahe also können bei uns Menschlein Verzweiflung und zuversichtliche Lebensfreude beieinanderliegen. Eine kleine Änderung der Perspektive und schon sieht alles anders aus.

Es wird Sie daher überhaupt nicht verwundern, daß mir während meiner späteren Reise, also auf der mit 50, eine Reihe von gutmeinenden Leuten begegnen werden, die mir als Heilmittel gegen meine Sinnkrise – nun, was wohl empfehlen werden? Genau einen derartigen Perspektivenwechsel. Zwar ist mein Vater inzwischen schon lange tot. Aber das macht nichts, so werde ich gewiß zu hören bekommen – und ich weiß, an wen all diese gutmeinenden Leute und somit auch Sie jetzt mit Sicherheit denken.

Meinen Freund Ernesto hatte ich im übrigen bereits auf jener ersten Helsinki-Reise kennengelernt. Wie sich herausstellte, war er damals in der gleichen Lage wie ich. Bis auf den einen kleinen Unterschied: Während mein Vater der beste Vater war, den man sich überhaupt vorstellen kann, konnte man das von Ernestos Vater bei Gott nicht sagen. Zwar hatte auch der seinem Sohn, um ihn überhaupt zum Betreten des Schiffs zu bewegen, eine strukturell ähnliche Geschichte erzählt (für alles sei vorgesorgt, inklusive Abholung, Betreuung etc.); aber das war von A bis Z gelogen – eine finnische Killerorganisation war von Ernestos Vater bereits mit den entsprechenden Daten und Spesen versorgt. Der Alte wollte den Jungen einfach loshaben, das war's.

Ernesto erkannte diesen von außen vorgegebenen Zweck seiner Reise spätestens zu dem Zeitpunkt, als er sich von Vaters Geld seine erste Cola kaufen wollte. Falschgeld, wie er sich vorhalten lassen mußte. Kein Wunder, daß sich bei Ernesto eine bestimmte Frage sehr viel früher einstellte als bei mir. Nämlich die, was er mit dieser angetretenen Reise nun *selbst* anfangen will, welchen Sinn er selbst seiner Reise nun zu geben gedenkt. Oder denken Sie etwa, Ernesto hätte die Tatsache, daß auch seiner Reise von seinem Vater ein ganz bestimmter Zweck vorgegeben war, einfach so geschluckt? Und so kam es denn, daß Ernestos Frage nach dem Sinn seiner Reise, anders als bei mir, nicht länger eine bloße Frage kindlicher Neugierde blieb. Er wußte, daß er ab sofort seine Reise selbst in die Hand nehmen muß.

Angesichts von Ernestos Schicksal wird den Perspektivenwechsel nur empfehlen, wer nicht nur glaubt, daß unsere Reise von jemandem initiiert und organisiert ist, sondern auch, daß diese Initiative und Organisation, um es mal milde auszudrücken, nicht gegen unsere eigenen wohlbegründeten Interessen verstößt. Kurz, nur der, der glaubt, daß so ein Organisator wie bei mir dahintersteht, nicht so einer wie im Fall von Ernesto.

Jetzt versuche ich mich an die Gespräche zu erinnern, die ich auf jener Reise mit Ernesto führte, wobei ich einfügen möchte, daß uns glücklicherweise ein furchtbarer Sturm mehrere Tage im Hafen von Stockholm vor Anker gezwungen hatte. Wenn ich mich recht entsinne, waren unsere wichtigsten Überlegungen – von echten Resultaten zu reden, wäre übertrieben und voreilig – die folgenden:

Erstens: Daß es da jemanden gibt, der uns auf die Reise geschickt hat und mit uns vermittels unseres Antretens und Durchführens dieser Reise weiteres vorhat, genügt nicht, um dieser Reise einen für uns wirklich bedeutsamen Sinn zu geben, das heißt, einen Sinn, mit dem wir überleben bzw. leben können. Der Zweck, uns Menschenkinder mittels dieser Reise mehr oder weniger elegant wieder zu eliminieren, wäre jedenfalls kein in diesem Sinne bedeutsamer, d. h. auch für und von uns mittragbarer Sinn. Der Zweck muß ein guter Zweck sein. Und zwar gut für uns selbst. (Denn gut für die finnischen Killer wäre um ein Haar auch Ernestos Reise geworden − wenn wir beide das Steuer nicht noch rechtzeitig herumgerissen hätten.)

Zweitens: Eine wichtige Frage ist ferner die, ob (und gegebenenfalls wie) unser Initiator im Hintergrund für die Verwirklichung seiner Pläne vorgesehen hat, daß wir mitmachen. Und hier gibt es nur zwei Alternativen: Entweder es hängt auch von unseren eigenen Entschlüssen bzw. unserer Kooperation ab, ob wir der uns zugewiesenen Rolle gerecht werden; oder die Erfüllung dieser Rolle ist von unserer Mitwirkung ganz und gar unabhängig − wir sind dann kausal nur ein fünftes Rad am Wagen. Im ersten Fall kommen wir an der Frage, warum wir den Erwartungen unseres Reise-Initiators entsprechen sollen, nicht vorbei − diese Erkenntnis war für mich damals so etwas wie ein erster Schritt in Richtung Mündigkeit; und im zweiten Fall stellt sich die radikalere Frage, wie etwas unserer Reise Sinn geben kann, von dessen Bestimmung und Gelingen wie Mißlingen wir ausgeschlossen sein sollen.

Drittens: Ich will hier nicht auf Überlegungen der Art eingehen, daß wir unserem Vater, und mag dieser uns auch wohl gesinnt sein, deswegen folgen sollten, weil er uns hart bestrafen würde, falls wir die uns zugedachte Rolle nicht übernehmen. Denn solche Überlegungen würden uns nur Gründe liefern können, die bei einem Sklaven angebracht wären, der aus Klugheit und Angst dem Stärkeren gehorcht. Auf diese Ebene der Auseinandersetzung möchte *ich* mich aber, eingedenk der Güte meines eigenen Vaters, erst gar nicht begeben. Mag sein, daß Ernesto hier etwas anders denkt.

Viertens: Sind wir etwa verpflichtet, unsere Rolle deshalb zu spielen, weil wir unserem Vater unsere eigene Existenz verdanken, wir ohne dessen Zeugungsakt gar nicht auf dem Dampfer wären? Ernesto war strikt dagegen: Sein Argument: Die Absichten, die ein Vater mit der Planung eines Kindes verfolgen mag, verpflichten das Kind zu gar nichts. Es soll in dieser Welt Väter geben, die Kinder nur deshalb zeugen, um nach 5 oder 6 Jahren von deren Prostitutionseinnahmen leben zu können. Und überhaupt, wir Kinder, so sagte Ernesto, sind nicht gefragt worden, ob wir überhaupt auf die Reise gehen wollen oder nicht; also haben wir auch nicht die Pflicht, diese Reise nur deshalb fortzusetzen, weil unsere Eltern das wollen. Und schon gar nicht zu einem uns von ihnen vorgegebenen Zweck. Ist ein Kind erst einmal da, hat es bestimmte Rechte, die respektiert werden müssen; auch, wenn es erklärte Absicht der Eltern gewesen sein sollte, ein Wesen ohne diese Rechte in die Welt zu setzen.

Fünftens und jetzt ganz generell: Eine Figur in Vaters Spiel zu sein, wie könnte das überhaupt meiner Reise einen Sinn geben? Zudem noch unter der Voraussetzung, daß ich weiß, daß ich eine solche Figur in seinem Spiel bin, ich aber nicht über den Sinn und Zweck meiner Reise informiert worden bin? Oder soll einer der Zwecke unserer Reise eben gerade darin bestehen, daß wir unsere Reise auch ohne Information über die eigentlichen Hintergrundzwecke zu Ende führen, der Zweck meiner Reise also sozusagen so etwas wie Einübung in den Gehorsam gegenüber dem Vater wäre? Aber warum hat er dann nicht nur gesagt „Du machst diese Reise nach Helsinki – und damit basta", sondern mich auch noch wissen lassen, daß er damit über Gehorsamseinübung hinaus noch weitere Pläne verfolgt?

Nun, das waren damals unsere Überlegungen. Wie man eben so denkt, wenn man so um die 15 herum mit dem eigenen Denken beginnt.

Sehr viel neue Gedanken sind seitdem nicht hinzugekommen. Das hat zum einen den üblichen Grund. Lange Jahre hatte ich, mit Verlaub gesagt, wie jeder von uns, „Wichtigeres" zu tun. Auch wenn Reise-Fragen, wie man ab und zu hört, zu den wichtigsten Themen der Philosophie gehören mögen, Karriere macht man damit nicht, jedenfalls nicht bei uns. Zum andern aber glaube ich nach meiner bisherigen Durchsicht der Literatur sagen zu dürfen, daß es sehr viel mehr und sehr viel bessere Argumente bislang auch nicht gibt.

Was ich heute aber klarer als damals zu sehen glaube, ist dies: Zwar sind die Vater-Initiator-Argumente sehr viel plausibler als alle Flachmann-Argumente; aber sie sind letztlich eben auch nichts anderes als SOV-Argumente – und so dem gleichen Einwand ausgesetzt wie alle Argumente von dieser Sorte: Angenommen, die Argumente treffen zu. Was würde aus ihnen für mein eigenes Reise-Sinn-Problem – soll ich noch nach Valö fahren oder nicht? – folgen? Die Antwort ist frustrierend: Nichts.

Nicht, weil diese Argumente von A bis Z falsch wären. Ihr „Fehler" ist nur, daß sie durch die Bank Antworten auf eine Frage sind, die ich gar nicht gestellt hatte. Die mich wirklich quälende Frage, welchen Sinn meine Reise jetzt, da ich an deren bisherigen Sinn selbst nicht mehr glaube, noch haben könne, diese Frage war von ganz anderer Art als die mich überhaupt nicht quälende Frage danach, welchen versteckten Vater-Sinn meine Reise wohl hat. Letzteres war eine reine Informationsfrage. Was hat mein Vater wohl mit mir vor? Meine Frage war eine ganz andere: Ich stand vor einem Entscheidungsproblem. Und zwar vor einem grundsätzlichen.

Was hat meine Reise für einen Sinn? Was will ich überhaupt auf Valö? Ist mir das, was ich dort will, wirklich so viel wert? Angenommen, ich habe alle meine Wünsche, die ich mir dort zu erfüllen hoffe, erfüllt – was dann? Bedeutet mir die Erfüllung dieser Wünsche wirklich so viel? Oder in der früheren Reise-Variante: Ist, daß mein Vater mit mir zufrieden ist, wirklich so wichtig?

Und jetzt kommt der einzig entscheidende Punkt – wenn man an dem ist, ist der erste Schritt zur Lösung meines Reise-Sinn-Problems getan: Gibt es für mich denn nichts Wichtigeres? Was ist mir am wichtigsten? Was will ich denn wirklich?

Das, so scheint mir, dürfte die schwierigste Frage unseres Lebens sein – und zugleich die wichtigste.

It is NOW

by Uwe Meixner

Franz von Kutschera has recently proved the completeness of "TxW-logic": a combination of tense and modal logic for worlds or histories with the same time order[1]. In order to obtain this result, he strengthened the object-language logic by (a modified version of) Gabbay's irreflexivity rule, and the completeness proof itself makes crucial use of Gabbay's irreflexivity lemma. This suggests that the main obstacle to proving TxW-logic complete is the well known limited power of expressibility of *P,F*-logic, ordinary tense logic — a condition that can in some measure be remedied by introducing Gabbay's irreflexivity rule.

Since this rule is a somewhat unwieldy item, this paper introduces a tense-logical operator which — if added to *P* ("it was") and *F* ("it will be"), and provided the concept of a tense-logical valuation is modified in a certain way — allows to present a perspicuous formula that is characteristic for the irreflexivity of the temporal ordering in ordinary temporal frames. It is well known that there is no such formula, if merely *F* and *P* are considered, and tense-logical valuations are standardly defined.

It also allows to present a formula which is characteristic for the linearity of the temporal ordering in ordinary temporal frames (the formula is a material implication that, rather pleasingly, is the converse of a material implication characteristic for irreflexivity). Note that *PFA* → *PA*∨*A*∨*FA* is characteristic for right-linearity, and *FPA* → *PA*∨*A*∨*FA* characteristic for left-linearity; but linearity is not simply the conjunction of right- and left-linearity, and therefore (*PFA* → *PA*∨*A*∨*FA*) ∧ (*FPA* → *PA*∨*A*∨*FA*) is not characteristic for linearity. Consider the following temporal frame: two isolated time-points not connected by a temporal relation; in other words, the temporal frame

---

[1] Cf. Kutschera [1996]

⟨T,R⟩ consists of a set of two time-points T={t_1,t_2}, and a relation R which is taken to be the empty set (the emptiness of R is not essential for proving what is to be shown, but it makes the proof particularly simple). It is easily seen that R is not linear on T: neither t_1Rt_2, nor t_2Rt_1, nor $t_1=t_2$; but, trivially, it is both right- and left-linear on T (both "For all t,t',t" in T: if t"Rt and t"Rt', then tRt' or t'Rt or t=t'" and "For all t,t',t" in T: if tRt" and t'Rt", then tRt' or t'Rt or t=t'" are trivially true), and according to standard semantics both $FPA \rightarrow PA \vee A \vee FA$ and $PFA \rightarrow PA \vee A \vee FA$ are true in ⟨T,R⟩ for any A.

How then is linearity expressed? The truth of the matter is that there simply is no P,F-formula that expresses (full) linearity (the idea for a simple proof of this can be can be gotten from Rescher/Urquhart [1971, 120]). This seems to be much less generally known than the inexpressibility of irreflexivity in P,F-logic. In any case, there is no general feeling of a deficiency in P,F-logic due to the inexpressibility of linearity, although linearity can hardly be said to be a less important feature of time than irreflexivity.

Let L be a propositional language with the tense operators F, P and N^* (and the basic truth-functional operators $\neg$ and $\rightarrow$). N^* is to be read as "It is now, at this special moment t*, the case that"; $N^*(A \rightarrow A)$, in particular, is to be read as "It is now this special moment t*", or in other words "It is NOW" (and correspondingly N^*p may also be read as "It is NOW the case that"). Thus N^* says neither merely "it is now the case that", nor merely "it is at the special moment t* the case that". N^* is the operator of implicitly dated presence. (Note that someone who says "It is now, at this special moment t*, the case that p" need not be able to specify t*, to identify it explicitly as a specific date.) This operator is in fact used in ordinary language: we sometimes say sentences of the following form: "It is NOW, and A", which is logically equivalent to N^*A. More often we don't actually say such sentences, but rather are convinced of what they say: that it is now, at this special moment t*, that such and such beautiful (or terrible) things happen – the conviction of which is part and parcel of a mode of feeling that might be termed "the feeling of the specialness of the presence" (a feeling that has a basis in the ontology of time, although nobody will deny that there are countless moments of time, and that they all are, have been or will be present).

Let ⟨T,R⟩ be a temporal frame; that is, T is a non-empty set of time-points, R is a relation on T. The concept of a *centered valuation* of L on ⟨T,R⟩ is defined as follows:

DEFINITION 1:

V is a centered valuation of L on $\langle T,R \rangle$:= V is a function whose domain is the union of TxL and {T}, and for which the following conditions hold:

(i) $V(T) \in T$;
(ii) for every formula A of L and every t in T: $V(t,A) \in \{0,1\}$;
(iii) for all formulae A and B of L and every t in T:
  $V(t,\neg A)=1$ iff $V(t,A)=0$;
  $V(t,A \to B)=1$ iff $V(t,A)=0$ or $V(t,B)=1$;
  $V(t,FA)=1$ iff there is a t' such that: tRt' and $V(t',A)=1$;
  $V(t,PA)=1$ iff there is a t' such that: t'Rt and $V(t',A)=1$;
  $V(t,N^*A)=1$ iff $t=V(T)$ and $V(t,A)=1$.

Centered valuations of L on $\langle T,R \rangle$ differ from normal valuations in having one extra element in their domain, namely T itself, from which they select one element: their center; this special time-point is then used for giving the truth condition for N^*A.

With respect to centered valuations the formula $N^*p \to \neg PN^*p$ can be seen to be characteristic for temporal frames $\langle T,R \rangle$ where R is irreflexive:

(1) Let $\langle T,R \rangle$ be a temporal frame, R being irreflexive; assume there is a centered valuation V of L on $\langle T,R \rangle$ such that there is a $t \in T$ and $V(t,N^*p \to \neg PN^*p)=0$; hence $V(t,N^*p)=1$ and $V(t,PN^*p)=1$; hence $t=V(T)$ and $V(t,p)=1$, and there is a t' such that t'Rt and $t'=V(T)$ and $V(t',p)=1$; from this we obtain tRt − contradicting the irreflexivity of R.

(2) Let $\langle T,R \rangle$ be a temporal frame, R being not irreflexive; hence there is a t (in T) such that tRt; obviously there is a centered valuation V of L on $\langle T,R \rangle$ such that $V(T)=t$ and $V(t,p)=1$; hence $V(t,N^*p)=1$ and $V(t,PN^*p)=1$ (since tRt); hence $V(t,N^*p \to \neg PN^*p)=0$.

Thus we have:

THEOREM 1:

For every temporal frame $\langle T,R \rangle$: R is irreflexive iff every centered valuation of L on $\langle T,R \rangle$ verifies $N^*p \to \neg PN^*p$ at every t in T.

$N^*p \to \neg FN^*p$ and $N^*(p \to p) \to (\neg FN^*(p \to p) \land \neg PN^*(p \to p))$ would do as well for characterizing irreflexivity. The converse of the latter formula, however, is characteristic (with respect to centered valuations) for temporal frames $\langle T,R \rangle$ where R is linear on T:

(1) Let $\langle T,R \rangle$ be a temporal frame, R being linear on T; assume there is a centered valuation V of L on $\langle T,R \rangle$ such that there is a $t \in T$ and $V(t, \neg FN^*(p \to p))=1$ and $V(t, \neg PN^*(p \to p))=1$ and $V(t, N^*(p \to p))=0$; by the linearity of R on T: $R(V(T),t)$ or $R(t,V(T))$ or $t=V(T)$; since $V(t, p \to p)=1$ and $V(t, N^*(p \to p))=0$: $V(T) \neq t$; since $V(V(T), N^*(p \to p))=1$ and $V(t, FN^*(p \to p))=0$ and $V(t, PN^*(p \to p))=0$, not $R(V(T),t)$ and not $R(t,V(T))$; hence the linearity of R on T is being contradicted.

(2) Let $\langle T,R \rangle$ be a temporal frame, R not being linear on T; hence there are t,t' in T such that neither tRt' nor $t'Rt$ nor $t=t'$; obviously there is a centered valuation V of L on $\langle T,R \rangle$ with $V(T)=t$; hence $V(T) \neq t'$ [else $t=t'$], hence $V(t', N^*(p \to p))=0$; hence for every t'': if $t''Rt'$, then $t'' \neq V(T)$ [else tRt'], hence $V(t', \neg PN^*(p \to p))=1$; hence for every t'': if $t'Rt''$, then $t'' \neq V(T)$ [else $t'Rt$], hence $V(t', \neg FN^*(p \to p))=1$.

Thus we have:

THEOREM 2:
For every temporal frame $\langle T,R \rangle$: R is linear on T iff every centered valuation of L on $\langle T,R \rangle$ verifies $(\neg PN^*(p \to p) \wedge \neg FN^*(p \to p)) \to N^*(p \to p)$ at every t in T.

The next question is of course, how the logic of P, F and N^* is to be adequately axiomatized (with respect to centered valuations). Consider *minimally adequate temporal frames*, that is, temporal frames $\langle T,R \rangle$ where R is transitive, irreflexive and linear on T.

DEFINITION 2:
B is a valid* formula of L := B is a formula of L such that for all T,R and V: if $\langle T,R \rangle$ is a minimally adequate temporal frame and V is a centered valuation of L on $\langle T,R \rangle$, then for every t in T: $V(t,B)=1$.

The axiomatic system S* (specified below) can easily be seen to be sound with respect to valid* formulae of L (and I conjecture that it is also complete). S* is obtained by adding to the appropriate P,F-basis for linear time (including truth-functional propositional logic based on $\neg$ and $\to$) the following axiom-schemata:

N*1 $N^*A \to A$
N*2 $N^*B \to (A \to N^*A)$
N*3 $N^*A \to \neg PN^*A$, $N^*A \to \neg FN^*A$
N*4 $\neg PN^*(A \to A) \to (\neg FN^*(A \to A) \to N^*(A \to A))$

The following schemata of formulae, for example, are then provable in S*:

$(B \to A) \to (N^*B \to N^*A)$
$N^*A \leftrightarrow N^*N^*A$
$N^*A \leftrightarrow (A \land N^*(p \to p))$[2]
$\neg N^*FN^*A$
$\neg N^*PN^*A$ [3]
$(\neg PN^*A \land \neg FN^*A \land \neg P \neg A \land \neg F \neg A \land A) \to N^*A$
$(\neg FN^*A \land \neg FN^* \neg A \land \neg PN^*A \land \neg PN^* \neg A \land \neg N^* \neg A) \leftrightarrow N^*A.$

No formula N^*A is provable in S*. Else $N^*(p \to p)$ would also be provable in S*; but $N^*(p \to p)$ is not a valid* formula of L, and S* is sound with respect to validity* (only valid* formulae of L are provable in S*). It is interesting to see what happens if $N^*(p \to p)$ is added to S*. Then $N^*A \leftrightarrow A$ becomes provable (by N*1 and N*2); but given this, $p \to \neg Fp$ and $p \to \neg Pp$ become provable as well (by N*3). Both these formulae are characteristic of temporal frames $\langle T,R \rangle$ in which R is empty. Consider $p \to \neg Pp$:

(1) Let $\langle T,R \rangle$ be a temporal frame, R being empty; assume there is a centered valuation V of L on $\langle T,R \rangle$ such that there is a t in T with $V(t,p)=1$ and $V(t,\neg Pp)=0$; hence $V(t,Pp)=1$, hence there is a t' with $t'Rt$ — but this contradicts the emptiness of R.

(2) Let $\langle T,R \rangle$ be a temporal frame, R not being empty; hence there is a t and a t' such that $t'Rt$; obviously there is a centered valuation V of L on $\langle T,R \rangle$ with $V(t,p)=1$ and $V(t',p)=1$; hence $V(t,Pp)=1$, hence $V(t,p \to \neg Pp)=0$.

$N^*(p \to p)$ itself is characteristic of temporal frames $\langle T,R \rangle$ in which T contains precisely one element:

(1) Let $\langle T,R \rangle$ be a temporal frame, T containing precisely one element; assume there is a centered valuation V of L on $\langle T,R \rangle$ such that there is a t in T with $V(t,N^*(p \to p))=0$; hence $V(T) \neq t$; but this, since $V(T) \in T$, contradicts T's containing precisely one element.

(2) Let $\langle T,R \rangle$ be a temporal frame, T not containing precisely one element; hence there are t, t' in T and $t \neq t'$ (T is non-empty); obviously there is a centered valuation V of L on $\langle T,R \rangle$ with $V(T)=t$; hence $V(t',N^*(p \to p))=0$.

---

[2] This schema makes it very easy to prove $N^*(A \land B) \leftrightarrow (N^*A \land N^*B)$, $N^*(A \lor B) \leftrightarrow (N^*A \lor N^*B)$.

[3] The latter two formulae express irreflexivity!

All this fits very well. For if $\langle T,R \rangle$ is a temporal frame with T containing precisely one element, then R is trivially linear on T; and then R is irreflexive iff R is empty. Correspondingly: by adding $N^*(p \to p)$ to S^* we obtain a system in which N^*4 is a trivial theorem, and in which N^*3 — the axiom-schemata characteristic for irreflexivity — can be equivalently replaced by $A \to \neg PA$ and $A \to \neg FA$, which are the axiom-schemata characteristic for emptiness. Moreover, the emptiness of R trivially implies the transitivity of R, which is expressed by formulae of the form $FFA \to FA$, $PPA \to PA$; and correspondingly we have: since $\neg FA$ is provable in $S^* + N^*(p \to p)$ [assume FA, hence $F(p \to p)$, hence by the contraposition of $B \to \neg FB$: $\neg(p \to p)$ — which is a contradiction], $\neg FFA$ is also provable in $S^* + N^*(p \to p)$ [$\neg FFA$ is an instance of $\neg FA$]; hence, trivially, $FFA \to FA$ is provable in $S^* + N^*(p \to p)$.

Clearly, the addition of $N^*(p \to p)$ to S^* trivializes the system. Yet, in a manner, $N^*(p \to p)$ could very well be regarded as a valid formula of L, and it is one, if we introduce an alternative definition of validity:

DEFINITION 3:
B is a valid+ formula of L := B is a formula of L such that for all T, R and V: if $\langle T,R \rangle$ is a minimally adequate temporal frame and V a centered valuation of L on $\langle T,R \rangle$, then $V(V(T),B)=1$.

Obviously any valid* formula of L is a valid+ formula of L, but not *vice versa*: $N^*(p \to p)$ is a case in point. But although S^*, we may assume, is sound and complete with respect to the valid* formulae of L, there can be no adequate axiomatization of the valid+ formulae of L that is simply an extension of S^*; for S^* includes the rule $A \vdash \neg F \neg A$, and while this is a rule that preserves validity*, it is not a rule that preserves validity+: while $N^*(p \to p)$ is valid+, $\neg F \neg N^*(p \to p)$ is not: there are of course T, R and V such that $\langle T,R \rangle$ is a minimally adequate temporal frame and V a centered valuation of L on $\langle T,R \rangle$ and $V(V(T),F \neg N^*(p \to p))=1$.

By considering validity+ besides validity*, I have started a parade of alternatives to the semantical approach first presented by me. Notice next, that we can define in L: NOW := $N^*(p \to p)$ ("NOW" is not a term, but a formula which is to be read as "It is NOW"; compare the fifth paragraph of this paper). But taking "NOW" as basic in a language L' which is otherwise like L, we might as well define in L': N^*A := NOW$\wedge A$, and change the definition of centered valuations accordingly: "$V(t,\text{NOW})=1$ iff $t=V(T)$" instead of "$V(t,N^*A)=1$ iff t=V(T) and V(t,A)=1". Maybe the second way is even more natural than the first, but it certainly is more elegant: we can drop without replacement axioms N*1 and N*2, N*3 becomes NOW → ¬FNOW, NOW → ¬PNOW, and N*4 ¬PNOW → (¬FNOW → NOW). As a theorem we have NOW ↔ (¬PNOW ∧ ¬FNOW): "It is NOW iff it never was NOW, and never will be".[4]

I have used ordinary temporal frames, but centered valuations. Why not use ordinary valuations, but centered temporal frames?

DEFINITION 4:
A centered temporal frame is a triple ⟨T,R,x⟩ consisting of a non-empty set T (of time-points), a relation R on T, and a special element x of T.

Let ⟨T,R,x⟩ be a centered temporal frame.

DEFINITION 5:
V is a valuation of L on ⟨T,R,x⟩ := V is a function whose domain is T×L and for which the following conditions hold: [the rest is like definition 1, except that clause (i) is dropped, and that the condition for N^* now reads: "V(t,N^*A)=1 iff t=x, and V(t,A)=1"; if we refer to L' instead of L, we have "V(t,NOW)=1 iff t=x"].

DEFINITION 6:
B is a valid formula of L := B is a formula of L, and for all T,R,x,V: if ⟨T,R,x⟩ is a minimally adequate centered temporal frame and V a valuation of L on ⟨T,R,x⟩, then for every t in T: V(t,B)=1.

Indeed, why not base the whole affair on these three definitions instead? For we have:

THEOREM 3:
B is a valid formula of L iff B is a valid* formula of L.

The proof of this is rather obvious. However, on the basis of definitions 4 and 5 we cannot retrieve the expressibility results obtained

---

[4] Clearly, "It is NOW the case that" says something different from Kamp's "It is Now the case that": for Kamp's "Now" we have as a logical truth "If it is Now the case that A, then it always will be Now the case that A" (compare Burgess [1984, 124]); this is not a logical truth for "NOW". On the other hand, "If it is NOW the case that A, then it never will be NOW the case that A" is a logical truth for "NOW", but not for "Now". Both uses of "now" — in the sense of "Now" and in the sense of "NOW" — occur in ordinary language, but "NOW" seems not to have been noticed so far by logical semantics.)

above. It is true that $N^*p \rightarrow \neg FN^*p$ is valid in every centered temporal frame $\langle T,R,x \rangle$ where R is irreflexive; but it is not true that R is irreflexive for every centered temporal frame $\langle T,R,x \rangle$ in which $N^*p \rightarrow \neg FN^*p$ is valid. Consider the frame $\langle T,R,x \rangle := \langle \{t,x\}, \{\langle t,t \rangle\}, x \rangle$ (x is a time-point that is not identical to t). It is easily verified that $\langle T,R,x \rangle$ is a centered temporal frame for which R is not irreflexive; but nevertheless for every valuation V of L on $\langle T,R,x \rangle$ and every t′ in T: $V(t',N^*p \rightarrow \neg FN^*p)=1$: t′ must be either t or x; if it is x, then $V(t',\neg FA)=1$, since there is no t″ such that xRt″, hence $V(t',N^*p \rightarrow \neg FN^*p)=1$; if it is t, then $V(t',N^*A)=0$, since $t \neq x$, hence $V(t',N^*p \rightarrow \neg FN^*p)=1$.

Also: it is true that $(\neg PNOW \wedge \neg FNOW) \rightarrow NOW$ is valid in every centered temporal frame $\langle T,R,x \rangle$ where R is linear on T; but it is not true that R is linear on T for every centered temporal frame $\langle T,R,x \rangle$ in which $(\neg PNOW \wedge \neg FNOW) \rightarrow NOW$ is valid. Consider the frame $\langle T,R,x \rangle := \langle \{t,t',x\}, \{\langle t,x \rangle, \langle t',x \rangle\}, x \rangle$ (t and t′ are time-points differing from each other and from x). It is easily seen that $\langle T,R,x \rangle$ is a centered temporal frame for which R is not linear on T, but that nevertheless $(\neg PNOW \wedge \neg FNOW) \rightarrow NOW$ is valid in it.

This shows that centered valuations of L *plus* ordinary temporal frames are equivalent to ordinary valuations of L *plus* centered temporal frames with respect to *logical truth*, but not with respect to *the expression of frame-properties*. Other things being equal, it is clear that centered valuations of L *plus* ordinary temporal frames should be preferred on account of their greater ability in expressing these properties.

But centered valuations of L *plus* ordinary temporal frames are *entirely equivalent* to ordinary temporal frames *plus* double-indexed valuations. Let $\langle T,R \rangle$ be a temporal frame:

DEFINITION 7:
V is a double-indexed valuation of L on $\langle T,R \rangle := $ V is a function whose domain is TxTxL and for which the following conditions hold:

(i) for all $t,t' \in T$ and every formula A of L: $V(t,t',A) \in \{1,0\}$;
(ii) for all $t,t' \in T$ and all formulae A and B of L:
$V(t,t',\neg A)=1$ iff $V(t,t',A)=0$,
$V(t,t',A \rightarrow B)=1$ iff $V(t,t',A)=0$ or $V(t,t',B)=1$,
$V(t,t',FA)=1$ iff for some t″: t′Rt″ and $V(t,t'',A)=1$;

$V(t,t',PA)=1$ iff for some t'': $t''Rt'$ and $V(t,t'',A)=1$,
$V(t,t',N^*A)=1$ iff $t'=t$ and $V(t,t',A)=1$.[5]

It is easily checked that the expressibility results available for centered valuations of L are also available for double-indexed valuations. (For example: Let $\langle T,R \rangle$ be a temporal frame, such that R is not linear on T; hence there are time-points t and t' in T such that neither tRt' nor $t'Rt$ nor $t=t'$. Then $V(t,t',\text{NOW})=0$, since $t' \neq t$; $V(t,t',F\text{NOW})=0$, since there is no t'' with $t'Rt''$ and $V(t,t'',\text{NOW})=1$ [else $t''=t$ and $t'Rt$]; $V(t,t',P\text{NOW})=0$, since there is no t'' with $t''Rt'$ and $V(t,t'',\text{NOW})=1$ [else $t''=t$ and tRt'].)

Moreover we have:

THEOREM 4:
For any formula B of L: If $\langle T,R \rangle$ is a minimally adequate temporal frame and V a double-indexed valuation of L on $\langle T,R \rangle$ and t,t' elements of T with $V(t,t',B)=0$, then there is a temporal frame $\langle T^*,R^* \rangle$ which is isomorphic to $\langle T,R \rangle$ [hence minimally adequate] and a centered valuation V^* of L on $\langle T^*,R^* \rangle$ such that for $\langle t,t' \rangle$ in T^*: $V^*(\langle t,t' \rangle,B)=0$.

Proof:
Let B be a formula of L, $\langle T,R \rangle$ a minimally adequate temporal frame, t and t' elements of T, V a double-indexed valuation of L on $\langle T,R \rangle$ with $V(t,t',B)=0$. $T^* := \{t\} \times T$; $xR^*y :=$ there are t_1,t_2 in T such that $x=\langle t,t_1 \rangle$ and $y=\langle t,t_2 \rangle$ and t_1Rt_2; there is no difficulty in showing that $\langle T^*,R^* \rangle$ is a temporal frame that is isomorphic to $\langle T,R \rangle$. We stipulate V^* to be a function whose domain is $T^* \times L$, and such that for any $\langle t,t'' \rangle$ in T^* and any A of L: $V^*(\langle t,t'' \rangle,A) = V(t,t'',A)$, and such that $V^*(T^*) = \langle t,t \rangle$; there is no difficulty in showing that V^* is a centered valuation of L on $\langle T^*,R^* \rangle$; and we have $\langle t,t' \rangle$ in T^* and $V^*(\langle t,t' \rangle,B)=0$.

Finally:

THEOREM 5:
For any formula B of L: if $\langle T,R \rangle$ is a minimally adequate temporal frame, $t \in T$ and V a centered valuation of L on $\langle T,R \rangle$ with $V(t,B)=0$, then there is a double-indexed valuation V^* of L on $\langle T,R \rangle$ with $V^*(V(T),t,B)=0$.

---

[5] Compare the truth-condition for N^* with that for Kamp's Now, for which double-indexed valuations were first introduced: "$V(t,t',JA)=1$ iff $V(t,t,A)=1$".

Proof:
Let B be a formula of L, $\langle T,R \rangle$ a minimally adequate temporal frame, t an element of T, V a centered valuation of L on $\langle T,R \rangle$ with V(t,B)=0. We associate any t' in T with a centered valuation V[t'] of L on $\langle T,R \rangle$ such that V[t'](T)=t', and such that V[V(T)]=V. We stipulate V* to be a function whose domain is TxTxL, and such that for any t',t" in T and any formula A of L: V*(t',t",A) = V[t'](t",A). V* is a double-indexed valuation of L on $\langle T,R \rangle$:

Assume t',t" are in T, A a formula of L; consider the interesting cases:

V*(t',t",FA)=1 iff V[t'](t",FA)=1 iff there is a t''' such that t"Rt''' and V[t'](t''',A)=1 iff there is a t''' such that t"Rt''' and V*(t', t''',A)=1;

V*(t',t",N*A)=1   iff   V[t'](t",N*A)=1   iff   t"=V[t'](T)   and V[t'](t",A)=1 iff t"=t' and V(t',t",A)=1.

And we have V*(V(T),t,B)=V[V(T)](t,B)=V(t,B)=0.

Theorems 4 and 5 also hold true if we add, as is surely desirable, Kamp's Now (J) to L (for centered valuations V of L on a temporal frame $\langle T,R \rangle$ we then have for any t∈T: V(t,JA)=1 iff V(V(T),A)=1, and N*A→JA is valid* for any formula A of L). This shows that centered valuations do as well as double-indexed valuations in the semantical treatment of Kamp's Now.

References

BURGESS, J. P. (1984): "Basic Tense Logic". In D. Gabbay & F. Guenthner (eds.), *Handbook of Philosophical Logic*. Dordrecht (Reidel), 89–133.

KUTSCHERA, F.v. (1996): "TxW Completeness". Forthcoming in *Journal of Philosophical Logic*.

RESCHER, N./URQUHART, A. (1971): *Temporal Logic*. Wien/New York (Springer).

Der epistemologische Kulturrelativismus: Eine dialogische Paralyse?

von C. Ulises Moulines

Es besteht wohl kein Zweifel daran, daß der Zeitgeist unserer Epoche ein relativistischer ist: Relativismus in bezug auf Moral, Politik, Kunst und Wissenschaft, kurz in bezug auf alles, was der Orientierung des Menschen dienen sollte.

Auch wenn der Relativismus selbst im Grunde eine durchaus *philosophische* Einstellung darstellt (denn sie entspricht einer generalisierenden Reflexion *über* Moral, Wissenschaft, usw.), so gehen noch viele Philosophen davon aus, daß die gegenwärtige Popularität des Relativismus kein Grund zum Feiern ist. Und ich glaube, sie haben recht. Denn ich gehöre selbst zum noch Widerstand leistenden Bataillon von Leuten, die meinen, daß die Aussagen des Relativismus entweder auf trivialen Mißverständnissen beruhen oder aber nachweislich falsch bzw. selbstaufhebend sind und daß die Grundeinstellung als solche eine Katastrophe für das spezifisch philosophische Unternehmen des klaren Denkens darstellt. Worin allerdings die meisten antirelativistischen Philosophen irren, ist m. E. in der Annahme, der Relativismus wäre ein so offensichtlicher Unsinn, daß man ihn sehr leicht widerlegen bzw. beiseite lassen könnte. Im Gegensatz dazu bin ich der Meinung, daß der Relativismus in seinen verschiedenen Spielarten genau analysiert und differenziert werden muß, daß einige seiner Varianten plausibler erscheinen als andere und daß die relativistische Herausforderung schon deswegen sehr ernst zu nehmen ist, weil viele Bereiche unseres geistigen Lebens, etwa in den Sozialwissenschaften, vom Relativismus durch und durch geprägt sind.

Einer der wenigen zeitgenössischen deutschen Philosophen, der sich schon vor einigen Jahren mit dem Relativismus systematisch auseinandergesetzt hat, ist Franz von Kutschera. Der letzte Abschnitt seines Werks *Grundfragen der Erkenntnistheorie*[1] ist der Kritik einer be-

---

[1] Kutschera (1982: § 9.7)

stimmten Form des Relativismus in der Wissenschaftstheorie gewidmet. Diese Form bezeichnet von Kutschera als „empirischen Relativismus". (Die Bezeichnung „wissenschaftstheoretischer bzw. metatheoretischer Relativismus" wäre terminologisch gesehen vielleicht angebrachter.) Die Grundidee dieser Art Relativismus gibt von Kutschera im Satz wieder:

(**ER**): „Es gibt miteinander konkurrierende, aber inkommensurable empirische Theorien oder Weltbilder."

Das Endergebnis von Kutscheras Analyse von **ER** und der angeblichen Argumente, die für ihn sprechen, besteht in der Feststellung, daß **ER** zwar einen „gesunden Kern" enthält, nämlich die Einsicht in die „Relativität unseres Denkens und Erfahrens im Sinn einer *Bedingtheit* und *Systembezogenheit*" (*op.cit.*, S. 523); jedoch stellt diese Feststellung weit weniger dar als das, was der „echte" Relativist haben will: eine unverträgliche Inkommensurabilität von Theorien. Für letzteres fehlen aber, so von Kutschera, schlagende Argumente.

Nun, ich stimme mit der allgemeinen Richtung dieser Kritik überein, auch wenn ich einige Zweifel daran habe, ob die Argumentation von Kutscheras alle Aspekte der Inkommensurabilitätsthese betrifft, die in einer systematischen Analyse behandelt werden sollten. Mir scheint die Inkommensurabilitätsthese (in einer bestimmten Deutung) etwas stärker und auf jeden Fall differenzierter zu sein als das, was von Kutscheras Wiedergabe nahelegt[2]. Jedoch ist das Ziel dieses Aufsatzes nicht, diese Form des Relativismus wieder aufzugreifen. Ich will vielmehr eine Position unter die Lupe nehmen, die eine gewisse Verwandtschaft mit von Kutscheras **ER** aufweist, jedoch radikaler und anspruchsvoller als **ER** ist, weil sie die grundlegendsten Begriffe der Erkenntnistheorie (Wahrheit, Begründung und Erkenntnis) umstandslos aufzulösen versucht.

Den Relativismus, den ich hier untersuchen werde, bezeichne ich als „epistemologischen Kulturrelativismus". Er hat auch andere Namen erhalten: „*strong programme*", „Ethnomethodologie", „sozialer (oder kultureller) Konstruktivismus" oder einfach „Konstruktivismus", und vielleicht noch andere. Die Bezeichnung, die ich gewählt habe, scheint mir jedenfalls die typologisch exaktere, auch neutralere. Seit etwa anderthalb Jahrzehnten ist der epistemologische Kulturrelativismus sehr

---

[2] Für eine ausdifferenzierte Behandlung der Inkommensurabilitätsthese vgl. Balzer/Moulines/Sneed (1987: § I.7) und noch ausführlicher Moulines (1991: § II.2.2.)

populär vor allem unter Wissenschaftssoziologen, aber auch unter einigen Wissenschaftstheoretikern und Historikern. Er hat auch viele „Vorläufer": Karl Mannheim, der späte Wittgenstein, die „historizistische" Wende in der Wissenschaftstheorie, usw. Viele Vertreter des epistemologischen Kulturrelativismus sind Soziologen und Historiker, die wenig Sinn für methodologische Stringenz und begriffliche Präzision haben; einige aber haben echte systematische Anstrengungen unternommen, ihre Position philosophisch-wissenschaftstheoretisch zu untermauern. Zu ihnen zählen hauptsächlich Mary Hesse und die Gruppe um D. Bloor und B. Barnes, die gewöhnlich als „Edinburgher Schule" bekannt ist. Ihre theoretische Position halte ich für paradigmatisch für alle gegenwärtigen Strömungen, die in einem weiten Sinn als epistemisch-kulturrelativistisch charakterisiert werden können. Deshalb werde ich mich im weiteren hauptsächlich auf Hesse und die Edinburgher Schule beziehen.

Der Anspruch der Edinburgher Schule in Bloors „Manifesto"[3] scheint zunächst lediglich methodologischer, nicht inhaltlicher Natur zu sein – und zwar als normative Aufforderung gerichtet nur an die Adresse einer künftigen, „realistischeren" Wissenschaftssoziologie. Diese Forderungen wurden aber bald, wie wir gleich sehen werden, in eine neue, inhaltliche Epistemologie relativistischer Prägung ausgearbeitet.

Bloor geht zunächst von folgenden vier methodologischen Postulaten über die wissenschaftliche Erforschung des wissenschaftlichen Erkenntnisprozesses aus:

> „The sociology of scientific knowledge should adhere to the following four tenets ...:
> *1 It would be causal, that is, concerned with the conditions which bring about belief or states of knowledge. Naturally there will be other types of causes apart from social ones which will cooperate in bringing about belief.*
> *2 It would be impartial with respect to truth and falsity, rationality or irrationality, success or failure. Both sides of this dichotomy will require explanation.*
> *3 It would be symmetrical in its style of explanation. The same types of cause would explain, say, true and false beliefs.*
> *4 It would be reflexive. In principle its patterns of explanation would have to be applicable to sociology itself."* (op.cit., S. 4–5)

---

[3] nämlich in der Einleitung zu seinem einflußreichen Bloor (1976).

Daß die angeführten Postulate allerdings nicht rein soziologisch-methodologisch zu verstehen sind, sondern auch als Stütze für eine radikale Umwälzung der Wissenschaftsforschung und der Epistemologie gedacht werden sollen, zeigen nicht nur die weiteren Ausführungen Bloors in seinem Buch und in späteren Schriften sowie die Schriften der anderen Mitglieder der Edinburgher Schule, sondern auch die philosophisch-wissenschaftstheoretische „Rückendeckung", die sie von einer anerkannten Wissenschaftstheoretikerin, nämlich Mary Hesse, erhalten haben. In Hesse (1980) versucht sie, logische und wissenschaftstheoretische Argumente heranzuziehen, um Bloors Thesen (insbesondere die zwei zuletzt zitierten Postulate der „Symmetrie" und „Reflexivität") als vernünftig und plausibel nachzuweisen und gegen die Einwände eines, wie sie meint, „überspannten Rationalismus" zu verteidigen; m. a. W., die eher als „klassisch" einzuordnende Wissenschaftstheorie Hesses soll zur Hilfe einer radikalen, „subversiven" Wissenschaftssoziologie einspringen. Vor allem soll der „rationalistische" Vorwurf, Bloors Programm widerlege sich selbst, durch eine genauere logische Argumentation zunichte gemacht werden. Das Verhältnis zwischen Hesse und der Edinburgher Schule beruht anscheinend auf gegenseitiger Sympathie, da diese Wissenschaftssoziologen einerseits Hesses wissenschaftstheoretisches Modell als allgemeinen Ansatz verwenden (siehe etwa Barnes (1981)), andererseits Hesses Verteidigungsstrategie nie desavouiert haben. In dem Sinn darf also Hesses Versuch als eine dem Geist des epistemologischen Kulturrelativismus der Edinburgher Schule (und verwandter wissenssoziologischer Ansätze) getreue Fundierung seiner wesentlichen erkenntnistheoretischen und methodologischen Postulate bewertet werden.

Im folgenden will ich versuchen zu zeigen, daß der durch Bloor, Barnes und Hesse explizierte epistemologische Kulturrelativismus (wie vermutlich jede andere präzise Explikation solcher Art von Relativismus) schon aufgrund seiner kernprogrammatischen Postulate der „Symmetrie" und „Reflexivität" notwendigerweise zu einer selbsterzeugten, unüberwindbaren Lähmung jeder Form von Wissenschaftsforschung und epistemologischer Diskussion führt. Um die Schlußfolgerung unserer Analyse kurz zu antizipieren: Der epistemologische Kulturrelativismus ist zwar strenggenommen nicht logisch widerspruchsvoll (wie Hesse richtig bemerkt), wohl aber ist er argumentativ oder, wie man auch sagen könnte, *„dialogisch inkohärent"*. Die praktisch-methodische Konsequenz für die Arbeit eines Wissenschaftsforschers, der sich an diesem kulturrelativistischen Ansatz orientiert, ist die: Er darf mit niemandem diskutieren, argumentieren oder versuchen, jemanden von irgend etwas zu überzeugen; er darf höchstens in seinen Notizblock notieren, was die Leute sagen; alles Weitere wäre nach seinem eigenen Ansatz unsinnig. Ich will nun erläutern, warum dem so ist.

Am Anfang ihrer Arbeit (1980) deutet Hesse den epistemologischen Kulturrelativismus als einen Ansatz, der zwar auf Karl Mannheims totaler Theorie der Ideologie fußt, wonach alle Bilder, die wir uns von der Wirklichkeit machen, verzerrte und verzerrende Begriffsgerüste sind, die selbst aus ihren sozialen Bedingungen zu erklären sind; jedoch geht die neue Wissenssoziologie einen entscheidenden, radikalen Schritt weiter als Mannheim. Genauer gesagt, geht sie *zwei* Schritte weiter: Einerseits sollen die Natur- und die Formalwissenschaften, andererseits aber auch die Wissenssoziologie selbst wie ganz gewöhnliche Ideologien wissenssoziologisch behandelt werden. Daß die Natur- und Formalwissenschaften, d. h. das, was üblicherweise als „echtes Wissen" angesehen wird, in die wissenssoziologische Analyse einbezogen werden sollen, ist eine Folge der Symmetrie-These; daß die Wissenssoziologie selbst zum Opfer der Analyse fallen soll, ist der Inhalt der Reflexivitätsthese.

Hesse (und die Edinburgher Schule mit ihr) werfen Mannheim vor, die Natur- und Formalwissenschaften und die Wissenssoziologie in absolut unbegründeter Weise aus der Theorie der Ideologie ausgeklammert zu haben. Für Hesse ist dieser Argumentationszug Mannheims sogar „ein Stück Frivolität" („*a piece of frivolity*", (1980: S. 31)). Nun, man mag über Mannheims Ausklammerungsstrategie denken, was man will; frivol war sie aber nicht. Denn Mannheim war sich vermutlich dessen völlig bewußt, was geschieht, wenn man einerseits die exakten Wissenschaften, andererseits die eigene wissenssoziologische Theorie in den Sog der Ideologie, d. h. in den Sog der Glaubensinhalte, die sich auf kein externes Wahrheits- oder Rationalitätskriterium berufen können, hineinwirft: Man hat dann nämlich keine festen Anhaltspunkte mehr, irgend ein Begriffsgerüst kritisch zu analysieren. Denn mit der Aufgabe der Logik und Mathematik als universell gültige Maßstäbe für Argumentation und Beweisführung hat man auch sich selbst der Möglichkeit beraubt, die innere Konsistenz des zu analysierenden Begriffsgerüsts zu überprüfen; man kann dann höchstens nur sagen: „Die da haben eine andere Logik als ich!" Und mit der „Ideologisierung" der eigenen wissenssoziologischen Theorie gibt man jeden die eigene Theorie transzendierenden Wahrheits- bzw. Plausibilitätsanspruch der angebotenen soziologischen Erklärung auf; man kann dann nur sagen: „Ich erkläre mir dies oder jenes Begriffsgerüst durch die und die sozialen Bedingungen; du erklärst es dir ganz anders; wir beide haben recht". Und damit wäre Schluß der Debatte.

Daß Begriffsgerüste, die von unserem eigenen verschieden sind, nicht in Bezug auf ein ihnen externes Wahrheitskriterium oder eine allgemein verbindliche rationale Begründung hin beurteilt werden können bzw. dürfen, ist ein Theorem ihres Ansatzes, das die Kulturrelativisten klar gestehen und auch sehr willig bereit sind zu propagieren. Daß dies aber auch einige weitere, etwas unangenehmere Konsequenzen mit sich bringt, scheinen sie zu übersehen. Diesen Punkt möchte ich zunächst anhand eines Beispiels illustrieren. In seinem schon zitierten Aufsatz führt Barnes im Detail aus, wie die wissenssoziologische Analyse der in verschiedenen Kulturen verwendeten klassifikatorischen Begriffe gemäß seinem methodologischen Standpunkt vorzugehen hat. Bei Verwendung von Hesses allgemeiner wissenschaftstheoretischer Konzeption von semantischen Netzen („*nets*") schildert Barnes (1981: S. 33) zunächst das allgemeine methodische Postulat folgendermaßen:

> "*different nets stand equivalently in relation to 'reality' or to physical environment. ... different nets stand equivalently as far as the possibility of 'rational justification' is concerned. All systems of verbal culture are equally rationally-held*".

An einem konkreten Fall sieht dies etwa so aus: Anhand einer von Bulmer übernommenen Fallstudie zur Klassifizierung der fliegenden Tierarten in der Kultur der Karam in Neu-Guinea versucht Barnes zu zeigen, daß trotz der für uns befremdend wirkenden Karamschen Klassifikation keine transzendierende Instanz anzugeben ist, wonach unsere Klassifikation in irgend einem Sinn als absolut wahrhaftiger oder adäquater einzustufen wäre. In beiden Fällen handelt es sich um gleichwertige, also gleichberechtigte Netze von zoologischen Begriffen, die mit der Wirklichkeit in „äquivalenter" Weise fertig werden. Dies nicht eingesehen zu haben und von der eigenen (europäischen) Klassifikation der Tierarten als von einer Selbstverständlichkeit ausgegangen zu sein, ist übrigens der hauptsächliche Vorwurf, den Barnes an der Bulmer Studie über die Karam macht.

Allerdings scheint Barnes bei dieser Argumentation zweierlei zu übersehen. Erstens ist nach seinem eigenen allgemeinen Ansatz der Term „äquivalent" angewandt auf verschiedene Begriffsnetze strenggenommen sinnlos. Denn wenn jemand behauptet, daß zwei verschiedene Dinge äquivalent sind, so muß man sich sogleich fragen: äquivalent in bezug auf was? Nach Voraussetzung gibt es hier keinen äußeren Maßstab (weder Wahrheit noch Rationalität o. ä.), auf dessen Grundlage wir die Äquivalenz von zwei verschiedenen Begriffsgerüsten beurteilen könnten. Der Rekurs auf eine gemeinsame Wirklichkeit oder „physical environment" (Barnes) hilft da nicht weiter. Denn um zu wissen, daß es sich tatsächlich um die gleiche Wirklichkeit handelt, auf die sich beide Netze äquivalenterweise beziehen, müßten wir diese Wirklichkeit vorher schon kategorisiert haben, d. h. Begriffe angewandt haben, die zu einem bestimmten Netz gehören. Wir können nach Barnes' eigenem Ansatz nicht einmal sagen, daß die Karam die Tiere gleich gut klassifizieren wie wir, denn wir wissen nicht einmal, ob sie über unseren Tierbegriff verfügen – vermutlich wird dies nicht der Fall sein. Die „physical environment", die als Hintergrund für die Behauptung der Äquivalenz der Angemessenheit beider Begriffsgerüste gelten soll, rückt somit in die unaussprechbare Ferne von Kants Ding-an-sich und kann deshalb nicht als Rechtfertigung für irgendeine Äquivalenz-Behauptung verwendet werden.

Zweitens aber erscheint bei genauerer Betrachtung ein noch gravierenderer Fehler in Barnes' Argumentation, der mit der von ihm und seinen Kampfgenossen akzeptierten Selbstreferentialität zusammenhängt. Nehmen wir trotz der vorhin aufgestellten Einwände einmal an, es gäbe irgendeinen klaren Sinn von „Äquivalenz", den wir beim Vergleich von Taxonomien verschiedener Kulturen anwenden könnten. Die Reflexivitätsthese zwingt ihre Vertreter nicht nur zur Annahme der Äquivalenz zwischen unseren zoologischen Klassifikationen und denjenigen der Karam, sondern auch zur Annahme der Äquivalenz zwischen der den Karam wohlwollenden Wissenssoziologie Barnes' einerseits und einer anderen Wissenssoziologie andererseits, die die Klassifikation der Tiere bei den Karam etwa als einen peinlichen Ausdruck einer minderwertigen Rasse einstuft. Jedenfalls ist eine Theorie über die Karamsche Taxonomie, die zu einer anderen Einstufung gelangt, mit der von Barnes vorgeschlagenen als äquivalent, d. h. in bezug auf ihren Realitäts- bzw. Rationalitätsanspruch als gleichberechtigt zu betrachten. Demnach wäre Barnes' Kritik etwa an Bulmers Deutung des Karamschen Begriffsgerüstes einfach sinnlos. Falls verschiedene Klassifikationen von Tieren äquivalent sind, wenn sie von grundverschiedenen Gesichtspunkten ausgehen, dann sollte dies auch auf wissenssoziologische Klassifikationen zutreffen, die von verschiedenen Theorien ausgehen. Will Barnes diese Konsequenz *nicht* ziehen, dann bedeutet dies, daß er wissenssoziologische Theorien nicht mit dem gleichen Maß mißt wie naturwissenschaftliche oder sonstige Theorien. Das heißt, die Wissenssoziologie erhält einen erkenntnistheoretisch privilegierten Status, genauso wie es Mannheim haben wollte. Damit wäre aber direkt gegen die Reflexivitätsthese verstoßen. Akzeptiert Barnes dagegen die Konsequenz und gibt zu, daß *seine* eigene wissenssoziologische Kategorisierung der verschiedenen zoologischen Klassifikationen keinen besonderen Anspruch auf Wahrheit, Angemessenheit, Rationalität usw. erheben kann, sondern nur eine neben vielen anderen „äquivalenten" ist, dann sieht man überhaupt nicht ein, warum er sich so viel Mühe gibt, seine eigene Auffassung durch allgemeine Argumente, detaillierte Fallstudien und vor allem Kritik an Vorgängern zu begründen. Denn es gibt da gar nichts zu begründen. Barnes hätte sich auf ein paar Sätze beschränken können, in denen er seine Auffassung der „Äquivalenz" von verschiedenen Klassifikationen der Naturarten ausspricht, und damit wäre es getan. Denn entweder teilt man Barnes' Meinung von vornherein, und dann kann man sich eigentlich nur darauf freuen, oder man teilt sie eben nicht und reagiert mit einem gleichgültigen Achselzucken ihr gegenüber. Zu argumentieren gibt es da nach Voraussetzung nichts. Barnes hätte sich selbst und uns viel Zeit und Papier ersparen können.

Dies führt uns zum allgemeineren Problem der Selbstwiderlegung des epistemologischen Kulturrelativismus. Der Einwand der Selbstwiderlegung ist für Hesse das bedeutendste Argument, das die sog. „Rationalisten" gegen den epistemologischen Kulturrelativismus vorgebracht haben, und er ist dementsprechend dasjenige, dem sie eine besondere Aufmerksamkeit schenkt. Das will ich hier auch tun.

Zuvor aber sind noch einige begriffliche Klärungen angebracht. Für die Darstellung und Widerlegung des Selbstwiderlegungsarguments geht Hesse davon aus, daß eine zentrale These des epistemologischen Kulturrelativismus darin besteht, daß alle epistemischen und semantischen Begriffe nur kulturrelativ zu definieren und zu verstehen sind. Dies gilt insbesondere für den Wahrheitsbegriff. Das heißt also, daß eine Behauptung der Art „S ist wahr" strenggenommen keinen Sinn hat; sie kann höchstens nur als geläufige Abkürzung für die richtigere Formel „S ist wahr in Kultur K" gelten. Das Prädikat „wahr" hat für sich allein genommen keinen Sinn; sinnvoll wird dieses Wort nur als untrennbare Komponente eines komplexeren Prädikates – nämlich „wahr-in-Kultur-K" für vorgegebenes K. Wenn man aber von Kohärenztheorien der Wahrheit absieht, so wird üblicherweise der Wahrheitsbegriff als Korrespondenz zwischen Aussagen und Tatsachen definiert. Das heißt, eine Aussage S ist wahr gdw S einer Tatsache T entspricht. Dies ist die sog. Korrespondenztheorie der Wahrheit, die von Aristoteles bis Popper eine große philosophische Tradition gebildet hat und die auch dem Eigenverständnis der modernen Naturwissenschaften explizit oder implizit entspricht. Wahrheit ist dieser Tradition gemäß eine *dyadische* Relation − eine Beziehung zwischen Aussagen oder Propositionen einerseits und Tatsachen oder Sachverhalten andererseits. Der kulturelle Relativismus verläßt diese Tradition entschieden, ohne jedoch eine Kohärenztheorie zu vertreten. Man könnte in ihn vielleicht noch eine Korrespondenztheorie hineininterpretieren − die Korrespondenz ist jetzt aber keine dyadische Relation mehr, sondern notwendigerweise eine triadische: S ist wahr gdw S einer Tatsache T für die Kultur K entspricht. Analog würde man andere bedeutende semantische und epistemische Begriffe, die den Wahrheitsbegriff irgendwie voraussetzen, explizieren − wie etwa: Begründung, Bestätigung, Plausibilität usw. Alle diese Beziehungen wären nicht als dyadische Relationen zwischen Aussagen und Sachverhalten, sondern als triadische Relationen zwischen Aussagen, Sachverhalten und Kulturen zu konstruieren.

Einige Philosophen haben gemeint, daß diese kulturrelativistische Wahrheitstheorie logisch widerspruchsvoll ist, daß sie sich selbst widerlegt: Die Behauptung der Relativität jeder Wahrheit würde zu einer semantischen Antinomie führen − ähnlich wie das „Lügner"-Paradoxon. Die grundlegende Behauptung des wahrheitstheoretischen Relativismus

[R]   „Alle Wahrheiten sind kulturrelativ"

müßte auf sich selbst angewandt werden; d. h. [R] ist auch kulturrelativ, es gibt demnach Kulturen, wo [R] nicht gilt; die Aussage ist also sich selbst verneinend.

In seinen *Logischen Untersuchungen* hat schon Husserl versucht, in diesem Sinne die logische Inkonsistenz des Relativismus nachzuweisen. Seine Argumentation ist nicht sehr klar, doch genauere Argumente ähnlicher Art liegen in der gegenwärtigen Literatur vor (etwa in Jordan (1971) und Smith (1985)). Alle laufen darauf hinaus zu zeigen, daß eine Aussage der Art [R] notwendigerweise sich selbst widerlegt. Es ist hier nicht der Platz, diese Argumente genau zu analysieren. Allerdings bin ich mit Hesse der Meinung, daß sie alle nicht stichhaltig sind. Aus einer Aussage wie [R], falls richtig gedeutet, braucht kein logischer

Widerspruch zu entstehen. Aus [R] folgt nur, daß [R] selbst wahr relativ zu einer gegebenen Kultur K ist. Dies an sich ist keine Selbstwiderlegung. Es bedeutet nur, wie Hesse richtig bemerkt, daß die alte Wahrheitskonzeption zugunsten einer neuen aufgegeben wird.[4] [R] soll nicht als Tatsachen-Feststellung sondern als semantische Festsetzung des Wahrheitsbegriffs verstanden werden. [R] fordert, eine dyadische Relation als Grundstein der Semantik durch eine triadische Beziehung zu ersetzen. Formal kann man nichts dagegen einwenden.

Mutatis mutandis gilt das Prinzip dann für die epistemischen Begriffe. Wenn Wahrheit ein kulturrelativer Begriff ist, dann ist Erkenntnis auch ein solcher. Wir können nicht mehr sagen, daß Subjekt S Objekt O erkannt hat, sondern müssen die kompliziertere Ausdrucksweise wählen: „Subjekt S erkennt Objekt O in Kultur K". Oder wie Hesse selbst es (1980: S. 42) etwas ungenauer ausdrückt: *„knowledge is now taken to be what is accepted as such in our culture"*. So weit, so gut.

Der Weg zu dieser angeblichen Umwälzung des Wahrheitsbegriffs und der ihn begleitenden semantischen und epistemischen Beziehungen führt aber in eine Sackgasse. Es ist zwar richtig, daß jene begrifflichen Umdeutungen keinen formallogischen Widerspruch im strengen Sinn mit sich bringen, dagegen sind aber die methodologischen und argumentativen Konsequenzen, die daraus entstehen, keineswegs harmlos, und mir scheint, daß die Verfechter des epistemologischen Kulturrelativismus sie nicht klar durchdacht haben.

Ich sehe hauptsächlich zwei grundlegende Schwierigkeiten in der These, die in [R] ausgedrückt wird, auch wenn sie eher als semantischer Vorschlag und nicht als Tatsachen-Feststellung gemeint ist. Die erste Schwierigkeit ist methodologischer Natur, die zweite dialogisch im engeren Sinn.

Zunächst die methodologische Schwierigkeit. Bei der Festsetzung des Wahrheitsbegriffs als triadische Beziehung zwischen Aussagen, Sachverhalten und Kulturen wird der dritte Term der neuen semantischen Beziehung völlig im Dunkeln gelassen. Was sind Kulturen? Von der Logik haben wir einen sehr genauen Begriff von Aussage erhalten; und das faktische Korrelat einer Aussage ist wenigstens strukturell bestimmt, wenn man eine Tarski-Semantik zugrundelegt. Was sind aber die Identitätskriterien für Kulturen? Wie kann man feststellen, ob eine

---

[4] Eine ähnliche Erwiderung auf das Selbstwiderlegungsargument von Husserl u. a. findet sich in Meiland (1977).

vorgegebene Aussage relativ zu einer Kultur K1 oder zu einer Kultur K2 gemacht wird? Der epistemologische Kulturrelativist gibt uns keine Auskunft darüber. Hesse, Barnes und die anderen stellen häufig Vergleiche an zwischen den Ansichten von mehr oder weniger exotischen Menschengruppen einerseits und dem, was sie „*our culture*" nennen, andererseits. (Barnes ist manchmal etwas präziser und redet von der „*British culture*".) Sie versuchen dann zu zeigen, daß die Wahrheitsansprüche von „*our culture*" keinen universellen Charakter haben können. Was ist aber diese „*our culture*"? Was sind ihre Inhalte, die wir zu vergleichen haben? Sind es die Glaubensinhalte des westeuropäischen (halbgebildeten) Mittelstandes oder nur des britischen oder nur der Akademiker an der Universität Edinburgh? Je nachdem, was für eine Gruppe man nimmt, wird man auf verschiedene Glaubensinhalte und Begriffsgerüste stoßen und somit auch aufgrund von [R] auf verschiedene Wahrheiten. Diejenigen der *Punks* sind sicherlich nicht die gleichen wie diejenigen der *Bobbies*. Aber auch unter den *Punks* gibt es „kulturelle" Unterschiede usw. Wir ahnen längst, wohin das alles führt: Schließlich bleibt nur der einzelne als einziger Koordinaten-Rahmen zur Feststellung von Wahrheiten. Also gelangen wir zum alten, wohlbekannten Subjektivismus idealistischer Prägung. Ich fürchte, das ist nicht eine Konsequenz, die den eher sozialbewußten Verfechtern des Kulturrelativismus gefallen wird.

Man könnte natürlich irgendwelche *ad hoc* gewählten Identitätskriterien für Kulturen einführen, die diese unangenehme Konsequenz vermeiden würden − Kriterien, wonach Kulturen als Menschengruppen zu bestimmen wären, die weder zu groß (die ganze Menschheit) noch zu klein (ein einzelnes Individuum) sind. Man muß sich aber dann fragen, wo die ausgewählten Kultur-Kriterien herkommen. Ein konsequenter kultureller Relativist müßte sie wieder als kulturrelativ ansehen, wobei der Ausdruck „kulturrelativ" noch nicht erklärt worden ist, so daß die Bestimmung der Grenzen zwischen Kulturen im Endeffekt wieder nur der Willkür des einzelnen Betrachters überlassen werden kann. Durch diesen Umweg landen wir somit wieder in dem Subjektivismus, einem Subjektivismus sozusagen auf der methodologischen Metaebene, der aber schließlich ähnlich unangenehme Konsequenzen wie der althergebrachte Subjektivismus mit sich bringt.

Nehmen wir jedoch an, es gäbe wohldefinierte, nicht willkürlich aufgestellte Identitätskriterien für Kulturen, auf die wir uns alle einigen könnten. Nehmen wir weiter an, man könne ziemlich genau angeben, welche Gruppe von Menschen gemeint ist, wenn Hesse und die anderen von „*our culture*" reden. Dann tritt eine weitere Schwierigkeit auf, die zu einer Art dialogischer Paralyse führt; sie macht zwar keine Selbstwiderlegung im logischen Sinne aus, kommt jedoch einer solchen nahe. Diese Schwierigkeit ist folgende. Wie immer die Abgrenzungskriterien für Kulturen aussehen, so werden Hesse und die Vertreter des epistemologischen Kulturrelativismus zu einer bestimmten Kultur gehören, in der allein nach Sinn und Wahrhaftigkeit ihrer eigenen Aussagen, etwa der These [R], gefragt werden kann. Diese Kultur ist das, was Hesse als „*our culture*" bezeichnet. Aus dem Diskussionszusammenhang darf man zunächst entnehmen, daß diese Kultur auf jeden Fall alle (halbwegs) gebildeten Bevölkerungsschichten in Westeuropa und Nordamerika im 20. Jh. umfaßt. Dann ist aber These [R] und somit das ganze Programm des epistemologischen Kulturrelativismus selbst irrsinnig. Denn man braucht keine groß angelegten Umfragen in Europa und Nordamerika einzuleiten um festzustellen, daß die große Mehrzahl der Angehörigen der sog. westlichen Kultur *nicht* der Meinung ist, die Wahrheit der Aussage „2+2=4" o. ä. hänge davon ab, in welcher Kultur die Person aufgewachsen ist, die diese Aussage gebraucht. Eine solche Meinung würde von den meisten Angehörigen der westlichen Kultur sehr wahrscheinlich als Bluff von ein paar snobistischen Intellektuellen sofort abgetan werden. Das Selbstverständnis der Naturwissenschaften, der Technologie und auch des weitverbreiteten „common sense", das charakteristisch für die westliche Kultur ist, beinhaltet u. a., daß die Wahrheit von „2+2=4" nicht davon abhängt, wer sie wo ausspricht. In der Kultur also, in der die epistemologischen Kulturrelativisten ihren Ansatz vertreten, gelten die Grundthesen eben dieses Ansatzes als falsch. Also ist der Ansatz gemäß der eigenen Auslegung des Wahrheitsbegriffs schlechthin falsch.

Dies ist noch keine formale Selbstwiderlegung. Denn um einen Ausweg aus ihrer dürftigen Situation zu finden, könnten die epistemologischen Kulturrelativisten klarstellen, daß die Kultur, zu der sie sich bekennen, eben *nicht* diejenige ist, die aus den Millionen von borniertien Spießbürgern in Europa und Nordamerika besteht, die an die absolute Wahrheit von „2+2=4" glauben. Auch wenn sie zur Zeit aufgrund von unglücklichen Umständen physisch von so vielen naiven Rationalisten umgeben sind, so fühlen sie sich zu einer Kultur verpflichtet, in der jedem klar erscheint, daß die Wahrheit von „2+2=4" von der jeweiligen Kultur abhängt. In dieser alternativen Kultur, die sie vielleicht irgendwo vorfinden oder ausbauen könnten, würde der epistemologische Relativismus allgemein akzeptiert und seine Gegner entweder in klinische Anstalten oder in die wissenssoziologischen Abteilungen einiger Universitäten abtransportiert werden. Es wäre zu begrüßen, wenn unsere Relativisten zu einer solchen Kultur auswandern könnten; allerdings hätte es dann für sie auch keinen Sinn, für den epistemologischen Kulturrelativismus zu argumentieren. Denn er gilt *a priori* in dieser neuen Kultur, d. h. alle ihre Angehörigen sind *ex hypothesi* sowieso davon überzeugt. In allen denkbaren Fällen also, ob die Relativisten in ihrer jetzigen kulturellen Umgebung bleiben oder aber zu einer alternativen Kultur auswandern, hat es für sie keinen Sinn, für ihre These zu argumentieren; m. a. W. besteht die einzig vernünftige Strategie für den epistemologischen Kulturrelativisten darin zu schweigen.

Literatur

BALZER, W./MOULINES, C.U./SNEED, J.D. (1987): *An Architectonic for Science. The Structuralist Program.* Dordrecht (Reidel).
BARNES, Barry (1981): „On the Conventional Character of Knowledge and Cognition". *Philosophy of the Social Sciences* 11, 303–334.
BLOOR, David (1976): *Knowledge and Social Imagery.* London (Routledge & Kegan Paul).
HESSE, Mary (1980): *Revolutions and Reconstructions in the Philosophy of Science.* Bloomington (Indiana University Press).
HUSSERL, Edmund (1900/1975): *Logische Untersuchungen.* (Edition von E. Holenstein). Den Haag (Martinus Nijhoff).
JORDAN, I.N. (1971): „Protagoras and Relativism: Criticisms Bad and Good". *South Western Journal of Philosophy* 2, 7–29.
KUTSCHERA, Franz von (1982): *Grundfragen der Erkenntnistheorie.* Berlin (de Gruyter).
MEILAND, Jack W. (1977): „Concepts of Relative Truth". *Monist* 60, 568–582.
MOULINES, C.U. (1991): *Pluralidad y recursión.* Madrid (Alianza).
SMITH, J.W. (1985): „Meiland and the Self–Refutation of Protagorean Relativism". *Grazer Philosophische Studien* 23, 119–128.

Objektivität und Moral

von Julian Nida-Rümelin

Der ethische Subjektivismus schien sich im Laufe dieses Jahrhunderts zumindest in der englischsprachigen Philosophie gründlich und unwiderruflich durchgesetzt zu haben. Der erkenntnistheoretische Empirismus stützte ihn scheinbar ebenso wie die philosophische Analyse der Moralsprache. Die beiden Hauptströmungen der analytischen Philosophie konvergierten nicht nur in ihrer Ablehnung des Mentalismus, sondern auch in ihrer Skepsis gegenüber moralischer und generell normativer Objektivität.

Die Wissenschaft geht jedoch gelegentlich verschlungene Wege. Anfang der 70er Jahre erblühte diesseits und jenseits des Atlantiks eine Disziplin, die es eigentlich nicht mehr geben durfte: die normative Ethik. Die bis dato dominierende Residualwissenschaft des altehrwürdigen philosophischen Faches Ethik, die sich selbst „Meta-Ethik" nannte und nach deren Selbstverständnis es keine normative Ethik geben durfte, verlor rapide an Bedeutung. Die philosophische Diskussion drehte sich nun um Fragen der politischen Gerechtigkeit und der individuellen Freiheit, um ökologische Ethik und Verantwortung, um Patientenautonomie und Tierrechte.

Dieser Wandel war eingetreten, ohne daß etwa der Subjektivismus der vordem dominierenden Metaethik durch gute Argumente widerlegt worden wäre. Führende Vertreter des ethischen Subjektivismus beteiligten sich sogar intensiv an dieser neu erstandenen Debatte um das moralisch Richtige und Falsche.

Erst mehr als eine Dekade später erhoben sich vereinzelte Stimmen gegen diese Form intellektueller Schizophrenie und plädierten dafür, nicht nur Kriterien für moralisch Richtiges und Falsches zu diskutieren, sondern zugleich anzuerkennen, daß diese Kriterien darauf ausgerichtet seien, objektiv bestehende moralische Sachverhalte – oder kurz moralische Tatsachen – zu erfassen.

Im deutschen Sprachraum hat die Renaissance des moralischen Realismus der 80er und 90er Jahre nur wenige Vertreter, Franz v. Kutschera gehört zu ihnen. Wie auch einige angloamerikanische Realisten[1] setzt sich v. Kutschera mit dieser zentralen Frage der Moralphilosophie nicht nur aus der Perspektive der Ethik auseinander, sondern auch aus der der allgemeinen Erkenntnistheorie und Ontologie[2].

In *Grundlagen der Ethik* (1982) vertritt v. Kutschera einen dezidiert intuitionistischen und, was die Ethik erster Ordnung angeht, konsequentialistischen Standpunkt. In „Moralischer Realismus" (1994) konzediert v. Kutschera, daß beide Ansätze – der teleologische (bzw. konsequentialistische) und der deontologische – ihre Berechtigung haben[3] und keiner allein allen moralischen Phänomenen gerecht werde. Ein gewisses intuitionistisches Element bleibt in der Betonung von Werterfahrungen erhalten.[4] Diese haben nach v. Kutschera einen konkreten Charakter, sie sind nicht auf abstrakte Objekte wie das Gute als solches im Platonischen Sinne gerichtet, sondern z. B. auf eine konkrete Handlung, die als eine gute erfahren wird[5]. Ein Wertsachverhalt stelle den positiven oder negativen Wert eines Objektes der Beurteilung fest. Wertaussagen stützten sich auf Werterfahrung.

Der axiologische (auf Werterfahrung gerichtete) moralische Realismus wird von v. Kutschera einmal durch die These, es gebe objektive Werttatsachen, d. h. solche, die unabhängig von unserem subjektiven Fürwahrhalten und unseren subjektiven Präferenzen bestehen, und zum anderen durch die These ihrer zumindest partiellen Erkennbarkeit charakterisiert. Insofern sind Werterfahrungen kognitiv relevant, mit ihnen werden Teile der Realität erfaßt. Allerdings unterscheidet v. Kutschera im Gegensatz zu den meisten der ethischen Realisten der Ge-

---

[1] Ich denke hier besonders an Richard Boyd (1983, 1988), aber auch an David Wiggins (1988) und David Brink (1989). Die Repliken der Anti-Realisten beziehen sich teilweise ebenfalls auf wissenschaftstheoretische Überlegungen, z. B. Williams (1985) und Blackburn (1988). Vgl. auch den Sammelband *Images of Science*, hrsg. von Paul Churchland und Clifford Hooker (1985).

[2] Von dieser umfassenden Perspektive zeugen nicht nur die Aufsätze „Plädoyer für eine intuitionistische Ethik" (1981), „Bemerkungen zur gegenwärtigen Realismusdiskussion" (1989), „Der erkenntnistheoretische Realismus" (1992) und „Moralischer Realismus" (1994), sondern auch die Monographien *Grundfragen der Erkenntnistheorie* (1981), *Grundlagen der Ethik* (1982) und *Die falsche Objektivität* (1993).

[3] Was meiner eigenen Auffassung entspricht, vgl. *Kritik des Konsequentialismus* (1993).

[4] Vgl. auch v. Kutscheras (1995) Kritik an rationalistischen Ethik-Konzeptionen.

[5] Nachdem diese Unterscheidung zwischen konsequentialistischen Ethiken für die Wertaussagen und deontologischen Ethiken für die normativen Aussagen (über Gebote, Verbote, Erlaubnisse, Rechte und Pflichten) gemacht wurde, irritiert, daß gerade Handlungen als Gegenstände von Wertaussagen herangezogen werden, die in teleologischen Ethiken in der Regel nur in abgeleiteter, sekundärer Form beurteilt werden.

genwart streng zwischen natürlichen Erfahrungen und Werterfahrungen, zwischen natürlichen Tatsachen und Werttatsachen, während die mangelnde Trennbarkeit von außermoralischen[6] und moralischen Sachverhalten sonst ein Standardargument gegen den ethischen Subjektivismus ist[7], auf das wir noch zu sprechen kommen.

Wenn man den ethischen Intuitionismus als (epistemologisch) fundamentalistische und zugleich nicht-naturalistische Variante des ethischen Realismus charakterisiert, was zumindest für die klassische Variante von G. E. Moore zutrifft (vgl. Verf. (1994)), kann man die ethischen Auffassungen v. Kutscheras allerdings nicht mehr als intuitionistisch bezeichnen.

Nach der (ethischen) Projektionstheorie werden die scheinbar objektiven moralischen Eigenschaften als Projektionen menschlicher Einstellungen interpretiert. Diese Form des ethischen Subjektivismus hat vermutlich schon in der Sophistik eine wesentliche Rolle gespielt. Sie findet bei David Hume ihre kanonische Formulierung und wurde in jüngster Zeit in Replik auf die „Offensive" des ethischen Realismus insbesondere von S. Blackburn (vgl. Blackburn (1988)) erneuert. In der Kritik dieser Theorie und anschließend in der Kritik des Relativitätsargumentes wird deutlich, daß v. Kutschera der moralischen Erfahrung einen besonderen Status einräumt. Werterfahrungen unterscheiden sich von natürlichen einfachen Erfahrungen wie derjenigen, daß ein bestimmtes Pferd vier Beine hat, unter anderem darin, daß sie in stärkerem Maße auf vorgängigen Erfahrungen beruhen, was die größere Varianz moralischer Erfahrungen im Vergleich zu einfachen natürlichen Erfahrungen erklären soll.

In diesem Beitrag möchte ich ausgehend vom Begriff der moralischen Erfahrung einige systematische Überlegungen zum Problem der Objektivität moralischer Überzeugungen anstellen und damit die Auffassung v. Kutscheras untermauern, der ethische Objektivismus habe

---

[6] „Natürlich" und „moralisch" ist bei v. Kutschera (1994) im Hinblick auf Tatsachen und Erfahrungen offensichtlich als vollständige Dichotomie gedacht, während wir uns unten einer anderen Terminologie bedienen, die neben natürlichen auch außermoralische soziale Tatsachen kennt. Die Argumentation in *Die falsche Objektivität* zeigt jedoch, daß hier eine inhaltliche, wenn auch keine terminologische Übereinstimmung besteht.

[7] Dieses Argument tritt im Rahmen unterschiedlicher Theorien auf: im Neoaristotelismus, etwa bei Voegelin (1952, 1966), Strauss (1955) und MacIntyre (1985, 1988), aber auch bei naturalistischen ethischen Realisten, wie Boyd (1988) oder Brink (1989), u. E. auch bei Wiggins (1988) und Railton (1986).

mindestens ebenso gute Gründe für sich wie der ethische Subjektivismus. Allerdings bin ich mir keineswegs sicher, ob die hier verteidigte Form moralischer Objektivität die Zustimmung v. Kutscheras fände.

1.

Die Frage, ob es Pferde gibt, muß offensichtlich schon dann mit „ja" beantwortet werden, wenn dieses konkrete Pferd dort drüben sowie jenes, etwa zwei Meter davon entfernte, existieren. Wir können uns davon durch den bloßen Augenschein überzeugen. Es gibt eine Vielfalt von Gegenständen der alltäglichen Erfahrung, deren Existenz ernsthaft nicht bezweifelt werden kann: Wenn jemand von der Existenz dieser Gegenstände der alltäglichen Erfahrung nicht mehr überzeugt ist, wird man dies vielmehr als Anzeichen eines schizophrenen Schubes deuten.

Anders sieht die Situation in einem philosophischen Seminarraum aus. Hier kann man einen Zweifel dieser Art aussprechen, ohne deswegen notwendigerweise als schizophren zu gelten. Worin liegt der Unterschied zwischen dem Zweifel der ersten Art, dem *außerphilosophischen Zweifel,* und dem Zweifel der zweiten Art, dem *philosophischen Zweifel*? Man könnte ihn charakterisieren als Unterschied zwischen ernsthaftem und spielerischem Zweifel. Der außerphilosophische Zweifel müßte sich in einem veränderten Verhalten, in einer veränderten Lebens- und Weltorientierung, zeigen, der philosophische nicht. Die Einwände gegen den Skeptiker, er verhalte sich aber doch so, als gäbe es die bezweifelten Dinge der Alltagserfahrung, sind zulässige, ja zwingende Einwände gegen den außerphilosophischen Zweifel; sie sind offenbar verfehlt gegen den philosophischen Zweifel. Sie sind im ersten Falle zwingend, weil dieser Zweifel kein echter Zweifel, sondern nur ein vorgetäuschter wäre, wenn er ohne jede praktische Folge bliebe.

Der philosophische Zweifel scheint gegen diese Art der Kritik immun zu sein. Für manche ist dieser (philosophische) Zweifel gerade deswegen eine besondere intellektuelle Herausforderung, für andere ist er gerade deswegen keine echte und a fortiori keine besondere intellektuelle Herausforderung. Ich meine, daß die zweite Haltung die vernünftigere ist – die folgende Argumentation setzt diese Annahme jedoch nicht voraus.

Ich habe bisher von Gegenständen der alltäglichen Erfahrung gesprochen. Das Gesagte läßt sich aber auch im Hinblick auf alltägliche konkrete Überzeugungen formulieren. Von Kutschera nennt als Beispiel für große Übereinstimmung in einigen außermoralischen Fragen die Tatsache, daß wir alle überzeugt seien, Pferde hätten vier Beine. Da die meisten von uns jedoch zugestehen werden, daß es, z. B. aufgrund einer genetischen Schädigung oder eines Unfalls, auch einmal ein Pferd mit drei Beinen geben kann, modifizieren wir das Beispiel in: Dieses (konkrete) Pferd dort hat vier Beine. Es gibt in der Tat wenig Streit um Überzeugungen dieser Art. Eine Überzeugung wie diese urteilt über einen Gegenstand der alltäglichen Erfahrung oder, wie wir auch sagen werden, einen lebensweltlichen Gegenstand. Man benötigt keinen Umweg über eine kausale Erkenntnistheorie, um das hohe Maß an Übereinstimmung zu verstehen. Offenbar sind wir in der Lage, bezüglich einer Vielfalt von Wahrnehmungssituationen aus unterschiedlichen Perspektiven zu hinreichend ähnlichen Überzeugungen zu kommen, um von (lebensweltlichen) objektiven Tatsachen zu sprechen: Daß dieses Pferd dort vier Beine hat, ist nicht nur meine subjektive Meinung, sondern eine objektive Tatsache. Wenn andere vor demselben Pferd stehend zu der Auffassung kämen, es hätte drei Beine, und ich Grund hätte, die Meinungen dieser Menschen ernst zu nehmen, dann würde ich zu zweifeln beginnen, ob diese meine Meinung tatsächlich einer objektiven Tatsache entspricht. Sofern eine solche Situation nicht eintritt, ist für den außerphilosophischen Zweifel kein Spielraum: Ich habe keinen (lebensweltlichen) Grund, an dieser Tatsache zu zweifeln.

Nun kann man die Situation rasch verkomplizieren. Etwa, indem man die Frage stellt, welche generellen Annahmen *impliciter* in lebensweltliche Überzeugungen eingehen. Oder direkter, indem man nach denjenigen generellen lebensweltlichen Überzeugungen sucht, deren Inhalt wir in gleicher oder ähnlicher Weise als objektive Tatsachen interpretieren. Das Pferdebeispiel entspräche im traditionellen philosophischen Sprachgebrauch unmittelbarer Erfahrung, die generellen lebensweltlichen Erfahrungen dagegen bestenfalls mittelbarer (induktiv oder transzendental vermittelter) Erfahrung. Die Rede von der Theoriebeladenheit der Beobachtung darf allerdings nicht überstrapaziert werden. Die Spielräume der Theorie sind, auf lebensweltliche Überzeugungen bezogen, offensichtlich so klein, daß sich ein großes Maß an Übereinstimmung einstellt.

Eine Variante des ethischen Objektivismus versucht zu zeigen, daß moralische Äußerungen sich auf natürliche Gegenstände und ihre (natürlichen) Eigenschaften beziehen. Diese Variante kann man als ethischen Naturalismus im engeren Sinne bezeichnen. Die ideale Ethik wäre demnach Teil der Naturwissenschaft. Benthams szientistische Visionen (vgl. Bentham (1789)) sind hier ebenso zu subsumieren wie die evolutionäre Ethik (vgl. Vollmer (1986), Wuketits (1990), Vossenkuhl (1983))[8] oder der Sozialdarwinismus des 19. Jahrhunderts. Der ethische Naturalismus ist bestimmten Einwänden ausgesetzt, die im Kern kaum zu entkräften sind. Dazu gehören Argumente der explanatorischen und begrifflichen Irreduzibilität moralischer Eigenschaften und Sachverhalte auf natürliche Eigenschaften und Sachverhalte, dessen prominentestes Moores Argument der offenen Frage ist (vgl. Moore (1903: Kap. II)). Im Rahmen des ethischen Naturalismus i. e. S. bleibt die praktische Rolle der Moral ungeklärt. Zwar kann gerade die biologistische Spielart für sich in Anspruch nehmen, eine Erklärung für die Genese moralischer Empfindungen zu geben, aber damit bleibt die Frage, warum moralische Handlungsgründe unser Handeln anleiten sollten, offen.

Das Argument der offenen Frage und andere Irreduzibilitätsargumente sind jedoch nicht wirksam gegen eine Form des ethischen Objektivismus, den man als intentionalistischen Objektivismus bezeichnen könnte. In seiner berühmt gewordenen Ableitung eines Sollens aus einem Sein bietet Searle für diese Auffassung ein schönes Beispiel: Aus der (deskriptiven) Tatsache, daß A gegenüber B x versprochen hat, folgt unter Normalbedingungen, daß A (moralisch) verpflichtet ist, x zu tun. Unter welchen Bedingungen tatsächlich ein Versprechen vorliegt, läßt sich objektiv klären – die Sprachhandlung muß dazu bestimmte Eigenschaften aufweisen, die in der Theorie der Sprechakte von Austin (1962: Lecture IIff.), Searle (1969: Kap. 8) und anderen analysiert wurden.

Der naturalistische unterscheidet sich vom intentionalistischen Objektivismus grundlegend im Typus der Reduktion des Moralischen auf Außermoralisches und damit im Typus der Erfahrungen, die das Moralische konstituieren. Diesen Unterschied möchte ich anhand des vieldiskutierten Argumentes von Gilbert Harman gegen den ethischen Objektivismus verdeutlichen (vgl. Harman (1977)).

Zunächst wird betont, daß auch Beobachtungen theoriebeladen seien, und offenbar denkt Harman dabei nicht nur an wissenschaftliche Beobachtungen, etwa in einem Experiment, sondern auch an das,

---

[8] Einen schönen Überblick über die evolutionäre Ethik bietet die Einführung von Kurt Bayertz in dem von ihm herausgegebenen Band *Evolution und Ethik* (1993).

was wir oben lebensweltliche Erfahrungen genannt haben. Um etwa „zu sehen", daß Kinder Benzin über eine Katze gießen und sie anzünden, muß man z. B. wissen, daß Menschen die Lebensstadien des Säuglings, Kleinkindes usw. durchlaufen, was Katzen sind, man muß einen Begriff von Leben und Brennen haben etc. In der gleichen Weise seien auch moralische Wahrnehmungen (etwas als richtig oder falsch, gut oder schlecht wahrnehmen) theoriebeladen. Für moralische und außermoralische Begriffe gilt, daß wir sie erst verstehen, wenn wir ihre theoretischen Verknüpfungen mit anderen Begriffen kennen, d. h. wenn wir mit der Rolle vertraut sind, die diese im System unserer Überzeugungen spielen. Wenn nun Beobachtungen dadurch charakterisiert sind, daß sie ein direktes Ergebnis der Wahrnehmung sind, dann gibt es auch moralische Beobachtungen, etwa die, daß diese Kinder unmoralisch gehandelt haben, als sie die Katze anzündeten.

Der Unterschied zwischen außermoralischen und moralischen Beobachtungen liegt nach Harman darin, daß man Annahmen über bestimmte physikalische Tatsachen machen müsse, um natürliche Beobachtungen zu erklären, während zur Erklärung moralischer Beobachtungen Annahmen über die Psychologie oder die „moralische Empfindlichkeit" ausreichen. An dieser Stelle wird zur Erläuterung ein wissenschaftliches Experiment (Leuchtspur eines Protons in einer Nebelkammer) angeführt. Die Beobachtung des Physikers lasse sich nicht allein mit dessen psychologischer Ausstattung und Befindlichkeit erklären, daher werde die physikalische Theorie mithilfe von kontrollierten Beobachtungen „an der Welt" überprüft. Eine Analogie dazu gebe es bei moralischen Theorien (und Beobachtungen) nicht. Man benötige nicht die Annahme moralischer Tatsachen, um die moralische Beobachtung zu erklären, daß die Kinder unrecht getan haben, als sie die Katze anzündeten.

Man kann Harman entgegenhalten, daß sein Argument gegen den ethischen Objektivismus eine *petitio* enthalte[9], denn offensichtlich setzt es voraus, was erst zu beweisen wäre: die Nicht-Existenz moralischer Tatsachen. Man sollte jedoch auch auf die spezifische Form der bestrittenen Analogie moralischer und außermoralischer Beobachtung achten. Die Existenz moralischer Tatsachen wird bestritten, da diese nicht die gleiche Rolle für die Erklärung moralischer Überzeugungen spielen wie physikalische Tatsachen für die Erklärung physikalischer Überzeugungen. Selbst wenn wir ein Kontinuum von Gegenständen gleichen

---

[9] Zur Kritik des Argumentes vgl. Werner (1983) und Sturgeon (1988).

Realitätsstatus annehmen, das von den trockenen und wohlabgegrenzten raum-zeitlichen Gegenständen mittlerer Größe, die zum Inventar unserer Lebenswelt gehören, bis zu Protonen, Positronen, Quasaren und schwarzen Löchern reicht, fällt die Ausgrenzung anderer in unserer Lebenswelt zentraler Entitäten ins Auge, zu denen mentale Zustände, Wünsche, Ängste, Hoffnungen und Intentionen gehören. Es ist fraglich, ob physikalische Terme, die zwar im Rahmen einzelner Theorien eine besondere explanatorische Rolle spielen, deren realistische Interpretation aber notorische Schwierigkeiten bereitet, wie schon der Welle-Teilchen-Dualismus der Quantenphysik deutlich macht, in die gleiche Klasse gehören wie die materiellen Gegenstände unserer Lebenswelt. Aber ganz unabhängig von dieser Problematik ändert sich die Diskussionslage in grundlegender Weise, wenn man das mentale Inventar unserer Lebenswelt in die Analyse einbezieht.

2.

Menschen verfolgen Absichten. Diese Absichten äußern sich in bestimmten Verhaltensweisen. Handlungen bilden denjenigen Teil des Verhaltens, der von Absichten — motivierenden, vorausgehenden und begleitenden — geprägt ist. Wir verstehen die Handlungen, einschließlich der sprachlichen Äußerungen einer Person, nur, wenn diese Absichten in einem wohlstrukturierten Zusammenhang miteinander stehen, ja, wir können Absichten nur zuschreiben, wenn wir voraussetzen können, daß dies der Fall ist. Wenn keine strukturierende Interpretationsmöglichkeit offensteht, sind wir ratlos, wir verstehen einander nicht mehr — das kann in einem weiten, nicht nur sprachliche Kommunikation umfassenden Sinne geschehen. Handlungen sind über Absichten individuiert. Die Absichten der handelnden Person sind konstitutiv für die Handlung, die diese vollzieht. Ohne Zuschreibung von Intentionen bliebe ein wesentlicher, vielleicht der zentrale Teil unserer Lebenswelt unzugänglich. Intentionen gehören zum Inventar der Lebenswelt.

Obwohl Intentionen jedenfalls prima facie etwas Subjektives sind, kann es objektiv zutreffen, daß eine Person in einem bestimmten intentionalen Zustand ist, sich z. B. etwas Bestimmtes wünscht. Tatsachenbehauptungen, die sich auf Intentionen beziehen, werden allerdings in einer eher indirekten Weise überprüft. Eine direkte Beobachtung von Intentionen gibt es nicht. Die Person, die eine bestimmte

Intention hat, ist sich dieser in der Regel auch bewußt. Es scheint daher einen privilegierten Zugang in der ersten Person zu geben.[10]

Kann es eine objektive Tatsache sein, daß eine bestimmte Person einen bestimmten Wunsch hat? Diese Frage läßt sich ernsthaft nur im philosophischen Seminarraum stellen. Außerhalb von diesem kann die Antwort nur lauten: „Selbstverständlich". Davon zu unterscheiden ist natürlich die Frage, wie man zweifelsfrei feststellen kann, ob eine bestimmte Person einen bestimmten Wunsch hat. Aber auch dann, wenn man diese zweite Frage nicht beantworten könnte, spricht nichts dagegen, daß Personen gelegentlich Wünsche haben und daß sie dann objektiv diese Wünsche haben. Der Zusatz „objektiv" ist gerechtfertigt, weil es nicht auf die Perspektive der urteilenden Person ankommt, ob eine bestimmte Person einen bestimmten Wunsch hat. Entweder sie hat ihn oder sie hat ihn nicht. Es kann nicht beides zutreffen: „A hat den Wunsch w zu t" und „A hat nicht den Wunsch w zu t". Wenn die Suppe A schmeckt und B nicht, dann werden sich A und B möglicherweise dennoch nicht uneins sein, denn A beschränkt sich darauf mitzuteilen – und zugleich als wahr zu behaupten –, daß ihm (A) die Suppe schmecke, während B sich darauf beschränkt mitzuteilen – und zugleich als wahr zu behaupten –, daß ihm (B) die Suppe nicht schmecke. Beide Mitteilungen können zugleich wahr sein. A und B kommen daher möglicherweise zu der Überzeugung, daß die Eigenschaft einer Suppe, wohlschmeckend zu sein, subjektiv und nicht objektiv ist (dennoch bleibt es selbstverständlich eine objektive Tatsache, daß A die Suppe schmeckt und B nicht).

Wenn wir uns jedoch überlegen, auf welche Gegenstände sich intentionale Sachverhalte beziehen, geraten wir in jenes unsichere Gelände, das v. Kutschera in *Die falsche Objektivität* durchstreift. Zu welcher Gegenstandsart gehören Wünsche? Sie scheinen zwar eine zeitliche, aber keine räumliche Ausdehnung zu haben, jedenfalls ist ihre Größe unbestimmt. Sie sind farblos, ohne durchsichtig zu sein, man hört und fühlt sie nicht, ja, sie sind keinem unserer Sinne direkt zugänglich. Auch neurophysiologische Analysen eröffnen keinen direkten Zugang zu Wünschen, andererseits sind Wünsche keine theoretischen Konstrukte, die nur im Rahmen einer spezifischen Theorie oder eines Bündels von Theorien vorkommen und deren Bedeutung an diese gebun-

---

[10] Dieser privilegierte Zugang wird bekanntlich von einer anti-mentalistischen Strömung der Philosophie bestritten, und Wittgenstein gilt vielen als Kronzeuge des Antimentalismus. Wir konstatieren hier jedoch nur lebensweltliche Überzeugungen, die dieser spezifischen Form der Skepsis gegenüber bemerkenswert resistent sind.

den bleibt wie vielleicht Elektronen, denn Wünsche gehören zum Inventar unserer Lebenswelt: Ohne Wunschzuschreibung – oder allgemeiner: Zuschreibung von Intentionen – ist eine Orientierung in der sozialen Welt nicht möglich.

In Bezug auf die intentionalen Sachverhalte unserer Lebenwelt bildet sich eine Variante des ethischen Objektivismus, die ich als *intentionalistische* bezeichnen möchte. Diese stützt sich auf ein Merkmal der Sprache, die wir verwenden, um intentionale Sachverhalte zu beschreiben: es handelt sich um die simultan wertende und beschreibende[11] Rolle intentionaler Prädikate oder, stärker formuliert, um die mangelnde Trennbarkeit der intentionalen Sprache im Hinblick auf ihre wertende und beschreibende Funktion. Die Beispiele sind Legion und müssen hier nicht erneut angeführt werden. Sie werden in sonst weit divergierenden Konzeptionen zur Begründung des kognitiven Charakters der moralischen Sprache herangezogen. Das Spektrum reicht von sog. Neo-Aristotelikern wie Eric Voegelin (1952, 1966), Leo Strauss (1955, besonders Kap. 2) und Alasdair MacIntyre (1985, 1988) bis zu Bernard Williams (1985, 1995) und Hilary Putnam (1981, 1983, 1990, 1994)[12].

Harmans und verwandte Argumente, wie das der ontologischen Absonderlichkeit von John Mackie (1977: 38 ff.), zeigen bezüglich des intentionalistischen ethischen Objektivismus entweder zu viel oder zu wenig. Entweder sie legen sich auf eine im engeren Sinne naturalistische Ontologie fest, was ihnen angesichts der zentralen Rolle von Intentionen für unsere lebensweltlichen Überzeugungen eine Beweislast aufbürdet, der sie auf sich gestellt nicht gewachsen sind, oder sie akzeptieren die Realität des Intentionalen, dann richten sie sich nur gegen einen *naturalistischen* ethischen Objektivismus und verfehlen ihr Ziel, den ethischen Subjektivismus zu stützen.

Wenn man die reale Existenz einer Entität nur in Analogie zu den genannten wohlabgegrenzten, trockenen, raum-zeitlichen Gegenständen mittlerer Größe versteht, gerät man schon in Schwierigkeiten, physikalische Entitäten als real existierend zu interpretieren, und diese

---

[11] „Wertend" und „beschreibend" wird hier jeweils in einem umfassenden Sinne verwendet. Verpflichtungsbehauptungen, also i. e.S. normative Urteile, sind in diesem weiten Sinne wertend.

[12] Es mag verwundern, hier Williams und Putnam als Proponenten eines Theorietyps zu sehen, aber obwohl die Gegensätze hinsichtlich der Relativismus-Problematik auf der Hand liegen, erkennen doch beide die Wahrheitsfähigkeit moralischer Äußerungen an.

Schwierigkeiten werden unüberwindlich, wenn man zu intentionalen Zuständen und Eigenschaften übergeht. Das Argument der ontologischen Absonderlichkeit kann man akzeptieren und einer ontologischen Hypostasierung objektiver Sachverhalte – jedenfalls außerhalb der natürlichen (im Gegensatz zur sozialen) Lebenswelt – mit Skepsis begegnen. Der ethische Objektivismus kann zufrieden sein, wenn die Gegenstände moralischer Überzeugungen in der gleichen Weise als objektiv anerkannt sind wie etwa die Gegenstände der Ökonomie, Politikwissenschaft, Soziologie und Psychologie.

3.

Der intentionalistische ethische Objektivismus bezieht seine Stärke aus den Merkmalen der intentionalen Sprache. Um Handlungen personal zuzuschreiben und ihren Typ zu identifizieren, müssen wir uns auf Intentionen beziehen. Die moralische Beurteilung ist aber so eng mit intentionalen Charakterisierungen verknüpft, daß eine bloß „deskriptive" intentionale Alltagssprache unmöglich erscheint. Liegt damit eine unhintergehbare Form des ethischen Objektivismus vor, die zwar je nach Interpretation der evaluativen Komponente und innerhalb der alternativen Beschreibungsmöglichkeiten von Handlungen einen Spielraum unterschiedlicher ethischer Beurteilungen läßt, die aber doch in unsere Sprach- und Lebensform eingebettet bleibt?

Diese Frage hat keine einfache bejahende oder verneinende Antwort. Ihre Komplexität wird ersichtlich, wenn man sich die große Vielfalt evaluativer Begriffe und normativer Begründungsweisen der Alltagssprache vor Augen hält. Die moralischen Prädikate „gut" und „richtig" spielen in unseren lebensweltlichen Diskursen keine hervorgehobene Rolle. An ihrer Sonderstellung hängt aber ein Gutteil moderner ethischer Theorie. Ihr spezifischer Rationalismus, i. e. der Versuch, ethische Begründung auf möglichst ein einziges Prinzip praktischer Vernunft zu stellen, dessen Gültigkeit außerhalb unserer moralischen Überzeugungssysteme zu eruieren ist – vorzugsweise in apriorischen Setzungen wie bei Kant, Hare und Singer – ist an diese Sonderstellung der „dünnen"[13] moralischen („ethischen") Begriffe gebunden.

---

[13] Ich verwende hier eine von B. Williams eingeführte Bezeichnung, die eine Unterscheidung fortführt, die nach Auffassung H. Putnams zuerst von Murdoch eingeführt und von McDowell präzisiert wurde, vgl. Williams (1985: 129, 140, 143 ff.), Putnam (1990: 165 ff.), McDowell (1978, 1979), Murdoch (1970).

Andererseits setzt theoretische Klärung ein gewisses Maß an Distanzierung voraus. Diese epistemische Distanzierung ist nicht grenzenlos möglich, ohne die Regeln der Begründung selbst außer Kraft zu setzen[14] – dies gilt in gleicher Weise für den außermoralischen wie für den moralischen Bereich[15]. Dünne moralische Begriffe und in letzter Instanz erst die ethische Theorie bieten die Möglichkeit einer gewissen Distanzierung. Es ist nicht richtig, daß wir nur innerhalb etablierter normativer Institutionen wertend Stellung nehmen können, wie Mackie (1977: Kap. 3) meint. In dem Maße, in dem eine solche Distanzierung möglich ist – und sie ist Signum der aufklärerischen Tradition seit der Antike in der Sophistik und Sokratik –, wird dem intuitionistischen Objektivismus der Boden entzogen. Dies macht Williams' Auffassung verständlich, daß Rationalität die Moral zerstöre.

In unseren lebensweltlichen Erfahrungen verlassen wir uns in der Regel auf die Zuverlässigkeit unserer Beobachtungen. Der alltägliche Strom der Beobachtungen geht einher mit der unaufhörlichen Bildung von Überzeugungen, die sich auf natürliche und soziale (objektive) Tatsachen beziehen. Viele dieser Tatsachen erscheinen uns als unmittelbar gegeben, wir sind von ihnen überzeugt, ohne längere Ketten deduktiven, induktiven oder reduktiven Räsonierens bemühen zu müssen. Unsere moralischen Überzeugungen beziehen sich auf moralische Tatsachen, diese lassen sich von deskriptiven sozialen Tatsachen nur trennen, wenn man sich von ihrer lebensweltlichen Verwobenheit, die sich in der Alltagssprache niedergeschlagen hat, distanziert. Diese Distanzierung findet ihren Ausdruck in der Vermeidung dicker moralischer Begriffe und in einer Art resümierender normativer Beurteilung in dünnen ethischen Begriffen und unter Verwendung mehr oder weniger expliziter ethischer Kriterien.

Es gibt keinen Grund, mit diesem Übergang zu einer aufgeklärten Moralität auch die objektivistische Interpretation moralischer Überzeugungen aufzugeben. Die Rolle des Argumentes bei moralischen Überzeugungsänderungen, die Art, in der moralische Meinungsverschiedenheiten ausgetragen werden, die Erfahrung des Konsenses durch Austausch von Argumenten, der zentrale intersubjektiv überein-

---

[14] Das ist der Kern der Überlegungen von Ludwig Wittgensteins „Über Gewißheit".
[15] Diese Gegenüberstellung des moralischen und des außermoralischen Bereichs wird der Situation nur zum Teil gerecht. Der außermoralische ist nicht mit dem deskriptiven und der moralische nicht mit dem evaluativen Bereich identisch – an dieser Stelle sind weitere Differenzierungen zum Verständnis der Argumentation jedoch nicht nötig.

stimmende Corpus einzelner moralischer Überzeugungen konkreterer und abstrakterer Natur bieten das Material für eine nicht-perspektivische, eben objektive Rekonstruktion moralischer Tatsachen.

Grundstürzende (philosophische) Zweifel sind jeweils das Ergebnis einer Verbindung von Zertismus und Erosion überkommener Überzeugungssysteme. Typischerweise werden sie nicht widerlegt, sondern erübrigen sich im Laufe der Zeit durch Fallibilismus und Rekonstruktion der Überzeugungssysteme. Die geistige Situation der Gegenwart läßt außerhalb des Seminarraums wenig Spielraum für grundlegende Skepsis, da die gängige Interpretation unseres empirischen Wissens, gerade im Bereich der Natur- und Sozialwissenschaften, heute fallibilistisch ist – im Gegensatz etwa zu den Zeiten der *nova scientia*. In der Ethik dominiert dagegen nach wie vor der Zertismus[16] und bringt in seiner Verbindung mit der Erosion überkommener moralischer Überzeugungssysteme seit Anfang dieses Jahrhunderts eine anhaltende Phase philosophischer Moralskepsis (und einen damit korrespondierenden ethischen Subjektivismus) hervor, die sich in dem Maße erübrigen wird, in dem auch in der Ethik kohärentistische und fallibilistische Auffassungen an Boden gewinnen und die Rekonstruktion unserer moralischen Überzeugungen Fortschritte macht.

Literaturverzeichnis

APEL, Karl-Otto: *Transformation der Philosophie*. Bd. 2, „Das Apriori der Kommunikationsgemeinschaft". Frankfurt am Main (Suhrkamp) 1988.
AUSTIN, John L.: *How to Do Things with Words*. Oxford (Clarendon) 1962.
BAYERTZ, Kurt (Hrsg.): *Evolution und Ethik*. Stuttgart (Reclam) 1993.
BENTHAM, Jeremy: *An Introduction to the Principles of Morals and Legislation*. London 1789. Hrsg. von J. H. Burnes & H. L. A. Hart, London (Basil Blackwell) 1970.
BLACKBURN, Simon: „How to Be an Ethical Antirealist". In: Peter A. French, Theodore E. Uehling, jr. & Howard K. Wettstein (Hrsg.): *Realism and Antirealism*. Minneapolis (University of Minnesota Press) 1988, 361−375.
BOYD, Richard: „On the Current Status of the Issue of Scientific Realism". In: *Erkenntnis* 19 (1983), 45−90.

---

[16] Das gilt, um nur einige zeitgenössische Ethiker unterschiedlicher Provenienz zu nennen, für Apel (1988) ebenso wie für Hare (1981) und Singer (1982, 1993), aber auch für Tugendhat (1993: bes. Vorlesung 5), Dworkin (1977) und MacIntyre (1985, 1988). Die Frage nach der Gewißheit in der allgemeinen Erkenntnistheorie erkundet v. Kutschera u. a. in Kap. 1 und 3 von *Grundfragen der Erkenntnistheorie* (1982).

BOYD, Richard: „How to Be a Moral Realist". In: SAYRE-MCCORD (1988), 181–228.
BRINK, David: *Moral Realism and the Foundations of Ethics*. Cambridge (Cambridge University Press) 1989.
CHURCHLAND, Paul & CLIFFORD Hooker: *Images of Science: Scientific Realism vs. Constructive Empiricism*. Chicago (Chicago University Press) 1985.
DWORKIN, Ronald: *Taking Rights Seriously*. London (Duckworth) 1977.
HARE, Richard M.: *Moral Thinking: Its Levels, Method, and Point*. Oxford (Clarendon) 1981.
HARMAN, Gilbert: *The Nature of Morality: An Introduction to Ethics*. Oxford (Oxford University Press) 1977.
KUTSCHERA, Franz von: *Grundfragen der Erkenntnistheorie*. Berlin (de Gruyter) 1981.
KUTSCHERA, Franz von: „Plädoyer für eine intuitionistische Ethik". In: Edgar Morscher & Rudolf Stranzinger (Hrsg.): *Ethik, Grundlagen, Probleme und Anwendungen*. Wien (Hölder-Pichler-Tempsky) 1981, 108–114.
KUTSCHERA, Franz von: *Grundlagen der Ethik*. Berlin (de Gruyter) 1982.
KUTSCHERA, Franz von: „Der erkenntnistheoretische Realismus". In: Hans Jörg Sandkühler (Hrsg.): *Wirklichkeit und Wissen: Realismus, Antirealismus und Wirklichkeitskonzeptionen in Philosophie und Wissenschaften*. Frankfurt am Main u. a. (Peter Lang) 1992, 27–40.
KUTSCHERA, Franz von: *Die falsche Objektivität*. Berlin (de Gruyter) 1993.
KUTSCHERA, Franz von: „Moralischer Realismus". In: *Logos* 1 (1994), 241–258.
KUTSCHERA, Franz von: „Drei Versuche einer rationalen Begründung der Ethik: Singer, Hare, Gewirth". In: Christoph Fehige & Georg Meggle (Hrsg.): *Zum moralischen Denken*. Frankfurt am Main (1995), Bd. 1, 54–76.
MACINTYRE, Alasdair: *After Virtue. A Study in Moral Theory*. London (Duckworth) 1985.
MACINTYRE, Alasdair: *Whose Justice? Which Rationality?*. London (Duckworth) 1988.
MACKIE, John L.: *Ethics: Inventing Right and Wrong*. Harmondsworth (Penguin) 1977.
MCDOWELL, John: „Are Moral Requirements Hypothetical Imperatives?". In: *Proceedings of the Aristotelian Society*, Suppl. Vol 52 (1978), 13–29.
MCDOWELL, John: „Virtue and Reason". In: *The Monist* 62 (1979), 331–350.
MOORE, George Edward: *Principia Ethica*. Oxford (Cambridge University Press) 1903.
MURDOCH, Iris: *The Sovereignty of Good*. London (Routledge) 1970.
NIDA-RÜMELIN, Julian: *Kritik des Konsequentialismus*. München (Oldenbourg) 1993, Studienausg. 1995.
NIDA-RÜMELIN, Julian: „Zur Reichweite theoretischer Vernunft in der Ethik". In: Hans Friedrich Fulda & Rolf-Peter Horstmann (Hrsg.): *Vernunftbegriffe in der Moderne*. Stuttgart (Klett-Cotta), 1994, 727–749.
PUTNAM, Hilary: *Reason, Truth, and History*. Cambridge (Cambridge University Press) 1981.

PUTNAM, Hilary: *Realism and Reason* (Philosophical Papers III). Cambridge (Cambridge University Press) 1983.
PUTNAM, Hilary: „Objectivity and the Science/Ethics Distinction". In: Hilary Putnam: *Realism with a Human Face.* Cambridge/Mass. (Harvard University Press) 1990, 163−178.
PUTNAM, Hilary: „Bernard Williams and the Absolute Conception of the World". In: Hilary Putnam: *Renewing Philosophy.* Cambridge/Mass. (Harvard University Press) 1994, 80−107.
RAILTON, Peter: „Moral Realism". In: *The Philosophical Review* 95 (1986), 163−207.
SAYRE-MCCORD, Geoffrey (Hrsg.): *Essays on Moral Realism.* Ithaca/London (Cornell University Press) 1988.
SEARLE, John R.: *Speech Acts: An Essay in the Philosophy of Language.* Cambridge (Cambridge University Press) 1969.
SINGER, Peter: *Practical Ethics.* Cambridge (Cambridge University Press) 1982, 2. erweiterte Auflage 1993.
STRAUSS, Leo: *Naturrecht und Geschichte.* Stuttgart (Koehler) 1955.
STURGEON, Nicholas: „Moral Explanations". In: SAYRE-MCCORD (1988), 229−255.
TUGENDHAT, Ernst: *Vorlesungen über Ethik.* Frankfurt (Suhrkamp) 1993.
VOEGELIN, Eric: *The New Science of Politics*, Chicago (University of Chicago Press) 1952.
VOEGELIN, Eric: *Anamnesis. Zur Theorie der Geschichte und Politik*, München (Piper) 1966.
VOLLMER, Gerhard: „Über die Möglichkeit einer Evolutionären Ethik". In: *Conceptus* 20 (1986), 87−94.
VOSSENKUHL, Wilhelm: „Die Unableitbarkeit der Moral aus der Evolution". In: P. Koslowski, Ph. Kreuzer & R. Löw (Hrsg.): *Die Verführung durch das Machbare.* Stuttgart (Hirtzel) 1983, 141−154.
WERNER, Richard: „Ethical Realism". In: *Ethics* 93 (1983), 653−679.
WIGGINS, David: „Truth, Invention and the Meaning of Life". In: SAYRE-MCCORD (1988), 127−165.
WILLIAMS, Bernard: *Ethics and the Limits of Philosophy.* London (Fontana) 1985.
WILLIAMS, Bernard: *Making Sense of Humanity and Other Philosophical Papers 1982−1993.* Cambridge (Cambridge University Press) 1995.
WITTGENSTEIN, Ludwig: *Über Gewißheit.* Frankfurt am Main (Suhrkamp) 1984.
WUKETITS, Franz: *Gene, Kultur und Moral.* Darmstadt (Wissenschaftliche Buchgesellschaft) 1990.

Intensionale Semantik und physikalische Größen

von Arnold Oberschelp

1 Vorbemerkung

Die beiden im Titel genannten Begriffe haben auf den ersten Blick gar nichts miteinander zu tun. Während der erste Begriff durchaus Beziehung zu dem Werk von Kutscheras hat, scheint darüber hinaus der zweite völlig aus dem Kontext dieses Bandes herauszuführen. Tatsache ist, daß Logiker und Sprachphilosophen einerseits und Natur- und Ingenieurwissenschaftler andererseits wenig voneinander wissen, so daß Verbindungen nicht offenkundig sind. Auch ich war überrascht, als das Grundmuster der intensionalen Semantik mir durchaus beim Verständnis des Größenbegriffs half.

Mit der intensionalen Semantik bin ich natürlich als Logiker in Berührung gekommen. Ich habe dabei viel von dem Standardwerk profitiert, das Franz von Kutschera [1976] geschrieben hat. In Abschnitt 2 führe ich kurz ein, was ich brauche.

Mit den physikalischen Größen bin ich nach meiner Studentenzeit erst wieder durch die Mitarbeit im Normenausschuß für Einheiten und Formelgrößen in Berührung gekommen. Dort geriet ich als Mathematiker in Auseinandersetzungen über die Grundlagen des Größenbegriffs. Dieses Thema wird dort und auch in entsprechenden internationalen Gremien seit langem sehr kontrovers diskutiert, und von allgemein befriedigenden Festlegungen kann noch gar keine Rede sein. Während ich mich zunächst mehr in einer Beobachterrolle befand, wuchs mein wissenschaftstheoretisches Interesse und mein Engagement mit dem Bemühen, eine begrifflich saubere und zugleich akzeptable Explikation zu finden. Ich habe Wesentliches von meinem mathematischen Kollegen H. Griesel [1991] gelernt. Allerdings habe ich die Erfahrung gemacht, daß alle Explikationsversuche von den eigentlichen Fachleuten, den Physikern und Ingenieurwissenschaftlern, als nicht adäquat zurückgewiesen wurden. In Abschnitt 3, dem Hauptabschnitt dieser Arbeit, werde ich über Größen sprechen.

2 Zur extensionalen und intensionalen Semantik

Zur extensionalen Semantik braucht hier nicht viel gesagt zu werden. Es liegt dabei stets eine Logik-Sprache zugrunde, die jedenfalls Formeln und Aussagen (d. h. Formeln ohne freie Variablen) enthält. Daneben können (etwa in einer prädikatenlogischen Sprache) Individuenausdrücke, Relations- und Funktionszeichen vorkommen. Die Semantik wird durch Bewertungen gegeben, die Formeln durch Wahrheitswerte W oder F bewerten. In der Prädikatenlogik gründen sich Bewertungen auf Modelle, die Bereiche für die Variablen und passende Denotate für die nichtlogischen Konstanten bereithalten. Für freie Variablen ist zusätzlich eine Belegung dieser Variablen durch Individuen erforderlich. Die semantischen Werte von Individuenausdrücken sind dann Individuen (d. h. Elemente der zugehörigen Bereiche), die von Relations- und Funktionskonstanten sind Relationen und Funktionen über den zugehörigen Bereichen. Und die semantischen Werte von Formeln sind, wie oben schon gesagt, Wahrheitswerte. Vielfach wird in der Logik gar kein Bedarf empfunden, darüber hinaus zu gehen, denn für mathematische Zwecke reicht eine solche extensionale Semantik aus.

Es ist aber eine Binsenweisheit, daß die extensionale Semantik keineswegs ausreicht, wenn man sich der natürlichen Sprache annähern will. Bereits Frege (siehe [1892]) versuchte mit der Unterscheidung von Sinn und Bedeutung eine eigentümliche Ambivalenz natürlichsprachlicher Ausdrücke zu erfassen. So denotieren z. B. die beiden Individuenausdrücke

(i)   der Papst
(ii) Karol Wojtyla

(jetzt, 1995) denselben wohlbekannten in Rom lebenden Menschen, d. h. die folgende Aussage ist wahr:

(iii) Karol Wojtyla = der Papst

Wenn man irgend etwas über diesen Menschen aussagt, etwa

(iv) Der Papst wurde in Polen geboren

so sollte es also gleich sein, welche der beiden Bezeichnung (i), (ii) man dabei verwendet. In der Tat ist das bei dem Satz (iv) der Fall. Aber es gibt auch Sätze, etwa

(v)   Notwendigerweise ist der Papst katholisch

in denen man die Bezeichnungen (i), (ii) nicht salva veritate durcheinander ersetzen kann. Dort stehen also diese Bezeichnungen für Verschiedenes. Frege würde sagen, daß die beiden Ausdrücke (i), (ii) dieselbe Bedeutung, aber unterschiedlichen Sinn haben und daß ein Ausdruck manchmal für seine Bedeutung und manchmal für seinen Sinn steht.

Das Wort „Bedeutung" versteht man aber heute völlig anders als Frege. Wir wollen hier „Extension" sagen. Die Extension eines Individuenausdrucks ist ein Individuum, die eines Eigenschaftsnamens eine Klasse (nämlich der Individuen, die die betreffende Eigenschaft haben), die eines Funktionsnamens eine Klasse von Paaren (nämlich jeweils aus Argument und zugehörigem Funktionswert), und die Extension einer Formel ist ein Wahrheitswert. Extensionen sind ziemlich einfache Objekte. Mit ihnen arbeitet die extensionale Semantik, etwa der klassischen Prädikatenlogik.

Es ist wesentlich schwerer, in adäquater Weise festzulegen, was der „Sinn" eines Ausdrucks ist. Wir begnügen uns mit der Explikation, die in der intensionalen Semantik gegeben wird, nämlich der „Intension". Eine wesentliche Beobachtung besteht darin, daß ein verborgener Bezug auf andere Umstände (als die aktuell vorliegenden) vorhanden ist, wenn die Ersetzbarkeit salva veritate nicht gegeben ist. Die beiden Sätze (iv) und (v) bewerte ich von meiner aktualen Äußerungssituation (1995) aus. Der Satz (iv) nimmt nur Bezug auf den jetzigen (1995) Papst, in Satz (v) liegt aber ein Bezug auf die Inhaber dieses Amtes generell, also auf Päpste im allgemeinen, d. h. unter allen anderen Umständen, vor.

Daß ein Ausdruck unterschiedliche Extensionen haben kann, ist natürlich trivial. Die Individuenkonstante „0" kann z. B. für die Zahl Null, den Nullvektor, die Nullmatrix oder sonst etwas stehen, das man mit diesem Symbol zu bezeichnen beliebt. Der Name „Karl" kann für Karl den Großen, den Kühnen, den Vierten, Fünften usw., meinen Onkel mütterlicherseits oder sonst einen Menschen mit diesem Namen stehen. Und auch die Worte „der Papst" stehen 1517 von Luther geäußert für einen anderen Menschen (Giovanni Medici) als wenn sie jetzt (1995) geäußert werden. In der extensionalen Semantik muß man in solchen Fällen sagen, daß jeweils unterschiedliche Modelle vorliegen, in denen derselbe sprachliche Ausdruck unterschiedlich bewertet wird. Ob und wie diese Modelle zusammenhängen, geht über den Rahmen eines einzelnen Modells hinaus. In der intensionalen Semantik möchte man aber, daß unterschiedliche Extensionen in *einem* Modell auftreten können. Das ist erforderlich, wenn *ein* Modell Grundlage für die Bewertung auch von Aussagen der Art (iv) sein soll (bei denen ein einfaches extensionales Modell versagt).

Man muß dann so etwas wie die unterschiedlichen Umstände (die zu den unterschiedlichen Extensionen führen) in das Modell als einen Bestandteil mit aufnehmen. Ein intensionales Modell ist gewissermaßen ein Bündel extensionaler Modelle, die mit Hilfe der in Betracht zu ziehenden Umstände durchindiziert sind. Statt von Umständen redet man auch von Situationen, von möglichen Welten, etwas bescheidener von Indizes (denn sie dienen ja nur dazu, die in dem Modell in Betracht gezogenen Umstände zu unterscheiden). Somit ist eine Menge von möglichen Welten oder Indizes ein erstes Bestimmungsstück für ein intensionales Modell.

Dabei wird von Seiten der intensionalen Logik nicht vorgeschrieben, was als Menge der Indizes zu nehmen ist (ebensowenig wie die Prädikatenlogik festlegt, wie Individuenbereiche zu nehmen sind). Das kann vielmehr je nach Anwendungsfall gewählt werden. Man wird wenig mit einem Modell anfangen können, in dem alle Extensionen von „Karl" auftreten, eines in dem alle Extensionen von „der Papst", also alle Päpste auftreten, ist schon interessanter. Als Indizes reichen dann Zeitpunkte aus, durch die die Extension eindeutig bestimmt ist.

Zwischen den in Betracht gezogenen Umständen bestehen gewöhnlich gewisse Beziehungen, die auch in das Modell aufgenommen werden können, in unserem Papstbeispiel etwa die zeitliche Ordnung. Allgemein arbeitet man in der intensionalen Logik oft mit einer zweistelligen Relation auf Indizes, die als Zugänglichkeitsrelation bezeichnet wird. Die von einem Index aus zugänglichen Indizes kennzeichnen die Alternativen, die für die Bewertung berücksichtigt werden müssen.

Wir können nun sagen, was die Intension eines Ausdrucks ist. Das ist die Funktion auf Indizes, die jedem Index die zugehörige Extension des Ausdrucks zuordnet. In unserem Beispiel ist also die Intension von „der Papst" die Funktion, die jedem Zeitpunkt den jeweiligen Papst zuordnet.

Ein intensionales Modell besteht aus einer Menge möglicher Welten und einer Konstanteninterpretation, die den nichtlogischen Konstanten passende Intensionen als semantische Werte zuordnet. Dabei ist eigentlich noch etwas über die Individuenbereiche zu sagen, die ja im Prinzip auch von Welt zu Welt sich ändern können. In einfachsten Fall nimmt man an, daß die Bereiche immer dieselben sind. Ferner ist die Menge der möglichen Welten oft in bestimmter Weise strukturiert, etwa durch eine Zugänglichkeitsrelation.

In der intensionalen Semantik hat dann, wenn ein Modell und ein Index gegeben sind, jeder Ausdruck *zwei* Werte, die Intension und die Extension (d. h. den Wert der Intension für den gegebenen Index). Das spiegelt die oben angesprochene Ambivalenz der natürlichen Sprache wider.

Und welcher Wert ist nun als Wert eines sprachlichen Ausdrucks zu nehmen? *Das ist grundsätzlich die Extension.* Denn jede Äußerung wird unter bestimmten aktualen Umständen gemacht, die dann für die Bewertung zugrundezulegen sind. Die Äußerungssituation bestimmt einen Index, den *aktualen* Index, den man ohne besondere Erwähnung als vereinbart unterstellt. So verfährt die natürliche Sprache. Und wozu dienen dann überhaupt die Intensionen? Sie sind erforderlich, um die alternativen Extensionen zu liefern, auf die u.U. Bezug genommen wird.

Der verborgene Bezug auf Alternativen in (v) steckt in dem Wort „Notwendigerweise". Ein damit beginnender Satz

(vi)   Notwendigerweise Φ

ist unter gegebenen Umständen genau dann wahr, wenn der Satz Φ, der im Skopus des Notwendigkeitsoperators steht, für alle von diesen Umständen aus zugänglichen Alternativen wahr ist.

Diese Wahrheitsbedingung ist der für den Allquantor in der gewöhnlichen extensionalen Logik ähnlich. Eine Formel $\forall x \Phi$ ist genau dann in einer Bewertung wahr, wenn die Formel Φ im Skopus des Quantors für alle Bewertungen wahr ist, die aus der gegebenen durch Abänderung des Belegungswertes der Variablen x hervorgehen.

Der Notwendigkeitsoperator ist also eine Art verborgener Allquantor über Indizes. Es leuchtet ein, daß dann die Menge der Indizes (d. h. der Bereich, über den dieser Operator läuft) ebenso in dem Modell vorhanden sein sollte, wie für einen normalen Quantor ein Individuenbereich.

Man könnte nun sagen, daß die intensionale Semantik von der extensionalen gar nicht so sehr verschieden ist. Ein intensionales Modell ist, durch die extensionale Brille gesehen, nichts Anderes als ein besonders umfangreiches extensionales Modell. Man hat halt einen Bereich mehr, den der Indizes. Als semantische Werte der nichtlogischen Konstanten in einem Modell sind Intensionen zu nehmen, und das sind gewisse Funktionen auf diesem Bereich, also Objekte, wie sie auch in der extensionalen Semantik vorkommen.

In einer gewissen Weise stimmt das. Der Unterschied betrifft eigentlich die Sprache, zu der man diese Semantik macht. Die Sprache ist nicht extensional. Ein Unterschied zwischen intensionalen Operatoren und Quantoren ist, daß man keine Variablen und keine Konstanten für Indizes hat (während Quantoren mit Variablen für Elemente des Bereiches verwendet werden und auch Konstanten für solche Elemente erlaubt sind). Die Indizes sind nicht in der Objektsprache repräsentiert und der Bezug auf Alternativen ist bei einem intensionalen Operator verborgen. Und auch der aktuale Index, der gewissermaßen für „hier und jetzt" steht und der die letztendlich zu nehmende Extension festlegt, ist sprachlich nicht repräsentiert.

Man könnte meinen, es zeige sich darin ein Mangel der Objektsprachen, die man in der intensionalen Logik verwendet. Bei Lichte betrachtet habe ja ein Ausdruck wie „der Papst" eher den Charakter eines Funktionszeichens. Um daraus einen Individuenausdruck zu gewinnen, bedürfe es der Zufügung eines Argumentzeichens (das in diesem Fall einen Zeitpunkt angibt), etwa in folgender Weise:

(vii)   der jetzige (1995) Papst, der Papst von 1517, usw.

Schließlich weiß man aus der Mathematik um den Unterschied von Funktion und Funktionswerten. Dort gilt es als Laxheit, ein Funktionszeichen zur Bezeichnung eines der Funktionswerte zu nehmen. Auch hier, so könnte man meinen, müsse man sich eigentlich genauer ausdrücken und etwa statt (iv) sagen:

(viii)   Der jetzige (1995) Papst wurde in Polen geboren

Aber durch eine solche Extensionalisierung verfehlt man die Pointe der intensionalen Logik. Denn tatsächlich drückt sich die natürliche Sprache in normalen Situationen ja gerade *nicht* so wie in (viii) aus. Es ist deshalb nicht angemessen, (iv) als laxe oder unvollständige Ausdrucksweise zu diskriminieren. Eher sollte eine logische Analyse zu einem logischen System führen, in dem sich (iv) direkt darstellen läßt. Das wird in der intensionalen Logik versucht.

Ein etwas unbefriedigender Punkt ist allerdings, daß in konkreten Anwendungsfällen die intuitiven Vorstellungen darüber, was man als Indizes nehmen und welche Alternativen man zulassen soll, oft sehr vage sind (während man bei einem Quantor gewöhnlich eine ziemlich gute Vorstellung darüber hat, was als zugehöriger Bereich zu nehmen ist).

Dessenungeachtet gibt es eine Fülle von interessanten logischen Systemen, die sich auf eine intensionale Semantik stützen. Ich will darauf nicht näher eingehen und verweise auf das Buch [1976], das von Kutschera darüber geschrieben hat.

3 Physikalische Größen

Ich komme nun zu den physikalischen Größen und betrachte als erstes Beispiel die Größe Länge. Das ist etwas, das z. B. Linien, Strecken, Stäben, Punktepaaren in unterschiedlichem Ausmaß zukommt.

Aber eine Linie *ist* nicht eine Länge, sie *hat* eine Länge. Man muß ein Ding, *dem* etwas zukommt, von dem unterscheiden, *was* ihm zukommt. Generell ist ja der Träger einer Eigenschaft (der oft ein konkretes Ding ist) von der Eigenschaft (die ein Abstraktum ist) zu unterscheiden. Ich will hier von Objekten oder Größenträgern, kurz Trägern, reden und meine damit alles, was Größen *haben* kann. Die Träger sind physikalische Objekte, für die Größe Länge sind es „längenartige" Objekte (die vornehmlich in einer Richtung ausgedehnt sind). Zu jeder physikalischen Größe gehören in entsprechender Weise Träger. Diese können sehr unterschiedlich und auch komplex sein. Träger können z. B. physikalische Körper (etwa für die Größen Volumen, Masse, Dichte), Substanzen (etwa für die Größen Dichte, Leitfähigkeit), Bewegungsvorgänge (etwa für die Größen Geschwindigkeit, Beschleunigung), sowie Prozeßabläufe, Felder, Wellen o. ä. sein.

Die natürliche Sprache ist unscharf. Wenn man im elektrotechnischen Alltag von einem Widerstand spricht, so ist es oft so, daß man ein konkretes Ding meint. Wenn man von der Oberfläche eines Würfels spricht, so kann es sein, daß man eine aus sechs Quadraten bestehende Fläche im Raum meint, es kann auch sein, daß man deren Flächeninhalt meint. Aber begrifflich ist der Unterschied von Größenträgern und Größen geläufig. Die sprachliche Vermengung wird als Laxheit empfunden, die verzeihlich ist, weil sie nicht zur Verwirrung führt. Ich werde den Unterschied im folgenden terminologisch beachten, aber nicht weiter erörtern.

Es geht darum, *was* das denn ist, das den Trägern zukommt.

Größen sollen zur quantitativen Charakterisierung der Träger dienen. In der Mathematik, auch in der Schule, tut man oft so, als sei die Länge, etwa einer Strecke, eine *Zahl*. Man sagt, diese Strecke habe die Länge 5, jene die Länge 7 usw. Das ist aber sicherlich *nicht* das, was man in der Physik mit der Länge meint. Die quantifizierende Zahl setzt voraus, daß eine Vergleichsstrecke fixiert ist, deren Länge als *Einheit* dient. Die Maßzahl ändert sich, wenn man eine andere Vergleichsstrecke wählt. Die Länge einer Strecke soll ein Kennzeichen dieser Strecke sein, das unabhängig von der (willkürlichen) Wahl einer Vergleichsstrecke ist, sie kann also nicht mit einer Zahl gleichgesetzt werden.

Daß Strecken *gleichlang* sind, kann man definieren, ohne bereits auf den allgemeinen Längenbegriff zurückgreifen zu müssen (in ähnlicher Weise wie man ja die Gleichzahligkeitsrelation zwischen Mengen durch die Existenz einer bijektiven Abbildung definieren kann, ohne den Zahlbegriff voraussetzen zu müssen). Daß Strecken gleichlang sind, bedeutet, daß sich ein und derselbe Stab (etwa der Teil eines Zollstocks zwischen zwei abgelesenen Marken) mit beiden Strecken zur Deckung bringen läßt (Man beachte, daß man bei dieser Definition keine Einheitsstrecke auszuzeichnen braucht). Die Länge einer Strecke soll dann etwas sein, das alle gleichlangen Strecken gemeinsam haben. Sie ist von dem speziellen Träger, an dem sie auftritt, abstrahiert.

Wir sagen, daß alle gleichlangen Träger denselben *Längenwert* haben und reden allgemein (in Übereinstimmung mit DIN 1313 [1978]) von *Größenwerten*, die kennzeichnen, mit welchem Ausmaß eine Größe einem Träger zukommt. Auch bei anderen Merkmalen redet man von den Merkmalswerten, die den Erscheinungsformen des Merkmals zugeordnet sind (siehe DIN 55350-T12 [1989]).

Man kann sich von dem Gemeinsamen aller gleichlangen Strecken durchaus eine anschauliche Vorstellung bilden. Ich habe z. B. eine anschauliche Vorstellung von zwei Metern als einem Längenausmaß, das an vielen Objekten auftritt. Auch ein Massenwert läßt sich anschaulich erfahren in der Weise, wie sich ein entsprechender Träger Geschwindigkeitsänderungen widersetzt und von der Erde angezogen wird. Auch bei vielen anderen Merkmalen kann man die verschiedenen Erscheinungsformen anschaulich erfahren (etwa bei dem Merkmal Farbe, sofern man nicht farbenblind ist).

Man wird sich nach diesen Erläuterungen vermutlich unter den Größenwerten, allgemeiner den Werten eines Merkmals, nunmehr diese „phänomenologischen Werte", d. h. die verschiedenen Erscheinungsformen des Merkmals, vorstellen. In der Tat entspricht es der Grundintuition des Größenkalküls, nicht mit Zahlen zu rechnen (die sich erst nach willkürlicher Auszeichnung einer Einheit ergeben), sondern direkt mit den physikalischen Phänomenen, mit dem, was alle gleichlangen Strecken, alle gleichmassigen Körper, alle gleichschnellen Bewegungen usw. gemeinsam haben.

Allerdings läßt sich – was leider oft ignoriert wird – dieser „phänomenologische Ansatz" beim Aufbau des Größenkalküls nicht durchhalten, weil sich das Bedürfnis einstellt, auch verschiedenartige Größen (etwa Arbeit und Drehmoment) mit denselben Werten zu quantifizieren. Deshalb haben wir oben nicht gesagt, daß die Größenwerte die möglichen Größenausmaße *sind*, sondern, daß sie diese *kennzeichnen*. Sie sind (für eine jede Größe) ihnen nur umkehrbar eindeutig zugeordnet.

Man könnte sagen, daß man damit auf eine inhaltliche Festlegung, was denn nun Größenwerte sind, verzichtet. Daß eine solche Festlegung gar nicht so wichtig ist, will ich an einem mathematischen Beispiel klarmachen. Ich will fragen, was eigentlich die reellen Zahlen sind. Jeder kann mit reellen Zahlen umgehen und kennt die Gesetze, die für sie gelten. Aber wenn man sagen soll, was z. B. $\sqrt{2}$ *wirklich* ist, so ist das nicht so einfach.

In manchen mathematischen Vorlesungen lernt man (vorausgesetzt, daß man bereits weiß, was rationale Zahlen sind), daß irrationale Zahlen dasselbe wie Dedekindsche Schnitte sind (das sind gewisse Paare von Mengen rationaler Zahlen). In anderen Vorlesungen werden sie mit gewissen Äquivalenzklassen von sog. Cauchyfolgen aus rationalen Zahlen gleichgesetzt. *Und was ist $\sqrt{2}$ nun wirklich?*

Ich hoffe, man stimmt mir zu, daß diese Frage nicht beantwortet werden muß. Bei den Dedekindschen Schnitten und den Äquivalenzklassen von Cauchyfolgen handelt es sich um Modellkonstruktionen, die zeigen, daß der Begriff der reellen Zahl nicht inhaltsleer ist. Sobald man das weiß, kann man die Details der Modellkonstruktion wieder vergessen. Die reellen Zahlen werden (unabhängig davon, welche Modellkonstruktion man gewählt hat) durch die Art ihrer Verwendung mit anschaulichen Vorstellungen gefüllt. Aber was man beim Rechnen nur braucht, das sind die formalen Eigenschaften der reellen Zahlen.

Mit den Größenwerten ist es im Grunde genauso wie mit den reellen Zahlen. Man verbindet damit anschauliche Vorstellungen, etwa daß sie in vielen Fällen die phänomenologischen Werte sind. Eine solche inhaltliche Sicht unterstützt das Umgehen mit den Größenwerten, aber sie wird für das *Rechnen* mit Größenwerten nicht gebraucht. Und sie ist, wie bereits gesagt, beim weiteren Aufbau des Größenkalküls nicht durchweg möglich.

Im folgenden will ich mich nicht weiter mit der *wahren* Natur der Größenwerte befassen. Es geht jetzt darum, was eine Größe von anderen Merkmalen unterscheidet. Wir betrachten wieder das Beispiel der Länge.

Man kann nicht nur feststellen, wann zwei Strecken gleichlang sind, man kann beliebige Strecken auch multiplikativ vergleichen. Man kann feststellen, um ein Wievielfaches die eine länger als die andere ist. Man kann die eine in der anderen *messen*, es gibt ein *Meßverfahren* (das im einfachsten Fall daraus besteht, daß man in der einen Strecke die andere eine bestimmte Anzahl von Malen abträgt). Natürlich sind Strecken und Stäbe nicht die einzigen Längenträger. Der Anwendungsbereich einer Größe ist gewissermaßen „offen" konzipiert, und das Meßverfahren kann bei einer Ausdehnung des Anwendungsbereichs erweitert werden. Längenmessungen können z. B. durch Aneinanderlegen von Stäben, durch Rektifizierung von Kurven, durch Triangulierungen (bei Vermessungen im Gelände), durch Zeitmessungen (beim Durchlaufen eines Weges mit bekannter Geschwindigkeit), durch Messung der scheinbaren Helligkeit (bei Gestirnen bekannter Leuchtkraft) o. ä. erfolgen. Der Begriff des Meßverfahrens ist prinzipiell und in idealisierender Weise so umfassend gemeint, daß alle diese Teil-Verfahren darunter fallen.

Was zur Länge gesagt wurde, gilt auch für andere Größen. Zu einer jeden physikalischen Größe gehört in entsprechender Weise ein (prinzipielles) Meßverfahren, das konstitutiv für die Größe ist. Die Träger der Größe sind diejenigen Objekte, auf die das Verfahren anwendbar ist, und das Verfahren ergibt zu je zwei Trägern der Größe eine reelle Zahl, die das Ausmaß vergleicht, mit dem die Größe den Trägern zukommt. Die Existenz eines Meßverfahrens unterscheidet Größen von anderen Merkmalen, wie z. B. dem Merkmal Farbe (es ist sinnlos von einem einfarbigen Gegenstand – solche sind Träger des Merkmals Farbe – zu sagen, er sei doppelt so farbig wie ein anderer).

Das Meßverfahren der Größe, mit dem man Träger vergleicht, liefert unmittelbar eine Verknüpfung auf Größenwerten, die man als Quotient schreibt und als Verhältnisbildung bezeichnet. Wenn x, y Größenwerte sind, so ist

(ix) x/y

die reelle Zahl, die sich ergibt, wenn man das Meßverfahren auf zwei Träger mit den Größenwerten x, y anwendet. Hierauf gründen sich einige weitere Verknüpfungen und Relationen:

(x) λx
       $x + y, x - y$
       $x < y, x > y$

Man kann Größenwerte x mit reellen Zahlen λ vervielfachen (es kommt wieder ein Größenwert heraus), man kann Größenwerte x, y addieren und subtrahieren (und es kommen wieder Größenwerte heraus) und man kann Größenwerte x, y der Größe nach vergleichen.

Ferner kann man, wenn man einen Größenwert e als „Einheit" auszeichnet (etwa für die Größe Länge den Längenwert des berühmten Stabes aus Platin-Iridium in Sèvres bei Paris), jeden Größenwert als Vielfaches der Einheit

(xi) $x = \lambda e$

darstellen. Und in dieser Weise gibt man ja auch systematisch Größenwerte an, etwa als 50 cm, 3 km, 4,7 kg, 220 V usw.

Dieses Rechnen innerhalb der Werte *einer* Größe ist zweifellos der Anfang des Größenrechnens generell. Doch beachte man, daß man aus dem Begriff des Meßverfahrens überhaupt nicht herausholen kann, was Produkte und Quotienten von Größenwerten *beliebiger* Größen sind. Nichtsdestoweniger wird weithin angenommen, daß das selbstverständlich und ohne weitere Erklärungen alles in eindeutiger Weise definiert sei. Das ist aber nicht der Fall. Viele Schwierigkeiten mit dem Größenkalkül sind dadurch bedingt, daß man das nicht wahrhaben will. Ich will aber hier auf diese Schwierigkeiten nicht weiter eingehen.

Wir haben bis jetzt über Größen*träger* und Größen*werte* geredet. Doch was Größen *schlechthin* sind, ist noch nicht erörtert worden. Ebenso, wie man die Größenträger von dem unterscheiden muß, *was* sie tragen, nämlich die Größenwerte, so muß man diese von der Größe im allgemeinen Sinne unterscheiden, von dem zugehörigen Begriff. Einem Stab kommt ja nicht Länge schlechthin, sondern in einem ganz bestimmten Ausmaß zu, er hat einen bestimmten Längenwert. Und bei Stäben, die sich nicht zur Deckung bringen lassen, ist das Längenausmaß verschieden. Keines dieser Längenausmaße, also auch kein Längenwert, kann dasselbe sein wie die Länge schlechthin. Die verschiedenen Längenwerte haben etwas gemeinsam, nämlich daß sie zu Erscheinungsformen desselben Allgemeinen gehören. Das bleibt unerklärt, wenn es nicht gelingt, dieses Allgemeine zu fassen.

Ferner ist unbestreitbar, daß auch in vielen anderen Fällen, in denen das Wort „Größe" verwendet wird, es dabei in einem allgemeinen Sinne verstanden wird, wenn man etwa, ohne spezielle Träger im Auge zu haben, von den Größen Umfang, Durchmesser, Flächeninhalt, Volumen, Masse, Geschwindigkeit u. ä. redet. Was bedeuten dabei die

Wörter „Umfang", „Durchmesser", „Flächeninhalt" usw., um was für (abstrakte) Objekte handelt es sich? Eine Größe im allgemeinen Sinne kann doch nicht dasselbe sein wie einer ihrer zahlreichen Werte.

Nichtsdestoweniger wird oft das Wort „Größe" für das verwendet, das wir hier „Größenwert" nennen, und man betrachtet darüber hinaus keine Größen im allgemeinen Sinne. Ich halte das nicht für ausreichend.

Ein erster Ansatz wäre es, eine Größe (im allgemeinen Sinne) mit der *Menge* ihrer Werte gleichzusetzen (vielleicht genauer noch mit der Struktur, die aus dieser Menge zusammen mit den dort definierten oben angesprochenen Verknüpfungen besteht). Diese Menge (bzw. diese Struktur) ist zweifellos ein wichtiges abstraktes Objekt.

Aber diese Gleichsetzung wäre verfehlt. Um das einzusehen, betrachten wir neben der Größe Länge die Größe Umfang. Es handelt sich offenbar um verschiedene Größen, denn sie haben ja ganz verschiedene Träger. Die Träger der Größe Länge sind Strecken, Linien, Kurven, Punktepaare u. ä. Die Größe Umfang kommt aber nicht „linienartigen" sondern „flächenartigen" Objekten zu, wie Grundstücken, Flächen, Figuren. Man möge nicht einwenden, daß ein Grundstück eine Umfangs*linie* habe, und deren Länge sei der Umfang des Grundstücks. Das stimmt völlig, aber es ist kein Einwand, denn die Umfangslinie des Grundstücks ist ja nicht dasselbe wie das Grundstück. Die Umfangslinie hat keinen Umfang, sondern eine Länge, sie ist Träger der Größe Länge (und nicht der Größe Umfang). Das, was einen Umfang (aber keine Länge) hat, ist das Grundstück. Diese ist ein Träger der Größe Umfang. Man kommt also wohl nicht umhin, Länge und Umfang als verschiedene Größen anzusehen.

Aber beide Größen haben genau dieselben Werte. Zu jedem Längenwert l kann man sich einen Längenträger mit genau diesem Längenwert l denken und auch einen Umfangsträger (etwa einen Kreis mit dem Durchmesserwert l/π) der l als Umfangswert hat.

Somit kann man eine Größe (im allgemeinen Sinne) nicht mit der Menge ihrer Werte gleichsetzen.

Was wir beim Übergang zur Menge der Größenwerte aus dem Auge verloren haben, das sind die Größenträger. Sie gehören mit in das Bild, denn sie stellen ja den Sachbezug sicher.

Man gibt oft einen Größenwert an, indem man hinter den Namen der Größe den Namen eines Trägers mit dem Bezugsgenitiv setzt:

(xii)   Umfang dieses Grundstücks
       Länge dieser Kurve

Masse dieses Kolbens
usw.

Darin ist eine Größe (im allgemeinen Sinne) genannt, nämlich Umfang (im allgemeinen Sinne), Länge (im allgemeinen Sinne), Masse (im allgemeinen Sinne), und es ist ein Größenträger genannt, nämlich dieses Grundstück, diese Kurve, dieser Kolben. Das Ganze ist ein Beschreibungsname für einen Größenwert.

Aber auf genau dieselbe Weise gibt man in der Mathematik Funktionswerte an. Man hat auch dort ein Allgemeines, nämlich eine Funktion. Man kann diese auf Argumente anwenden und erhält die zugehörigen Funktionswerte. Einen Namen des Funktionswertes erhält man, indem man hinter den Namen der Funktion den Namen des Argumentes setzt:

(xiii) Sinus von π
Wurzel aus 2
allgemein:
F von a

Formal geschrieben:

(xiv) $\sin \pi$
$\sqrt{2}$
allgemein:
$F(a)$

Es scheint mir klar zu sein, daß es sich ebenso wie bei (xiii) und (xiv) auch bei (xii) um Anwendungsterme handelt. Man wendet eine Funktion (Umfang, Länge, Masse) auf Argumente an (die Träger der Größen) und erhält Funktionswerte (die zugehörigen Größenwerte).

Somit drängt sich die Auffassung auf, daß Größen im allgemeinen Sinne Funktionen sind. Bei genauerer Betrachtung sind noch weitere Bestandteile in den Begriff einzubinden. Das Meßverfahren wird als konstitutiv angesehen, ferner gehören eine Benennung und ein Formelzeichen dazu. Wir wollen uns hier der Einfachheit halber auf den Bestandteil der Größenfunktion beschränken. Dann bewährt sich die Auffassung, eine Größe im allgemeinen Sinne sei eine Funktion, wann immer man sie prüft.

So können Größen durchaus gemeinsame Träger haben, wie ja auch verschiedene Funktionen gemeinsame Argumente haben können. Ein Rad hat z. B. sowohl einen Umfang, wie einen Durchmesser, ein Volumen, eine Masse usw. Es trägt aber von jeder dieser Größen nur einen Wert, wie ja auch der Wert einer Funktion für ein Argument eindeutig bestimmt ist. Man könnte einwenden, daß das Rad einen Umfangswert *und* einen Durchmesserwert habe, also zwei verschiedene Längenwerte trage. Aber das Rad ist gar kein Träger für die Größe Länge, wohl aber für die Größen Umfang und Durchmesser, und diese Größen sind verschieden (denn sie ordnen ja demselben Träger verschiedene Werte zu).

Ferner sind die Größenwerte von den Größenträgern in derselben Weise abgehoben, wie das bei Funktionswerten und Funktionsargumenten der Fall ist. Derselbe Größenwert kann an vielen verschiedenen Trägern auftreten.

Auch erfolgt die Definition von Größen in analoger Weise wie bei Funktionen. So wird eine reellwertige Funktion dadurch definiert, daß man sagt, welches die Argumente sind und spezifiziert, was jeweils der Funktionswert ist. Entsprechend wird eine Größe dadurch definiert, daß man die Objekte fixiert, denen sie zukommen kann (die Träger) und für jeden Träger festlegt, wie die Werte sich bestimmen. Und ebenso, wie durch die Definition einer neuen reellwertigen Funktion keine neuen reellen Zahlen geschaffen werden, verwenden auch neue Größen die alten Werte, die auch andere Größen verwenden.

Das Fazit ist also (um Aspekte wie Meßverfahren, Benennung, Formelzeichen verkürzt):

(xv) Eine Größe (im allgemeinen Sinne) ist eine Funktion, die gewissen Objekten (den Trägern der Größe) andere Objekte (die Größenwerte) zuordnet. Die Träger sind dabei konkrete Objekte wie oben beschrieben. Die Größenwerte kennzeichnen das Ausmaß, mit dem die Größe dem Objekt zukommt. Für Größenwerte sind gewisse Operationen und Relationen, wie z. B. (ix), (x), (xi) definiert.

Im Größenkalkül kommt es vor, daß man von einer Größe sagt, sie sei *von der Art* einer anderen Größe. Das läßt sich folgendermaßen erklären. Es bedeutet, daß die Größe Werte und auch das Meßverfahren der anderen Größe benutzt (von deren Art sie ist). So ist z. B. die Größe Umfang von der Art Länge, da ihre Werte Längenwerte sind und durch das Messen von Längen (nämlich der Umfangslinien) bestimmt werden.

Gewisse sehr umfassende Größen mit vielen Trägern, die sich an vielen anderen Objekten aufweisen lassen, haben eine besondere Bedeutung dadurch, daß sie sich in der oben beschriebenen Weise als *Artgeber* gut eignen. Dazu zählen insbesondere Länge, Masse, Zeitdauer. Man könnte sagen, daß diese jeweils eine *Größenart* begründen, die man mit der Gesamtheit der Größen dieser Art gleichsetzen könnte. Zur Größenart Länge gehören dann neben der Größe Länge selbst auch Größen wie Umfang, Durchmesser, Seitenlänge, Höhe, Wellenlänge u. ä. Man beachte aber, daß diese Gesamtheit von Größen der Art Länge etwas ganz anderes ist als die Menge der Längenwerte, so wie ja auch die Gesamtheit der reellwertigen Funktionen etwas anderes ist als die Menge der reellen Zahlen.

Das Beispiel von Größen einer bestimmten Art zeigt übrigens deutlich, daß nicht jede Größe ihre phänomenologisch eigenständigen Werte zu haben braucht. Die Werte können durchaus von einer anderen Größe erborgt werden (wie z. B. die Größe Durchmesser ihre Werte von der Größe Länge übernimmt). Daß Größen auf die Werte anderer Größen zurückgreifen, ist in noch viel größerem Umfang erforderlich, wenn man Größen mit Hilfe anderer Größen ableiten und in umfassender Weise mit Größenwerten rechnen will. Das soll hier aber nicht näher ausgeführt werden.

Die oben gegebene Analyse des Größenbegriffs ist für mich sehr einleuchtend. Nichtsdestoweniger ist sie keineswegs unstrittig.

Einmal stößt die mathematisch-logische Arbeitsweise in Physik und Ingenieurwissenschaft, soweit man sich überhaupt mit der Grundlegung des Größenbegriffs befaßt, weitgehend auf Ablehnung. Man hat ein gutes intuitives Vorverständnis und erwartet von einer Explikation, daß sie dieses in wenigen und einfachen Worten präzisiert. Dabei ist sogar oftmals der begriffliche Unterschied zwischen einer Funktion, ihren einzelnen Werten und der Menge ihrer Werte nicht geläufig. Diese Unterschiede zu machen, gilt bereits als komplizierte Haarspalterei. Ich halte diese Unterscheidungen nicht für zu kompliziert. Aber wenn man sie außerdem noch einebnet, so können eigentlich nur Pseudoerklärungen herauskommen (wie vielfach in DIN 1313 [1978], ISO 31−0 [1992] und anderen Dokumenten). Es ist unnötig zu sagen, daß mich diese Art von Ablehnung nicht überzeugt.

Ich glaube aber noch einen weiteren Grund ausgemacht zu haben, den ich ernst nehme. Dieser ist, wenn man sich mit der Funktionenauffassung der Größen anfreunden will, für eine instinktive Ablehnung dieser Auffassung verantwortlich. Der Grund ist, daß die gegebene Analyse extensional ist, daß man aber über Größen intensional denkt. Dieses will ich genauer ausführen.

Zu einer ordentlichen Größendefinition gehört auch, daß man eine Benennung und ein Formelzeichen einführt. Diese sind keineswegs frei wählbar, vielmehr sind Benennungen und Formelzeichen geradezu massenhaft genormt. Die Formelzeichen sind dann in Rechnungen zu verwenden. Natürlich erwartet man, daß sie dort für Größen stehen (was immer das auch ist).

Wir wollen als Beispiel eine quadratische Pyramide der Seitenlänge s und der Höhe h betrachten. Diese hat bekanntlich ein Volumen V, für das die folgende Größengleichung gilt:

(xvi) $\quad V = s^2 \cdot h/3$

Nun meine ich, daß darin die Formelzeichen für Größen*werte* stehen. Das ist in Übereinstimmung mit der Feststellung, daß das Größenrechnen auf der Menge der *Werte* abläuft (wobei in diesem Beipiel das Rechnen über den Bereich der Werte nur einer Größe hinausgeht).

Dagegen wird eingewendet, daß man dann die Größengleichung (xvi) doch eigentlich als Größen*wert*gleichung bezeichnen müsse. Das widerspricht der eingefahrenen Terminologie und wird abgelehnt. Dieses ist vermutlich auch ein Grund, warum man „Größe" für „Größenwert" sagt. Den Einwand halte ich nicht für schwerwiegend. Die Sprache, und auch die Wissenschaftssprache, ist voller historisch gewordener Usancen, die man nicht alle über Bord werfen muß, wenn sie nicht richtig passen. Ich hätte, sofern inhaltliche Klarheit besteht, nichts dagegen, „Größengleichung" zu sagen, auch wenn „Größenwertgleichung" treffender wäre. Aber das ist gar nicht der Fall, wie ich unten darlegen will.

Es sei nun die Seitenlänge der Pyramide 5 cm und die Höhe 6 cm. Dann ist das Volumen 50 cm³. Der nächste Einwand wiegt schwerer. Wenn die Formelzeichen für Größenwerte stehen, so müßte also unter den beschriebenen Umständen die Gleichung (xvi) dasselbe besagen wie:

(xvii) $\quad 50 \text{ cm}^3 = (5 \text{ cm})^2 \cdot 6 \text{ cm}/3$

Diese einfache Feststellung, so meint man, sei aber doch wohl keineswegs gleichbedeutend mit der inhaltsreichen Gleichung (xvi).

Dem stimme ich völlig zu. Doch wird in (xvii) nur über einige besondere Größenwerte gesprochen (die kein allgemeines Interesse beanspruchen). Unsere Analyse des Größenbegriffs hat aber ergeben, daß Größen im allgemeinen Sinne Funktionen sind, und in (xvi) wird etwas über diese Größen*funktionen* ausgesagt. Somit wird verständlich, daß (xvi) und (xvii) nicht gleichbedeutend sind.

Aber, so geht der Einwand weiter, ich habe ja andererseits auch behauptet, daß in (xvi) die Formelzeichen für Größen*werte* stehen. Wie verträgt sich das? Stehen die Formelzeichen nun für Größenwerte oder Größenfunktionen (d. h. Größen im allgemeinen Sinne)?

Das ist in der Tat ein heikler Punkt. Es bietet sich folgender Ausweg an. Da in (xvi) die Formelzeichen für Funktionen stehen, man aber deren Werte meint, fehlt das Argumentzeichen. Es stehe etwa pyr für die betrachtete Pyramide. Dann wäre somit (xvi) nur eine laxe und unvollständige Ausdrucksweise für:

(xviii) $\quad V_{\text{pyr}} = s_{\text{pyr}}^2 \cdot h_{\text{pyr}}/3$

Das ist dann in völliger Analogie zu einer mathematischen Gleichung, etwa:

(xix) $\quad \sin^2 x = 1 - \cos^2 x$

in der die Funktionszeichen sin, cos und das Argumentzeichen x vorkommen.

Während der extensional denkende Mathematiker mit dieser „Lösung" völlig zufrieden ist, weist sie der Physiker als nicht adäquat zurück. *So drückt er sich nicht aus.* Er versteht zwar die Gleichung (xviii) und er *meint* das auch in dem konkreten Fall (wo die Pyramide pyr gegeben ist), aber er *schreibt* (xvi). Nur falls in derselben Situation mehrere Körper zugleich betrachtet werden und man unterscheiden muß, fügt er Indizes hinzu, die auf den Sachbezug (d. h. auf Größenträger) verweisen. Normalerweise läßt er einen Hinweis auf Größenträger fort.

Er wünscht keine Trennung in Funktionszeichen, Argumentzeichen und daraus aufgebauten Zeichen für Werte. Er benutzt normalerweise keine Argumentzeichen, und für ihn sind die Formelzeichen beides, Wertezeichen *und* Funktionszeichen. Sie stehen für die Werte, die jeweils durch eine (sprachlich nicht repräsentierte) Situation gegeben sind, und auch für den gesamten Verlauf dieser Werte über alle Situationen hinweg.

Ich meine durchaus, daß man das nicht als schlampige Ausdrucksweise bezeichnen sollte, eher sollte sich die Logik bemühen, dieses sehr praktische Vorgehen zu rechtfertigen.

Aber diese Diskussion haben wir schon im zweiten Abschnitt geführt. Bei der intensionalen Logik hatten wir ja konstatiert, daß Ausdrücke auftreten, die (durch die extensionale Brille betrachtet) Funktionszeichen sind, aber Funktionswerte bezeichnen (ohne daß Argumente hingeschrieben werden).

Man sollte auch einmal auf Größen durch die intensionale Brille sehen. Dann sind die Größen im allgemeinen Sinne die Intensionen, die Größenwerte sind deren Extensionen, und man benutzt nur *ein* Zeichen für beides. Und Situationen, in denen für alle betrachteten Größen genau ein Größenträger ausgezeichnet ist, sind die Indizes.

Dann braucht man die Indizes nicht hinzuschreiben, was man ja auch nicht tut. Ferner bleibt es dabei, daß die Formelbuchstaben in Gleichungen für Extensionen stehen, also für Größenwerte.

Aber auch der allgemeine Charakter der Formelbuchstaben kommt zum Tragen. Häufig sind nämlich die Gleichungen in allgemeiner Weise gemeint. Sie stehen gewissermaßen im Skopus eines Notwendigkeitsoperators, und dann sind die Werte für beliebige alternative Indizes gemeint. So gilt z. B. (xvi) für beliebige quadratische Pyramiden (und bedeutet dann natürlich etwas anderes als (xvii)).

Ein Notwendigkeitsoperator wird allerdings nicht hingeschrieben. Der Kontext muß festlegen, wie allgemein oder speziell eine Gleichung gemeint ist.

Auch die Bezeichnung „Größengleichung" ist durchaus treffend. Die wesentliche Rolle spielen nämlich die Größen. Diese liefern in den jeweils aufgerufenen Situationen die Werte, die dann in der durch die Gleichung ausgedrückten Beziehung stehen.

Das alles ist in völliger Analogie zu dem extensionalen Fall und genauso exakt. Auch die mathematische Funktionengleichung (xix) ist eine Gleichung zwischen Funktionswerten. Diese Gleichung ist offenbar allgemein gemeint, aber man erspart es sich, den Quantor $\forall x$ hinzuzufügen. Und schließlich redet man nicht von einer „Zahlengleichung", nur weil die Funktionswerte Zahlen sind.

Insgesamt meine ich, daß die gegebene Analyse des Größenbegriffs (mit der Separierung von Größenträgern, Größenwerten und Größenfunktionen) sich im Sinne der intensionalen Semantik auch gut mit der in Physik und Technik üblichen Terminologie und dem Gebrauch der Formelzeichen verträgt.

Es ist natürlich (wenn schon die begriffliche Unterscheidung von Funktion und Wertebereich Schwierigkeiten macht) nicht zumutbar, für eine Explikation des Größenbegriffs einen Kurs in intensionaler Semantik zu verschreiben. Doch braucht man vielleicht gar nicht viel darüber zu reden, und es reicht ein Hinweis der folgenden Art aus:

(xx)   In Größengleichungen stehen die Formelzeichen für Größenwerte, die durch den Kontext näher bestimmt werden.

Das Wort „Kontext" wird man vielleicht ohne Erläuterungen akzeptieren. Wenn man sich aber der Frage zuwendet, was denn eigentlich ein Kontext ist, so eröffnet man ein neues Kapitel.

4 Literatur

DIN 1313: *Physikalische Größen und Gleichungen. Begriffe, Schreibweisen,* April 1978.
DIN 55350-T12: *Begriffe der Qualitätssicherung und Statistik. Merkmalsbezogene Begriffe,* März 1989.
ISO 31−0: *Quantities and Units − Part 0: General Principles,* 1992.
FREGE, Gottlob (1892): „Über Sinn und Bedeutung". *Zeitschrift für Philosophie und philosophische Kritik,* NF 100, 25−50.
FRIEDRICHSDORF, Ulf (1992): *Einführung in die klassische und intensionale Logik.* Braunschweig (Vieweg).
GRIESEL, Heinz (1991): *Mathematische Grundlagen des Größenkalküls. Ergebnisse begrifflicher Analysen.* Manuskript.
KUTSCHERA, Franz von (1976): *Einführung in die intensionale Semantik.* Berlin/ New York (de Gruyter).

Semantic Considerations on Relevance*

by Ewa Orlowska and Paul Weingartner

1. Introduction

The idea of relevant logics goes back in a sense to approaches for strengthening implication and so has already its history within the 20th century, if one neglects related attempts in Stoic and Medieval Logic. But apart from C. I. Lewis' "Strict Implication" (1918), Parry's "Analytische Implikation"(1933) and Ackermann's "Strenge Implikation" (1956) the Logic of Relevance and Entailment started with several papers of A. R. Anderson and N. D. Belnap which culminated in their work "Entailment" (1975). Since then further developments in different directions have been made.

One of them was to find a semantics for the axiomatic systems proposed by Anderson and Belnap, cf. R. Routley and R. K. Meyer (1972), (1973) and L. L. Maksimova (1973). Further tasks in this direction were to find special completeness and decidability or undecidability results, c.f. R. K. Meyer, M. Dunn and H. Leblanc (1974), A. Urqhart (1984) and answers to related specific questions. A detailed survey of these developments until 1980 is given by M. Dunn (1986), cf. also R. M. Diaz (1981).

Another approach – rather independent of the work developing from Anderson/Belnap – was to build up a general theory of conditionals the aim of which only partially agreed with the aims of relevant logics (cf. B. F. Chellas (1975), J. v. Benthem (1984), D. Nute (1984), F. Veltman (1985)).

All the approaches mentioned so far propose a "new" logic in the sense that its concept of validity or consequence differs from that in classical two-valued logic (V-type approaches for short).

The following approaches on the other hand are based on classical logic, i. e. use the same concept of validity or consequence and use

---

* The authors are indebted to Prof. A. Wronski and Doz. Dr. G. Schurz for several valuable comments.

relevance as a kind of restriction, i. e. put a relevance criterion as a filter on classical logic or in the general case on the underlying logic be it classical or weaker like intuitionistic or other (F-type approaches for short). In addition these approaches were guided by the aim to avoid or exclude paradoxes in a broad sense. The rejection of some of the so called paradoxes of pure logic (classical propositional calculus) – for instance ex falso quodlibet principles – was included in the aim of the system of Anderson and Belnap. The exclusion of paradoxes in different fields of applied logic (like the logic of explanation, confirmation, law statements, disposition predicates, deontic and epistemic logic) with the help of relevance restrictions based on classical two-valued logic was the main purpose of proposals made by G. H. von Wright (1957), P. Th. Geach (1968), P. Gärdenfors (1976), E. Orlowska (1987), H. Wessel (1979), P. Weingartner (1985, 1988, 1994), P. Weingartner and G. Schurz (1986), G. Schurz and P. Weingartner (1987), G. Schurz (1991).

The present approach is different from all V-type approaches and different in some aspects from the F-type approaches.

(1) Like the F-type approaches it does not propose a new logic and moreover is rather independent of the underlying logic chosen.

(2) It treats "relevance" as a certain relation separately from "relevant consequence" though the latter is defined with the help of the former.

(3) It gives basic ideas for different types of relevance-relations and consequently for different types of relevant consequences.

(4) It is semantic in the sense that it is based on an analysis of relevance-relations between predicates (i. e. their extensions).

2. Definition of Relevance Relation

Assume that we are given a relational system and the language of the system. The system serves as a semantical structure for the language, that is individual variables range over the universe of the system and the predicates are the names of relations of the system. Our view is that relevance is a phenomenon strongly depending on semantics of the language, but in general, not all relationships reflecting relevance can be expressed explicitly as formulas of the language. Some of them may be known as an observational fact, as a result of an experiment, as background knowledge of an investigator, or just as an intuitive view of a user of the language, but a corresponding law may not be known. We assume that a relevance criterion is given in the form of a binary relation in the set of predicates of the language. Loosely speaking, a pair (P,Q) of predicates belongs to the relation iff predicate P is connected with predicate Q in such a way that some information about the extension of Q can be derived from information about the extension of P. A relevance criterion given by means of a binary relation is a semantic criterion, it is justified by properties of the semantic structure of the language, and usually it cannot be recognized in the language itself. We assume that any relevance criterion which can be formulated as a binary relation R in the set of predicates satisfies the following conditions:

(i)   If the extension of a predicate P is empty or coincides with the universe of a relational system to which P refers, then for any Q neither (P,Q) nor (Q,P) belongs to R,
(ii) relation R is reflexive.

Condition (i) excludes some pairs of predicates as candidates for members of relevance criteria. The reason to admit this condition is to rule out some trivial relevance criteria, e. g. a relation such that for some P and for any Q the pair (P,Q) belongs to the criterion. A predicate whose extension coincides with the whole universe of a relational structure may be considered to provide a trivial information about elements of the structure, and hence it should not stand in a relevance relation with any other predicate. For example, the predicate "real number" in a language referring to the set of real numbers provides redundant information about members of the structure, but on the other hand, it might be considered to be relevant for any other predicate. Similarly, a predicate whose extension is empty might have any predicate as relevant for it, but such a relevance criterion would not be informative enough. Observe, that if we proposed the stronger requirement that all the respective predicates are compatible, i. e. their extensions have a nonempty intersection, then quite plausible cases of relevant predicates would be thrown out. For instance, "less than" and "greater than" would not be relevant to each other any more.

Condition (ii) says that every predicate is relevant for itself.

Let FOR and PRED be the set of all the formulas of the language, and the set of all the predicates occurring in these formulas. Given a relevance criterion R $\subseteq$ PRED $\times$ PRED, we say that a formula

$\alpha \in$ FOR is relevant for a formula $\beta \in$ FOR relative to R, $((\alpha,\beta) \in$ REL(R)), whenever the following condition is satisfied:

$(\alpha,\beta) \in$ REL(R) iff for every predicate Q occurring in β there is a predicate P occurring in α such that $(P,Q) \in R$.

Hence, for any R we have defined a binary relation REL(R) in set FOR; it will be referred to as a relevance relation determined by criterion R. A relevance relation of this form may be considered to be a generalization for A-relevance introduced in Weingartner (1985). Namely, if FOR is the set of formulas of classical predicate logic, then for R being the identity (Id) in set PRED we have:

2.1 $(\alpha,\beta) \in$ REL(Id) iff $\alpha \to \beta$ is A-relevant.

We can make relation REL(R) more restricted adding some postulates concerned with dependence of relevance on a logical structure of formulas, in particular on propositional connectives. Modifications of this kind of A-relevance are introduced in Weingartner and Schurz (1986).

The inspiration for weakening A-relevance and for making relevance relations dependent on a semantic criterion of relevance comes from the field of knowledge representation for information systems. In computer systems based on deductions, e. g., theorem proving systems, problem solving systems, decision support systems, usually the clausal representation of formulas of predicate logic is used as an internal representation. Any clause is a set of literals, where by "literal" we mean an atomic formula (a positive literal) or a negated atomic formula (a negative literal). Quite often the language is restricted to Horn clauses, that is sets of literals containing at most one positive literal. A clause of the form $\{\neg\alpha_1,...,\neg\alpha_n, \beta_1,...,\beta_m\}$ is interpreted as the implicational formula $\alpha_1 \wedge ... \wedge \alpha_n \to \beta_1 \vee ... \vee \beta_m$. In particular, $\{\neg\alpha_1,...,\neg\alpha_n\}$ corresponds to $\alpha_1 \wedge ... \wedge \alpha_n \to 0$, and $(\beta_1,...,\beta_m\}$ to $1 \to \beta_1 \vee ... \vee \beta_m$. The rules of inference are substitution for individual variables, a kind of modus ponens:

$\{\alpha_1\},...,\{\alpha_n\}, \{\neg\alpha_1,...,\neg\alpha_n,\beta\} \vdash \{\beta\}$,

and resolution

$\{\alpha_1,...,\alpha_n, \neg\alpha\}, \{\beta_1,...,\beta_m, \alpha\} \vdash \{\alpha_1,...,\alpha_n, \beta_1,...,\beta_m\}$.

Tautological clauses, that is clauses containing a literal and its negation are removed from the system. Observe, that for a Horn clause

$\{\neg\alpha_1,\ldots,\neg\alpha_n, \beta\}$, if $(\alpha_1\wedge\ldots\wedge\alpha_n, \beta) \in \text{REL}(R)$ for a certain relevance relation R, $\alpha_1\wedge\ldots\wedge\alpha_n$ may be considered to provide a nontrivial information about β. Hence in the language of Horn clauses the intuition of relevance relationship between predicates can be extended to premises and conclusion of the clause: if for the predicate in the conclusion some predicate in the premises gives nontrivial information, then the premises give nontrivial information for the conclusion. However, this condition is not satisfied for all the implicational formulas of predicate logic, since logically redundant parts of formulas can violate intuition of nontrivial information. To improve the situation some postulates are needed concerning the logical structure of formulas. An interesting proposal toward this direction is given in Schurz and Weingartner (1987): a formula of the form $\alpha \rightarrow \beta$ is relevant if it is not the case that a predicate in β can be replaced salva validitate for $\alpha \rightarrow \beta$ on some of its occurrences by a new (occurring neither in α nor in β) predicate of the same arity.

3. Examples of Semantics Criteria of Relevance

We present three categories of examples of relevance criteria. In all those examples we assume that the predicates in question have extensions which are nonempty and are not equal to the universe of the relational system for the language under consideration. The first group of examples reflects the idea that if a predicate is defined in terms of some other predicates, then the predicates from the definiens are relevant for the (predicate in the) definiendum.

3.1 Example: Definition

Predicate "man" may be considered to be the intersection of predicates "rational" and "animal", hence the pairs (rational, man) and (animal, man) belong to a relevance criterion for a language in which these predicates are used. Similarly, predicate "parent" is the union of predicates "mother" and "father". Thus the pairs (mother, parent), and (father, parent) belong to a relevance criterion.

3.2 Example: Projection

Let predicate P be a projection of predicate Q: $P(x,y)$ iff there are $z_1,\ldots,z_n$ such that $Q(x,y,z_1,\ldots,z_n)$. We may assume that the pair (Q,P) belongs to a relevance criterion.

3.3 Example: Composition

Consider a predicate P obtained from some other predicates by means of composition: P(x,y) iff there are $z_1,\ldots,z_n$ such that $Q_0(x,z_1)$ and $Q_1(z_1,z_2)$, ..., and $Q_n(z_n,y)$. All the pairs (Q_i,P) for $i = 0,\ldots,n$ belong to a relevance criterion.

The relations of the second group follow from, what might be called, law-like relationship between predicates. It seems to be plausible to expect that if a deterministic law or a probabilistic law relates some predicates of the language under consideration, then we could derive from these laws some information concerning relevance of those predicates:

3.4 Example

Let a formula of the following form be true in a relational structure: $P(x_1,\ldots,x_n) \rightarrow PREF(y_1,\ldots,y_m)[Q(x_1,\ldots,x_n, y_1,\ldots,y_m)]$, where $PREF(y_1,\ldots,y_m)$ is a string of quantifiers binding variables $y_1,\ldots,y_m$. In this case we may assume that (Q,P) belongs to a relevance criterion. Inclusion of extensions of predicates is a special case of this relationship.

3.5 Example

Let α, β, and γ be atomic formulas built up from predicates P, Q, and S, respectively. If the conditional probability p(α/β∧γ) is greater than p(α/β), then predicate S can be considered to be relevant for predicate P.

Conditions p(α/β) = p(α/¬β), p(α/β) = p(¬α/β), p(α/β∧γ) = p(α/γ) can provide an evidence for excluding the pair (Q,P) from a relevance criterion. Considerations on relevance determined by probabilistic criteria can be found in Gärdenfors (1978).

Among relevance criteria established on the basis of laws relating predicates we can have criteria derived from an explanation. For example, predicates in an explanans can be considered to be relevant for the explanandum if the explanans contains a law which connects these predicates relevantly.

The examples of the third group are concerned with predicates whose extensions have a sufficiently big (according to some measure) intersection:

3.6 Example

The following unary predicates can be considered to be relevant to each other: (linear ordering, well ordering), (inhabitant of Israel, Jew), (relativistic mass, Newton mass). Among binary predicates we can have the following relevant pairs: (born in the same year, graduated in the same year), (less, greater).

The examples given in the present section suggest some methods of establishing semantic criteria of relevance. They may be treated as guiding rules for acquisition of knowledge for expert systems. It seems that further investigations towards this direction would be of some value in this field.

4. Properties of Relevance Relations

In the present section we list some properties of relevance relations determined by relevance criteria.

Let $R \subseteq \text{PRED} \times \text{PRED}$ be a relevance criterion, and let $\text{REL}(R) \subseteq \text{FOR} \times \text{FOR}$ be a relevance relation relative to R as defined in section 2. The following properties of REL(R) follow easily from the definition.

4.1   REL(R) is reflexive.
4.2   If R is transitive, then REL(R) is transitive.
4.3   The sets $\{\beta \in \text{FOR}: (\beta,\alpha) \in \text{REL}(R)\}$ and $\{\beta \in \text{FOR}: (\alpha,\beta) \in \text{REL}(R)\}$ are closed under substitution for individual variables and quantification.
4.4   If $(\alpha,\beta) \in \text{REL}(R)$ and γ is a subformula of β, then $(\alpha,\gamma) \in \text{REL}(R)$.
4.5   If $(\beta,\alpha) \in \text{REL}(R)$ and β is a subformula of γ, then $(\gamma,\alpha) \in \text{REL}(R)$.
4.6   If $(\alpha_1,\beta_1), ..., (\alpha_n,\beta_n) \in \text{REL}(R)$, $n \geq 1$, then $(f(\alpha_1, ..., \alpha_n), g(\beta_1, ..., \beta_n)) \in \text{REL}(R)$ for any n-ary propositional connectives f and g.
4.7   If $(\alpha,\beta f \gamma) \in \text{REL}(R)$, then $(\alpha g \beta, \gamma) \in \text{REL}(R)$, for any binary connectives f and g.

In particular, if f is implication and g is conjunction, then condition (4.7) says that if α is relevant for $\beta \rightarrow \gamma$, then $\alpha \wedge \beta$ is relevant for γ.

We may consider relation REL(R) for a propositional language. The starting point is a relevance criterion R determining relationship between atomic propositions. If this is done we define REL(R) as follows:

$(\alpha,\beta) \in \text{REL}(R)$ iff for any atomic proposition q occurring in β there is an atomic proposition p occurring in α such that $(p,q) \in R$.

Relation REL(R) in a set of propositional formulas has the following property:

4.8   If $(\alpha,\beta) \in \text{REL}(R)$, R is transitive, and for all atomic propositions q occurring in γ we have $(p,q) \in R$, then $(\alpha,\beta(p/\gamma)) \in \text{REL}(R)$ for any atomic proposition p and any formula γ.

Substitution used in this lemma may be considered to be a relevant substitution, and hence condition (4.8) says that the set $\{\beta: (\alpha,\beta) \in \text{REL}(R)\}$ is closed under the relevant substitution.

5. Operations on Relevance Criteria

In the present section we deal with properties of relevance relations which depend on the algebraic structure of a family of relevance criteria.

5.1 $\text{REL}(1) = \text{FOR} \times \text{FOR}$, where 1 is the total relation in set PRED.
5.2 $R \subseteq S$ implies $\text{REL}(R) \subseteq \text{REL}(S)$.
5.3 $\text{REL}(R) \cup \text{REL}(S) \subseteq \text{REL}(R \cup S)$.
5.4 $\text{REL}(R \cap S) \subseteq \text{REL}(R) \cap \text{REL}(S)$.
5.5 $\bigcup_i \text{REL}(R^i) \subseteq \text{REL}(R^*)$, where R^* is the reflexive and transitive closure of R, and R^i is defined as follows:
       (a) $R^0 = \text{Id}$ (b) $R^{i+1} = R \otimes R^i$
5.6 $\text{REL}(\text{Id}) \subseteq \text{REL}(R)$ for any R.

The above conditions show how relevance relations determined by a compound criterion depend on relevance relations of the components of that criterion. Compound criteria are defined by using operations of the algebra of binary relations.

6. Relevance with respect to Sets of Criteria

Let CRIT be a nonempty family of relevance criteria. For any set $Z \subseteq \text{CRIT}$ we define the relevance relation REL(Z) determined by Z:

$(\alpha,\beta) \in \text{REL}(Z)$ iff for all $R \in Z$: $(\alpha,\beta) \in \text{REL}(R)$.

The following properties of the relation REL(Z) follow directly from the definition.

6.1 $Z \subseteq T$ implies $REL(T) \subseteq REL(Z)$.
6.2 $REL(Z \cup T) = REL(Z) \cap REL(T)$.
6.3 $REL(Z) \cup REL(T) \subseteq REL(Z \cap T)$.
6.4 $REL(\emptyset) = FOR \times FOR$.
6.5 The family $\{REL(Z)\}_Z \subseteq CRIT$ is a lower semilattice with the zero element REL(CRIT).

Given a set Z of criteria, the natural question arises whether this set is minimal, or whether there are some criteria in Z which may be dropped without changing relation REL(Z). We say that a set Z of criteria is reducible iff there is $T \subset Z$ such that $REL(T) = REL(Z)$. A set is said to be irreducible if it is not reducible. By using 6.1 we easily obtain the following characterization of irreducible sets:

6.6 A set Z is irreducible iff for all $T \subset Z$ we have $REL(Z) \subset REL(T)$.

The following facts follow directly from the given definitions.

6.7 If a set Z is irreducible then every of its subsets is irreducible.

Proof: Let Z' be a subset of Z and suppose that there is $T' \subset Z$ such that (i) $REL(T') = REL(Z')$. By using 6.2 and (i) we obtain $REL(Z) = REL(Z' \cup (Z - Z')) = REL(Z') \cap REL(Z - Z') = REL(T') \cap REL(Z - Z') = REL(T' \cup (Z - Z'))$. Since $T' \cup (Z - Z') \subset Z$, we conclude that Z is reducible, a contradiction.

6.8 If a set Z is reducible then every of its supersets is reducible.

Proof: Let T be a proper subset of Z such that (i) $REL(T) = REL(Z)$. Let Z' be a superset of Z. We show that for $T' = T \cup (Z' - Z)$ we have $REL(T') = REL(Z')$. By 6.2 $REL(T') = REL(T) \cap REL(Z' - Z)$. By (i) and 6.2 $REL(T') = REL(Z \cup (Z' - Z)) = REL(Z')$.

For an irreducible set of criteria the inclusion given in 6.1 can be extended to equality, since the following condition is satisfied:

6.9 If CRIT is irreducible then for any $Z, T \subset CRIT$ we have:
$REL(Z) \subset REL(T)$ implies $T \subset Z$.

Proof: Let $REL(Z) \subseteq REL(T)$. We have $REL(Z \cup T) = REL(Z) \cap REL(T) = REL(Z)$. If $Z \neq Z \cup T$ then $Z \cup T$ is reducible. But CRIT is irreducible and so is every of its subsets, a contradiction. We conclude that Z = Z∪T, and hence T ⊆ Z.

6.10   If CRIT is irreducible then REL(Z∩T) = REL(Z)∪REL(T).

Proof: We show that REL(Z∩T) is the least set of relevant formulas including both REL(Z) and REL(T). By 6.3 we have REL(Z) ⊆ REL(Z∩T) and REL(T) ⊆ REL(Z∩T). Let Z' be a set of relevance criteria such that REL(Z) ⊆ REL(Z') and REL(T) ⊆ REL(Z'). By 6.9 we have Z' ⊆ Z and Z' ⊆ T. Hence Z' ⊆ Z∩T and by 6.1 we have REL(Z∩T) ⊆ REL(Z') what completes the proof.

We say that a set Z' is superfluous in Z if REL(Z − Z') = REL(Z).

6.11   If Z is reducible then there is Z' ⊂ Z such that Z' is superfluous in CRIT.

Proof: Since set Z is reducible, there is T ⊂ Z such that (i) REL(T) = REL(Z). Let Z' = Z − T. We have REL(CRIT − Z') = REL($\overline{Z}$∪T). By 6.2 REL($\overline{Z}$∪T) = REL($\overline{Z}$)∩REL(T). By (i) and 6.2 REL($\overline{Z}$∪T) = REL($\overline{Z}$∪Z) = REL(CRIT) and hence Z' is superfluous in CRIT.

By using the Kuratowski-Zorn lemma we can prove:

6.12   For any set Z ⊆ CRIT there is an irreducible T ⊆ Z such that REL(T) = REL(Z).

7. Relevant Consequence Operations

Assume, that we are given a relevance relation REL(R) ⊆ FOR × FOR determined by a criterion R. We extend REL(R) to relation REL'(R) ⊆ P(FOR) × FOR. Intuitively, for a set F ⊆ FOR and a formula α ∈ FOR, the pair (F,α) belongs to REL'(R) whenever set F of formulas is relevant for α with respect to criterion R. The formal definition of REL'(R) is as follows:

> (F,α) ∈ REL'(R) iff
> (i) for every predicate Q occurring in α there is a formula β ∈ F and there is a predicate P occurring in β such that (P,Q) ∈ R, and
> (ii) for every formula β ∈ F there is a predicate P occurring in β and there is a predicate Q occurring in α such that (P,Q) ∈ R.

Hence a set F of formulas is relevant for formula α relative to a criterion R whenever every predicate of α is connected by R with some predicate occurring in formulas from F, and every formula from F contains a predicate connected with some predicate from α.

The following properties of REL'(R) follow easily from the definition.

7.1   If $(F,α) \in REL'(R)$, then there is a finite $G \subseteq F$ such that $(G,α) \in REL'(R)$.

7.2 $(\{β_1,...,β_n\},α) \in REL'(R)$ implies $(β_1 \wedge ... \wedge β_n, α) \in REL(R)$.

Condition 7.1 follows from the fact that every formula contains a finite number of predicates, and condition 7.2 shows a relationship between relations REL'(R) and REL(R).

Let Cn : P(FOR) →FOR be a consequence operation based on a set Ax of logical axioms. We define a relevant consequence Cnr_R determined by Cn and a relevance criterion R as follows:

$Cnr_R(F) = \{α \in FOR:$ there is a $G \subseteq Ax \cup F$ such that $α \in CnG$ and $(G,α) \in REL'(R)\}$

Thus, set $Cnr_R(F)$ consists of those formulas derivable from F according to the consequence Cn which can be derived from a subset of $Ax \cup F$ which is relevant for them relative to criterion R. In this way for any consequence operation we can obtain a family of relevant consequence operations, each of which is determined by a semantic criterion of relevance.

References

ACKERMANN, W.: "Begründung einer strengen Implikation". *The Journal of Symbolic Logic* 21 (1956), 113–128.

ANDERSON, A. R./BELNAP, N. D.: *Entailment. The Logic of Relevance and Necessity* Vol. I. Princeton (Princeton University Press) 1975.

BENTHEM, J. van: "Foundations of Conditional Logic". *Journal of Philosophical Logic* 13 (1984), 303–349.

CHELLAS, B. F.: "Basic Conditional Logic". *Journal of Philosophical Logic* 4 (1975), 133–153.

DIAZ, M. R.: *Topics in the Logic of Relevance*. München (Philosophia) 1981.

DUNN, J. M.: "Relevance Logic and Entailment". In: D. M. Gabbay/ F. Guenthner (eds.), *Handbook of Philosophical Logic* Vol. III. Dordrecht (Reidel) 1986, 117–224.

GÄRDENFORS, P.: "Relevance and Redundancy in Deductive Explanation". *Philosophy of Science* 43 (1976), 420–432.

GÄRDENFORS, P.: "On the Logic of Relevance". *Synthese* 37 (1978), 351–367.

GEACH, P. Th.: *Logical Matters*. Oxford (Blackwell) 1968.

LEWIS, C. I.: *A Survey of Symbolic Logic.* Berkeley (University of California Press) 1918.
MAKSIMOVA, L. L.: "A Semantics for the Calculus E of Entailment". *Bulletin of the Section of Logic* 2 (1973), 18−21.
MEYER, R. K./DUNN, J. M./LEBLANC, H.: "Completeness of Relevant Quantification Theories". *Notre Dame Journal of Formal Logic* 15 (1974), 97−121.
NUTE, D.: "Conditional Logic". In: D. M. Gabbay/F. Guenthner (eds.), *Handbook of Philosophical Logic* Vol II. 1984, 387−439.
ORLOWSKA, E.: "A Relevant Logic Based on Semantic Relevance Criteria". *Bulletin of the Polish Academy of Sciences, Mathematics* 35, No. 5−6 (1987), 265−271.
PARRY, W. T.: "Ein Axiomensystem für eine neue Art von Implikation (Analytische Implikation)". *Ergebnisse eines mathematischen Kolloquiums* 4 (1933), 5−6.
ROUTLEY, R./MEYER, R. K.: "The Semantics of Entailment, II and III". *Journal of Philosophical Logic* 1 (1972), 53−73, 192−208.
ROUTLEY, R./MEYER, R. K.: "The Semantics of Entailment, I.". In: Leblanc, H. (ed.), *Truth, Syntax and Semantics.* Amsterdam (North Holland) 1973, 194−243.
SCHURZ, G.: "Relevant Deduction. From Solving Paradoxes Towards a General Theory". *Erkenntnis* 35 (1991), 391−437.
SCHURZ, G./WEINGARTNER, P.: "Verisimilitude Defined by Relevant Consequence-Elements. A New Reconstruction of Popper's Original Idea". In: Kuipers, T. A. (ed.), *What is Closer-to-the-Truth?* Amsterdam (Rodopi) 1987, 47−77.
URQUHART, A.: "The Undecidability of Entailment and Relevant Implication". *The Journal of Symbolic Logic* 49 (1984), 1059−1073.
VELTMAN, F.: *Logics for Conditionals.* Amsterdam (Jurriaans) 1985.
WEINGARTNER, P.: "A Simple Relevance Criterion for Natural Language and its Semantics". In: G. Dorn/P. Weingartner (eds.), *Foundations of logic and linguistics. Problems and their solutions.* London−New York (Plenum Press) 1985, 563−575.
WEINGARTNER, P.: "Remarks on the Consequence-Class of Theories". In: E. Scheibe (ed.), *The Role of Experience in Science.* Berlin (de Gruyter) 1988, 161−180.
WEINGARTNER, P.: "Can there be Reasons for Putting Limitations on Classical Logic". In: Humphreys, P. (ed.), *Patrick Suppes: Scientific Philosopher.* Dordrecht (Kluwer) 1994, Vol. 3, 89−124.
WEINGARTNER, P./SCHURZ, G.: "Paradoxes Solved by Simple Relevance Criteria". *Logic et Analyse* 113 (1986), 3−40.
WESSEL, H.: "Ein System der strikten logischen Folgebeziehung". In: Bolck, F. (ed.), *Begriffschrift. Jenaer Frege-Konferenz.* 1979, 505−518.
WRIGHT, G. H.v.: *Logical Studies.* London (Routledge and Kegan Paul) 1957.

Die Lügner-Antinomie: eine pragmatische Lösung

von Eike von Savigny

Betrachtet wird die Aussage A: „Diese Aussage ist falsch".
Angenommen, A sei eine Aussage des Inhalts, daß A falsch ist. Dann ist A entweder wahr oder falsch. Nehmen wir an, A sei wahr; dann ist die Aussage, daß A falsch ist, wahr; dann ist A falsch. Wenn A wahr ist, ist A also falsch; daraus folgt, daß A falsch ist. A ist also falsch; dann ist die Aussage, daß A falsch ist, falsch; dann ist A also wahr. Wenn A falsch ist, ist A also wahr. A ist also entweder wahr und deshalb falsch, also wahr und falsch, oder A ist falsch und deshalb wahr, also falsch und wahr. In jedem Fall ist A wahr und falsch.

Was ist eigentlich schlimm an dieser Antinomie? Wir können sagen: Es ist eine bloße Spitzfindigkeit. Damit hätten wir recht, aber es hilft uns nicht weiter. Denn die Antinomie stellt einen Widerspruch dar. Wer sich auf einen Widerspruch festnageln läßt, scheidet entweder aus dem Gespräch aus, oder er sorgt dafür, daß er den Widerspruch los wird. Dazu muß er entweder zeigen, daß der Widerspruch nicht aus Voraussetzungen, die er akzeptiert, wirklich folgt, oder er muß eine der Voraussetzungen aufgeben.

Nach gewöhnlichen logischen Maßstäben bestehen an den Folgerungszusammenhängen überhaupt keine Zweifel. Wer außer gewöhnlichen logischen Maßstäben die Voraussetzung, aus der die Antinomie abgeleitet wird, akzeptiert, muß sich auf den Widerspruch festnageln lassen. Der „Lügner" macht außer der Voraussetzung, A sei eine Aussage des Inhalts, daß A falsch ist, nur die folgende: Wenn eine erste Aussage besagt, eine zweite sei falsch, dann ist die erste wahr, wenn die zweite falsch, und die erste falsch, wenn die zweite wahr ist. Das ist für Aussagen über Aussagen so selbstverständlich wie nur irgend etwas; man kann davon nicht abgehen.

Der „Lügner" ist die bekannteste und wohl auch durchsichtigste semantische Antinomie; ich hoffe, an diesem Beispiel die Art meines Lösungsversuches am besten deutlich machen zu können. Der Grundgedanke ist, daß sogenannte semantische Antinomien nicht semantisch gelöst werden dürfen, sondern pragmatisch zu lösen sind. Dabei verstehe ich unter einer semantischen Lösung eine solche, die Eigenschaften von Ausdrücken (Eigenschaften von Wörtern oder von Sätzen) und außerdem Regeln für die Bildung von Sätzen findet, die auf das Vorliegen der gefundenen Eigenschaften Rücksicht nehmen, und zwar mit dem Ergebnis, daß die antinomischen Sätze unerlaubt sind. („Semantisch" ist eine solche Lösung, weil die kritischen Ausdruckseigenschaften immer mit den Bedeutungen der Ausdrücke zusammenhängen, insbesondere mit ihrem Anwendungsbereich.) Um den semantischen Charakter zu signalisieren, benutze ich in der Skizze semantischer Lösungsversuche statt des bisher benutzten, bewußt mehrdeutigen Worts „Aussage" das Wort „Satz".

Zwei paradigmatische semantische Behandlungen des „Lügners" sind Tarskis Vorstellung vom Verhältnis zwischen Metasprache und Objektsprache sowie Russells verzweigte Typentheorie. Ich skizziere diese Lösungen nur gerade so weit, daß ich erläutern kann, warum ich sie für paradigmatisch unbefriedigend halte. Beide Lösungen verbieten im Ergebnis die Bildung des Satzes „Dieser Satz ist falsch", falls der Teil „Dieser Satz" eine Bezeichnung des Satzes selbst ist.

Nach Tarski redet, wer über einen Satz redet, über einen Satz aus einer anderen Sprache als der Sprache, in welcher er redet. Wenn ich sage: „Der Satz des Pythagoras ist einleuchtend", dann rede ich über den Satz des Pythagoras, der nicht in der Sprache, die ich benutze, formuliert ist, und benutze dazu einen Ausdruck meiner Sprache, der den Satz der anderen Sprache bezeichnet, nämlich den Ausdruck „der Satz des Pythagoras". Die andere Sprache, in der der Satz des Pythagoras formuliert ist, ist Gegenstand meiner Betrachtung und heißt daher in diesem Zusammenhang Objektsprache; die Sprache, in der ich über den Satz der Objektsprache rede, heißt in diesem Zusammenhang Metasprache. Die Metasprache enthält Bezeichnungen für alle Ausdrücke der Objektsprache. Metasprache und Objektsprache sind getrennt; zwar ist die Metasprache reicher, weil man in ihr alle objektsprachlichen Sätze ausdrücken kann, aber man drückt sie mit metasprachlichen Übersetzungen aus. Die Antinomie wird folgendermaßen vermieden: Damit der „Lügnersatz" „Dieser Satz ist falsch" sich auf einen Satz bezieht, muß der Ausdruck „dieser Satz" die Bezeichnung eines Satzes sein, der einer Sprache angehört, die im Verhältnis zur Sprache, zu der der Lügnersatz gehört, Objektsprache ist, also jedenfalls nicht die Bezeichnung des Lügnersatzes selbst. Daher bezieht der Lügnersatz sich nicht auf den Lügnersatz; oder: Falls vom Lügnersatz verlangt wird, sich auf den Lügnersatz zu beziehen, ist der Lügnersatz kein erlaubter Satz.

Der Satz „Dieser Satz ist falsch" kommt natürlich auch ohne beabsichtigten Selbstbezug vor, etwa in: „Heraklit hat auch falsche Sätze aufgestellt, z. B.: ‚Alles fließt.' (1) *Dieser* Satz ist falsch. Denn Augustinus hat bewiesen, daß die Zeit nicht fließt." – „Ganz im Gegenteil; (2) *dieser* Satz ist falsch. Augustinus hat nichts dergleichen bewiesen." (1) gehört zur Metasprache der Sprache von „Alles fließt", (2) zur Metasprache von (1). Ohne Selbstbezug sind sie erlaubte Sätze. Das zeigt, wie unbefriedigend die Tarskische Lösung vom Standpunkt empirischer Theorienbildung wird, wenn man nach Lösungen für die Antinomien in natürlichen Sprachen sucht. Denn es mag zwar vorkommen, daß man von zwei gleichlautenden Sätzen den einen einer bestimmten Sprache zuordnen kann, den anderen nicht: „Washington Irving liest ‚Abbot's Ford'" und „Washington Irving leased Abbot's Ford." Aber für diese Zuordnung gibt es auffallende Gründe; insbesondere unterscheiden sich Lexik und Morphologie ganz erheblich. Für die Zuordnung der beiden nicht-selbstbezüglichen Sätze „Dieser Satz ist falsch" gibt es dagegen keinen anderen Grund als den, daß man so die Antinomie vermeidet. Die Lösung verletzt ein Prinzip empirischer Theorienbildung, nämlich daß eine erklärende Theorie mehr erklären muß als das, zu dessen Erklärung sie erfunden wurde.

Zu Russell. In der einfachen Typentheorie, die z. B. zur Lösung der Russellschen Mengenparadoxie ausreicht, kann die Lügnerparadoxie nicht vermieden werden, weil es unterschiedliche Typenzuordnungen nur bei Vorkommen freier Variabler gibt. Diese spielen für den „Lügner" keine Rolle. In der verzweigten Typentheorie können Ausdrücke ohne freie Variable nach ihren Ordnungen unterschieden werden. Ist „s" ein Eigenname eines Satzes (also ein unstrukturierter Ausdruck), dann hat er die Ordnung 0; im Satz l „s ist falsch" muß „falsch" dann mindestens die Ordnung 1 haben, und l hat ebenfalls diese Ordnung. Hätte s die Ordnung 1, dann müßte „falsch" die Ordnung 2 haben. Daß „l" den Satz „l ist falsch" abkürzt, ist daher so zu schreiben: „„l^{n+1}' ist ein Name für ‚l^n ist falsch^{n+1}'." „l^n" kann in der verzweigten Typentheorie also nicht „l^n ist falsch^n" abkürzen; „Dieser Satz ist falsch" ist ein anderer Satz als der, von dem in ihm die Rede ist.

Die kritischen Bemerkungen zu Tarski gelten auch für das Unternehmen, die Lügnerparadoxie für die natürliche Sprache nach dem Vorbild der verzweigten Typentheorie zu lösen: Der nicht-selbstbezügliche Satz „Dieser Satz ist falsch" und der selbstbezügliche Satz „Dieser Satz ist falsch" werden ad hoc in die Sprache ein- oder aus ihr ausgeschlossen. Russells konstruktive Vorschrift scheint nicht so radikal wie Tarskis: Man braucht keine zwei Sprachen, um erlaubterweise über Sätze zu sprechen. Man braucht aber in der einen Sprache, die man benutzt, für jedes Wort eine ganze Reihe von Varianten (wieviele, hängt u. a. davon ab, in welcher Stufung die Sprache Sätze von Sätzen handeln läßt, die ihrerseits von Sätzen handeln), und diese Varianten unterscheiden sich semantisch scharf voneinander; wenn ein Wort n Varianten hat, ist es n-fach ambig. Dabei sind sie im übrigen syntaktisch, morphologisch und lexikalisch vollständig identisch. Und das gilt für überraschend viele Wörter, z. B. für „kompliziert" oder für „erfreulich", weil Sätze der unterschiedlichsten Ordnungen kompliziert oder erfreulich sein können.

Unter einer pragmatischen Lösung verstehe ich eine Lösung, der die Bildung der kritischen Sätze ganz egal ist, die ihnen auch die üblichen Satzbedeutungen einer antinomientheoretisch unaufgeklärten Semantik beläßt, die aber dafür sorgt, daß man mit dem Gebrauch der kritischen Sätze keine bedeutungsvollen Äußerungen zustande bringt, die zu irgendwelchen Katastrophen führen könnten.

Die Frage, wie das Äußern bedeutungsvoller Sätze zu bedeutungsvollen Äußerungen führt, wird mit einigem Erfolg in der Sprechakttheorie studiert, die sich vom Verhältnis von Satzbedeutung zu Äußerungsbedeutung das folgende Bild macht: Jeder nicht-ambige Satz, etwa „es regnet", hat eine semantische Satzbedeutung, der Einfachheit halber z. B., daß es regnet; ist er ambig, wie „es zieht", dann hat er je nach Kontext die eine oder andere semantische Satzbedeutung, etwa daß am Ort der Äußerung zur Zeit der Äußerung ein unangenehmer Luftzug herrscht oder daß ein verspannungsartiger Schmerz da ist. Die vom Satz (eventuell zusammen mit dem Kontext) festgelegte semantische Satzbedeutung legt, zusammen mit dem Kontext, die Äußerungsbedeutung fest, in den paradigmatischen Fällen ein Paar aus einer illokutionären Rolle und einer vollständigen Proposition. Zusammen mit einer Situation, die man sich leicht ausmalen kann, legt die semantische Satzbedeutung, daß am Ort der Äußerung zur Zeit der Äußerung ein unangenehmer Luftzug herrscht, die Äußerungsbedeutung fest, daß der Sprecher den Adressaten bittet, das Fenster zu schließen; zusammen mit einer anderen Situation, die man sich ebenfalls leicht ausmalen kann, legt dieselbe semantische Satzbedeutung die Äußerungsbedeutung fest, daß der Sprecher den Adressaten darauf hinweist, daß der Glaser noch nicht da war; zusammen mit noch einer anderen Situation, die man sich ebenfalls leicht ausmalen kann, legt dieselbe semantische Satzbedeutung die Äußerungsbedeutung fest, daß der Sprecher dem Adressaten mitteilt, daß ein unangenehmer Luftzug herrscht.

Jeder Äußerungsbedeutung ist sprachinvariant ein konventionales Ergebnis eindeutig zugeordnet. Was ich damit meine, erläutere ich an den Beispielen, die ich im folgenden benötige, und ich nenne von den konventionalen Ergebnissen auch nur das, was ich benötige:

> S teilt A mit, daß p → A darf sich kraft der Äußerung auf Kosten von S darauf verlassen, daß p
>
> S behauptet$_1$ gegenüber A, daß p → A kann kraft der Äußerung von S Gründe dafür, daß p, verlangen
>
> S behauptet$_2$ gegenüber A, daß p → falls es sich herausstellt, daß p nicht der Fall ist, ist S vor A kraft der Äußerung blamiert
>
> S behauptet$_3$ gegenüber A, daß p → A kann sich kraft der Äußerung darauf verlassen, daß S daran festhalten wird, daß p

„Kraft der Äußerung" heißt dabei nichts anderes, als daß der Zusammenhang nicht zufällig ist, sondern daß das Auftreten der konventionalen Lage gesetzesartig damit zusammenhängt, daß der Sprecher seine Äußerung mit dieser Bedeutung getan hat.

Sprechakttheoretisch sind Wahrheit und Falschheit Prädikate von bedeutungsvollen Äußerungen, nicht von bedeutungsvollen Sätzen. Diesen Punkt will ich nicht weiter erörtern, weil er zu uninteressant ist. Man weicht damit nicht einmal wesentlich von der Annahme ab, Wahrheit sei ein Satzprädikat. Denn an die Sätze, von denen man meinen könnte, sie würden unabhängig von Äußerungsumständen als wahr oder falsch beurteilt, denkt man durchweg nur in Kontexten, die den jeweiligen Gebrauch als einen sogenannten konstativen Sprechakt kennzeichnen, also als eine Äußerung, die man als wahr oder falsch beurteilen kann – Mitteilungen, Behauptungen, Berichte, Annahmen, Vermutungen, Feststellungen und dergleichen. Solche Kontexte sind z. B. Lehrbücher, Zeitungen, Nachrichtensendungen, Berichterstatten, Erzählen und so weiter. Der Streit würde also darum gehen, ob man in einem Kontext, der die Äußerung eines Satzes als Mitteilung, daß p, kennzeichnet, vom Satz oder von der mit ihm gemachten Mitteilung sagen solle, sie treffe zu; vom Standpunkt der Sprechakttheorie, die gute Gründe hat, dem Sprachgebrauch zu folgen, kann das Reden von der Wahrheit eines Satzes immer als Reden von der Wahrheit jeder im Kontext in Frage kommenden konstativen Äußerung des Satzes interpretiert werden.

Warum kann die Lügnerantinomie für bedeutungsvolle Äußerungen nicht auftreten? Wir betrachten die Äußerung M: „M ist falsch". Ich will nun die folgende Annahme ad absurdum führen: *M sei in der Situation, in der die Äußerung getan wird, eine Mitteilung, daß M falsch ist.* Dann kann der Adressat sich kraft *M* auf Kosten des Sprechers darauf verlassen, daß *M* falsch ist, unter nochmaliger Anwendung der hervorgehobenen Voraussetzung also darauf, daß die Mitteilung, daß *M* falsch ist, falsch ist, daß *M* also wahr ist; weitere Anwendungen bringen nichts Neues. Das wär's dann also, worauf der Adressat sich verlassen kann.

Er kann sich aber weder auf das Zutreffen noch auf das Nichtzutreffen von *M* verlassen. Denn es gibt zwar natürlich häufig den Fall, daß jemand sich auf einen Sachverhalt verläßt, und das bedeutet dann, daß sein Verhalten so aussieht, wie es aussieht, weil er sich auf diesen Sachverhalt und nicht auf einen anderen verläßt. Wenn man sich auf *einen* Sachverhalt verläßt, sieht das Verhalten anders aus, als wenn man sich auf einen anderen Sachverhalt verläßt. Wer das Verhalten beschreibt oder erklärt, kann im Prinzip herausbekommen, auf welchen Sachverhalt man sich verläßt; er kann verschiedene Vermutungen ausprobieren. Die Vermutung, jemand verlasse sich auf *M*, kann man für die Erklärung seines Verhaltens nicht einmal ausprobieren, weil sie für das Verhalten überhaupt keine Folgen haben kann. Dieselbe Überlegung ergibt, daß die Vermutung, der Sprecher ersetze dem Adressaten den durch das Nichtzutreffen oder Zutreffen von *M* entstandenen Schaden, leerläuft, weil man für keinen Schaden herausfinden kann, daß er so entstanden ist; ob *M* zutrifft oder nicht, macht für die dem Adressaten zustoßenden Kalamitäten keinen Unterschied. Da der Adressat sich kraft der Äußerung auf nichts verlassen kann, ist sie keine Mitteilung.

Schauen wir, was passiert, wenn der kritische Satz für eine unserer drei unterschiedlichen Behauptungen benutzt werden soll. Zunächst die Behauptung ersten Typs: was zu begründen ist. Begründen kann man durch Bestätigen der Folgerungen; aber die angebliche Behauptung hat als Folgerungen, die der Sprecher als wahr erweisen wollen könnte, nur sich selbst. Man kann Behauptungen begründen durch ihre Ableitung aus wahren Voraussetzungen; aber es gibt keine Voraussetzungen außer der Behauptung selbst, aus denen man sie zu folgern versuchen könnte. Und sie steht in keinerlei induktiven Zusammenhängen. Kein sprachliches Umgehen des Sprechers mit der Äußerung wäre daher als Begründen interpretierbar.

Mit einer Behauptung des zweiten Typs ist man blamiert, falls man mit ihr unrecht behält. Eine ähnliche Überlegung wie bei der Mitteilung zeigt, daß der Versuch von vornherein nachweislich aussichtslos wäre, den Grund einer Blamage des Sprechers in der Falschheit dieser Behauptung zu suchen. Jeder Behauptungsinhalt, der erklären *könnte*, warum der Sprecher im Regen steht, sähe anders aus.

Mit einer Behauptung der dritten Art erklärt man, tapfer bei der Fahne bleiben zu wollen. Für außersprachliches Verhalten macht das Festhalten an der Lügnerbehauptung keinen Unterschied; das haben wir bei der vorgeblichen Mitteilung gesehen. Und für sprachliches Verhalten gilt dasselbe: Man kann die angebliche Behauptung nicht begründen – das hatten wir schon – und auch nicht beteuern, denn das ist bloß eine verstärkte Form der Mitteilung. Der Sprecher könnte die Äußerung z. B. ständig wiederholen; aber dieses Wiederholen wäre nicht als Beteuern von irgend etwas interpretierbar.

Für jede konstative Äußerungsbedeutung kommt dasselbe heraus: sie kommt nicht zustande. Der Grund ist in allen Fällen derselbe: die angeblichen Mitteilungen und Behauptungen gehen aus sich nicht heraus; sie haben keine Auswirkungen auf den Sprachverkehr. Wir haben daher das folgende Ergebnis: Unter der Annahme, daß die Äußerung des kritischen Satzes als Mitteilung oder Behauptung ihrer eigenen Falschheit gebraucht werden würde, wäre sie keine Mitteilung und auch keine Behauptung. Die Äußerung des kritischen Satzes kann daher nicht als Mitteilung oder als Behauptung ihrer eigenen Falschheit gebraucht werden. Wir brauchen das nicht zielgerichtet auszuschließen, um die Antinomie zu vermeiden.

Bevor wir uns die Ursache näher anschauen, wollen wir uns davon überzeugen, daß die Rücksichtnahme auf die kennzeichnenden konventionalen Ergebnisse von Äußerungen mit bestimmten Bedeutungen keine lokale Argumentationsstrategie darstellt. Sie erklärt zunächst einmal auch die zu den Antinomien symmetrischen Wahrheitsparadoxien, die aus Äußerungen des Satzes „Dieser Satz ist wahr" entstehen. Denn ein vorgeblicher Mitteilungs- oder Behauptungsinhalt, die betreffende Mitteilung oder Behauptung sei wahr, kann genausowenig zur Interpretation konventionaler Sachlagen herangezogen werden wie der angebliche Mitteilungs- oder Behauptungsinhalt, die betreffende Mitteilung oder Behauptung sei falsch. Da er zur Interpretation konventionaler Sachlagen nicht herangezogen werden kann, nimmt er auf sie keinen Einfluß; also ist er kein Mitteilungs- oder Behauptungsinhalt. Der Satz „Dieser Satz ist wahr" kann nicht für eine Mitteilung oder Behauptung, er sei selbst wahr, benutzt werden.

Zum anderen erlaubt die Rücksichtnahme auf die kennzeichnenden konventionalen Ergebnisse die Konstruktion analoger Paradoxien für alle möglichen anderen Sprechakte, und zwar nach dem Schema, daß in einem explizit performativen Satz im eingebetteten Satz die Nichterfüllung eines kennzeichnenden konventionalen Ergebnisses der jeweiligen illokutionären Rolle statuiert wird:

„Ich verspreche, dieses Versprechen nicht zu halten".
„Ich wette, daß ich diese Wette nicht gewinne".
„Ich schlage vor, diesen Vorschlag nicht zu befolgen."

Die Mitteilungsparadoxie erhält nach diesem Verfahren die Form:

„Ich teile mit, daß ich für diese Mitteilung nicht einstehen werde."

Die symmetrischen Wahrheitsparadoxien entstehen, indem man im eingebetteten Satz das „nicht" wegläßt.

Der springende Punkt in diesen Überlegungen war, daß der vorgebliche Inhalt der fraglichen Äußerungen niemals zur Interpretation einer konventionalen Sachlage herangezogen werden könnte. Da sprechakttheoretisch für alle Äußerungsinhalte gilt, daß sie für derartige Interpretationen taugen müssen (eben dank der Tatsache, daß sie durch konventionale Ergebnisse gekennzeichnet werden), ist die Argumentation verallgemeinerungsfähig, und wir erhalten als Ergebnis:

Kein Deklarativsatz (Haupt- oder Nebensatzstellung, je nach Einbettung) mit der semantischen Satzbedeutung, daß die mit seiner Hilfe getane Äußerung zutreffe oder nicht zutreffe, kann für eine konstative Äußerung mit einer Bedeutung, die als Proposition eben diese Satzbedeutung hat, benutzt werden.

Und wenn wir durchweg das folgende akzeptieren, wozu ich ohne weiteres bereit bin:

Die semantische Bedeutung eines nicht explizit performativen Deklarativsatzes s kann jedenfalls *auch* durch „daß s" gekennzeichnet werden −

dann ist die folgende allgemeine Voraussetzung falsch, auch wenn sie häufig implizit wie eine Selbstverständlichkeit behandelt wird:

Jede bedeutungsvolle Äußerung eines nicht explizit performativen Deklarativsatzes s (in Hauptsatz- oder Nebensatzstellung, je nach Einbettung) hat als Teil der Äußerungsbedeutung die Proposition, daß *s*.[1]

(Bei dieser Formulierung habe ich der Einfachheit halber angenommen, daß wir bei der Kennzeichnung der Äußerungsbedeutung in der Sprache bleiben, zu der *s* gehört.) Die semantische Satzbedeutung des geäußerten Satzes legt also die Proposition der Äußerungsbedeutung nicht allein fest. Daß diese Annahme falsch ist, ist der Dreh- und Angelpunkt der pragmatischen Lösung der semantischen Antinomien; wir müssen uns das deshalb näher ansehen. Sie kann natürlich nur durch Beispiele widerlegt werden, die den Eindruck erwecken, nicht aus irgendwelchen dunklen Winkeln zusammengekratzt, sondern verallgemeinerungsfähig zu sein. Hier sind ein paar:

> Mit der Äußerung „Es zieht" bittet S A darum, daß A das Fenster schließt.
> Mit der Äußerung „Der Hund ist bissig" warnt S A davor, daß A sich dem Hund nähert.
> Mit der Äußerung „Morgen komme ich" verspricht S A, daß S A am folgenden Tage beim Tapezieren helfen wird.

Ich setze dabei immer voraus, daß die Äußerungen in passenden Situationen getan werden. Die Nichtidentität zwischen Satzbedeutung und Äußerungsbedeutungsproposition kann auch gelten, wenn eine Mitteilung herauskommt:

> Mit der Äußerung „Adam ist der Vater aller Menschen" teilt S A mit, daß Adam der Vater aller anderen Menschen ist.

Diese Reduktion des Informationsgehalts wird, wie wir gleich sehen werden, erzwungen durch die Tatsache, daß von niemandem erwartet wird, am Zutreffen von etwas offenkundig Falschem interessiert zu sein; sie liegt auch der Tatsache zugrunde, daß man mit der Äußerung „Regensburg ist ein Dorf" nicht mitteilt, daß Regensburg keine Stadtrechte hat.

Ob die folgenden Äußerungen bedeutungsvoll sind oder sein können, weiß ich nicht; sie sind aber jedenfalls keine Mitteilungen, deren

---

[1] Es ist kein Wunder, daß ein Philosoph, der so ernsthaft wie Franz v. Kutschera an den semantischen Antinomien gearbeitet hat, diese Voraussetzung auch ausdrücklich unterschreibt („Sprachphilosophie", 2. Aufl. München 1975, S. 175 f.) – anders als Theoretiker, denen sie unbemerkt unterläuft.

Propositionen durch Angabe ihrer Satzbedeutungen gekennzeichnet werden:

„Ich bin hier" ist keine Mitteilung, daß der Sprecher am Ort seiner Äußerung ist;
„Ich spreche jetzt" ist keine Mitteilung, daß der Sprecher zur Zeit seiner Äußerung spricht;
„Ich bin wach" ist keine Mitteilung, daß der Sprecher wach ist.

(Die Negationen hätten genau denselben Informationswert.) Es ist üblich, solche Sachverhalte über die Theorie der indirekten Sprechakte oder der Implikaturen zu erklären. Man beachte aber, daß man das nur dann muß, wenn man an der Identität von semantischer Satzbedeutung und Äußerungsbedeutungsproposition festhalten will; fürs unbewaffnete Auge sind solche Beispiele Gegenbeispiele, und die Frage, ob man für die Beschreibung des Deutschen besser an der kritischen Voraussetzung festhält und sie um allerlei Korrekturmechanismen ergänzt oder ob man besser die Voraussetzung aufgibt, weil man die einschlägigen Äußerungsbedeutungen besser mit Hilfe von anderen Regeln zustandebringt, läßt sich nicht durch Vorurteile über Deklarativsätze entscheiden, sondern nur durch einen Blick auf die Fruchtbarkeit der Sprachbeschreibung insgesamt. Der einzige mir bekannte Versuch, ein natürliches Verständigungssystem *insgesamt* zu beschreiben, also Semantik und Pragmatik, freilich ein extrem armes Verständigungssystem ohne Syntax, hat das Ergebnis, daß eine Beschreibung einfacher ist, nach der die Propositionen von Mitteilungen *nie* mit der semantischen Satzbedeutung übereinstimmen. Wenn die Voraussetzung sich auch fürs Deutsche in seiner einfachsten Beschreibung als falsch erweisen sollte, dürfen wir uns nicht wundern. Die Semantik einer Sprache wird durch eine Theorie beschrieben, die in bezug auf die Pragmatik Erklärungsaufgaben hat. Sie liefert diejenigen theoretischen Entitäten – nämlich Satzbedeutungen –, die dafür verantwortlich sind, daß die Äußerungen der Sätze in bestimmten Situationen bestimmte Äußerungsbedeutungen haben. In diesen Äußerungsbedeutungen sind Propositionen enthalten, und es wäre natürlich eine enorme theoretische Vereinfachung – so etwas wie die Identität von träger und schwerer Masse in der klassischen Mechanik –, wenn man Satzbedeutung und Äußerungsbedeutungsproposition identifizieren könnte. Aber eine solche Identität darf man nicht unbesehen fordern, und mir scheint, daß wir an ihr zweifeln müssen.

Wir wissen jetzt also, warum die Lügnerantinomie auf der Ebene der Äußerungsbedeutungen nicht auftreten kann, also da, wo die Sprache in Wort oder Schrift tatsächlich benutzt wird. Allerdings wissen wir noch nicht, wie z. B. die Pragmatik des Deutschen es hinkriegt, daß die generelle Identität von semantischer Satzbedeutung und Äußerungsbedeutungsproposition nicht gilt. Ich gebe eine mögliche Erklärung für Mitteilungen an. Sie beruht darauf, daß man bei der konsequenten Anwendung der Sprechakttheorie – d. h. wo es darum geht zu zeigen, daß das Auftreten konventionaler Sachverhalte tatsächlich durch die Annahme des Gebrauchs einer bestimmten Sprache erklärt werden kann – nicht darum herumkommt, Sprechakte theoretisch offen zu definieren, d. h. ihre charakteristischen konventionalen Ergebnisse nur für Situationen zu stipulieren, die für die jeweilige Anwendung der Sprechakttheorie als Standardsituationen gelten können. Die Bedingungen, mit denen solche Standardsituationen gekennzeichnet werden, nenne ich Vorbedingungen der jeweiligen Sprechakte. Um beim Beispiel der Mitteilung zu bleiben – wir legen nicht fest:

> S teilt A mit, daß p → A kann sich auf Kosten von S darauf verlassen, daß p;

sondern treffen diese Festlegung nur für gewisse Vorbedingungen:

> Von S wird erwartet zu wissen, ob p; von A wird erwartet, daran interessiert zu sein, ob p → [S teilt A mit, daß p → A kann sich auf Kosten von S auf p verlassen.]

Dann liefert diese Vorbedingung einen Rahmen für Situationen, in denen Mitteilungen überhaupt zustande kommen können, die auf Grund der Theorie das Auftreten des konventionalen Ergebnisses erklären können sollen; denn käme eine Mitteilung in einer Situation zustande, in der die Vorbedingung nicht erfüllt wäre, dann könnte der ganze Satz nicht benutzt werden, um die konventionalen Folgen zu erklären. Die folgende Regel für das Zustandekommen von Mitteilungen hält sich an diese Einschränkung und ist auch ganz plausibel:

> Von S wird erwartet zu wissen, ob p; von A wird erwartet, daran interessiert zu sein, ob p. S äußert gegenüber A einen nicht explizit performativen Deklarativsatz mit der semantischen Satzbedeutung, daß p. Damit teilt S A mit, daß p.

Die Regel deckt nicht etwa alle im Deutschen möglichen Mitteilungen ab; aber falls sie fürs Deutsche gilt, dann zeigt sie, warum im

Deutschen die Lügneräußerung jedenfalls in der Mitteilungsvariante nach dieser Regel nicht zustandekommt. Von niemandem kann nämlich je erwartet werden, zu wissen oder daran interessiert zu sein, ob die als Bedeutung des Lügnersatzes anzunehmende Proposition zutrifft oder nicht.

Frege über Widerspruchsfreiheit und die Schöpfung mathematischer Gegenstände*

von Matthias Schirn

Eine formale Theorie T im heute üblichen Sinn von „formal" ist widerspruchsfrei, wenn in T kein Satz zugleich beweisbar und widerlegbar ist, wenn es also in T keinen Beweis für *falsum* gibt.[1] Da sich in einer Theorie T, in der *falsum* beweisbar ist, bekanntlich jeder beliebige Satz herleiten läßt, bietet sich zwanglos eine alternative Erklärung an: T ist widerspruchsfrei, wenn es in T mindestens einen unbeweisbaren Satz gibt.

Die Entwicklung der nichteuklidischen Geometrien durch Gauss gegen Ende des 18. Jahrhunderts sowie durch Bolyai und Lobatschewsky in den zwanziger Jahren des 19. Jahrhunderts förderte die Einsicht in die grundlegende Bedeutung von Konsistenzbeweisen für axiomatisch aufgebaute Theorien. Eugenio Beltrami gelang 1868 der erste Konsistenzbeweis für die nichteuklidische Geometrie, indem er ein euklidisches Modell der ebenen hyperbolischen Geometrie von Bolyai und Lobatschewsky in der Geometrie der Flächen von konstanter negativer Krümmung entdeckte. Wenige Jahre später bewies Felix Klein die Widerspruchsfreiheit der hyperbolischen Geometrie durch Angabe eines euklidischen Modells in der projektiven Geometrie.

Konsistenzbeweise, die durch Angabe eines Modells erbracht werden, sind relativer Natur. Daß in einer Struktur $\mathcal{M}$ eine Theorie T gilt, wird in einer Metatheorie T* von T bewiesen. Bei einem solchen Konsistenzbeweis für T wird also die Widerspruchsfreiheit von T* vorausgesetzt. Die von Descartes begründete analytische Geometrie eröffnete den Zugang zu einem allgemeinen Verfahren, die Konsistenz einer geometrischen Theorie mittels der Konstruktion eines Modells der

---

* Gerne und in Dankbarkeit hebe ich an dieser Stelle hervor, daß Franz von Kutschera in den frühen achtziger Jahren wesentlich dazu beigetragen hat, daß mein Interesse an Freges Philosophie der Mathematik neu geweckt worden ist. Karl-Georg Niebergall danke ich für seine Diskussionsbereitschaft und wichtige Hinweise.

[1] *Falsum* sei hier eine fest gewählte Kontradiktion.

Theorie der reellen Zahlen zu beweisen. So bewies Hilbert in seinen *Grundlagen der Geometrie* (1899) die Widerspruchsfreiheit und Unabhängigkeit seines Axiomensystems der Geometrie durch die Angabe „analytischer" Modelle, die aus bestimmten algebraischen Zahlen und Funktionen bestehen. Auch für die Arithmetik (hier in einem umfassenden Sinn verstanden) kann man Konsistenzbeweise durch Angabe eines Modells führen, indem man z. B. die Konsistenz der Theorie der komplexen Zahlen auf die vorausgesetzte Konsistenz der Theorie der reellen Zahlen zurückführt. Hilbert war bei der Entwicklung seines beweistheoretischen Ansatzes allerdings der Überzeugung, daß die Konsistenz der reinen Zahlentheorie, der Analysis sowie schließlich der Mengenlehre auf direktem Wege bewiesen werden mußte, sofern diese Theorien tatsächlich widerspruchsfrei sind.

Frege schloß sich stets der klassischen, von Euklid begründeten Auffassung des Wesens von Axiomen an und erklärte diese Auffassung als sakrosankt. Konsistenzbeweise für Systeme „eigentlicher" Axiome hielt er für überflüssig. Gegen die von Hilbert in den *Grundlagen der Geometrie* geführten Konsistenzbeweise wandte er ein, daß die Konsistenz aus der Wahrheit der Axiome unmittelbar folge, sofern es sich um echte und nicht um Hilbertsche Axiome handelt, die er ausdrücklich als Pseudoaxiome brandmarkte. Da echte Axiome notwendig wahr seien, könnten sie unmöglich einander widersprechen. Es entbehrt freilich nicht der Ironie, daß Frege gut zwei Jahre später, nachdem er diesen Einwand in einem Brief an Hilbert erhoben hatte, durch Russell's Ableitung eines Widerspruchs im axiomatisierten Logiksystem der *Grundgesetze der Arithmetik (GGA)* „auf's Höchste überrascht" wurde.

Ich werde im folgenden mein Hauptaugenmerk auf Freges Bemerkungen zur Widerspruchsfreiheit im Zusammenhang seiner Kritik der Schaffung neuer Zahlen durch Definition oder Abstraktion richten. Frege hat seine Kritik zunächst in den *Grundlagen der Arithmetik* (*GLA*, 1884) unter der Überschrift „Andere Zahlen" vorgebracht, in der kurzen Abhandlung „Formale Theorien der Arithmetik" (*FTA*) (1885) weitergeführt und dann im zweiten Band der *GGA* (1903) unter der Überschrift „Das Schaffen neuer Gegenstände nach R. Dedekind, H. Hankel, O. Stolz" erneut aufgegriffen.

In den *GLA* geht Frege vor allem mit Hankels Theorie der negativen, gebrochenen, irrationalen und komplexen Zahlen hart ins Gericht. Frege nennt diese Theorie *formal*. Zutreffender wäre es, sie als „postulationistisch" zu bezeichnen. Aus Freges Sicht weist Hankels

Theorie zwei gravierende Mängel auf, die sie für den Zweck einer Grundlegung der Arithmetik als völlig unzulänglich erscheinen lassen. Erstens hält Hankel die Widerspruchsfreiheit eines Begriffs unzulässigerweise schon dann für bewiesen, wenn nirgends in der fraglichen Theorie ein Widerspruch offen zu Tage liegt; zweitens begeht er den Fehler, aus der (nicht eigens bewiesenen) Konsistenz bestimmter Begriffe erster Stufe deren Erfülltsein, nämlich die Existenz der einzuführenden neuen Zahlenarten abzuleiten. Die Hauptquelle dieses folgenschweren Irrtums liegt nach Frege in dem Versäumnis oder Unvermögen des Formalarithmetikers Hankel, zwischen Begriffen und Gegenständen scharf zu unterscheiden (vgl. *GLA,* § 97).

Hankel hatte in seiner *Theorie der complexen Zahlensysteme* (1867, 6 f.) die folgende Behauptung aufgestellt: „Als unmöglich gilt dem Mathematiker streng genommen nur das, was logisch unmöglich ist, d. h. sich selbst widerspricht. Dass in diesem Sinne unmögliche Zahlen nicht zugelassen werden können, bedarf keines Beweises." Frege wendet gegen diese Behauptung mit Recht ein, daß ein Begriff auch dann logisch zulässig ist, wenn seine Merkmale einen Widerspruch enthalten. Man darf nur nicht annehmen, daß unter einen solchen Begriff etwas fällt, weil dies *logisch* unmöglich ist. Ein leerer, aber scharf begrenzter Begriff wie z. B. *sich selbst ungleich* (in den *GLA* definiert Frege die 0 als die diesem Begriff zukommende Anzahl) oder *rechtwinkliges gleichseitiges räumliches Fünfseit* ist in der Logik ebenso berechtigt wie ein erfüllter Begriff, welcher der Bedingung der scharfen Begrenzung genügt. Denn man kann ja wahrheitsgemäß behaupten, daß es keinen sich selbst ungleichen Gegenstand gibt. Den anschließenden kritischen Ausführungen Freges zu Hankels Theorie lassen sich vier Thesen zur Widerspruchsfreiheit von Begriffen (erster Stufe) entnehmen (vgl. *GLA,* 105 f., 108; vgl. auch *GLA,* 119, *GGA II,* §§ 141 ff.).[2]

(1) Die Widerspruchsfreiheit eines Begriffs erfordert einen Beweis.[3]

(2) Aus der Widerspruchsfreiheit eines Begriffs kann man nicht auf sein Erfülltsein schließen.[4]

---

[2] Frege spricht zwar allgemein von Begriffen, hat aber offensichtlich solche erster Stufe im Blick; vgl. z. B. *GGA II,* § 143.

[3] Frege bemerkt im Rahmen seiner Kritik an den schöpferischen Definitionen von Otto Stolz im § 144 der *GGA II* in diesem Sinn: „Es fehlt uns auch ein sicheres Kennzeichen für die Fälle, in denen man etwa aus dem Nichtoffenbarsein eines Widerspruchs auf sein Nichtbestehen schliessen könnte."

[4] Oder wie Frege auch kürzer sagt: Widerspruchsfreiheit ist noch nicht Existenz.

(3) Die einzige Weise, die Widerspruchsfreiheit eines Begriffs (erster Stufe) darzulegen, besteht in dem Nachweis, daß (mindestens) ein Gegenstand unter ihn fällt, d. h. daß er erfüllt ist.[5] Die umgekehrte Behauptung wäre nach (2) ein Fehlschluß.[6]

(4) Selbst dann, wenn man die Widerspruchsfreiheit eines Begriffs auf eine andere Art als durch den Nachweis seines Erfülltseins beweisen könnte, so käme es doch vor allem darauf an, ob ein Gegenstand unter ihn fällt oder nicht.[7]

Bevor ich zu Freges ähnlichen Ausführungen zur Widerspruchsfreiheit in *FTA* übergehe und die Thesen (1) – (4) mit Hilfe des Modellbegriffs umformuliere, will ich einige klärende Worte zu (2) und (3) sagen. Die Behauptung von (2) beruht vermutlich auf folgender Überlegung. Folgte aus der Widerspruchsfreiheit eines Begriffs erster Stufe allgemein, daß ein Gegenstand unter ihn fällt, so gäbe es keinen konsistenten, aber leeren Begriff erster Stufe. Nun gibt es aber zweifellos derartige Begriffe. Die Konsistenz eines Begriffs erster Stufe ist demnach zwar eine notwendige, aber keine hinreichende Bedingung für sein Erfülltsein bzw. für sein Fallen unter den Begriff zweiter Stufe der Existenz. Zu (3) ist zu sagen: Aus dem Nachweis, daß ein Gegenstand unter einen Begriff erster Stufe fällt, kann man nach (2) nicht folgern, daß dies die einzige Art ist, die Konsistenz eines Begriffs erster Stufe darzulegen. Nach (3) läßt sich die Konsistenz eines leeren Begriffs erster Stufe (falls er konsistent ist) nicht beweisen. Hat man aber die Widerspruchsfreiheit eines Begriffs erster Stufe bewiesen, so gilt nach (3), daß mindestens ein Gegenstand unter ihn fällt. Die *bewiesene* Widerspruchsfreiheit eines Begriffs impliziert also nach (3) sein Erfülltsein, während nach (2) die schiere Tatsache, daß ein Begriff keinen Widerspruch enthält, noch nicht sein Erfülltsein verbürgt.

---

[5] Frege formuliert durch die Einschiebung des Wörtchens „wohl" etwas vorsichtiger. Dies ist auch in seiner Kritik an Stolz der Fall, wenn er schreibt: „Woran erkennt man, dass zwei Eigenschaften erster Stufe einander nicht widersprechen? Kein anderes Kennzeichen scheint es dafür zu geben, dass sich die fraglichen Eigenschaften an demselben Gegenstand vorfinden" (*GGA II*, 145). Zu Beginn des § 144 der *GGA II* knüpft er dann die rhetorische Frage an: „Oder giebt es vielleicht noch eine andere Art, die Widerspruchsfreiheit zu beweisen?"

[6] Hankel und Kossak erliegen nach Frege diesem Fehlschluß.

[7] Falls ein Begriff erster Stufe nicht leer ist, so kommt es darauf an festzustellen, ob genau ein Gegenstand unter ihn fällt. Denn die Bildung eines „Eigennamens" aus dem bestimmten Artikel und dem Zeichen für den Begriff ist nur dann rechtmäßig, wenn nur ein einziger Gegenstand unter den Begriff fällt. Vgl. *GLA*, §§ 74 Anm., 97; *NS*, 193; *KS*, 107.

Im zweiten Teil von *FTA* macht Frege gegen eine radikalere Spielart formaler Theorien der Arithmetik Front, wenn man denn nun Hankels Theorie überhaupt als formal bezeichnen will. Seine Kampfansage gilt der Auffassung der Arithmetik als Figuren- oder Rechenspiel, ohne daß ein Verfechter dieser Auffassung eigens genannt würde. Auf Freges Einwände gegen die Gleichsetzung der Zahlen mit geschriebenen oder gedruckten Figuren brauche ich hier nicht einzugehen. Bekanntlich hat er im zweiten Band der *GGA* die „Rechenspiel-Arithmetik" seiner Zeitgenossen Heine und Thomae kritisch unter die Lupe genommen und als unhaltbar zurückgewiesen.[8] Erwähnt sei lediglich, daß Frege bereits in *FTA* klar erkannt zu haben scheint, daß die formale Arithmetik in Gestalt eines Spielformalismus ohne die Stütze der inhaltlichen Arithmetik, die sie stets unwillkürlich heranzieht, gar nicht bestehen könnte.

Bei der Behandlung des Themas „Widerspruchsfreiheit" in *FTA* greift Frege seine Einwände gegen Hankels Einführung der höheren Zahlenarten in leicht abgewandelter Form auf. Zur Diskussion steht die Widerspruchsfreiheit von Rechnungsregeln. Frege geht von folgender Sachlage aus: In der fraglichen formalen Theorie werden ähnlich den Regeln zur Handhabung der Schachfiguren auf dem Schachbrett bestimmte Regeln festgesetzt, nach denen man von einer gegebenen Gleichung zu einer neuen übergehen kann. „Ebensowenig nun wie eine Stellung der Schachfiguren eine Wahrheit ausdrückt, hat eine Gleichung einen Sinn, solange sie nicht lauter positive ganze Zahlen enthält. Nun kann es vermöge der Regeln geschehen, daß zuletzt eine Gleichung zwischen positiven ganzen Zahlen erscheint" (*KS*, 109). Die Frage ist jedoch, wie diese Regeln zu formulieren sind, um auszuschließen, daß man eine falsche Endgleichung erhält. Nach Frege wird der Anhänger der formalen Arithmetik etwa folgende Antwort geben: „Wenn die Regeln keinen Widerspruch weder unter sich noch mit den Gesetzen der positiven ganzen Zahlen enthalten, so kann nie bei ihrer noch so oft wiederholten Anwendung ein Widerspruch hineinkommen; die Endgleichung muß daher auch widerspruchslos sein und mithin wahr, falls sie überhaupt einen Sinn hat" (*KS*, 109). Der Formalarithmetiker verfällt also Freges Einschätzung zufolge in den Fehler, von der Widerspruchsfreiheit auf die Wahrheit zu schließen.

---

[8] Zur Frage, ob die Theorien von Heine und Thomae eine vollkommen widerspruchsfreie Begründung der Arithmetik zulassen, siehe *GGA II*, §§ 117–119, 145.

Natürlich kann ein Satz widerspruchsfrei sein, ohne deshalb wahr zu sein. In der oben zitierten Redeweise aus den *GLA* heißt das: ein Begriff kann widerspruchsfrei sein, ohne darum erfüllt zu sein. Das entspricht These (2). Frege ergänzt in diesem Zusammenhang in Übereinstimmung mit These (1): „Die Widerspruchsfreiheit genügt also nicht; aber wenn sie auch genügte, so müßte sie erst bewiesen werden" (*KS*, 109). Die Berechtigung dieser Forderung leuchte am Beispiel des indirekten Beweises ein. Dieses zeige, daß ein Widerspruch nicht immer gleich in die Augen springt, sondern oft erst durch eine längere Schlußkette entdeckt wird. Die Konsistenz der fraglichen Rechnungsregeln läßt sich nicht dadurch beweisen, daß man ihren Gesetzescharakter für die positiven ganzen Zahlen nachweist und von diesem auf ihre Konsistenz schließt. Denn es kann keineswegs als ausgeschlossen gelten, daß die Rechnungsregeln mit den besonderen Eigenschaften der „höheren" Zahlen unverträglich sind, z. B. ins Quadrat erhoben −1 zu ergeben. „In der Tat können ja auch bei höheren komplexen Zahlen in einem Gebiet von drei Dimensionen nicht alle Regeln aufrechterhalten werden; wenigstens der für die Algebra grundlegende Satz, daß ein Produkt nur Null sein kann, wenn einer der Faktoren Null ist, muß fallengelassen werden. Man sieht also, daß vermöge der besonderen Natur der höheren komplexen Zahlen da ein Widerspruch entstehen kann, wo bei ganzen positiven Zahlen keiner ist" (*KS*, 109). Auch diese Bemerkungen erinnern unmittelbar an Freges Einwände gegen Hankel. Hankel hatte ja unter Berufung auf das von ihm so genannte *Prinzip der Permanenz formaler Gesetze* die Forderung aufgestellt, daß die Geltung der bekannten Rechnungsregeln für die einzuführenden höheren Zahlen bzw. das erweiterte Zahlensystem erhalten bleiben soll.[9]

Die Konsistenz von Rechnungsregeln läßt sich also offenbar nicht durch die Feststellung begründen, daß man in der betreffenden formalen Theorie nirgendwo auf einen Widerspruch gestoßen ist. Frege schreibt: „Welche Mittel hat man nun, um die Widerspruchslosigkeit zu beweisen? Ich sehe keinen anderen Grundsatz, der zu diesem Zwecke dienen könnte, als den, daß Eigenschaften, die an demselben

---

[9] Wird bei der Erweiterung einer Struktur S (z. B. Zahlbereichserweiterung, Körpererweiterung, Gruppenerweiterung) gefordert, daß alle in S geltenden Gesetze oder Regeln auch in der erweiterten Struktur gelten sollen, so spricht man vom *Permanenzprinzip*. Unter einer Erweiterung versteht man in der Mathematik allgemein die Konstruktion einer algebraischen Struktur E, die eine zu einer gegebenen Struktur S isomorphe Unterstruktur enthält.

Gegenstande gefunden werden, nicht in Widerspruch miteinander stehen. Hätte man aber solchen Gegenstand, so wäre diese formale Theorie überflüssig. Es ist mir danach unwahrscheinlich, daß ein strenger Beweis für die Widerspruchslosigkeit von Rechnungsregeln gelingen wird, ohne den Boden dieser formalen Theorie zu verlassen. Aber selbst, wenn er gelingen sollte, würde er nicht ausreichen, weil noch nicht wahr ist, was widerspruchslos ist" (*KS*, 110).

Wie schon erwähnt, greift Frege im zweiten Band der *GGA* das Thema des Schaffens neuer Zahlen durch Definition oder Abstraktion wieder auf. Seine eigene Position ist in den *GLA* und nach meiner Einschätzung auch in den *GGA* eindeutig. Zahlen sind logische, unabhängig vom menschlichen Geist existierende Gegenstände. Frege drückt seinen arithmetischen Platonismus am deutlichsten in den *GLA* im Rahmen seiner Kritik an Hankels schöpferischen Definitionen aus: „auch der Mathematiker kann nicht beliebig etwas schaffen, so wenig wie der Geograph; auch er kann nur entdecken, was da ist, und es benennen" (*GLA*, 107 f.). Auch im Vorwort zu den *GGA* unterstreicht er die Nichtkreativität der Definitionen in der Mathematik: „man scheint ihm [dem Definieren] vielfach eine schöpferische Kraft zuzutrauen, während doch dabei nichts weiter geschieht, als dass etwas abgrenzend hervorgehoben und mit einem Namen bezeichnet wird. Wie der Geograph kein Meer schafft, wenn er Grenzlinien zieht und sagt: den von diesen Linien begrenzten Theil der Wasserfläche will ich gelbes Meer nennen, so kann auch der Mathematiker durch sein Definiren nichts eigentlich schaffen" (*GGA I*, XIII). Nach Frege „fassen" wir Zahlen mittels unserer logischen Fähigkeiten, ohne Vermittlung einer nicht-logischen „Erkenntnisquelle", aber wir bringen sie nicht durch einen Schöpfungsakt hervor.[10] In dieser Hinsicht unterscheidet er sich deutlich von Dedekind, seinem Mitstreiter für den Logizismus.[11]

---

[10] Auf die Frage, ob die Einführung der Wertverläufe von Funktionen durch eine informelle, Grundgesetz V entsprechende Festsetzung (siehe *GGA I*, § 3) auch als ein Schaffen neuer Gegenstände angesehen werden könnte, gibt Frege im § 147 der *GGA II* keine eindeutige Antwort. Ich denke jedoch, daß er der Überzeugung war, Axiom V diene nicht dazu, logische Gegenstände zu erzeugen, sondern ausschließlich dazu, sie zu „fassen", zu „erkennen". Alle Zahlen sollten im Rahmen des logizistischen Programms als Wertverläufe definiert werden.

[11] Frege (*GLA*, 108 Anm.) irrt meines Erachtens, wenn er im Zuge seiner Kritik an Hankels „formaler" Theorie gegen Cantor einwendet, daß dessen unendliche Anzahlen ebenfalls beliebig geschaffen werden. (Frege meint hier mit „unendlichen Anzahlen" vermutlich Cantors transfinite Kardinalzahlen (Mächtigkeiten) und nicht dessen transfinite Ordnungstypen. Nach Cantor ist der Begriff der Ordnungszahl oder Anzahl ein besonderer Fall des Begriffs des Ordnungstypus.) Die endlichen und

Freges Nachweis im § 143 der *GGA II*, daß der Versuch, mathematische Objekte durch Definition zu schaffen, hoffnungslos zum Scheitern verurteilt ist, erscheint mir überzeugend. Ein Mathematiker, der wie Stolz neue mathematische Objekte durch eine Schöpfungstat einführen will, muß, bevor er diese Schöpfungstat vollzieht, den Beweis erbringen, daß die Eigenschaften, die er dem „eigenschaftslosen Ding" beilegen will, einander nicht widersprechen. Die Konsistenz dieser Eigenschaften läßt sich jedoch nur dadurch beweisen, daß man die Existenz eines Gegenstandes mit allen diesen Eigenschaften (erster Stufe) nachweist. Also: daß die Eigenschaften der Menge $\{F_1,\ldots,F_n\}$ einander nicht widersprechen, erfordert den Beweis, daß für mindestens einen Gegenstand a gilt: $F_1(a) \wedge \ldots \wedge F_n(a)$. Kann man dies aber beweisen, so besteht kein einleuchtender Grund, einen solchen Gegenstand durch Definition schaffen zu wollen.[12]

---

unendlichen ganzen Zahlen werden bei Cantor – so scheint mir – nicht nur nicht beliebig, sondern überhaupt nicht geschaffen. Wenn sich transfinite Kardinalzahlen durch Definition oder Abstraktion (beliebig) erzeugen ließen, dann hätte sich für Cantor das Kontinuumproblem in einer anderen Form oder vielleicht gar nicht gestellt. Im § 8 der „Grundlagen der allgemeinen Mannigfaltigkeitslehre" unterscheidet Cantor zwischen zwei Bedeutungen der Wirklichkeit oder Existenz der endlichen und der unendlichen ganzen Zahlen: zwischen einer intrasubjektiven bzw. immanenten Realität und einer transsubjektiven bzw. transienten Realität. Unter der intrasubjektiven Realität der ganzen Zahlen versteht er ihr Wohldefiniertsein. Daß den ganzen Zahlen zugleich eine transsubjektive Realität zugeschrieben werden kann, bedeutet nach Cantor, daß „sie für einen Ausdruck oder ein Abbild von Vorgängen und Beziehungen in der dem Intellekt gegenüberstehenden Außenwelt gehalten werden müssen [...]" (Cantor 1932: 181). Auf die Mängel dieser janusgesichtigen Realitätsauffassung, die sich als eine eigentümliche Mischung von idealistischen und platonistischen Elementen darstellt, kann ich hier nicht näher eingehen. Es ist schwer zu sehen, wie Zahlen als abstrakte Gebilde zugleich im Sinn einer intrasubjektiven Realität abhängig und im Sinn einer transsubjektiven Realität unabhängig vom menschlichen Geist existieren können. Wie auch immer – ich neige zu der Annahme, daß für Cantor die Behauptung der intrasubjektiven Existenz der ganzen Zahlen deren Schöpfung durch unser „aktives Denkvermögen" nicht einschließt. Diese Annahme hebt freilich den Widerstreit, den seine Unterscheidung zwischen zwei Existenzweisen heraufbeschwört, nicht auf. Er ist nur weniger krass als im Fall der entgegengesetzten Annahme.

[12] Frege (*GGA II*, §§ 138 f.) stellt die von Dedekind (1872: § 4) beschriebene Schöpfung der irrationalen Zahlen von Grund auf in Frage. Zugleich weist er darauf hin, daß sich Dedekinds „Zahlenschöpfung" gänzlich von dem von Heine und Thomae praktizierten Verfahren der Einführung einer neuen Art von Figuren und bestimmter Regeln für deren Handhabung unterscheide. Ferner betont er (vgl. *GGA II*, § 145), daß Dedekind in seiner Auffassung des Schaffens mathematischer Gegenstände mit Stolz übereinstimme, da nach beiden die Zahlen nicht Zeichen, sondern Bedeutungen der Zahlzeichen seien. Welchen Standpunkt Hankel in dieser Hinsicht vertritt, sei schwer zu sagen, da er entgegengesetzte Bemerkungen zum Status der Zahlen mache.

Michael Dummett (1976) hat zu Recht betont, daß es sachlich angemessener sei, Freges Thesen zur Widerspruchsfreiheit in den *GLA* und in *FTA* mit Hilfe des Modellbegriffs als unter Benutzung der Rede von dem Erfülltsein eines Begriffs zu formulieren. Zwar spricht Frege im Zuge seiner Kritik an Hankels arithmetischer Theorie vorwiegend von der Widerspruchslosigkeit eines Begriffs. Indessen läßt der Kontext dieser Kritik keinen Zweifel daran, daß es bei Hankel nicht primär um die Konsistenz von Begriffen geht, sondern vielmehr um die Konsistenz von Rechnungsregeln im Rahmen der Erweiterung des Bereichs der positiven ganzen Zahlen durch die negativen, gebrochenen, irrationalen und komplexen Zahlen, mithin um die Konsistenz einer ganzen mathematischen Theorie. Freges Argumentation in *FTA* bestätigt diese Einschätzung. Die Thesen (1) – (4) kann man also mit Fug und Recht in folgende Worte kleiden:

(1*)   Die Konsistenz einer Theorie T erfordert einen Beweis.
(2*)   Die Konsistenz von T impliziert nicht, daß es für T ein Modell gibt.
(3*)   Die einzige Art, die Konsistenz von T zu beweisen, besteht in der Angabe eines Modells für T. Die umgekehrte Behauptung wäre nach (2*) ein Fehlschluß.
(4*)   Selbst dann, wenn sich die Konsistenz von T auf eine andere Weise als durch die Konstruktion eines Modells für T beweisen ließe, so käme es doch vor allem auf die Existenz eines Modells für T und nicht so sehr auf die Konsistenz von T an.

Es bedarf wohl kaum der Erwähnung, daß (1*) heutzutage von den meisten Logikern und Mathematikern als selbstverständlich angesehen wird. Eine Ausnahme bilden jedoch eingefleischte Intuitionisten. Der Forderung, eine mathematische Theorie T durch einen Konsistenzbeweis für T (inhaltlich) zu begründen, stehen sie traditionellerweise skeptisch gegenüber. Nach ihrer Überzeugung bedarf die Konsistenz einer intuitionistisch korrekten Theorie keines Beweises. Brouwer trat bekanntlich als entschiedener Gegner des von Hilbert verkündeten Programms einer Neubegründung der klassischen Mathematik durch einen finiten metamathematischen Konsistenzbeweis auf den Plan: Selbst dann, wenn es Hilbert gelingen sollte, einen Konsistenzbeweis für die klassische Mathematik zu führen, so erwiese er dadurch noch nicht ihren gesamten Satzbestand als richtig. Denn – so lautet die Begründung – „eine durch keinen widerlegenden Widerspruch zu hemmende unrichtige Theorie ist darum nicht weniger unrichtig, so wie eine durch kein reprimierendes Gericht zu hemmende verbrecherische Politik darum nicht weniger verbrecherisch ist" (Brouwer 1923, 270).[13]

Ein paar Jahre später erhoben Brouwer und in seinem Kielwasser auch Heyting gegen einen metamathematischen Konsistenzbeweis à la Hilbert den folgenden Einwand: Wenn auch ein solcher Beweis, sofern er tatsächlich erbracht werden kann, zeigen würde, daß die bedenklichen oder anfechtbaren Schlußweisen der klassischen Mathematik nie zu einander widersprechenden Ergebnissen führen können, so wären diese Ergebnisse doch sinnlose Aussagen und die Beschäftigung mit ihnen liefe auf ein bloßes Formelspiel hinaus. Schließlich formulierte Brouwer in seinem kritischen Beitrag „Intuitionistische Betrachtungen über den Formalismus" von 1928 vier Einsichten, deren Beherzigung seitens der Formalisten seiner Meinung nach den Streit über die Grundlagen der Mathematik beenden würde. Die vierte besteht in der „Erkenntnis, dass die (inhaltliche) Rechtfertigung der formalistischen Mathematik durch den Beweis ihrer Widerspruchslosigkeit einen circulus vitiosus enthält, weil diese Rechtfertigung auf der (inhaltlichen) Richtigkeit der Aussage, dass aus der Widerspruchslosigkeit eines Satzes die Richtigkeit dieses Satzes folge, d. h. auf der (inhaltlichen) Richtigkeit des Satzes vom ausgeschlossenen Dritten beruht" (Brouwer 1928, 492).[14] Brouwer nennt hier mit sicherem Gespür den Kernpunkt seiner Kontroverse mit Hilbert. Ich kann mich mit dieser hier jedoch nicht näher befassen. Festzuhalten bleibt jedenfalls, daß These (1*) trotz ihrer breiten Anerkennung nicht unumstritten ist.

Meiner Meinung nach ist ein metamathematischer Konsistenzbeweis für eine Theorie T nur dann erfolgversprechend, wenn er in einer Theorie S geführt wird, für deren Korrektheit wir gute, aber informelle Gründe haben. Denn nur dann kann die Konsistenz von T als gesichert gelten. Hilbert hatte seine finite Metamathematik (kurz: MM) in den zwanziger Jahren genau im Sinne einer solchen Theorie entwickelt. MM war für ihn eine nichtformalisierte, nichtaxiomatisierte und über-

---

[13] Poincarés Standpunkt (1908) zur Frage eines Konsistenzbeweises für die arithmetischen Axiome war von grundsätzlicher Skepsis geprägt. Er bestritt die Möglichkeit eines solchen Beweises mit dem Argument, daß man die Widerspruchsfreiheit des Verfahrens der vollständigen Induktion nur durch dieses selbst beweisen könne. Hilbert (1928) wandte gegen Poincaré ein, er versäume zwischen zwei Induktionsmethoden zu unterscheiden, nämlich zwischen der auf dem Auf- und Abbau von Zahlfiguren beruhenden Induktion und der eigentlichen Induktion, die sich auf das Induktionsaxiom stützt.
[14] Zu dieser Kritik an Hilberts Programm siehe auch Heyting (1934: 53 ff.).

schaubare „Theorie", deren Korrektheit dank der intuitiven Evidenz ihrer Sätze über jeden Zweifel erhaben schien. Wie immer man die „Stärke" von MM beurteilt, es scheint, daß der Finitist Hilbertscher Prägung nicht einmal die Korrektheit der Peano Arithmetik (PA) als selbstverständlich annehmen darf. Vor allem aus diesem Grund halte ich die Möglichkeit, die Konsistenz der klassischen Mathematik *finitistisch* zu beweisen (d. h.: mittels inhaltlicher, intuitiv evidenter Schlüsse zu *zeigen*) für sehr gering.

These (2*) richtet sich gegen die Gleichsetzung von Widerspruchsfreiheit und Existenz: die Widerspruchsfreiheit einer Theorie T verbürgt noch nicht die Existenz eines Modells für T. (2*) gilt nicht für eine Theorie, die in der Sprache der Prädikatenlogik der ersten Stufe formuliert ist. Der Grund dafür liegt in der zuerst von Gödel bewiesenen Vollständigkeit des Prädikatenkalküls der ersten Stufe.[15] Hingegen gilt (2*) für Theorien, die in der Prädikatenlogik der zweiten Stufe formuliert sind. Mit Prädikatenlogik zweiter Stufe ist eine Sprache zweiter Stufe (L_2) mit so genannter Standardsemantik gemeint. D. h.: Jedes mögliche Modell von L_2 hat als Bereich der n-stelligen Variablen zweiter Stufe die gesamte Potenzmenge des n-fachen Cartesischen Produkts des Bereichs der Variablen erster Stufe.

These (3*) ist aufgrund des Kompaktheitstheorems (des Endlichkeitssatzes für Modelle) falsch. Das Theorem besagt: Hat jede endliche Teilmenge U* einer abzählbar unendlichen Satzmenge U ein Modell (I*,φ*), so hat auch die gesamte Menge U ein Modell (I,φ).[16] Man kann also eine konsistente Theorie T erster Stufe, die nicht endlich axiomatisierbar ist, als konsistent erweisen, ohne ein Modell für die

---

[15] Gödels Vollständigkeitstheorem lautet in seinen Worten: Satz I: Jede allgemeingültige Formel des engeren Funktionenkalküls ist beweisbar (1930: 283). Gödel beweist den stärkeren Satz, daß jede Formel des engeren Prädikatenkalküls im abzählbaren Individuenbereich erfüllbar ist, kurz: $\aleph_0$-erfüllbar ist (vgl. 285 ff.). Gödels Beweis liefert daher zugleich den Satz von Löwenheim und Skolem, demzufolge eine erfüllbare Formel des Prädikatenkalküls der ersten Stufe $\aleph_0$-erfüllbar ist. Wie Gödel zeigt, läßt sich Satz I in verschiedenen Weisen verallgemeinern. Eine Weise der Verallgemeinerung gewinnt man durch die Einbeziehung von abzählbar unendlichen Ausdrucksmengen. Satz IX (in leicht abgeänderter Formulierung): Jede abzählbare Menge von Formeln des engeren Prädikatenkalküls der ersten Stufe ist entweder erfüllbar oder sie besitzt eine endliche Teilmenge, deren logisches Produkt widerlegbar ist.

[16] Gödels Formulierung des Kompaktheitstheorems in seiner Arbeit von 1930 lautet (leicht abgeändert) wie folgt: Satz X: Eine abzählbar unendliche Menge von Formeln ist genau dann erfüllbar, wenn jede ihrer endlichen Teilmengen erfüllbar ist. Der in der vorangehenden Fußnote zitierte Satz IX folgt unmittelbar aus Satz X, den Gödel auf semantischem Weg beweist (vgl. 291).

gesamte Theorie T anzugeben. Dies gelingt, indem man zeigt, daß jede endliche Teilmenge von T ein Modell hat. Das Kompaktheitstheorem ist ebenso wie das Löwenheim-Skolemsche Theorem für die Prädikatenlogik der zweiten Stufe nicht gültig.

Frege kannte Gödels Vollständigkeitssatz nicht und ebensowenig besaß er eine Einsicht in die Unvollständigkeit der Prädikatenlogik der zweiten Stufe.[17] Nun ist aber klar, daß der Vollständigkeitssatz (bezeichnen wir ihn durch „VS") im günstigsten Fall als ein mathematisches Theorem aufzufassen ist. Angenommen, VS sei bereits etwa um 1880 bekannt gewesen und in einer mathematischen Theorie T bewiesen worden. Frege hätte dann die Wahrheit von VS nur dann anerkennen müssen, wenn er von der Korrektheit von T überzeugt gewesen wäre. Hätte sich herausgestellt, daß T keine Teiltheorie der (von Frege in der *Begriffsschrift* von 1879 entwickelten) Prädikatenlogik der zweiten Stufe ist, so wäre durchaus unklar, ob er in den frühen achtziger Jahren T für korrekt und also VS für wahr gehalten hätte.[18]

Dummett (1976) macht geltend, daß Frege grundsätzlich in der Lage gewesen wäre, die Falschheit von (3*) zu erkennen. Zur Stützung dieser Ansicht verweist er auf die Überlegung, die Frege in dem Nachlaßstück „Logik in der Mathematik" (*NS*, 219) an die Frage knüpft, ob es denn vielleicht der Mathematik eigentümliche Schlußweisen gibt, die eben deshalb der Logik nicht angehören. Als ein Beispiel, das sich der gewöhnlichen Auffassung zufolge anböte, führt Frege die Schluß-

---

[17] Man kann aus der von Gödel (1931) bewiesenen Unvollständigkeit der Arithmetik die Unvollständigkeit der Prädikatenlogik der zweiten Stufe erschließen.

[18] Das logische System der *GGA* ist bekanntlich inkonsistent, aber das Fragment erster Stufe dieses Systems ist beweisbar widerspruchsfrei. In seiner informellen Grundlegung der Arithmetik in den *GLA* stützt sich Frege auf die Logik zweiter Stufe der *Begriffsschrift*, macht jedoch bei seiner expliziten Definition des Anzahloperators „die Anzahl, die dem Begriff φ zukommt" von Begriffsumfängen Gebrauch. Nach üblicher Auffassung führt seine Einführung von Begriffsumfängen oder Klassen zu Widersprüchen. Allerdings zieht Frege seine explizite Anzahldefinition in den *GLA* nur für den Beweis der Äquivalenz (T) „Die Anzahl des Begriffs F = die Anzahl des Begriffs G genau dann, wenn F und G gleichzahlig sind" heran. Die Gleichzahligkeit wird durch die umkehrbar eindeutige Zuordnung definiert. Wichtige Theoreme der reinen Zahlentheorie leitet Frege allein aus (T) mit Hilfe bestimmter Definitionen ab. Im Unterschied zu Axiom V der *GGA* ist (T) plus Logik zweiter Stufe widerspruchsfrei. Um bei Freges Grundlegung der Theorie der natürlichen Zahlen Widersprüche auszuschließen, läge es also nahe, (T) als Axiom aufzufassen, es als solches der gewöhnlichen axiomatischen Logik zweiter Stufe hinzuzufügen, den Anzahloperator als einen durch (T) eingeführten Grundausdruck aufzufassen und dann die wichtigsten Gesetze dieser Theorie im wesentlichen in der von Frege angegebenen Weise abzuleiten.

weise der vollständigen Induktion an. Dummett interpretiert Freges Überlegung so: Falls es eine Schlußweise S gibt, die einer mathematischen Theorie T eigentümlich ist, so können wir S in die Formalisierung von T stets folgendermaßen einbeziehen: Für jede mögliche Anwendung von S betrachten wir denjenigen Konditionalsatz als ein Axiom, dessen Antecedens aus der konjunktiven Verknüpfung der Prämissen der fraglichen Anwendung von S besteht und dessen Consequens die Konklusion ist. Aus der so gebildeten Axiomenmenge können wir dann immer den Effekt von S mit Hilfe der zur Logik gehörenden Abtrennungsregel erhalten. Folglich lassen sich unsere Schlußregeln stets auf rein logische beschränken.

Nach Dummetts Einschätzung hätte Frege in der so dargestellten Überlegung einen Grund dafür entdecken können, daß sich die Betrachtung unendlicher Axiomensysteme zuweilen als notwendig erweisen könnte. Richtig ist Dummetts Behauptung, daß Frege auch ohne Kenntnis des Kompaktheitstheorems hätte erkennen können, daß für eine Theorie T mit unendlich vielen Axiomen ein Konsistenzbeweis geführt werden kann, der nicht in der Angabe eines Modells für T besteht. Indes ist man geneigt, für Frege eine Lanze zu brechen. Einschlägige metamathematische Ergebnisse waren zur Zeit der Veröffentlichung der *GLA* noch nicht bekannt. Es verwundert daher nicht, daß Frege die Falschheit von (3*) verborgen blieb. Hinzu kommt, daß die von Dummett herangezogene Überlegung aus „Logik in der Mathematik" von Frege vielleicht erst ca. dreißig Jahre nach Erscheinen der *GLA* angestellt worden ist. Allerdings halte ich es für wenig wahrscheinlich, daß Frege im Licht dieser Überlegung (3*) verworfen hätte.[19]

Wenn wir das früher zu (2) und (3) Gesagte teilweise auf (2*) und (3*) übertragen, so ergeben sich folgende Aussagen: Aus der Tatsache, daß sich ein Modell für eine Theorie T konstruieren läßt, folgt nach (2*) nicht, daß dies die einzige Weise ist, die Konsistenz von T zu beweisen (falls T konsistent ist). Nach (3*) kann man die Konsistenz einer formalen Theorie, für die kein Modell angebbar ist, nicht beweisen. Indessen stieße eine formale Theorie, für die wir kein einziges Modell anzugeben vermöchten, vermutlich auf kein Interesse. Die tatsächlich bewiesene Konsistenz von T impliziert nach (3*) ihre Erfüllbarkeit, während nach (2*) aus der bloßen Tatsache, daß T wider-

---

[19] Dummett (1976: 231) selbst ist bemüht, Frege Gerechtigkeit widerfahren zu lassen.

spruchsfrei ist, noch nicht auf die Existenz eines Modells für T geschlossen werden kann.

Schließlich noch ein Wort zu These (4*). Die Frage, ob es für eine Theorie T ein Modell gibt, hat nach (4*) sachlichen Vorrang vor der Frage nach ihrer Konsistenz. Für Frege stellt sich die Frage nach der Existenz eines Modells freilich nur für diejenigen mathematischen Theorien, die er als „formal" bezeichnet. Anders steht es mit korrekten inhaltlichen Theorien, die er als Systeme von Wahrheiten auffaßt, die durch deduktive Schlüsse miteinander verbunden sind. Einer korrekten inhaltlich verstandenen Theorie T — das ist wohl Freges Ansicht — ist ein Modell gleichsam einverleibt. Jeder Satz von T drückt einen bestimmten Gedanken aus und bedeutet das Wahre. Entsprechend seinen semantischen Prinzipien „Ein Behauptungssatz drückt nur dann einen Gedanken aus, wenn alle seine (semantisch relevanten) Teilausdrücke einen Sinn haben" und „Ein Behauptungssatz hat nur dann eine Bedeutung bzw. einen Wahrheitswert, wenn alle seine (semantisch relevanten) Teilausdrücke eine Bedeutung haben" ist jedem subsentenziellen Ausdruck von T sowohl ein Sinn als auch eine Bedeutung zugeordnet. Ein Konsistenzbeweis durch Angabe eines Modells für eine solche Theorie T hielt Frege daher für überflüssig.

Dem aufmerksamen Leser wird nicht entgangen sein, daß die eingangs erwähnte Auffassung Freges, Konsistenzbeweise für Systeme echter Axiome seien überflüssig, auf den ersten Blick mit (1*) unverträglich ist. Daß diese Unverträglichkeit nur scheinbar ist, wird klar, wenn man sich vor Augen führt, daß in (1*) Konsistenzbeweise für „formale" Theorien gefordert werden, die ursprünglich inhaltlich gar nicht gedeutet sind. Und als formal galt Frege bekanntlich auch die von Hilbert in den *Grundlagen der Geometrie* aufgebaute Theorie der euklidischen Geometrie. Ihr wende ich mich abschließend kurz zu.

Hilbert wollte seine axiomatische Theorie der euklidischen Geometrie lediglich als ein „Fachwerk" oder Schema von Begriffen einschließlich ihrer Beziehungen zueinander verstanden wissen, das stets auf unendlich viele Systeme von Grundelementen angewandt werden kann. Nach Freges Einschätzung definiert das Hilbertsche Axiomensystem allerdings weder die Begriffe erster Stufe *Punkt*, *Gerade*, *Ebene* noch bestimmte Beziehungen erster Stufe, nämlich die Inzidenzrelationen *liegen auf* (zwischen Punkten und Geraden) und *liegen in* (zwischen Punkten und Ebenen), die dreistellige Beziehung zwischen Punkten, die durch das Wort „zwischen" bezeichnet wird, die Kongruenzrelationen zwischen Strecken einerseits und Winkeln andererseits, die durch das Wort „kongruent" oder „gleich" bezeichnet werden.[20] Vielmehr definiert es eine Beziehung zweiter Stufe, die zwischen gegebenen Begriffen erster Stufe, zweistelligen Beziehungen erster Stufe und dreistelligen Beziehungen erster Stufe bestehen kann oder nicht. Freges Ausführungen in den *GLA* zur Widerspruchsfreiheit von Begriffen erster Stufe lassen sich in gewisser Weise auf das Hilbertsche Axiomensystem übertragen: Wir können aus der Konsistenz einer Theorie T à la Hilbert (eines Begriffs dritter Stufe) nicht schließen, daß es ein Modell (eine Beziehung zweiter Stufe, die unter ihn fällt) gibt. Selbst dann, wenn die Konsistenz von T auf andere Weise als durch Angabe eines Modells beweisbar wäre, so zählt doch vor allem die Existenz eines Modells und weniger die Konsistenz von T.

Freges Überlegungen zur Widerspruchsfreiheit, vornehmlich aber zur Frage der Unabhängigkeitsbeweise im Rahmen seiner Auseinandersetzung mit Hilbert sind von erheblichem Interesse für die mathematische Geschichtsschreibung im allgemeinen und die Fregeforschung im besonderen. Eine ausführliche Untersuchung dieser Überlegungen muß einer anderen Arbeit vorbehalten bleiben.[21]

Literatur

BROUWER, Luitzen Egbertus Jan: „Über die Betrachtung des Satzes vom ausgeschlossenen Dritten in der Mathematik, insbesondere in der Funktionentheorie". *Journal für die reine angewandte Mathematik* 154 (1923), 1−7.
BROUWER, Luitzen Egbertus Jan: „Intuitionistische Betrachtungen über den Formalismus". *Proceedings of the Section of Sciences* 31 (1928), 374−379; englische Übersetzung in J. van Heijenoort (Hrg.) *From Frege to Gödel. A Source Book in Mathematical Logic.* Cambridge Mass., London (Harvard University Press) 1967, 490−492.
CANTOR, Georg: *Gesammelte Abhandlungen mathematischen und philosophischen Inhalts.* Hrg. E. Zermelo, Berlin 1932.
DEDEKIND, Richard: *Stetigkeit und irrationale Zahlen.* Braunschweig (Vieweg & Sohn) 1872.

---

[20] Hilbert behauptet, daß seine erste Axiomengruppe die Inzidenzrelation, die zweite die Zwischenrelation, die dritte die Kongruenzrelation definiere. Das Parallelenaxiom sowie die beiden Stetigkeitsaxiome führen keine neuen Beziehungen ein, sondern beschreiben seiner Ansicht nach Tatsachen über Punkte, Geraden und Ebenen unter Verwendung der erwähnten Beziehungen. Nach Frege liegt der grundlegende Fehler der axiomatischen Definitionen Hilberts in der Vermengung von Begriffen erster und zweiter Stufe.
[21] Vgl. v. Kutschera (1989: 154−161).

DUMMETT, Michael: „Frege on the Consistency of Mathematical Theories". In M. Schirn (Hrg.), *Studien zu Frege — Studies on Frege*, Band I, *Logik und Philosophie der Mathematik — Logic and Philosophy of Mathematics.* Stuttgart-Bad Cannstatt (Frommann-Holzboog) 1976, 229—242.

FREGE, Gottlob (*GLA*): *Grundlagen der Arithmetik. Eine logisch mathematische Untersuchung über den Begriff der Zahl.* Breslau (W. Koebner) 1884.

FREGE, Gottlob (*GGA*): *Grundgesetze der Arithmetik, Begriffsschriftlich abgeleitet*, Band I. Jena (H. Pohle) 1893, Band II. Jena (H. Pohle) 1903.

FREGE, Gottlob (*KS*): *Kleine Schriften.* Hrg. I. Angelelli, Hildesheim (G. Olms) 1967.

FREGE, Gottlob (*NS*): *Nachgelassene Schriften.* Hrg. H. Hermes, F. Kambartel, F. Kaulbach, Hamburg (Felix Meiner) 1969.

GÖDEL, Kurt: „Die Vollständigkeit der Axiome des logischen Funktionenkalküls". *Monatshefte für Mathematik und Physik* 37 (1930), 349—360; abgedruckt in K. Berka und L. Kreiser (Hrg.), *Logik-Texte. Kommentierte Auswahl zur Geschichte der modernen Logik.* Berlin (Akademie-Verlag) 1971, 283—294.

GÖDEL, Kurt: „Über formal unentscheidbare Sätze der Principia Mathematica und verwandter Systeme I". *Monatshefte für Mathematik und Physik* 38 (1931), 173—198.

HANKEL, Hermann: *Theorie der complexen Zahlensysteme [,] insbesondere der gemeinen imaginären Zahlen und der Hamilton'schen Quaternionen nebst ihrer geometrischen Darstellung.* Leipzig (L. Voss) 1867.

HEYTING, Arend: *Mathematische Grundlagen, Intuitionismus, Beweistheorie.* Berlin (Springer) 1934.

HILBERT, David: *Grundlagen der Geometrie.* Leipzig (Teubner) 1899.

HILBERT, David: „Die Grundlagen der Mathematik". *Abhandlungen aus dem Mathematischen Seminar der Hamburger Universität* 6 (1928), 65—85.

KUTSCHERA, Franz von: *Gottlob Frege. Eine Einführung in sein Werk.* Berlin, New York (de Gruyter) 1989.

POINCARÉ, Henri: *Science et Méthode.* Paris (Flammarion) 1908.

Die Goodman-Paradoxie:
ein Invarianz- und Relevanzproblem

von Gerhard Schurz*

1. Goodmans neues Rätsel der Induktion

Humes altes Rätsel der Induktion bestand in der Frage, wie sich induktive Schlüsse *überhaupt* rational rechtfertigen lassen. Trotz aller diesbezüglichen Skepsis glaube ich, daß Humes altes Rätsel lösbar ist auf der Basis des Reichenbachschen Vindizierungsgedankens (Schurz 1988: Kap. 4). Wie dem auch sei: was Goodman (1946) gezeigt hat, war, daß selbst wenn man das alte Humesche Rätsel der Induktion als lösbar betrachtet, uns ein *new riddle of induction* erwartet, das mindest ebensolche Kopfzerbrechen bereitet. Denn besteht auch Einigkeit darüber, daß es grundsätzlich vernünftig ist, bisher regelmäßig beobachtete Merkmale induktiv in die Zukunft zu projizieren, so stellt sich immer noch die Frage, *welche* Merkmale wir induktiv projizieren sollten. Die naheliegende Antwort wäre zunächst: *alle* Merkmale, die wir bisher regelmäßig beobachten konnten, seien sie nun durch elementare oder komplex definierte Prädikate ausgedrückt. Goodman zeigte aber, daß die Anwendung induktiver Schlüsse auf *alle* Prädikate rational *unmöglich* ist, weil sie in *logische Widersprüche* führt. Seine berühmte Definition (1975: 97ff) ist die des Prädikates „grot" (G^*x). Gegeben ein konstanter, in der Zukunft liegender Zeitpunkt t_0, sagen wir das Jahr 3000, so heiße ein Gegenstand x grot gdw. x grün ist (Gx), falls er vor t_0 beobachtet wurde (Bxt_0), und rot ist (Rx) andernfalls. In Formeln also:

$$G^*x \equiv ((Bxt_0 \supset Gx) \land (\neg Bxt_0 \supset Rx)).$$

Gegeben nun ein Sample S von vor t_0 beobachteten grünen Smaragden, so sind alle diese Smaragde auch grot. Genauer gesagt sind die Behauptungen $Sa \land Bat_0 \land Ga$ und $Sa \land Bat_0 \land G^*a$ *analytisch* äquivalent,

---

* Für seine Tätigkeit als Gutachter meiner Habilitationsschrift (1989) möchte ich Franz von Kutschera an dieser Stelle besonders danken.

also nach Ersetzung von G*x durch sein Definiens logisch äquivalent. Wenden wir den induktiven Verallgemeinerungsschluss sowohl für „grün" wie für „grot" an, so ergibt unser Sample die beiden Allhypothesen H:= „Alle Smaragde sind grün" $\Lambda x(Sx \supset Gx)$ und H*:= „Alle Smaragde sind grot" $\Lambda x(Sx \supset G^*x)$. H und H* implizieren aber für alle nicht vor t_0 untersuchten Smaragde widersprüchliche Prognosen (grün versus nicht-grün).

Die Goodman-Paradoxie ist keineswegs auf Goodmans ursprüngliche Formulierung des Prädikats „grot" angewiesen. Von den zahlreichen alternativen Formulierungsmöglichkeiten (Schurz 1983: Kap. VI.2.1) seien nur zwei erwähnt. Die ‚schlichteste' Definition stammt von Leblanc (1963) und wird auch von Kutschera (1972: 140f) verwendet; hierbei wird G* extensional definiert mithilfe der Menge S der beobachteten Individuen: $G^*x \equiv ((x \in S \supset Gx) \land (x \notin S \supset \neg Gx))$. Die physikalisch interessanteste Definition stammt von Hempel (1965, S. 70); hierbei wird der Farbzustand als zeitabhängiger Zustand angenommen (Gxt = x ist grün zu t): $G^*xt \equiv ((t \leq t_0 \supset Gxt) \land (t > t_0 \supset Rxt))$. Während die ersten beiden Definitionen die beobachteten Smaragde als grün und die nichtbeobachteten als rot bzw. nicht grün definieren, definiert die letztere Definition für alle Smaragde einen Farbwechsel von grün nach rot zum zukünftigen Zeitpunkt t_0.

2. Kutscheras Behandlung der Goodman-Paradoxie im Rahmen subjektiver Wahrscheinlichkeitstheorie

Die Grundlage induktiven Schließens innerhalb der (voralledem auf de Finetti) zurückgehenden subjektiven Wahrscheinlichkeitstheorie sind die probabilistischen *Vertauschbarkeitsannahmen*. Die subjektive Wahrscheinlichkeit w(A) eines Satzes A ist gemäß üblicher Auffassung sein *rationaler Glaubensgrad*. Formal gehorcht w denselben (Kolmogoroffschen) Axiomen wie die statistische Wahrscheinlichkeit. Zwei wichtige über die Kolmogoroffschen Axiome hinausgehende Axiome für subjektive Wahrscheinlichkeiten sind das *Regularitätsaxiom* und das *Vertauschbarkeitsaxiom*. Ersteres verlangt, daß der Glaubensgrad für keine kontingente Proposition 0 oder 1 ist und garantiert damit, daß die subjektive Wahrscheinlichkeit aller kontingenten Propositionen durch Erfahrung *korrigierbar* ist. Das Vertauschbarkeitsaxiom hingegen besagt, daß die subjektive Wahrscheinlichkeit einer Proposition $A[x_1,...,x_n]$ für alle ihre individuellen Instanziierungen $A[a_1,...,a_n]$

gleich ist: die Individuen sind ‚austauschbar'. Gemäß einer einfachen Formulierung dieses Axiomes (aus der seine allgemeine Formulierung folgt) hängt w($Fa_1 \wedge ... \wedge Fa_n$) nur von F und n, aber nicht von den a_i ab (Kutschera 1972: 74f; 1978: 200). Vorausgesetzt dabei ist natürlich, daß wir sonst nichts von den Individuen wissen; m. a. W., es handelt sich um die subjektive *apriori*-Wahrscheinlichkeit. Physikalisch gesehen identifizieren wir Individuen über ihre Raum- und Zeitkoordinaten; physikalisch besagt das Vertauschbarkeitsaxiom also, daß die subjektive Wahrscheinlichkeit von Ereignissen von deren *raumzeitlicher Lokalisierung* unabhängig ist.

Die Begründung induktiven Schließens durch probabilistische Vertauschbarkeitsannahmen ergibt sich aufgrund folgender mathematisch beweisbarer Tatsache: Unabhängig von der willkürlichen Wahl subjektiver apriori-Wahrscheinlichkeiten werden sich die bedingten subjektiven Wahrscheinlichkeiten den beobachteten Häufigkeiten mit wachsender Stichprobengröße immer mehr annähern und im Grenzfall damit zusammenfallen. Stehe $S_n(F)=r$ für „in einem Sample mit n Individuen hatten r die Eigenschaft F", so gelten für reguläre subjektive Wahrscheinlichkeiten bei unendlicher Grundgesamtheit also folgende Sätze: (s. Kutschera 1978: 200f):

(1) Für jedes noch so kleine ε gibt es ein n, sodaß
w($Fa_{n+1}/Fa_1 \wedge ... \wedge Fa_n$) ≥ 1−ε.

(2) Für jedes noch so kleine ε gibt es ein n, sodaß
(w($Fa_{n+1}/S_n(F) = r$) − r/n) ≤ ε.

(1) betrifft Induktion für deterministische, (2) für statistische (und deterministische) Gesetze. (1) und (2) implizieren induktives Lernen aus Erfahrung im komparativen und extremalen Sinn. Für numerische Wahrscheinlichkeitswerte bei finiten Beobachtungen sind zusätzliche Axiome und Festlegungen von der Art nötig, wie sie Carnap in seiner induktiven Logik vorgeschlagen hat.[1]

Die subjektiv-probabilistische Theorie der Induktion ist eine der fundamentalsten Induktionstheorien. Kutschera hat als erster gezeigt, daß selbst sie durch die Goodman-Paradoxie betroffen ist. Nimmt man das Vertauschbarkeitsaxiom zugleich für ‚gesunde' und ‚Goodman-artige' Prädikate an, so gelangt man in einen Widerspruch. Kut-

---

[1] Nämlich Carnaps Axiome der Invarianz gegenüber Permutation von Prädikaten, der Voraussageirrelevanz und der Festlegung des Vorsichtigkeitsparameters ‚Lambda' (Carnap 1950; Kutschera 1972: Kap. 2.31−2).

schera zeigt dies in (1972: S. 141f) auf der Grundlage eines Carnapschen Axioms, von dem er später selbst bemerkt, daß es letztlich allein auf der Grundlage des Regularitäts- und Vertauschbarkeitsaxioms gewonnen werden kann (1972: 143).[2] Mithilfe des obigen Satzes (1) beweist man den Widerspruch wie folgt. Es sei vorausgeschickt, daß im oben skizzierten Framework der subjektiven Wahrscheinlichkeitstheorie *Standardnamen* angenommen werden, d. h. verschiedene Individuenkonstanten bezeichnen verschiedene Gegenstände. Sei G*x wie in der zweiten (Leblancschen) Definition definiert, mit $S = \{a_1,...,a_n\}$; sei die Grundgesamtheit die Menge aller Smaragde; wir wählen ein kleines ε und ein hinreichend großes n. Dann folgt aus (1): (A) $w(Gb/Ga_1 \wedge ... \wedge Ga_n) \geq 1-\varepsilon$ und (B) $w(G^*b/G^*a_1 \wedge ... \wedge G^*a_n) \geq 1-\varepsilon$. Aus den analytischen Postulaten für Standardnamen und der G*x-Definition folgt, daß Ga_i mit G^*a_i ($1 \leq i \leq n$) und Gb mit $\neg G^*b$ analytisch äquivalent und daher ohne Änderung des Wahrscheinlichkeitswertes austauschbar ist. Damit erhalten wir aus (B) $w(\neg Gb/Ga_1 \wedge ... \wedge Ga_n) \geq 1-\varepsilon$, somit $w(Gb/Ga_1 \wedge ... \wedge Ga_n) < \varepsilon$, im Widerspruch zu (A).

Kutschera schließt daraus zunächst, daß das Axiom der Vertauschbarkeit und damit erst recht alle noch stärkeren Carnapschen Induktionsaxiome nicht als logisch allgemeingültig angesehen werden können, da sie nicht zugleich für alle Prädikate Geltung haben (1972: 141). Carnaps Versuch, eine induktive *Logik* zu errichten, im Sinne eines Systems apriorischer bzw. analytischer Postulate, muß demnach als gescheitert angesehen werden (Kutschera 1972: 144). Eine generell erkenntnisskeptische Konsequenz ergibt sich daraus noch nicht. Entscheidend ist nun vielmehr die Frage, ob es rationale, (und weil nicht apriorische) empirische oder pragmatische *Gründe* gibt, nur bestimmte Prädikate als vertauschbar und somit als *induzierbar* (oder, wie Goodman sagte, projektierbar) anzusehen, andere dagegen nicht. Weil nur solche Allsätze als Kandidaten für Naturgesetze in Frage kommen, die induktiv bestätigungs*fähig* sind, deren Prädikate also induzierbar sind, wurde das Problem der Induzierbarkeit von Prädikaten zugleich als

---

[2] Zu Kutscheras diesbezüglichen Erläuterungen ist lediglich anzumerken, daß das Carnapsche Axiom „C10", welches die Unabhängigkeit subjektiver Wahrscheinlichkeiten von der Anzahl der Individuenkonstanten der zugrundegelegten Sprache fordert, für Sprachen mit abzählbar unendlich vielen Individuenkonstanten hinfällig wird, weshalb Axiom „C11", welches Kutschera auf S. 140 benutzt, dann tatsächlich aus C1-C6 und C8 alleine folgt; C1-C6 garantieren reguläre Wahrscheinlichkeit und C8 die Vertauschbarkeit (Carnap sprach von „Invarianz bzgl. Permutation der Gegenstandskonstanten"). S. auch Schurz (1983: Kap. VI.2.7).

Teilproblem des übergeordneten Problems der *Gesetzesartigkeit* von Allsätzen angesehen (s. Hempel 1965: 265; Schurz 1983: Kap. VI, speziell S. 405).

3. Sprachrelativismus und Kutscheras erkenntnisskeptische Schlußfolgerung

Viele Kriterien der Induzierbarkeit von Prädikaten wurden vorgeschlagen und erwiesen sich alsbald als nicht haltbar (s. Kutschera 1972: 145–156; 1978: Kap. 2–3). Von den vielen von Kutschera diskutierten und widerlegten Vorschlägen möchte ich zwei herausgreifen, weil sie mir in die richtige Richtung zu gehen scheinen. Wir gehen davon aus, daß wir uns im Kontext der induktiven Verallgemeinerung von *Beobachtungen* befinden, und nicht im Kontext theoretischer Begriffe. Ein erster intuitiv einleuchtender Vorschlag besagt dann, daß „grot" kein Beobachtungsprädikat ist, denn wirklich beobachten können wir nur „grün" oder „rot", aber nicht „grot". Dagegen wurde sofort eingewandt, daß „grot" mithilfe einer Uhr in der Hand sehr wohl beobachtet werden könne; es dauert eben etwas länger (Skyrms 1963; Kutschera 1972: 146). Dies ist richtig, und dennoch würde intuitiv jedermann zugeben, daß wir „grot" jedenfalls nicht *direkt* beobachten; *direkt* beobachten wir nur „grün" oder „rot". Dies wiederum ließe sich dadurch stützen, daß in *unserer* Beobachtungssprache „grün" und „rot" *Grundprädikate* und „grot" ein *definiertes* Prädikat ist. Dies führt uns zum Problem des *Sprachrelativismus*, welches sogleich besprochen wird.

Der zweite, von Carnap (1947: 146: 1976: 211) stammende Vorschlag besagt, daß „grot" sowie alle nichtinduzierbaren Prädikate *positional* sind, d. h. *analytisch* (i. e., in ihren Definitionen) auf Individuenkonstanten Bezug nehmen. Nur die *qualitativen* Prädikate, welche keinen solchen Bezug auf Individuenkonstanten enthalten, seien induzierbar. Dagegen hatte bereits Goodman eingewandt, und Kutschera schließt sich diesem Einwand an (1972, S. 145), daß der Begriff des qualitativen Prädikates relativ sei zur Wahl eines bestimmten Sprachsystems. Gemäß der Carnapschen Definition sind alle *Grundprädikate* einer Sprache qualitativ, sowie alle, die nur mithilfe von Grundprädikaten ohne Zuhilfenahme von Individuenkonstanten definiert sind. Damit sind wir zum zweiten Mal beim Problem des *Sprachrelativismus*.

Gibt es gute empirische oder pragmatische Gründe für die Wahl von „grün" statt „grot" als Grundprädikat? Wie schon Goodman zeigte (1975: 105), kann man durch Umdefinition von „grün" und „rot" (Gx, Rx) zu einer in ihrer Ausdrucksstärke völlig *äquivalenten* Sprache übergehen, die stattdessen „grot" und „rün" (G*x, R*x) als Grundprädikate enthält. In unserer Sprache L sind Gx und Rx Grundprädikate und G*x und R*x folgendermaßen definiert:

$G^*x \equiv ((Bxt_0 \supset Gx) \land (\neg Bxt_0 \supset Rx))$,
$R^*x \equiv ((Bxt_0 \supset Rx) \land (\neg Bxt_0 \supset Gx))$.

In der Goodman-artigen Sprache L* sind G*x und R*x Grundprädikate und Gx und Rx wie folgt definiert:

$Gx \equiv ((Bxt_0 \supset G^*x) \land (\neg Bxt_0 \supset R^*x))$,
$Rx \equiv ((Bxt_0 \supset R^*x) \land (\neg Bxt_0 \supset G^*x))$.

Man kann einen allgemeinen Begriff der Goodman-artigen linguistischen Transformation definieren und hierfür allgemein beweisen, daß die Goodman-artigen wechselseitigen Definitionen alle logischen (Un)Abhängigkeitsbeziehungen erhalten und somit jeder Satz der einen Sprache genau einem Satz der anderen Sprache definitorisch entspricht, modulo logische Äquivalenz (Schurz 1983: Kap. VI.2.4.1). Die Qualitativität von Prädikaten im Carnapschen Sinne erweist sich damit als *nicht invariant* gegenüber linguistisch äquivalenten Transformationen. Dies ist jedoch nichts Einmaliges. In (1990) zeige ich, daß eine Reihe weiterer wissenschaftstheoretisch fundamentaler Konzepte, wie das Konzept der Wahrheitsnähe oder das der kausalen Relevanz, nicht invariant sind gegenüber linguistisch äquivalenten Transformationen.

Viele Autoren haben aus dem Problem des Sprachrelativismus mehr oder weniger starke erkenntnisskeptische Konsequenzen gezogen. Goodman ging soweit zu behaupten: „Choosing ‚green' rather than ‚grue' as projectible ... may seem like raindancing" (1978: 138). Wenn es Willkür ist, „grün" statt „grot" zu projizieren, dann ist aber auch die Wahl zwischen Induktion und Antiinduktion Willkür, denn eine Induktion von „grün" entspricht einer Antiinduktion von „grot" und umgekehrt. Kutschera ist nicht so radikal, aber ebenfalls deutlich erkenntnisskeptisch. Denn er schließt, daß es weder analytische noch empirische Gründe für die Richtigkeit von Vertauschbarkeitsannahmen gibt (1972: 158). Vielmehr verbinden sich unsere Vertauschbarkeitsannahmen mit der Wahl unserer Sprache (160). Kutschera sieht darin eine Begründung der sprachwissenschaftlichen Relativitätsthese (162).

Kutschera führt dann weiter aus, daß unsere Vertauschbarkeitsannahmen höchstens ‚pragmatisch' begründet sind, eben dadurch, daß wir aufgrund unserer natürlichen und kulturellen Evolution eben die Sprache verwenden, die wir verwenden (S. 161). Der Hinweis, daß wir aus historischen Gründen eben die und keine andere Sprache sprechen, ist natürlich kein *rationaler* Grund für die Auszeichnung eines Sprachsystems. Rationale Gründe können nur solche sein, die sich ausschließlich durch die Erhöhung der *Wahrheitschancen* unserer Erkenntnis motivieren. Im folgenden verwende ich den Begriff eines pragmatischen Grundes, *anders* als Kutschera, ausschließlich in diesem *rationalen* Sinn. Ich möchte zeigen, wie der Sprachrelativismus durch Bezugnahme auf *erkenntnispragmatische* Faktoren überwunden werden kann. Pragmatisch nenne ich die Faktoren deshalb, weil sie außerhalb der *Innenanalyse von Sprachsystemen*, außerhalb der *logisch-semantischen* Methode liegen, auf die der logische Empirismus Wissenschaftstheorie reduzieren wollte (Schurz 1983: Kap. I). Durch sprachliche Innenanalyse läßt sich die Gleichwertigkeit äquivalenter Sprachen nicht aufbrechen. Man muß zu Fragen übergehen, die das Funktionieren unseres empirischen Wahrnehmungsapparates betreffen, und die sich daher gleichermaßen im Gebiet der Epistemologie und der kognitiven Psychologie ansiedeln.

4. Ein pragmatisches Kriterium für die Qualitativität von Prädikaten

Die Notwendigkeit, zur empirischen Ebene menschlicher Wahrnehmungsfragen vorzudringen, zeigt sich bereits beim Problem, Beobachtungsbegriffe von theoretischen Begriffen abzugrenzen. Hierauf gibt es eine *introspektive* und eine *experimentelle* Antwort. Die introspektive Antwort wäre, schlicht zu definieren, ein Beobachtungsmerkmal sei ein solches, das man unmittelbar wahrnehmen, also z. B. *sehen* kann. Aber Introspektionen sind trügerisch. Meistens unterscheiden wir nicht klar zwischen dem, was wir sehen, und dem, was wir hineininterpretieren. Was wir benötigen, ist eine experimentelle Operationalisierung dieses intuitiv richtigen introspektiven Kriteriums. Eine solche läßt sich aufbauend auf Quines Theorie des *ostensiven Spracherwerbs* entwickeln (Schurz 1983: Kap. I.6.3.2; 1988: Kap. 3). Einen Begriff ostensiv zu erlernen, heißt, ihn aufgrund bloßer Zeigehandlungen (dies und dies ... ist grün; sowie dies und dies ... ist nicht grün) zu erlernen. Ostensives Lernen kommt ohne sprachlich-kulturelles Vorwissen aus und spielt daher bei Kleinkindern und gegenüber Mitgliedern ‚radikal fremder' Kulturen eine grundlegende Rolle. In (1969, §10) schlug Quine vor, Beobachtungsbegriffe als solche zu charakterisieren, die von allen (geistig normalentwickelten) Menschen unabhängig von ihrer sprachlich-kulturellen Prägung oder theoretischen Vorbildung ostensiv erlernbar sind. Diese Idee habe ich in (1988: Kap. 3) ausgebaut. Die Pointe dieser Explikation liegt darin, daß die Frage, ob ein Begriff ein Beobachtungsbegriff ist oder nicht, nicht schon logisch-semantisch entschieden wird, sondern zu einer im Prinzip empirisch testbaren Frage wird. Beispielsweise ist „orange" ein Beobachtungsbegriff, obwohl die Zuni-Indianer kein Wort für „orange" besitzen, denn sie können diesen Begriff ostensiv erlernen (Berlin/Kay 1969). Man sieht, wie diese empirisch-pragmatische Definition das Problem des Sprachrelativismus überwindet.

Salmon (1963) und Niiniluoto/Tuomela (1974: 196) haben vermutet, alle ostensiv erlernbaren Prädikate seien auch qualitativ. Lenzen (1974: 195) hat dagegen zu Recht eingewandt, daß man auch positionale Prädikate ostensiv erlernen könne, wenn man hinreichend viele Instanzen vorzeigt. Das Kriterium für Qualitativität muß also spezifischer sein. Formulieren wir es zunächst *introspektiv*. Der einfacheren Sprechweise halber nennen wir im folgenden den individuellen Zeitpunkt, Raumpunkt oder Gegenstand, an dem ein Merkmal instanziiert ist, seine *Position*. Die exemplarischen Instanzen und Gegeninstanzen, anhand derer ein Merkmal ostensiv gelernt werden soll, nennen wir die *Lerninstanzen*. Wenn wir von „Merkmal" sprechen, meinen wir immer ein *beobachtbares* Merkmal. Ein solches Merkmal ist qualitativ, wenn seine Beobachtung an allen Positionen *das gleiche Wahrnehmungserlebnis* auslöst; m. a. W., wenn es eindeutig mit einem bestimmten Typ von Wahrnehmungserlebnis korreliert. Das positionale Merkmal „grot" löst dagegen vor bzw. nach t_0 ein verschiedenes Wahrnehmungserlebnis aus. Ein positionales Merkmal kann daher ostensiv nur unter zwei Bedingungen gelernt werden. Erstens muß in den Lerninstanzen irgendeine Information über deren Position enthalten sein; in unserem Fall ein Kalender, der angibt, ob die Instanz vor oder nach t_0 liegt. Zweitens kann ein positionales Merkmal nur dann erlernt werden, wenn alle verschiedenen Wahrnehmungserlebnisse, denen es in positional abhängiger Weise entspricht, durch die Lerninstanzen vorgeführt werden. Man könnte den Begriff „grot" niemals ostensiv abstrahieren, wenn nur grüne Gegenstände vor t_0 vorgezeigt werden, sondern höchstens, wenn abwechselnd grüne Gegenstände vor t_0 und rote nach t_0 gezeigt werden. „Grün" läßt sich dagegen ohne Zeitinformation und in jedem Zeitintervall gleichermaßen lernen, egal ob die exemplarischen Instanzen vor oder nach t_0 liegen. Positionale Merkmale sind daher solche, deren ostensiver Lernerfolg *erstens* eine in den Lerninstanzen vorhandene positionale Information erfordert, und *zweitens* von der positionalen Lokalisierung der Lerninstanzen abhängig ist. Qualitative Merkmale sind dagegen solche, deren ostensiver Lernerfolg weder eine in den Lerninstanzen vorhandene positionale Information erfordert noch von deren positionaler Lokalisierung abhängt, sondern nur von deren Anzahl (vgl. auch Schurz 1983: Kap. VI.2.4.3). (Den ostensiven Lernerfolg testet man, indem man nach Präsentation der Lerninstanzen eine Menge repräsentativer *Testinstanzen* vorlegt und abfragt, ob sie das zu lernende Merkmal besitzen oder nicht.) Die Pointe unserer Charakterisierung von „qualitativ" liegt erneut darin, daß sie die Qualitativität von Merkmalen zu einer im Prinzip empirisch überprüfbaren Eigenschaft macht.

Daß ein Merkmal qualitativ ist, heißt, daß ihm ein konstanter Typ von Wahrnehmungsbild bzw. Wahrnehmungserlebnis entspricht. Daß diesem Wahrnehmungserlebnis auch immer ein konstantes *Realmerkmal* entspricht (eine konstante ‚primäre' Qualität im Sinn von Locke) ist damit noch nicht garantiert. Hier haben wir keine andere Chance als *prima facie* unseren Sinnesorganen zu vertrauen. Sollten theoretische Erkenntnisse später ergeben, daß unsere Wahrnehmungsbilder in bestimmten Kontexten trügerisch sind, so werden wir diese Annahme punktuell abändern – aber nur dann. Diese Sichtweise wird von Erkenntnistheoretikern verschiedenster Prägung geteilt. Z. B. ist „warm" ein qualitatives Merkmal. Temperaturmessungen zeigen uns, daß es nicht immer derselben Temperatur entspricht. Das wissen wir aber nur, weil wir unseren Sehbildern vertrauen, wenn wir Temperaturablesungen vornehmen.

Wir verfügen nun über ein *sprachunabhängiges* Kriterium für die Qualitativität von Prädikaten. Damit haben wir noch nicht die Frage beantwortet, warum wir gerade die qualitativen Prädikate als Grundprädikate wählen sollen. (Schon gar nicht haben wir uns dazu geäußert, ob nun nur qualitative oder auch positionale Prädikate induzierbar sein sollen; diese Frage behandeln wir in den beiden nächsten Abschnitten.) Unser Kriterium ist ja, im Gegensatz zum Carnapschen Vorschlag, unabhängig davon, ob diese Prädikate Grund- oder definierte Prädikate sind. Auch wenn wir uns dazu entschließen, „grot" und „rün" als Grundprädikate zu wählen, so wissen wir aufgrund unseres Kriteriums, daß „grot" und „rün" positionale Prädikate, dagegen „grot vor t_0, rün nach t_0" und „rün vor t_0, grot nach t_0" qualitative Prädikate sind.

Es gibt einen *allgemeinen* und einen *speziellen* Grund, warum wir besser qualitative statt positionale Prädikate als Grundprädikate wählen. Der allgemeine ist ein *Einfachheitsgrund*. Alle *elementaren* – also wahrnehmungsmäßig nicht weiter in Bestandteile aufgegliederten – Merkmale sind qualitativ. Positionale Merkmale sind dagegen immer schon komplexer Natur, weil sie verschiedene elementare Merkmale mit verschiedenen raumzeitlichen Positionen assoziieren. (Natürlich gibt es auch komplexe qualitative Merkmale.) Wir wollen allgemein, daß die syntaktische Gestalt unserer Sprache in möglichst direkter und einfacher Weise die Erfahrungswirklichkeit widerspiegelt. Wir wollen daher elementare Merkmale durch elementare sprachliche Ausdrücke und komplexe Merkmale durch komplexe sprachliche Ausdrücke widergeben. Das bedeutet, daß die Grundbegriffe unserer Beobachtungssprache elementaren und daher qualitativen Merkmalen entsprechen.

Der spezielle Grund betrifft die Induktion. Sie besteht ja darin, was bisher *konstant* war, in derselben konstanten Weise in die Zukunft (bzw. auf andere Bereiche hin) zu verlängern. Um Induktionsregeln sinnvoll formulieren zu können, müssen wir wissen, was konstant blieb und was sich veränderte. Dies hängt natürlich von den qualitativen, und letztlich von den elementaren Merkmalen ab. Ein Individuum hat sich von t_1 nach t_2 verändert *gdw.* sich seine elementaren Merkmale verändert haben. Positionale Merkmale sind in dieser Hinsicht *Pseudomerkmale*; ein gestandener Ontologe würde ihnen den Status von „Merkmalen" überhaupt absprechen. Daß ein Individuum ‚konstant' das positionale Merkmal „grot" besitzt, heißt, daß dieses Individuum zur Zeit t_0 sein elementares Farbmerkmal von grün nach rot *verändert* hat. Wenn wir also „grot" von Instanzen vor t_0 auf Instanzen nach t_0 übertragen, muß uns klar sein, daß wir dabei *Antiinduktion* und nicht *Induktion* betrieben haben, denn wir haben aus der Tatsache, daß Smaragde vor t_0 grün waren, geschlossen, daß sie nach t_0 rot sein werden. Dies ist, wie wir in den nächsten Abschnitten sehen werden, nicht notwendigerweise bei allen positionalen Merkmalen so. Es gibt auch positionale Merkmale, deren Übertragung einer Induktion entspricht. Jedoch können wir, wenn wir positionale Merkmale übertragen, nicht wissen, ob wir nun Induktion oder Antiinduktion betrieben haben, solange wir nicht wissen, *welche* qualitativen Merkmale das positionale Merkmal *welchen* Positionen zuordnet. Aus diesem Grunde ist es für die Formulierung von Induktionsregeln unerläßlich, sie mithilfe von Grundprädikaten zu formulieren, die qualitative und am besten elementare Merkmale bezeichnen.

5. Universalität und raumzeitliche Invarianz

Die These, daß positionale Prädikate generell nicht induzierbar seien, ist bei näherer Betrachtung nicht haltbar. Sie wurde in der Literatur verschiedentlich begründet. Carnap stützte sich bei seiner These auf die Forderung des Physikers Maxwell, demzufolge Naturgesetze keinen Bezug auf bestimmte Individuen oder Raumzeitpunkte enthalten dürften. Carnap interpretierte Maxwells Forderung als raumzeitliche *Universalitätsbedingung* (1976: 211). Maxwells Forderung ist jedoch wesentlich stärker als die Universalitätsbedingung. Darauf haben Earman (1978: Kap. 3) und (davon unabhängig) Schurz (1983: Kap. VI.2.3) hingewiesen. Die Universalitätsbedingung sollte typische Beispiele *akzidenteller* (d. h. nichtgesetzesartiger) Allsätze ausschließen, wie das folgende: „Alle Äpfel in diesem Korb sind rot". Definiert man das positionale Prädikat „Korpfel" = „Apfel in diesem Korb", so erhält man mit „Alle Korpfel sind rot" ein Pseudogesetz, in dem einige Autoren eine Verwandtschaft mit Goodman-Gesetzen erblickten (Stegmüller 1969: 307–9).

Tatsächlich aber ist das Goodman-Gesetz „Alle Smaragde sind grot", im Gegensatz zum Pseudogesetz „Alle Korpfel sind rot", universell. Dies sieht man, sobald eine adäquate Definition von raumzeitlicher Universalität vorliegt. Eine solche habe ich in (1983: Kap. VI.2.3) vorgeschlagen. Sie besagt, daß ein universelles Gesetz bzw. ein universelles Prädikat für jedes Individuum bzw. jede Raumzeitstelle eine nichttriviale Aussage macht (ähnlich auch Earman 1978: Kap. 1). Trivial heißt hier, daß die Wahrheit dieser Aussage nicht schon aus der raumzeitlichen Lokalisation der in ihr analytisch enthaltenen Individuen analytisch folgt. Beispielsweise folgt die Wahrheit der Instanziierung „wenn a ein Apfel in diesem Korb ist, dann ist a rot" für alle Individuen a, die *nicht* in diesem Korb sind, bereits aus der raumzeitlichen Lokalisation von a und von diesem Korb und ist daher trivial. Beim Goodman-Gesetz „Alle Smaragde sind vor t_0 grün und nach t_0 rot" ist dies hingegen nicht der Fall: Dieses Gesetz macht für jedes

Individuum zu jedem Zeitpunkt eine nichttriviale Aussage. Dieselbe Überlegung gilt für den Begriff des universellen Prädikates: „grün vor t_0, rot nach t_0" ist ein universelles Prädikat, „Apfel in diesem Korb" dagegen kein universelles Prädikat.

Die Universalitätsbedingung ist eine plausible Forderung für physikalische Fundamentalgesetze, obwohl selbst hier keine strikte apriori-Begründung gegeben werden kann (vgl. auch Earman 1978: Kap. 5). Als Forderung für abgeleitete Gesetze ist Universalität bekanntlich zu stark (Schurz 1983: Kap. VI.1.2). Schon gar zu stark ist Universalität als Bedingung für Induzierbarkeit. Darauf wies bereits Kutschera (1972: 146) hin. Unterscheiden müssen wir dabei, ob wir vom Prädikat sprechen, *über* dem die Induktion vollzogen wird (das Antezedensprädikat), oder von dem, *das induziert wird* (das Konsequensprädikat). In *beiden* Fällen muß Nichtuniversalität nicht die Induzierbarkeit stören. Fall 1 wäre gegeben, wenn wir aus einer Scheune voller Äpfel ein Sample ziehen, feststellen, daß alle Äpfel in diesem Sample rot sind, und daraus schließen, daß alle Äpfel in dieser Scheune rot sind. Fall 2 wäre gegeben, wenn wir in einem Dorf verschiedene Leute besuchen und feststellen, daß es sich bei dem von ihnen verspeisten Obst ausschließlich um Äpfel aus dieser Scheune handelt, um daraus zu schließen, daß alles in diesem Dorf verspeiste Obst aus Äpfeln aus dieser Scheune besteht.

Obwohl bereits die Universalitätsbedingung für Induzierbarkeit zu stark ist, ist die Maxwellsche Forderung, auf die sich Carnap stützte, noch stärker als Universalität. Ihre plausibelste Interpretation ist die eines *physikalischen Symmetrieprinzips*: die Invarianz von Naturgesetzen gegenüber Translation in der Zeit und Translation und Rotation im Raum (Wilson 1979; Schurz 1983: Kap. VI.2.6.1). Die tiefere Bedeutung dieses Prinzips erfaßt man, wenn man zu quantitativen Gesetzen übergeht. Nehmen wir an, der graduelle Farbton f(x,t) von Smaragden hätte sich bisher als eine sinusoidale Funktion der Zeit erwiesen, und wir übertragen diese Regelmäßigkeit in die Zukunft: G:= Λx(Sx $\supset$ f(x,t)=sin(t)). In diesem Gesetz, bzw. in seinem Konsequens „f(x,t)=sin(t)", taucht keine Zeitkonstante auf. Dennoch ist ein impliziter Bezug auf eine Zeitkonstante gegeben, da die zugrundeliegende (intensive) Zeitmetrik von der *willkürlichen* Wahl des zeitlichen Nullpunktes abhängt. Würden wir diesen Nullpunkt um eine Konstante k zeitlich nach vorne verschieben (was physikalisch bedeutungslos wäre), so würde nach Anwendung der entsprechenden *Koordinatentransformation* aus unserem Gesetz G das Gesetz G':= Λx(Sx $\supset$ f(x,t) =

sin(t)−k) entstehen, welches die Zeitkonstante k enthält. Ganz analog kann man auch das Goodman-Gesetz in eine individuenfreie Formulierung umwandeln, mithilfe der mathematischen Sprungfunktion (Schurz 1983: 425). Physikalisch bedeutsam ist offenbar nicht das explizite Enthalten von Individuenkonstanten, sondern der implizite Bezug darauf über die zugrundeliegende Raumzeitmetrik. Daß nun auch kein solcher impliziter Bezug vorliegt, besagt das raumzeitliche Symmetrieprinzip, welches fordert, daß die Naturgesetze sich bei zeitlicher Translation und räumlicher Translation oder Rotation des Koordinatensystems in ihrer mathematischen Gestalt nicht ändern dürfen. In der Tat erfüllen die Grundgesetze der klassischen wie der Quantenmechanik diese Symmetrieprinzipien. Dies ist von fundamentaler Bedeutung, da sich daraus die Gesetze der Erhaltung der Energie, der Erhaltung des Impulses und des Drehimpulses gewinnen lassen (Feynman 1973: 17.1, 17.10−17.14).

Die intuitive Bedeutung dieser Symmetriebedingung kann man so wiedergeben: *Raum und Zeit sind kausal ineffektiv* (Schurz 1983: 431). Wenn man ein physikalisch abgeschlossenes System in der Zeit verschiebt, oder im Raum verschiebt oder dreht, so wird sich dadurch im System selbst nichts ändern (Lindsay/Margenau 1957: 520). Ob Raum und Zeit in diesen Sinn tatsächlich kausal ineffektiv sind, ist aber nicht apriori entscheidbar, sondern erfahrungsabhängig, also abhängig vom Stand physikalischer Theorien (Wilson 1979: 122; Schurz 1983: Kap. VI.2.6.3). In der gegenwärtigen Physik ist es eine offene Frage, ob die raumzeitlichen Invarianzprinzipien wirklich universale Gültigkeit haben (Earman 1978: 179). Als Gesetzesartigkeitsprinzipien sind sie daher zu stark. Erst recht zu stark sind sie als Bedingungen für Induzierbarkeit. Nicht zeittranslationsinvariante Prädikate wie „x wechselt seine Farbe zwischen grün und rot alle 10 Jahre nach Christi Geburt" sind mühelos induzierbar.

6. Relevante Beobachtungsmuster: ein Kriterium für Induzierbarkeit

Sowohl nichtuniverselle wie raumzeitlich nichtinvariante Prädikate sind positional im Sinne unseres pragmatischen Kriteriums, da ihr ostensiver Lernerfolg eine Information über die Positionen der Lerninstanzen erfordert und von der Position dieser Lerninstanzen abhängt. Wir wir sahen, können beide Arten von positionalen Prädikaten induzierbar sein. Die oben besprochenen und in der Goodman-Literatur vieldiskutierten Kriterien treffen also nicht wirklich das Problem der Induzierbarkeit. Offenbar kann man nicht nur qualitative Konstanzen, sondern auch positionale Veränderungen induzieren, allerdings nur, sofern in diesen Veränderungen irgendetwas konstant bleibt. Die einfachste Klasse von Veränderungen, in denen etwas konstant bleibt, sind die *periodischen Vorgänge*. Auch selbst dann, wenn sich die Periodenlänge linear oder periodisch ändert, könnte man noch induzieren. Allgemein handelt es sich um das Problem, aus einer endlichen Sequenz von Beobachtungsinstanzen irgendein ‚Muster' bzw. ‚Gesetz' zu abstrahieren, das sich dann induzieren läßt. Die Anzahl der Möglichkeiten induzierbarer Muster scheint unbegrenzt zu sein, und auf diesem Wege ist das Goodman-Paradox wohl nicht zu lösen. Dennoch scheint es uns intuitiv klar zu sein, daß das Muster „grün vor t_0, rot nach t_0" etwas ist, das wir *nicht wirklich* aus unseren Beobachtungen grüner Smaragde vor t_0 herauslesen können. Über meine Arbeit (1983) hinausgehend möchte ich nun zeigen, daß es sich hierbei um ein Problem der *Relevanz* handelt. Wir induzieren nur solche Muster, die in unseren Beobachtungen *relevant* enthalten sind; nur von solchen Mustern würden wir intuitiv sagen, wir hätten sie wirklich beobachtet.

Zuerst muß man sich klarmachen, daß der Vorgang des Induzierens von Beobachtetem nicht aus zwei Schritten (Beobachtung und Induktion), sondern aus *drei* Schritten besteht. Pars pro toto behandeln wir nur den deterministischen induktiven Generalisierungsschluß.

1.) Wir machen Beobachtungen und formulieren diese, einfachheitshalber in Form von *Basissätzen*. Sei also **B** diese Menge von Basissätzen.

2.) Wir erkennen ein Muster in diesen Basissätzen. Um dies zu präzisieren, verwenden wir Hempels Begriff der *partiellen Implikation* (1945: 37). Ein Muster M ist ganz einfach eine offene Formel; im einfachsten Fall eine Implikationsformel. M wird von **B** partiell impliziert gdw. **B** $\vdash_U$ M in allen auf die in **B** enthaltenen (n-Tupeln von) Individuen eingeschränkten Individuenbereichen U gilt.

3.) Wir generalisieren das Muster M, das von **B** partiell impliziert wird, indem wir es *allquantifizieren*.

Der Vorschlag zur Lösung der Goodman-Paradoxie ist nun einfach: Das Muster M, das wir induzieren, muß eine *relevante* partielle Konklusion der Beobachtungsmenge **B** sein. Dabei heißt entsprechend der in anderen Kontexten (Schurz 1991) entwickelten Theorie des relevanten Schließens eine Konklusion K einer Prämissenmenge **P** relevant, wenn K keine Prädikatvorkommnisse enthält, die durch beliebige andere Prädikate ersetzbar sind, salva validitate (unter der Bewahrung der Gültigkeit) von **P** ⊢ K. Zunächst möchte ich die Anwendung dieser Theorie auf unser Problem mithilfe von Mills bekannten induktiven Methoden der *Übereinstimmung* und des *Unterschieds* motivieren. Was ist erforderlich, um ein Gesetz $\Lambda x(Fx \supset Gx)$ aus einer Menge von Beobachtungssätzen **B** mit Recht induktiv zu erschließen? Zweierlei. *Erstens* muß **B** eine Menge von *positiven* Instanzen der Form ‚Fa_i, Ga_i' enthalten, und darf keine einzige *negative* Instanz der Form ‚$Fa_i, \neg Ga_i$' enthalten (Fa_i muß übereinstimmend Ga_i zur Folge haben; die Regel der Übereinstimmung). Würde **B** keine einzige positive Instanz aufweisen, sondern nur neutrale Instanzen der Form $\neg Fa_i$, so würde daraus zwar auch das Muster $(Fx \supset Gx)$ partiell folgen, aber eben nicht *relevant*: die Deduktion $\neg Fx \vdash (Fx \supset Gx)$ ist konklusionsirrelevant, weil Gx durch jedes beliebige andere Prädikate salva validitate ersetzbar ist. *Zweitens* müssen in **B** zumindest einige Instanzen der Form ‚$\neg Fa_i, \neg Ga_i$' vorliegen. Denn nur dann läßt sich aus **B** schließen, daß Fx wirklich eine relevante Bedingung für Gx ist (Ga_i darf nicht schon ohne Fa_i regelmäßig vorliegen; die Methode des Unterschieds). Andernfalls könnte man aus **B** das stärkere Gesetz ΛxGx induktiv erschließen. Wieder würde auch dann, wenn **B** keine einzige Instanz der Form ‚$\neg Fa_i, \neg Ga_i$', sondern nur Ga_i-Instanzen enthält, das Gesetz $\Lambda x(Fx \supset Gx)$ partiell folgen, aber wieder wäre es eine irrelevante Konklusion, denn in $Gx \vdash (Fx \supset Gx)$ ist Fx salva validitate durch Beliebiges ersetzbar. So lassen sich die Millschen Regeln mithilfe des Begriffs der relevanten partiellen Konklusion wiedergeben.

Es gibt komplexere Muster als einfache Implikationen. Das Goodmansche Muster ist äquivalent mit einer Konjunktion von Implikationen, nämlich $(Sx \wedge Bxt_0 \supset Gx) \wedge (Sx \wedge \neg Bxt_0 \supset Rx)$. Offenbar ist dieses Muster keine relevante partielle Implikation unserer Beobachtungsdaten. Diese sollen, so nehmen wir an, eine Reihe grüner vor t_0 beobachteter Smaragde enthalten, sowie, der Relevanz von „Smaragd" halber, auch einige vor t_0 beobachtete nichtgrüne Nichtsmaragde. D. h. **B** = $\{Sa_i, Ba_it_0, Ga_i\}_{i \leq n} \cup \{\neg Sa_i, Ba_it_0, \neg Ga_i\}_{i \leq m}$. Das erste Konjunktionsglied unseres Goodman-Musters, $(Sx \wedge Bxt_0 \supset Gx)$, folgt daraus nicht relevant, weil Bxt_0 salva validitate durch Beliebiges ersetzbar ist, in Millschen Worten, Bxt_0 ist für alle Individuen erfüllt und daher keine relevante Bedingung für Gx. Das zweite Konjunktionsglied, $(Sx \wedge \neg Bxt_0 \supset Rx)$, folgt daraus nicht relevant, weil darin Rx salva validitate durch Beliebiges ersetzbar ist, in Millschen Worten, es existieren hierfür gar keine positiven Instanzen, da alle Untersuchungen vor t_0 vorgenommen wurden. Nur die Implikation (Sx ⊃ Gx) ist eine relevante (beschränkte) Konklusion von **B**.

Unser Vorschlag lautet daher ganz allgemein, jene Merkmale bzw. Muster als induzierbar bzgl. einer Beobachtungsmenge **B** *anzusehen, welche durch relevante partielle Konklusionen von* **B** *ausgedrückt werden.* Man beachte, daß dieser Begriff des induzierbaren Prädikats relativ ist zu einer gegebenen Menge von Beobachtungen **B**. In der Tat ließe sich auch das Goodmansche Muster induzieren, aber nur dann, wenn hinreichend viele Smaragde sowohl vor t_0 wie insbesondere nach t_0 beobachtet wurden, in welchem Fall das Goodmansche Muster relevant aus **B** folgen würde. (Eine solche Induktion käme allerdings mehr einer ‚Inter-' als einer ‚Extrapolation' gleich.) Was, um die Tauglichkeit unseres Vorschlags zu demonstrieren, nun zu beweisen wäre, ist, daß die aus ein- und derselben Beobachtungsmenge relevant partiell folgenden Muster niemals zu widersprüchlichen Prognosen führen können. Leider kann ich das derzeit noch nicht allgemein beweisen und muß dies späteren Arbeiten überlassen.

7. Literatur

BERLIN, B. & KAY, P. (1969): *Basic Color Terms: Their Universality and Evolution.* Berkeley (University of California Press).

CARNAP, R. (1947): „On the Application of Inductive Logic". *Philosophy and Phenomenological Research* 8, 133–147.

CARNAP, R. (1950): *Logical Foundations of Probability.* Chicago (Univ. of Chicago Press).

CARNAP, R. (1976): *Einführung in die Philosophie der Naturwissenschaften.* München (Nymphenburger Verlagsbuchhandlung).

EARMAN, J. (1978): „The Universality of Laws". *Philosophy of Science* 45, 173–181.

FEYNMAN, R. P. (1973): *Vorlesungen über Physik. Bd.I: Mechanik, Strahlung, Wärme.* München und Wien (Oldenbourg Bilingua).

GOODMAN, N. (1946): „A Query on Confirmation". *Journal of Philosophy* 44, 383–385.

GOODMAN, N. (1975): *Tatsache, Fiktion, Voraussage.* Frankfurt/Main (Suhrkamp).

GOODMAN, N. (1978): *Ways of Worldmaking,* Hassocks/Sussex (Harvester Press).

HEMPEL, C. G. (1945): „Studies in the Logic of Confirmation". *Mind* 54, 1–12; wiederabgedruckt in Hempel (1965).

HEMPEL, C. G. (1965): *Aspects of Scientific Explanation (and Other Essays)*. New York (Free Press).
KUTSCHERA, F. v. (1972): *Wissenschaftstheorie*. Bd. I und II. München (W. Fink).
KUTSCHERA, F.v. (1978): „Goodman on Induction". *Erkenntnis* 12, 189–207.
LEBLANC, H. (1963): „A Revised Version of Goodman's Confirmation Paradox". *Philosophical Studies* 12, 49–51.
LENZEN, W. (1974): *Theorien der Bestätigung wissenschaftlicher Hypothesen*. Stuttgart – Bad Cannstatt (Frommann-Holzboog).
LINDSAY, R. B. und MARGENAU, H. (1957): *Foundations of Physics*. New York (Dover Publications).
NIINILUOTO, I. & TUOMELA, R. (1973): *Theoretical Concepts and Hypothetico-Deductive Inference*. Dordrecht (Reidel).
QUINE, W. v. O. (1960): *Word and Object*. Cambridge/Mass (M. I. T. Press).
SALMON, W. (1963): „On Vindicating Induction". *Philosophy of Science* 30, 252–261.
SCHURZ, G. (1983): *Wissenschaftliche Erklärung. Ansätze zu einer logisch-pragmatischen Wissenschaftstheorie*. Graz (dbv-Verlag der TU Graz).
SCHURZ, G. (1988): „Kontext, Erfahrung, Induktion: Antworten der pragmatischen Wissenschaftstheorie auf drei Herausforderungen". *Philosophia Naturalis* 25, 296–336.
SCHURZ, G. (1991): „Relevant Deduction. From Solving Paradoxes Towards a General Theory". *Erkenntnis* 35, 391–437.
SCHURZ, G. (1990): „Sprachabhängigkeit der Erkenntnis. Eine logische Analyse". in R. Wohlgenannt & R. Born (Hrg.), *Reflexion und Wirklichkeit*, Wien (VWGÖ, Conceptus-Studien Band 6), 309–327.
SKYRMS, B. (1963): „On Failing to Vindicate Induction". *Philosophy of Science* 30, 252–261.
STEGMÜLLER, W. (1969): *Probleme und Resultate der Wissenschaftstheorie und Analytischen Philosophie. Band I: Wissenschaftliche Erklärung und Begründung*. Berlin (Springer).
WILSON, M. (1979): „Maxwell's Condition – Goodman's Problem". *British Journal for the Philosophy of Science* 30, 107–123.

Vagueness, Many-Valued Logic, and Probability

by PETER SIMONS

Abstract

The standard semantic approaches to vagueness are considered and rejected. An alternative framework is proposed in which the probabilistic notion of an expected truth-value is deployed. It is suggested that this offers a new way to understand the semantics of vagueness while explaining the attractions of other theories.

0 Introduction: Logics for Courses

One of Franz von Kutschera's signal achievements has been to show how natural and acceptable it can be to employ logics lacking bivalence.[1] The principle of bivalence and the law of excluded middle fail in many different kinds of case: when reference of a term is lacking, in the presence of semantic antinomies, and, the case considered here, when some of the predicates used in an utterance are vague. When bivalence fails, it is incumbent upon us, if we are not to lapse into incoherence, to spell out what kind of logical principles we may still safely employ. I originally intended this essay to commemorate Kutschera's contribution to alternative logics by arguing for the use of many-valued logic in rigorously treating vagueness. Alas, in the course of working on it I came to the conclusion that the most obvious ways to use many-valued logics to this end face severe objections. Part of this essay catalogues these. They are neither new nor original, but I had hoped to get around them by using a sequence of logics rather than a single logic. This may still be a possibility, but it now seems to me to be too baroque and ill-motivated to be of use. Having faced these difficulties and found no way around them, I was obliged to

---

[1] In his (1985). Unfortunately this essay turned out not to extend Kutschera's work as originally planned, but one's best intentions are not always easy to fulfil. I am grateful to members of the Departments of Philosophy at Trinity College Dublin and the University of Sheffield for helpful comments on a previous version.

consider other ways of representing the logic of vagueness. Nothing in the literature seemed to work, and I suggest here looking to concepts of probability. I am not certain the use of probability is the right way to attack vagueness, but if understood appropriately it seems to be a rather natural idea and to have some merits, so it is rather surprising that it has to my knowledge been neglected to date.

1 Approaches to Vagueness

I call a predicate *vague* if there is at least one object of which it is neither clearly true nor clearly not true. It is widely though not unanimously accepted that vagueness is a semantic phenomenon, that is, that it concerns the meaning and reference of expressions. This view contrasts with the epistemic view, which claims that vagueness is solely a matter of our ignorance.[2] It is also distinct from, but not incompatible with the ontological view, according to which the world itself is vague. Semantic vagueness could subsist in an exact world, but the world need not be exact.

Vagueness shows itself at the propositional level in that certain well-formed declarative utterances whose terms prima facie do not lack denotation nevertheless are neither clearly true nor clearly false. If for example, I have a sweater S of a certain shade, then it might well be that neither *S is green* nor *S is not green* would command unequivocal consent even from the best-informed speakers of English. We take this as prima facie evidence that the sweater S falls in the penumbral region of the predicate *is green*, that is, it is one of those things for which the predicate is neither clearly true nor clearly false. For the rest of this paper I shall assume, without further argument, that such cases do in fact show that the predicates in question lack a sharp borderline between their clear positive extensions (the things clearly falling under the predicates) and their clear negative extensions (the things clearly falling under the negations of these predicates).

The semantic view consists in taking the lack of a sharp borderline between clear positive and clear negative extensions of a predicate to be evidence of there being no sharp borderline between their actual positive and negative extensions. Indeed we shall have to be careful in talking of well-defined extensions at all. This paper will be concerned

---

[2] The epistemic theory is defended in Williamson (1994).

to elaborate certain aspects of semantic conceptions of vagueness and will consequently not be concerned with defending the view that vagueness is semantic against objections from outside.

There have been three major kinds of semantic theory of vagueness, the way of many-valued logic, the way of fuzzy logic, and the way of supervaluations. Each of these has points in its favour and points against. I shall describe the approaches briefly and list the points for and against them, before considering another approach which I believe has some virtues of its own.

2 Many-Valued Logic

The simplest (some might be tempted to say simplest-minded) way to represent the lack of bivalence for propositions involving vague predicates is to introduce a third intermediate truth value, alongside truth and falsity. Call this third value *neutral*. The 3-valued logic appropriate to this is the one first published by Lukasiewicz in 1920, which makes both conjunctions and disjunctions of neutral propositions neutral. It is sometimes said that rather than have a third truth-value there should be a truth-value gap. Often it does not matter whether we consider the third status as a value or the absence of a value. In the context of a probabilistic account below it will turn out to matter.

The main problem with the 3-valued logic approach to vagueness is that it assumes that there are precisely three cases: true, false, and neutral, and no fourth status. A vague predicate will then have a clear positive extension, a clear negative extension, and a clear neutral extension. There will be sharp cutoff points between the true and the neutral and the neutral and the false. But vague predicates do not appear to work like that. Just as there is no sharp boundary between positive and negative cases, so there is no sharp boundary between those cases which are positive and those which are neutral, or between those which are neutral and those which are false. The assumption of three-valuedness is just as much an idealization and falsification as the assumption of two-valuedness.

The phenomenon of there being no sharp border between neutral cases and extremal cases is the phenomenon of *higher-order vagueness*. All semantic theories have difficulty coping adequately with higher-order vagueness.

The thought naturally arises that just as we could accommodate the existence of neutral cases by introducing a third value, inserting an intermediate zone between the positive and negative, so we could introduce two new intermediate zones between the true and the neutral and between the false and the neutral, giving us five statuses instead of just three. The borderline borderline cases would fall in one of the two thin zones either side of the neutral, and we should use a five-valued logic.

The standard reply to this move is that it simply repeats the same mistake. If we had no sharp borders before, why should they magically arise now? The introduction of four new intermediate values in between all the others introduced so far, giving nine values, simply perpetuates the error, as does arresting the process at any further logic with $2^n + 1$ values for larger n. At every such stage we introduce 2^n sharp borderlines. If one sharp borderline is not guaranteed by the predicate, it is less likely that n sharp borderlines would be determined by it, the more so as with increasing n, it becomes increasingly implausible that the predicate would fix such subsidiary values if it does not manage to fix its own sharp borderline between positive and negative.

Before turning my back on (finitely) many-valued logic completely, let me consider some mitigating points. The first is that while a given many-valued logic may not adequately represent the next kind of higher-order vagueness, it is not inexorable to move on. The reason is that it is highly implausible to suppose that there is any empirical basis for vagueness higher than about second or perhaps third order in our actual linguistic practices. For most purposes, we simply do not care whether a predicate is say third- or fourth-order vague, we simply refuse to be drawn on the relevant questions or dismiss them as hair-splitting. This suggests a somewhat less uncharitable attitude to many-valued logic. We may admit that the 3- or 5-valued logic does not completely capture all there is to be said about vagueness, but that in certain circumstances, one or the other of them may do quite well enough. And we can fall back on the nine-valued case in the relative certainty that we shall not be called upon to probe its limits. This illustrates a flexible and pragmatic attitude to logic. Rather than suppose a single logico-semantic framework will cope with all cases, we fit horses to courses. It would be nice to get away with bivalence as much as possible, since bivalence is as simple as we can get. Sometimes that will not work: well then, let's try the next simplest option, trivalence. And if that does not work, pentavalence. Vagueness would on this account not be accommodated by a single logic but by a finite sequence of logics, in practice a rather short one of three or four.

In previous discussion of vagueness in this spirit of what Quine calls minimal mutilation I have for technical reasons actually used not a three- but a four-valued logic, allowing truth-value gluts as well as gaps.[3] This allows different notions of negation to be distinguished and a metalinguistic sentence stating failure of bivalence to be *true*. One might consider generalizing this kind of logic above the lowest-order case, but the motivations for choices at a higher level are elusive, so I have not followed that line of inquiry.

It is rather usual to attempt to maintain bivalence in the object language, but there is at least one reason to make our metalanguage a semantic mirror — in its semantic values — of our object-language, and that is the desire to define disquotational functors. A metalinguistic functor F is *disquotational* if the semantic value of a metalinguistic expression F(E) for any suitable expression-name E is the same as the value of the object-language expression named by E. The best-known disquotational functor is 'is true' in Tarskian semantics for bivalent languages. A disquotational predicate for a many-valued sentential logic would give the sentence quoting the original sentence the same value as the sentence quoted. So if *S is green* is neutral (recall that quotation is being shown here by italicization) and 'D' is the disquotational predicate for sentences, the sentence 'D(*S is green*)' is likewise neutral. It is, I think, a debatable point whether we should render 'D' into English as 'is true'. Even for a bivalent language we may define other metalinguistic disquotational functors. For singular names the functor 'the referent of' is arguably disquotational. So an adequate account of multivalent logics will use a multivalent metalanguage in order to minimize the falsification of the semantic facts at the meta-level, and this is an option which has still to be properly explored.

3 Fuzzy Logic

One thought that arises from the problem of higher-order vagueness in finitely many-valued logics is that the trouble does not lie with

---

[3] Simons (1992), (1994/95). Since these papers use an alternative four-valued logic they fall under the criticisms here, though it was expressly stated that they are an expedient and do not capture the ultimate logic of vagueness.

the assumption of many-valuedness as such but rather with artificially truncating the procedure of replacing lines by regions at a finite stage. This suggests that we should proceed to an infinite-valued logic, again a move made early in the history of many-valued logic by Lukasiewicz. Logic using infinitely many values is nowadays usually known as *fuzzy logic*.[4] This allows propositions to have degrees of truth continuously intermediate between truth (given numerical value 1) and falsehood (given numerical value 0). The typical truth-value curve for a series of objects arranged according to the degree to which they fall under a given vague predicate will then be a smooth, monotone increasing, roughly S-shaped curve. The problem with fuzzy logic is that while at first blush it supports the view that truth is not an all-or-nothing affair, at second blush it is at least as much an idealization. For it is supposed that a proposition which is not true and not false has some exact degree of truth between 0 and 1 which is expressible as a real number. So my indeterminately green sweater S has a degree of greenness which is expressible by a real number between 0 and 1 with an *infinite* decimal expansion, and for any real number ε, no matter how small, it would be possible in principle to discover something X such that *X is green* differs in truth-value from *S is green* by an amount greater than 0 but less than ε. It seems to me that this amount of precision in imprecision is not to be had from our standard empirical predicates; not even our most accurate measurements can give us such accuracy for the quantities that really matter, whereas rough and ready terms like *bald, green* and *heap* simply do not sustain anything more than rough and ready vagueness, not the super-accurate degrees of truth envisaged by fuzzy logic. Fuzzy logic has no place for higher-order vagueness, for its not being a point in the interval [0,1] which represents the exact degree of truth of *S is green*. And as Williamson points out,[5] the introduction of artificial precision into the metalanguage serves to render metalinguistic sentences which are not to hopelessly mismatch their object-linguistic counterparts very vague indeed, for if it is unclear how true *S is green* is, then the seemingly precise sentence

S is green is true to degree greater than 0.729

is itself very vague.

---

[4] For the application to vagueness see especially Goguen (1968/69).
[5] Williamson (1994: p. 12).

Nevertheless I do not want to throw the small fuzzy baby out with its copious bathwater. It is incumbent upon an adequate theory of vagueness not just to fit the facts of language use and meaning, but also to provide a plausible account of the attractions of solutions found to be only partially successful. There is something appealing about the idea of degrees of truth, and that derives from two sources at least. The first is that we do seem able to operate in a rough and ready way with the idea of one sentence's being truer than another, though not to the degree of precision fuzzy logic requires. If S1 is a sweater discernibly greener than S, while S2 is a sweater than which S is discernibly greener, yet none of them is clearly green or clearly not green, then it is plausible to say that the sentences *S2 is green, S is green* and *S1 is green* ascend in truth-value, and all are intermediate between truth and falsity. The other nice feature of small differences in degrees of truth is that they give a very intuitive account of why we get trapped in Sorites Paradoxes. In a chain of inferences from clearly true to clearly false propositions about heaps or bald men, the difference between successive steps in the chain (*John has 28,645 hairs on his head, John has 28,644 hairs on his head*) is so small that the two have almost the same value. So a conditional like *If a man with 28,645 hairs on his head is not bald, nor is one with 28,644 hairs on his head* is very nearly but not quite true, which explains why we are prone to take it as in fact completely true.

4 Supervaluations

The other popular way to cope with vagueness uses supervaluations.[6] The idea is based on that of an *admissible valuation*. An admissible valuation for a sentence or sentences represents one out of many possible ways of making the vague predicates in the sentences precise. Admissible valuations are bivalent. Supervaluations assign truth-values to sentences on the basis of their behaviour under all admissible valuations. Propositions are true on a supervaluation (they are then called *supertrue*) if they are true on all admissible ways of making the terms in them precise, false (superfalse) if false under all admissible valuations, and (super-)truth-value-less if they are true on some admissible valuations and false on others.

---

[6] See especially Fine (1975).

The supervaluation approach has the advantage that all the classical logical laws remain valid. It has the disadvantage that the connectives are no longer truth-functional, as they are in finite or infinite many-valued logic approaches. If *S is green* is not true and nor is *S is not green*, then neither is their disjunction, for how could truth emerge from non-truths by disjunction? For while disjoining several propositions gives us truth if one of them is true, if none of them is, it should not. This is one reason among several for disliking the supervaluational semantics for vagueness, which would make *S is green or S is not green* true even when S is a borderline case. Nevertheless, dual to this seemingly undesirable property of the supervaluational semantics for vagueness is the seemingly desirable one that a propositional contradiction *S is green and S is not green* is false, even when neither conjunct is true.

Another difficulty with supervaluations is that while classical tautologies are preserved, classical rules of inference are not: such inferences as contraposition and disjunctive syllogism are no longer supervalid. This assumes that we see validity as the preservation of supertruth: if we deny this the rules may be regained, but then there is no clear connection between validity and truth. These points have been argued in detail by Timothy Williamson.[7]

Most importantly for us, supervaluations still do not solve the problem of higher-order vagueness, because there is a sharp cutoff to what counts as an admissible way of making a predicate (say) precise, as there has to be, so that paradigmatic cases of a predicate yield truths under all admissible precisifications. The result is that supertruth and superfalsity have sharp boundaries, and this is implausible.

5 Paradigms and Boundariless Concepts

A more pessimistic attitude to vagueness is that of Mark Sainsbury,[8] for whom the lack of sharp boundaries to concepts and the inadequacy of the many-valued and fuzzy approaches indicates that there is no precise theory of imprecision to be had. Sainsbury envisages concepts as being determined not by a boundary between their

---

[7] Williamson (1994: Ch. 5).
[8] See the two papers Sainsbury (1991).

positive and negative extensions but by a paradigm, positive instances being closer to this, negative instances being further from it, and with no sharp boundaries in between. The idea of being closer to or further from the paradigm suggests a generalized notion of *distance*. Sainsbury thus sees higher-order vagueness as itself a chimerical product of wrong-headed thinking about vagueness.

The view that many empirical concepts are organized around paradigms is attractive and plausible. Paradigms help explain why we can acquire concepts with relatively little exposure to instances: the paradigms are salient and well-distinguished from other paradigms. Empirical investigations suggest that paradigms are more stable than borders. For example, the translinguistic investigation of simple colour-terms initiated by Berlin and Kay shows that while the borders between colours are very variable from one language to another, depending on the number of primitive colour-words in use in the language, the centres of colour-terms, once present in a language, are very stable.

The idea that concepts are organized around paradigms as centre and periphery helps to explain why we have such difficulty with borderlines: they are areas where we are away from paradigms, sometimes areas of relative indifference. The view also helps underline the implausibility of the epistemic theory of vagueness, which would claim that despite appearances there are indeed sharp but unknown boundaries to all our concepts. The paradigm model predicts not lack of knowledge of a concept's boundaries but lack of determinacy of concepts at their periphery, there being no facts about language use which could make it understandable that there would be sharp borderlines unbeknown to us.

Nevertheless, Sainsbury's view that the paradigm and distance model dispels higher-order vagueness seems to me to be overhasty. Even with paradigms, there are some cases which appear clearly borderline while there are others which do not appear either clearly borderline or clearly extremal. Second-order vagueness at least is a phenomenon which we seem to observe in actual usage. Further, there is a kind of inherent second-order vagueness in the paradigm model itself. Consider the predicate *red* for instance. There is no single hue which is *the* paradigm shade of red. Rather the paradigm is an *area* of colour. But it is not a *sharply delimited* area either. Nor, assuming we can define the semantic distance from one instance to another, is there a precise distance from any paradigmatic instance which we must go before we come to unclear cases.

Sainsbury's pessimistic assumption, based on inductive evidence of the failures to date, that there is *no* formal machinery which can cope with boundarilessness, is a strong one, since it is a universal quantification. Perhaps the correct approach has simply not been found yet.

6 A New Approach: Expected Value of Truth

The following approach differs from those considered hitherto and is compatible with both epistemic and semantic views. I shall assume we are considering some particular predicate such that the objects to which it does, does not, or might apply can be arranged in a series corresponding to how well it applies to them. It is perhaps an idealization in some cases, but there will be some cases where it is not, and the simplifications it brings are worth living with for the present. In many cases it is clear there is such a series. For a given predicate I call the series of objects, or rather, object-types (it being possible that two individuals be exactly alike and so in the same place on the series) the predicate's *applicability series*. As examples we might take the vague predicates *bald* or *tall* as applied to human beings. Assuming other respects are held constant, consider a person A and a person B such that A has one less hair than B (A might be the same person as B at a different time). Then I think we are happy to accept that in many cases, especially where A and B are neither very bald nor very hirsute, A is further towards the bald end of the scale than B, that B is *less bald* than A. There is an objective ordering of people according to how many hairs they have, or exactly how tall they are. Suppose, again as a possible temporary idealization, that these exact facts obtain independently of us, independently of our discriminatory skills and our knowledge of language.

We now assume that, whether or not there are exact cutoffs for predicates, our finite discriminatory powers make it impossible for us to tell beyond a certain "graininess" what the exact properties of an observed object are. There is thus an indeterminacy in our judgement about an object's exact properties which carries over in some cases (not all) to our ability to determine whether a given predicate applies to it or not. As we shall see, this can be given a fairly exact mathematical basis.

This limitation of discriminatory ability could exist even if all objective properties were sharp and even if all the predicates we had in our language were perfectly sharp. Suppose all the predicates our language had at its disposal for designating heights were mathematically exact ones of the form *is r cm tall* for real *r*. Assuming height to be an objectively exact property, every person would fall under exactly one such predicate at any given time. Our finite discriminatory powers would simply make it impossible for us to tell exactly which property out of the height family any person has. We could only say to within a certain accuracy, say 10 microns. But equally this lack of discriminatory ability will apply in case some of the predicates we use are vague. In such cases our uncertainty about an object's status with respect to a vague predicate would be the joint product of two factors: the first is our uncertainty as to which exact properties the object has, the second is the indeterminacy as to whether objects having properties close to those which the observed object has fall under the predicate or not. I shall say there is an *epistemic component* as well as a *semantic component* to the uncertainty in such cases.[9]

Before introducing the effects of our discriminatory limitations, consider how to represent the application of a predicate to things as arranged in an applicability series. We assume the series to be arranged with less favourable types lower and more favourable types higher. Whether the series is bounded or unbounded will depend on the case. Heights for instance have a minimum (zero) but no maximum, redness has a maximum (supposing for now that there is a single paradigmatic red) but perhaps no minimum. We suppose the series of types matched to a subset of the real numbers in an order-preserving way. The application of a predicate to objects of the types is then given by a real number in [0,1]. The number 0 represents that the predicate is false of objects of that type, the number 1 that it is true of objects of that type. This framework covers bivalent logic, multivalent and fuzzy logic. In the bivalent case the only values are 0 and 1, in the multivalent case the values are a finite number of values in [0,1]. For fuzzy logic all the numbers in [0,1] may be values.

In each case however the function from the relevant connected subset S of the real numbers to [0,1] is *monotone increasing*, that is

$$\forall x, y \in S : x \leq y \supset f(x) \leq f(y)$$

If S covers both positive and negative instance types and we have bivalence, the outcome is a *step-function* where the value leaps up sud-

---

[9] The epistemic theory of vagueness holds that the epistemic component alone is real.

denly from 0 to 1. In the multivalent case the function is also a step-function, the values increasing by jumps. In the case of fuzzy logic the function is continuous. And we allow mixed cases as well.

Now consider the following question. Take a monotone increasing function representing the degrees of truth for object-types in an applicability scale and consider some object with a position somewhere on this scale. We cannot tell exactly where on the scale it falls, but may know within a certain interval, say between a and b. So consider the numbers $a, b \in S$ and $c, d \in [0,1]$ such that $a < b$ and $c < d$. What is the probability that a point $x \in [a,b]$ taken at random will be such that $f(x) \in [c,d]$? Fig. 1 shows a case where this happens.

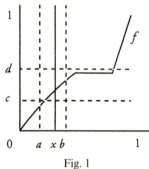

Fig. 1

The probability P in question depends in general on f, a, b, c, and d. There are two cases to consider.

Case 1: $f(a) > d$ or $f(b) < c$. Then $P = 0$.
Case 2: $f(a) \leq d$ and $f(b) \geq c$.

Let m be the greatest lower bound of the set $\{z \in [a,b]: f(z) \geq c\}$ and M be the least upper bound of the set $\{z \in [a,b]: f(z) \leq d\}$. Then

$$P = \frac{M - n}{b - a}$$

I call P the *expected truth-value* of the object in question for the range in question.

To illustrate this theory consider a step-function, representing the objectively bivalent case. The expected truth-value of the positive predication starts at zero for objects well away from the zone of indiscriminability, then rises smoothly to 1 across this zone, then tops out at 1 above the problem zone. If discriminability is uniform across a predicate's range (an idealizing assumption) then the actual jump-point r will have expected truth-value 0.5 (Fig. 2.)

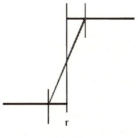

Fig. 2

But now higher-order vagueness reasserts itself. Our assumption that there is a *sharply defined* interval of indiscriminability is certainly an idealization. So let us allow the margins of this interval to themselves vary within limits. The result is that we have to consider not just one expected truth-value curve but a range of them, depending on how optimistic or pessimistic we are about our discriminatory ability. The mean of all such curves is itself a curve with (on the usual uniformity assumptions) two new kinks in it. And if we repeat the exercise as we probably should then we get a curve with another four kinks in it. The number of straight-line segments of our successive curves rises as 2, 3, 5, 9, ..., which is a familiar sequence. If we iterate this process to infinity the result is a smooth (infinitely differentiable) S-shaped curve very reminiscent of the way we assume truth-degrees should work for vague predicates under fuzzy logic.

But now we must consider further sources of inexactness. Some predicates appear to be much vaguer, that is, have much broader penumbra, than is explicable by discriminatory inabilities alone. Colour predicates for instance are very vague, whereas we can discriminate colours very finely, even within the various penumbrae. It may be that a more important restriction, relevant to our ability to apply predicates to observed cases, is not the ability to discriminate but the ability to remember.[10] We know from experience how much harder it is to keep a colour in memory than to distinguish the same colour from others when presented with it. The band of indiscernibility in recall will be much broader than that of presentational discriminability and the fact that such limitations will be present across a population of speakers of a language will affect the public penumbra of the predicate. The sense of a predicate will further be inexact due to small

---

[10] I owe this suggestion to Peter Carruthers.

variations in discrimination and recollection ability among speakers: a language which can be easily spoken by many will end up making allowances for such variation as well as for the common infirmities of the speakers.

So it is natural for predicates which are in common use to have penumbrae in the sense of zones of uncertainty of application. Sometimes these predicates are nevertheless semantically exact, as in predicates of quantity like *is precisely 1.0005 m long at 12 noon GMT on 1 January 1996.* These are the exceptional cases. Where a predicate is not part of a quantitative system in this sense the sources of uncertainty of application will feed back from the speakers and correlate with an inherent semantic vagueness of the predicate. Then there is no clear cut-off point, not due to our lack of discriminatory powers but due to such an inherent inexactness in the predicate. Then all our curves could be shifted to left or right, and again there will be a family of possibilities, of which some may be more likely and others less likely. Nevertheless, despite this distribution of distributions, we may if we wish integrate over them all and produce a statistical mean, which will again be a curve of the same type we started with. In case there is an objective truth-value gap (even if this is of uncertain width) we may compute partial expected truth-values: the spread of valuelessness after integration will be greater because we cannot compute probability as a partial function. This is not an inconvenience: it is rather to be expected. The assumption of definite intermediate values (e. g. 0.5) over a fixed range in fact leads to the most artificial results, but again we can motivate intermediate truth-values of fixed size by considering them as means over an interval.

The details of how a probability distribution account of truth-value works will vary from case to case: in real life there will be not only often several dimensions of variation (consider the boundaries of *red* in three-dimensional colour-space for instance), but there will be variations due to individual idiosyncrasies in discrimination (greater or lesser colour-blindness, for example) or regional or other variations in predicate usage. An empirically answerable theory of vagueness would undertake to accommodate all of these dimensions of variation, and it strikes me now as surprising that probability was not considered earlier, as it provides a readily applicable tool across all of the cases while accounting for the attractions of the other theories. Because the curves and values we obtain are statistical means, they no more have to represent actual cases than any family has to have 2.4 actual children just because that is the average in a certain population. There need be no actual real number *s* such that my sweater is green to degree *s*. But as statistical means such numbers indeed have an empirical basis and can be adjusted to account for the facts.

Higher-order vagueness may be accommodated on this theory without undermining the attractions of finite and fuzzy logic, because these can be seen as simplifying approximations which arise either by assuming boundaries are sharp or by summing over a range of alternatives. At the same time we gain an understanding of why we should expect value-functionality to fail for connectives and quantifiers, since probability functions are not fully value-functional. In particular the probability of a disjunction is only the sum of probabilities of its disjuncts if their joint probability is zero, i. e. if they logically exclude one another.

It should not be assumed that because we give truth-values as probabilities, and because we started off with an illustrative example of a semantically sharp predicate, that there are somehow "sharper" truth-values lurking behind our best guesses, so that the probabilities are probabilities of the object falling under a predicate to *exactly* such and such a degree. The data in such cases are inherently unsharp: the point of the numbers is to tame the lack of sharpness and give us a value we can compute with, but not to suggest the numbers stand for something independently real beyond the spread of possibilities they sum up. It is worth recalling the subtlety of the law of large numbers. A fair die thrown very many times will not necessarily show a five in exactly one throw out of six. Indeed, it might in principle never show a five, just by chance. But the law of large numbers tells us that the probability of this happening gets very small as the number of throws gets larger. The distribution of chances for a certain proportion of fives in a series of throws peaks at 1/6 no matter how any series actually turns out. I am suggesting the use of numbers for truth-values in vagueness has a similar kind of subtlety. The degree of truth assigned to a proposition represents the most likely outcome, all things considered, from an inherently unbounded range of possibilities which are all of the same kind as this maximum, namely a degree of truth. Nothing sharper or of a qualitatively different nature need lie behind this: that is why vagueness is in general not ignorance, and why it is nevertheless so tempting in reasoning about it to treat the values as if they were themselves something sharp. They are not: they are summary values like averages, but they are the best we can get, and they are better than nothing.

7 References

FINE, Kit (1975): "Vagueness, Truth and Logic". *Synthese* 30, 265–300.
GOGUEN, J. A. (1968/69): "The Logic of Inexact Concepts". *Synthese* 19, 325–373.
KUTSCHERA, Franz von (1985): *Der Satz vom ausgeschlossenen Dritten. Untersuchungen über die Grundlagen der Logik.* Berlin/New York (de Gruyter).
SAINSBURY, R. Mark (1991): "Is There Higher-Order Vagueness?" *Philosophical Quarterly* 41, 167–182.
SAINSBURY, R. Mark (1991): *Concepts Without Boundaries.* Inaugural Lecture. London (King's College London, Department of Philosophy).
SIMONS, Peter M. (1992): "Vagueness and Ignorance." *Aristotelian Society Supplementary Volume* LXVI, 145–162.
SIMONS, Peter M. (1994/5): "Multivalence and Vagueness: A Reply to Copeland". *Proceedings of the Aristotelian Society* 95, 201–209.
WILLIAMSON, Timothy (1994): *Vagueness.* London (Routledge).

Begründungen a priori — oder: ein frischer Blick auf Dispositionsprädikate

von WOLFGANG SPOHN

1. Einleitung

Dieser Aufsatz[1] läßt sich, wie seine doppelte Überschrift andeutet, von zwei Seiten betrachten. Da die gute alte Wasserlöslichkeit das Beispiel sein wird, das ich vor allem diskutieren werde, kann man ihn als eine neuerliche Diskussion von Dispositionsprädikaten verstehen, die uns seit den Tagen des logischen Positivismus so viel Kopfzerbrechen bereiten — genauer gesagt, als einen Versuch, die Bedeutung von Dispositionsprädikaten im Rahmen der neuen sprachphilosophischen Orthodoxie zu beschreiben, die von der Theorie der Eigennamen von Kripke (1972), von der Kennzeichnungstheorie von Donnellan (1966) und von diversen anderen vorbereitet wurde, die ich in der Charaktertheorie von Kaplan (1977) erblicke und die in der Theorie der Propositionalkonzepte von Stalnaker (1978) eine wichtige Variante findet.[2] Mir scheint diese Neubeschreibung ein erhellendes Licht auf Dispositionsprädikate zu werfen; wo diese Orthodoxie nicht mehr ganz jung ist, wundere ich mich daher, daß ich diesen Versuch so explizit noch nicht gefunden habe.

In der Hauptsache ist dieser Aufsatz aber eine Untersuchung zur Apriorität. Dieser Begriff hat in der Philosophiegeschichte zwei verschiedene Bedeutungen. Zum einen steht er für notwendige, unwandelbare Merkmale eines doxastischen Zustands, d. h. für Eigenschaften,

---

[1] Ich bin Ulrike Haas-Spohn und Wolfgang Benkewitz zu Dank verpflichtet; die Auseinandersetzung mit ihren Ideen und Arbeiten bilden den hauptsächlichen Hintergrund dieses Aufsatzes. Ferner danke ich Hans Rott, Jay Rosenberg und meinen Bielefelder Kollegen; Diskussionen mit ihnen haben mir verschiedene Lichter aufgesetzt.

[2] Wie berechtigt die Bezeichnung „neue sprachphilosophische Orthodoxie" ist, wird mit Haas-Spohn (1995), insbesondere Kap. 1, und auch mit Spohn (1992/3) deutlich; inwiefern Stalnaker (1978) eine wichtige Variante von Kaplan (1977) ist, macht Haas-Spohn (1995), Abschn. 1.4, 2.1 und 3.9, sehr klar.

die alle doxastischen Zustände beliebiger Subjekte haben. Als typische Beispiele hierfür gelten gemeinhin Sätze a priori wie etwa analytische Sätze, Kants synthetische Sätze a priori oder etwa „ich bin jetzt hier", deren Wahrheit a priori und dann für immer feststehen soll. Zum andern steht er für Merkmale eines doxastischen Zustands vor jeder Information über den von ihm bedachten Wirklichkeitsbereich, die sich aber unter solcher Information sehr wohl verändern können.[3] Fast das einzige, aber umso gewichtigere Beispiel, das mir hierfür einfällt, sind die Apriori-Wahrscheinlichkeiten, die man durch ein Prinzip vom unzureichenden Grunde, durch diverse Symmetrie- oder Indifferenzprinzipien und durch weitere Postulate zu charakterisieren suchte – besonders prominent hierfür ist Rudolf Carnaps induktive Logik – und die sich natürlich durch Erfahrungen oder Informationen ändern dürfen und sollen.

Beide Apriotitätsbegriffe – für die ich auch weiterhin das Wort „a priori" verwenden will, ohne daß Verwirrung drohte – hatten in diesem Jahrhundert eher einen schweren Stand: der erste, weil Apriorität für die einflußreichen logischen Empiristen in Analytizität aufging und daher lange keine eigenständige Rolle innehatte – in meiner Wahrnehmung änderte sich das massiv erst mit Kripke (1972); der zweite, weil die Diskussion über Apriori-Wahrscheinlichkeiten die darin liegenden Schwierigkeiten eher deutlich machte als löste – erst mit der sogenannten Default Logic ist da, wie ich andeuten werde, eine wichtige Bereicherung hinzugekommen. Hier will ich die Bilanz der beiden Begriffe aufbessern, indem ich für beide neue Beispiele gebe und zwischen ihnen bestehende Zusammenhänge erörtere; diese Beispiele entstehen eben – daher die zwei Facetten dieses Aufsatzes – in Verbindung mit Dispositionsprädikaten.

2. Überzeugungen und Begründungen

Ich habe gerade etwas geheimnisvoll von apriorischen Merkmalen doxastischer Zustände gesprochen; dies ist zunächst aufzuklären. Am

---

[3] Die Wendung „vor jeder Information" erscheint vorderhand hinreichend klar, macht aber notorische Schwierigkeiten, z. B. die, daß das Subjekt im gegebenen doxastischen Zustand zumindest über die Begriffe zur Strukturierung des besagten Wirklichkeitsbereichs verfügen muß und offenbar ohne Erfahrungen oder Informationen nicht zu diesen Begriffen gelangen kann – woraus Quine (1969), S. 86, eines seiner Argumente gegen die Analytisch-Synthetisch-Unterscheidung strickt.

ehesten redet man von Überzeugungen a priori (oder Sätzen oder Aussagen, die solche Überzeugungen ausdrücken). Aber daß in einem doxastischen Zustand eine gewisse Überzeugung besteht, ist ein Merkmal oder eine Eigenschaft dieses Zustands; und gegebenenfalls sind eben Überzeugung wie Merkmal a priori. Doch gibt es viele andere Merkmale doxastischer Zustände. Wenn etwa ein doxastischer Zustand die subjektive Wahrscheinlichkeit von 1/6 für ein bestimmtes Würfelergebnis enthält, so ist das nichts, was man eine Überzeugung zu nennen pflegt, aber es ist eine Eigenschaft dieses Zustands; und wiederum kann beides a priori sein.

In der Tat ist es nützlich, die Eigenschaften doxastischer Zustände, wie man es bei jedem Gegenstand der Wissenschaften tut, in statische und dynamische Eigenschaften einzuteilen: Zur Statik eines doxastischen Zustands gehören die eben genannten Beispiele – welche Überzeugungen oder Meinungen und welche Glaubensgrade oder subjektiven Wahrscheinlichkeiten er zum gegebenen Zeitpunkt enthält – und vieles mehr. Die Dynamik doxastischer Zustände befaßt sich hingegen damit, wie und nach welchen Regeln sie sich ändern. Natürlich gibt es viele Ursachen, aus denen heraus sich doxastische Zustände ändern; neben notwendiger Vergeßlichkeit ist aber sicherlich die wichtigste, daß man in einem bestimmten doxastischen Zustand gewisse Erfahrungen sammelt und aufgrund ihrer seinen Zustand aktualisiert.

Nun ist klar, daß doxastische Zustände im philosophischen Kontext in der Regel, und jedenfalls hier, nicht bloß als empirisches Phänomen, sondern unter normativ-rationalitätstheoretischer Perspektive betrachtet werden, unter der es darum geht, wie sie vernünftigerweise sein und sich ändern sollten.[4] Damit wird verständlich, wieso auch Gründe und Begründungen zu den dynamischen Merkmalen doxastischer Zustände gehören: Rationalerweise gelangen wir genau zu den Überzeugungen, für die wir hinreichende Gründe oder Begründungen bekommen, behalten die, an deren Gründen sich nichts ändert, und verlieren jene, zu denen hinlängliche Gegengründe auftauchen. Wichtig ist dabei, daß man unter Begründungen nicht nur deduktive Begründungen verstehen darf. Für die meisten unserer Überzeugungen, zum Beispiel für alle unserer Zukunftserwartungen, haben wir nur nicht-deduktive oder – wie ich allgemein sagen werde – induktive Gründe; diese Rede

---

[4] Wie diese rationalitätstheoretische Perspektive am besten zu verstehen ist, habe ich in Spohn (1993) erörtert.

meint aber wirklich nur ihre Nicht-Deduktivität und impliziert in keiner Weise irgendeine spezielle induktive Methode.

Genauer gesagt, verstehe ich hier unter Gründen so etwas wie positive Relevanz: Die Rede von Begründungen ist nur sinnvoll, wenn die Überzeugungen in gewissen Festigkeitsgraden daherkommen – seien diese als Wahrscheinlichkeiten, als die etwa in Spohn (1991) eingeführten OCF-Werte (bzw. Ränge oder Werte von Rangfunktionen, wie ich heute zu sagen vorziehe[5]) oder sonstwie modelliert. Damit ist die Annahme A genau dann ein Grund für die Annahme B, wenn A für B positiv relevant ist, wenn also B unter der Annahme A fester geglaubt wird als ohne diese Annahme, d. h. unter der Annahme non-A.[6] Und A ist genau dann unter der Bedingung C ein Grund für B, wenn A unter C für B positiv relevant ist, B also unter C-und-A fester geglaubt wird als unter C-und-non-A. Präzisen Sinn bekommen diese Explikationen natürlich nur relativ zu einer präzisen Modellierung doxastischer Zustände; doch ist es nicht nötig, nun eine spezielle Modellierung im formalen Detail einzuführen.[7]

Es soll also im weiteren um Apriorität im Hinblick nicht nur auf die statischen, sondern auch auf die dynamischen Merkmale doxastischer Zustände, nicht nur um Überzeugungen a priori, sondern auch um apriorische Begründungsverhältnisse gehen – und zwar in beiderlei Sinn. Für erstere hatte ich schon ein paar Beispiele erwähnt; für letztere mögen zunächst die deduktiven Begründungen, die analytisch gültig sind, als Beispiel dienen. Doch werden wir später sehen, daß die Begründungen a priori sich nicht auf analytisch gültige Begründungen beschränken, sondern auch nicht-deduktiv, d. h. induktiv und nicht-analytisch sein können – was der philosophischen Aufmerksamkeit bisher entgangen zu sein scheint.

3. Kant, Kripke, Kaplan und Überzeugungen a priori

Wenden wir uns aber zunächst den im Sinne der Unrevidierbarkeit apriorischen Überzeugungen zu. Diese lassen sich meines Erachtens

---

[5] Weil Goldszmidt, Pearl (1992) für die OCFs den Ausdruck „ranking functions" geprägt haben.
[6] Die so explizierte Begründungsbeziehung gehört der Dynamik doxastischer Zustände an, weil die bedingten Festigkeitsgrade, auf welche die Explikation Bezug nimmt, in dieser Dynamik ihre wesentliche Rolle entfalten.
[7] Aber gewiß ist es nützlich, sich zu meinen späteren Ausführungen über Begründungen ein solches Modell hinzuzudenken – etwa die Wahrscheinlichkeitstheorie oder

am besten in dem von Kaplan (1977) entworfenen theoretischen Rahmen beschreiben. Und diesen wiederum versteht man am besten, indem man sich klar macht, inwiefern Kripke (1972) und mit ihm weite Teile der analytischen Philosophie Kant zwar nicht eingeholt, aber doch überholt haben. Das ist nicht so paradox, wie es klingt:

Gewiß war Kants Einführung und Verwendung seiner zwei zentralen Dichotomien, der Analytisch-Synthetisch-Unterscheidung und der Apriori-Aposteriori-Unterscheidung, philosophisch höchst bedeutsam. Wegen der Nicht-Existenz analytischer Urteile a posteriori waren diese Unterscheidungen zwar nicht logisch unabhängig; wegen der Existenz synthetischer Urteile a priori sollten sie aber – das war ihr Witz – auch nicht deckungsgleich sein. Ebenso gewiß ist, daß die Nachwelt daran verzweifelt ist, zu einer einheitlichen Beurteilung von Kants Lehre zu gelangen.

Im Rahmen der analytischen Philosophie wurde dann zwar der Analytizitätsbegriff so intensiv untersucht und gewendet wie nirgendwo sonst, einfach weil dieser Begriff im Zentrum der Sprachphilosophie steht, die gerade durch die analytische Philosophie zu einer Kerndisziplin aufgerückt ist. Doch führte der Apriorititätsbegriff dort zunächst ein stiefmütterliches Dasein, vor allem weil die logischen Positivisten mit ihm wenig anzufangen wußten und ihn kurzerhand mit dem Analytizitätsbegriff gleichsetzten.

Manche auch der analytischen Philosophen mögen diesen Mißstand schon frühzeitig erkannt haben; auf breiter Front setzte sich diese Erkenntnis aber erst mit Kripke (1972) durch, worin Kripke dem Apriorititätsbegriff seine Eigenständigkeit zurückgab. Kant eingeholt hatte Kripke damit insofern nicht, als seine Beispiele für synthetische Sätze a priori – ich werde sie gleich erwähnen – eher banal sind; wie auf Kripkeschen Pfaden etwa Kants Kausalitätsprinzip – eines seiner hervorragendsten synthetischen Urteile a priori – gewonnen werden kann, ist nach wie vor nicht klar.[8]

Daß Kripke Kant gleichwohl überholt hat, liegt daran, daß die Wiederbelebung des Apriorititätsbegriffs eigentlich nur ein Nebeneffekt seiner Bemühungen war; in der Hauptsache ging es ihm darum, der onto-

---

meine OCF-Theorie in Spohn (1991) –, in welchem sich die Logik positiver Relevanz genau entwickeln läßt.

[8] In Spohn (1991), Abschn. 4, habe ich dazu aber einen Vorschlag gemacht, indem ich manche Versionen des Kausalitätsprinzips aus gewissen Kohärenzprinzipien abgeleitet habe, die sich, spannte man sie auf den theoretischen Rahmen von Kaplan (1977), als a priori erweisen würden.

logischen Dimension ihre Eigenständigkeit zurückzuerobern. So kreiste seine Vorlesung um den Begriff der ontologischen oder metaphysischen Notwendigkeit: ontologisch oder metaphysisch notwendig ist das, was nicht anders sein könnte, als es ist. Zum Beispiel könnte es nicht anders sein, als daß gilt:

(1) $2+2 = 4$, oder
(2)   Junggesellen sind unverheiratet.

Wo gilt:

(3)   Wasser besteht (größtenteils) aus H_2O,

könnte es auch nicht anders sein; auf nichts, was nicht aus H_2O besteht, träfe es zu, daß es Wasser ist. Wo gilt:

(4)   der Abendstern ist gleich dem Morgenstern,

könnte es auch nicht anders sein; was immer wir über den Abendstern kontrafaktisch annehmen, nehmen wir zugleich über den Morgenstern kontrafaktisch an, und daher könnte ihre Verschiedenheit nicht einmal kontrafaktisch gelten. Wo gilt:

(5)   Sie, die geneigte Leserin, sind ein Mensch,

könnte es auch nicht anders sein; Sie sind wesentlich Mensch; was kein Mensch ist, könnte nicht mit Ihnen identisch sein. Doch daß Sie jetzt diese Zeilen lesen, ist nicht notwendig, sondern kontingent; es gäbe auch leichteren Zeitvertreib.

Epistemisch notwendig oder a priori ist nach Kripke demgegenüber das, was sich nicht als anders herausstellen kann, als man es zu sein annimmt, was man also ohne Revisionsmöglichkeit und insofern mit Notwendigkeit glaubt. Es könnte sich nicht herausstellen, daß $2+2$ doch nicht gleich 4 ist oder daß Junggesellen doch nicht unverheiratet sind; also sind (1) und (2) a priori. Aber es könnte sich auch heute noch herausstellen, daß Wasser doch nicht aus H_2O besteht, daß der Abendstern doch vom Morgenstern verschieden ist oder daß Sie kein Mensch, sondern ein Roboter sind (freilich muß man dazu jeweils eine ziemlich phantastische Geschichte erfinden); insofern sind (3) − (5) a posteriori.

Hingegen könnte es sich für mich nicht herausstellen, daß ich jetzt nicht hier bin, daß ich jetzt an einem anderen Ort bin als dem, auf den ein jetzt von mir gedachtes oder gesagtes „hier" zutrifft; insofern ist die Aussage

(6)   ich bin jetzt hier

für mich a priori. Das gleiche gilt für die Aussagen

(7)   ich existiere jetzt, und
(8)   ich denke jetzt.

Man könnte (6) – (8) auch die kartesischen Beispiele für kontingente Aussagen a priori nennen.

Mit diesen Begriffen definiert Kripke schließlich Analytizität: analytisch ist das, was metaphysisch notwendig und a priori ist, oder, etwas korrekter gesagt, das, dessen metaphysische Notwendigkeit a priori ist. Daß $2+2 = 4$ ist, ist demnach analytisch, ebenso wie, daß Junggesellen unverheiratet sind. Bei allen anderen Beispielen handelt es sich hingegen um synthetische Aussagen.

So weit bestätigt Kripke Kant; auch bei ihm gibt es keine analytischen Aussagen a posteriori, während die anderen drei Kombinationen möglich sind. Insgesamt steht Kripke aber windschief zu Kant. Das liegt nicht an ihrem Apriorizitätsbegriff; da haben beide, bei aller Verschiedenheit ihrer Erläuterungen, noch dieselbe Sache im Sinn: nämlich daß epistemische Subjekte allein aufgrund ihrer epistemischen Verfaßtheit gewisse Überzeugungen haben müssen; freilich gibt Kripke wenig mehr als die Definition und ein paar intuitive Beispiele, während Kant eine ausgefeilte Theorie der Urteilsbildung dazu errichtet. Es liegt vielmehr an Kripkes Begriff der metaphysischen Notwendigkeit, mit dem er im Grunde lediglich einen Aristotelischen Essentialismus wiederbelebt, der Kant jedoch ganz fremd ist. Äußerliches Anzeichen dafür ist, daß Kripke das Kantische Dichotomienpaar mit seinem erzeugt – nämlich durch die Notwendig-Kontingent-Unterscheidung und die Apriori-Aposteriori-Unterscheidung, die nun in der Tat logisch unabhängig sind: es gibt sowohl Notwendigkeiten a posteriori wie etwa die Aussage (3) und Kontingenzen a priori wie etwa die Aussage (6).

Welcher Umsturz damit einherging, wird freilich erst deutlich, wenn man sich klar macht, wie denn die Wiederbelebung der Apriorität ein Nebenprodukt der Wiederbelebung metaphysischer Notwendigkeit sein konnte. Dies liegt an der sehr hartnäckigen Tendenz, den Bedeutungsbegriff vorwiegend oder ausschließlich unter erkenntnistheoretischer Perspektive zu betrachten. Diese Tendenz prägte das 17. und 18. Jahrhundert, in denen die Bedeutungstheorie zum bloßen Anhängsel der Erkenntnistheorie degradiert war. Auch in diesem Jahrhundert findet sie sich vielerorts: besonders prominent etwa in der logisch-positivistischen Verifikationstheorie der Bedeutung, aber auch die Variationen der sogenannten Gebrauchstheorie der Bedeutung erliegen einer ähnlichen Verkürzung. Diese Tendenz hat zwangsläufig den Effekt, daß der Unterschied zwischen Analytizität und Apriorität verschwimmt. Erst wenn man die ontologische und erkenntnistheoretische Doppeldimension des Bedeutungsbegriffs herausstreicht, wie es Kripke mit seinem Insistieren auf der metaphysischen Notwendigkeit angefangen hat, kann der Aprioritätsbegriff seine Eigenständigkeit zurückgewinnen. Diese Bemerkungen treffen auch Kant, da dieser die Ontologie, von den ungreifbaren Dingen an sich abgesehen, durch und durch mit der Erkenntnistheorie verwoben hat. Hierin liegt der tiefere Sinn, in dem Kant von Kripke überholt wurde.

Die Doppeldimension des Bedeutungsbegriffs kam allerdings erst bei Kaplan (1977) zur theoretischen Reife. Kripke konnte, im Rückgriff auf die von Carnap (1947) entwickelte intensionale Semantik, argumentieren, daß Carnaps Intensionen gerade die Modalität der metaphysischen Notwendigkeit erfaßten. Zur Erfassung der Apriorität hatte er aber kein vergleichbares theoretisches Angebot. Dies lieferte erst Kaplan (1977) mit seiner Logik der indexikalischen Ausdrücke – wofür es freilich deswegen bis heute an klarer Einsicht mangelt, weil das Ausmaß an Indexikalität in der natürlichen Sprache, welches mit dieser Theorie beschreibbar ist, allgemein und in der Tat von Kaplan selbst grob unterschätzt wurde.[9]

Dabei ist die Entsprechung zwischen Kripkes Dichotomien und Kaplans Theorie perfekt. Laut Kaplan steht die Extension eines jeden sprachlichen Ausdrucks im Prinzip in einer doppelten Abhängigkeit: sie hängt sowohl vom Kontext („context of utterance") wie von der Auswertungswelt („circumstances[10] of evaluation") ab. Die Funktion, die beide Abhängigkeiten der Extension eines Ausdrucks beschreibt, nennt Kaplan den Charakter des Ausdrucks; und nach Kaplan sind diese Charaktere der eigentliche Gegenstand der rekursiven Semantik

---

[9] Kaplans eigene Unterschätzung zeigt sich darin, daß er im Abschn. XXII von Kaplan (1977) zu dem negativen, aber gemäß Haas-Spohn (1995), Kap. 4, falschen Schluß gelangt, daß seine Theorie nicht zur Beschreibung der kognitiven Signifikanz von Eigennamen tauge. Und die allgemeine Unterschätzung zeigt sich etwa darin, daß vor Haas-Spohn (1995), Kap. 3, meines Wissens nie versucht wurde, die von Putnam (1975) beschriebene versteckte Indexikalität von „natural kind terms" als Indexikalität im Sinne Kaplans darzustellen.

[10] „Circumstances" ist zu Recht allgemeiner als „Welt". Für unsere Belange wird es aber hinreichen, mögliche Welten als Auswertungsumstände zu betrachten.

natürlicher Sprachen. Manchmal mögen diese Abhängigkeiten leer laufen; aber sie tun es, wie gesagt, viel seltener als gemeinhin angenommen.

Mit diesen beiden Abhängigkeiten lassen sich nun gerade Kripkes Dichotomien erfassen: Die Äußerung eines Satzes in einem gegebenen Kontext ist notwendig wahr, wenn sein Charakter ihm in diesem Kontext in jeder Auswertungswelt die Extension „wahr" zuordnet – als Beispiele dienen beliebige Äußerungen von (1) und (2) und alle Äußerungen von (3) – (5) in unserer Welt; sonst ist sie kontingent oder unmöglich. Und ein Satz ist a priori wahr, wenn er in jedem Kontext wahr, also nur wahr zu äußern (oder zu denken) ist – als Beispiele dienen (6) – (8); sonst ist er a posteriori oder a priori falsch. Dabei enthält jeder Kontext die Welt, in der er situiert ist, als eine Komponente, die ihrerseits auch als Auswertungswelt fungieren kann – so daß ein Satz in einem Kontext gerade dann wahr ist, wenn sein Charakter ihm in diesem Kontext und in dieser Kontextwelt, als Auswertungswelt betrachtet, die Extension „wahr" zuordnet.[11] Aus diesen Explikationen folgt schließlich, daß ein Satz genau dann analytisch ist, wenn sein Charakter ihm in allen Kontexten und allen Auswertungswelten die Extension „wahr" zuordnet. Diese Darstellbarkeit von Kripkes Dichotomien mittels Kaplans Charakteren ist es, die mich im weiteren leitet.

Gibt es noch andere als die kartesischen Beispiele (6) – (8) für Sätze a priori (bzw. Überzeugungen a priori, die von solchen Sätzen ausgedrückt werden)? Kripkes Hauptbeispiel liegt in dem Satz:

(9)   Das Urmeter ist ein Meter lang.

Natürlich ist dieses Beispiel von den aktuellen Längenfestlegungen überholt. Aber wenn man davon absieht, ist klar, daß dieser Satz kontingent ist – jener Metallstab hätte versehentlich Temperaturveränderungen ausgesetzt sein und daher eine andere Länge haben können – und zugleich a priori – denn welche Länge der Stab auch gerade hatte, sie war als ein Meter festgelegt und kann sich so als keine andere herausstellen.

Akzeptiert man dieses Beispiel – was man, wie ich denke, im Prinzip tun sollte[12] –, so wird klar, daß es lediglich ein Sonderfall eines

---

[11] Für eine ausführlichere Darlegung dieser Begrifflichkeit vgl. etwa Zimmermann (1991), Abschn. 1.2, oder Haas-Spohn (1995), Abschn. 1.2.
[12] Es ist allerdings nicht ohne Komplikationen, daher zu Recht heftig diskutiert – vgl. etwa van Brakel (1990) – und insofern vielleicht nicht das beste seiner Art.

allgemeinen Strickmusters ist, welches in dem folgenden Satz noch deutlicher hervortritt:

(10)   Der Erstbesteiger des Mount Everest hat als erster den Mount Everest bestiegen.

Sätze dieses Musters sind systematisch zweideutig. Sie haben eine sogenannte attributive Lesart; danach ist das Beispiel so zu lesen:

(11)   Wer immer als erster den Mount Everest bestiegen hat, hat als erster den Mount Everest bestiegen.

In Kaplans Charaktertheorie ist bei der Lesart (11) die Kennzeichnung „der Erstbesteiger des Mount Everest" auf die Auswertungswelt zu beziehen; das Prädikat „hat als erster den Mount Everest bestiegen" ist auf jeden Fall auf die Auswertungswelt zu beziehen; und so besagt (11), daß derjenige, der in der Auswertungswelt als erster den Mount Everest bestiegen hat, dies dort getan hat. Mithin ist (11) analytisch und insofern in einer Weise a priori, die mich jetzt weniger interessiert.

Sätze dieses Musters haben jedoch auch eine sogenannte referentielle Lesart, die ich sogar als die näherliegende empfinde; mein Beispiel liest sich dann so:

(12)   Derjenige, der tatsächlich als erster den Mount Everest bestiegen hat, hat als erster den Mount Everest bestiegen.

In Kaplans Charaktertheorie ist bei (12) – wie das „tatsächlich" andeuten soll – die Kennzeichnung auf den Kontext und nicht auf die Auswertungswelt zu beziehen. So gelesen, ist der Satz nicht notwendig; Sir Hillary, welcher ja in unserer Kontextwelt als erster den Mount Everest bestiegen hat, hätte in anderen Auswertungswelten auch scheitern können oder gar nicht erst den Ehrgeiz zu solchen Großtaten zu entwickeln brauchen. Doch ist (12) a priori: (12) ist in jedem Kontext wahr; von wem immer ich feststelle, daß er die Kennzeichnung in der Kontextwelt erfüllt, ich weiß von ihm von vornherein, daß er dort auch dem Prädikat genügt. Mithin ist die referentielle Lesart kontingent und a priori.

Die Entdeckung dieser Ambiguität – sie war so bedeutsam, weil zuvor 70 Jahre der besten Sprachphilosophie für die referentielle Lesart systematisch blind waren – ist vornehmlich Donnellan (1966) zuzuschreiben, auch wenn er sie zunächst als eine rein pragmatische Eigentümlichkeit beschrieb. Ihre eben erläuterte Deutung im Rahmen von Kaplans Charaktertheorie[13] scheint mir aber mittlerweile in der linguistischen Semantik gang und gäbe – so daß ich die Referentiell-Attributiv-Unterscheidung im weiteren oft verallgemeinert und immer im Sinne dieser Projektion auf Kaplans Charaktertheorie verwenden werde. Ist sie einem erst einmal richtig zu Bewußtsein gedrungen, so stößt man nämlich allerorten auf sie:

Zum Beispiel findet sie sich mit allen sogenannten „natural kind terms", d. h. Gattungsbegriffen oder Substanzwörtern wie „Mensch", „Wasser", „Rose", „Aids", „Sprache" etc., verknüpft. Betrachten wir etwa den Satz:

(13)   Wasser ist diejenige Flüssigkeit, die wir „Wasser" nennen.

Hiermit verhält es sich gerade umgekehrt wie mit dem „Mount Everest"-Beispiel. Wenn man die Kennzeichnung „diejenige Flüssigkeit, die wir ‚Wasser' nennen" referentiell liest, so ist dieser Satz analytisch. In der attributiven Lesart hingegen ist er kontingent und a priori. Diese Lesart wird zum einen der Tatsache gerecht, daß es dem Wasser ganz äußerlich ist, wie wir es nennen und ob ihm überhaupt ein sprachbegabtes Wesen gegenübertritt. Zum anderen aber bringt sie unser Apriori-Wissen zum Ausdruck; es kann sich für uns nicht herausstellen, daß Wasser ganz etwas anderes ist als das, was wir „Wasser" nennen. Um das etwas genauer zu sagen: Wohl können wir uns täuschen, wenn wir etwas für Wasser halten und drum „Wasser" nennen. Oberflächlichkeit kann auch dazu führen, daß solcher Irrtum sehr häufig ist. Aber das meiste von dem, was wir nach unserem besten derzeitigen Wissen für Wasser halten und drum „Wasser" nennen, muß auch Wasser sein; wir haben einfach keine andere Basis als diese, um die Natur von Wasser zu erforschen. In analoger Weise gelten diese Bemerkungen für alle anderen Gattungsbegriffe.

Mit Eigennamen verhält es sich ganz ähnlich. Betrachen wir etwa den Satz:

(14)   Saturn ist derjenige Planet, den wir „Saturn" nennen.

Lesen wir die darin vorkommende Kennzeichnung referentiell, so ist dieser Satz wiederum analytisch. Attributiv gelesen, haben wir ein weiteres Beispiel für einen kontingenten, aber apriorischen Inhalt. Wiederum ist dem Gegenstand seine Benennung ganz unwesentlich,

---

[13] Diese Deutung stammt von Stalnaker (1970) und Kaplan (1978); vgl. auch Heim (1991), Abschn. 1.3.

und wiederum könnten wir aber nicht herausfinden, daß das, was wir „Saturn" nennen, eigentlich gar nicht Saturn ist.[14]

Diese Erläuterungen sollten so weit den Sinn für das Phänomen des kontingenten (oder synthetischen) Apriori schärfen und zeigen, daß es häufig und systematisch vorkommt. Solcherweise gerüstet, will ich mich nun meinem eigentlichen Gegenstand, den Dispositionsprädikaten und den mit ihnen verknüpften Apriloritäten, zuwenden. Sehr explizit ist er innerhalb des geschilderten Rahmens, so weit mir bekannt ist, nicht diskutiert worden; er ist auch vertrackter und weniger eindeutig, aber auf seine Weise voller spannender Folgen.

4. Dispositionsprädikate und Reduktionssätze

Ein Dispositionsprädikat wie „wasserlöslich", „magnetisch", „schwerverdaulich", „rot", „gehorsam" oder „intelligent" bezeichnet eine Eigenschaft, die einem Gegenstand zukommt, wenn er in bestimmten typischen Testsituationen eine bestimmte typische Reaktion zeigen würde; zum Beispiel ist ein Gegenstand genau dann wasserlöslich, wenn er sich, gäbe man ihn in Wasser, auflösen würde. Wie das genau zu verstehen ist, ist freilich eine der berüchtigsten wissenschaftstheoretischen Fragen dieses Jahrhunderts:

Das Programm der logischen Positivisten hielt es für erkenntnistheoretisch geboten und daher auch für möglich, alles Nicht-Gegebene – also Prädikate, deren Zutreffen durch bloße Beobachtung nicht entschieden werden kann, oder Sätze, die nicht-beobachtbare Sachverhalte beschreiben – aus dem Gegebenen, dem Beobachtungsvokabular heraus zu erklären. Das Prädikat „wasserlöslich" etwa gehört nicht zum Beobachtungsvokabular, da man es einem Gegenstand eben nicht direkt, sondern allenfalls in der relevanten Testsituation ansieht, ob er wasserlöslich ist. Nehmen wir dem Beispiel zuliebe an, daß „in Wasser geben" und „sich in Wasser auflösen" Beobachtungsprädikate sind. Wenn ich nun definiert habe:

(15) x ist wasserlöslich genau dann, wenn gilt: wenn x in Wasser gegeben würde, so würde x sich auflösen,

---

[14] Diese beiden Beispielsklassen samt ihren vielen Subtilitäten hat Haas-Spohn (1995), Kap. 3 und 4, ausführlich diskutiert.

habe ich dann nicht die gewünschte Erklärung der Wasserlöslichkeit gegeben? Nein, oder jedenfalls nicht in einer für die logischen Positivisten akzeptablen Weise. Denn noch ist das im Definiens benutzte subjunktive Wenn-Dann nicht erklärt und daher auch nicht erklärt, wie sich die Wahrheitsbedingung für „x ist wasserlöslich" aus den Wahrheitsbedingungen von „x wird in Wasser gegeben" und „x löst sich auf" ergibt. Andere akzeptablere Erklärungen fanden sich auch nicht; und so erwies sich das logisch-positivistische Programm genau an diesem Fall als undurchführbar.[15]

Man verlegte sich sodann auf ein weniger anspruchsvolles Programm; statt Definitionen formulierte man für Dispositionsprädikate nur noch sogenannte Reduktionssätze. Um bei meinem Beispiel zu bleiben:

(16)   Wenn x in Wasser gegeben wird, so löst sich x genau dann auf, wenn x wasserlöslich ist.

Hierin – das ist der entscheidende Vorteil – darf man alle Wenn-Dann-Konstruktionen wahrheitsfunktional im Sinne der klassischen Aussagenlogik verstehen; ein unerklärtes subjunktives Wenn-Dann kommt darin nicht vor. Auch ist der Reduktionssatz, so verstanden, offenbar wahr. Freilich liefert er – und das ist der entscheidende Nachteil – nur eine bedingte Definition, d. h. eben gar keine Definition der Wasserlöslichkeit. Aus dieser Not machte der logische Empirismus, der dem Positivismus folgte, eine Tugend, indem er nur noch verlangte, daß das Nicht-Gegebene durch das Gegebene zumindest partiell zu interpretieren sei, daß also Nicht-Beobachtbares mit dem Beobachtbaren in Zusammenhang zu bringen sei derart, daß Aussagen über Nicht-Beobachtbares für Aussagen über Beobachtbares empirische Relevanz erhalten und erstere so anhand letzterer überprüft und bestätigt werden können. Solche Formulierungen würde ja auch heute jeder empirische Wissenschaftler sofort unterschreiben.

Ein prominentes Beispiel für solche partiellen Interpretationen liefern gerade die Reduktionssätze für Dispositionsprädikate. Durch die Gültigkeit des Reduktionssatzes (16) werden Aussagen über die Wasserlöslichkeit eines Gegenstandes empirisch relevant und nachprüfbar; man muß den Gegenstand nur in Wasser legen. Zudem verdankt sich die Gültigkeit des Reduktionssatzes nicht den empirischen Gegebenheiten; denn durch die kaum mehr beantwortbare Frage, wie man den

---
[15] Vgl. Carnap (1936/37) oder von Kutschera (1972), S. 264–269.

Reduktionssatz seinerseits überprüft und bestätigt habe, würde die partielle Interpretation wieder rätselhaft. Vielmehr scheint diese Gültigkeit direkt aus unserem Verständnis der beteiligten Prädikate zu fließen; mit anderen Worten, der Reduktionssatz ist analytisch wahr, wie es sich für eine partielle Interpretation gehört.

Daß das so noch nicht ganz richtig sein kann, wurde aber gleich anhand sogenannter mehrspuriger Dispositionen klar, für die es mehr als eine charakteristische Manifestationsweise gibt. Als Beispiel diente das Prädikat „magnetisch". Da magnetische Eisenstücke mit Kompaßnadeln, mit Eisenfeilspänen und auch mit Spulen jeweils charakteristische Dinge veranstalten, sind für „magnetisch" mehrere Reduktionssätze der Form (16) zuständig. Diese haben jedoch synthetische Folgerungen – z. B. daß mit Eisenfeilspänen jenes macht, wer mit Kompaßnadeln dieses macht. Daher können nicht alle analytisch sein, und da alle das gleiche Anrecht darauf haben, analytisch zu sein, ist es keiner.[16]

Entscheidender war aber die Einsicht, daß auch für einspurige Dispositionsprädikate wie „wasserlöslich" Reduktionssätze der Form (16) genau genommen falsch sind. Der Grund liegt nahe; natürlich sind Umstände denkbar, unter denen sich ein in Wasser gegebener wasserlöslicher Gegenstand nicht auflöst und umgekehrt. Vielleicht löst sich der lösliche Gegenstand deswegen nicht auf, weil das Wasser mit dem Stoff, aus dem er besteht, schon gesättigt ist; vielleicht löst sich der eigentlich unlösliche Gegenstand deswegen auf, weil das Wasser unter starkem Strom steht; und sicherlich gibt es noch bizarrere physikalische Möglichkeiten und Unmöglichkeiten, welche Disposition und Manifestation entkoppeln.[17] Genau genommen ist der Reduktionssatz also mit etwas Gummi abzufedern – etwa so:

(17)   Wenn x in Wasser gegeben wird und Normalbedingungen vorliegen, so löst sich x genau dann auf, wenn x wasserlöslich ist.

Ebenso geläufig wie dunkel ist es, hier zu sagen, daß der Reduktionssatz damit mit einem Ceteris-Paribus-Vorbehalt versehen wird – ein Vorbehalt, unter den manche die gesamten empirischen Wissen-

---

[16] Vgl. Carnap (1936/37) oder Stegmüller (1970), Abschn. IV.1.c.
[17] Diese Beobachtung hat auch schon Carnap (1956) gemacht – weswegen er Dispositionsprädikate nicht mehr über Reduktionssätze von der Form (16) einführte und stattdessen die dann lange einflußreiche sogenannte Zwei-Stufen-Konzeption der Wissenschaftssprache entwickelte; vgl. dazu von Kutschera (1972), Abschn. 3.3, oder Stegmüller (1970), Abschn. IV.1.d.

schaften gestellt sehen.[18] Ersichtlich müssen wir nun sowohl zur Feststellung des metaphysischen Status wie zur epistemologischen Beurteilung von (17) klären, wie die Rede von den Normalbedingungen bei aller Vagheit genauer zu verstehen ist.

5. Normalbedingungen und Begründungen a priori

Zunächst ist es offenbar Aufgabe der empirischen Wissenschaften, es nicht bei dem vagen Hinweis auf Normalbedingungen zu belassen, sondern sie genauer zu untersuchen (und auch, was unter abweichenden Bedingungen passiert). Das Ergebnis dieser Untersuchung wird dann eine mehr oder weniger lange Liste konkreter Bedingungen sein. Aber genau deswegen besteht natürlich keine analytische Äquivalenz zwischen dieser Liste und der Rede von Normalbedingungen.

Stattdessen könnte man versucht sein zu sagen, daß Normalbedingungen per definitionem solche sind, unter denen sich die in Wasser gegebenen wasserlöslichen Gegenstände, und nur diese, auflösen – so daß der Reduktionssatz (17) schlichtweg analytisch wäre. Dieses Ergebnis ist nicht falsch, wie wir im nächsten Abschnitt sehen werden, doch nicht weil Normalbedingungen so definiert wären. Denn danach gehörten auch ganz verrückte Bedingungen, unter denen sich zufälligerweise genau die in Wasser gegebenen wasserlöslichen Gegenstände auflösen, zu den Normalbedingungen – was eine zu großzügige Auffassung von Normalbedingungen wäre.

Die dritte Möglichkeit ist die wörtlichste; danach sind Normalbedingungen bei aller Vagheit genau diejenigen, die normalerweise, gewöhnlich, meistens vorliegen. Doch läßt sich diese Formulierung referentiell oder attributiv lesen. Welche Lesart ist angemessen?

Nach der attributiven Lesart wird die Normalität in der Auswertungswelt beurteilt; normal wären dann die dort gewöhnlich vorliegenden Bedingungen. Doch variiert danach die Extension von „wasserlöslich" in unerwartet hohem Maße mit der Auswertungswelt. Ist sie etwa eine, in der Wasser meist unter starkem Strom steht, so ist in ihr all das, aber nichts anderes, wasserlöslich, was sich in stark elektrifiziertem Wasser auflöst; und natürlich gibt es noch bizarrere Variationen. Diese sind, wie gesagt, unerwartet. Wo Zucker bei uns in der Regel wasserlöslich ist, hätte ich intuitiv gesagt, daß die numerisch mögli-

---

[18] Z. B. Hempel (1988), der dort freilich eher von Provisos redet.

cherweise ganz verschiedenen Zuckervorkommnisse in einer anderen Auswertungswelt dort auch zumeist unter die Extension von „wasserlöslich" fallen, gleichviel in welcher Verfassung das Wasser sich dort normalerweise befindet.

Der eigentliche Grund dieser Intuition liegt im folgenden Punkt: Die Normalbedingungen sind ja nicht die, die im gesamten Universum gewöhnlich vorliegen, sondern die, denen wir in dem kleinen Raum-Zeit-Gebiet, in dem wir uns herumtreiben, gewöhnlich begegnen. Dieser Bezug auf das Hier und Jetzt von uns, einer großen und alten Sprachgemeinschaft, macht klar, daß es um die Normalbedingungen in der Kontextwelt und nicht um die in der Auswertungswelt geht. Was in diesem Sinne in einer Auswertungswelt normal wäre, in der es uns, die Menschen überhaupt und womöglich die Erde gar nicht gibt, läßt sich nicht sinnvoll beantworten. Wenn darin die Extension von „wasserlöslich" gleichwohl nicht leer oder undefiniert ist – was ja gewiß möglich sein sollte –, so geht das nur, indem man die Normalität unserer Kontextwelt zugrunde legt.

Das bedeutet, daß die Rede von Normalbedingungen referentiell zu verstehen ist; sie sind diejenigen, die wir in der Kontextwelt – welche immer sie ist – normalerweise, gewöhnlich, meistens vorfinden. Wenn also die empirischen Wissenschaften mit der zunächst erwähnten Liste konkreter Bedingungen aufwarten, so ist diese Liste, sofern zutreffend, mit den Normalbedingungen im metaphysischen Sinne notwendigerweise äquivalent (was freilich durch die unvermeidliche Vagheit des „normalerweise, gewöhnlich, meistens" verschleiert wird).

Dies klärt zunächst einmal den epistemologischen Status des modifizierten Reduktionssatzes (17). Liest man die Normalbedingungen referentiell, so ist (17) in unrevidierbarer Weise a priori; er kann sich nicht als falsch herausstellen. Denn wo immer in der Kontextwelt ein in Wasser gegebener Gegenstand sich auflöst, obwohl er nicht wasserlöslich ist, oder sich nicht auflöst, obwohl er wasserlöslich ist, da haben offenbar keine Normalbedingungen vorgelegen (was aber, wie gesagt, nicht heißt, daß Normalbedingungen als solche definiert wären); so viel wissen wir, auch wenn wir die Normalbedingungen gar nicht genau kennen.

Mit diesem Ergebnis ist aber die epistemologische Rolle der Rede von Normalbedingungen noch nicht erschöpfend beschrieben. Denn so weit waren Normalbedingungen etwas reichlich Vages – was auf die Aussage (17) abfärbt. Wie kann es dann zugehen, daß so etwas Vages wie (17) a priori gewußt wird?

Mir scheint – und nun vollendet sich der im Abschnitt 2 begonnene Gedankenbogen –, daß sich dahinter gerade ein apriorisches Begründungsverhältnis verbirgt. Das heißt, anstatt vom Apriori-Wissen um den Reduktionssatz (17) zu reden, der auf Normalbedingungen Bezug nimmt, schlage ich folgende Reformulierung vor, die diesen Bezug vermeidet:

(18) Unter der Annahme, daß x in Wasser gegeben wird, ist die Tatsache, daß x wasserlöslich ist, a priori ein Grund dafür anzunehmen, daß x sich auflöst, und vice versa.

Wie hierbei die Rede von bedingten Begründungsverhältnissen zu verstehen ist – nämlich als bedingte positive Relevanz –, hatte ich schon im Abschnitt 2 erläutert. Doch wie ist nun das „a priori" zu verstehen?

Offenbar ist hier das Apriori-Begründungsverhältnis, die apriorische positive Relevanz nicht für immer zementiert. Vielmehr – das ist der Witz – können jederzeit relevante Daten auftauchen, unter denen zum Beispiel die Wasserlöslichkeit eines Gegenstandes nicht mehr dafür und womöglich dagegen spricht, daß er sich in einem bestimmten Wasserbehälter auch auflöst. Der Raum weiterer Gründe, Gegengründe und relevanter Bedingungen ist eben erst durch weitere Forschung zu entfalten. Daß die Begründung oder die positive Relevanz a priori ist, heißt also, daß sie bloß anfänglich besteht, solange nichts weiter bekannt ist; es geht mithin um den zweiten, in der Einleitung dargelegten Apriotitätsbegriff.

Wenn (18) gilt, so folgt daraus weiter, daß auch (16) in diesem Sinne einen apriorischen Überzeugungsinhalt liefert.[19] Damit ergibt sich der bemerkenswerte Kontrast, daß der Reduktionssatz in der Formulierung (17) a priori im Sinne der Unrevidierbarkeit und in der Formulierung (16) im andern Sinne a priori ist. Mit diesem Kontrast lassen sich die Normalbedingungen noch etwas genauer verstehen: sie sind gerade diejenigen Bedingungen, unter denen sich die Apriori-Begründung von (18) aufrechterhalten läßt und insofern bestätigt. Worin die Normalbedingungen tatsächlich bestehen, ist damit nicht gesagt; das herauszufinden, ist Sache der empirischen Forschung. Aber ihre erkenntnistheoretische Rolle ist damit hinreichend, und besser als zuvor, beschrieben.

---

[19] Diese Folgerungsbehauptung läßt sich im Rahmen der etwa in Spohn (1991) dargelegten Theorie der OCFs oder Rangfunktionen präzise nachvollziehen.

Diese Beschreibung erklärt schließlich die unterschiedliche Apriorität von (16) und (17). Daß Normalbedingungen vorliegen, ist zunächst die apriorische Standard- oder Default-Annahme; daher ist auch (16) in diesem Sinne a priori.[20] Und wenn die Normalbedingungen diejenigen sind, unter denen das in (18) angegebene Begründungsverhältnis fortbesteht, so können keine Bedingungen hinzutreten, die diese Begründung entkräften; und deswegen ist (17) unrevidierbar.

6. Die Basis einer Disposition

Auf die epistemologischen Überlegungen des vergangenen Abschnitts kam es mir besonders an. Doch ist damit der ontologische Status des Reduktionssatzes (17) nach wie vor nicht geklärt. Diese Klärung will ich der Vollständigkeit halber nun nachtragen; sie wird allerdings zu keinem eindeutigen Ergebnis gelangen.

Hierzu müssen wir zunächst verstehen, was die Basis einer Disposition ist: Diese ist einfach die einem Gegenstand innewohnende Eigenschaft, die dafür verantwortlich ist, daß der Gegenstand das einschlägige Verhalten zeigt.[21] Im Fall der Wasserlöslichkeit liegt die Basis in der Bindung zwischen den Molekülen, aus denen ein Gegenstand besteht; diese Bindung muß so groß sein, daß der Gegenstand ein fester Körper ist, aber so klein, daß sie dem Angriff der H_2O-Dipole erliegt. Die Schwerverdaulichkeit eines Nahrungsmittels hat eine höchst komplexe biochemische Basis. Daß die Basis der Intelligenz einfach in einer reicheren Vernetzung des Gehirns besteht, wäre neurophysiologisch gräßlich naiv. Und ich will gar nicht behaupten, daß sich für jede Disposition eine Basis identifizieren läßt; was in diesem Sinne etwa die Basis von Gehorsam sein soll, ist schwer zu sehen.

Was ist nun das ontologische Verhältnis zwischen einer Disposition und ihrer Basis? Am einfachsten wäre es zu sagen, daß sie identisch, d. h. dieselbe Eigenschaft sind.[22] So wie Wasser zu sein dieselbe Eigenschaft ist wie aus H_2O zu bestehen, so wäre dann wasserlöslich zu sein

---

[20] Daß die in Anmerkung 7 erwähnten doxastischen Modelle, auf die ich unterschwellig Bezug genommen habe, in engem Zusammenhang zur sogenannten Logik der Standard-Annahmen (Default Logic) stehen, machen etwa Goldszmidt, Pearl (1992) deutlich.

[21] Vgl. etwa die Ausführungen von Armstrong (1968), S. 85–88, oder von Prior et al. (1982).

[22] Für dieses realistische Verständnis von Dispositionen argumentiert schon Armstrong (1968), S. 85–88.

dieselbe Eigenschaft wie eine zwischenmolekulare Bindung der und der Form zu haben; solche Identitäten sind immer metaphysisch notwendig.

Prior et al. (1982), Abschn. II, widersprechen (und Lewis (1986), S. 223 f., folgt ihnen halb). In einem ihrer Argumente (S. 254) berufen sie sich darauf, daß Dispositionen genau durch solche Aussagen wie (15) definiert seien. Doch entscheidet das die Frage nicht; es geht ja gerade darum, die Möglichkeiten zum Verständnis von (15) auszuloten. Ihr erstes Argument (S. 253) ist aber, daß eine Disposition vielleicht viele verschiedene Basen hat, daß es vielleicht viele verschiedene Mechanismen gibt, die unter geeigneten Umständen das einschlägige Verhalten zeitigen. Wasserlöslich zu sein, hieße dann etwa, nicht die einzige Basis, sondern eine der diversen Basen der Wasserlöslichkeit zu besitzen.

Dahinter verbergen sich zwei verschiedene Probleme. Zunächst legt das Argument die Möglichkeit nahe, daß wir, wenn wir all unsere wasserlöslichen Gegenstände untersuchen, zwei oder mehr kausale Mechanismen finden, die zu ihrer Auflösung führen – und die so verschieden sind, daß sie sich nicht unter eine einheitliche Beschreibung bringen lassen. Dann hat die Wasserlöslichkeit in unserer Welt zwei oder mehr Basen und ist daher mit keiner zu identifizieren. Doch ist das ein Problem, welches essentialistische Identitätstheorien allgemein haben. Natürlich hätte es sich herausstellen können, daß Wasser bei uns sowohl in der Form H_2O wie in der Form XYZ vorkommt; und Putnam (1975), S. 241, erwähnt das hübsche Beispiel von der Jade, die tatsächlich zwei verschiedene Formen hat. Hier ist es plausibel zu sagen, daß Jade wesentlich eine der beiden Formen hat; und ab wievielen alternativer Formen diese Reaktion unplausibel wird, ist sicherlich vage. Ob bei der Wasserlöslichkeit dieselbe Position akzeptabel ist, ist damit nicht entschieden; aber es scheint nicht fair, ihr aus diesem allgemeinen Problem einen Strick zu drehen.

Legen wir dieses Problem also mit der Unterstellung zur Seite, eine Disposition habe in einer Welt immer nur eine Basis. Dann, so das Argument von Prior et al., ist es immer noch möglich, daß die Basen in verschiedenen Welten verschieden sind. Wohl heißt „x ist wasserlöslich" dann dasselbe wie „x besitzt die Basis der Wasserlöslichkeit"; aber das ist in der altbekannten Weise ambig, die Kennzeichnung läßt sich wieder attributiv oder referentiell lesen.[23] Wo schon die Bezug-

---

[23] Prior et al. (1982) verwenden nicht den Kaplanschen Rahmen, aber manche ihrer Formulierungen legen nahe, daß es auch ihnen um diese Ambiguität geht.

nahme auf die Normalbedingungen referentiell zu lesen war, könnte man meinen, daß das auch jetzt angemessen sei. Doch ist das nicht so klar:

Betrachten wir ein bestimmtes Stück Zucker. In unserer Welt ist es wasserlöslich. Nun transportieren wir es in eine andere Auswertungswelt. Intern hat sich an ihm nichts geändert; es liegen dort auch unsere Normalbedingungen vor. Nur löst sich das Stück Zucker dort in Wasser nicht auf; irgendwie sind dort die Kausalgesetze andere, und es sind andere Gegenstände mit anderen internen Gegebenheiten, die sich dort in Wasser auflösen. Sollen wir nun sagen, daß das Stück Zucker auch dort wasserlöslich ist, sich aber trotzdem nicht auflöst? Das wäre die referentielle Lesart. Entschieden plausibler scheint mir hier die attributive Lesart, wonach das Stück Zucker eben bei uns wasserlöslich ist, dort aber nicht.

Diese Reaktion scheint bei einspurigen Dispositionen angemessen; diese Dispositionen scheinen mit ihrer charakteristischen Manifestation besonders fest verkoppelt. Mit anderen Beispielen verhält es sich aber vielleicht anders. Beziehen wir das gerade angestellte Gedankenexperiment auf ein mehrspuriges Dispositionsprädikat, z. B. auf „magnetisch", so könnte man eher meinen, daß ein Gegenstand, der bei uns magnetisch ist, es auch in dieser merkwürdigen Auswertungswelt ist. Das gleiche gilt für Prädikate, deren dispositioneller Charakter weniger offenkundig ist, z. B. für das Prädikat „rot". Die Lage scheint mir hier insgesamt wenig eindeutig.

Das hat schließlich Auswirkungen auf den ontologischen Status des modifizierten Reduktionssatzes (17). Liest man „wasserlöslich" in der geschilderten Weise attributiv, so ist (17) notwendig, d. h. in jeder Auswertungswelt wahr. Und wo wir (17) schon als a priori erkannt haben, erweist sich (17) dann schließlich als analytisch. Läse man hingegen „wasserlöslich" referentiell – was, wie gesagt, bei anderen Dispositionsprädikaten vielleicht angemessen ist –, so wäre (17) nur naturgesetzlich, aber nicht notwendig wahr; Reduktionssätze erwiesen sich dann als ein weiteres Beispiel für kontingente Aussagen a priori.

7. Schluß

Der Bezug all der hier angestellten Überlegungen zum Werk von Kutscheras scheint dünn; dabei haben sie unmittelbar von seinem Vortrag auf dem ersten Kongreß der Gesellschaft für Analytische Philosophie im Oktober 1991 in Saarbrücken, veröffentlicht als von Kutschera (1994), ihren Ausgang genommen; sie zu diesem Ausgangspunkt wieder zurückzuführen, ist hier freilich nicht mehr der Platz. So sei dieser Bezug zum Schluß lediglich kurz angedeutet:

Von Kutschera schlägt dort einen Weg zur Überwindung der Skepsis von einem realistischen Standpunkt aus vor. Er legt dar, daß dieser nur in bestimmten analytischen oder apriorischen Beziehungen zwischen unseren Eindrücken einerseits und natürlichen oder externen Sachverhalten andererseits zu suchen sei, und argumentiert, daß solche Beziehungen tatsächlich bestehen. Abgesehen davon, daß ich hier wieder eine unzulängliche Unterscheidung von Apriorität und Analytizität wittere, scheint mir dieser Weg korrekt und fruchtbar zu sein.

Daß sich dieser Aufsatz auf diesem Weg befindet, ist leicht zu erkennen: Zunächst ist klar, daß auch alle sekundären Qualitäten Dispositionen sind – ich hatte ja auch „rot" unter meine Beispiele gemischt –, nämlich Dispositionen, unter geeigneten Umständen auf uns Subjekte so und so zu wirken. Also sind alle meine Ausführungen auch für sekundäre Qualitäten einschlägig; statt des Reduktionssatzes (16) hätte ich auch den Satz

(19) wenn wir einen Gegenstand anschauen, so ist er genau dann rot, wenn er für uns rot ausschaut

diskutieren können.[24] Verallgemeinert man das dahingehend, daß die Welt insgesamt die Disposition hat, für uns in gewisser Weise auszuschauen, und legt man die letzte Analyse (18) zugrunde, so gelangt man zu folgender Aussage:

(20) Gegeben, daß jemand die Sachlage, in der sich p realisiert, betrachtet, ist die Tatsache, daß es für ihn so ausschaut, als ob p, für andere wie auch für ihn selbst a priori ein Grund für die Annahme, daß p, und vice versa.

Diese Aussage ist ganz im Sinne von Kutscheras; sie in all ihren Details, z. B. das „wie auch für ihn selbst" oder das „vice versa", innerhalb des argumentativ völlig verminten Gebietes der Skeptizismus-Diskussion halbwegs ernsthaft zu verteidigen, bedarf allerdings einer anderweitigen Fortführung.

---

[24] Wegen der besonderen Probleme dieses Beispiels war das aber nicht ratsam. In Spohn (im Erscheinen), wo ich im gleichen theoretischen Rahmen den epistemologischen und den ontologischen Status der Aussage (19) ausführlicher diskutiert habe, gehe ich auf sie stärker ein.

Literaturverzeichnis

ARMSTRONG, David M. (1968): *A Materialist Theory of the Mind*, London.
BRAKEL, Jan van (1990): „Units of Measurement and Natural Kinds: Some Kripkean Considerations", *Erkenntnis* 33, 297–317.
CARNAP, Rudolf (1947): *Meaning and Necessity*, Chicago, 2. erw. Aufl. 1956.
CARNAP, Rudolf (1936/37): „Testability and Meaning", *Philosophy of Science* 3 (1936) 419–471 und 4 (1937) 1–40.
CARNAP, Rudolf (1956): „The Methodological Character of Theoretical Concepts", in: H. Feigl, M. Scriven (Hg.), *Minnesota Studies in the Philosophy of Science*, Band I, Minneapolis, S. 38–76.
DONNELLAN, Keith (1966): „Reference and Definite Descriptions", *Philosophical Review* 75, 281–304; dt. Übers.: „Referenz und Kennzeichnungen", in: U. Wolf (Hg.), *Eigennamen. Dokumentation einer Kontroverse*, Frankfurt a.M. 1985, S. 179–207.
GOLDSZMIDT, Moisés, Judea PEARL (1992): „Default Ranking: A Practical Framework for Evidential Reasoning, Belief Revision and Update", in: *Proceedings of the Third International Conference on Knowledge Representation and Reasoning*, Cambridge, Mass., S. 661–672.
HAAS-SPOHN, Ulrike (1995): *Versteckte Indexikalität und subjektive Bedeutung*, Berlin.
HEIM, Irene (1991): „Artikel und Definitheit", in: A. v. Stechow, D. Wunderlich (1991), S. 487–535.
HEMPEL, Carl G. (1988): „Provisoes: A Problem Concerning the Inferential Function of Scientific Theories", *Erkenntnis* 28, 147–164.
KAPLAN, David (1977): „Demonstratives. An Essay on the Semantics, Logic, Metaphysics, and Epistemology of Demonstratives and Other Indexicals", Manuskript, erschienen in: J. Almog (Hg.), *Themes from Kaplan*, New York 1989, S. 481–563.
KAPLAN, David (1978): „Dthat", in: P. Cole (Hg.), *Syntax and Semantics, Vol. 9: Pragmatics*, New York, S. 221–243.
KRIPKE, Saul (1972): „Naming and Necessity", in: D. Davidson, G. Harman (Hg.), *Semantics of Natural Language*, Dordrecht, S. 253–355, 763–769; dt.Übers.: *Name und Notwendigkeit*, Frankfurt a.M. 1981.
KUTSCHERA, Franz von (1972): *Wissenschaftstheorie*, Band I und II, München.
KUTSCHERA, Franz von (1994): „Zwischen Skepsis und Relativismus", in: G. Meggle, U. Wessels (Hg.), *Analyomen 1. Perspectives in Analytical Philosophy*, Berlin, S. 207–224.
LEWIS, David (1986): „Causal Explanation", in: D. Lewis, *Philosophical Papers, Vol. II*, Oxford, S. 214–240.
PRIOR, Elizabeth W., Robert PARGETTER und Frank JACKSON (1982): „Three Theses About Dispositions", *American Philosophical Quarterly* 19, 251–257.
PUTNAM, Hilary (1975): „The Meaning of ‚Meaning'", in: H. Putnam, *Mind, Language, and Reality. Philosophical Papers*, Vol. 2, Cambridge, S. 215–271; dt. Übers.: *Die Bedeutung von „Bedeutung"*, Frankfurt a.M. 1979.

QUINE, Willard V. O. (1969): „Epistemology Naturalized", in: W. V. O. Quine, *Ontological Relativity and Other Essays*, New York, S. 69–90; dt. Übers.: „Naturalisierte Erkenntnistheorie", in: *Ontologische Relativität und andere Schriften*, Stuttgart 1975, S. 97–126.

SPOHN, Wolfgang (1991): „A Reason for Explanation: Explanations Provide Stable Reasons", in: W. Spohn, B. C. van Fraassen, B. Skyrms (Hg.), *Existence and Explanation. Essays Presented in Honor of Karel Lambert*, Dordrecht, S. 165–196.

SPOHN, Wolfgang (1992/93): „Namen. Oder: das Einfachste ist das Schwierigste. Oder: eine Einführung in die Sprachphilosophie", Vorlesungsskript, Universität Bielefeld.

SPOHN, Wolfgang (1993): „Wie kann die Theorie der Rationalität normativ und empirisch zugleich sein?", in: L. H. Eckensberger, U. Gähde (Hg.), *Ethische Norm und empirische Hypothese*, Frankfurt a.M., S. 151–196.

SPOHN, Wolfgang (im Erscheinen): „The Character of Color Predicates: A Materialist View", in: W. Künne (Hg.), *Direct Reference, Indexicality and Propositional Attitudes*, Stanford.

STALNAKER, Robert C. (1970): „Pragmatics", *Synthese* 22, 272–289; auch in: D. Davidson, G. Harman (Hg.), *Semantics of Natural Language*, Dordrecht 1972, S. 380–397.

STALNAKER, Robert C. (1978): „Assertion", in: P. Cole (Hg.), *Syntax and Semantics Vol. 9: Pragmatics*, New York, S. 315–332.

STECHOW, Arnim von, Dieter WUNDERLICH (Hg.) (1991): *Semantik. Ein internationales Handbuch der zeitgenössischen Forschung*, Berlin.

STEGMÜLLER, Wolfgang (1970): *Probleme und Resultate der Wissenschaftstheorie und Analytischen Philosophie,* Band II, *Theorie und Erfahrung*, Berlin.

ZIMMERMANN, Thomas Ede (1991): „Kontextabhängigkeit", in: A. v. Stechow, D. Wunderlich (1991), S. 156–229.

Zu einer Interpretation von Platons Dialog „Parmenides"

von Pirmin Stekeler-Weithofer

1. Vorbemerkung

Franz von Kutscheras kürzlich erschienenes Buch *Platons „Parmenides"* gehört zum Besten, das bisher zu diesem schwierigen Dialog geschrieben wurde.[1] Daher ergreife ich gern die Gelegenheit, einige grundsätzliche Thesen zu einem möglichen Dialog über diesen Dialog zusammenzustellen.[2] Dabei konzentriere ich mich auf den zweiten Teil des Dialogs. Dort werden in ‚gymnastischen Übungen' merkwürdig widersprüchliche Aussagen über „das Eine" (to hen) aus der Prämisse „das Eine existiert" und dann auch aus der Prämisse „das Eine existiert nicht" gefolgert. Was aber diese Argumentationen insgesamt zeigen sollen, welche der einzelnen ‚Deduktionen' Fehlschlüsse oder formal gültige Schlüsse aus ambigen Prämissen oder noch etwas anderes sind, diese Fragen verlangen allgemeine Erwägungen zum Gesamtrahmen des Dialogs, wie ich sie in in Kutscheras Darstellung zum Teil vermisse.

2. Mereologie und Folgerung

Bei Kutschera geht es allerdings eher um eine Rekonstruktion syntaktisch artikulierter Axiome und Schlußprinzipien, die Platon vermutlich anerkannt hat, und um die Frage, ob bzw. wo er diese Prinzipien hinreichend konsequent verwendet habe. Ich versuche hier, in ge-

---

[1] Da die wichtigsten Bücher und Aufsätze (z. B. von Allen, Brumbaugh, Cornford, Sayre, Taylor, Vlastos u. a.) in Kutschera [1995] genannt sind, verzichte ich hier auf ihre Auflistung.

[2] Vgl. zu unserem Dialog auch den 1. Teil von Stekeler-Weithofer [1986], in dem die mereologische Ideenlehre als semantische Grundlage der Syllogistik geschildert wird. In Stekeler-Weithofer [1992] wird der Zusammenhang mit Hegels Dialektik umrissen. Vgl. auch Stekeler-Weithofer [1992a].

wissem Sinn über Kutschera hinaus, das semantische Bild zu schildern, in dem das ‚mereologische Schließen' gründet. Dabei fasse ich eine ‚Mereologie' von vornherein als modellartige Deutung gewisser normalsprachlicher oder teilnormierter Satzformen wie „A ist B" oder „B kommt dem A (ganz) zu" oder „A ist Teil von B", oder „a inhäriert dem b" auf. Beispiele oder besser Repräsentanten einer derartigen Modell-Struktur[3] sind räumliche Beziehungen von (benannten) Flächen in einer Ebene oder räumliche Beziehungen von (benannten) Volumina. Wenn wir uns Begriffsbeziehungen ‚vorstellen', dann stellen wir sie bis heute oft bildhaft, analogisch, so dar und operieren mit dieser Art der formalen Repräsentation auf ganz bestimmte Weisen. D. h., wir ordnen einem schon ‚üblichen' Gebrauch gewisser Ausdrücke, etwa von (Begriffs-)Wörtern, einen Gebrauch zu, in dem diese Wörter gewisse ‚Elemente' der Struktur ‚benennen'. Diese Elemente mögen etwa Flächen in einem die Struktur repräsentierenden Bild sein. Zugleich werden gewissen Sätzen Aussagen über die Bilder bzw. über die Struktur zugeordnet. Es ist sehr leicht, dieses Verfahren an einfachen Beispielen praktisch zu lernen. Daher ist es auch kein Anachronismus, wenn wir ein empraktisches Wissen dieser Art dem Platon zuschreiben. Schwieriger ist es nur, Begriffe wie ‚Struktur', ‚modelltheoretische Interpretation', ‚modellinterne Folgerung' o. ä. in allen Details zu beschreiben. Es ist bekannt, wie dies im Grundsatz zu geschehen hat, so daß die entsprechenden Ausformulierungen reine Routine sind.

Platon war sich des Bildhaften eines Vorgehens, wie es eben skizziert wurde, ganz offenbar bewußt. Im „Parmenides" geht es gerade um die Untersuchung, inwiefern bestimmte naheliegende Analogien zur Darstellung von ‚Strukturen der Sprache' zu Aporien führen. Man kann dies freilich auch andersherum sehen: Gerade Aporien zeigen das Analogische, das Ideale und Modellhafte einer zugrundeliegenden Vor- und Darstellung semantischer Verhältnisse.

Fragt man nach dem allgemeinen Folgerungsbegriff des Dialogs und zwar im Unterschied zu rein modellintern begründeten Folgerungen, so wird sogar die Rahmenerzählung des Dialogs wichtig. Als Gesprächspartner des Parmenides im zweiten Teil wird nämlich ein ‚junger Aristoteles' explizit deswegen ausgewählt[4], weil er ‚keine Schwie-

---

[3] Eine Struktur ist in gewissem Sinne über einer Klasse der ‚Bilder' oder Repräsentanten definiert, die in bezug auf gewisse Eigenschaften und Relationen nach einem hier nicht näher ausgeführten, weil im Grundsatz wohlbekannten, Kriterium als isomorph oder strukturgleich bewertet werden.

[4] Vgl. dazu 137b.

rigkeiten machen wird', d. h. nicht (wie etwa Sokrates im ersten Teil) zu langen Widerreden neigt.[5] Damit ist der Charakter der ‚Folgerungen' im Dialog dadurch bestimmt, daß sie von einem keineswegs naiven Gesprächspartner, also nicht etwa von einem bloßen Ja-Sager, im Kontext des Vortrags als Folgen anerkannt werden. Parmenides überzeugt den Aristoteles von der ‚Richtigkeit' der betreffenden Folgen mit zumindest scheinbar guten Gründen. Eine Interpretation wird daher gut daran tun, so selten wie möglich zur Verlegenheitserklärung zu greifen, Parmenides führe durchschaubare Sophismen als bloße Übung vor.[6]

Die entstehenden Aporien sollen dennoch zugleich zeigen, daß etwas in den Anerkennungen der Urteile und Folgerungen nicht in Ordnung ist. Dies liegt dann entweder an den Annahmen, die falsch sind oder neu zu deuten sein mögen, oder am semantischen Modell überhaupt, das bestimmt, was als intern gültige Folgerung angesehen wird, oder an seiner besonderen Anwendung. Wie wenig selbstverständlich dabei die Rede von einer ‚richtigen' bzw. ‚falschen' Folge außerhalb formaler Modelle ist, zeigt sich unter anderem daran, daß es z. B. von der Urteilskraft abhängen könnte, was aus einer Aussage p (bei ‚rechtem Verständnis') alles ‚folgen soll' (als mitgesagt gilt) und was man nicht aus p ‚folgern' darf. Auf Urteilskraft im ‚Folgern' sind wir z. B. immer dann angewiesen, wenn p metaphorisch bzw. analogisch bzw. ‚modellartig' zu lesen ist. Dies gilt praktisch auch für alle ‚empirischen' Anwendungen mathematischer Modelle und Theorien bzw. der entsprechenden ‚internen' Folgerungen. (Man betrachte als Beispiel die Geometrie.) Überhaupt gibt es außerhalb des festen Bezugs auf eine ‚Modellklasse' (unter Einschluß von Interpretationsfunktionen) nicht einfach einen einzigen, allgemeinen Begriff der ‚logischen' Folgerung. (Man denke etwa an die mereologischen Deutungen gewisser Satzformen und das syllogistische Folgern).

3. Zum Gesamtrahmen

Viele Stellen zeigen, daß interne Folgerungen in bezug auf Teil-Ganze-Verhältnisse, wie sie durch Inklusions-, Überlappungs- und

---

[5] Die inhaltliche Bedeutung dieser merkwürdigen Wahl ist bisher kaum richtig gesehen worden. Vgl. dazu etwa den Erklärungsnotstand in O. Apelts Einführung und Kommentar.

[6] Die Bemerkung: „Wir sind ja unter uns" ist sogar eine Entschuldigung für das eher Technische des Dialogs und zugleich ein Hinweis auf eine laufende theorieinterne Logik-Diskussion.

Komplementverhältnisse zwischen (a fortiori ‚nichtleeren') Flächen in der Ebene darstellbar sind, von Platon beherrscht werden.[7] Dazu ist eine Untersuchung der gültigen syntaktischen Deduktionsregeln, wie sie die aristotelische Syllogistik vorträgt, überhaupt nicht nötig. Unklar ist vielmehr, ob das Modell mehr an Struktur hat, so daß keineswegs alle ‚internen' Folgerungen mereologischer Natur wären. Außerdem ist zu klären, wie sich die internen Aussagen und Folgerungen im Modell zu den externen Aussagen und Folgen der Normalsprache verhalten.

Bekanntlich präsentiert der erste Teil des Dialogs einen Versuch einer ‚ideentheoretischen' (128e-130a) und zugleich ‚mereologischen Lösung' (130b, 131b,c) eleatischer Dilemmata. Diesen Lösungsansatz läßt Platon den Sokrates vortragen, der dann allerdings seinerseits sofort einer erneuten Kritik der Art ausgesetzt wird, wie sie von Zenon und Parmenides vorgebracht wurden. D. h. die Argumentation zeigt in ihrem ‚dialektischem' Hin- und Her Strukturmerkmale einer typisch sokratischen Ironie: Zunächst wendet sich Sokrates/Platon gegen Zenon, indem er eine Lösung seiner Paradoxien anbietet, dann aber kritisiert Parmenides/Platon diese Lösung unter Rückgriff auf Argumentationsmuster des realen Parmenides und des realen Zenon. Andererseits steht gerade das Logikmodell der Eleaten im Zentrum der Kritik, wenn es denn richtig ist, daß auf diese sowohl die gegenständliche Rede über abstrakte Bedeutungen (Eigenschaften, Ideen), als auch das mereologische Bild der Bedeutungsextensionen zurückgeht. D. h., in gewissem Sinn kritisiert sich Parmenides selbst. Daß zugleich auch Platon sich selbst kritisiert, ist offenkundig.

Der zweite Teil des Dialogs soll dann ‚nur' zeigen, wie groß die Probleme des kritisierten ‚Logikbildes' sind, die Sokrates/Platon als Protagonist des Modells offenbar noch nicht lösen kann. Da eine detaillierte Analyse des Dialogs den Rahmen dieser Überlegung sprengen würde, lassen sich hier nur einige Kritikpunkte zusammenfassen und zwar aus einer Perspektive, wie sie damals noch gar nicht möglich war, da uns heute andere und mehr Unterscheidungen zur Verfügung stehen. Der Dialog führt unter anderem (freilich ‚implizit' und ‚indirekt') vor, daß das Bild des Sokrates nicht (unmittelbar) zurecht kommt mit folgenden Problemen:

---

[7] Im Grundsatz sieht dies auch Kutschera so, wobei sich im Detail allerdings erhebliche Differenzen ergeben.

1. mit der Darstellung von Relationen;
2. mit der Verwandlung von Prädikaten P in gegenständlich beredbare Begriffe, wie sie in der Normalsprache durch den Gebrauch des definiten Artikels oder durch Operatoren wie „der Begriff P (an sich)" artikuliert wird. Die Operation notieren wir hier durch Ausdrücke der Form ‚[P]' bzw. ‚[x:P(x)]';
3. mit der Rede über die zu einem Prädikat P gehörige Extension oder Menge, die wir hier kurz durch ‚{P}' bzw. ‚{x:P(x)}' andeuten und die als ‚Vielheit' zumindest zunächst noch keine ‚Einheit' ist;
4. mit der ‚Selbstprädikation', nach dem jedem Begriff [P] (qua abstraktem Gegenstand) das Prädikat P ‚zukommt', und zwar weil die Satzform „[P] ist P" für Platon (in einer noch zu erläuternden Lesart) sogar einer rein begriffsanalytischen Wahrheit entspricht;
5. mit der Differenz zwischen der mereologischen Beziehung zwischen Begriffsextensionen und korrespondierenden ‚intensionalen' Relationen zwischen gegenständlich aufgefaßten Begriffen;
6. mit der Elementbeziehung und der Differenz zwischen objekt- und metastufigen Aussagen.

Selbstverständlich sehen wir Fehler differenzierter, nachdem wir im Ausgang von ‚anerkannten Lösungen' auf das Problem zurückblicken. Daher bedienen wir uns in der Darstellung von Aporien (Paradoxien, Dilemmata usf.) immer schon unseres (wirklichen oder vermeintlichen) Wissens über ihre Auflösung. Wenn wir etwa ‚Gründe' (man sagt auch: ‚Ursachen') für Aporien angeben, dann tun wir dies, indem wir in bezug auf eine anerkannte Auflösung sagen: „Wenn man diesen und jenen ‚Fehler' nicht macht, entsteht die Aporie nicht". Es ist unzweifelhaft, daß in dieser – reflektierenden – Sicht vieles besser verstanden wird, als wenn man sich nur empraktisch in die Aporie bewegt. Es gibt aber eine Gefahr dieser rückblickenden Perspektive: In ihr ist schon vergessen und damit möglicherweise verkannt, welche Bedeutung der Aufweis der Aporie selbst hatte für die Entwicklung dessen, was wir als (neue) ‚Theorie', z. B. als (neue) ‚Logik' anerkennen, mit der wir die Aporie dann ‚lösen'. Beim ersten Aufweis der Aporie konnten aus systematischen Gründen die ‚Ursachen' oder ‚Gründe' gerade noch nicht (im einzelnen) bestimmt sein. Mit anderen Worten, das Erkennen und die Artikulation von Problemem geht nicht nur ihrer Lösung, sondern oft auch den Lösungsmöglichkeiten selbst, dem neuen ‚Wissen' und den neuen ‚Theorien' systematisch vorher. Dies gilt für die Naturwissenschaft ebenso wie für die Mathematik, die Logik und die

Sprachanalyse, wenn auch die Probleme und die Auflösungen jeweils andere Formen annehmen.

Da die Logik (wie jede Theorie) in ihrem jeweiligen Zustand nicht (voll) begriffen wird, wenn man ihre geschichtliche Entwicklung nicht mitreflektiert, ist also immer mitzubedenken, daß allein schon die Artikulation einer Aporie (qua ‚logischer' Paradoxie oder irgendeiner Schwierigkeit) einen Fortschritt bedeutet. Wir sehen dann vielleicht auch klarer, warum möglicherweise nicht der, welcher unter Rückgriff auf seine eigene oder auf eine auch von anderen anerkannte ‚Theorie' auf allerlei Probleme eine angeblich endgültige und allgemeine Lösung geben zu können meint, sondern der, welcher so fragen kann, daß die je gegebenen Theorien und Lösungen immer auch als begrenzt erscheinen, philosophisch-kritisch im Sinne des platonischen Sokrates denkt. In eben dieser Erzeugung von Aporien sieht Platon daher auch die Leistung der ‚negativen Dialektik' des Parmenides und seines ‚Schülers' und ‚Mitstreiters' Zenon.

In der Tat artikulieren die Thesen des ‚wirklichen' Parmenides, daß Eins und Alles ‚dasselbe' sei (1), daß das Sein oder die Wahrheit ewig sei (2), so daß den flüchtigen Phänomenen als solchen keine Wahrheit oder wirkliche, substantielle Existenz zukomme (3), und daß es dennoch, im scheinbar offenkundigen Widerspruch dazu, überhaupt nichts gebe, das nicht existiere (4) selbst Aporien bzw. Paradoxien. Nur wenn wir dies einsehen (was Platon für nicht ganz einfach hält), verstehen wir, warum Zenon mit seiner ‚Streitlust' dem Parmenides ‚zu Hilfe kommt' und im Grunde ‚dasselbe' sagt wie dieser (vgl. dazu 127d-128e). Ein Gesamtergebnis des Dialogs lese ich dabei so: Wenn Parmenides sagt, ‚das Eins' (to hen) sei ‚das Ganze' (to pan) und Zenon sagt, ‚das Viele' (ta polla) gebe es nicht, so sagen sie insofern dasselbe, als die Formel des Parmenides erklärt, daß der Bereich des Existierenden, über den wir reden und quantifizieren, aus einfachen Gegenständen, In-dividuen, und nicht etwa aus teilbaren Flächen besteht wie im ‚Segeltuchmodell' des ersten Teils des Dialogs (131b). Jeder Gegenstand ist etwas Unteilbares. Damit ist er — so paradox es zunächst auch klingen mag — ein Ganzes ohne Teile. Zenon stützt diese These durch Argumente, welche die Annahme widerlegen, daß Vielheiten (Klassen, Mengen, Flächen und andere Extensionen) einfache Gegenstände (der Rede) sein können.

Das zentrale Problem, das sich hieraus ergibt, ist die Frage, wie sich denn die durch Nominalisierungen aus Prädikaten erhaltenen abstrakten Gegenstände [P] zu ihren Extensionen {P} verhalten. Und warum wird in dem Modell, das zur Debatte steht, die ‚Selbstprädikation', d. h. die Vorstellung, daß [P] immer als Punkt in {P} liegt, angenommen?

Dazu ist eine allgemeinere Erwägung notwendig bzw. ein Blick auf andere Texte Platons. Es zeigt sich nämlich, daß der spätere Platon sehr genau weiß, daß viele Prädikate P(x) im Grunde zweistellige Relationsausdrücke mit impliziten Vergleichsmaßstäben (‚Parametern') q sind. „x ist groß" bedeutet also einfach: ‚x größer als q' – wobei q implizit ist. Entsprechendes gilt auch für die Pseudoprädikate „gleich" bzw. „identisch", wobei die Identität („to tauton heautò") durch die Form [x: x=x] zu repräsentieren ist, während die ‚Gleichheit' [x: x=q] („to tauton") implizit auf irgendein q verweist. In gewissem Sinn gilt Analoges auch für Prädikate wie „kreisförmig": Der Kreis selbst bzw. die Form (eidos: ‚Idee') des Kreises wird von Platon generell als das Kreisförmige schlechthin aufgefaßt, während alle konkreten Figuren nur in bezug auf konkrete Maßstäbe q hinreichend kreisförmig (‚kreisförmiger als q') sind.

Damit finden wir in der formentheoretischen Geometrie nicht nur den allgemeinen Ursprung der Platonischen Ideenlehre, sondern auch den konkreten Schlüssel zur Deutung des Prinzips der Selbstprädikation. Ein Satz der Form: „Das Große ist groß" wird gerade deswegen für wahr erklärt, weil er so gelesen wird, daß er schlicht die Tautologie ausdrückt: „Alles was in bezug auf irgendeinen unterstellten Vergleichmaßstab (‚Parameter') groß ist, ist groß". Entsprechend ist der Satz „das Gute/die Idee des Guten ist gut" zu lesen oder auch der Satz „der Kreis ist kreisförmig". Sogar noch dann, wenn gesagt wird, die Kleinheit (smikrotès) sei klein, ist „smikrotès" zunächst als Ausdrucksvariante von „to smikron", ‚das Kleine' zu lesen, so daß die Kritik, Eigenschaften könne man weder sehen noch messen, nichts anderes als die Wiederholung des Arguments ist, das Platon selbst im „Parmenides" vorführt und das auf die Zweideutigkeit des Satzes „das Kleine ist klein" hinweist.

Vor diesem Hintergrund versteht man vielleicht besser, warum nach Platon gerade für Prädikate P_q mit impliziten Parametern gilt, daß für das ‚absolute' Prädikat ‚x ist P' (cum grano salis) nur die Sätze der Form der Selbstprädikation „[P] ist P" ‚immer' und ‚absolut' wahr sind. Der Grund ist der, daß für (fast) jedes konkrete g eine Wahl eines impliziten Parameters q möglich ist, so daß der Satz „g ist P", wenn man ihn im Sinne von „g ist P_q" liest, auch falsch sein kann. Eben daher ist der Kreis in höherem Sinn kreisförmig als jede konkrete

Kreisfigur, nämlich ‚absolut', d.h nicht relativ zu einem q. In dieser Lesart bestätigt das Prinzip der Selbstprädikation sogar das Wissen darum, daß aus Relationsausdrücken gebildete einstellige Prädikate relativ zu impliziten Maßstäben zu deuten sind.

Allerdings wundert es uns nicht, daß gerade das zur Selbstprädikation gehörige Bild zu allerhand Problemen führt. Diesem Bild zufolge ist zu unterscheiden zwischen den ‚normalen', z. B. empirischen, Gegenständen, denen ein Prädikat zukommen kann, und zwar unter impliziter Bezugnahme auf einen gemeinsamen Urteilsmaßstab, der oft auch durch Urteilskraft zu eruieren ist (das macht das Besondere der sogenannten Methexis aus) und den abstrakten Begriffen [P], denen die Prädikate in ganz besonderer, nämlich notwendiger, Weise zukommen, wenn sie ihnen denn überhaupt zukommen. Dabei liegt der Begriff [P] neben den anderen Individuen als Punkt in der als Fläche vorgestellten zugehörigen Extension {P}.

4. Was ist das Eine?

Wovon wird denn nun gesprochen wird, wenn vom „Einen" (to hen) oder vom „Sein" (ousia, 142b ff) die Rede ist? Mit der Übersetzung von to hen durch „die Eins" würde man unterstellen, daß von einer Zahl gesprochen wird, was manchmal der Fall sein mag, aber sicher nicht immer. Stattdessen sind – je nach Kontext – auch „die Einheit", „das Individuum", „der Gegenstand", „das (einzelne, zählbare) Element" erste Übersetzungsoptionen. Wie „to hen" werden auch die Ausdrücke „tauton" (= to auton, ‚das Selbe') „to heteron" (‚das Verschiedene') als Namen abstrakter Gegenstände behandelt, wobei ein Ausdruck im Neutrum Plural wie „ta polla" (‚das Viele/die Vielen') oder „t'alla" (‚das Andere bzw. die Anderen') wie ein Singular, d. h. wie ein Klassenname aufgefaßt wird. Im Griechischen steht das zugehörige Verb sogar ganz allgemein im Singular. Das Problem ist dann die Interpretation der Aussagen über diese Gegenstände, nämlich deren Mehrdeutigkeit.

Um zu verstehen, welche weiteren Schwierigkeiten Platon bei der Erläuterungen dessen hat, was denn ein abstrakter Gegenstand im Unterschied zu einer Vielheit sein soll, bedenke man, wie schwer es auch heute noch ist, die Differenzen zwischen einer Menge als Individuum (1), einer ‚bloßen Klasse' (2) und einem ‚Haufen' von Dingen (3) voll zu begreifen. Noch schwieriger ist der Übergang von einem prädikativen Gebrauch eines Eigenschaftswortes zur Benennung einer bestimmten und einheitlichen Eigenschaft (4).

Der Umgang mit Nominalisierungen im definiten Singular wie (to hen: der Begriff des Gegenstandes) und im Neutrum Plural (ta polla: die Klasse der Individuen) ist in der Tat eines der zentralen Themen unseres Dialogs. Das zeigt sich schon im ersten Teil, wo Parmenides dem Sokrates vorwirft, nur solche ‚Ideen' als Abstrakta neben den konkreten Instanzen zuzulassen bzw. als ‚existent' zu behaupten, welche ich „Ideale" nennen möchte, z. B. die vollkommenen geometrischen Formen, den vollkommenen Staat oder die absolute Gerechtigkeit. Parmenides verlangt, neben konkreten Dingen wie Haare und Schmutz auch die Abstrakta ‚(das) Haar' und ‚(der) Schmutz' zuzulassen (130c). Über diese können dann Sätze wie: „Haar ist aus Horn" etwas aussagen. Es geht dann weiter darum, die Logik, d. h. die semantische Verfassung derartiger Aussagen zu untersuchen. Und so wie wir den Ausdruck „der Schmutz" in entsprechenden Kontexten durch ‚genauere' Ausdrücke wie „die Bedeutung des Wortes ‚Schmutz'", „der Begriff ‚Schmutz'", „das Prädikat ‚ist schmutzig'", „die Menge/Klasse schmutziger Dinge" oder ähnliche Ausdrücke ersetzen und dadurch ein wenig disambiguieren, ist es ratsam, in verschiedenen Kontexten den Ausdruck „to hen" durch Ausdrücke wie „der Begriff des Individuums" oder gar „der Gegenstandsbereich" zu ersetzen und keineswegs einfach immer durch den gleichen Ausdruck, für den dann ohnehin nur ein ungrammatisches „das Eins" in Frage kommt, das im Unterschied zum griechischen Text sinnlos ist und opake Sätze erzeugt. Der Versuch des Verzichts auf Interpretation beim Übersetzen erzeugt damit Vagheiten, die es im Urtext möglichweise gar nicht gab, und ist daher selbst eine (sogar äußerst problematische) Interpretationsentscheidung.

5. Was ist das Sein?

Die Prämisse „Der Gegenstand existiert" (to hen estin) ist dann nicht etwa eine ‚bloße Annahme'. Sie wird vielmehr deswegen als wahr anerkannt, weil sie (wohl) so zu lesen ist: „Alles, was durch einen bedeutungsvollen Namen benannt werden kann, gibt es in einem dazu passenden Redebereich". Demnach gibt es auch Pegasus, Rübezahl und Sherlock Holmes, allerdings nicht als raumzeitlich ‚reale' Individuen – was alles erst gegen Ende des Dialogs klar wird, nämlich in der Untersuchung der These, daß es auch ‚nichtexistente Gegenstände' gibt.

Im Zusammenhang der Frage nach dem Sinn des Seins muß freilich nach den verschiedenen Lesarten des flektierten (‚Hilfs'-)Verbs „estin" gefragt werden. Dabei ist unter anderem die mögliche Differenz zu erläutern zwischen der Prämisse „ei hen estin" und der Prämisse „hen ei estin".[8] Dazu ist es nützlich, erst den zweiten Fall zu betrachten (142b ff): Wenn wir in einer Aussage dem Gegenstand (d. h. einem zunächst einzigen, aber ansonsten beliebigen Individuum) ein Sein (zunächst die Existenz und dann vielleicht weitere Prädikate) zusprechen, dann unterscheiden wir zwischen dem Gegenstand selbst und seinem Sein bzw. zwischen ihm und seinen weiteren Eigenschaften. Es ist eines, irgendein Gegenstand irgendeiner Rede zu sein; ein anderes ist es, in einem emphatischeren Sinn mit stillschweigendem Bezug auf einen bestimmten Bereich zu existieren.

6. Die 8 Fälle

Das allgemeine Muster für das Vorgehen in der Übung des zweiten Teils ist nun noch etwas genauer zu bestimmen: Aus einem zur Untersuchung angenommenen Satz der Form „e ist (nicht) P" wird für gewisse weitere ‚Prädikate' Q (unter anderem P selbst) in einem ersten Durchgang (Fall 1) nicht bloß ‚gefolgert', daß dem e weder Q noch nicht-Q zukommt. Es wird, so scheint es, später dann noch einmal ‚gefolgert', daß dem e sowohl Q als auch nicht-Q zukommt (Fall 2). Nun würden wir annehmen, daß aus „e ist nicht-Q" folgt: „e ist nicht Q" und daß aus „e ist Q" folgt: „e ist nicht nicht-Q", so daß die Ergebnisse des Falles 1 aus denen des Falles 2 ‚gefolgert' werden könnten. Allerdings gilt in der traditionellen Lesart der Prädikatverneinung ‚nicht-P' die Umkehrung nicht. Wenn dem e aus irgendeinem Grund Q nicht zukommt, braucht noch nicht zu gelten, daß dem e nicht-Q zukommt. Ein Grund dafür ist folgendes Prinzip: Kommt dem e nicht-Q zu, so kommt ihm mindestens eine Eigenschaft zu, also ‚gibt' es das e. Es ist daher für die Aussagen der ersten Gruppe, die sagen, daß ein

---

[8] Wenn z. B. der Bearbeiter der von G. Eigler veranstalteten Ausgabe (Anm. S. 247) sagt: „Die erste Hypothese („wenn Eins ist") setzt das Eins in strengem Sinn als eins und schließt jede über es hinausgehende Bedeutung aus..." und: „Die zweite Hypothese ... spricht ... dem Eins das Sein ausdrücklich zu... hebt es aber zugleich als Eins auf", so ist dies sehr schwer verständlich.

Satz bzw. eine Aussage (irgendwie) falsch ist, tatsächlich weniger zu zeigen als für die der zweiten Gruppe, die sagen, daß einem Gegenstand allerlei (verneinte) Prädikate zukommen.

6.1 Fall 1

Im Durchgang durch die ‚erste Prämisse' „ei hen estin" (137c4–142a8) zeigt Parmenides dann zunächst, daß die bloße Setzung (Annahme) eines Gegenstandes (oder, und das wäre eine etwas andere Lesart, eines reinen Gegenstandsbereichs ohne Prädikate) zu keiner einzigen möglichen Aussage führt. D. h. die ‚Hypothese' besagt (in der hier favorisierten Lesart): Nehmen wir einmal an, es sei uns zunächst nur ein einziger Gegenstand e, genauer: der Gegenstand e_0 mit Namen „to hen" (also: „der Gegenstand" oder auch „das Individuum") gegeben. Was ergibt sich daraus? Folgt daraus (begrifflich), daß er ‚existiert'? Oder kann er auch nicht existieren? Folgt daraus, daß es andere Gegenstände gibt, von der sich der eine Gegenstand e_0 unterscheidet? Ist der Gegenstand in seiner Identität durch seine Unterschiede von allen anderen Gegenständen begrifflich bestimmt? Oder könnte es nur einen einzigen Gegenstand geben (so wie man sich vorstellen mag, daß das All ein einziger Gegenstand ist, neben und außer dem es ‚nichts' gibt)?

Das radikale Ergebnis der Analyse ist, daß nicht einmal Identitätsaussagen, d. h. Gleichungen der Form „x=x" und auch sonst keine Prädikate P(x) für einen derart absolut von allem anderen losgelösten Gegenstand e_0 definiert sind. Um dabei ein kurzes Beispiel der Argumentationsweise vorzuführen, betrachten wir den angegebenen Grund dafür, daß der Gegenstand mit Namen „das Individuum" nicht mit sich identisch sein soll.

Ein Satz, der üblicherweise so übersetzt wird: „das Eins (also: der Gegenstand e_0) ist mit sich identisch", nämlich: „to hen heautò tauton estin" wird, so behaupte ich, von Parmenides offenbar so ‚gelesen': „e_0 ist das in bezug auf sich Selbe". So gelesen ‚unterstellt' der Satz tatsächlich das, was Parmenides aus ihm ‚folgert', nämlich daß es schon zwei Gegenstände gibt: e_0 und die Identität [x: x=x], die in einer bestimmten Beziehung zueinander stehen. Um zu zeigen, daß es sich wirklich um zwei verschiedene Gegenstände handelt, zeigt Parmenides, daß die (Meta-)Eigenschaft ‚ein Gegenstand zu sein' und die (Pseudo-)Eigenschaft ‚mit sich identisch zu sein' nicht umfangsgleich sind, und zwar weil Gleichungen auch im Bereich der „ta polla" (‚Vielheiten'), der noch nicht als Individuen anzusehenden Klassen, definiert seien.

Damit erhalten wir – über die als immer erlaubt angesehene Abstraktion durch Nominalisierung – mehr Gegenstände, als uns die Prämisse des ersten Falles anzunehmen erlaubt.

Das Argument zeigt freilich nur, daß die Annahme des ersten Falles, es gebe nur einen einzigen Gegenstand, viel zu schwach ist für irgendeine positive ‚Folgerung'. Eben daher ist ein erneuter Durchgang durch eine ein wenig anders formulierte bzw. verstandene Prämisse notwendig, wie dies im zweiten Fall vorgeführt wird.

6.2 Fall 2

Die Frage dieses zweiten Falles ist: Was ergibt sich an positiven Aussagen aus der Annahme, ein Gegenstand (z. B. eben ‚die Einheit', oder ‚das Individuum' d. h. e_0) existiere? Nun, insgesamt ‚folgen' jetzt zuviele, sich widersprechende Aussagen über den Gegenstand e_0 und dann – im ‚dritten und vierten Fall' – auch über das Andere oder die Anderen (t'alla). Das heißt aber im Grunde nur, daß entweder weitere Disambiguierungen der Annahme bzw. des semantischen Bildes notwendig sind, wie sie freilich in diesem erklärtermaßen vornehmlich kritischen Dialog explizit nicht mehr angestrebt sind. Der Dialog will ja nicht mehr zeigen, als daß eine befriedigende ‚logische' Analyse des Begriffs des Gegenstandes, der Bildung abstrakter Gegenstands- und Redebereiche und der Beziehung zwischen abstrakten und konkreten Aussagen noch aussteht.

Es gibt aber auch positive Ergebnisse. Nachdem sich als zentrales Ergebnis des nur scheinbar bloß aporetischen ‚1. Falls' herausgestellt hat, daß der (Meta-)Begriff des Gegenstandes und der Pseudo-Begriff des Seins verschiedene Gegenstände sind, wissen wir jetzt, daß der Bereich der abstrakten Gegenstände gemäß der Neuinterpretation der Annahme im 2. Fall aufgrund der anerkannten Konstitutionsprinzipien mindestens zwei abstrakte Individuen a und b enthält. In 143d,e zeigt Parmenides dann, daß man aus a,b nach folgendem Muster abzählbar viele verschiedene Mengen bilden kann: Man erhält zunächst drei Gegenstände, wenn man zu a und b die Paarmenge c = {a,b} (genannt „ampho", „die Beiden") hinzufügt. Statt entsprechend fortzufahren, wechselt Parmenides das Konstruktionsmuster und sagt, für je zwei Anzahlen n,m könne man ‚das n-fache von m' bilden und erhalte so beliebig große Anzahlen. Dabei wird einfach unterstellt, daß sich für Mengen N, M, welche die Anzahlen n, m vertreten, nach dem Muster der uralten psephoi- oder Steinchen-Arithmetik so etwas wie das später „kartesisch" genannte Produkt MxN bilden läßt, d. h. (z. B.

in Reihen und Spalten geordnete) Paare (a,b) von Elementen aus M bzw. N. Im (impliziten) Hinweis auf derartige Produktbildungen besteht jede ‚Multiplikation'. Der Multiplikationskalkül hilft uns, entsprechend geordnete Paare ‚schnell zu zählen'. Ich vermute, daß Platon die Operation der Subtraktion zweier Mengen bzw. Anzahlen als nicht weiter begründungsbedürftig ansieht und daher nur zeigt, daß es beliebig große Zahlen gibt. Der Rest wird dem ‚Leser' überlassen: Über die Subtraktion erhalten wir ja alle natürliche Zahlen und damit einen unendlichen (sogar rein abstrakten) Gegenstandsbereich.[9]

Für das volle Verständnis des semantischen Bilds Platons ist nun auch noch ein Wissen um das ‚geometrische Urbild' zentral. Dazu ist zu erinnern, daß Platon in der Geometrie Punkte kategorial von den Flächen unterscheidet. D. h., es werden Punkte als Teilpunkte, nicht etwa als sehr kleine Flächen, und es werden Flächen nicht als eine Vereinigung von Punkten aufgefaßt, und zwar gerade weil sonst Aporien der Zenonschen Art folgen. Die Mereologie der Flächen und die mereologisch begründete Syllogistik bezieht sich in der Tat nur auf die strukturellen Verhältnisse nichtleerer extensionaler Teile[10], während die Element-Beziehung zwischen Gegenstand und Menge bzw. Punkt und Fläche anderen Regeln folgt. Merkwürdig ist z. B., daß ein Punkt, gerade indem er ein ‚Ganzes' ist, keine Teile enthält. Es ergibt sich, daß der Begriff des Gegenstandes als Individuum, dargestellt als nicht weiter teilbarer Punkt, nicht im normalen mereologischen Sinn den ebenfalls als Individuum aufgefaßten Begriff des „existierenden Gegenstandes" ‚umfassen' kann. Es ist daher eine im Detail zwar noch weiter zu untersuchende, aber nach meinem Urteil richtige, ja für das Verständnis des Dialogs sogar zentrale These, daß Platon an vielen Stellen an eine besondere ‚intensionale' Beziehung der Inhärenz „a≪b" zwischen zwei Individuen bzw. Punkten a, b denkt, denen eine ‚mereologische' Beziehung zwischen *zugehörigen Extensionen* A, B entspricht, und zwar nach folgendem Prinzip: Es gilt „a≪b" (lies: „a ist begrifflich mit dem Gegenstand b verbunden, bzw. der Gegenstand b nimmt Teil am Begriff a")[11] genau dann, wenn für die zugehörigen Extensionen gilt, daß B in A enthalten ist. „a≪b" bedeutet damit: Jedem x muß a zukommen, damit ihm b zukommt; a ist eine (begrifflich) notwendige Bedingung dafür, daß x (ein) b ist. In diesem Sinn

---
[9] Vgl. dazu bzw. dagegen Kutschera [1985: 83ff].
[10] Vgl. dazu den ersten Teil von Stekeler-Weithofer [1986].
[11] Die griechischen Ausdrücke sind u. a. proseinai, metechein, metalambanein.

nimmt z. B. der sitzende Sokrates (b) teil an der Person des Sokrates (a). Oder – und das klingt zunächst etwas merkwürdig – es nimmt der Begriff der kreisförmigen Figur teil am Kreis(förmigen) an sich. Das heißt genauer: Eine konkrete Figur f ist kreisförmig (modulo eines entsprechenden Urteilsmaßstabs q) genau dann, wenn sie (modulo q) teilhat am Begriff des Kreises c, d. h. wenn „f$\ll$c" (modulo q) gilt. Die Extension C von c (modulo q), d. h. der Bereich dessen, was in bezug auf den Maßstab q hinreichend kreisförmig ist, ‚enthält' neben allen entsprechenden Figuren f immer auch noch den ‚absoluten Standard' c (und zwar für jedes q). Damit ist klar, daß für zu einer (Ordnungs-) Relation gehörige ‚absolute Standards' wie das Kreisförmige c gilt: Wenn wir das Zukommen „$\ll$" nicht auf einen realen Maßstab q relativieren, sondern ‚absolut' lesen, dann gilt c$\ll$x im Grunde für kein x außer c selbst. Entsprechend gilt in der absoluten Lesart für das Kleine k oder das Große g nur k$\ll$k und g$\ll$g.[12]

Als Beispiel für die Art, wie Platon argumentiert, betrachte ich die schwierige Stelle (150a2ff), wo Parmenides die Annahme untersucht, daß die Kleinheit k (und die Größe g) im Einen zu liegen komme (engignetai, dann auch: eneinai). Das heißt hier ganz offenbar, daß k und g Elemente im extensional gedachten Individuenbereich E sind. Dabei bezieht sich k, das wir hier allein betrachten, auf irgendeine gegebene Größenordnung x<y im Individuenbereich E. Da k in E liegt, ergibt sich, daß $e_0 \ll k$ ist. Parmenides betrachtet dann folgende zwei Fälle:

(1)   Es gilt $e_0 \ll k$ *und* $k \ll e_0$
(2)   Es gilt bloß $e_0 \ll k$ aber *nicht* $k \ll e_0$

Im Fall (1) sind E und K koextensional („isos", 150a3), im Fall (2) ‚umfaßt' e_0 in einem intensionalen Sinn k („periechein"), und das heißt, so lese ich den Text, daß K ein echter Teilbereich von E wäre. (Ohne eine Umkehrung der ‚Inklusionrichtung' läßt sich der Abschnitt

---

[12] Parmenides schaltet manchmal sehr schnell von der einen Redeweise in die andere um, so daß noch einige interpretatorische Arbeit zu leisten ist, um herauszufinden, auf welche Sichtweise gerade Bezug genommen wird. Unsere Hypothese erklärt aber, warum Parmenides manchmal davon redet, daß Größe oder Kleinheit in etwas sind (vgl. 150a2), während andernorts davon gesprochen wird, daß eine Eigenschaft mit einem Gegenstand (etwa auch einem Begriff) verbunden sei (vgl. etwa 149e7) oder ihm zukomme oder er Teil an ihm habe (die Wörter sind u. a.: „kononia", „meros", oder eben „*metechein*"). Zum ‚intensionalen' Teil vgl. auch Kutschera [1995: 2.3.3 und SS. 62 ff, 86, 94].

nicht sinnvoll interpretieren!) Parmenides fährt fort: Wäre die Kleinheit (jetzt qua Extension in bezug auf die Inklusion) größer oder gleich der Extension des Einen (E), dann würde sie (also K bzw. k) ‚das Geschäft der Größe verrichten' („prattein ta megethous", 150a8). In der Tat gilt im Falle E = K wegen $K_q = [x:x<q]$ und $K = K_k = [x:x<k]$, daß jeder Gegenstand (in E) sogar in bezug auf den Maßstab k selbst und die vorausgesetzte Ordnung $x<y$ klein wäre. (K ist ja der Bereich des absolut Kleinen.) Damit wäre jeder Gegenstand in E zugleich auch größer oder gleich k. k wäre damit, wie Parmenides behauptet, nicht das Kleine, sondern das Große oder die Größengleichheit.[13]

Es ist daher der zweite Fall zu betrachten, in dem die Extension des absolut Kleinen K als echter Teilbereich von E aufzufassen ist. In diesem Fall, erklärt Parmenides, kann die Kleinheit aber nicht ‚in einem ganzen Teil' sein. D. h., es kann keine echte Extension E* geben mit zugehörigen e* und $k \ll e^*$. Denn sonst erhält man, wenn man das Argument auf E* einschränkt, daß k *in bezug auf* e* und die gegebene Ordnung $x<y$ nicht klein, sondern gleich groß oder größer als der gewählte Standard ist. Da k aber das absolut Kleine sein sollte, kann dies nicht der Fall sein. Nun, das einzige, was passieren könnte, wäre, daß E* einen Bereich absolut minimaler Elemente in bezug auf die Relation „$x<y$" (in E) bildet. An diese Möglichkeit denkt Parmenides offenbar nicht. Sie tritt auch dann nicht auf, wenn die Relation „<" antisymmetrisch ist. Ansonsten folgt Parmenides ganz richtig, daß nur für den Punkt k selbst die Beziehung „$k \ll k$" im absoluten Sinn gilt (150b7), d. h. in bezug auf jede (antisymmetrische) Ordnung ‚$x<y$' ist *nur* das *ideale* Element ‚das Kleine' oder ‚die Kleinheit' absolut klein.

6.3 Die Fälle 3 und 4

Im 3. Fall (157b6–158b4), den Kutschera etwas irreführend als „3. Hypothese" anspricht, geht es zunächst um negative Folgen unserer Prämisse (in der 2. Lesart) ‚für das Andere des Gegenstandes' (pros t'alla tou henos), d. h. für den Bereich dessen, was in bezug auf den Gegenstand etwas Anderes ist. Diese negativen Folgen machen (implizit) klar, daß man unterscheiden muß zwischen dem Gesamt der von einem Gegenstand oder einer bestimmten Individuen-Menge unterschiedenen Gegenständen in einem gegebenen Bereich, d. h. einer

---

[13] Wie alle anderen Interpreten liest Kutschera die Stelle anders.

Komplementklasse, und einem Komplementbegriff, der sich auch auf Bereiche bezieht, die keine Mengen oder Klassen sind. Die positiven Aussagen (mit möglicherweise negierten Prädikaten) über die Komplementklasse ergeben sich aus der zusätzlichen Annahme, daß eine solche selbst eine Einheit bildet (158b4–159b1). In diesem Zusammenhang unterscheidet Parmenides die Elemente einer Menge von Teilen einer Ganzheit explizit dadurch, daß die Elemente, wie die Punkte in einer Fläche, diskret zueinander sind, d. h. sich weder berühren, noch überlappen, noch nicht berühren oder nicht überlappen.

Im 4. Fall (der „4. Hypothese", 159b2–160b4) soll untersucht werden, was für den Komplementbegriff des Gegenstandes, d. h. den Begriff des Nichtgegenstandes ,folgt'. Der Ausdruck „t'alla tou henos" wird jetzt als ,das Andere des Begriffs des Gegenstandes' aufgefaßt (vgl. dazu auch 165e). Es stellt sich heraus, daß Bereiche von Nichtgegenständen unter anderem Kontinua sind, die sich willkürlich durch Einheitsmaße und Kriterien einteilen lassen. Ein noch nicht eingeteilter Bereich dieser Art heißt „Apeiron", „das noch nicht Begrenzte". Ein solcher Bereich ist noch durch keine Grenzziehung (peras) aufgeteilt. Andererseits ist ein Kontinuum als solches gerade dadurch definiert, daß es ,beliebig feine' Grenzziehungen und Maßeinheiten gibt, wie wir dies aus der Geometrie kennen. Wenn ein Bereich auch in seiner Ausdehnung kein Ende (horos) hat, ist er etwas ,Unendliches', ein Aoriston. Unendliche Kontinua sind z. B. Geraden oder Ebenen, ein endliches Kontinuum ist der Bereich der Winkel. Platon analogisiert den Bereich der Phänomene mit derartigen ,mathematischen' Kontinua, etwa wenn er im Sophistes bzw. Philebos die Idee entwickelt bzw. erwähnt, daß die Wahl von Maßeinheiten oder Maßstäben in Form fester Unterscheidungskriterien ,gegenständliche' Rede über etwas möglich macht, das ,für sich' vages Kontinuum ist. In der Tat sind es immer begrenzende Maße, welche eine invariante Rede über Erscheinungen ermöglichen.

Vor dem Hintergrund dieser allgemeinen Erwägung wird vielleicht auch deutlicher, wovon Parmenides in unserem Dialog zumindest manchmal spricht, wenn er das ,Andere des Gegenstandes' untersucht. Es gehören dazu neben der leeren Klasse – die ihre eigene Probleme hat – auch kontinuierliche Bereiche wie Flächen. Denn derartige Bereiche konstituieren zumindest zunächst, d. h. vor einer willkürlichen Bestimmung von Einheiten, gar keine meß- und zählbaren Gegenstandsmengen, jedenfalls dann nicht, wenn man sie nicht als Punktmengen ansieht. Sie gehören daher in gewisser Weise zum Bereichstyp des Apeiron oder Indefiniten. Zu diesem Typ zählt, wie gesagt, gerade auch der Bereich der ohne Wahl von Maßstäben, Kriterien oder Klassenbildungen noch gar nicht (situationsinvariant) individuierten Wahrnehmungen oder Phänomene.

Platon wußte natürlich – und weist zu Beginn des „Philebos" sogar explizit darauf hin – daß man auch einem Kontinuum, etwa einer Strecke oder einer Fläche, nach Wahl von Einheiten Zahlen, nämlich Proportionen, zuordnen kann. Wenn es sich um einen Teil einer komplexen Form der formentheoretischen Geometrie und damit um einen idealen Gegenstand in einem idealen Gegenstand handelt, dann sind die Proportionen sogar exakt (unabhängig von einer bloßen Messung als besonderem empirischen Parameter q!) definiert. Daß eine Proportion als verallgemeinerte Zahl verstanden wurde, zeigt sich schon daran, daß die Wörter „logos" (Proportion) und „arithmos" (Zahl, auch: Menge) in entsprechenden Kontexten offensichtlich austauschbar waren. Aber gerade wenn man dies weiß, liegt es nahe, die Frage zu stellen nach dem Unterschied zwischen einer diskreten Klasse von Elementen („ta polla", „das Viele") und einem Bereich, dessen Benennung im Deutschen mehr schlecht als recht als „das Andere (des Einen)" übersetzt wird. Wenn man so „das Andere" vom „Vielen" unterscheidet, läßt sich „t'alla" inhaltlich genauer als „nicht in diskrete Gegenstände gegliederter Bereich" übersetzen.

6.4 Die Fälle 5–8

Am Schluß wird dann die Negation unserer Prämisse auf ihre ‚Folgen' untersucht, die allerdings zwei Deutungen hat, nämlich:

- (A) Was ergibt sich, wenn wir annehmen, bestimmte Gegenstände existierten nicht („*ei hen me esti*": 160b ff)?
- (B) Was ergibt sich, wenn wir annehmen, es gäbe gar keinen einheitlichen Gegenstand, sondern nur nichts Gegenstandsartiges (165e: „*hen ei me estin*")?

Dabei werden wieder vier Klassen von Folgen unterschieden, nämlich a) positive Urteile mit möglicherweise negiertem Prädikat und b) negative Urteile. Diese Urteile beziehen sich 1) auf ‚den nichtseienden Gegenstand' und 2) auf ‚das Andere' d. h. auf mögliche ‚Komplementbegriffe' des nichtexistenten Gegenstandes. Die jetzt noch zu untersuchenden Fälle lassen sich damit schematisch kurz charakterisieren:

Der 5. Fall (160b5−163b6) untersucht die Fälle (a1).
Der 6. Fall (163b7−164b4) untersucht die Fälle (a2).
Der 7. Fall (164b5−165e1) untersucht die Fälle (b1).
Der 8. Fall (163e2 ff) untersucht die Fälle (b2).

Die von uns hier unterschiedenen Lesarten (A) und (B) der ‚Annahmen' werden dabei in den einzelnen Fällen zwar nicht so deutlich, aber doch voneinander unterschieden. Außerdem sind mögliche Lesarten des Anderen oder der Anderen genauer zu differenzieren.

Die Zusammenfassungen am Ende vergegenwärtigen dann nur noch formelhaft die Aporien. Sie sind ‚Ergebnisse' der Analyse im Sinn der impliziten Feststellung, daß die Aufgabe der Konstitutionsanalyse und Disambiguierung der Grundbegriffe und Methoden mereologischer und logischer Semantik, nämlich des Begriffs des Individuums im Unterschied zum Nichtgegenständlichen, des Prädikats, der Methode der Gegenstandsbildung durch Abstraktion, das Problem der Eigenschaften abstrakter Gegenstände und ihre Beziehung zur konkreten Welt noch zu lösen sind. Natürlich heißt dies, daß ‚die Logik' im Argen liegt. Aber dies zu wissen, ist das nicht eine große Leistung − ohne die dann auch die Leistung des Aristoteles kaum möglich gewesen wäre, auch wenn dieser unseren Dialog erstaunlicherweise nie zitiert?

Literatur

KUTSCHERA, Franz von [1995]: *Platons »Parmenides«*. Berlin/New York (de Gruyter).
PLATON: *Werke in acht Bänden*, Bd. 5. Hrg. v. G. Eigler, Darmstadt 1981.
PLATON: *Sämtliche Dialoge*, Bd. 4. Hrg. v. O. Apelt, Hamburg 1988.
STEKELER-WEITHOFER, Pirmin [1986]: *Grundprobleme der Logik. Elemente einer Kritik der formalen Vernunft*. Berlin/New York (de Gruyter).
STEKELER-WEITHOFER, Pirmin [1992]: *Hegels Analytische Philosophie. Die Wissenschaft der Logik als kritische Theorie der Bedeutung*. Paderborn etc. (F. Schöningh).
STEKELER-WEITHOFER, Pirmin [1992a]: „Plato and the method of science" *History of Philosophy Quarterly* 9, No. 4, 359−378.

Bestätigung und Relevanz*

von Werner Stelzner

In seiner Wissenschaftstheorie verweist Franz von Kutschera auf eine zweifache Konfusion, die sich durch die Behandlung des Bestätigungsproblems zieht: Erstens ist das die Voraussetzung, es gäbe genau ein adäquates Explicandum des Bestätigungsbegriffes, wobei übersehen wird:

> „... daß es verschiedene intuitive Explicanda des Bestätigungsbegriffes gibt, die sich z. B. in verschiedenen, teilweise untereinander unverträglichen Adäquatheitskriterien ausdrücken. Und wir glauben, daß viele Kontroversen in den einschlägigen Diskussionen sich durch eine Unterscheidung dieser intuitiven Explicanda vermeiden lassen."[1]

Zweitens wird vielfach nicht konsequent zwischen Bestätigungskriterien, durch die Bestätigungsbegriffe charakterisiert werden, und Akzeptationsregeln unterschieden.[2] Dieser Warnung eingedenk sollen im folgenden einige Überlegungen entwickelt werden, die in die Explikation alternativer Bestätigungsbegriffe münden werden, von denen aber keiner Anspruch auf universelle intuitive Adäquatheit erhebt. Dabei werde ich mich einem Problem zuwenden, das für unterschiedliche Explikationsversuche des Bestätigungsbegriffes von grundsätzlicher Bedeutung ist und das in unterschiedlichen Anwendungskontexten verschiedenartige Lösungen verlangt: Ich werde mich auf eine dritte Konfusion konzentrieren, an der die Behandlung der Bestätigungsproblematik und die logisch orientierte Wissenschaftstheorie allgemein leidet. Es ist dies die Voraussetzung, es gäbe nur einen Begriff logischer Folgebeziehung, der als Grundlage der Explikation dienen kann, und dieser Begriff logischer Folgebeziehung sei durch die klassische Folgebeziehung expliziert. Diese Konfusion ist eine Ursache dafür, daß be-

---

* Der Autor dankt dem *Center for Philosophy of Science* der *University of Pittsburgh* für die großzügige Unterstützung der Arbeit zu diesem Thema.
[1] Kutschera (1972, Bd. II, 403 f.). Vgl. dazu auch Smokler (68) und Lenzen (74).
[2] Vgl. Kutschera (1972, 404).

stimmte Schwierigkeiten mit der formalen Explikation von Bestätigungsbegriffen nicht als Problem der im gegebenen Anwendungskontext zugrunde gelegten klassischen Folgebeziehung erkannt wurden, das beim Übergang zu alternativen nichtklassischen Folgerungsbegriffen zu lösen ist.

1. Bestätigungsholismus

Im Zentrum der folgenden Untersuchung steht die Frage, welche logischen Folgerungen man bezüglich unterschiedlicher Basisbestätigungsbegriffe aus der Bestätigung eines Satzes für die Bestätigung anderer Sätze ziehen kann. Wenn man Prinzipien expliziert, die durch beliebige sinnvolle Bestätigungsbegriffe erfüllt werden sollen, so ist eines der grundlegendsten Prinzipien das der Vermeidung des Bestätigungsholismus bzw. des Disbestätigungsholismus[3] in folgendem Sinne:

PHC. Nicht für alle G_1, G_2 gilt: Aus der Bestätigung von G_1 folgt die Bestätigung von G_2.

PHD. Nicht für alle G_1, G_2 gilt: Aus der Bestätigung von G_1 folgt die Disbestätigung von G_2.

Zu diesen negativen Prinzipien (die häufig lediglich implizit vorausgesetzt werden) können in speziellen Explikationen von Bestätigungsbegriffen weitere negative Bestätigungsprinzipien hinzugefügt werden:

PHC$_1$. Aus der Bestätigung von $G_1 \wedge \neg G_1$ folgt nicht die Bestätigung eines beliebigen G_2.

PHC$_2$. Aus der Bestätigung von $G_1 \vee \neg G_1$ folgt nicht die Bestätigung eines beliebigen G_2.

PHC$_3$. Die Bestätigung von $G_1 \vee \neg G_1$ folgt nicht aus der Bestätigung eines beliebigen G_2.

PHC$_4$. Es gibt kein G_1, so daß für jedes G_2 aus der Bestätigung von G_1 die Bestätigung von G_2 folgt.

PHC$_5$. Nicht für jedes G gilt, daß aus der Bestätigung von G die Bestätigung von $\neg G$ folgt.

Hempel (1966: 169 f.) nimmt in seine Liste der Adäquatheitsbedingungen für beliebige Bestätigungsbegriffe die Konsequenzbedingung

---

[3] Disbestätigung einer Aussage wird hier als als Bestätigung der Negation der Aussage verstanden.

(CC) der Bestätigung auf: „If an observation report confirms every one of a class *K* of sentences, then it also confirms any sentence which is a logical consequence of *K*". Für die im Zentrum unserer Untersuchung stehende Relation „Die Bestätigung von E bestätigt die Hypothese H" (symbolisch: C(E/H)) erhalten wir mit (CC) die folgenden Resultate, vorausgesetzt wir ersetzen (wie dies Standard bei Hempel ist) „logisch" durch „klassisch logisch":

(1) $C(p/p \lor q)$ (2) $C(q/p \supset q)$ (3) $C(p/\neg p \supset q)$
(4) $C(p \land q/p)$ (5) $C(p \land q/p \lor q)$ (6) $C(\neg p \land (p \lor q)/q)$

Mit Kutschera (1972: 402 ff.) und Lenzen (1974) wird vorausgesetzt, daß die Bestätigung stets in einem bestimmten Bestätigungskontext bezüglich eines dort vorauszusetzenden Hintergrundwissens A vollzogen wird.[4] Dabei wird A als akzeptierte Satzmenge verstanden. Wir wollen aber Kutschera (1972: 408) nicht darin folgen, daß der bestätigende Satz E ebenfalls als wahr akzeptiert sein muß, vorausgesetzt wird lediglich, daß E selbst bestätigt ist. Das schließt natürlich nicht aus, daß E auch verifiziert sein kann.

Wenn wir, wie bei der von uns gegebenen Explikation möglich, den durch die Bedingung (CC) charakterisierten Bestätigungsbegriff mit der Konversen Konsequenzbedingung (CCC) verknüpfen, wonach die Konklusion einer logischen Folgerung die Prämissen dieser Folgerung bestätigt, wird die Situation für einen transitiven Bestätigungsbegriff schwierig, denn mit Hilfe der Konversen Konsequenzbedingung erhalten wir auf Basis der klassischen Folgerungsrelation folgende Bestätigungsprinzipien:

(7) $C(p \supset q/q)$ (8) $C(p \lor q/q)$ (9) $C(p/p \land q)$.

Speziell (7) und (8) scheinen für einen adäquaten Bestätigungsbegriff wenig passend zu sein. So kann $p \supset q$ unter Verwendung von (CC) bestätigt (oder sogar verifiziert) werden, indem $\neg p$ bestätigt (verifiziert) wird. Aber das kann vollkommen irrelevant für die Wahrheit oder Falschheit von q sein, und in diesem Fall sagt dann die Bestätigung (Verifikation) von $p \supset q$ nichts über die in (7) behauptete Bestätigung von q aus. Mehr noch kann dies (wie z. B. im folgenden Falle) zur Disbestätigung von q führen: Mit (CC) erhalten wir (10)

---

[4] Da wir aber im folgenden stets den gleichen Bestätigungskontext A voraussetzen, werden wir an den Stellen, wo dies ohne Verlust der Eindeutigkeit der Darstellung möglich ist, auf die explizite Angabe eines Parameters für dieses Hintergrundwissen verzichten.

$C(p/\neg p \supset \neg p)$, und nach (CCC) gilt (11) $C(\neg p \supset \neg p/\neg p)$. Mit dem Transitivitätsprinzip

(TP) Wenn $C(G_1/G_2)$ und $C(G_2/G_3)$, dann $C(G_1/G_3)$.

erhalten wir (12) $C(p/\neg p)$. Mit (CC), (CCC) und (TP) wird das Basisprinzip PHC_5 also ungültig. Mehr als das, wir erhalten, daß jeder Satz G_1 jeden Satz G_2 bestätigt: Nach (CC) gilt (13) $C(p/\neg p \supset q)$. Mit (CCC) daraus (14) $C(\neg p \supset q/q)$. Also, mit (TP) (15) $C(p/q)$.

Keines der eingangs genannten Basisprinzipien der Bestätigung (PHC), (PHD) und (PHC_1) bis (PHC_5) wird demnach erfüllt, wenn wir deduktive Bestätigung (bestimmt durch (CC)) und reduktive Bestätigung (bestimmt durch (CCC))[5] in der dargestellten Weise miteinander kombinieren. Auf diesem Wege verfallen wir gerade in den unerwünschten universellen Holismus für Bestätigung und Disbestätigung. Hempel (1966: 170 f.) schließt deshalb die Konverse Konsequenzbedingung aus der Liste der Adäquatheitsbedingungen für Bestätigungsdefinitionen aus. Dieser Ausschluß könnte umgangen werden, wenn das Ziel aufgegeben wird, einen einheitlichen Bestätigungsbegriff zu explizieren, der sowohl deduktive als auch reduktive Bestätigung umfaßt. Statt dessen sind dann, Kutscheras Warnung vor der oben genannten ersten Konfusion bei der Behandlung der Bestätigungsproblematik folgend, nur spezifizierte Bestätigungsbegriffe erlaubt.

Im Einklang mit der üblichen wissenschaftlichen Praxis expliziert Kutschera (1972: 407 f.) mit dem deduktiven Bestätigungsbegriff einen spezifizierten Bestätigungsbegriff, für den die Konverse Konsequenzbedingung die Explikationsgrundlage liefert:

> „D5.1−1: Eine Theorie oder Hypothese H *bewährt* sich an einem Satz E der Beobachtungssprache bzgl. der Voraussetzungen A − symbolisch B(H,A,E) − genau dann, wenn gilt:
> a) H,A → E   b) es gilt nicht A → E, und
> c) es gilt nicht H → ¬A."

Für diesen Bestätigungsbegriff sind die Voraussetzungen der oben vorgenommenen Konstruktion des Bestätigungsholismus nicht gege-

---

[5] „Deduktive Bestätigung" ist hier als Bestätigung entsprechend der Deduktionsrichtung von den Prämissen eines deduktiven Schlusses auf die Konklusion eines solchen Schlusses zu verstehen. Induktive Bestätigung ist dann kein Spezialfall deduktiver Bestätigung, sondern ein Spezialfall reduktiver Bestätigung. Wir weichen damit von der Verwendungsweise bei Hempel und bei Kutschera ab (vgl. Kutschera (1972: 405)).

ben. Es gilt zwar die (CCC) entsprechende *Konverse Folgerungsbedingung*

IVa)   *Konverse Folgerungsbedingung*: Gilt H,A → E und gilt weder A → E noch H → ¬A, so gilt B(H,A,E).

Die dem Hempelschen Prinzip (CC) entsprechenden *Folgerungsbedingung* IVb) und *Spezielle Konsequenzbedingung* IIb) und die *Spezielle Konsistenzbedingung* Vb) gelten für diesen Bestätigungsbegriff nicht:[6]

IIb)   *Spezielle Konsequenzbedingung*: Gilt H,A → H′, aber nicht A → H′, und gilt B(H,A,E), so gilt auch B(H′,A,E).
IVb)   *Folgerungsbedingung*: Gilt E,A → H, aber weder A → H, noch E → ¬A, so gilt B(H,A,E).
Vb)   *Spezielle Konsistenzbedingung*: Die Klasse aller Hypothesen H mit B(H,A,E) ist mit A konsistent.

In Kutscheras Explikation des deduktiven Bestätigungsbegriffs wird die klassische Folgebeziehung als Basisfolgebeziehung vorausgesetzt. Dadurch entstehen trotz der Zusatzbedingungen b) und c) Bestätigungsirrelevanzen, bei denen die volle oder die partielle Bestätigung der Bestätigungsinstanz E nicht zur zumindest partiellen Bestätigung der Hypothese H führt. Beispiele dafür sind:

$B(p, A, p \vee q)$, $B(p, A, q \supset p)$, $B(\neg p, A, p \supset q)$,
$B(q, A, p \vee (\neg p \wedge q))$

Wenn derartige Irrelevanzen vermieden werden sollen, muß also eine andere Basisfolgebeziehung für den Bestätigungsbegriff zugrunde gelegt werden.

2. *Erfüllungsbedingungen und partielle Bestätigung*

Auf der Suche nach semantisch fundierten Relevanzkriterien für Bestätigungsrelationen, die nicht vordergründig am syntaktischen Resultat der Vermeidung des universellen Holismus orientiert sind, ist eine Revision der dem deduktiven wie auch dem reduktiven Bestätigungsbegriff zugrunde liegenden klassischen Folgerungstheorie unumgänglich, denn diese Folgerungstheorie ist weder für den deduktiven Bestä-

---

[6] Vgl. Kutschera (1972: 411f.).

tigungsbegriff noch für den reduktiven Bestätigungsbegriff die logisch adäquate Basis. Dem entsprechend wird der hier vorzuschlagende Ausweg nicht darauf hinauslaufen, die Prinzipien (CC) und (CCC) als gültige Bestätigungsprinzipien zu verwerfen. Verworfen wird aber die Bindung dieser Prinzipien an die klassische Folgerungstheorie, und statt dessen werden spezielle Varianten von unterschiedlichen Arten relevanter Entailmentrelationen als Basis dieser Prinzipien eingeführt.

Um das zu tun, sollen in einem ersten Schritt semantische Bedingungen für eine Bestätigungsrelation entwickelt werden. So kann der syntaktisch gegen die diskutierten Prinzipien der deduktiven und reduktiven Bestätigung gerichtete Diskonfirmationsholismus semantisch qualifiziert werden und in die Forderung nach speziellen Arten relevanter Folgerungsrelationen transformiert werden. Um dieser Lösung näherzukommen, werden wir die deduktiven und reduktiven Bestätigungsbegriffe auf Folgebeziehungen aufbauen, die an relevanten Erfüllungsbedingungen für Ausdrücke orientiert sind. Solche Bedingungen können im folgenden Begriffsrahmen definiert werden:

Der Ausdruck „Die Menge relevanter Erfüllungsbedingungen der Formelmenge $M_1,...,M_i$" wird durch $CF(M_1,...,M_i)$ abgekürzt. Die Elemente von $CF(M_1,...,M_i)$ (d. h., die relevanten Erfüllungsbedingungen $M^1,...,M^j$ der Formelmenge $\{M_1,...,M_i\}$) sind Mengen von negierten oder unnegierten Aussagenvariablen. Die logischen Konstanten $\neg, \wedge, \vee, \supset$ und $\equiv$ werden semantisch wie die entsprechenden Konstanten der klassischen Aussagenlogik behandelt.

DCF. 1. Wenn g eine Aussagenvariable ist, so gilt
$CF(g)=\{\{g\}\}$ und $CF(\neg g)=\{\{\neg g\}\}$.
2. Wenn $CF(M)=\{M^1,...,M^j\}$ ist und $CF(N)=\{N^1,...,N^k\}$ ist, dann gilt
$CF(M \wedge N) = \{M^1 \cup N^1,...,M^1 \cup N^k,...,M^j \cup N^k\}$
$CF(M \vee N) = \{M^1,...,M^j, N^1,...,N^k\}$
$CF(M \supset N) = CF(\neg M \vee N)$
$CF(\neg(M \wedge N)) = CF(\neg M \vee \neg N)$
$CF(\neg(M \vee N)) = CF(\neg M \wedge \neg N)$
$CF(\neg(M \supset N)) = CF(M \wedge \neg N)$
$CF(\neg \neg M) = CF(M)$
$CF(M_1,...,M_n) = CF(M_1 \wedge (... \wedge M_n)...)$.

Für jede Erfüllungsbedingung M^i von $CF(M_1,...,M_n)$ gilt folgendes: Wenn alle Elemente von M^i wahr sind, dann sind alle Aussagen $M_1,...,M_n$ wahr. Und wenn kein Element M^i von $CF(M_1,...,M_n)$ (also der Menge relevanter Erfüllungsbedingungen der Aussagenmenge $M_1,...,M_n$) derart existiert, daß alle Elemente von M^i wahr sind, so ist mindestens eine der Aussagen $M_1,...,M_n$ falsch.

In diesem Rahmen führen wir den Begriff „g bestätigt $G_1,...,G_n$ elementar" (symbolisch: $C^e(g/G_1,...,G_n)$) ein:

(PC^e) $C^e(g/G_1,...,G_n)$ genau dann, wenn
$\exists G^j(g \in G^j \wedge G^j \in CF(G_1,...,G_n))$.

Als Minimalbedingung für eine bestehende Bestätigungsrelation zwischen Sätzen in einem gegebenen Bestätigungskontext führen wir auf dieser Basis die Relation der partiellen Bestätigung von G_2 durch G_1 ein (symbolisch: $C^p(G_1/G_2)$):

(PC^p) $C^p(G_1/G_2)$) genau dann, wenn $\forall g(C^e(g/G_1) \Rightarrow C^e(g/G_2))$.

Hieraus erhalten wir, daß für Elementarausdrücke g gilt: $C^e(g/G) \Rightarrow C^p(g/G)$. Offensichtlich gelten:

(1^p) $C^p(p/p \vee q)$ (2^p) $C^p(q/p \supset q)$ (3^p) $C^p(p/\neg p \supset q)$
(5^p) $C^p(p \wedge q/p \vee q)$ (9^p) $C^p(p/p \wedge q)$

Keine der folgenden Beziehungen gilt:

(4^p) $C^p(p \wedge q/p)$ (6^p) $C^p(\neg p \wedge (p \vee q)/q)$ (7^p) $C^p(p \supset q/q)$
(8^p) $C^p(p \vee q/q)$ (12^p) $C^p(p/\neg p)$ (15^p) $C^p(p/q)$

3. Reduktive Bestätigung

Für den reduktiven Bestätigungsbegriff, der dem Schema

E bestätigt reduktiv H bezüglich der Annahmenmenge A

folgend den Bestätigungskontext in Form der akzeptierten Hintergrundannahmen A explizit berücksichtigt, nehmen wir als eine erste notwendige Bedingung an, daß H durch E im eingeführten Sinne partiell bestätigt wird. Diese partielle Bestätigungsrelation betrifft direkt das Verhältnis von E zu H und ist nicht auf die Menge der Hintergrundannahmen A relativiert.

Aber für reduktive Bestätigung ist bestätigende Evidenz des bestätigenden Satzes E für die zu bestätigende Hypothese H nicht genug. Zusätzlich ist für diese strengere Bestätigungsprozedur zu fordern, daß die strenge Disbestätigung (Falsifikation) von E zur strengen Disbestätigung von H bezüglich der akzeptierten Hintergrundannahmen A führt.

Im klassischen Sinne kann die Falsifikationsrelation zwischen zwei Sätzen G_1 und G_2 bezüglich der Annahmenmenge A (symbolisch: $F^k(A,G_1/G_2)$) folgendermaßen eingeführt werden:

(PF^k)   Bezüglich der Annahmenmenge A falsifiziert G_1 klassisch G_2 genau dann, wenn aus G_1 und A klassisch $\neg G_2$ folgt.

Wenn wir für reduktive Bestätigung neben bestätigender Relevanz falsifizierende Relevanz der Falsifikation der Bestätigungsinstanz fordern, ist das im klassischen Fall mit der Forderung äquivalent, der reduktiv bestätigende Satz E selbst solle im gegebenen Bestätigungskontext A aus der zu bestätigenden Hypothese H klassisch logisch folgen. Das ist aber gerade die Bedingung a) der Kutscheraschen Explikation des deduktiven Bestätigungsbegriffs. Mit der klassischen Folgebeziehung und ihren Voraussetzungen, daß Widersprüche nicht verifiziert werden können und Tautologien stets verifiziert sind, würden wir für einen Bestätigungsbegriff, der Bedingung a) nicht beschränkt, erhalten, daß Widersprüche reduktiv durch beliebige Sätze bestätigt werden und daß andererseits Tautologien beliebige Sätze bestätigen. Damit würde aber gerade gegen eingangs genannte Prinzipien zur Vermeidung des Bestätigungsholismus verstoßen. Kutschera reagiert darauf mit den Zusatzbedingungen b) nicht: A→E und c) nicht: H→¬A. Obwohl damit der Bestätigungsholismus vermieden wird, ist die so gesicherte Relevanz extrem schwach. Es gilt jetzt:

(SR)   Wenn B(H,A,E), so $\{g: C^e(H,A)\} \cap \{g: C^e(E)\} \neq \emptyset$.

Dadurch kann nur in Ausnahmefällen Erfüllungsrelevanz von E für H erreicht werden. Die Spezifizierung der klassischen Folgebeziehung durch die Bedingungen b) und c) ist auch in dem Sinne problematisch, daß damit die Monotonie der Bestätigungsrelation aufgegeben wird: Was in einem kleineren Kontext bestätigt wird, wird nicht unbedingt in einem umfangreicheren Kontext bestätigt, obwohl sich weder die zu bestätigende Hypothese H noch die bestätigende Evidenz H geändert haben.

Mit Bedingung a) allein könnte sowohl die Monotonie der Bestätigungsrelation als auch die Gültigkeit des schwachen Relevanzprinzips (SR) bei gleichzeitiger Vermeidung des Bestätigungsholismus gesichert werden, wenn zu einer relevanten Folgebeziehung im Sinne der Tautological Entailments übergegangen wird.

Für die tautologische Entailmentrelation gilt, daß jede vollständige Erfüllung des falsifizierenden Satzes zur vollständigen Erfüllung der Negation des zu falsifizierenden Satzes führt. Da nicht vorausgesetzt wird, daß Kontradiktionen a priori falsifiziert sind oder durch jeden beliebigen Satz falsifiziert werden und dual dazu nicht jede Tautologie a priori verifiziert ist bzw. durch jeden Satz verifiziert wird, erweist sich das System der Tautological Entailments[7] als adäquate Folgebeziehung, durch die die Falsifikationsbedingung für reduktive Bestätigung in Situationen modelliert wird, in denen bestimmte Sätze G und ¬G zugleich bejaht werden oder weder G noch ¬G bejaht wird.

Bestätigungskontexte sind epistemische Kontexte, es gibt deshalb keinen logischen Grund für den (bei Zugrundelegen der klassischen Folgebeziehung notwendigen) Ausschluß der Möglichkeit, daß unsere Beobachtungsberichte die Erfüllung von G und von ¬G erlauben könnten oder weder G noch ¬G erfüllen. Diesen Überlegungen entsprechend kann die tautologische Falsifikationsbedingung folgendermaßen formuliert werden:

(PF^t) Die Verifikation von G_1 falsifiziert auf Basis von A tautologisch G_2 (symbolisch: F^t(A,G_1/G_2)) gdw. $\forall G_1^i \exists G_2^i (G_1^i \in CF(A,G_1)$ $\Rightarrow G_2^i \in CF(\neg G_2) \wedge G_1^i \wedge G_2^i)$.

Auf Basis der klassischen und der tautologischen Falsifikationsrelationen können reduktive Bestätigungsrelationen eingeführt werden, welche die folgenden Bedingungen der partiellen Bestätigung und der möglichen strengen Disbestätigung (Falsifikation) erfüllen:

(PC^{Rk}) Der Satz G_1 bestätigt bezüglich der Annahmenmenge A klassisch reduktiv G_2 (C^{Rk}(A,G_1/G_2)) genau dann, wenn
(C) C^P(G_1/G_2)   und   (Rk) F^k(A,¬G_1/G_2).

und für die tautologische reduktive Bestätigung

(PC^{Rt}) Der Satz G_1 bestätigt bezüglich der Annahmenmenge A tautologisch reduktiv G_2 (C^{Rt}(A,G_1/G_2)) genau dann, wenn
(C) C^P(G_1/G_2)   und   (Rt) F^t(A,¬G_1/G_2).

Wie die klassische Folgebeziehung erfüllt auch die tautologische Entailmentrelation die Bedingung (C) nicht. Die Aufnahme dieser Bedingung ist also auch bei Voraussetzung der tautologischen Entailmentrelation unverzichtbar, um bestätigende Relevanz des bestätigen-

---

[7] Vgl. Anderson/Belnap (1975/1992).

den Satzes E für die Hypothese H zu sichern. Als Beispiele klassisch und tautologisch gültiger Entailments ohne Erfüllungsrelevanz können genannt werden:

(16) $p \vdash p \vee q$ (17) $p \vdash \neg p \supset q$ (18) $\neg q \vdash q \vee \neg q$
(19) $p \vdash p \vee (q \wedge r)$ (20) $\neg q \vdash q \vee \neg q$

Beispiele klassisch gültiger Folgebeziehungen ohne Erfüllungsrelevanz, die nicht tautologisch gültig sind:

(21) $p \wedge \neg p \vdash q$ (22) $p \vdash q \vee \neg q$ (23) $p \vdash \neg q \vee (q \wedge p)$

Beispiele klassisch gültiger Folgebeziehungen mit Erfüllungsrelevanz, die nicht tautologisch gültig sind:

(24) $\neg p \wedge (p \vee q) \vdash q$ (25) $p \wedge (p \supset q) \vdash q$
(26) $\neg q \wedge (p \supset q) \vdash \neg p$

Die Folgebeziehungen (16) bis (23) erfüllen (1^R) nicht, weil in ihnen die Konklusion zumindest partiell durch Erfüllung von q erfüllt werden kann, obwohl keine Erfüllung von q zumindest partiell die Prämissen dieser Entailments erfüllt. (21) bis (26) sind keine gültigen tautologischen Entailments, weil in ihnen zur Begründung des Folgens der Konklusion aus den gegebenen Prämissen vorausgesetzt werden müßte, daß zwei Ausdrücke G und $\neg$G nicht zugleich akzeptiert werden können und einer von beiden aus logischen Gründen akzeptiert werden muß.

Mit (PC^{Rk}) bzw. (PC^{Rt}) kann man jetzt kontextfreie klassische und tautologische Folgebeziehungen für reduktive Bestätigung definieren:

(DE^{Rk}) Aus G_1 folgt klassisch G_2 im Sinne reduktiver Bestätigung
— (G_1 $_{Rk}\to$ G_2) —
genau dann, wenn $\forall A \forall E$ ($C^{Rk}(A,E/G_1) \Rightarrow C^{Rk}(A,E/G_2)$).

(DE^{Rt}) Aus G_1 folgt tautologisch G_2 im Sinne reduktiver Bestätigung
— (G_1 $_{Rt}\to$ G_2) —
genau dann, wenn $\forall A \forall E$ ($C^{Rt}(A,E/G_1) \Rightarrow C^{Rt}(A,E/G_2)$).

Offensichtlich gilt:

($MT1^k$) G_1 $_{Rk}\to$ G_2 genau dann, wenn
(1) $G_1 \vdash_k G_2$ (G_2 ist klassisch aus G_1 ableitbar) und
(2) $C^p(G_2/G_1)$.

($MT1^t$) G_1 $_{Rt}\to$ G_2 genau dann, wenn
(1) $G_1 \to_t G_2$ (G_2 folgt tautologisch aus G_1) und
(2) $C^p(G_2/G_1)$.

Nach (MT1^k) erweist sich die klassische Folgebeziehung für reduktive Bestätigung als klassisch streng relevantes Entailment, und nach (MT1^t) ist die tautologische Folgebeziehung mit der tautologisch streng relevanten Entailmentbeziehung äquivalent.[8]

Über diese Folgebeziehungen ist jetzt auch definierbar „Die Bestätigung von G_1 bestätigt klassisch reduktiv G_2" (symbolisch: $C^{rk}(G_1/G_2)$) und „Aus der tautologisch reduktiven Bestätigung von G_1 folgt die tautologisch reduktive Bestätigung von G_2" (symbolisch: $C^{rt}(G_1/G_2)$):

(D^{rk}) $C^{rk}(G_1/G_2)$ genau dann, wenn G_2 $_{Rk}\rightarrow G_1$.
(D^{rt}) $C^{rt}(G_1/G_2)$ genau dann, wenn G_2 $_{Rt}\rightarrow G_1$.

Als gültige Regeln für solche Folgebeziehungen[9] haben wir:

(KE^{R*}) Wenn G_2 $_{R*}\rightarrow G_1$, dann $G_2 \wedge G_3$ $_{R*}\rightarrow G_1$.
(KC^{R*}) Wenn $C^{r*}(G_1/G_2)$, dann $C^{r*}(G_1/G_2 \wedge G_3)$.

Demnach sind diese Folgebeziehungen monoton: Wenn ein Satz aus einer Prämisse folgt, so folgt er aus jeder Konjunktion dieser Prämisse mit einem beliebigen anderen Satz. Aus der reduktiven Bestätigung eines Satzes in einem gegebenen Bestätigungskontext folgt dann die reduktive Bestätigung jeder Konjunktion aus diesem Satz und einem beliebigen anderen Satz im gleichen Bestätigungskontext.

4. Deduktive Bestätigung

Bei der vorn skizzierten Konstruktion des Bestätigungsholismus wurde die Hempelsche *Konverse Konsequenzbedingung* (bzw. die bei Kutschera explizierte *Konverse Folgerungsbedingung*) als reduktives Bestätigungsprinzip genutzt. Außerdem wurde in Form der Hempelschen *Entailmentbedingung* und dessen *Konsequenzbedingung* (bzw. der bei Kutschera explizierten Folgerungsbedingung und der *Speziellen Konsequenzbedingung*) auf Bestätigungsprinzipien Bezug genommen, die für einen deduktiven Bestätigungsbegriff stehen. Die undifferenzierte Vereinigung dieser Prinzipien führt auf Basis der klassischen Fol-

---

[8] Vgl. Stelzner (1994: 153 ff. und 157 ff.). Für diese erfüllungsrelevanten Folgebeziehungen werden dort auch adäquate Wertesemantiken angegeben.
[9] Wenn im folgenden der Index R* oder r* erscheint, ist er so zu verstehen, daß die entsprechende Behauptung sowohl dann gilt, wenn für * der Index k als auch wenn für * der Index t eingesetzt wird.

gerungstheorie zu dem auch bei Kutschera (1972: 412) beschriebenen paradoxen Resultat des extremen Bestätigungsholismus.

Der intuitiv akzeptabel erscheinende Gehalt der deduktiven Bestätigungsbedingungen kann aber unter Vermeidung des Bestätigungsholismus über die Explikation von deduktiven Bestätigungsbegriffen für die Bestätigungstheorie erhalten werden. Das wichtigste semantische Prinzip der deduktiven Bestätigung ist, daß auf Basis der Hintergrundannahmen A jede vollständige Erfüllung (Verifikation) der deduktiv bestätigenden Evidenz E auch jede mit A und E gewinnbare Konklusion vollständig erfüllt (verifiziert).

Analog zur Explikation der Falsifikationsbedingungen für die reduktive Bestätigung führen wir klassische und tautologische Spezifizierungen von „G_1 verifiziert G_2" als „Die Verifikation von G_1 impliziert die Verifikation von G_2" im folgenden Sinne ein:

(PV^k) G_1 verifiziert auf Basis von A klassisch G_2 ($V^k(A,G_1/G_2)$) genau dann, wenn
G_2 aus der Prämissenmenge A,G_1 klassisch folgt.
(PV^t) G_1 verifiziert auf Basis von A tautologisch G_2 ($V^t(A,G_1/G_2)$) genau dann, wenn
$\forall G_1^i \exists G_2^i (G_1^i \in CF(A,G^1) \Rightarrow G_2^i \in CF(G^2) \wedge G_1^i \supseteq G_2^i)$.

Als zweite semantische Bedingung für die deduktive Bestätigung benötigen wir, daß die Bestätigungsinstanz die Konklusion partiell bestätigt: Jede partielle Erfüllung eines Elements der Menge der bestätigenden Sätze impliziert die partielle Erfüllung der zu bestätigenden Hypothese. Hätten wir es nur mit verifizierten Sätzen als bestätigenden Sätzen zu tun, wäre diese zweite Bedingung für deduktive Bestätigung überflüssig.

(PC^{Dk}) Der Satz G_1 bestätigt relativ zum Hintergrundwissen A klassisch deduktiv G_2 ($C^{Dk}(A, G_1/G_2)$) genau dann, wenn
(C) $C^p(G_1/G_2)$ und (Dk) $V^k(A,G_1/G_2)$.
(PC^{Dt}) Der Satz G_1 bestätigt relativ zum Hintergrundwissen A tautologisch deduktiv G_2 ($C^{Dt}(A,G_1/G_2)$) genau dann, wenn
(C) $C^p(G_1/G_2)$ und (Dt) $V^t(A,G_1/G_2)$.

Analog zum reduktiven Fall können wir kontextfreie Entailmentrelationen für klassische und tautologische deduktive Bestätigung in folgender Weise definieren:

(DE^{Dk}) Aus G_1 folgt klassisch G_2 im Sinne deduktiver Bestätigung
  – (G_1 $_{Dk}\to G_2$) –
  genau dann, wenn $\forall A \forall E(C^{Dk}(A,E/G_1) \Rightarrow C^{Dk}(A,E/G_2))$.
(DE^{Dt}) Aus G_1 folgt tautologisch G_2 im Sinne deduktiver Bestätigung
  – (G_1 $_{Dt}\to G_2$) –
  genau dann, wenn $\forall A \forall E (C^{Dt}(A,E/G_1) \Rightarrow C^{Dt}(A,E/G_2))$.

Für diese Folgebeziehungen gilt:

(MT2^k) G_1 $_{Dk}\to G_2$ genau dann, wenn (1) $G_1 \vdash_k G_2$ und (2) $C^p(G_1/G_2)$.
(MT2^t) G_1 $_{Dt}\to G_2$ genau dann, wenn (1) $G_1 \to_t G_2$ und (2) $C^p(G_1/G_2)$.

Die klassisch deduktive Entailmentrelation entspricht der prämissenrelevanten Variante des klassisch streng relevanten Entailments, und analog dazu entspricht die tautologisch deduktive Entailmentrelation der prämissenrelevanten Variante des tautologisch streng relevanten Entailments.

Die entsprechenden kontextfreien deduktiven Bestätigungsbegriffe können jetzt folgendermaßen eingeführt werden:

(D^{dk}) $C^{dk}(G_1/G_2)$ genau dann, wenn G_1 $_{Dk}\to G_2$.
(D^{dt}) $C^{dt}(G_1/G_2)$ genau dann, wenn G_1 $_{Dt}\to G_2$.

5. Reduktive und deduktive Bestätigung

Wegen der Bedingung (C) unterscheiden sich die Folgebeziehungen für die deduktive Bestätigung sowohl von der klassischen Folgebeziehung als auch von der Folgebeziehung im Sinne der Tautological Entailments, und sie unterscheiden sich von den Folgebeziehungen, die für die reduktive Bestätigung eingeführt wurden. Es gilt weder $C^{d*}(G_1/G_2) \Rightarrow C^{r*}(G_2/G_1)$ noch $C^{r*}(G_1/G_2) \Rightarrow C^{d*}(G_2/G_1)$. Deutlich werden diese Unterschiede durch den Verlust der Additionsregel $G_1 \vdash G_1 \vee G_2$, bedingt durch die Konklusionsrelevanz im Falle reduktiver Bestätigung und durch den Verlust der Simplifizierungsregel $G_1 \wedge G_2 \vdash G_1$, bedingt durch die Prämissenrelevanz[10] im Falle der deduktiven Bestätigung. In diesem Sinne verhalten sich reduktive und deduktive Bestätigung analog zur strengen Folgebeziehung Sinow-

---

[10] Zur Unterscheidung von Konklusionenrelevanz und Prämissenrelevanz siehe auch Schurz (1991), Weingartner (1988) und Weingartner/Schurz (1986).

jews[11] (bzw. der von Dunn entwickelten strengeren Variante der first degree tautological implications[12]) und zu dessen konverser Folgebeziehung und sind echte Teilsysteme der Sinowjewschen Systeme.

Für die eingeführten Folgebeziehungen und Bestätigungsrelationen gelten die folgenden Regeln:

Äquivalenzbedingung:

R1.   Wenn $\vdash_k A \equiv A'$, $\vdash_k E \equiv E'$, $\vdash_k H \equiv H'$ und $C^p(E/E')$, $C^p(E'/E)$, $C^p(H/H')$, $C^p(H'/H)$, dann $C^{*k}(A,E/H) \equiv C^{*k}(A',E'/H')$.

R2.   Wenn $A \leftrightarrow_t A'$, $E \leftrightarrow_t E'$, $H \leftrightarrow_t H'$ und $C^p(E/E')$, $C^p(E'/E)$, $C^p(H/H')$, $C^p(H'/H)$, dann $C^{*t}(A,E/H) \equiv C^{*t}(A',E'/H')$.

Konverse Konsequenzbedingung:

R3.   Wenn $G_1 \,_{R*}\!\!\to G_2$ und $C^{R*}(A,E/G_2)$, dann $C^{R*}(A,E/G_1)$.

Folgebedingung:

R4.   Wenn $G_1 \,_{R*}\!\!\to G_2$ und $C^{R*}(A,G_1/H)$, dann $C^{R*}(A,G_2/H)$.

Konverse Folgerungsbedingung:

R5.   Wenn $G_2 \,_{R*}\!\!\to G_1$, dann $C^{R*}(A,G_1/G_2)$.
R5'. Wenn $G_2 \,_{R*}\!\!\to G_1$, dann $C^{r*}(G_1/G_2)$.
R5''. Wenn $G_2 \,_{R*}\!\!\to G_1$, dann $C^p(G_1/G_2)$.

Spezielle Konsequenzbedingung:

R6.   Wenn $G_1 \,_{D*}\!\!\to G_2$ und $C^{R*}(A,G_1/G_1)$, dann $C^{R*}(A,G_1/G_2)$.

Konverse Folgebedingung:

R7.   Wenn $G_1 \,_{D*}\!\!\to G_2$ und $C^{D*}(A,G_2/H)$, dann $C^{D*}(A,G_1/H)$.

Folgerungsbedingung:

R8.   Wenn $G_1 \,_{D*}\!\!\to G_2$, dann $C^{D*}(A,G_1/G_2)$.
R8'. Wenn $G_1 \,_{D*}\!\!\to G_2$, dann $C^{d*}(G_1/G_2)$.
R8''. Wenn $G_1 \,_{D*}\!\!\to G_2$, dann $C^p(G_1/G_2)$.

---

[11] Wessel (1984), Sinowjew (1970), Stelzner (1992b).
[12] Dunn (1972), Parry (1933).

Es gelten die folgenden Transitivitätsregeln:

R9.   Wenn $G_1 \xrightarrow{R*} G_2$ und $G_2 \xrightarrow{R*} G_3$, dann $G_1 \xrightarrow{R*} G_3$.
R10. Wenn $G_1 \xrightarrow{D*} G_2$ und $G_2 \xrightarrow{D*} G_3$, dann $G_1 \xrightarrow{D*} G_3$.
R11. Wenn $C^p(G_1/G_2)$ und $C^p(G_2/G_3)$, dann $C^p(G_1/G_3)$.
R12. Wenn $C^{r*}(G_1/G_2)$ und $C^{r*}(G_2/G_3)$, dann $C^{r*}(G_1/G_3)$.
R13. Wenn $C^{d*}(G_1/G_2)$ und $C^{d*}(G_2/G_3)$, dann $C^{d*}(G_1/G_3)$.
R14. Wenn $C^{D*}(A,G_1/G_2)$ und $C^{R*}(A',G_2/G_3)$, dann $C^p(G_1/G_3)$.
R14'. Wenn $C^{d*}(G_1/G_2)$ und $C^{r*}(G_2/G_3)$, dann $C^p(G_1/G_3)$.
R15. Wenn $C^{R*}(A,G_1/G_2)$ und $C^{D*}(A',G_2/G_3)$, dann $C^p(G_1/G_3)$.
R15'. Wenn $C^{r*}(G_1/G_2)$ und $C^{d*}(G_2/G_3)$, dann $C^p(G_1/G_3)$.

Die Gültigkeit dieser Transitivitätsregeln zeigt, daß man reduktive Bestätigungsrelationen und deduktive Bestätigungsrelationen miteinander transitiv verbinden kann und nicht der Gefahr des universellen Holismus und den damit verbundenen Bestätigungs- und Disbestätigungsirrelevanzen ausgesetzt ist.

6. Negative Bestätigungsrelevanz

Wir sind bisher nicht zu einer eingehenden Analyse des Problems negativer Relevanz[13] und dessen Implikationen für die Analyse von Bestätigung und Disbestätigung gekommen. Zum Abschluß sollen deshalb einige Bemerkungen zum Verhältnis von Bestätigung und Disbestätigung im Rahmen der bisher entwickelten Bestätigungstheorie folgen.

Weder für die Varianten des deduktiven Bestätigungsbegriffs noch für die reduktiven Bestätigungsbegriffe gelten die *Spezielle Konsistenzbedingung* oder die *Konverse spezielle Konsistenzbedingung*.[14] D. h., es ist weder ausgeschlossen, daß dem Hintergrundwissen widersprechende Hypothesen G_2 bestätigt werden, noch ist ausgeschlossen, daß die Klasse aller Sätze G_1 mit $B^*(A,G_1/G_2)$ mit dem Hintergrundwissen inkonsistent ist.

Das Problem der negativen Bestätigungsrelevanz stellt sich aber noch schärfer: Mit der sowohl für die deduktive als auch für die reduktive Bestätigung gegebenen Gültigkeit der Relation $C^p(G_1/G_2)$ können durchaus solche bestätigenden Basissätze für widerspruchsfreie Hypo-

---

[13] Vgl. Stelzner (1992a und 1994).
[14] Vgl. Kutschera (1972: 411 f.).

thesen G_2 gegeben sein, für die gilt, daß die Bestätigung von G_1 die widerspruchsfreie Bestätigung von G_2 verhindert, G_2 also streng disbestätigt. Es gilt z. B. sowohl $C^p(p \lor q/\neg p \land (p \lor q))$ als auch $C^{r*}(p \lor q/\neg p \land (p \lor q))$. Die Bestätigung von $p \lor q$ durch die Bestätigung von p führt jetzt zu der oben erwähnten Art von Falsifikation des gleichzeitig partiell bestätigten Satzes $\neg p \land (p \lor q)$. Für $C^*(G_1/G_2)$ gilt auch im Falle eines widerspruchsfreien G_2 nicht, daß jede Bestätigung von G_1 lediglich G_2 bestätigt und nicht falsifiziert, sondern nur bestimmte Bestätigungen von G_1 leisten dies.

Unser Abgehen von der klassischen Folgebeziehung als Grundlage für die Definition von Bestätigungsrelationen liefert uns zumindest folgendes: Wenn $C^*(G_1/G_2)$ gilt, und G_2 ist streng widerspruchsfrei in dem Sinne, daß keine partielle Bestätigung von G_2 zur Falsifikation von G_2 entwickelt werden kann, dann wird keine partielle Bestätigung von G_1 zur Falsifikation von G_2 führen. Auf Basis der klassischen oder der tautologischen Folgebeziehung gilt dies ohne die Bedingung (C) weder für reduktive noch für deduktive Bestätigung.

Das strengere Ergebnis, wonach keine Bestätigung von G_1 zur Falsifikation von G_2 führt, falls eine Bestätigungsrelation zwischen G_1 und G_2 besteht, die frei von negativer Relevanz ist, hätten wir durch Einführung von neuen Bestätigungsrelationen erreichen können, die durch spezielle Update-Operationen zur Beschränkung der Relationen $C^*(G_1/G_2)$ definierbar sind.[15]

7. Anhang: Adäquate Matrizen für bestätigungsrelevante Folgebeziehungen

Für die bisher behandelten tautologisch bestätigungsrelevanten Folgebeziehungen können adäquate Wertesemantiken geliefert werden. Positiv ausgezeichneter Wert ist jeweils der Wert 1. Die entsprechenden adäquaten Matrizen für die klassisch relevanten Bestätigungsfolgebeziehungen erhält man aus den gegebenen Matrizen durch Beschränkung der Anzahl unterschiedlicher Werte auf 8, indem die Werte 5 bis 12 gestrichen werden.

---

[15] Solche Update-Operationen sind in Stelzner (1992a und 1994) entwickelt worden.

Negation und Konjunktion für tautologisch relevante Bestätigungsfolgebeziehungen:

~	∧	1	2	3	4	5	6	7	8	9	10	11	12	13	14	15	16
13	1	1	2	3	4	5	6	7	8	9	10	11	12	13	14	15	16
15	2	2	2	4	4	6	6	8	8	10	10	12	12	14	14	16	16
14	3	3	4	3	4	7	8	7	8	11	12	11	12	15	16	15	16
16	4	4	4	4	4	8	8	8	8	12	12	12	12	16	16	16	16
5	5	5	6	7	8	5	6	7	8	13	14	15	16	13	14	15	16
7	6	6	6	8	8	6	6	8	8	14	14	16	16	14	14	16	16
6	7	7	8	7	8	7	8	7	8	15	16	15	16	15	16	15	16
8	8	8	8	8	8	8	8	8	8	16	16	16	16	16	16	16	16
9	9	9	10	11	12	13	14	15	16	9	10	11	12	13	14	15	16
11	10	10	10	12	12	14	14	16	16	10	10	12	12	14	14	16	16
10	11	11	12	11	12	15	16	15	16	11	12	11	12	15	16	15	16
12	12	12	12	12	12	16	16	16	16	12	12	12	12	16	16	16	16
1	13	13	14	15	16	13	14	15	16	13	14	15	16	13	14	15	16
3	14	14	14	16	16	14	14	16	16	14	14	16	16	14	14	16	16
2	15	15	16	15	16	15	16	15	16	15	16	15	16	15	16	15	16
4	16	16	16	16	16	16	16	16	16	16	16	16	16	16	16	16	16

Tautologisch reduktive Folgebeziehung:

R_t →	1	2	3	4	5	6	7	8	9	10	11	12	13	14	15	16
1	1	2	3	4	5	6	7	8	9	10	11	12	13	14	15	16
2	1	1	3	3	5	5	7	7	9	9	11	11	13	13	15	15
3	1	2	1	2	5	6	5	6	9	10	9	10	13	14	13	14
4	1	1	1	1	5	5	5	5	9	9	9	9	13	13	13	13
5	1	2	3	4	1	2	3	4	9	10	11	12	9	10	11	12
6	1	1	3	3	1	1	3	3	9	9	11	11	9	9	11	11
7	1	2	1	2	1	2	1	2	9	10	9	10	9	10	9	10
8	1	1	1	1	1	1	1	1	9	9	9	9	9	9	9	9
9	1	2	3	4	5	6	7	8	1	2	3	4	5	6	7	8
10	1	1	3	3	5	5	7	7	1	1	3	3	5	5	7	7
11	1	2	1	2	5	6	5	6	1	2	1	2	5	6	5	6
12	1	1	1	1	5	5	5	5	1	1	1	1	5	5	5	5
13	1	2	3	4	1	2	3	4	1	2	3	4	1	2	3	4
14	1	1	3	3	1	1	3	3	1	1	3	3	1	1	3	3
15	1	2	1	2	1	2	1	2	1	2	1	2	1	2	1	2
16	1	1	1	1	1	1	1	1	1	1	1	1	1	1	1	1

Tautologisch deduktive Folgebeziehung:

$D_t \rightarrow$	1	2	3	4	5	6	7	8	9	10	11	12	13	14	15	16
1	1	1	1	1	5	5	5	5	9	9	9	9	13	13	13	13
2	2	1	2	1	6	5	6	5	10	9	10	9	14	13	14	13
3	3	3	1	1	7	7	5	5	11	11	9	9	15	15	13	13
4	4	3	2	1	8	7	6	5	12	11	10	9	16	15	14	13
5	1	1	1	1	1	1	1	1	9	9	9	9	9	9	9	9
6	2	1	2	1	2	1	2	1	10	9	10	9	9	9	10	9
7	3	3	1	1	3	7	1	1	11	11	9	9	9	11	9	9
8	4	3	2	1	4	7	2	1	12	11	10	9	12	11	10	9
9	1	1	1	1	5	5	5	5	1	1	1	1	5	5	5	5
10	2	1	2	1	6	5	6	5	2	1	2	1	6	5	6	5
11	3	3	1	1	7	7	5	5	3	3	1	1	7	7	5	5
12	4	3	2	1	8	7	6	5	4	3	2	1	8	7	6	5
13	1	1	1	1	1	1	1	1	1	1	1	1	1	1	1	1
14	2	1	2	1	2	1	2	1	2	1	2	1	2	1	2	1
15	3	3	1	1	3	3	1	1	3	3	1	1	3	3	1	1
16	4	3	2	1	4	3	2	1	4	3	2	1	4	3	2	1

Literatur

ANDERSON, Alan Ross & BELNAP Jr., Nuel D.: *Entailment. The Logic of Relevance and Necessity*, Princeton 1975 (vol. I) and 1992 (vol. II).

DUNN, Jon Michael: „A Modification of Parry's Analytic Implication". *Notre Dame Journal of Formal Logic* 13 (1972), 117−224.

HEMPEL, Gustav Carl: „Studies in the Logic of Confirmation". *Mind* 54 (1945), 1−26, 97−120. Zitiert nach: M. H. Foster/M. L. Martin (eds.), *Probability, Confirmation, and Simplicity,* New York 1966.

KUTSCHERA, Franz von: *Wissenschaftstheorie*, München 1972.

LENZEN, Wolfgang: *Theorien der Bestätigung wissenschaftlicher Bestätigung*, Stuttgart 1974.

PARRY, William T.: „Ein Axiomensystem für eine neue Art von Implikation (analytische Implikation)". *Ergebnisse eines Mathematischen Kolloquiums* 4 (1933), 5−6. Reprint in: K. Berka/ L. Kreiser (eds.), *Logik-Texte*, Berlin ³1983, 163−164.

SCHURZ, Gerhard: „Relevant Deduction". *Erkenntnis* 35 (1991), 391−437.

SINOWJEW, Alexander A: *Komplexe Logik*, Berlin 1970.

SINOWJEW, Alexander A. & WESSEL, Horst: *Logische Sprachregeln*, Berlin 1975.

SMOKLER, Howard: „Conflicting conceptions of confirmation". *Journal of Philosophy* 65 (1968), 300−312.

STELZNER, Werner: „Relevant Deontic Logic". *Journal of Philosophical Logic* 21 (1992a), 193−216.

STELZNER, Werner: „Relevanztypen in A. A. Sinowjews Systemen logischer Folgebeziehung". *Wissenschaftliche Zeitschrift der Humboldt-Universität zu Berlin, Reihe Geistes- und Sozialwiss.* 41 (1992b), 13−22.

STELZNER, Werner: „Relevanz, Konsistenz & Entailment". In: In G. Meggle/ U. Wessels (eds.): *Analyomen 1*, Proceedings of the first conference for analytical philosophy, Berlin/New York 1994, 146–167.
WEINGARTNER, Paul: „Remarks on the Consequence-Class of Theories". In: E. Scheibe (ed.), *The Role of Experience in Science*, Berlin/New York 1988, 161–180.
WEINGARTNER, Paul & SCHURZ, Gerhard: „Paradoxes Solved by Simple Relevance Criteria". *Logique et Analyse* 29 (1986), 3–40.
WESSEL, Horst: *Logik*, Berlin 1984.

Die Theorie der Urteilsformen in der deutschen Schullogik des 19. Jahrhunderts*

von Rainer Stuhlmann-Laeisz

Innerhalb des Abschnittes „Das Urtheil" seiner Abhandlung „Begriffsschrift" kritisiert Gottlob Frege Unterscheidungen von Urteilsarten, die an prominenter Stelle in der Geschichte von Philosophie und Logik festgestellt worden sind, nämlich in der Urteilstafel in I. Kants „Kritik der reinen Vernunft".[1] Frege sagt in [1879: § 4]:

> „Die folgenden Bemerkungen sollen die Bedeutung der Unterscheidungen, welche man in Bezug auf Urtheile macht, für unsere Zwecke erläutern. Man unterscheidet *allgemeine* und *besondere* Urtheile: dies ist eigentlich kein Unterschied der Urtheile, sondern der Inhalte. *Man sollte sagen:* ‚ein Urtheil von allgemeinem Inhalte', ‚ein Urtheil von besonderem Inhalte'. Diese Eigenschaften kommen nämlich dem Inhalte auch zu, wenn er *nicht* als Urtheil hingestellt wird, sondern als Satz. [...] Dasselbe gilt von der Verneinung."

Im weiteren Verlauf des Paragraphen kritisiert Frege auch noch andere Urteilsunterscheidungen. Er sieht hier vollkommen richtig, daß Allgemein-, Besonders- oder Verneint-zu-Sein Eigenschaften sind, die ihrem Träger p unabhängig davon zukommen, ob p als wahr beurteilt wird oder nicht. Der Satz „alle Zahlen sind gerade" ist allgemein ganz unabhängig davon, ob er in irgendeinem Kontext für wahr gehalten wird.[2] Darüber hinaus deutet Frege an, daß die für Urteile festgestellten Unterscheidungen nicht diese, sondern ihren jeweiligen Inhalt beträfen: „Ich halte es daher für angemessener, die Verneinung als ein Merkmal eines *beurtheilbaren Inhalts* anzusehen". Diese Auffassung erregt allerdings Bedenken: Es ist ja mindestens erwägenswert, ob nicht ein und derselbe Inhalt auf verschiedene Weisen so ausgedrückt wer-

---

* Für zahlreiche wertvolle Hinweise in systematischer und in historischer Hinsicht bedanke ich mich bei Wolfgang Malzkorn M. A.
[1] Kant [1781: A 70/B 95].
[2] Daraus, daß der Satz überdies falsch ist, sehen wir, daß Allgemeinheit auch mit Falschheit verträglich ist. Sie ist überhaupt unabhängig vom Wahrheitswert.

den kann, daß er einmal negiert und einmal nicht negiert erscheint.³ Dann aber wäre die Verneintheit als Eigenschaft eines Inhalts schwer definierbar, Entsprechendes gilt für die anderen Urteilsarten.

Es ist nicht meine Absicht, hier eine Auseinandersetzung mit Freges Kritik an der traditionellen Urteilstafel vorzulegen.⁴ Ich will nur aus dem gegen Freges Ausführungen geäußerten Bedenken eine Konsequenz ziehen: Bei Deutungen der Urteilslehre Kants und in seiner Tradition stehender Philosophen und Logiker fasse ich die Momente der Kantischen Tafel auf als Eigenschaften der Urteilsform: Das Urteil „alle Menschen sind sterblich" ist allgemein, weil es die Form hat „alle … sind …".

Der Begriff der Urteilsform spielt nun eine zentrale Rolle in den deutschen Logiklehrbüchern des ausgehenden 18. und des 19. Jahrhunderts. Beispielsweise lesen wir bei Wilhelm Traugott Krug (1770–1842) in [1825: § 52]: „Zu jedem Urtheile gehört wesentlich eine gewisse Materie und eine gewisse Form". Bei Jakob Friedrich Fries (1773–1843) heißt es in [1827: § 46]: „Folgerungen sind dadurch bestimmt, daß Wahrheit oder Falschheit eines Urtheils schon der bloßen logischen Form nach aus einem andern folgt". In diesen beiden Zitaten aus Standardwerken der deutschen Schullogik jener Zeit sind zwei Thesen enthalten, auf die sich jede formale Logik wesentlich gründet, es sind dies:

(1) Jedes Urteil hat eine eindeutig bestimmte logische Form.
(2) Das Schließen von Urteilen auf Urteile orientiert sich an dieser logischen Form.

Wir finden diese Thesen auch bei anderen Philosophen und Logikern der Zeit, so bei den Autoren Ludwig Heinrich Jakob (1759–1827), Salomon Maimon (um 1753–1800), Johann Gottfried Carl Christian Kiesewetter (1766–1819) oder Moritz Wilhelm Drobisch (1802–1896).

Vom Standpunkt der heutigen formalen Logik aus gesehen, sind beide Thesen vollkommen verständlich und einleuchtend. Betrachten wir zunächst (1): In der heutigen formalen Logik ist der Begriff der logischen Form definiert in bezug auf Sätze oder Aussagen, die in einer normierten Sprache formuliert sind; dabei geben die jeweiligen Syntax-

---

[3] Hierauf hat Frege an anderer Stelle [1918/19: 150] auch selbst hingewiesen: „Man betrachte die Sätze [...] ‚Christus ist sterblich', ‚Christus lebt nicht ewig'. Wo haben wir hier einen bejahenden, wo einen verneinenden Gedanken?".
[4] Dies ist in jüngster Zeit in bemerkenswerter Weise geleistet worden in Wolff [1995a].

regeln satzbildende Formationsvorschriften her. Jeder Regel entspricht eineindeutig eine der logischen Konstanten wie „wenn – dann", „nicht", „alle", „einige" etc.; die Syntaxvorschriften werden sukzessive bei der Bildung von Aussagen oder Sätzen angewandt, und die jeweils letzte hierbei zum Zuge kommende Regel bestimmt auf dem Wege über die ihr korrelierende logische Konstante *die* logische Form des entsprechenden Satzes. Zwei einfache Beispiele mögen dies erläutern:

(a) Wenn Gottes Wille immer geschieht, dann geschieht niemals Unrecht.
(b) Immer dann, wenn Gottes Wille geschieht, geschieht kein Unrecht.

Auch ohne die Benutzung formallogischer Symbolik kann man diese beiden Aussagen folgendermaßen in normierter Sprache ausdrücken:

(a) Wenn für alle Zeitpunkte t gilt: Gottes Wille geschieht zu t, dann gibt es keinen Zeitpunkt t', für den gilt: zu t' geschieht Unrecht.
(b) Für alle Zeitpunkte t gilt: wenn zu t Gottes Wille geschieht, dann nicht: zu t geschieht Unrecht.

Mit Hilfe der Syntax bestimmt man die logische Form dieser Aussagen wie folgt:

(ad a) Die letzte hier beim sukzessiven Aufbau zum Zuge gekommene syntaktische Regel bringt als logische Konstante den Junktor „wenn – dann" ins Spiel, deshalb handelt es sich um eine *Subjunktion* bzw. – in traditioneller Terminologie – ein „hypothetisches Urteil".[5]

(ad b) Hier ist beim sukzessiven Aufbau der Aussage als letzte logische Konstante der Quantor „für alle" ins Spiel gekommen, diese Aussage hat die logische Form eines Allsatzes, es handelt sich – in traditioneller Terminologie – um ein „allgemeines Urteil".[6]

In beiden Fällen – und überhaupt in allen Fällen von in normierter Sprache formulierten Aussagen – kann man die Bestimmung der logischen Form fortsetzen und verfeinern, indem man angibt, auf welche nachgeordneten Ausdrücke die jeweils als letzte hereingebrachte logi-

---

[5] Diese Zuordnung einer logischen Konstanten im Sinne der heutigen Syntax zu einer Urteilsart im Sinne der traditionellen Logik soll hier und in den folgenden Fällen nur die jeweilige Urteils*form* betreffen und nicht eo ipso auch die dazugehörigen semantischen Wahrheitsbedingungen miteinander identifizieren.
[6] s. zu dieser Identifizierung die vorherige Anmerkung.

sche Konstante bezogen ist. Diese weitere Analyse würde in unseren Beispielen folgendes ergeben:

(ad a) Der Junktor „wenn-dann" verknüpft hier einen Allsatz mit einem negierten Satz.
(ad b) Der Quantor „für alle" ist hier bezogen auf einen subjunktiven Satz.

Das so angedeutete Verfahren läßt sich fortsetzen bis zu einem Punkt, an dem gewisse elementare Ausdrücke (terminologisch: „atomare Formeln") erreicht werden, aus denen die jeweilige Aussage durch eindeutig bestimmte syntaktische Operationen in eindeutig bestimmter Reihenfolge aufgebaut ist. Mit der Beschreibung dieses Aufbaus ist die logische Form einer Aussage bestimmt: Die o. g. These (1) der traditionellen Logik ist also aus heutiger Sicht vollkommen plausibel.

Ebenso verständlich und einleuchtend wie (1) ist vom Standpunkt der modernen Logik aus die auf das Schließen bezogene These (2). Auch dies wollen wir uns an zwei Beispielen deutlich machen:

(a) Die Schlußregel *modus ponens* kann man ohne die Benutzung formallogischer Symbolik folgendermaßen notieren:

(MP) Der Schluß von der subjunktiven Aussage *wenn A, dann B* und der Aussage *A* auf die Aussage *B* ist korrekt.

(b) Die Schlußregel „Beispieleinführung" (auch „All-Abschwächung" genannt) notiert man folgendermaßen:

(BE) Der Schluß von dem Allsatz *für alle x gilt: A(x)* auf den singulären Satz *für den Gegenstand c gilt: A(c)* ist korrekt.

Jede dieser beiden Schlußregeln orientiert sich an mindestens einer logischen Form: Die Anwendung der Regel *modus ponens* setzt voraus, daß eindeutig entscheidbar ist, ob ein Satz die subjunktive Form hat; und die Anwendung der Beispieleinführungsregel setzt diese Entscheidbarkeit in bezug auf die logische Form des Allsatzes voraus.

Wir wenden uns nun des näheren der These (1) zu, von der in den folgenden Überlegungen wesentlich gehandelt werden soll. In einer gewissen Konkurrenz zu dieser These steht in der Schullogik die Lehre von den Möglichkeiten, verschiedene Urteilsformen miteinander zu *verbinden*. So sagt etwa J. F. Fries [1837: § 35]:

> „Kiesewetter behauptet unrichtig, daß alle hypothetischen Urtheile allgemein seyn müssen [...]. [...] Die hypothetische Bezeich-

nung liegt in den Ausdrücken: in allen Fällen und in einigen Fällen. [...] Ein besonderes bejahendes [hypothetisches Urteil] ist dieses: ‚die Finsternisse treten ein, wenn der Mond durch die Knoten seiner Bahn geht'".

Bei W. T. Krug [1825: § 57] heißt es entsprechend: „Hypothetische und disjunktive Urtheile sind der Quantität nach immer allgemein". Und der bei Fries erwähnte J. G. C. C. Kiesewetter schreibt [1802: § 121]: „Die hypothetischen Urtheile sind der Quantität nach jederzeit allgemein [...]. [...] Der Qualität nach können sie bejahend oder verneinend sein".

Trotz unterschiedlicher Auffassungen im Detail stimmen die drei hier zitierten Autoren darin überein, daß hypothetische Urteile der Quantität nach − modern gesprochen − entweder All- oder partikulare Sätze[7] und der Qualität nach entweder negierte oder nicht negierte („bejahende") Sätze sind oder sein können. D. h. aber, daß mit der (Relations-) Bestimmung „hypothetisches Urteil" über die Form eines Urteils noch nicht eindeutig entschieden ist − und entsprechend für die anderen Titel. Ganz deutlich ist dies ausgesprochen bei dem Autor Kiesewetter [1802: § 118]: „Man kann bei einem jeden Urtheile die Fragen aufwerfen, was für eine Quantität, was für eine Qualität, was für eine Relation, und was für eine Modalität es habe, und es muß sich in jeder dieser vier Rücksichten bestimmen lassen."

Aus demselben Grunde, aus dem die oben erläuterte These (1) von der eindeutigen Formbestimmtheit jedes Urteils vom Standpunkt der modernen Logik aus so verständlich und einleuchtend ist, tritt nun die zuletzt beschriebene Auffassung über die Kombinationsmöglichkeiten verschiedener Urteilsformen hierzu in eine gewisse Rivalität. Wir hatten ja gesehen, daß die Form eines Satzes bestimmt wird durch die letzte bei seinem sukzessiven Aufbau ins Spiel kommende logische Konstante. Dies war bei dem oben betrachteten Beispiel (a) („Wenn Gottes Wille immer geschieht, dann geschieht niemals Unrecht") der Junktor „wenn − dann", und aus diesem Grunde ist dieser Satz eine Subjunktion. Eben deshalb hat es dann aber gar keinen Sinn, noch zu fragen, von welcher Quantität er sei, ob er ein Allsatz sei oder ein partikularer. Zwar kann man in dem fraglichen Falle sagen, der Satz sei eine subjunktive Verknüpfung aus einem All- und einem negierten Satz, und man kann diese Analyse fortsetzen, aber diese weiteren Formbestimmungen sind dann bezogen auf *nachgeordnete* Sätze, unser

---

[7] In der Terminologie der Tradition: „besondere Urteile".

Satz ist nicht etwa hypothetisch *und* allgemein oder hypothetisch *und* negiert — oder auch alles: hypothetisch *und* allgemein *und* negiert —, sondern er ist eine Subjunktion aus einem All- und einem negierten Satz, und diese verschiedenen Formbestimmungen kommen ihm auf verschiedenen Ebenen zu. Hiergegen ist es eine Pointe der traditionellen Auffassung, daß ein Urteil gleichrangig hypothetisch, allgemein und verneinend sein kann.

Wir haben mithin die folgende Situation: Einerseits lehrt die heutige logische Syntax die eindeutige Formbestimmtheit jedes Satzes und macht damit die in der Schullogik vertretene Formbestimmtheitsthese (1) verständlich und plausibel. Andererseits schließt dieselbe Syntax die von der Schullogik geforderte gleichrangige Bestimmung eines Urteils nach verschiedenen Formmerkmalen aus.[8] — Unter diesen Umständen will ich nun im folgenden versuchen, die traditionelle Syntax in einer Weise zu rekonstruieren, die einerseits die Formbestimmtheitsthese hergibt, zugleich aber die traditionellen Formbestimmungen ermöglicht. Da sich die behandelten Logiker in der kantischen Tradition sehen, soll uns als Ausgangspunkt die Urteilstafel der „Kritik der reinen Vernunft" dienen.[9] Deren nichtmodaler Teil soll hier so rekonstruiert werden, daß die beiden beschriebenen Gesichtspunkte miteinander verträglich werden. „Einzelne" und „unendliche" Urteile bleiben dabei — den logikhistorischen Bemerkungen Kants entsprechend — außer Betracht.[10]

Wir orientieren uns also an dem folgenden Ausschnitt aus der Kantischen Urteilstafel, der drei Titel mit zweimal je zwei und einmal mit drei Momenten enthält:

1. Quantität: allgemeine — besondere Urteile;
2. Qualität: bejahende — verneinende Urteile;
3. Relation: kategorische — hypothetische — disjunktive Urteile.

Hieraus ergeben sich $2 \times 2 \times 3$ Kombinationen von Formmerkmalen, so daß wir insgesamt zwölf Urteilsformen erhalten:

(1) allgemein, bejahend und kategorisch,
(2) allgemein, bejahend und hypothetisch,

---

[8] W. und M. Kneale [1962: 356] halten die Idee der gleichrangigen Formbestimmung für falsch: „We cannot, for example, have a negative hypothetical judgement. [...] Nor again is it sensible to talk of a particular disjunctive judgement."
[9] Vgl. Kant [1781: A 70/B 95].
[10] Vgl. Kant [1781: A 71/B 96]. — Auch die Aussparung der Modalität wird durch Kants Bemerkungen nahegelegt; vgl. A 74/B 99 f., sowie Brandt [1991: 26 und 61 f].

(3) allgemein, bejahend und disjunktiv,
(4) allgemein, verneinend und kategorisch,

.
.
.

u.s.w.

Wir wollen uns nun nach einem System von syntaktischen Regeln umsehen, nach denen Urteile zu diesen zwölf Formen gebildet werden können. Zuvor bemerke ich noch dreierlei:
(i) Zwar läßt sich jede der genannten zwölf Urteilsformen in den hier untersuchten Texten belegen. Auf der anderen Seite findet man aber auch, daß der eine oder andere unserer Autoren nicht alle diese Urteilsformen zuläßt. So haben wir bereits bei dem Logiker Kiesewetter die Auffassung gelesen, hypothetische Urteile seien der Quantität nach stets allgemein; damit schließt Kiesewetter jedenfalls die beiden Formen besonders-bejahend-hypothetisch und besonders-verneinend-hypothetisch aus seiner Urteilstafel aus. Wir werden also sehen, daß die hier rekonstruierte Urteilstafel mit ihren Formationsregeln nicht von allen genannten Autoren vertreten wird.
(ii) Wenn man die im folgenden rekonstruierte Urteilstafel an dem Ausdrucksreichtum der natürlichen Sprache mißt, dann gelingt es nicht, jede in der natürlichen Sprache formulierte Aussage auf eine der Formen dieser Tafel zu bringen: dazu ist diese viel zu arm. Damit unterscheidet sich die Situation der traditionellen Logik aber *im Prinzip* überhaupt nicht von der der modernen logischen Syntax: Die normierten *Kunst*sprachen formaler Logik bleiben in ihrem Ausdrucksreichtum stets hinter der natürlichen Sprache zurück; die Situation der traditionellen unterscheidet sich hier von der der modernen Logik nur in einem noch größeren Abstand zu unserer gewachsenen Sprache.
(iii) Schließlich werden wir bei unserem Rekonstruktionsversuch sehen, daß in den Überlegungen der Schullogiker *syntaktische* Fragen der Urteils*form* nicht immer scharf unterschieden werden von *semantischen* Fragen des *Inhalts* und der *Geltung* von Urteilen.[11] So ist etwa

---

[11] Mit diesem Defizit steht die traditionelle Logik nicht allein: Wir haben eingangs gesehen, daß G. Frege in seiner „Begriffsschrift" die Unterscheidungen der Kantischen Urteilstafel auf Eigenschaften der Urteils*inhalte* zurückführen möchte, während er in seiner Abhandlung „Die Verneinung" die Probleme einer solchen Auffassung skizziert. Die Konsequenz, die traditionellen Urteilsarten auf Unterscheidungen der Urteils*formen* zurückzuführen und etwa die Verneintheit zu bestimmen als formale und syntaktische Eigenschaft von Sätzen, zieht er jedoch nicht. Mit einigem Recht mag man sagen, daß Frege noch nicht hinreichend scharf zwischen syntaktischen und semantischen Momenten von Sätzen unterscheidet. Eine ähnliche Beob-

der Grund dafür, daß, wie bereits gesagt, der Autor Kiesewetter die partikulare, hypothetische Urteilsform ausschließt, der folgende: In einem hypothetischen Urteil wird – nach Kiesewetter [1802: § 121] – eine Grund-Folge-Beziehung zum Ausdruck gebracht; eine solche Beziehung kann aber nur in einem allgemeinen Urteil ausgesagt werden: „[...] die Verbindung eines Grundes zur Folge ist allgemein; allemal, so oft der Grund gesetzt wird, muß auch die Folge gesetzt werden. Dies sieht man auch daraus, daß sie [sc.: die hypothetischen Urteile] als Regeln gelten."

Wir wollen nunmehr darangehen, die Regeln für die Bildung von Urteilen zu den angegebenen Urteilsformen zu rekonstruieren. Hierfür gehe ich aus von Kants Bestimmung eines Urteils als einer „Verbindung" oder eines „Verhältnisses" von zwei Vorstellungen:

> „Urtheil ist generaliter die Vorstellung der Einheit in einem Verhältniße vieler Erkenntniße. [...] Wenn man sich zwey Vorstellungen denkt, wie sie als Erkenntniße zusammen verbunden sind, und zusammen eine Erkenntnis ausmachen: so ist es ein Urtheil."[12]

Die in einem Urteil verbundenen Vorstellungen können sodann Begriffe oder selbst schon Urteile sein. In der ersten Stufe der Urteilsbildung werden Begriffe miteinander verbunden. In der zweiten Stufe werden Urteile miteinander verbunden zu Urteilen, die dann wiederum in Urteile zerlegt werden können. In durchaus einleuchtender Ausdrucksweise nennt Kant [Vorlesungen: 928] die jeweils zu einem Urteil

---

achtung kann man auch bei Rudolf Hermann Lotze (1817–1881) machen, dessen Student Frege war. Lotze unterscheidet die „beiden Formen" „der generellen" und der „universalen" Urteile: „Obgleich der sachliche Inhalt in beiden Formen derselbe ist, so ist doch die logische Fassung desselben in beiden sehr verschieden". Die Basis der Formunterscheidung ist hier „die logische Fassung", und diese beschreibt Lotze [1874: 2. Kap., § 68] semantisch: „Das universale Urtheil ist nur eine Sammlung vieler Einzelurtheile [...]; daß mithin das Prädicat P von allen M gilt, folgt hier nur daraus, daß es von jedem Menschen einzeln gilt". Der Mangel einer entsprechend präzisen Unterscheidung geht bis in die Anfänge der Logikgeschichte zurück. Auch bei Aristoteles finden sich Stellen, wo eine Urteilsart so eingeführt wird, daß kaum entscheidbar ist, ob die Basis der Unterscheidung hier semantischer oder syntaktischer Natur ist. (Vgl. z. B. Analytica priora A I 24a 18–20, A II 25a 1–3.)

[12] Kant [Vorlesungen: 928]. – Ich ziehe diese Urteilsbestimmung der Erklärung Kants im §en 19 der *Transzendentalen Deduktion* B [1787: B 141] vor. Kant sagt dort, „daß ein Urteil nichts anderes sei, als die Art, gegebene Erkenntnisse zur objektiven Einheit der Apperzeption zu bringen". Damit sind aber die ästhetischen und die Wahrnehmungs-Urteile nicht erfaßt. Im Hinblick auf die von R. Brandt zugrundegelegte Kantische Urteilsdefinition teile ich die Bedenken von W. Malzkorn (vgl. Brandt [1991: 22 und *passim*] sowie Malzkorn [1993: 110f]; vgl. aber auch Wolff [1995: 76, Anm. 74]).

verbundenen Bestandteile die Materie desselben, die Art und Weise der Verbindung nennt er die Form des Urteils: „Zu jedem Urtheil gehört Materie und Form. Die Materie sind die Erkenntniße generaliter [sc.: Urteile], und die Begriffe, die Form muß die Verbindung und Einheit der Vorstellungen ausmachen." Der erste Gesichtspunkt zur Bestimmung der Form ist alsdann der Titel „Relation" aus der Urteilstafel: „Die wesentliche Form der Urtheile bestehet in der Relation, [...] die Relation ist dem Judicio eigen."[13] Die Kantische Urteilstafel nennt unter dem Titel „Relation" drei Urteilsformen: Kategorische, hypothetische und disjunktive Urteile.[14] Jede dieser Formen wird regiert von einem zweistelligen Operator, einem Verknüpfungsausdruck, der die Verbindung unter den Teilen des jeweiligen Urteils stiftet. – Für meine Rekonstruktion lege ich nun die folgenden Verknüpfungsausdrücke fest:

(1) „...sind..." (= „in dem Umfang von ... enthaltene Entitäten sind enthalten in dem Umfang von ...") als Verknüpfungsausdruck für die kategorische Urteilsform;
(2) „wenn..., so folgt, daß..." für die hypothetische Urteilsform;
(3) „entweder..., oder..." für die disjunktive Urteilsform.

Auf dieser Grundlage formuliere ich dann die folgenden Regeln für die Bildung der kategorischen, der hypothetischen und der disjunktiven Verknüpfung:[15]

(K) Es seien S und P Begriffe. Dann ist *S sind P* (= in dem Umfang von S enthaltene Entitäten sind enthalten in dem Umfang von P) die kategorische Verknüpfung aus S und P.
(H) Es seien A und B Urteile. Dann ist *Wenn A, so folgt, daß B* die hypothetische Verknüpfung aus A und B.
(D) Es seien A und B Urteile. Dann ist *Entweder A, oder B* die disjunktive Verknüpfung aus A und B.

Bei diesen Bestimmungen fällt auf, daß nach dem Verständnis der natürlichen Sprache jedenfalls die kategorische Verknüpfung *S sind P* kein vollständiges Urteil darstellt. Dieser Ausdruck läßt vielmehr noch unbestimmt, in welchem Ausmaße die S – die in dem Umfang des Begriffs S eingeschlossenen Entitäten – P sind. Er läßt auch unbe-

---

[13] Kant [Vorlesungen: 663].
[14] Kant [1781: A 70/B 95]. Vgl. o. S. 388.
[15] Vgl. hierzu z. B. Krug [1825: § 57].

stimmt, welche S P sind. Der Ausdruck *S sind P* ist in semantischer Hinsicht nicht *wahrheitsdefinit*, und dies hat seinen Grund darin, daß er in syntaktischer Hinsicht *ergänzungsbedürftig* ist; er ist „ungesättigt", wie man in etwas losem Anschluß an die Ausdrucksweise G. Freges[16] sagen mag. Dieser Umstand kann — und wird — dann aufgehoben werden durch Quantifizierung der kategorischen Verknüpfung, und wir erhalten damit einen Ausdruck, der gleichrangig ein quantitatives Merkmal und die Kategorizität als ein relationales Formmerkmal aufweist. — Wir werden sehen, daß die Verhältnisse bei den hypothetischen und den disjunktiven Urteilen aus der Sicht der traditionellen Logik ganz ähnlich sind: Damit deutet sich also die Möglichkeit an, *einem* Urteil Formmerkmale aus gewissermaßen verschiedenen Dimensionen (Relation, Quantität) gleichrangig zuzusprechen. Die verschiedenen Merkmale werden nämlich zu *einer* Form zusammengefaßt, der dann eine logische Konstante zugeordnet ist. Da diese Verhältnisse bei den kategorischen Urteilen besonders durchsichtig sind, werde ich zunächst die entsprechenden Formationsregeln aufschreiben. Hierzu bestimmen wir zuerst die Qualität der kategorischen Verknüpfung. Die Vervollständigung durch Quantifizierung erfolgt dann in einem zweiten Schritt.

(a) *Qualität*: Für die kategorische Verknüpfung zweier Begriffe *S* und *P* gibt es im Hinblick auf die Qualität die beiden Möglichkeiten des Einschlusses bzw. des Ausschlusses des Umfangs von *S* in den bzw. von dem Umfang von *P*. Wir erhalten somit eine Regel für die bejahende und eine solche für die verneinende kategorische Verknüpfung aus zwei Begriffen[17].

(K_+)   *S sind P*[18] ist die bejahende, kategorische Verknüpfung aus den Begriffen *S* und *P*.

(K_-)   *S sind nicht P*[19] ist die verneinende, kategorische Verknüpfung aus den Begriffen *S* und *P*.[20]

---

[16] Vgl. z. B. Frege [1891: 6].
[17] Vgl. hierzu etwa Jakob [1794: §§ 188, 189].
[18] im Sinne von „in dem Umfang von *S* enthaltene Entitäten sind enthalten in dem Umfang von *P*".
[19] im Sinne von „in dem Umfang von *S* enthaltene Entitäten sind ausgeschlossen von dem Umfang von *P*".
[20] Einen Affirmator, als Ausdruck der bejahenden Qualität, habe ich — hierin der Tradition *und* der modernen Logik folgend — nicht ausdrücklich eingeführt. Die Bejahung wird vielmehr durch die Abwesenheit des Negators angezeigt.

(b) *Quantität*: Im Hinblick auf die Quantität des kategorischen Urteils hat man sodann noch einmal die beiden Möglichkeiten, daß der Umfang von *S* ganz oder nur teilweise ein- bzw. ausgeschlossen ist in den bzw. von dem Umfang des Begriffs *P*. Damit erhalten wir die folgenden vier Regeln:

(K_+^{allg}) *Alle S sind P* ist das allgemeine, bejahende, kategorische Urteil aus den Begriffen *S* und *P*.

(K_-^{allg}) *Alle S sind nicht P* ist das allgemeine, verneinende, kategorische Urteil aus den Begriffen *S* und *P*.

(K_+^{part}) *Einige S sind P* ist das besondere (partikulare), bejahende, kategorische Urteil aus den Begriffen *S* und *P*.

(K_-^{part}) *Einige S sind nicht P* ist das besondere (partikulare), verneinende, kategorische Urteil aus den Begriffen *S* und *P*.

Aufgrund dieser Regeln sehen wir, daß jedem kategorischen Urteil Formmerkmale aus allen drei hier betrachteten Titeln der Kantischen Urteilstafel *gleichrangig* zukommen. So ist etwa in einem Urteil *Alle S sind nicht P* der Negator „nicht" als Qualitätsmerkmal weder dem Quantor „alle", noch ist dieser wiederum dem kategorischen Verknüpfungsausdruck „sind" vorgeordnet: Vielmehr bestimmen diese drei Operatoren gleichrangig das genannte Urteil als allgemein, verneinend und kategorisch. Der Ausdruck „alle ... sind nicht ..." steht hier also für *eine* urteilsbildende Funktion; deren Argumente sind Paare von Begriffswörtern, und ihre Werte sind allgemeine, verneinende, kategorische Sätze. – Damit ist unser Problem in bezug auf die kategorischen Urteile gelöst. Im Hinblick auf die Rekonstruktion von Regeln zur Bildung hypothetischer und disjunktiver Urteile will ich mich deshalb an den kategorischen Urteilen orientieren.

Bei der Rekonstruktion der Formationsvorschriften für hypothetische Urteile bereitet die größten Schwierigkeiten diejenige Regel, nach der hier die Verneinung gebildet werden soll. Dies hat im wesentlichen zwei Gründe:

(1) In den Darstellungen der traditionellen Logik gehen – wie bereits gesagt – häufig syntaktische mit semantischen Überlegungen durcheinander. Dies hat hier die folgende Konsequenz: Die Schullogiker vertreten die ja durchaus plausible Meinung, daß mit einem hypothetischen Urteil eine Folgebeziehung zum Ausdruck gebracht wird. „In hypothetischen Urtheilen wird bestimmt, daß sich zwei gegebene kategorische Urtheile so gegen einander verhalten, daß das eine ein Grund sey, das andere [sc.: als Folge] entweder zusetzen [sic!] oder

nicht zusetzen."[21] Hiermit ist das hypothetische Urteil durch seinen Inhalt und mithin *semantisch* charakterisiert.[22] Konsequenterweise muß dann die Verneinung des hypothetischen Urteils durch ein Nicht-Setzen oder Aufheben der Folge(-Beziehung) zum Ausdruck gebracht werden. Dann aber, so sagen einige unserer Autoren, verliert das Urteil seinen hypothetischen Charakter: „Der Qualität nach sind hypothetische [...] Urteile im Ganzen oder als solche immer bejahend. Denn die Folge als *thesis* ist durch den Grund als *hypothesis* [...] stets als gesetzt zu betrachten."[23] Eine solche Auffassung würde aber nach sich ziehen, daß es ein verneinendes, hypothetisches Urteil recht eigentlich gar nicht gibt. Damit wird die syntaktische Frage nach der Form des verneinenden, hypothetischen Urteils aus semantischen Gründen zurückgewiesen: Die verneinenden, hypothetischen Urteile sind dieser Auffassung zufolge aus der oben beschriebenen Urteilstafel als mögliche Urteilsformen zu streichen.

(2) Bei denjenigen Logikern, die verneinende, hypothetische Urteile zulassen, sind zwei Auffassungen zu unterscheiden, von denen man die erste als „Ganzsatzauffassung" bezeichnen kann:

(a) In einem verneinenden, hypothetischen Urteil wird das Nicht-Bestehen einer Folgebeziehung zum Ausdruck gebracht, und zwar durch die Verneinung der hypothetischen Verknüpfung als Ganzer.[24]

(b) In einem verneinenden, hypothetischen Urteil wird die Thesis verneint.[25] Dies kann man als „Nachsatzauffassung" bezeichnen.

Um beide Auffassungen wiedergeben zu können, werde ich im folgenden zwei Verknüpfungsausdrücke für die Bildung von verneinenden Urteilen unterscheiden.

---

[21] Jakob [1794: § 193]. Das Nicht–Setzen einer Folge B hat man bei Jakob als das Setzen von Nicht–B zu verstehen. Vgl. hierzu das Folgende.
[22] Diese Auffassung findet sich schon bei Kant; vgl. [1781: A 73/B 98].
[23] Krug [1825: § 57].
[24] Vgl. etwa Drobisch [1875: § 52].
[25] Vgl. hierzu Fries [1837: § 35]: „Bejahend: A ist Grund von B; verneinend: A ist nicht Grund von B und: das Urteil B ist falsch, wenn A wahr ist". Damit ist eine Unterscheidung zwischen zwei möglichen Verneinungen eines hypothetischen Urteils angedeutet, von denen die zweite („das Urteil B ist falsch, wenn A wahr ist") die Nachsatzauffassung repräsentiert. Fries verdeutlicht seine Unterscheidung dann noch: „Ich bemerke nur noch den Unterschied der allgemeinen und besondern Verneinung. Sage ich: wenn A gilt, so gilt niemals B, so ist dies allgemein, sage ich aber nur: B folgt nicht aus A, so hebe ich nur die allgemeine Bejahung auf" (ibid.). Die Nachsatzauffassung erscheint hier also vertreten durch die allgemeine Verneinung, die besondere Verneinung deutet auch die Ganzsatzauffassung an.

Wir wenden uns nun den Regeln für hypothetische Verknüpfungen zu. Dabei behandele ich wiederum zuerst die Qualität. Hierzu benötigen wir einen Operator für die Bejahung und – zur Unterscheidung der Ganzsatz- von der Nachsatzauffassung – zwei für die Verneinung. Ich formuliere diese Verknüpfungsausdrücke folgendermaßen:

(1) wenn ..., so folgt, daß ... ;[26]
(2) wenn ..., so folgt nicht, daß ... ;[27]
(3) wenn ..., so folgt, daß nicht ... .

Damit erhalten wir, unterschieden nach Ganz- und Nachsatzauffassung, die folgenden Regeln:

A. Ganzsatzauffassung

(GH_+) *Wenn A, so folgt, daß B* ist die bejahende, hypothetische Verknüpfung aus den Urteilen *A* und *B*.

(GH_-) *Wenn A, so folgt nicht, daß B* ist die verneinende, hypothetische Verknüpfung aus *A* und *B*.

B. Nachsatzauffassung

(NH_+) wie (GH_+).
(NH_-) *Wenn A, so folgt, daß nicht B* ist die verneinende, hypothetische Verknüpfung aus *A* und *B*.

Bevor wir die Probleme der Quantifizierung angehen, sehen wir uns jetzt noch die Regeln für den Titel „Qualität" der disjunktiven Urteile an. Hier liegen die Dinge einfacher als bei den hypothetischen Urteilen. Zwar vertreten auch in bezug auf die Disjunktion einige Autoren die Auffassung, daß die entsprechenden Urteile stets bejahend seien.[28] Im Hinblick auf die auch angenommene Möglichkeit einer Verneinung findet man dann aber – soweit ich sehe – keine Unterscheidungen. Vielmehr gilt hier generell: „Bey divisiven [d. h.: disjunktiven] Urtheilen ist die Bejahung die Annahme, die Verneinung die Verwerfung einer gegebenen Erklärung oder Eintheilung."[29]

---

[26] Dies ist natürlich der bereits auf S. 391 unter (H) aufgeführte Operator.
[27] Dieser Verknüpfungsausdruck findet sich wörtlich bei Drobisch [1875: § 52].
[28] Vgl. z. B. Jakob [1794: § 198]. Vgl. auch Maimon [1794: 61ff].
[29] Fries [1837: § 35]. – G. F. Meier (1718–1777), nach dessen „Auszug aus der Vernunftlehre" Kant über Logik las, thematisiert in § 285 von [1752] „die logische Eintheilung der Begriffe (divisio logica)". Kant stellt in seinen Logikvorlesungen den Zusammenhang mit der Disjunktion her, vgl. z. B. Philippi, Busolt und Dohna–Wundlacken (Kant [Vorlesungen: 460 f., 464, 662, 764]).

Um die Regeln zur Bildung von disjunktiven Verknüpfungen formulieren zu können, führe ich die beiden zweistelligen disjunktiven Junktoren „entweder ..., oder..."[30] und „nicht: entweder ..., oder ..." ein. Damit erhalten wir alsdann die beiden Regeln:

(D$_+$)   *Entweder A, oder B* ist die bejahende, disjunktive Verknüpfung aus den Urteilen *A* und *B*.

(D$_-$)   *Nicht: Entweder A, oder B* ist die verneinende, disjunktive Verknüpfung aus den Urteilen *A* und *B*.

Wie bei den kategorischen ist auch bei den hypothetischen und den disjunktiven Verknüpfungen der letzte Schritt zur Bildung eines vollständigen Urteils die Quantifizierung; und wie beim Titel „Qualität" hat man auch bei dem Titel „Quantität" die Auffassung abzutrennen, derzufolge nicht alle darunter fallenden Formen als Formen hypothetischer oder disjunktiver Urteile zugelassen werden. In dieser Hinsicht vertreten nämlich einige Autoren die These, hypothetische und disjunktive Urteile seien stets allgemein. So schreibt etwa Kiesewetter: „Die hypothetischen Urtheile sind der Quantität nach jederzeit allgemein, denn die Verbindung eines Grundes zur Folge ist allgemein; allemal, so oft der Grund gesetzt wird, muß auch die Folge gesetzt werden. Dies sieht man auch daraus, daß sie als Regeln gelten."[31] Und wenig später heißt es bei demselben Autor [1802: § 122]: „Die disjunktiven Urtheile sind, der Qualität [sic!] nach, jederzeit allgemein, denn die Eintheilung der Sphäre eines Begriffs gilt jederzeit für den ganzen Begriff". – Wir halten fest, daß hypothetische und disjunktive Urteile zufolge dieser Auffassung zwar nicht jede Quantität haben können, aber doch stets eine Quantität haben – nämlich die Allgemeinheit.

Der Einführung von Quantifizierungsregeln stellt sich jetzt noch ein Problem entgegen: Wie kann etwa das hypothetische Urteil „wenn Sonnenschein ist, so ist es hell"[32] noch in sinnvoller Weise mit einem Quantor versehen werden? Diese Frage stellt sich aus dem folgenden Grund: Wenn die hypothetisch miteinander verknüpften Satzteile grammatisch vollständige Urteile sind, dann ist auch die hypothetische Verknüpfung selbst ein nicht mehr ergänzungsbedürftiges Urteil. Nun gestattet zwar die moderne Syntax auch die Quantifizierung vollständiger Sätze, z. B. ist „$\forall x\, Fa$" ein wohlgebildeter Ausdruck einer prädi-

---

[30] Dies ist natürlich der bereits auf S. 391 unter (D) aufgeführte Operator.
[31] Kiesewetter [1802: § 121]; vgl. auch o. S. 387.
[32] Vgl. zu diesem Beispiel Drobisch [1875: § 41].

katenlogischen Sprache. Aber der hier auftretende Quantor „∀x" ist bekanntlich redundant, und der Ausdruck „∀x Fa" wird nur aus Gründen der formalen Einfachheit des syntaktischen Regelsystems zugelassen; und eben eine solche rein formale Betrachtungsweise ist der traditionellen Schullogik noch fremd. Wenn andererseits die hypothetisch verknüpften Ausdrücke unvollständig sind und noch freie Leerstellen enthalten, dann stehen diese für eine nicht-redundante Quantifizierung auch zur Verfügung. Die verknüpften Satzteile sind dann aber keine Aussagen oder Urteile, sondern es sind Aussage*formen*.[33]

Die Antwort der traditionellen Logik auf dieses Problem, das sich ganz entsprechend ja auch bei der Quantifizierung der disjunktiven Urteile stellt, macht nun davon Gebrauch, daß es in vielen Fällen von grammatisch vollständigen Urteilen einen wohlbestimmten Sinn hat, zu fragen, ob diese in einigen oder ob sie in allen Fällen gelten. Drobisch schreibt in [1875: § 51]: „Die für die kategorischen Urtheile nachgewiesenen Quantitätsunterschiede gelten auch für die hypothetischen [wenn S ist, so ist P]. Denn auch die Setzung von *S* hat einen Umfang; es lassen sich Fälle unterscheiden, in denen *S* gesetzt ist". Die Quantifizierung erfolgt dann über die Klasse der Fälle. So erhält Drobisch [1875: ibid.] beispielsweise als allgemeines (bejahendes), hypothetisches Urteil: „In allen Fällen (oder immer) wenn *S* ist, ist [...] *P*".[34]

Wir können jetzt die Formationsvorschriften für hypothetische Urteile durch die folgenden Regeln vervollständigen. Dabei müssen wir im Hinblick auf die Qualität wieder zwischen Ganz- und Nachsatzauffassung unterscheiden:

A. Ganzsatzauffassung

(GH$_+^{allg}$) *In allen Fällen: wenn A, so folgt, daß B* ist das allgemeine, bejahende, hypothetische Urteil aus den Urteilen *A* und *B*.

(GH$_-^{allg}$) *In allen Fällen: Wenn A, so folgt nicht, daß B* ist das allgemeine, verneinende, hypothetische Urteil aus *A* und *B*.

(GH$_+^{part}$) *In einigen Fällen: wenn A, so folgt, daß B* ist das besondere, bejahende, hypothetische Urteil aus den Urteilen *A* und *B*.

---

[33] Frege beschreibt diese Sachlage in seiner nachgelassenen „Einleitung in die Logik" [1969: 207] unter dem Titel „Allgemeinheit" mit den Worten: „Demnach kann man beim allgemeinen Satze nicht mehr wie früher Bedingung und Folge unterscheiden; denn der Bedingungssatz und der Folgesatz sind nun uneigentliche Sätze geworden, die keine Gedanken mehr ausdrücken."

[34] Diese Lösung des Quantifizierungsproblems ist natürlich dann besonders einschlägig, wenn das Urteil in versteckter Weise einen Zeitindex enthält – wie in dem Beispiel „wenn Sonnenschein ist, so ist es hell" – und die „Fälle" Zeitpunkte sind.

(GH_-^{part}) *In einigen Fällen: wenn A, so folgt nicht, daß B* ist das besondere, verneinende, hypothetische Urteil aus *A* und *B*.

B. Nachsatzauffassung

(NH_+^{allg}) wie (GH_+^{allg}).
(NH_-^{allg}) *In allen Fällen: wenn A, so folgt, daß nicht B* ist das allgemeine, verneinende, hypothetische Urteil aus *A* und *B*.
(NH_+^{part}) wie (GH_+^{part}).
(NH_-^{part}) *In einigen Fällen: wenn A, so folgt, daß nicht B* ist das besondere, verneinende, hypothetische Urteil aus *A* und *B*.

Ganz entsprechend haben wir dann noch die vier Formen der disjunktiven Urteile:

(D_+^{allg})   *In allen Fällen: entweder A, oder B.*
(D_-^{allg})   *In allen Fällen: nicht: entweder A, oder B.*
(D_+^{part})   *In einigen Fällen: entweder A, oder B.*
(D_-^{part})   *In einigen Fällen: nicht: entweder A, oder B.*

Damit ist für jede der aus der Kantischen Tafel entnommenen Urteilsarten eine Formationsregel angegeben. Jede von ihnen ist eine Einführungsregel für eine logische Konstante. Wir haben es also mit zwölf logischen Konstanten zu tun. Jede von ihnen ist eine zweistellige Funktion, deren Werte Urteile sind. Im Falle der kategorischen Operatoren („alle (einige) ... sind (sind nicht) ...") sind die Argumente begriffliche Ausdrücke, in den anderen Fällen sind die Argumente Urteile. Aus der Sicht der heutigen Logik sind die Konstanten natürlich zerlegbar in Quantoren und Junktoren. Die hier verfolgte These von der Gleichrangigkeit der Formbestimmung nach verschiedenen Titeln der Urteilstafel setzt aber gerade voraus, daß man sie als ungeteilte Ganze auffaßt.

Literatur

A. Quellen zur deutschen Schullogik

DROBISCH, M. W. [1875]: *Neue Darstellung der Logik nach ihren einfachsten Verhältnissen. Mit Rücksicht auf Mathematik und Naturwissenschaft.* Vierte verbesserte Auflage. Leipzig 1875.

FRIES, J. F. [1827]: *Grundriß der Logik. Ein Handbuch zum Gebrauch für Schulen und Universitäten.* Dritte Auflage. Heidelberg 1827.

FRIES, J. F. [1837]: *System der Logik. Ein Handbuch für Lehrer und zum Selbstgebrauch.* Dritte verbesserte Auflage. Heidelberg 1837. (Zusammen mit [1827] wieder abgedruckt in: J. F. Fries: *Sämtliche Schriften.* Nach den Ausgaben letzter Hand zusammengestellt, eingeleitet und mit einem Fries-Lexikon versehen von G. König und L. Geldsetzer. Band 7. Aalen 1971.)

JAKOB, L. H. [1794]: *Grundriß der allgemeinen Logik und kritische Anfangsgründe der allgemeinen Metaphysik.* Dritte umgearbeitete Auflage. Frankfurt und Leipzig 1794.

KANT, I. [1781]: *Kritik der reinen Vernunft.* Riga 1. Auflage 1781, 2. Auflage 1787. Nach der ersten und zweiten Original-Ausgabe herausgegeben von R. Schmidt. ³Hamburg 1990.

KANT, I. [Vorlesungen]: *Kant's Vorlesungen.* Hrsg. von der Akademie der Wissenschaften zu Göttingen. Band I. Vorlesungen über Logik. Berlin 1966.

KIESEWETTER, J. G. C. C. [1802]: *Grundriß einer allgemeinen Logik nach Kantischen Grundsätzen. Erster Theil.* Dritte rechtmäßige, völlig umgearbeitete und sehr vermehrte Auflage. Berlin 1802.

KRUG, W. T. [1825]: *System der theoretischen Philosophie. Erster Theil: Denklehre.* Dritte, verbesserte und vermehrte Auflage. Königsberg 1825.

MAIMON, S. [1794]: *Versuch einer neuen Logik oder Theorie des Denkens.* Berlin 1794. (Wieder abgedruckt in: S. Maimon: *Gesammelte Werke.* Hrsg. von V. Verra. Band 5. Hildesheim 1970.)

MEIER, G. F. [1752]: *Auszug aus der Vernunftlehre.* Halle 1752. Abgedruckt in: *Kant's gesammelte Schriften.* Hrsg. von der Königlich Preußischen Akademie der Wissenschaften. Band XVI (= Dritte Abtheilung: Handschriftlicher Nachlaß. Dritter Band). Berlin und Leipzig 1924.

B. Weitere benutzte Werke und Abhandlungen

ARISTOTELES: *Analytica priora.* In: Aristotle I. *The Categories. On Interpretation. Prior Analytics.* Translated by H. P. Cooke, H. Tredennick. London 1938. Reprint 1983.

BRANDT, R. [1991]: *Die Urteilstafel. Kritik der reinen Vernunft A 67–76; B 92–101.* Kant-Forschungen Band 4. Hamburg 1991.

FREGE, G. [1879]: *Begriffsschrift, eine der arithmetischen nachgebildete Formelsprache des reinen Denkens.* Halle 1879. Nachdruck Darmstadt 1988.

FREGE, G. [1891]: „Funktion und Begriff". Vortrag, gehalten in der Sitzung vom 9. Januar 1891 der Jenaischen Gesellschaft für Medizin und Naturwissenschaft, Jena 1891. Abgedruckt in: G. Frege: *Funktion, Begriff, Bedeutung. Fünf logische Studien.* Hrsg. und eingeleitet von G. Patzig. Göttingen ⁴1975.

FREGE, G. [1918/19]: „Die Verneinung. Eine logische Untersuchung". In: *Beiträge zur Philosophie des Deutschen Idealismus* 1 (1918/19) 143–157. Abgedruckt in: G. Frege: *Logische Untersuchungen.* Herausgegeben und eingeleitet von G. Patzig. Göttingen ³1986.

FREGE, G. [1969]: *Nachgelassene Schriften.* Unter Mitwirkung von G. Gabriel und W. Rödding bearbeitet, eingeleitet und mit Anmerkungen versehen von H. Hermes, F. Kambartel und F. Kaulbach. Hamburg 1969.

KNEALE, W. and M. [1962]: *The Development of Logic*. Oxford 1962.
LOTZE, R. H. [1874]: *Logik. Erstes Buch. Vom Denken (Reine Logik)*. Leipzig 1874. Mit einer Einleitung „Lotze und die Entstehung der modernen Logik bei Frege" mit dem Text der Ausgabe von Georg Misch neu herausgegeben von Gottfried Gabriel. Hamburg 1989.
MALZKORN, W. [1993]: Rezension von Brandt [1991]; in: *Archiv für Geschichte der Philosophie* 75 (1993) 108–113.
WOLFF, M. [1995]: *Die Vollständigkeit der kantischen Urteilstafel*. Mit einem Essay über Freges *Begriffsschrift*. Frankfurt/Main 1995.
WOLFF, M. [1995a]: „Freges Kritik an der kantischen Urteilstafel in seiner ‚Begriffsschrift' von 1879". Abgedruckt in: Wolff [1995], 243–312.

Der mathematische Hintergrund des Erweiterungsschrittes in Freges „Grundgesetzen der Arithmetik"

von Christian Thiel

Obwohl der erste Band von Gottlob Freges *Grundgesetzen der Arithmetik* (Frege 1893) vor mehr als hundert Jahren erschien, sind das darin aufgebaute formale System und seine Metatheorie bislang wenig untersucht worden. Es liegt nahe, den Grund für dieses geringe Interesse in der Inkonsistenz dieses Systems zu suchen. Doch sind auch andere inkonsistente Systeme später repariert worden, und im vorliegenden Falle war immerhin die Darlegung des formalen Systems so präzise, daß Kurt Gödel später an den *Principia Mathematica* kritisieren konnte, sie bedeuteten „in this respect a considerable step backwards as compared with Frege" (Gödel 1944: 126).

Die von Heinrich Scholz betreute Dissertation Hermann Schweitzers von 1935 war die erste Studie zu einem „technischen" Problem der *Grundgesetze* (künftig abgekürzt: *GGA*). Dann kam der Zweite Weltkrieg, und erst in den sechziger Jahren wurde die Thematik im Münchener Kreis um Wilhelm Britzelmayr wieder aufgegriffen durch Bartlett (1961), v. Kutschera (1964) und Hinst (1965). Auch ich habe die ersten Anregungen zur Beschäftigung mit Freges Logik und damit zu meiner Dissertation (Thiel 1965) in diesem Kreis erhalten. Weitgehend unabhängig davon ist Michael D. Resniks von Charles D. Parsons und Dagfinn Føllesdal betreute Dissertation (Resnik 1963) entstanden. Seither sind weitere, wenngleich nicht viele Arbeiten hinzugekommen, zur Thematik des hier vorgelegten Beitrags vor allem Thiel (1975) und (1976), Schirn (1985), v. Kutschera (1989: Kap. 7) und die hier nicht im einzelnen aufzuzählende (und an Syntax und Semantik des Systems der *GGA* meist auch nicht sonderlich interessierte) neueste Literatur zu „Hume's Principle" und „Frege's Theorem".

Erst die Darstellung v. Kutscheras machte in aller Deutlichkeit klar, was schon die kaum bekannt gewordene Dissertation von Hinst (1965) zum Anlaß von Detailuntersuchungen gemacht hatte: daß Freges Logik in den *GGA* eine Termlogik ist. Dies ist gelegentlich übersehen oder nicht beachtet worden, etwa in Arbeiten, die durch schlichtes

Weglassen des Fregeschen Grundgesetzes V (sowie des davon abhängigen Grundgesetzes VI) oder auch der Grundgesetze II und III ein „Teilsystem" von *GGA* zu erhalten hofften. Probleme wie die mit Freges Vorgehen in *GGA* § 10 und § 31 verbundenen (und, wie ich glaube, auch die im Nachwort zu *GGA* II behandelten) sind eng mit dieser Eigenheit der Fregeschen Logik in seinem Hauptwerk verknüpft.

In den letzten zwei Jahrzehnten ist das seit Dummett (1981: 408, 412, 421–424) so benannte „permutation argument" näher untersucht und kontrovers diskutiert worden. Es wird von Frege für den Nachweis herangezogen, daß durch die (später als Grundgesetz V axiomatisch fixierte) „Gleichsetzung der Bedeutung von ‚$\grave{\epsilon}\Phi(\epsilon) = \grave{\alpha}\Psi(\alpha)$' mit der von ‚$\wedge a\ (\Phi(a) = \Psi(a))$' die Bedeutung eines Namens wie ‚$\grave{\epsilon}\Phi(\epsilon)$' keineswegs völlig bestimmt ist, wenigstens, wenn es eine solche Function $X(\xi)$ giebt, deren Werth für einen Werthverlauf als Argument diesem selbst nicht immer gleich ist" (Frege 1893: 16). Statt den Gedankengang von *GGA* I § 10 hier vorzuführen und zu kommentieren (was schon in Thiel (1976) geschehen ist), wollen wir uns kurz den Hintergrund der von Frege daraus gezogenen Folgerung vor Augen führen. Frege schließt nämlich im § 10, es sei ohne Verstoß gegen die genannte Gleichsetzung der Bedeutung von ‚$\grave{\epsilon}\Phi(\epsilon) = \grave{\alpha}\Psi(\alpha)$' mit der von ‚$\wedge a\ (\Phi(a) = \Psi(a))$' „immer möglich zu bestimmen, dass ein beliebiger Werthverlauf das Wahre und ein beliebiger anderer das Falsche sein solle" (Frege 1893: 17).

Dies ermöglicht Frege, die Unbestimmtheit der Bedeutung der einzelnen Wertverlaufsnamen in einem besonders störenden Falle zu beheben. Im § 7 der *GGA* hatte Frege ja festgesetzt, „‚$\Gamma = \Delta$' bedeute das Wahre, wenn Γ dasselbe ist wie Δ" (Frege 1893: 11). Da links und rechts vom Gleichheitszeichen irgendwelche rechtmäßig gebildeten Gegenstandsnamen stehen können, und diese sowohl Wahrheitswertnamen als auch Wertverlaufsnamen sein dürfen, ist die Bedeutung einer Gleichheitsaussage wie z. B. „$\grave{\epsilon}(-\epsilon) = \wedge a\ (a = a)$" nicht nur einfach offengelassen, weil Frege nur Gleichungen zwischen Wertverlaufsnamen erklärt hat, die mit einem Wertverlaufsabstraktor beginnen; vielmehr ist diese Lücke ohne weitere Festsetzungen auch gar nicht zu schließen. An Gegenstandsnamen, die nicht die Gestalt von Wertverlaufsnamen haben, kommen im System bis zu dieser Stelle nur Namen des Wahren und Namen des Falschen vor. Könnten wir auch nur einen einzigen Wertverlaufsnamen mit einem (und damit allen) Namen des Wahren und einen anderen (soll heißen: nicht mit dem ersten bedeutungsgleichen) Wertverlaufsnamen mit einem (und damit allen) Namen des Falschen als bedeutungsgleich festsetzen, so ließe sich in der als Beispiel genannten noch „offenen" Gleichung der Name „$\Lambda \mathbf{a}\,(\mathbf{a} = \mathbf{a})$" durch den als Name des Wahren gewählten Wertverlaufsnamen ersetzen, und die erhaltene Gleichung wäre eine solche zwischen zwei Wertverlaufsnamen, für deren Bedeutung wir durch Freges Gleichsetzung der Bedeutungen von ‚$\dot{\varepsilon}\Phi(\varepsilon) = \dot{\alpha}\,\Psi(\alpha)$' mit der von ‚$\Lambda \mathbf{a}\,(\Phi(\mathbf{a}) = \Psi(\mathbf{a}))$' ein Kriterium hätten. Aber nun hatte ja Frege mit seiner Argumentation im § 10 gerade gezeigt, daß wir solche Festsetzungen tatsächlich treffen dürfen – und so trifft er jetzt die Entscheidung auf eine inhaltlich möglichst plausible Weise: Der Wertverlauf $\dot{\varepsilon}\,(-\varepsilon)$ soll das Wahre, der (nachweislich vom ersten verschiedene) Wertverlauf $\dot{\varepsilon}(\varepsilon = \neg\Lambda \mathbf{a}\,(\mathbf{a} = \mathbf{a}))$ das Falsche sein.

Frege „identifiziert" also das Wahre mit dem Wertverlauf (also dem Umfang) eines Begriffs, unter den als einziger Gegenstand das Wahre fällt, und das Falsche mit dem Umfang eines Begriffs, unter den als einziger Gegenstand das Falsche fällt. Nichts erscheint naheliegender, wenn man Freges Erläuterung der zweiten Festsetzung liest: „Jeder Begriff also, unter den das Falsche und nur dieses fällt, hat als Begriffsumfang das Falsche" (Frege 1893: 18). Aber Frege muß in einer Fußnote zum § 11 gleich hinzufügen, daß keineswegs allgemein ein Gegenstand Δ in einer zur getroffenen Festsetzung analogen Weise mit dem Wertverlauf $\dot{\varepsilon}(\Delta = \varepsilon)$ gleichgesetzt werden kann, und überhaupt hat die Sekundärliteratur seine „identifiability thesis" fast einhellig verworfen. Nicht zu leugnen ist, daß der ganze Gedankengang des § 10 nicht nur kompliziert, sondern geradezu bizarr wirkt und den Eindruck vermittelt, Frege kämpfe hier mit Problemen, die er sich ungeschickterweise selber geschaffen hat, und löse sie mit seinen „Identifikationen" auf *prima facie* plausibe, systematisch gesehen jedoch willkürliche Weise.

Ein besseres Verständnis nicht nur des Fregeschen Vorgehens, sondern auch der behandelten Sache erhält man, wenn (und vielleicht nur wenn) man den problemgeschichtlichen Kontext mit den Frege verfügbaren Verfahren zum Aufbau eines formalen Systems, insbesondere für die Einführung von Begriffen und das Führen von Beweisen in die Betrachtung einbezieht. Was dabei in den Blick kommt, ähnelt zunächst dem ganz ohne historische Nebengedanken vorgebrachten Vorschlag Dummetts, die *GGA* als ein gewissermaßen dynamisches System aufzufassen: „Instead of regarding Frege's system, in the conventional way, as once for all bounded by the primitive symbols introduced, and axioms stated, at the outset, let us view it as something capable of growing by the addition of new vocabulary and new axioms" (1981: 415 ff.). Dummetts nächsten Schritt freilich, festgehalten in dem Kommentar: „As such, it represents the beginnings of a reconstruction of the conceptual apparatus embodied in our language" (ibid.), brauchen wir nicht mitzumachen, zumal er uns die Problematik der Aufnahme empirischer Prädikate, das „Julius-Caesar-Problem" der Fregeschen *Grundlagen* und anderes mehr beschert.

Der dynamische, genetische, konstruktive Charakter des Fregeschen Aufbaus ist dagegen bei Dummett richtig erkannt – und führt überraschenderweise zurück auf Forschungen, die vor mehr als sechs Jahrzehnten im Kreis um Heinrich Scholz in Münster unternommen wurden. Hier verfaßte Friedrich Bachmann als unmittelbare Reaktion auf Carnaps *Logische Syntax der Sprache* 1934 für die interne Seminardiskussion einen Text „Frege als konstruktiver Logizist", der in Scholz/Schweitzer (1935) zwar zitiert wurde, aber zunächst unveröffentlicht blieb und erst 1975 im Druck zugänglich wurde (Bachmann 1975). Bachmann erklärt es hier für „ein allgemein verbreitetes Vorurteil, daß Frege die Gesamtheit aller ‚Dinge' und ‚Prädikate' als a priori festgelegt seiner Logik zugrunde gelegt und daher auf dem Standpunkt gestanden habe, daß zur Einsetzung in eine Gegenstandsvariable alle ‚Dinge' und zur Einsetzung in eine Prädikatenvariable alle ‚Prädikate' zugelassen werden müßten." (Bachmann 1975: 160). Demgegenüber vertritt Bachmann die Ansicht, „daß Frege als logische Objekte, die zur Einsetzung in seiner Logik zugelassen sind und die er meint, wenn er von ‚allen Gegenständen' oder ‚allen Prädikaten eines bestimmten Typus' (und also auch, wenn er von der Existenz eines Gegenstandes oder eines Prädikates eines bestimmten Typus) spricht, die beiden Ur-Gegenstände: Das Wahre und das Falsche, die acht Ur-Funktionen […] und alle aus ihnen rechtmäßig gebildeten Gegenstände und nur sie zugelassen hat" (Bachmann 1975: 161). Darüber hinaus aber könne „der Kreis der bedeutungsvollen Namen nur dadurch erweitert werden, daß durch explizite Festsetzungen neue Namen in den Kreis der bedeutungsvollen aufgenommen werden" (Bachmann 1975: 163).

Wie dies im einzelnen geschehen kann, hat Hermann Schweitzer in seiner Dissertation *Die Fregesche Einführung der Wertverlaufsnamen in seine Logik* (vgl. Scholz/Schweitzer 1935) untersucht. Mit dem Blick auf Freges Rede von der „Einführung" neuer Funktionen (Frege 1893: 18) und neuer Namen (Frege 1893: 43) werden die Möglichkeiten zur „Aufnahme" von Neuzeichen in das System der *GGA* kritisch beschrieben. Obwohl ich die Thematik unter Anknüpfung an die Fregesche

Rede von der „Erweiterung" eines Bereichs bedeutungsvoller Zeichen (Frege 1893: 46, 48) in meiner Dissertation aufgegriffen und sogar etwas emphatisch unter die Überschrift „Wertverläufe und Erweiterungsproblem" (Thiel 1965: 60) gestellt habe, ist mir erst neuerdings aufgrund intensiverer Beschäftigung mit der zu Frege zeitgenössischen Mathematik klar geworden, daß der Terminus „Erweiterungsproblem" in einer von mir urspünglich gar nicht intendierten Weise ins Schwarze trifft.

Vom „Identifizieren" spricht man nämlich beim Aufbau des Zahlensystems und in der Algebra häufig dort, wo man einen Zahlbereich oder eine Struktur erweitert. Eine solche Erweiterung besteht entgegen dem durch diese Bezeichnung nahegelegten Eindruck nicht in der Hinzufügung eines Bereichs neuer Gegenstände zu denen eines unverändert beibehaltenen Ausgangsbereichs. Vielmehr wird der neue Bereich als ganzer konstruiert und dann von einem Teilbereich desselben gezeigt, daß sich die ihm angehörenden Gegenstände denen des Ausgangsbereichs umkehrbar eindeutig zuordnen lassen. Informell sagt man dafür, daß der Ausgangsbereich „erweitert" und jeder ihm angehörende Gegenstand mit dem ihm umkehrbar eindeutig zugeordneten Gegenstand des Teilbereichs des neu konstruierten Bereichs „identifiziert" werde; bei Strukturen spricht man auch von der „Einbettung" des Ausgangsbereichs in den neu konstruierten. So läßt sich etwa der Ring der ganzen Zahlen in den Körper der rationalen Zahlen „einbetten", sich zu diesem „erweitern", ja schon der Bereich der Grundzahlen zum Ring der ganzen Zahlen, wobei die Grundzahl m mit der (durch ein Grundzahlpaar bezeichneten) ganzen Zahl $(m, 0)$ und jeder ganzen Zahl $(m+n, n)$ „identifiziert" wird.

Die Details kann man am klarsten in etwas älteren Algebralehrbüchern wie z. B. Birkhoff/Mac Lane (1953) und Jacobson (1951) nachlesen; hier kommt es auf eine möglichst allgemein verständliche Skizze des Grundgedankens an. Sieht man nämlich die Fregesche „Identifikation" des Wahren mit $\grave{\epsilon}(-\epsilon)$ und des Falschen mit $\grave{\epsilon}\,(\epsilon = \neg\bigwedge \mathbf{a}\,(\mathbf{a} = \mathbf{a}))$ als einen im Stil der zeitgenössischen Algebra vorgenommenen Erweiterungsschritt, so erkennt man, daß bei diesem der Bereich der bis dahin im System der *GGA* allein zugelassenen Gegenstände (der Wahrheitswerte) in genauer Analogie zu den Zahlbereichs- und Strukturerweiterungen der Algebra in einen Bereich von Wertverläufen „eingebettet" wird. Dieser enthält Wertverläufe und nur Wertverläufe, aber er enthält einen Teilbereich, der dem Ausgangsbereich isomorph ist. Denn der Ausgangsbereich besteht allein aus den beiden

Wahrheitswerten, dem Wahren und dem Falschen. Daß das Wahre mit dem Wertverlauf $\dot{\varepsilon}\,(-\varepsilon)$ und das Falsche mit dem Wertverlauf $\dot{\varepsilon}\,(\varepsilon =$ $\neg\wedge\mathbf{a}\,(\mathbf{a} = \mathbf{a}))$ „identifiziert" wird, heißt nichts anderes, als daß die Isomorphie des Teilbereichs dieser beiden Wertverläufe mit dem Ausgangsbereich der beiden Wahrheitswerte durch geeignete Festsetzungen des Umgangs mit Wertverlaufsnamen und Wahrheitswertnamen anderer Form hergestellt wird. Genau dies aber geschieht in Frege (1893: §§ 3, 8, 9, 10), wobei die hergestellte Isomorphie durch die Plausibilität der Wahl der dem Wahren bzw. dem Falschen zugeordneten Wertverläufe bestimmt ist — ohne daß dies den Charakter des Erweiterungsschrittes als solchen im mindesten berührte. Meine These ist, daß die Frege aus der zeitgenössischen Zahlentheorie und Algebra bekannten Erweiterungstechniken den mathematischen Hintergrund des Vorgehens in *GGA* I § 10 bildeten. Die Beschreibung der einzelnen Züge dieses Hintergrundes und die Frage, in welcher Ausprägung sie Frege in den Blick kamen, müssen späteren Untersuchungen vorbehalten bleiben.

Literatur

BACHMANN, Friedrich: „Frege als konstruktiver Logizist" [1934]. In: Christian Thiel (ed.), *Frege und die moderne Grundlagenforschung. Symposium, gehalten in Bad Homburg im Dezember 1973* (Anton Hain: Meisenheim am Glan 1975), 160–168.

BARTLETT, James Michael: *Funktion und Gegenstand. Eine Untersuchung in der Logik von Gottlob Frege.* Phil. Diss. LMU München 1961.

BIRKHOFF, Garrett / MAC LANE, Saunders: *A Survey of Modern Algebra.* Rev. ed. New York (Macmillan) 1953.

DUMMETT, Michael: *The Interpretation of Frege's Philosophy.* Cambridge, Mass. (Harvard University Press) 1981.

FREGE, Gottlob: *Grundgesetze der Arithmetik. Begriffsschriftlich abgeleitet.* I. Band. Jena (Hermann Pohle) 1893, II. Band ebd. 1903. Repr. (als unv. 2. Aufl.) Darmstadt (Wissenschaftliche Buchgesellschaft) 1962 und (in 1 Band) Hildesheim (Georg Olms) 1962 sowie als Paperback 1966.

GÖDEL, Kurt: „Russell's Mathematical Logic". In: Paul Arthur Schilpp (ed.), *The Philosophy of Bertrand Russell.* Evanston/Chicago (Northwestern University) 1944, 125–153.

HINST, Peter: *Syntaktische und semantische Untersuchungen über Freges „Grundgesetze der Arithmetik".* Phil. Diss. LMU München 1965.

JACOBSON, Nathan: *Lectures in Abstract Algebra. Vol. I — Basic Concepts.* Princeton, N. J. etc. (D. van Nostrand) 1951.

V. KUTSCHERA, Franz: *Die Antinomien der Logik. Semantische Untersuchungen.* Freiburg/München (Karl Alber) 1964 (Kap. I, § 5.2: „Freges Beweis der semantischen Vollständigkeit des Systems der ‚Grundgesetze'", S. 69–72).

v. KUTSCHERA, Franz: *Gottlob Frege. Eine Einführung in sein Werk.* Berlin/New York (Walter de Gruyter) 1989.

PARSONS, Terence: „On the Consistency of the First-order Portion of Frege's Logical System". *Notre Dame Journal of Formal Logic* 28 (1987), 161–188. Repr. in: William Demopoulos (ed.), *Frege's Philosophy of Mathematics* (Harvard University Press: Cambridge, Mass./London 1995), 422–431.

RESNIK, Michael David: *Frege's Methodology: A Critical Study.* Ph.D. Thesis, Harvard University: Cambridge, Mass. 1963.

SCHIRN, Matthias: „Semantische Vollständigkeit, Wertverlaufsnamen und Freges Kontextprinzip". *Grazer Philosophische Studien* 23 (1985), 79–104.

SCHOLZ, Heinrich & SCHWEITZER, Hermann: *Die sogenannten Definitionen durch Abstraktion. Eine Theorie der Definitionen durch Bildung von Gleichheitsverwandtschaften.* Leipzig (in Kommission bei Felix Meiner) 1935 (*Forschungen zur Logistik und zur Grundlegung der exakten Wissenschaften,* Heft 3). Anhang I (H. Schweitzer): „Die Fregesche Einführung der Wertverlaufsnamen in seine Logik" (S. 95–105).

SCHROEDER-HEISTER, Peter: „A Model-Theoretic Reconstruction of Frege's Permutation Argument". *Notre Dame Journal of Formal Logic* 28 (1987), 69–79.

THIEL, Christian: *Sinn und Bedeutung in der Logik Gottlob Freges.* Meisenheim am Glan (Anton Hain) 1965 (*Monographien zur philosophischen Forschung,* Band 43).

THIEL, Christian: „Zur Inkonsistenz der Fregeschen Mengenlehre". In: ders. (ed.), *Frege und die moderne Grundlagenforschung. Symposium, gehalten in Bad Homburg im Dezember 1973* (Anton Hain: Meisenheim am Glan 1975), 134–159.

THIEL, Christian: „Wahrheitswert und Wertverlauf. Zu Freges Argumentation im § 10 der ‚Grundgesetze der Arithmetik'". In: Matthias Schirn (ed.), *Studien zu Frege I. Logik und Philosophie der Mathematik* (Frommann-Holzboog: Stuttgart-Bad Cannstatt 1976), 287–299.

Sind moralische Aussagen objektiv wahr?

von RAINER TRAPP

Franz von Kutscheras[1] Schriften sind durch Substanzreichtum, hohe argumentative Dichte, Klarheit, Sachbezogenheit, Systematizität und nicht zuletzt Analyseschärfe geprägt, die sich einer präzisen Begriffsverwendung sowie einer souveränen, problemangemessen bleibenden Einbeziehung formaler Präzisionsinstrumente verdankt. Sie beeindrucken durch ihre an klassische Systemphilosophie erinnernde thematische Vielfalt, die auch jenseits der Analytischen Philosophie heutzutage kaum noch ihresgleichen findet. All dies verleiht FvK's bisherigem Gesamtwerk ein in (nicht nur) der deutschen Gegenwartsphilosophie kaum erreichtes, Hochachtung gebietendes Produkt aus den vorgenannten Parameterwerten für wissenschaftliche Qualität. Gleich zu Anfang deutlich festgehalten wird dies hier keineswegs nur aus festschriftenatmosphärisch veranlaßter Reverenz, sondern vor allem deswegen, weil die nachfolgenden Darlegungen kaum den hohen Gewinn vor Augen zu führen geeignet sind, den gerade ich aus jenem Werk zog. Denn sie thematisieren eine für jedwede auch wertende Wissenschaft fundamentale metaethische Frage, deren Beantwortung durch FvK ich nicht zu teilen vermag. Diese betrifft die Möglichkeit von *Werterkenntnis* und spaltet sich auf in die *Wahrheits-* sowie die *Objektivitätsfrage*. Erstere lautet:

I. Sind (mindestens einige) Wert- oder normative Urteile (= N-Urteile) *wahr* oder *falsch* und somit echte Aussagen?

Die *Objektivitätsfrage* stellt sich nur, wenn die *Wahrheitsfrage* bejaht wird. Knapp formuliert lautet sie wie folgt:

II. Läßt sich für den Wahrheitswert einer N-Aussage in dem Maße *objektive* (i. S. v. *intersubjektive*) *Erkennbarkeit* beanspruchen, wie dies für den Wahrheitswert rein *deskriptiver* Aussagen (= D-Aussagen) gilt?

---

[1] nachfolgend „FvK" abgekürzt.

Als Variante des – von FvK vertretenen – (Wert)-*Kognitivismus* sei hier jede *beide* Fragen bejahende, als Variante des *Nonkognitivismus* – wie sie etwa der frühe logische Empirismus sowie der sich jeweils auf diesen stützende Imperativismus, Optativismus oder Emotivismus darstellen – jede bereits die *Wahrheitsfrage* verneinende Position klassifiziert. Beide Auffassungen bilden keine vollständige Disjunktion. Ich erachte sie überdies beide für nicht haltbar. Erkenntnistheoretisch sachgerecht erscheint mir vielmehr eine nachfolgend zu begründende dritte, die *Wahrheitsfrage* zwar bejahende, die *Objektivitätsfrage* jedoch verneinende und daher von mir *semikognitivistisch* genannte Auffassung.

Daß die *Wahrheitsfrage* eindeutig zu bejahen und jede der o. g. Varianten von *Nonkognitivismus* mithin unhaltbar ist, scheint mir spätestens seit Ausarbeitung einer *Mögliche-Welten-Semantik* für die *deontische* und *Präferenz*logik, an deren Verfeinerung – in (1976), Kap. 5 – und philosophisch hochbedeutsamer Anwendung – z. B. in (1977) – FvK im übrigen wesentlich mitwirkte, unabweisbar zu sein. Sowohl für *deontische* (also Gebote, Verbote und Erlaubnisse aussprechende) als auch für *evaluative* (Wertprädikate zu- oder absprechende) Aussagen – und damit für beide Arten von N-Aussagen – liegt seitdem ein präziser referenzsemantischer Wahrheitsbegriff vor. Dies und die Entwicklung der zugehörigen Logiken, an der FvK ebenfalls beteiligt war, gestattet zugleich die (von früheren Ansätzen einer imperativischen Logik noch nicht zufriedenstellend garantierte) *deduktive* Begründung auch von N-Urteilen aus zuvor als wahr angenommenen Prämissen. Erst dies wiederum fundiert die – vom Positivismus, logischen Empirismus u. a. noch geleugnete – prinzipielle Möglichkeit des präzisen Aufbaus, der logischen Analyse und Falsifizierbarkeit von axiomatisierten N-Systemen im Rahmen genuin wert*wissenschaftlicher* Tätigkeit.

Da immerhin die Wahrheitsfrage sowohl von FvK's Kognitivismus-Variante wie auch vom Semikognitivismus bejaht wird, beschränkt sich die nachfolgend zu thematisierende Meinungsdifferenz zwischen beiden allein auf die *Objektivitätsfrage*: Ist FvK's *Wertobjektivismus* haltbar, demzufolge mindestens einige, darunter alle ethischen N-Urteile, als *objektiv* wahr (mindestens i. S. obiger Frage II) gelten können[2], oder muß man sich – wie ich meine – mit einem *Wertsubjekti-*

---

[2] Da FvK die *Objektivitätsfrage* eindeutig bejaht, ist seine Position in meiner Terminologie objektivistisch, obwohl er selbst letztere, seiner etwas anderen Begriffsverwendung gemäß, als weder subjektivistisch noch objektivistisch ansieht (vgl. (1982)) bes.

vismus bescheiden, der eben dies leugnet? Zu betonen ist hier zunächst, daß letzterer keineswegs all dasjenige umfaßt, was FvK (S. 54 und 107) unter *Subjektivismus* versteht, nämlich die auf S. 182 „in all [ihren] Varianten als unhaltbar" erachtete These, daß „alle rein normativen Sätze sich in Aussagen über subjektive Präferenzen übersetzen" ließen. Diese Charakterisierung ist schon insofern unglücklich, als – wie auch FvK's kritische Darlegungen zum Subjektivismus klarmachen – in sie zwei fundamental verschiedene Konzeptionen S_D und S_N von „Subjektivismus" zusammenfließen, die auch terminologisch auseinanderzuhalten sind.

1) S_D ist der (hier allein thematisierte) obige *Objektivitätsfrage* verneinende, allgemeine *metaethische Wertsubjektivismus* Er vertritt die erkenntnistheoretische – und als solche *deskriptive, objektive Wahrheit* beanspruchende – These, daß jegliche Wert- oder N-Urteile in letzter Instanz u. a. auf kategorial entsprechenden inneren Präferenzen bzw. Wollungen von Subjekten ruhen und insofern *subjektrelativ* sind.

2) S_N dagegen ist der *normativethische* – und somit laut S_D *nicht objektiv wahre* – Subjektivismus. Er ist durch die Forderung charakterisiert, daß das in der Situation S moralisch Gesollte immer (mindestens u. a.) eine Funktion der subjektiven Präferenzen bzw. Interessen der in S Handlungsbetroffenen sein *sollte*, und damit, daß jede angemessen begründete Ethik als Variante von *Interessenaggregationsethik* zu konzipieren sei[3].

Hat der hier vertretene Subjektivismus i. S. v. S_D recht, dann ist eine erste wichtige Folge hiervon diese: Bezüglich jeglicher N-Sachverhalte ist zwar ein (starker) *Glaube* qua Fürwahrhalten oder Überzeugtsein, niemals aber ein *Wissen* qua Fürwahrhalten eines auch *objektiv* vorliegenden Sachverhalts erlangbar. Von einem auf das bloß *subjektive* Vorliegen eines N-Sachverhaltes für Person a gestützten „*subjektiven* Wissen" ließe sich zwar auch hier reden; dieses liefe jedoch auf nicht mehr als (starken) Glauben hinaus.

S. 227). Alle nachfolgenden Zitate mit lediglich Seitenangaben beziehen sich auf dieses Werk.

[3] Zwar vertrete ich neben S_D auch S_N, dies aber ist hier nicht das Thema. Zur Klassifikation möglicher *Interessenaggregationsethiken* vgl. Trapp (1992). Eine mir angemessen erscheinende Variante hiervon wird in Trapp (1988), Kap. II und III, entwickelt. In Kap. I findet sich hier zudem eine ausführliche Begründung von S_D.

FvK bereitet seinen Wertobjektivismus qua Negation obiger These S_D in gleich mehrfacher Weise terminologisch vor: Erstens unterscheidet er bei *deontischen* Aussagen solche, die nur von einem Subjekt „gesetzt", von solchen, die als „in *Geltung* gesetzt(e)" zugleich objektiv gültig oder wahr seien. Sämtliche moralischen Normen sind für ihn dabei von letzterer Art. Anders als bei *positiv-rechtlichen* Normen N, für deren objektive Geltung qua *Legalität* ihre Entstehungsgeschichte, genauer die Befolgung bestimmter prozeduraler Metanormen, ein hinreichendes Kriterium abgibt, liegt bei moralischen Normen ein entsprechendes Kriterium für ihre *objektive Geltung* qua *Legitimität* ersichtlich nicht vor. Wenn etwa Normsetzer verschiedener Epochen, aber auch in derselben TV-Sendung auftretende Ethiker bezüglich der aktiven Sterbehilfe logisch nicht miteinander vereinbare Normen „setzen", so läßt sich anhand von deren Entstehungsgeschichte natürlich nicht klären, welche dieser Normen zugleich in Geltung gesetzt bzw. objektiv wahr sind. Nun stützt FvK die These der Erkennbarkeit letzterer aus guten Gründen nicht auf die Existenz eines objektiv erkennbaren Platonischen Wertereiches, göttlichen Willens als letzter Normquelle, obersten apriorisch-wahren formalen Prinzips, auf moralische Evidenz oder angeblich ohne „performativen Widerspruch" nicht bestreitbare transzendentalpragmatische Einsichten o. ä. Vielmehr gründet er sie auf die Behauptung einer wesentlichen Analogie zwischen empirischer und normativer Erkenntnis. Zu zeigen, daß eben diese *nicht* gegeben ist, wird damit zur zentralen Aufgabe der nachstehenden Darlegungen.

Entsprechend wie *deontische* unterteilt FvK zweitens auch (klassifikatorische, komparative und quantitative) *evaluative* Begriffe sowie die für deren Definition benötigten *Präferenzen* in bloß *subjektive* (gut, schlecht, besser, schlechter usw. jeweils *für Subjekt* a) und *normative* bzw. *objektive*, nicht derart subjektindizierte (vgl. S. 24 ff.). Moralische Werturteile bzw. Präferenzen seien wiederum die wichtigste Teilklasse letzterer. Somit faßt FvK *normative* Präferenzen, anders als *subjektive*, als solche auf, die nicht die Präferenzen *von irgendjemandem* sind. Dies erstaunt bereits insofern, als man eine Präferenz ohne präferierendes Subjekt bereits aus sprachanalytischen Gründen in Frage zu stellen geneigt ist. (Da m. E. jedoch aus Analysen normalsprachlicher Ausdrücke kaum philosophischer Gewinn zu ziehen ist, betrachte ich dies noch nicht als Einwand.)

Drittens begreift FvK *Wahrheit*, die er für sämtliche Arten von Aussagen (z. B. in (1976)) referenzsemantisch in Anlehnung an Aristoteles-

Tarski-Kripke definiert, von vornherein als per se *objektive*. Konsequenterweise faßt er viertens sämtliche wahrheitsfundierenden *Tatsachen* ebenfalls als per se objektive auf (S. 181). „Ein Satz ist wahr genau dann, wenn es sich so verhält, wie er sagt" (S. 47). Bloß *subjektive* Wahrheit, deren fundierende Tatsachen zwar dem urteilenden Subjekt, nicht aber jedem normalen Beobachter prinzipiell zugänglich sind, mithin die Relativierung des Tarskischen Adäquatheitskriteriums zu „Ein Satz ist wahr *für i* genau dann, wenn es sich *für i* so verhält, wie er sagt", ist damit für FvK auch im Falle moralischer N-Aussagen ebenso ausgeschlossen wie im Falle von D-Aussagen. Es wird sich jedoch zeigen, daß die Wahrheitsbedingungen für N-Aussagen auf einem N-Tatsachenbegriff ruhen, der erkenntnistheoretisch keineswegs in dem Maße objektiv rechtfertigbar ist, wie strukturell entsprechende D-Tatsachen dies sind.

Mindestens qua real- und nicht bloß nominaldefinitorische Festsetzungen erscheinen mir nun bereits die bislang skizzierten Begriffsverwendungen nicht adäquat. Zwar sind in der Tat *partikulare* von *nichtpartikularen* (moralischen) Präferenzen und N-Urteilen scharf zu unterscheiden. Diese Unterscheidung fällt aber — anders als FvK meint — mitnichten mit derjenigen von *subjektrelativen* und *nicht subjektrelativen* Präferenzen bzw. N-Urteilen zusammen. Sie liegt vielmehr quer zu ersterer. Denn *moralische* (= M) unterscheiden sich von *partikularen* (= P) Präferenzen sowie N-Urteilen zwar durch die Erfüllung einer *Zusatzforderung*, die auf die Einnahme eines *unparteiischen, neutralen* oder *partikularinteressefreien* Standpunktes hinausläuft. Sie erweisen sich nichtsdestotrotz aber als ebenso *subjektrelativ* wie ihre P-Gegenstücke.

Die Wurzel für letztere Auffassung bildet die Ablehnung jener strengen, kategorialen Unterscheidung zwischen *Wollen* und *Sollen*, die FvK mit zahlreichen Ethikern teilt. Ihmzufolge sind „Wollen und Sollen, Interesse und Moral ... verschiedene, von einander prinzipiell unabhängige Kategorien" (S. 181, ähnlich auch auf S. 214f.). Nun bedeutet zwar „i will p tun" und „i soll p tun" zugegebenermaßen etwas völlig Verschiedenes. Dies schließt aber keineswegs aus, daß zwischen einer bestimmen Art von *Wollen* und *Sollen* dennoch ein in FvK's Begriffseinteilung nicht reflektierter Fundierungszusammenhang besteht, der — wie sich zeigen wird — implizit auch in den Wahrheitsbedingungen für deontische Aussagen seinen Niederschlag findet und aufweist, daß Wollen und Sollen bzw. Interesse und Moral ganz und gar nicht die behaupteten „prinzipiell von einander unabhängige(n) Kategorien" sind.

Ersichtlich wird dies aus der Antwort auf die Frage, warum denn eine konkrete N-Aussage, etwa das Gebot „a sollte in der Situation S die Handlung H tun" (kurz „$O(H^S a)$"), bei einem Subjekt b, das mit a identisch sein kann oder auch nicht, überhaupt Zustimmung findet. Doch offenbar deswegen, weil sie in dem von b als wahr anerkannten — vielfach nur in höchst rudimentärer Form vorliegenden — Ethiksystem E sich findet bzw. ableitbar ist. Nun sind aber Ethiksysteme nicht einfach vorhanden. Sie bzw. idealiter die sie generierenden obersten N-Prämissen werden vielmehr von menschlichen Normgebern, seien diese nun sich für göttlich inspiriert erklärende Religionsstifter, Gurus, Sektenführer oder aber mit welchen rationalen Normenbegründungsstrategien auch immer aufwartende Ethiker, einfach als wahr behauptet oder gesetzt. Jedes E und dessen konkreten Implikaten zustimmende Subjekt b ist dann entweder dieser Normgeber oder ein Anhänger von dessen Forderungen. Die Normen eines derart gesetzten Systems können dabei auch durchaus nur formale Prozeduralregeln sein, die vorschreiben, nach welchen Verfahren (Konsens, Mehrheit, u. ä.) sich eine Gruppe ihre materialen Normen geben sollte. Sie können ferner ganz oder teilweise auch durch „normative Überhöhung", d. h. die nachträgliche Erklärung von faktisch bereits weithin befolgten Verhaltensmustern, die sich — wie vorzugsweise all- oder wechselseitig vorteilhafte Kooperationsregeln — ohne jede Normsetzung allmählich entwickelten, zu expliziten Geboten zustandegekommen sein. Im Grenzfall einer nur von einer Person vertretenen „Privatmoral", da der Normadressat a sich E autonom auferlegt, und somit mit dem Normgeber und überdies dem einzigen Anhänger b von E identisch ist, kann die Kausalspur von irgendeinem Gebot ‚$O(H^S_a)$' zurück zu seinem Geber auch maximal kurz sein. In jedem Fall jedoch gibt es für jede moralische Forderung einen Normgeber, der sie bzw. ihre Prämissen durch zunächst bloße Setzung in die soziale Welt brachte. Das aber läuft, da die obersten N-Prämissen von E vom Normgeber nicht weiter begründbar sind, auf nichts anderes hinaus, als daß letzterer es auf Grund seiner Werteinstellungen für richtig hält bzw. — im nächsten Fundierungsschritt — schlicht *will*, daß alles von E als *gesollt* Erklärte sowie hiervon Implizierte getan werde. Dieses Wollen (oder Interesse) darf freilich kein *partikulares* und schon gar nicht egoistisches Wollen (kurz: P-Wollen), sondern muß ein kategorial idealisiertes[4] *Wollen aus*

---

[4] Näheres zum Begriff der *kategorialen Idealisierung* findet sich in Trapp (1988), I. 2.1.5, bes. S. 161–164.

rein moralischer Sicht (M-Wollen) sein! Setzt man für „a glaubt, daß p" wie üblich „G(a,p)" und für „a will aus rein moralischer Sicht, daß p" formal „$W_m(a,p)$" so ergibt dies, in Verallgemeinerung des obigen Beispiels, das folgende, zwar nicht analytisch, aber m. E. empirisch für jeden Gebotssatz wahre Fundierungsschema:

1) $\quad \Lambda H,x\ [O(H^S x) \rightarrow VyG(y,O(H^S x))]$
und 2) $\quad \Lambda H,x,y[G(y,O(H^S x)) \rightarrow W_m(y,H^S x)]$

Hieraus folgt unmittelbar $\Lambda H,x[O(H^S x) \rightarrow VyW_m(y,H^S x)]$, d. h., daß x's *Sollen* das M-*Wollen* irgendeines Subjektes y, das x selbst oder ein anderer sein kann, voraussetzt. Die zumeist nichtrelative Formulierung von moralischen Geboten (also z. B. „a sollte in S H tun" statt „a sollte nach dem M-Wollen der Vertreter von E in S H tun") verschleiert also, daß Gebote zunächst nur relativ zum M-Wollen konkreter Subjekte mit ganz bestimmtem Wertbildungshintergrund als wahr gelten können und daß ihnen eben deshalb ein irreduzibles voluntativnonkognitives, subjektives Moment anhaftet, das ihre strukturellen D-Äquivalente (also hier etwa „a tut H in S") nicht aufweisen.

Daß auch die für speziell M- im Unterschied zu P-Präferenzen (Wollungen, Interessen) zu erhebende Zusatzforderung, sie seien von einem *partikular*interessefreien Standpunkt aus zu ermitteln, jene Subjektrelativität nicht zu beseitigen vermag, ist offensichtlich. Man vergegenwärtige sich nur die einfachste Möglichkeit, jenen Standpunkt gedankenexperimentell zu beziehen. Als solche bietet sich die Einnahme der, wie ich sie nenne, „*Solon-Perspektive für ferne Welten*" an. Gemeint ist hiermit die Annahme, die Bewohner eines fernen, erdähnlichen Sternes träten mit der Bitte an verschiedene Erdbewohner heran, ihnen – wie weiland Solon den Athenern – moralische Normen zu setzen. Sie gäben zudem die Zusicherung – was jene Welt aus Sicht des jeweiligen Normgebers i zugleich zu einer *deontisch perfekten* Welt machen würde – jenes von i übermittelte Ethiksystem E^i perfekt zu befolgen und somit Sein und Sollen zusammenfallen zu lassen. Die sich in den Ge- bzw. Verboten von E^i niederschlagenden Präferenzen von i für bzw. gegen bestimmte Zustände in jener Welt können offenkundig nicht von i's P-Interessen geleitet sein. Laut Voraussetzung hat i ja – anders als es bei Moralsetzungen für i's tatsächliche Lebenswelt der Fall wäre – in jener fernen Welt keinerlei P-Interessen, welche i zur Auswahl von Normen veranlassen könnten, deren Befolgung i selbst oder irgendwelchen i affektiv nahestehenden fühlenden Wesen nützen würde. Dennoch finden die meisten Menschen wohl auch Präferenzen (Interessen, Wollungen) bezüglich der moralischen Zustände in fernen Welten in sich vor. Daß im Gegensatz zu FvK's Auffassung auch sie, ebenso wie P-Präferenzen, *subjektrelativ* sind, liegt auf der Hand. Man fingiere, jene Sternbewohner bäten einen Regensburger Philosophen i, einen iranischen Mullah j, einen nordkoreanischen Kommunisten k, usw. um Übermittlung ihrer jeweiligen Ethiksystemvorschläge. Läßt sich ernsthaft bestreiten, daß die Systeme E_i, E_j, E_k,... höchst unterschiedlich ausfielen und daß i, j, k ... mithin dementsprechend unterschiedliche Vorstellungen über *deontisch perfekte* Welten hätten? Sobald die einem ethischen Problem zugrunde liegende Entscheidungssituation S nur detailliert genug beschrieben und die es allgemein lösende Norm demgemäß spezifisch zu fassen wäre, gäbe es überdies aller Erfahrung nach bereits zwischen zwei an derselben Hochschule Studierenden von ähnlichem familiären Hintergrund deutliche Differenzen bezüglich dessen, was für S zu dekretieren wäre. Bereits die Frage, welche *Information* über S überhaupt *entscheidungserheblich* ist, wird zumeist unterschiedlich beantwortet. Sollte diese neben den in S verfügbaren Handlungsalternativen auch sämtliche (oder nur Teile der) Folgen für alle (oder nur einige der) hiervon Betroffenen enthalten? Sollte sie weiterhin nur die zugehörigen Nutzenzuwachs- oder auch die Nutzenausgangsprofile enthalten? Welche Information ist überdies relevant? Verdienstprofile? Wie aber definiert sich Verdienst? Welche sonstigen Aspekte der Berücksichtigungswürdigkeit von Interessen zählen? Motive? Bestehende Rechte? Eben dieser – aus globaler Perspektive noch weit gravierendere – faktisch unbestreitbar vorfindliche *Moralrelativismus* bildet für den Wertobjektivismus ein schweres Problem, während der Subjektivismus ihn zwanglos zu erklären vermag. Der vielfach, so auch von FvK (vgl. 209 ff.), gegen jenen Relativismus bemühte Hinweis auf *interkulturelle moralische Konstanten* ist allenfalls dann richtig, wenn man Ethiksysteme nur auf ihre *allgemeinsten* Prinzipien hin vergleicht[5]. Ohne hinreichende Rechtfertigungsgründe niemanden zu töten, zu bestehlen usw. oder, wie FvK hinzufügt, wahrhaft, hilfsbereit, ehrlich und gerecht zu sein, wird in der Tat jede ihren Namen verdienende Ethik gebieten. Bereits die Frage, ob jene Gebote *kategorisch* gelten oder ob nicht vielmehr bestimmte Umstände und Folgen (etwa für Dritte) im Einzelfall ihre

---

[5] Analog könnte man die Paradigmenwechsel im Laufe der Physikgeschichte mit dem Hinweis leugnen, daß in allen Systemen doch von Körpern und Kräften die Rede sei.

Nichtbefolgung rechtfertigen – und wenn ja, welche dies für welchen Situationstyp sind – läßt von dieser Übereinstimmung nicht allein interkulturell, sondern bereits intrakulturell-intersubjektiv kaum noch etwas übrig. Hinsichtlich zahlloser weiterer Fragen, wie etwa denen, welche Erbschaftssteuersätze, welche Grade von Hilfeleistungen gegenüber welchen Arten von Asylbewerbern, welche Sterbehilfekriterien und sonstigen medizinethischen Normen, welche Lohnzuteilungsmaßstäbe (eher bedürfnis-, leistungs-, ausbildungs- oder altersbezogener Art), welche Naturmanipulationsbeschränkungen usw. usf. jener Welt zu gebieten wären, gäbe es bereits im selben Ethik-Seminar eine bunte Vielfalt von unvereinbaren, gleichermaßen *partikular*interessefreien Antworten. Läßt sich angesichts auch nur dessen auf *nicht subjektrelativen* moralischen Tatsachen und diese zum Ausdruck bringenden N-Urteilen bestehen?

Bereits die bisherigen Argumente implizieren folgendes Dilemma für FvK: Entweder muß er seine Auffassung aufgeben, daß jegliche Wahrheit, also auch diejenige von moralischen N-Aussagen, ebenso wie jegliche Tatsache, per se immer schon eine *objektive* sei, oder aber er muß auf eine *referenzsemantische* Wahrheitsdefinition auch für N-Aussagen verzichten. Die nähere Betrachtung der Wahrheitsbedingungen für z. B. obiges Gebot ‚O(H^Sa)' macht dies exemplarisch klar. Sie lauten (in der von mir vorgezogenen, der Substanz nach aber auch von FvK in (1976) vertretenen Form)

$$\varphi_o(\text{‚O}(H^S a)\text{'}) = w \text{ gdw. } \Lambda W_i (\langle W_o, W_i \rangle \; \varepsilon \; R \cap T \cap P \rightarrow \varphi_i(\text{‚}H^S a\text{'}) = w),$$

besagen also, daß der Gebotssatz ‚O(H^Sa)' in der wirklichen Welt W_o genau dann wahr ist, wenn in allen von W_o aus *vorstellbaren* (= R), *technisch realisierbaren*[6] (= T) und zugleich *deontisch perfekten* (= P) Welten W_i die Aussage ‚H^Sa' wahr ist, das Gebotene also – nach einer Tarski-Eliminierung des Wahrheitsprädikats im Definiens – in jenen Welten tatsächlich geschieht. Interpretiert man ‚O(H^Sa)' z. B. als ‚Arzt a sollte in der Situation S aktive Sterbehilfe leisten' so erhellt, daß ein gläubiger Katholik x jene Handlung in allen von ihm als deontisch perfekt erachteten Welten ebenso entschieden *nicht* als Tatsache vorfinden wird, wie (für geeignete S) ich (= y) sie in meinen perfekten Welten vorfinde. Das aber heißt, daß – anders als obige Wahrheitsdefinition suggeriert – nicht von „der" (einen, objektiv richtigen) Rela-

---

[6] Denn Sollen setzt Können voraus.

tion P der deontischen Perfektion relativ zu W_o die Rede sein kann, sondern daß jene Relation durch die Indizes x und y zu P_x bzw. P_y (lies: „... ist deontisch perfekt für x bzw. y") *subjektrelativiert* werden muß. Differieren aber P_x und P_y, dann schneiden sie aus der Menge $X^{R,T}$ aller von W_o aus vorstell- und realisierbaren Welten W_i auch nicht mehr *dieselbe* Teilmenge $X^{R,T,P}$ von zugleich perfekten Welten aus, sondern nur noch die extensionsverschiedenen Teilmengen $X^{R,T,P}{}_x$ und $X^{R,T,P}{}_y$. Das jedoch erfordert unmittelbar eine *Subjektrelativierung* auch der die Wahrheit von ‚O(H^Sa)' fundierenden *Tatsachen* und folglich eine solche des derart definierten *Wahrheits*prädikates selbst. Statt einfach von „wahr" kann lediglich noch von „wahr$_x$" und „wahr$_y$" („wahr für x" ...) die Rede sein. Die moralisch perfekten Zielwelten, in denen die über die Wahrheit eines Gebotssatzes entscheidenden Tatsachen vorliegen, sind insofern nichts anderes als subjektrelative „Kopfwelten" von x bzw. y. *Eben dies unterscheidet den Wahrheitsbegriff für deontische fundamental von demjenigen für empirische Aussagen! Über die wahrheitsfundierenden Tatsachen wird im D-Fall nicht in privaten, nur vorgestellten „Kopfwelten", sondern per Alltagserfahrung oder, bei wissenschaftlichen Aussagen, zumeist am Ende einer Meßgerätekette per kontrollierter Beobachtung in der einen wirklichen Welt entschieden.* Im Gegensatz zu FvK's Auffassung, der jede Subjektrelativierung des Wertprädikats „moralisch gut" – wie wohl auch diejenige von deontischen Aussagen – nicht nur als metaethisch falsch, sondern (auf S. 236) gar als „unsinnig" bezeichnet, können deontische (und mutatis mutandis auch evaluative) Aussagen mithin als zwar *wahr*, aber nicht als *objektiv* wahr gelten. Ist dies jedoch so, dann ist der moralische *Semikognitivismus* und nicht der *Kognitivismus* die metaethisch korrekte Position.

Dies ergibt die folgende Zwischenbilanz: FvK's kategorische Trennung von Wollen (Interesse) einerseits und Sollen andererseits gilt fraglos für P-Wollen (P-Interesse, P-Präferieren) und M-Sollen. Beide stehen in der Tat in schärfstem Gegensatz zueinander. Jene Trennung verkennt zugleich jedoch, daß M-Wollen als eine andere, in jenen „Solon-Präferenzen" zutage tretende Art des Wollens (...) in eben jenem selben Gegensatz zum P-Wollen steht! Damit verliert der hier vertretene Gedanke, jedes M-Sollen beruhe am Ende auf nicht mehr als dem M-Wollen irgendeines Normsetzers, jene Widersinnigkeit, die er bei FvK's Reduzierung von Wollen auf bloßes P-Wollen zweifellos hätte.

Angesichts dieser Sachlage bleibt auch das folgende weitere Argument nicht mehr zwingend, das FvK (auf S. 181 f. und 215) zugunsten des Objektivismus anführt: Jedem M-Sollen hafte das Moment der *unbedingten Verpflichtung* an. Eben dieses sei jedoch aus irgendwelchem subjektiven *Wollen* heraus nicht begründbar. In der Tat ist es eine schon von Kant betonte, unabweisbare Einsicht, daß M-Sollen unbedingte Verpflichtung impliziert. Zugleich aber trifft es nicht zu, daß der Subjektivismus diesem Zusammenhang nicht angemessen Rechnung zu tragen vermag. Denn moralisches Pflichtbewußtsein läßt sich nur dann nicht aus Wollen heraus begründen, wenn unter letzterem wiederum nur P-Wollen verstanden wird. Wer hingegen etwa eine Handlung in S aus *partikularinteresseloser* Sicht innerlich wirklich *moralisch* will, weil er einzig sie moralisch für richtig hält, der weiß sich auch *verpflichtet*, sie selbst in S zu wählen. Eine Pflicht derart anzuerkennen garantiert freilich noch nicht – ebensowenig wie jedwedes *objektivistische* Fundieren von M-Sollen und Pflicht –, ihr auch durch die Tat nachzukommen. Das Bewußtsein der Verpflichtung als solches erzeugt eben leider noch nicht den Grad an Motivation, der hinreicht, um zu anderen Handlungen drängende eigensüchtige Gegenmotive zu überwiegen. Reine M-Präferenzen wirken nun einmal, wie andere kategorial idealisierte Präferenzen auch, vielfach noch nicht als *Effektiv*präferenzen. Die Phänomene des *schlechten Gewissens* sowie (zumindest teilweise) der moralischen *Scham* oder *Reue* verdanken sich ja gerade dieser Tatsache. Ersteres etwa stellt sich jeweils dann ein, wenn dasjenige, was der Handelnde *aus seiner moralischen Sicht* als richtig anerkennt, deshalb *moralisch will* und als *Verpflichtung* empfindet, hinreichend fern von dem liegt, was er *aus partikularer Sicht* in stärkerem Maße nicht wollte und eben deshalb nicht tat. Will er es dagegen bereits aus *seiner* moralischen Sicht nicht, dann stellt sich keinerlei schlechtes Gewissen ein, mit welchen Gründen auch immer andere ihm jene unterlassene Handlung als „objektiv" gesollte anzudemonstrieren sich bemühen. Nur die wirkliche Verinnerlichung von Ge- oder Verboten, das wirkliche M-*Wollen* des Gesollten aus der *eigenen* Wertungssicht vermag die Gefühle der Verpflichtung, des schlechten Gewissens, der Reue und Scham zu produzieren. Alle Hinweise auf „die" angeblich objektiv gültige gesellschaftliche, christliche, humanistische u. ä. Moral vermögen dies – wie etwa die vergeblichen diesbezüglichen Appelle an brandstiftende Rechts- oder „antiimperialistisch befreiungskämpferisch" tätige Linksradikale zeigen – hingegen nicht, solange letztere sich die diesbezüglichen Gebote jener Moralsysteme nicht innerlich zu eigen machen. Anders als FvK auf S. 253 meint, gibt es heutzutage weniger denn je „die moralische Sprache", die „wir" gemeinsam erlernen, „[*die*] allgemeinen Urteile über das, was gut, gerecht oder Pflicht ist", „[*die*] überkommenen Anschauungen" als die intersubjektiv anerkannte „Theorie, in deren Lichte wir dann unsere [Wert]-Erfahrungen machen." Auch die These, daß eine subjektivistische Auffassung des M-Sollens das Bewußtsein der Verpflichtung sowie die genannten, aus Pflichtverletzungen herrührenden Folgephänomene nicht erklären könne, ist also als Einwand gegen den Subjektivismus ungeeignet. Im Gegenteil: Ohne eine *subjektivistische* Konzeption des Sollens, das dieses auf das dem jeweiligen Subjekt eigentümliche M-Wollen zurückführt, sind jene Phänomene nicht überzeugend zu erklären.

Eine weitere Folgerung, die FvK auf die kategoriale Verschiedenheit von Sollen und Wollen stützt, betrifft das Scheitern aller „rationalistischen" Unterfangen, die „Forderungen der Moral" als sich mit denjenigen eines „aufgeklärten Egoismus" deckend nachzuweisen. Mit weithin überzeugenden, hier nicht darlegbaren Argumenten kritisiert FvK (auf S. 214 ff.) verschiedene klassische Versuche, Moral und Eigeninteresse miteinander zu vereinbaren. Ergänzen ließen sich diese Darlegungen noch durch eine Kritik an den neuesten und m. E. interessantesten Versuchen dieser Art. Diese gründen eine für alle ihre Befolger nützliche *Kooperationsmoral* auf die seit langem wohlbekannte Einsicht, daß es in allen Interaktionen von n-Personen-Gefangenendilemma-Struktur auch dem Eigeninteresse aller Beteiligten dienlich wäre, statt „kluger" Eigennutzenoptimierungsstrategien „moralische" Kooperationsstrategien zu befolgen, vorausgesetzt hinreichend viele andere tun dies ebenfalls. Auch für Serien solcher Interaktionen („Superspiele") wurde der allseitige Vorteil der Kooperation im Vergleich zu kluger Eigennutzenoptimierung eindrucksvoll nachgewiesen. Diese zu Erklärungszwecken mittlerweile auch in der Evolutionsbiologie verwendete Einsicht gilt – wie ich in (1996) zu zeigen versuche – in weithin analoger Weise auch für zahlreiche weitere partiell-konfliktive Spiele von jeweils verschiedener „Klugheitsdilemma"-Struktur und unter bestimmten Zusatzvoraussetzungen sogar für Nullsummen-Superspiele. Insgesamt gestattet sie, eine bereits potentiell unendlich viele Normen umfassende *Minimalmoral* voraussetzungsarm gegenüber jedermann – reine Egoisten eingeschlossen – zu begründen. Da all diese Normen aber allein durch mindestens langfristig zu erwartende *Eigennutzengewinne* begründet sind, enthält jene Minimalmoral keinerlei *kompensatorische* Normen, also solche, die *einseitige* Nutzentransfers zugunsten bestimmter Schwacher, Behinderter oder Bedürftiger auch dann gebieten, wenn dies dem Normbefolger kurz- und auch langfristig Nutzenverluste auferlegen würde. Mithin scheitert für letztere Normen, die für eine hinreichend regelungsstarke Moral m. E. unverzichtbar sind, das rationalistische Programm, Sollen auf kluges langfristiges Interesse oder Wollen zu stützen, nach wie vor. Wichtig für die hiesige Thematik aber ist, daß dies wiederum nur für M-Sollen und P-Wollen gilt. M-Sollen und M-Wollen dagegen wären für all diejenigen, die – wie ich selbst und wohl auch FvK – eine Moral ohne kompensatorische Normen für nicht ausreichend halten, auch hier im Einklang. Folglich ist das Scheitern des rationalistischen Programms auch auf subjektivistischer Basis zu begründen. In jedem Fall ist die Antwort auf die *normative* Frage, ob eine angemessene Ethik kompensatorische, auf P-Wollen nicht stützbare Normen enthalten sollte, unabhängig von derjenigen auf die *nichtnormative* Frage, ob eine objektivistische Konzeption des M-Sollens erkenntnistheoretisch haltbar ist oder nicht.

Kommen wir zu einem weiteren Korollar des Subjektivismus. Stimmt dessen These, daß bereits jegliche *singulären* N-Aussagen nicht als *objektiv* wahr oder falsch ansehbar sind, dann können dies auch *N-Systeme als Ganze* nicht sein. Denn die jene jeweils tragenden N-Prämissen sind mindestens z. T. infinite *All*aussagen. Als solche könnten sie jedoch allenfalls dann als (vorläufig) *objektiv* wahr gelten, wenn ihre bisherigen Anwendungsresultate im Einzelfall ausnahmslos einer objektiven Überprüfung standhielten, wenn also bestimmte singuläre N-Analoga zu D-Wahrnehmungsaussagen *objektiv* wahr wären. Eben dies aber erwies sich als nicht der Fall, so daß Bestätigungen bzw. Falsifikationen von N-Systemen zwar logisch-deduktiv durchführbar sind, zunächst jedoch immer nur *für die sie überprüfenden Subjekte* Geltung haben. Der alle Prämissen z. B. der Scharia hypothetisch als wahr unterstellende europäische Liberale x etwa wird das in jener geltende allgemeine Steinigungsgebot für Ehebrecherinnen schon deshalb als falsifiziert ansehen müssen, weil er in jedem Einzelfall eines Ehebruchs eine „Wertwahrnehmung" macht, derzufolge sich in „seinen" deontisch perfekten Vorstellungswelten jene Bestrafungshandlung nicht vorfindet. Der sie im Gegensatz hierzu in seinen perfekten Welten jeweils vorfindende Mullah y hingegen macht angesichts *derselben* empirischen Faktenlage gänzlich andere „Wertwahrnehmungen". Eben sie bestätigen ihm jenes Gebot und folglich im Einzelfall die Scharia. Gibt es aber keine *objektive* Überprüfbarkeit von N-Systemen, dann kann auch von *objektiven experimenta crucis* zwischen rivalisierenden, Unvereinbares gebietenden N-Systemen nicht die Rede sein.

Eben dies ist für wie auch immer voraussetzungsreiche D-Systeme von selbst verschiedener „Paradigmen"-Zugehörigkeit anders. Sie sind – wie ich in Trapp (1988), S. 144 ff. ausführlich zu zeigen versuchte – auch für Anhänger rivalisierender Systeme i. d. S. prinzipiell offen, daß jeder mit normalem Erkenntnisapparat ausgestattete Beobachter bei hypothetischer Unterstellung ihrer jeweiligen theoretischen Prämissen zur *gleichen* Entscheidung bezüglich der Frage gelangt, ob eine bestimmte singuläre Implikation des D-Systems vorliegt oder nicht. Jeder Anhänger der klassischen Mechanik konnte – bei Annahme aller erforderlichen meßtheoretischen Voraussetzungen über die Kausalitäten der Meßapparatekette, an deren Ende normale Sinneswahrnehmung das Meßergebnis registriert[7] – über den Ausgang etwa eines Michelson-Morley-Miller Experiments ebenso entscheiden wie ein Anhänger der Relativitätstheorie. Denn ihre hierfür nötigen Wahrnehmungen von Zeigerständen (oder heute zumeist Bildschirm-Digitalanzeigen) stimmten insoweit überein, daß sie allesamt *dasselbe* Resultat des Experiments anerkannten. Ohne diese Annahme einer hinreichenden intersubjektiven Uniformität der mentalen Repräsentationen von gleichen Sinnesinputs, die dem Begriff des „normalen", austauschbaren Beobachters allererst Sinn verleiht, wäre eine Arbeitsteilung etwa zwischen theoretischen und deren Prognosen überprüfenden Experimentalphysikern in den Laboratorien verschiedener Länder weder möglich noch sinnvoll. Daß es analoge theorieneutrale Überprüfungsinstanzen für rivalisierende N-Theorien nicht gibt, eben weil verschiedenen N-Systemen anhängende „Wertbeobachter" verschiedene Ergebnisse *desselben* Experiments in sich registrieren würden, ist ein weiteres Indiz dafür, daß die von FvK behauptete Analogie von gleichermaßen objektiver D- bzw. N-Erkenntnis in ihrem Kernpunkt nicht trägt. „Wertwahrnehmungen" bzw. Akte des „Wertfühlens", des „richtigen Vorziehens" o. ä., wie anders als FvK argumentierende Wertkognitivisten wie Scheler oder F. Brentano jene wertregistrierende Aktivität nannten, werden in einer Weise im Lichte der vom Beobachter tatsächlich akzeptierten N-Theorien gemacht, daß die „Überprüfung" letzterer durch ihre Anhänger – im Gegensatz zu derjenigen von D-Theorien – auf eine Art *Selbstbestätigungszirkel* hinausläuft. Hinsichtlich der Erreichung N- bzw. D-wissenschaftlicher Objektivität gibt es keine Analogie zwischen Wert- und normaler Sinneswahrnehmung.

---

[7] Eine solche Meßapparatekette liegt Wertwahrnehmungen üblicherweise nicht zugrunde. Hier ist der Bewerter selbst sozusagen das einzige beteiligte Meßgerät.

FvK behauptet nicht, daß *alle* N-Urteile objektiv wahr seien. Er gesteht durchaus (auf S. 230 ff.) auch Arten eines von ihm „*timetisch nichtintentional*" genannten Werterlebens („a erlebt es als positiv, daß p") zu, das die „empirische Grundlage" bloß *subjektiver* Werturteile bilde[8]. Als Grundlage für *objektive* Werturteile dagegen sei „*timetisch intentionales*" Werterleben („a erlebt, daß p positiv ist") anzusehen. Der hier vertretene Subjektivismus leugnet nun keineswegs den Sinn dieser Differenzierung. Er behauptet lediglich, daß auch jede *timetisch intentionales* Werterleben ausdrückende Aussage subjekt-, weil wertungsabhängig und von daher mit einer Aussage der Form „b erlebt, daß p *nicht* positiv ist" vereinbar ist. Grund hierfür ist wiederum, daß die jenes unterschiedliche Werterleben veranlassenden Werteigenschaften von p, anders als die empirischen Eigenschaften von p, von verschiedenen mit p konfrontierten Subjekten nicht intersubjektiv uniform registriert werden. Die neurophysiologische Grundlage hierfür trat erst in jüngerer Zeit in Ansätzen zutage: Wirklich affektiv erlebte Werteigenschaften von p werden von Subjekten a,b,c... erst dann mental registriert, wenn a,b,c... *zuvor* in den kognitiven Arealen ihrer Gehirne die für das Fällen der D-Aussage („p liegt vor") erforderlichen empirischen Eigenschaften registriert haben. Nur dieses geschieht in einer für die allseitige Zustimmung zu jener D-Aussage hinreichend uniformen Weise. Die Weiterleitung der jenes gemeinsame D-Urteil veranlassenden Reize in die affekt- und emotionsproduzierenden Gehirnareale des limbischen Systems (also den Mandelkern, das Septum sowie den Thalamus) dagegen erfolgt in nicht derart standardisiert-uniformer, sondern in teils individuell genetisch, teils durch die bisherigen Erfahrungen von a,b,c... bedingter, subjektspezifischer Weise. Fraglos erzeugt die (von FvK auf S. 235 exemplarisch genannte) Errettung eines Menschen aus Lebensgefahr bei wohl (fast) allen Beobachtern ein *timetisch intentionales* Werterlebnis. Ohne nähere Information über jene Person und die Folgen dieser Rettung für Dritte dürfte dieses sogar ein allseits positives sein. Dies gilt auch für alle am 20. Juli 1944 machbaren Beobachtungen dieser Art. Weiß man jedoch, daß es sich

---

[8] Aus FvK's Thesen, daß 1) von rein *subjektiver* Wahrheit/Falschheit nicht die Rede sein könne, da letztere immer schon per se *objektiv* sei, sowie 2), daß Begründen qua Wahrheitsübertragung von Prämissen auf Konklusionen nur für *wahrheitsdefinite* Aussagen möglich sei, ergibt sich die wenig einleuchtende Folgerung, daß man für nur *subjektive* qua nicht wahrheitsdefinite Werturteile nicht argumentieren, sie nicht begründen könne. Für den Semikognitivismus ergibt sich diese Folgerung, die ich als reductio ad absurdum obiger These 1) betrachte, dagegen nicht.

bei dem vor der Bombe Geretteten um einen gewissen A. H. aus B. handelt, dann wird jenes Werterlebnis – allen Beschwörungen des absoluten Wertes und der Würde der Person, ungeachtet ihrer Taten, zum Trotz – auch und gerade aus des jeweiligen Beobachters moralischer Sicht keineswegs allseits das von jener offiziellen Moral verlangte positive sein. Auch *timetisch intentionales* Werterleben vermag also den Wertobjektivismus erkenntnistheoretisch nicht zu rechtfertigen.

Für letzteren spreche, so meint FvK in einem weiteren Argument auf S. 236 f., auch die Tatsache, daß viele Wertprädikate (wie „tapfer", „bescheiden") sowohl *natürliche* wie *timetische* Bedeutungskomponenten haben. Allein durch ihren Bezug auf bestimmte Klassen von Dingen der Außenwelt garantierten bereits erstere, daß man „Wertwörter nicht generell subjektiv deuten" könne. Dem ist zweierlei zu entgegnen: Erstens genügt schon eine einzige subjektive Wertkomponente eines Prädikats, um dieses – ungeachtet seiner sonstigen objektiven, natürlichen Komponenten – sozusagen derart mit Subjektivität zu infizieren, daß alle es einem Ding zu- oder absprechenden Aussagen nicht mehr als objektiv wahr gelten können. Daß tapfer zu sein u. a. das objektiv feststellbare Merkmal, ein Mensch zu sein, semantisch einschließt, vermeidet in keiner Weise, daß Radikalpazifisten und Berufssoldaten sich über den Wahrheitswert der Aussage „Fahnenflucht aus der US-Armee im 2. Weltkrieg ist prima facie eine tapfere Handlung" schwerlich einigen werden, und daß man anhand keinerlei objektiver Tatsache feststellen kann, ob erstere oder, wie ich meine, letztere richtig urteilen. Zweitens entscheiden irgendwelche semantischen Eigenheiten natürlicher Sprachen nicht über die richtige Antwort auf genuin *erkenntnistheoretische* Fragen. Analog würde man die Tatsache, daß die deutsche Sprache platonisierende Redeweisen wie „Dieser Tat wohnt erkennbar Tapferkeit inne" zuläßt, kaum als seriöses Argument für die Richtigkeit einer Platonischen Ontologie bemühen können. Als Argument für den Objektivismus unerheblich sind daher auch FvK's weitere Hinweise auf S. 239 f., daß sich das timetische Vokabular des Griechischen in einerseits moralische, nichtsubjektive und andererseits subjektive Wertprädikate differenziert habe, sowie auf S. 248, daß das Wort „Freude" im Deutschen im Gegensatz zu „Befriedigung" eine „objektive Komponente" insofern enthalte, als es die „besondere Art der Befriedigung über einen ebenso erwünschten wie objektiv wertvollen Zustand" bezeichne. Maßgeblich wären derartige Hinweise erst auf der Grundlage einer erkenntnistheoretischen Rechtfertigung dieser Differenzierung bzw. der Objektivität jener Bedeutungskomponente –

sofern letztere überhaupt vorliegt, was Wendungen wie „Schadenfreude" nicht eben nahelegen.

Äußerste Verblüffung löst das nächste Argument aus, das FvK auf S. 237 ff. für den Objektivismus ins Feld führt. Zum Erstaunen des Subjektivisten läßt er nämlich durchaus „Neigungen" oder „Propensitäten" als mitkonstitutiv auch für *timetisch intentionales* Werterleben zu. Den Objektivismus unterminiere dieses Zugeständnis jedoch insofern nicht, als Neigungen nicht „sämtlich rein subjektive Parameter" seien. Dies wären sie nur qua durchweg „vorgegebene biologische oder psychologische Anlagen, die aller Werterfahrung vorausgehen und als innere Parameter unser Werterleben determinieren". Solchermaßen angeboren aber seien sie nicht. Sie bildeten sich vielmehr ganz wesentlich auch aufgrund des empirischen Kontaktes zu den Arten von Gegenständen, auf die sie sich jeweils beziehen. Sie seien somit als z. T. „Produkt unserer Erfahrung" in der *objektiven Realität* verankert.

Verwundert ist der Subjektivist hier zunächst über die Insinuation, er sei u. a. dadurch charakterisiert, eben dies zu bestreiten. Dem wird er entgegnen, daß er all dies selbstverständlich einräume. Die wesentliche Frage jedoch sei nicht die, *ob* Erfahrung unsere Neigungen *überhaupt* mitproduziere, sondern die, ob die *gleiche* (ähnliche) Erfahrung bei verschiedenen Subjekten auch immer *gleiche* (ähnliche) Neigungen produziere. Dies aber ist, vermutlich weithin aufgrund verschiedener angeborener Mitvoraussetzungen der Neigungsbildung, nicht so, wie zahlreiche Befunde der Psychologie belegen. Damit aber wäre, da verschiedene Neigungen vielfach zugleich verschiedene Werturteile über dieselben Gegenstände veranlassen, unsere anfängliche *Objektivitätsfrage* bereits zu verneinen. Selbst wenn jedoch ähnliche Erfahrungen ähnliche Neigungen hervorriefen, so zöge dies allein noch keineswegs eine Bejahung jener Frage nach sich. Denn die durch ähnliche Erfahrungen gekennzeichnete Individuengruppe A wiese dann zwar *intern* ähnliche Neigungen und somit uniformes Werturteilsverhalten auf, käme zugleich aber zu gänzlich anderen Werturteilen als die durch völlig andere Erfahrungen und folglich Neigungen geprägte Gruppe B. Keine dieser in sich jeweils homogen wertenden Gruppen könnte ihre jeweiligen Werturteile durch Hinweis auf objektive, im Prinzip von jedermann überprüfbare Tatsachen als *objektiv* wahr reklamieren. *Realiter* aber untergräbt die von FvK betonte Erfahrungsabhängigkeit unserer Neigungen den Wertobjektivismus noch weit stärker! Denn es gibt de facto keine hinreichend großen Gruppen von Menschen mit gleichen oder auch nur ähnlichen Erfahrungen. Menschen aus gleichen

„Kulturkreisen" – wie auch immer man diese definiert – jedenfalls zerfallen in diverse Subgruppen mit ganz unterschiedlicher Erfahrung. Die jeweilige soziale, kulturelle, edukative usw. Vergangenheitsspur eines Menschen ist in ihrer neigungsprägenden inneren Vielfalt insgesamt derart subjektspezifisch, daß selbst nach gleichen Prinzipien erzogene Geschwister – geschweige denn Angehörige verschiedener Kulturen – bezüglich *hinreichend fein beschriebener* moralischer Probleme vielfach sehr verschiedene Werturteile abgeben. Zwar stimmen die kategorialen (also moralischen, ästhetischen, gastrischen usw.) Neigungen verschiedener Subjekte in mehr oder weniger großen Teilbereichen überein. Das *vollständige*, sämtliche einem Menschen möglichen Werturteile mitbestimmende individuelle Neigungsbündel dagegen dürfte sich bei kaum einem anderen Subjekt wiederfinden. Derartige Neigungsbündel variieren aber nicht nur *interpersonal*, sondern verändern sich auch *intrapersonal* im Laufe der Zeit. Die moralischen Neigungen eines Erwachsenen sind dabei sicher stabiler als seine ästhetischen, und letztere wiederum stabiler als seine gastrischen Neigungen. Erstere bilden sich eben nicht – wie gastrische – bereits auf der Basis begrifflich unverarbeiteter Sinnesempfindungen; sie sind vielmehr, außer von Sinnesempfindungen, von komplexen neuronalen Zusatzvorgängen, die ihrerseits allerlei Reflexionsprozessen – etwa denen beim Einnehmen der neutralen „Solon"-Perspektive – zugrundeliegen, wesentlich mitbestimmt. Dennoch können auch sie intrapersonal variieren. So änderte etwa die Erfahrung einer langjährigen KZ-Inhaftierung bei zahlreichen Menschen diejenigen Neigungen, die ihre Werturteile über gerechte Strafbemessungen mitbestimmen. Selbst die Todesstrafe wurde danach von Menschen akzeptiert, die diese vorher kategorisch ablehnten. Eine derartige Subjektverhaftetheit und zeitliche Relativität findet sich nicht im Bereich des D-Urteilens. Eben weil die jeweils aktuellen Neigungen, Einstellungen o. ä. eines Subjekts beim Erkennen natürlicher Tatsachen keine vergleichbare Rolle wie beim Erkennen normativer „Tatsachen" spielen, können die natürliche Tatsachen zum Ausdruck bringenden D-Urteile im Prinzip auch von (normalen) Subjekten *mit gänzlich verschiedenen Erfahrungsspuren* mit übereinstimmendem Ergebnis überprüft werden. Daß Frau a in Isfahan unter ganz bestimmten Umständen abgetrieben, die Ehe gebrochen, Gott gelästert oder aktive Sterbehilfe geleistet hat, ist im Prinzip von jedem Erdenbürger gleichermaßen feststellbar. Wie dies jeweils (innerlich!) moralisch zu beurteilen und gegebenenfalls zu sanktionieren ist, hängt dagegen wesentlich von den die *moralischen* Neigungen und damit die „Solon-Präferenzen" mitbestimmenden Faktoren der jeweiligen Erfahrungsspur des Bewerters ab. Eben aus dem Bewußtsein dieser Neigungsverhaftetheit alles N-Urteilens heraus lehnen wir dann auch alle uns von, wie auch immer renommierten, „Moralexperten" angetragenen N-Anschauungen, die unseren eigenen moralischen Neigungen widersprechen, innerlich ab. Wir setzen dem „Expertenurteil" – und sei es noch so aufwendig-raffiniert begründet – das Bewußtsein unserer autonomen Normsetzungsfähigkeit entgegen; wir trotzen ihm, weil wir – vielfach nur intuitiv – wissen, daß es an dessen Prämissenbasis am Ende nicht *die* objektive Wahrheit, sondern nur *unsere* jeweiligen neigungsrelativen Wahrheiten in jener Sache gibt. Eine analoge innere Resistenzbereitschaft zeigt sich dementsprechend dann auch nicht, wenn einschlägige Experten uns *neigungsfrei* beweis- oder überprüfbare D-Aussagen logischer oder naturwissenschaftlicher Art nahezubringen versuchen. Fazit: Mit seiner Einräumung der Neigungsabhängigkeit allen, auch timetisch intentionalen, Werterlebens hat FvK ein Argument vorgetragen, das – anstatt für den Wertobjektivismus zu sprechen – als eine der stärksten Stützen des Subjektivismus gelten kann. Auch seine unstreitig richtige Betonung der Verankerung unserer Neigungen in der *objektiven Erfahrungswelt* ändert hieran nichts, da die derart verankerten Neigungen sich nicht intersubjektiv uniform bilden. Entsprechend verhindert die Bezugnahme auf Klassen von *objektiv* existenten Dingen beim Erlernen „der" moralischen Sprache nicht, daß am Ende der Pazifist und der Berufsoffizier, der Sozialarbeiter und der Industriemanager usw. Wertprädikate wie „tapfer" oder „sozial gerecht" zumeist auf sehr verschiedene Klassen von Handlungen bzw. Personen beziehen.

Unerfreulicherweise erzwingt der Mangel an Platz es, eine Reihe weiterer Ausführungen FvK's zum hiesigen Thema hier undiskutiert zu lassen. Einige derselben enthalten derartige weitere Zugeständnisse an den Wertsubjektivisten, daß dieser sich erstaunt fragt, wie angesichts ihrer der an zahlreichen Stellen der „Grundlagen der Ethik" so betonte Objektivismus noch aufrechterhalten werden kann. So räumt FvK auf S. 260 f. ein, daß ein – tatsächlich nicht vorliegender – „breiter Konsens in den sittlichen Anschauungen" die Voraussetzung für eine [den Naturwissenschaften vergleichbare] „normalwissenschaftliche Ethik" wäre. „Intersubjektive Übereinstimmung" sei in der Tat „ein wichtiges Kriterium für die Objektivität der beurteilten Sachverhalte". Man müsse aber, um dennoch von Wertobjektivität reden zu können, „keine Übereinstimmung mit allen ..., sondern nur eine Übereinstimmung mit jenen, die uns wichtig sind" erreichen; es seien dies Menschen, „denen wir Urteilsfähigkeit, Einsicht und Objektivität zutrauen, von denen wir also nicht annehmen, daß ihre persönlichen Interessen ihr Urteil in moralischen Fragen beeinflussen". Gibt es — so fragt sich hier — letztere Übereinstimmung etwa? Der klassische Utilitarist, der Rawlsianer, der Kantianer, der Anhänger irgendeiner Variante von kommunistischer, anarchistischer, jüdischer, christlicher, islamischer, buddhistischer ... Ethik werden einander mindestens beim abgewogenen Urteilen aus der „Solon-Perspektive" jene Eigenschaften wechselweise zuerkennen müssen. Kommen sie deswegen in — einigermaßen spezifischen — ethischen Fragen jeweils zu übereinstimmenden Antworten? Sprechen sie einander jene Eigenschaften andererseits ab, ist ihnen also am Ende nur die Übereinstimmung mit *ihresgleichen* „wichtig", dann ergeben sich zwar *intern* relativ homogene Wertungsgruppen; von einer systemneutralen Überprüfung der Richtigkeit dieser gruppenrelativen Anschauungen und ihrer jeweiligen N-theoretischen Voraussetzungen, mithin von einer *den Naturwissenschaften vergleichbaren Objektivität*, kann aber auch in diesem Fall keine Rede sein.

FvK gesteht ferner an einigen Stellen — so bes. auf S. 260 f. — überraschenderweise die „Subjektivität" auch moralischer Urteile zu, hält diese jedoch mit der Objektivität der „beurteilten Sachverhalte" für vereinbar. Soll letzteres heißen, daß es moralische Sachverhalte *an sich* gibt, die — entgegen der vordem betonten Konzession — von jedweden dia- wie synchronisch ja divergierenden moralischen *Neigungen* und hierauf gestützten Urteilen unabhängig existieren? Liefe das nicht letztlich auf eine Variante des *Werte-Ontologismus* hinaus? Was aber, wenn nicht dieses, sollte es sonst heißen?

Zuvor auf S. 246 argumentiert FvK, daß moralische Werte — um handlungsmotivierend zu wirken — nicht nur als die „Werte in sich", die sie seien, sondern zugleich als „Werte für uns" erfahren werden müßten. Dem Subjektivisten genügt diese Konzession jedoch nicht. Die Annahme von jeglichen Werten *in sich* lehnt er als erkenntnistheoretisch nicht begründbar ab. Er würde jenen „doppelten Aspekt, wertvoll in sich und wertvoll für uns zu sein", lediglich als denjenigen des Wertvollseins *für uns aus rein moralischer* und Wertvollseins *für uns* aus zugleich *effektiver* Interessensicht gelten lassen.

Die dargelegten Ergebnisse gehören beileibe nicht zu meinen Lieblingseinsichten. Ich zöge es entschieden vor, es gäbe in jenem endlosen Meer von subjektrelativen N-Urteilen aller Art eine feste Insel in Gestalt eines als ebenso − mindestens vorläufig − objektiv wahr ausweisbaren Bestandes an systemneutral überprüfbaren ethischen Normen, wie zahlreiche alltägliche und wissenschaftliche D-Aussagen dies sind. Jene Präferenz setzt freilich voraus, daß dieser objektive Normenbestand in etwa auf dasjenige hinausliefe, was die auf *meine* moralischen Neigungen gegründeten obersten Wertprämissen an Implikationen auswerfen. Jedem gänzlich andersartigen Bestand an „objektiv wahren" Normen zöge ich die Realität der halbwegs friedvollen Koexistenz unterschiedlicher Ethiksysteme vor, die jeweils nur *für sich* in Geltung zu setzen das Subjekt autonom vermag.

Literatur

KUTSCHERA, F. von: *Grundlagen der Ethik*, Berlin, New York, 1982.
KUTSCHERA, F. von: *Einführung in die intensionale Semantik*, Berlin, New York, 1976.
KUTSCHERA, F. von: „Das Humesche Gesetz". *Grazer Philosophische Studien* 4 (1977), 1−14.
TRAPP, R.: *„Nicht-klassischer" Utilitarismus − eine Theorie der Gerechtigkeit*, Frankfurt/M., 1988.
TRAPP, R.: „Interessenaggregationsethik", in: Pieper, A. (Hrsg.), *Geschichte der neueren Ethik*, Bd. 2, Tübingen/Basel, 1992, S. 303−343
TRAPP, R.: „The Potentialities and Limits of a Rational Justification of Ethical Norms − or − What Precisely is Minimal Morality?", in: Fehige, C./Wessels, U. (Hrsg.), *Preferences*, Berlin/New York, 1996.

Ein drittes modallogisches Argument für den Determinismus: Alexander von Aphrodisias

von Hermann Weidemann

„Die Nürnberger hängen keinen, sie hätten ihn denn zuvor!" An diesen Spruch, der seine Entstehung der abenteuerlichen Flucht verdankt, durch die es im 14. Jahrhundert in Nürnberg einem zum Tod durch den Strang verurteilten fränkischen Raubritter auf dem Weg zum Galgen noch gelungen sein soll, seinem Schicksal zu entrinnen[1], mag mancher sich erinnert fühlen, wenn er in Ludwig Wittgensteins *Philosophischen Untersuchungen* liest (§§ 462 f.):

> „Ich kann ihn suchen, wenn er nicht da ist, aber ihn nicht hängen, wenn er nicht da ist.
> Man könnte sagen wollen: ‚Da muß er doch auch dabei sein, wenn ich ihn suche'. — Dann muß er auch dabei sein, wenn ich ihn nicht finde, und auch, wenn es ihn gar nicht gibt.
> ‚*Den* hast du gesucht? Du konntest ja nicht einmal wissen, ob er da ist!' — Dieses Problem aber entsteht *wirklich* beim Suchen in der Mathematik. Man kann z. B. die Frage stellen: Wie war es möglich, nach der Dreiteilung des Winkels auch nur zu *suchen*?"

Wittgenstein hätte in diesem Zusammenhang ebensogut ein anderes mathematisches Beispiel anführen können, dem man in den Schriften des Aristoteles begegnet, nämlich das Beispiel der Suche nach einem Längenmaß, von dem sowohl die Länge der Diagonale als auch die Länge der Seite eines Quadrats ein ganzzahliges Vielfaches ist. Daß diese Suche erfolglos bleiben muß, daß die Diagonale eines Quadrats also, wie Aristoteles sagt, „inkommensurabel" ist, dies ist nicht ohne weiteres offenkundig, sondern zeigt sich erst dann, wenn man die Annahme, daß es das gesuchte Längenmaß tatsächlich gibt, auf ihre Konsequenzen hin untersucht. Wie der im zehnten Buch der *Elemente*

---

[1] Zur Person Eppeleins, wie der 1311 geborene und 1381 verstorbene Ritter hieß, und zu der Sage, die von ihm erzählt, er habe sich auf dem Rücken seines Pferdes durch einen kühnen Sprung über die Mauer der Nürnberger Burg vor dem Henker retten können, vgl. Petzoldt (1977: Bd. II, 171–173, 316), Schlund (1987: 8–15, 54–61).

Euklids überlieferte Beweis für die Inkommensurabilität der Diagonale zeigt, ergibt sich aus dieser Annahme nämlich die unsinnige Konsequenz, auf die Aristoteles in seiner *Ersten Analytik* hinweist (*Anal. pr.* I 23, 41 a 26 f.; I 44, 50 a 37 f.), daß ein und dieselbe Zahl zugleich gerade und ungerade sein müßte.

Dieses Aristotelische Beispiel macht die Worte verständlich, mit denen Wittgenstein an der zitierten Stelle fortfährt. „Was ich lehren will", sagt er, „ist: von einem nicht offenkundigen Unsinn zu einem offenkundigen übergehen" (§ 464).[2] Dies ist nun genau die Methode, die es nach Aristoteles erlaubt, über die Möglichkeit oder Unmöglichkeit von etwas zu entscheiden. Man nehme probeweise an, lautet das Aristotelische Rezept, das, wovon man wissen will, ob es möglich ist, sei wirklich. Ergibt sich aus dieser Annahme irgendeine unmögliche Konsequenz − irgendein „Unsinn", wie Wittgenstein sagen würde −, so ist damit erwiesen, daß die Möglichkeit, nach deren Existenz man fragte, nicht besteht.

Ich werde im ersten der drei Teile, in die dieser Beitrag sich gliedert, die Bedeutung herauszustellen versuchen, die dem Aristotelischen Kriterium für das Bestehen oder Nicht-Bestehen einer Möglichkeit zukommt, um dann im zweiten Teil ein mit den beiden modallogischen Argumenten für den Determinismus, die Franz von Kutschera in (1986a) behandelt hat, inhaltlich verwandtes Argument des Alexander von Aphrodisias zu untersuchen, das sich auf das Möglichkeitskriterium des Aristoteles stützt.[3] Gegenstand des dritten Teils wird schließlich die Auseinandersetzung sein, die in der Antike und im ausgehenden Mittelalter über den in Alexanders Argument vorausgesetzten Wahrheitsbegriff geführt wurde.

---

[2] Vgl. hierzu die Bemerkung Freges: „Es ist ganz verkehrt, anzunehmen, jeder Widerspruch sei sofort erkennbar; manchmal liegt ein Widerspruch sehr versteckt und wird erst durch eine längere Schlußkette entdeckt" (1983: 194).

[3] Es ist zwar nicht sicher, daß die Alexander zugeschriebenen *Quaestiones*, in denen uns dieses Argument überliefert ist, alle von ihm selbst verfaßt wurden; sie stammen jedoch zumindest aus dem Umkreis seiner Schule (vgl. Sharples 1982: 24, 1992: 1−4). Mit der Rede vom Determinismusargument Alexanders ist daher lediglich gemeint, daß es sich um ein Argument für den Determinismus handelt, das uns unter Alexanders Namen überliefert ist. Wir wissen von diesem wohl bedeutendsten Aristoteleskommentator der Antike übrigens nicht viel mehr, als daß er um das Jahr 200 n. Chr. von den Kaisern Septimius Severus und Caracalla, denen er zum Dank hierfür seine Schrift über das Fatum widmete, auf einen Lehrstuhl für peripatetische Philosophie berufen wurde.

1. Das Aristotelische Möglichkeitskriterium

Das Möglichkeitskriterium des Aristoteles ist in der Definition enthalten, mit der er im dritten Kapitel des neunten Buches seiner *Metaphysik* den Begriff der Möglichkeit zu bestimmen versucht. Der griechische Wortlaut dieser Definition läßt sich folgendermaßen übersetzen[4]:

> „Die Möglichkeit (zu etwas) hat dasjenige, von dem man annehmen kann, daß ihm das, wozu es sie angeblich hat, in Wirklichkeit zukommt, ohne daß sich (aus dieser Annahme) etwas Unmögliches ergibt" (*Met.* Θ 3, 1047 a 24–26; vgl. *Anal. pr.* I 13, 32 a 18–20).

Martin Heidegger, der sie allerdings mit ganz anderen Worten wiedergibt, hat dieser Definition eine so große Bedeutung beigemessen, daß er in einer Vorlesung aus dem Jahre 1931 behaupten konnte, mit ihr sei „die größte philosophische Erkenntnis der Antike ausgesprochen, eine Erkenntnis", wie er hinzufügt, „die bis heute in der Philosophie unausgewertet und unverstanden geblieben ist"[5]. Heideggers Übersetzung läßt freilich, wie mir scheint, Zweifel daran aufkommen, ob die in der fraglichen Definition ausgesprochene Erkenntnis von ihm selbst richtig verstanden wurde. Seine Übersetzung lautet[6]: „In Wirklichkeit vermögend aber ist dieses, dem nichts mehr unausführbar ist, sobald es sich in das Zeug legt, als wozu es das Zeug zu haben angesprochen wird."

Die wirkliche Bedeutung der fraglichen Definition liegt meines Erachtens darin, daß das in ihr enthaltene Kriterium für das Bestehen oder Nicht-Bestehen einer Möglichkeit ein Problem zu lösen vermag, das in keinem anderen mir bekannten philosophischen Text mit so großer Prägnanz aufgezeigt wird wie in dem folgenden Abschnitt aus Kants *Kritik der reinen Vernunft* (A 458/460, B 486/488):

> „Zufällig, im reinen Sinne der Kategorie, ist das, dessen kontradiktorisches Gegenteil möglich ist. Nun kann man aus der empirischen Zufälligkeit auf jene intelligible gar nicht schließen. Was verändert wird, dessen Gegenteil (seines Zustandes) ist zu einer anderen Zeit wirklich, mithin auch möglich; mithin ist dieses nicht das kontradiktorische Gegenteil des vorigen Zustandes, wozu erfordert wird, daß in derselben Zeit, da der vorige Zustand war, an der Stelle desselben

---
[4] Soweit nichts anderes angegeben ist, stammen Übersetzungen aus dem Griechischen oder Lateinischen ins Deutsche im vorliegenden Beitrag vom Verfasser.
[5] Heidegger (1981: 219).
[6] Ebd.

sein Gegenteil hätte sein können, welches aus der Veränderung gar nicht geschlossen werden kann. Ein Körper, der in Bewegung war = A, kommt in Ruhe = non A. Daraus nun, daß ein entgegengesetzter Zustand vom Zustande A auf diesen folgt, kann gar nicht geschlossen werden, daß das kontradiktorische Gegenteil von A möglich, mithin A zufällig sei; denn dazu würde erfordert werden, daß in derselben Zeit, da die Bewegung war, anstatt derselben die Ruhe habe sein können. Nun wissen wir nichts weiter, als daß die Ruhe in der folgenden Zeit wirklich, mithin auch möglich war. Bewegung aber zu einer Zeit, und Ruhe zu einer anderen Zeit, sind einander nicht kontradiktorisch entgegengesetzt. Also beweist die Sukzession entgegengesetzter Bestimmungen, d. i. die Veränderung, keineswegs die Zufälligkeit nach Begriffen des reinen Verstandes [...]."

Das Problem, das dieser Text aufzeigt, besteht darin, daß wir einerseits zwar annehmen, daß vieles von dem, was tatsächlich der Fall ist, die Verwirklichung einer Möglichkeit darstellt, die, bevor sie sich verwirklichte, mit alternativen Möglichkeiten konkurrierte, die sich an ihrer Stelle ebensogut hätten verwirklichen können, daß wir andererseits aber deshalb, weil diese alternativen Möglichkeiten unverwirklicht geblieben sind, für die Annahme, daß sie bestanden, in der Wirklichkeit keine Bestätigung finden können. Unter diesen Umständen mag die Versuchung groß sein, nur das als möglich gelten zu lassen, was sich durch sein Wirklichsein unbezweifelbar als möglich erweist.

Daß es bereits in der Antike Philosophen gab, die dieser Versuchung erlagen, wissen wir durch Aristoteles, der uns in demselben Kapitel seiner *Metaphysik*, in dem er seine Möglichkeitsdefinition aufstellt, von den Megarikern berichtet, sie seien der Auffassung gewesen, daß eine Möglichkeit nur während der Dauer ihrer Verwirklichung bestehe, daß man also beispielsweise die Möglichkeit, ein Haus zu bauen, nur habe, wenn man und solange man wirklich ein Haus baue (vgl. *Met.* Θ 3, 1046 b 29−32). Die Möglichkeitstheorie der Megariker, denen Aristoteles vorwirft, den Unterschied zwischen Möglichkeit und Wirklichkeit aufzuheben (vgl. *Met.* Θ 3, 1047 a 19 f.), erfuhr durch Diodoros Kronos, einen jüngeren Zeitgenossen des Aristoteles, eine gewisse Modifikation. Diodor identifizierte das Mögliche nämlich nicht einfach mit dem Wirklichen, sondern definierte den Begriff des Möglichen als den Begriff dessen, was wirklich ist oder doch zumindest einmal wirklich sein wird. Die Möglichkeitsauffassung Diodors unterscheidet sich somit von derjenigen der Megariker zwar darin, daß ihr zufolge zu einem gegebenen Zeitpunkt nicht nur das *gegenwärtige* Wirklichsein dessen möglich ist, was zu diesem Zeitpunkt bereits wirklich *ist*, sondern auch das *zukünftige* Wirklichsein dessen, was erst zu einem späteren Zeitpunkt wirklich *sein wird*; beide Auffassungen stimmen jedoch darin überein, daß sie die Existenz nicht zur Verwirklichung gelangender Möglichkeiten bestreiten und damit das Mögliche auf das Wirkliche zu reduzieren versuchen.

Die Reaktion auf einen solchen Reduktionsversuch konnte nicht ausbleiben. Nach dem Zeugnis des Alexander von Aphrodisias vertrat bereits Philon, ein Schüler Diodors, eine Möglichkeitsauffassung, die derjenigen seines Lehrers diametral entgegengesetzt war. Über Diodor berichtet uns Alexander[7], daß er

> „nur das als möglich gelten ließ, was entweder ist oder auf jeden Fall einmal sein wird. Daß ich mich (z. B.) in Korinth aufhalte, ist nach ihm nämlich dann möglich, wenn ich tatsächlich in Korinth sein sollte oder wenn ich auf jeden Fall in Zukunft einmal dort sein sollte; falls ich aber nicht dorthin kommen sollte, war es mir auch gar nicht möglich."

Über den Möglichkeitsbegriff Philons erfahren wir von Alexander[8], daß ihm zufolge

> „etwas im Hinblick auf die bloße Geeignetheit des zugrundeliegenden Gegenstandes als möglich bezeichnet wird, selbst wenn es durch irgendeinen zwingenden äußeren Umstand daran gehindert ist, Wirklichkeit zu werden. So behauptete Philon, es sei möglich, daß die nicht weiter teilbare Spreu oder die auf dem Meeresgrund liegende (Spreu), während sie sich dort befindet, verbrennt, obwohl sie durch die sie umgebenden Verhältnisse mit Notwendigkeit daran gehindert wird. Eine mittlere Position zwischen diesen Auffassungen",

bemerkt Alexander abschließend[9],

> „stellt das dar, was Aristoteles sagt; danach ist etwas nämlich auch dann möglich, wenn es nicht Wirklichkeit wird, aber doch Wirklichkeit werden kann, falls es nicht daran gehindert wird."

Die Auffassung, die Alexander von Aphrodisias Aristoteles zuschreibt, steht insofern in der Mitte zwischen der Diodoreischen Auffassung einerseits und der Philonischen andererseits, als sie auf der einen Seite zwar die Existenz von Möglichkeiten einräumt, die nicht zur Verwirklichung gelangen, auf der anderen Seite aber die Existenz solcher Möglichkeiten an die Bedingung knüpft, daß ihrer Verwirklichung keine Hindernisse im Weg stehen.

---

[7] *In Anal. pr.* I 15 (CAG II-1: 184, 1–4).
[8] A. a. O. (184, 6–10).
[9] A. a. O. (184, 10–12).

Wie sich die Möglichkeitsauffassung Diodors als eine Modifikation der megarischen Auffassung begreifen läßt, deren Unhaltbarkeit Aristoteles in *Met.* Θ 3 aufzudecken versucht, so kann man in der Möglichkeitsauffassung Philons eine Modifikation der extrem antimegarischen Auffassung erblicken, die Aristoteles in *Met.* Θ 4 als nicht minder unhaltbar zurückweist. Während die Megariker die Auffassung vertreten, daß *nichts* möglich ist, was nicht wirklich ist, fallen die Leute, mit denen Aristoteles im Anschluß an seine Auseinandersetzung mit den Megarikern ins Gericht geht, in das entgegengesetzte Extrem und halten *alles* für möglich, was nicht wirklich ist.[10] Es kommt diesen Leuten darauf an, „das, was unmöglich der Fall ist, loszuwerden", ihm, wie Aristoteles sich ausdrückt, „zu entfliehen" (*Met.* Θ 4, 1047 b 5f.). In dieser Absicht stellen sie sich auf den Standpunkt, daß das, was andere Leute für unmöglich halten, in Wirklichkeit nicht un*möglich*, sondern lediglich un*wirklich* ist. Aristoteles legt ihnen die Worte in den Mund: „Denn es steht ja nichts im Wege, daß etwas, das die Möglichkeit hat, (das und das) zu sein oder zu werden, (dies) nicht ist und auch nicht sein wird" (*Met.* Θ 4, 1047 b 8f.), mit denen sie sich darauf berufen, daß es doch unverwirklicht bleibende Möglichkeiten gibt, daß also nicht alles Un*wirkliche*, wie die Megariker meinen, auch un*möglich* ist. In ihrer durchaus berechtigten Ablehnung der megarischen Auffassung, daß *alles* Unwirkliche unmöglich ist, schießen sie nun aber – und dies macht Aristoteles ihnen zum Vorwurf – gewissermaßen über das Ziel hinaus, indem sie behaupten, daß *nichts* Unwirkliches unmöglich ist, daß also nicht nur alles Wirkliche, sondern auch alles Unwirkliche und somit schlechterdings *alles möglich* und überhaupt *nichts unmöglich* ist.[11]

Der Versuch der extremen Antimegariker, unter Berufung darauf, daß es doch unverwirklicht bleibende Möglichkeiten gibt, das Unmögliche sozusagen aus der Welt zu schaffen, scheitert nach Aristoteles daran, daß der von ihm aufgestellten Möglichkeitsdefinition zufolge etwas Unwirkliches nur dann möglich ist, wenn sich aus der probeweise gemachten Annahme, es sei wirklich, nichts Unmögliches ergibt. „Aus dem, was wir festgesetzt haben", hält er den extremen Antimegarikern entgegen, „ergibt sich aber mit Notwendigkeit folgendes: Sollten wir (von etwas) auch annehmen, daß es das ist oder geworden ist, was

---

[10] Vgl. Burnyeat (1984: 102, 107).
[11] Mit der extrem antimegarischen These „Nichts ist unmöglich" wirbt bekanntlich ein japanischer Automobilkonzern, wohl ohne zu wissen, daß er damit aus antikem Gedankengut schöpft, für seine Produkte.

es zwar nicht (wirklich) ist, was zu sein aber für es möglich ist, so wird diese Annahme nichts Unmögliches zur Folge haben" (*Met.* Θ 4, 1047 b 9−11).

Indem er sich auf dieses Möglichkeitskriterium stützt, hält Aristoteles nicht nur, wie Alexander von Aphrodisias an der bereits zitierten Stelle bemerkt, zwischen der Diodoreischen und der Philonischen Auffassung vom Möglichen die Mitte, sondern auch zwischen den beiden noch viel weiter auseinander liegenden Möglichkeitsauffassungen, gegen die er seine eigene Theorie in *Met.* Θ 3 und 4 abgrenzt. Die Mitte zwischen der megarischen Auffassung, die er im dritten Kapitel des Buches Θ seiner *Metaphysik* bekämpft, und der extrem antimegarischen Auffassung, gegen die er sich im vierten Kapitel dieses Buches wendet, hält Aristoteles mit seiner Definition des Möglichkeitsbegriffs insofern, als diese Definition einerseits die Möglichkeit von etwas nicht an die Bedingung knüpft, daß es *wirklich* ist, sondern lediglich an die Bedingung, daß sich aus der *Annahme*, es sei wirklich, nichts Unmögliches ergibt, andererseits aber deshalb, weil sie die Möglichkeit von etwas an diese Bedingung knüpft, etwas *Nicht-Wirkliches* nicht von vornherein für möglich zu halten erlaubt, sondern eben nur dann, wenn man von ihm, ohne daß daraus etwas Unmögliches folgt, *annehmen* kann, es sei wirklich.

2. Das Determinismusargument des Alexander von Aphrodisias

Alexander von Aphrodisias hat mit Hilfe des Aristotelischen Möglichkeitskriteriums zu zeigen versucht, daß die Wahrheit einer zukunftsbezogenen Aussage und die Möglichkeit, daß das, was die betreffende Aussage vorhersagt, nicht eintrifft, sich gegenseitig ausschließen. Sein Argument läßt sich folgendermaßen wiedergeben[12]: Daß etwas der Fall sein wird, ist möglich genau dann, wenn sich aus der

---

[12] Es findet sich am Anfang des letzten Abschnitts der *Quaestio* 1.4 (Supplementum Aristotelicum II-2: 12, 13−17) und lautet in Sharples' englischer Übersetzung: „And further, if that is possible from which, if it is supposed that it is the case, nothing impossible results; and [if], from everything of which the opposite is truly said beforehand, there results, if it is supposed that it is the case, the impossibility that the same thing both is and is not at the same time; [then] none of those things, of which one part of the contradictory disjunction referring to the future (sc. ‚either p will be or p will not be') is true determinately, would be [the case] contingently" (1992: 34f.; vgl. 1982: 36). Die genannte *Quaestio* ist wahrscheinlich „the earliest extant Peripatetic discussion of future contingency and necessity" (Gaskin 1995: 368).

Annahme, es werde tatsächlich der Fall sein, nichts Unmögliches ergibt. Aus der Annahme, etwas werde der Fall sein, dessen Gegenteil in einer wahren Aussage vorhergesagt werden kann, ergibt sich nun aber die in sich widersprüchliche und daher unmögliche Konsequenz, daß ein und dasselbe zugleich der Fall und nicht der Fall sein wird. Also ist es für etwas, dessen Gegenteil in einer wahren Aussage vorhergesagt werden kann, nicht möglich, zu dem Zeitpunkt, auf den die betreffende Aussage sich bezieht, anstelle seines Gegenteils der Fall zu sein.[13]

Daß dieses Argument logisch korrekt ist, steht außer Frage. Ob es darüber hinaus auch in dem Sinne schlüssig ist, daß seine Prämissen nicht nur seine Konklusion logisch implizieren, sondern auch beide wahr sind, hängt davon ab, in welchem Sinne diese Prämissen zu verstehen sind. Was die erste Prämisse betrifft, mit der die Gültigkeit des Aristotelischen Möglichkeitskriteriums behauptet wird, so ist sie zweifellos wahr, wenn sie im Sinne der Formel

(P$_0$) $\Diamond p \equiv \neg \forall \alpha (\Box (p \supset \alpha) \land \neg \Diamond \alpha)$

verstanden wird, d. h. in dem Sinne, daß etwas genau dann möglich ist, wenn es nicht irgend etwas Unmögliches mit Notwendigkeit impliziert.[14] Eine angemessene Wiedergabe der fraglichen Prämisse ist die Formel (P$_0$) jedoch nicht; denn sie läßt unberücksichtigt, daß es in Alexanders Argument offenbar nicht um das Bestehen einer *logischen* Möglichkeit geht, sondern um das Bestehen einer *physischen* Möglichkeit, d. h. einer Möglichkeit, die, wenn sie besteht, nicht zeitlos besteht, sondern deren Bestehen jeweils an einen bestimmten Zeitpunkt gebunden und von den zu diesem Zeitpunkt gegebenen Umständen abhängig ist.

Um Alexanders Argument angemessen analysieren zu können, benötigt man jene „Verbindung von Modal- und Zeitlogik", auf deren Wichtigkeit „für die Analyse von antiken Texten zur (alethischen) Modallogik, in denen zeitabhängige Sätze betrachtet werden und Modalaussagen ihren Wahrheitswert in der Zeit ändern," Franz von Kut-

---

[13] Alexander formuliert als Konklusion seines Arguments anstelle dieses Satzes den von ihm implizierten Satz, der besagt, daß kein Ereignis, dessen zukünftiges Eintreten oder Ausbleiben in einer wahren Aussage vorhergesagt werden kann, kontingent ist.

[14] Im Rahmen eines modallogischen Systems, das mindestens so stark ist wie das System S4, ist die fragliche Prämisse auch dann wahr, wenn sie im Sinne der Formel $\Diamond p \equiv \neg \Box \forall \alpha ((p \supset \alpha) \land \neg \Diamond \alpha)$ verstanden wird, d. h. in dem Sinne, daß etwas genau dann möglich ist, wenn es nicht mit Notwendigkeit irgend etwas Unmögliches impliziert.

schera nachdrücklich hingewiesen hat (1986b: 253). Wie von Kutschera mit Recht betont, „bildet die moderne, nur auf ewige Sätze zugeschnittene Modallogik keine ausreichende Grundlage für die Analyse der antiken Modallogik: Was man braucht, ist vielmehr eine Kombination von Modal- und Zeitlogik" (1986a: 203).[15] Im Rahmen einer aus einer solchen Kombination resultierenden Logik läßt sich die erste Prämisse von Alexanders Argument durch folgende temporalisierte Fassung von (P_0) wiedergeben[16]:

(P_1) $\lozenge/t(p/t') \equiv \neg\forall\alpha(\square/t(p/t' \supset \alpha) \wedge \neg\lozenge/t(\alpha))$.

Um zu prüfen, ob die zweite Prämisse von Alexanders Argument wahr ist, orientiert man sich zweckmäßigerweise an folgender Figur:

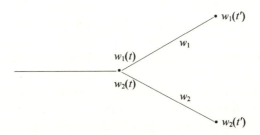

Diese Figur bildet einen kleinen Ausschnitt aus einer Baumstruktur der von Franz von Kutschera in (1986b: Abschnitt 1) beschriebenen Art. Die beiden Linien w_1 und w_2, die links von dem mit $w_2(t)$ identischen Punkt $w_1(t)$ einen gemeinsamen Verlauf haben und von denen an jedem Punkt, über den sie führen, nach rechts weitere Linien abzweigen können, stellen zwei mögliche Wege der Entwicklung der Welt dar, also zwei mögliche Weltgeschichten oder Geschichtsabläufe.[17] Der mit $w_2(t)$ identische Punkt $w_1(t)$ stellt den Zustand dar, in dem sich die Welt zu dem gerade gegenwärtigen Zeitpunkt t *tatsächlich* befindet, während die beiden Punkte $w_1(t')$ und $w_2(t')$ zwei Zustände darstellen, in denen sich die Welt zu dem noch zukünftigen Zeitpunkt t' befinden *kann*. Der Einfachheit halber wollen wir annehmen, daß unter den gegenwärtig gegebenen Umständen für den Zeitpunkt t' nur diese bei-

---
[15] Vgl. hierzu Thomason (1984: 136—153).
[16] „$\lozenge/t$" steht für „Es ist zum Zeitpunkt t möglich, daß ...", „$\square/t$" für „Es ist zum Zeitpunkt t notwendig, daß ..." und „p/t'" für „p zum Zeitpunkt t'".
[17] Von Kutschera nennt das, was ich als die verschiedenen möglichen Wege der Entwicklung ein und derselben Welt bezeichne, verschiedene mögliche Welten (vgl. 1986b: Abschnitt 1). Ein sachlicher Unterschied verbirgt sich hinter dieser terminologischen Differenz nicht.

den Weltzustände möglich sind, daß also jeder Weg, auf dem der zum gegenwärtigen Zeitpunkt t tatsächlich bestehende Weltzustand erreicht worden ist, entweder über den einen oder den anderen dieser beiden zum Zeitpunkt t' möglicherweise bestehenden Weltzustände in die Zukunft führt.

Nach der zweiten Prämisse von Alexanders Argument soll nun, wenn es zum Zeitpunkt t wahr ist, daß es zum Zeitpunkt t' der Fall sein wird, daß nicht-p, die probeweise gemachte Annahme, daß es zum Zeitpunkt t' der Fall sein wird, daß p, die unmögliche Konsequenz zur Folge haben, daß es zum Zeitpunkt t' sowohl der Fall sein wird, daß p, als auch der Fall, daß nicht-p. Ergibt sich diese unmögliche Konsequenz – dieser „offenkundige Unsinn", wie man mit Wittgenstein sagen könnte – tatsächlich?

Die richtige Antwort auf diese Frage hängt davon ab, an welche Bedingungen man die Wahrheit einer zukunftsbezogenen Aussage knüpft. Zweifellos ist es eine *notwendige* Bedingung für die Wahrheit einer solchen Aussage, daß das, was sie vorhersagt, zu dem Zeitpunkt, für den sie es vorhersagt, tatsächlich eintrifft. Ist diese *notwendige* Bedingung für die Wahrheit einer zukunftsbezogenen Aussage aber auch schon eine *hinreichende* Bedingung dafür, daß eine solche Aussage wahr ist? Kann sie denn überhaupt eine hinreichende Bedingung für die Wahrheit einer auf die Zukunft bezogenen Aussage sein, wenn für die zukünftige Entwicklung der Welt mehrere Wege offenstehen? Oder ist es, wenn die Zukunft offen ist, nicht vielmehr so, daß eine zukunftsbezogene Aussage nur unter der Bedingung wahr sein kann, daß sie es unabhängig davon ist, auf welchem der für die zukünftige Entwicklung der Welt *möglichen* Wege diese Entwicklung *tatsächlich* vor sich gehen wird – nur unter der Bedingung also, daß das, was sie vorhersagt, auf *jedem* der in die Zukunft führenden Wege eintrifft, so daß keiner dieser Wege am Eintreffen dessen, was sie vorhersagt, vorbeiführt? Und stellt nicht erst diese stärkere Bedingung eine sowohl notwendige als auch hinreichende Bedingung für die Wahrheit einer zukunftsbezogenen Aussage dar?

Ist diese Frage mit Ja zu beantworten, so ist die zweite Prämisse von Alexanders Argument wahr. Wenn nämlich eine zukunftsbezogene Aussage nur unter der Bedingung wahr sein kann, daß das, was sie vorhersagt, auf *jedem* der für die zukünftige Entwicklung der Welt gegenwärtig in Frage kommenden Wege eintrifft, so kann im Falle einer wahren zukunftsbezogenen Aussage von keinem dieser Wege widerspruchsfrei angenommen werden, daß das, was sie vorhersagt, auf ihm *nicht* eintrifft. Aus der Annahme, daß das wahrheitsgemäß Vorhergesagte auf irgendeinem dieser Wege nicht eintrifft, ergibt sich dann also eine unmögliche Konsequenz, die zeigt, daß die Möglichkeit, daß es nicht eintrifft, nicht besteht.

Keine unmögliche Konsequenz ergibt sich aus der genannten Annahme jedoch dann, wenn die Wahrheit der betreffenden Aussage nicht an die Bedingung geknüpft ist, daß das, was diese Aussage vorhersagt, auf *jedem* der zum gegenwärtigen Zeitpunkt möglichen Wege der Weltentwicklung eintrifft, sondern lediglich an die Bedingung, daß das, was sie vorhersagt, auf *demjenigen* Weg eintrifft, den die zukünftige Entwicklung der Welt *tatsächlich* einschlagen wird. Denn von den anderen gegenwärtig möglichen Wegen der Weltentwicklung kann dann ja widerspruchsfrei angenommen werden, daß das wahrheitsgemäß Vorhergesagte auf mindestens einem von ihnen nicht eintrifft. Unter der Voraussetzung, daß nicht die zuerst genannte starke, sondern nur die zuletzt genannte schwache Bedingung erfüllt sein muß, damit eine zukunftsbezogene Aussage wahr ist, ist die zweite Prämisse von Alexanders Argument also falsch.

Schreibt man für „Es ist zum gegenwärtigen Zeitpunkt t wahr, daß ..." in dem Falle, in dem mit diesen Worten gemeint ist, daß die stärkere der beiden genannten Bedingungen für das (gegenwärtige) Wahrsein einer auf einen zukünftigen Zeitpunkt t' bezogenen Aussage erfüllt ist, „W/t" und in dem Falle, in dem das Erfülltsein der schwächeren dieser beiden Wahrheitsbedingungen gemeint ist, „W/t^*", so ist die zweite Prämisse von Alexanders Argument dann, wenn sie im Sinne von

(P₂) $W/t(\neg p/t') \supset \Box/t(p/t' \supset (p/t' \wedge \neg p/t'))$

verstanden wird, deshalb (zeitlos) wahr, weil $W/t(\neg p/t')$ mit $\Box/t(\neg p/t')$ äquivalent ist. Hingegen ist sie dann, wenn man sie im Sinne von

(P₂') $W/t^*(\neg p/t') \supset \Box/t(p/t' \supset (p/t' \wedge \neg p/t'))$

versteht, deshalb (zeitlos) falsch, weil $W/t^*(\neg p/t')$ lediglich mit $\neg p/t'$ äquivalent ist.[18] Je nachdem, ob sie im Sinne von (P₂) oder im Sinne

---

[18] Aufgrund dieser Äquivalenz drücken die Worte „Es ist gegenwärtig wahr, daß ...", wenn sie im Sinne von „W/t^*" gebraucht werden, nur scheinbar ein an den gegenwärtigen Zeitpunkt t gebundenes Wahrsein aus. Sie werden in diesem Falle nicht, wie in dem Falle, in dem sie im Sinne von „W/t" gebraucht werden, in einem *zeitlichen*, sondern trotz ihrer temporalen Form in einem *zeitlosen* Sinne verwendet, in dem sie semantisch redundant sind. Vgl. hierzu von Wright (1974: 174–177).

von (P₂') verstanden wird, folgt aus ihr und der Prämisse (P₁) die (zeitlos) wahre Konklusion

(K) $W/t(\neg p/t') \supset \neg \Diamond/t(p/t')$

oder die (zeitlos) falsche Konklusion

(K') $W/t^*(\neg p/t') \supset \neg \Diamond/t(p/t')$.

In dem zuerst genannten Fall hat Alexanders Argument, das in diesem Falle nicht nur logisch korrekt, sondern auch schlüssig ist, die Gestalt der folgenden Ableitung[19]:

a	(a)	$W/t(\neg p/t')$	(AE)
a, P₂	(b)	$\Box/t(p/t' \supset (p/t' \wedge \neg p/t'))$	a, P₂ (MPP)
	(c)	$\neg \Diamond/t(p/t' \wedge \neg p/t')$	(TE)
a, P₂	(d)	$\forall\alpha(\Box/t(p/t' \supset \alpha) \wedge \neg \Diamond/t(\alpha))$	b, c (∧E,∨E)
a, P₁, P₂	(e)	$\neg \Diamond/t(p/t')$	d, P₁ (MTT)
P₁, P₂	(K)	$W/t(\neg p/t') \supset \neg \Diamond/t(p/t')$	a, e (AB)

3. Die Auseinandersetzung über den in Alexanders Argument vorausgesetzten Wahrheitsbegriff

Ist eine zukunftsbezogene Aussage in dem starken Sinne wahr, den Alexander mit dem Wort „wahr" verbinden muß, um sein Argumentationsziel zu erreichen, so ist sie aufgrund dessen wahr, daß bereits in

---

[19] Es werden folgende Abkürzungen verwendet: „AE" für „Annahmeeinführung", „AB" für „Annahmebeseitigung" („Konditionalisierung"), „∧E" für „Konjunktionseinführung", „∨E" für „Existenzeinführung" („existentielle Generalisierung"), „TE" für „Theoremeinführung", „MPP" für „modus ponendo ponens" und „MTT" für „modus tollendo tollens". Die in Zeile d vorgenommene Existenzeinführung besteht in einer propositionalen Quantifikation bezüglich einer Aussage, die aufgrund ihrer logischen Form falsch ist ($p/t' \wedge \neg p/t'$). Da sich eine logisch wahre oder falsche Aussage von einer gewöhnlichen Aussage darin unterscheidet, daß ihre Wahrheit die Notwendigkeit bzw. ihre Falschheit die Unmöglichkeit dessen impliziert, was in ihr ausgesagt wird, und da dieser Unterschied verwischt wird, wenn man eine logisch wahre oder falsche Aussage durch eine gebundene Variable ersetzt, zu deren Wertebereich auch gewöhnliche Aussagen gehören, darf man unter Verwendung einer solchen Variablen bezüglich einer Aussage, die logisch wahr oder falsch ist, in einem gegebenen Kontext nur dann quantifizieren, wenn es in diesem Kontext keine Rolle spielt, daß die Wahrheit bzw. Falschheit der betreffenden Aussage auf ihrer logischen Form beruht. Im vorliegenden Fall ist diese Bedingung insofern erfüllt, als die in Zeile d stehende Formel unabhängig davon, ob der Wertebereich der Variablen „α" auf gewöhnliche Aussagen eingeschränkt ist oder nicht, mit der in Zeile e stehenden Formel logisch äquivalent ist.

der Gegenwart hinreichende Bedingungen dafür erfüllt sind, daß das, was sie vorhersagt, eintrifft, d. h. Bedingungen, deren Erfülltsein das Eintreffen dessen, was sie vorhersagt, unausweichlich macht. Eine uns leider nur fragmentarisch erhalten gebliebene Abhandlung, die im Jahre 44 v. Chr. verfaßt wurde, läßt darauf schließen, daß dieser starke Wahrheitsbegriff in der antiken Philosophie bis weit in das dritte, wenn nicht gar bis ins zweite vorchristliche Jahrhundert hinein eine unangefochtene Geltung besaß und daß jener schwache Wahrheitsbegriff, den ich ihm gegenübergestellt habe, bis dahin so gut wie unbekannt war.[20] Ich meine Ciceros Abhandlung über das Fatum, aus der recht deutlich hervorgeht, daß der stärkere der beiden genannten Wahrheitsbegriffe erst in der Neuen Akademie, in der die Idee eines schwächeren Wahrheitsbegriffs geboren worden zu sein scheint, seine Monopolstellung verlor. Jedenfalls macht sich Cicero, der diese Idee gegen Epikur (341–271 v. Chr.) auf der einen und den Stoiker Chrysipp (281/77–208/04 v. Chr.) auf der anderen Seite entschieden verteidigt, mit der Verteidigung dieser Idee offenbar die Lehre des Neuakademikers Karneades (214–129 v. Chr.) zu eigen, auf den er sich in diesem Zusammenhang ausdrücklich beruft (*De fato* XIV 31–33).

Im Gegensatz zu Epikur und Chrysipp, die in seinen Augen ungeachtet des zwischen ihren Lehrmeinungen ansonsten bestehenden Unterschieds beide den Fehler begehen, die Wahrheit einer zukunftsbezogenen Aussage an eine viel zu starke Bedingung zu knüpfen, stellt sich Cicero auf den Standpunkt, daß nicht das Vorhandensein einer in ewige Zeiten zurückreichenden Kette von Ursachen, die nacheinander das Eintreffen des Vorhergesagten bewirken, sondern allein das tatsächliche Eintreffen des Vorhergesagten die Bedingung dafür ist, daß eine zukunftsbezogene Aussage schon „von Ewigkeit her", wie er sich ausdrückt (*De fato* XIV 33, XVI 37, 38), wahr war. Weil sie beide von der Voraussetzung ausgingen, daß eine zukunftsbezogene Aussage nur dann wahr oder falsch sein kann, wenn entweder das Eintreffen oder das Nicht-Eintreffen dessen, was sie vorhersagt, durch bereits vorlie-

---

[20] Die Berücksichtigung des Unterschieds, der zwischen diesen beiden Wahrheitsbegriffen besteht, ist der Schlüssel zum Verständnis nicht nur des im vorliegenden Beitrag analysierten Arguments Alexanders, sondern auch der beiden sachlich eng mit ihm zusammenhängenden Argumente, die von Kutschera in (1986a) analysiert hat, nämlich des Arguments für den Determinismus, mit dem sich Aristoteles im neunten Kapitel seiner Schrift *Peri hermeneias* (*De interpretatione*) auseinandersetzt, und des sogenannten Meisterarguments des Diodoros Kronos. Für eine von der Analyse von Kutscheras abweichende Rekonstruktion dieser beiden Argumente vgl. Weidemann (1993: 325–328) und (1994: 223–324) sowie Gaskin (1995).

gende Ursachen dafür, daß es eintrifft bzw. nicht eintrifft, sichergestellt ist, sahen sich Epikur und Chrysipp nach Ciceros Darstellung vor die Wahl gestellt, entweder das Bivalenzprinzip, dem zufolge jede Aussage wahr oder falsch ist, aufzugeben, wozu Epikur sich entschloß, oder aber, was Chrysipp vorzog, einzuräumen, daß alles, was geschieht, in dem Sinne „durch das Fatum" geschieht, daß es durch „causae aeternae", also schon von Ewigkeit her, verursacht ist (vgl. *De fato* X 20–21, XI 26). Cicero hält diese das Bivalenzprinzip mit dem Fatum verkoppelnde Alternative für falsch.

> „Gibt es denn für die Aussage ‚Scipio wird Numantia erobern' keine andere Möglichkeit, wahr zu sein",

fragt er (*De fato* XII 27),

> „als die, daß von Ewigkeit her sich eine Ursache an die andere reiht und dies dadurch (schließlich) bewirken wird? Oder hätte dies etwa falsch sein können, wenn es schon Tausende von Jahren zuvor ausgesagt worden wäre? Und wenn die Aussage ‚Scipio *wird* Numantia erobern' damals nicht wahr (gewesen) wäre, so wäre auch nach der Zerstörung jener (Stadt) die Aussage ‚Scipio *hat* Numantia erobert' nicht wahr. Kann also irgend etwas geschehen sein, von dem es nicht (schon vorher) wahr gewesen wäre, daß es sich künftig zutragen wird?",

fragt Cicero weiter, um schließlich die Pointe seines Wahrheitsverständnisses auf folgende Formel zu bringen (ebd.):

> „Denn wie wir hinsichtlich der Vergangenheit das als wahr bezeichnen, wovon in der vorausgegangenen Zeit einmal wahr *gewesen ist* (zu sagen), es sei gegenwärtig, so werden wir hinsichtlich der Zukunft das als wahr bezeichnen müssen, wovon in der folgenden Zeit einmal wahr *sein wird* (zu sagen), es sei gegenwärtig."

Wie Cicero an einer anderen Stelle bemerkt (*De fato* XIV 32), ist es

> „ein großer Unterschied, ob eine natürliche Ursache von Ewigkeit her die Wahrheit des Zukünftigen bewirkt oder ob sich das, was zukünftig ist, auch ohne (den Gedanken an) eine ewige Wirksamkeit natürlicher Ursachen als wahr begreifen läßt."

An der Frage, die Cicero hier aufwirft, schieden sich nicht nur in der Antike die Geister. In der zweiten Hälfte des 15. Jahrhunderts wurde an der Universität Löwen ein erbitterter Gelehrtenstreit ausgefochten, der zwar ein theologisches Problem zum Gegenstand hatte, sich aber im Grunde genommen um die philosophische Frage nach den Wahrheitsbedingungen zukunftsbezogener Aussagen drehte. Dem an diesem Streit maßgeblich beteiligten Petrus de Rivo, der einen der Position Epikurs vergleichbaren Standpunkt vertrat und der von einem seiner Gegner auch als Neo-Epikureer – als „novus Epicureus"[21] – beschimpft wurde, sind die Parallelen, die sich zwischen diesem Streit und Ciceros Auseinandersetzung mit den Stoikern und den Epikureern ziehen lassen, nicht verborgen geblieben. Er verweist nicht nur ausdrücklich auf die Schrift *De fato*, sondern nimmt auch zu den Argumenten Stellung, mit denen Cicero in dieser Schrift die neuakademische Wahrheitskonzeption zu verteidigen versucht, und macht überdies auf etwas aufmerksam, das Cicero entgangen zu sein scheint, nämlich auf die Übereinstimmung, die in der strittigen Frage zwischen Epikur und Aristoteles besteht.[22]

Diejenigen, die, wie Ferdinand von Corduba, im Löwener Streit gegen Petrus de Rivo den bereits von Cicero propagierten schwachen Wahrheitsbegriff verteidigten, scheinen sich dabei nicht Cicero, sondern Wilhelm von Ockham zum Vorbild genommen zu haben. Ciceros These, daß eine zukunftsbezogene Aussage ihren Wahrheitswert ebensowenig ändern kann wie eine Aussage, die sich auf die Vergangenheit bezieht[23], erfuhr eine wichtige Ergänzung durch die These Ockhams[24] und seiner Anhänger[25], daß eine zukunftsbezogene Aussage, die etwas vorhersagt, das zwar tatsächlich eintreffen wird, aber auch nicht eintreffen könnte, zwar wahr ist und auch schon immer wahr gewesen ist, dies aber so, daß sie statt dessen auch falsch sein und schon immer falsch gewesen sein könnte.

In den fünfziger und sechziger Jahren unseres Jahrhunderts hat sich Arthur Norman Prior, der Begründer der modernen Zeitformenlogik, durch die ockhamistische Auffassung des Verhältnisses zwischen Zeit und Wahrheit, die, wie wir durch Cicero wissen, bereits in der Neuen Akademie vertreten wurde, zur Entwicklung eines zeitformenlogischen Systems anregen lassen, dem er den Namen „the Ockhamist system" gegeben hat.[26] Diesem ockhamistischen System hat Prior ein System gegenübergestellt, das auf einer gewissen Modifikation der Auffassung beruht, mit der die Auffassung Ockhams im Mittelalter und die von Cicero verteidigte Auffassung des Karneades in der Antike konkur-

---

[21] Baudry (1950: 171).
[22] Vgl. Baudry (1950: 71 f.).
[23] Vgl. *De fato* IX 17 f., 20.
[24] Vgl. *Summa Logicae* II, cap. 33: 10 f.; III-3, cap. 32: 116–140.
[25] Vgl. Baudry (1950: 159 f., 208).
[26] Prior (1967: 126, 130).

rierte. Nach Prior kann man die Wahrheitswertlücken, die Leute wie Petrus de Rivo im Anschluß an Aristoteles und Epikur in Kauf nehmen zu müssen glaubten, um an der Offenheit der Zukunft festhalten zu können, nicht nur dadurch vermeiden, daß man den starken Aristotelischen Wahrheitsbegriff zugunsten des schwachen ockhamistischen Wahrheitsbegriffs aufgibt, sondern auch dadurch, daß man beim Sprechen über die Zukunft auf Aussagen darüber, ob etwas *tatsächlich* der Fall sein wird oder nicht, verzichtet und nur Aussagen darüber macht, ob es bereits in der Gegenwart *feststeht* – also *notwendig ist* – oder nicht, daß etwas der Fall sein (oder nicht der Fall sein) wird.

Prior hat das auf dieser Modifikation beruhende zeitformenlogische System das Peircesche System („the Peircean system"[27]) genannt; und zwar hat er diese Bezeichnung deshalb gewählt, weil für Peirce der Unterschied zwischen Vergangenheit und Zukunft darin besteht, daß im Gegensatz zur Vergangenheit als der Summe der vollendeten Tatsachen – „the sum of *faits accomplis*", wie es im fünften Band der *Collected Papers* heißt (1965: 5.459) – die Zukunft der Bereich dessen ist, was nicht einfach tatsächlich, sondern entweder mit Notwendigkeit oder bloß möglicherweise der Fall sein wird.[28] Nach Peirce ist die „unsophisticated conception", wie er sagt (ebd.), die, daß

> "everything in the Future is either *destined*, i. e., necessitated already, or is *undecided*, the contingent future of Aristotle. In other words, it is not Actual [...]; but is either Necessary or Possible [...]."

Wie für Aristoteles, auf den er sich hier beruft, so gibt es auch für Peirce keine Ereignisse, deren zukünftiges Eintreten oder Ausbleiben gegenwärtig weder notwendig noch auch bloß möglich, sondern eben einfach eine Tatsache wäre. Peirce ist sich in diesem Punkt nicht nur seiner Nähe zu Aristoteles bewußt, sondern auch des Abstandes, der ihn mit Aristoteles von denjenigen Philosophen trennt, die er als Nominalisten bezeichnet. „Nominalists", heißt es im sechsten Band der *Collected Papers* (1965: 6.368), „uniformly speak of Aristotle's view of future contingents as really absurd."

Ich habe den Aristotelischen Möglichkeitsbegriff, zu dem uns der Ausblick auf Peirce nun wieder zurückgeführt hat, im ersten Teil dieses Beitrags mit dem der Megariker verglichen. In seinem Aufsatz „Der

---

[27] Prior (1967: 130).
[28] Vgl. Prior (1967: 132).

Megarische und der Aristotelische Möglichkeitsbegriff" hat Nicolai Hartmann die bedenkenswerten Worte geäußert[29]:

> „Niemand kann historisch mehr sehen, als er systematisch begreift; man kann in der geschichtlichen Ferne, durch die Fremdartigkeit überlieferter Begriffe und Wendungen hindurch, stets nur wiedererkennen, wozu man im eigenen gegenwärtigen Denken die Erkenntnisgrundlage mitbringt."

Der vorliegende Beitrag sollte deutlich machen, daß nicht nur das systematisch Begriffene den Horizont dessen bestimmt, was historisch gesehen werden kann, sondern daß auch der Blick in die geschichtliche Ferne wiederum den Horizont des eigenen, gegenwärtigen Denkens zu erweitern vermag.

Literaturverzeichnis

ALEXANDER VON APHRODISIAS: *In Aristotelis Analyticorum priorum librum I commentarium*. Edidit M. Wallies. Commentaria in Aristotelem Graeca (CAG) II-1. Berlin (Reimer) 1883.

ALEXANDER VON APHRODISIAS: *Praeter commentaria scripta minora: Quaestiones – De fato – De mixtione*. Edidit I. Bruns. Supplementum Aristotelicum II-2. Berlin (Reimer) 1892.

ARISTOTELES: *Analytica priora et posteriora*. Recensuit brevique adnotatione critica instruxit W. D. Ross, praefatione et appendice auxit L. Minio-Paluello. Oxford (Clarendon Press) 1964.

ARISTOTELES: *Metaphysica*. Recognovit brevique adnotatione critica instruxit W. Jaeger. Oxford (Clarendon Press) 1957.

BAUDRY, Léon (1950): *La querelle des futurs contingents* (Louvain 1465–1475). Textes inédits. Paris (J. Vrin).

BURNYEAT, Myles et al. (1984): *Notes on Eta and Theta of Aristotle's Metaphysics*. Study Aids Monograph No. 4. Oxford (Sub-Faculty of Philosophy).

CICERO, M. Tullius: *De divinatione – De fato – Timaeus*. Edidit R. Giomini. Leipzig (Teubner) 1975.

FREGE, Gottlob (1983): *Nachgelassene Schriften*. Unter Mitwirkung von G. Gabriel und W. Rödding bearbeitet, eingeleitet und mit Anmerkungen versehen von H. Hermes, F. Kambartel, F. Kaulbach. 2., revidierte Aufl., erweitert um einen Anhang. Hamburg (Meiner).

GASKIN, Richard (1995): *The Sea Battle and the Master Argument. Aristotle and Diodorus Cronus on the Metaphysics of the Future*. Berlin/New York (de Gruyter).

---

[29] Hartmann (1957: 97 f.).

HARTMANN, Nicolai (1957): „Der Megarische und der Aristotelische Möglichkeitsbegriff". In N. Hartmann, *Kleinere Schriften*, Bd. II. Berlin (de Gruyter), 85–100.
HEIDEGGER, Martin (1981): *Aristoteles, Metaphysik* Θ *1–3* (Gesamtausgabe, II. Abteilung, Bd. 33). Frankfurt a. M. (Klostermann).
KANT, Immanuel: *Kritik der reinen Vernunft*. 1. Aufl. (A) 1781, 2. Aufl. (B) 1787. ND Hamburg (Meiner) 1956.
KUTSCHERA, Franz von (1986a): „Zwei modallogische Argumente für den Determinismus: Aristoteles und Diodor". *Erkenntnis* 24, 203–217.
KUTSCHERA, Franz von (1986b): „Bewirken". *Erkenntnis* 24, 253–281.
OCKHAM, Wilhelm von: *Summa Logicae*. Ediderunt Ph. Boehner, G. Gál, S. Brown. St. Bonaventure, N. Y. (Franciscan Institute) 1974.
PEIRCE, Charles Sanders (1965): *Collected Papers*. Vol. V and Vol. VI. Edited by C. Hartshorne and P. Weiss. Cambridge, Mass. (Belknap Press of Harvard University Press).
PETZOLDT, Leander (Hrsg.) (1977): *Historische Sagen*. Bd. 2: Ritter, Räuber und geistliche Herren. München (Beck).
PRIOR, Arthur (1967): *Past, Present, and Future*. Oxford (Clarendon Press).
SCHLUND, Hans H. (1987): *Eppelein von Gailingen. Sagen um einen verwegenen fränkischen Ritter*. Leutershausen (Fritz Majer & Sohn).
SHARPLES, R. W. (1982): „An Ancient Dialogue on Possibility; Alexander of Aphrodisias, *Quaestio* 1.4". *Archiv für Geschichte der Philosophie* 64, 23–38.
SHARPLES, R. W. (1992): *Alexander of Aphrodisias, Quaestiones 1.1–2.15*. Translated by R. W. Sharples. London (Duckworth).
THOMASON, Richmond H. (1984): „Combinations of Tense and Modality". In D. Gabbay & F. Guenthner (eds.), *Handbook of Philosophical Logic*. Vol. II: Extensions of Classical Logic. Dordrecht/Boston/Lancaster (Reidel), 135–165.
WEIDEMANN, Hermann (1993): „Zeit und Wahrheit bei Diodor". In K. Döring & Th. Ebert (Hrsg.), *Dialektiker und Stoiker. Zur Logik der Stoa und ihrer Vorläufer*. Stuttgart (Steiner), 319–329.
WEIDEMANN, Hermann (1994): *Aristoteles, Peri hermeneias*. Übersetzt und erläutert von H. Weidemann (Aristoteles, Werke in deutscher Übersetzung, Bd. 1, Teil II). Berlin (Akademie Verlag).
WITTGENSTEIN, Ludwig: *Philosophische Untersuchungen* (1958). Frankfurt a. M. (Suhrkamp) 1971.
WRIGHT, Georg Henrik von (1974): „Determinismus, Wahrheit und Zeitlichkeit. Ein Beitrag zum Problem der zukünftigen kontingenten Wahrheiten". *Studia Leibnitiana* 6, 161–178.

Schriftenverzeichnis Franz von Kutschera*

I. Bücher

1) *Über das Problem des Anfangs der Philosophie im Spätwerk Edmund Husserls*
   Dissertation, München, 1960
2) *Die Antinomien der Logik − Semantische Untersuchungen*
   Freiburg, München (Alber), 1964
3) *Elementare Logik*
   Wien, New York (Springer), 1967
4) *Sprachphilosophie*
   München (Fink), [1]1971 [2]1975
   englische Übersetzung: *Philosophy of Language*, Dordrecht (Reidel), 1975
   spanische Übersetzung: *Filosofia del lenguaje*, Madrid, 1979
5) *Einführung in die moderne Logik* (gemeinsam mit Alfred Breitkopf)
   Freiburg, München (Alber), [1]1971, [6]1992
   holländische Übersetzung: *Inleiding tot de moderne Logica*, Utrecht [1]1972, [2]1978
6) *Wissenschaftstheorie − Grundzüge der allgemeinen Methodologie der empirischen Wissenschaften*
   2 Bde, München (Fink), 1972
7) *Einführung in die Logik der Normen, Werte und Entscheidungen*
   Freiburg, München (Alber), 1973
8) *Einführung in die intensionale Semantik*
   Berlin, New York (de Gruyter), 1976
9) *Grundfragen der Erkenntnistheorie*
   Berlin, New York (de Gruyter), 1981
10) *Grundlagen der Ethik*
    Berlin, New York (de Gruyter), 1982
    spanische Übersetzung: *Fundamentos de Etica*, Madrid, 1989
    italienische Übersetzung: *Fondamenti dell'Etica*, Mailand (FrancoAngeli), 1991
11) *Der Satz vom ausgeschlossenen Dritten. Untersuchungen über die Grundlagen der Logik*
    Berlin, New York (de Gruyter), 1985
12) *Ästhetik*
    Berlin, New York (de Gruyter), 1988
13) *Gottlob Frege − Eine Einführung in sein Werk*
    Berlin, New York (de Gruyter), 1989

---

* Stand Januar 1996; zusammengestellt von Wolfgang Lenzen in Zusammenarbeit mit Uwe Meixner und Christian Möls.

14) *Vernunft und Glaube*
    Berlin, New York (de Gruyter), 1990
15) *Die falsche Objektivität*
    Berlin, New York (de Gruyter), 1993
16) *Platons »Parmenides«*
    Berlin, New York (de Gruyter), 1995

II. Aufsätze

1) „Zum Deduktionsbegriff der klassischen Prädikatenlogik erster Stufe"
   In F.v. Kutschera & M. Käsbauer (Hg): *Logik und Logikkalkül*, Freiburg, München (Alber), 1962, S. 211–236
2) „Das Verhältnis der modernen zur traditionellen Logik"
   Philosophisches Jahrbuch 71 (1964), S. 219–229
3) „Zur semantischen Begründung der klassischen und der intuitionistischen Logik"
   Notre Dame Journal of Formal Logic 7 (1966), S. 20–47
4) „Zwei Theorien über den Gegenstand der Logik"
   Studium Generale 19 (1966), S. 169–175
5) „Freges Begründung der Analysis"
   Archiv für Mathematische Logik und Grundlagenforschung 9 (1966), S. 102–111; abgedruckt in M. Schirn (Hg): *Studien zu Frege I Logik und Philosophie der Mathematik*, Stuttgart (Frommann-Holzboog), 1976, S. 301–312
6) „Die Vollständigkeit des Operatorensystems $\{\neg, \wedge, \vee, \supset\}$ für die intuitionistische Aussagenlogik im Rahmen der Gentzensemantik"
   Archiv für mathematische Logik und Grundlagenforschung 11 (1968), S. 3–16
7) „Zur Problematik der naturwissenschaftlichen Verwendung des subjektiven Wahrscheinlichkeitsbegriffs"
   Synthese 20 (1969), S. 84–103
8) „Ein verallgemeinerter Widerlegungsbegriff für Gentzenkalküle"
   Archiv für mathematische Logik und Grundlagenforschung 12 (1969), S. 104–118
9) „Gebrauch und Bedeutung exemplarisch eingeführter Prädikate"
   Philosophisches Jahrbuch 77 (1970), S. 355–377
10) „Antinomie"
    In J. Ritter (Hg): *Historisches Wörterbuch der Philosophie*, Bd. 1, Basel 1971, S. 396–405
11) „Eine logische Analyse des sprachwissenschaftlichen Feldbegriffs"
    Studia Leibnitiana, Sonderheft 3 (1973), S. 71–84
12) „Ein offenes Problem der subjektiven Wahrscheinlichkeitstheorie"
    Ratio 15 (1973), S. 236–245; engl. Version „An Open Problem in the Subjectivist Theory of Probability" ibid., S. 247–255
13) „Induction and the empiricist model of knowledge"
    In P. Suppes, L. Henkin, A. Joja & Gr. Moisil (eds): *Logic, Methodology,*

and Philosophy of Science, Proceedings of the IVth International Congress, Amsterdam/London (North-Holland Publ. Co.) 1973, S. 345−356
14) Rezension von Hans Schnelle: Sprachphilosophie und Linguistik
Zeitschrift für Germanistische Linguistik 1 (1973), S. 330−336
15) „Intensionale Logik und theoretische Linguistik"
In J. Simon (Hg): Aspekte und Probleme der Sprachphilosophie, Freiburg, München (Alber), 1974, S. 111−136
16) „Indicative Conditionals"
Theoretical Linguistics 1 (1974), S. 257−269
17) „Normative Präferenzen und bedingte Gebote"
In H. Lenk (Hg): Normenlogik, Pullach (Verlag Dokumentation) 1974, S. 137−165
18) Review of Hans Schnelle: Sprachphilosophie und Linguistik
Philosophia (Israel) 5 (1975), S. 553−560
19) „Intensional Semantics for Natural Language"
In G. H. Müller, A. Oberschelp & K. Potthoff (Hg): Logic Conference Kiel 1974, Berlin/Heidelberg/New York (Springer) 1975, S. 445−459
20) „Semantic analyses of normative concepts"
Erkenntnis 9 (1975), S. 195−218
21) „Partial interpretations"
In E. Keenan (ed.): Formal Semantics of Natural Language, Cambridge (Cambridge University Press) 1975, S. 156−174
22) „Conventions of Language and Intensional Semantics"
Theoretical Linguistics 2 (1975), S. 255−283
23) „Nelson Goodmann: Das Neue Rätsel der Induktion"
In J. Speck (Hg): Grundprobleme der großen Philosophen, Philosophie der Gegenwart III, Göttingen (Vandenhoeck & Ruprecht) 1975, ^{2}1984, S. 51−86
24) „Grundzüge einer logischen Grammatik"
In S. J. Schmidt (Hg): Pragmatik II, München (Fink) 1976, S. 122−157
25) „Epistemic interpretations of conditionals"
In A. Kasher (ed.): Language in Focus: Foundations, Methods, and Systems, Dordrecht (Reidel) 1976, S. 487−501
26) „Subjective Preference, Rationality, and Justice"
Erkenntnis 11 (1977), S. 97−111
27) Comments on John C. Harsanyi's Paper [„Rule Utilitarianism and Decision Theory"]
Erkenntnis 11 (1977), S. 433−434
28) „Das Humesche Gesetz"
Grazer Philosophische Studien 4 (1977), S. 1−14
27) „Die logischen Antinomien in sprachphilosophischer Sicht"
In G. Patzig, E. Scheibe & W. Wieland (Hg): Logik, Ethik, Theorie der Geisteswissenschaften, Hamburg (Meiner) 1977, S. 58−69
28) „Grundbegriffe der Handlungslogik"
In H. Lenk (Hg): Handlungstheorien interdisziplinär, Bd. 1: Handlungslogik, München (Fink) 1980, S. 67−106
29) „Goodman on Induction"
Erkenntnis 12 (1978), S. 189−207

30) „Grundbegriffe der Metaphysik von Leibniz im Vergleich zu Begriffsbildungen der heutigen Modallogik"
   Studia Leibnitiana 1979, Sonderheft 8, S. 93–107
31) „Generalisierbarkeit und Unparteilichkeit"
   In K. Weinke (Hg): *Logik, Ethik und Sprache* (Festschrift für Rudolf Freundlich), Wien (Oldenbourg) 1981, S. 118–124
32) „Plädoyer für eine intuitionistische Ethik"
   In E. Morscher & R. Stranzinger (Hg.): *Ethik. Grundlagen, Probleme und Anwendungen* (Akten des 5. Internationalen Wittgenstein-Symposiums), Wien (Hölder-Pichler-Tempsky) 1981, S. 108–114
33) „Criteria for Justice"
   Grazer Philosophische Studien 12/13 (1981), S. 267–280
34) „Intensional Semantics and Natural Language"
   In P. Scheurer & G. Debrock (ed.): *New Languages in Scientific Evolution*, (Nijmeegs Studies in de Filosofie van de Natur en haar Wetenschappen 2), Nijmegen 1982, S. 57–78
35) „Remarks on action-theoretic semantics"
   Theoretical Linguistics 10 (1983), S. 1–11
36) „Das Fragment 34 von Xenophanes und der Beginn erkenntnistheoretischer Fragestellungen"
   In P. Weingartner & J. Czermak (Hg.), *Erkenntnis- und Wissenschaftstheorie* (Akten des 7. Internationalen Wittgenstein Symposiums), Wien (Hölder-Pichler-Tempsky) 1983, S. 19–25
37) „Valuations for direct propositional logic"
   Erkenntnis 19 (1983), S. 253–260
38) „Eine Logik vager Sätze"
   Archiv für mathematische Logik und Grundlagenforschung 24 (1984), S. 101–118
39) „Moritz Schlick on Self-Evidence"
   Synthese 64 (1985), S. 307–315
40) „Bewirken"
   Erkenntnis 24 (1986), S. 253–281
41) „Zwei modallogische Argumente für den Determinismus: Aristoteles und Diodor"
   Erkenntnis 24 (1986), S. 203–217
42) „Der Wandel der Weltsicht im Spiegel der Philosophiegeschichte"
   In H. Bungert (Hg): *Wie sieht und erfährt der Mensch seine Welt?* (Schriftenreihe der Universität Regensburg, Bd. 14), Regensburg 1987, S. 29–42
43) „Empirische Grundlagen der Ethik"
   In D. Henrich & R. P. Horstmann (Hg): *Metaphysik nach Kant?* (Akten des Stuttgarter Hegelkongreß 1987), Stuttgart (Klett-Cotta) 1988, S. 659–670
44) „Bemerkungen zur gegenwärtigen Realismusdiskussion"
   In W. L. Gombocz, H. Rutte, & W. Sauer (Hg): *Traditionen und Perspektiven der analytischen Philosophie* (Festschrift für Rudolf Haller), Wien (Hölder-Pichler-Tempsky) 1989, S. 490–521
45) „Carnap und der Physikalismus"
   Erkenntnis 35 (1991), S. 305–323

46) „Kripke's doubts about meaning"
   In G. Schurz & G. Dorn (Hg): *Advances in Scientific Philosophy* (Essays in Honour of Paul Weingartner), Amsterdam (Rodopi) 1991, S. 367−378
47) „Wolfgang Stegmüller zum Gedenken"
   Zeitschrift für philosophische Forschung 45 (1991), S. 596−598
48) „Wissenschaftstheorie und Logik"
   In P. Koslowski (Hg): *Orientierung durch Philosophie*, Tübingen (Mohr) 1991, S. 263−275
49) „Der erkenntnistheoretische Realismus"
   In H. J. Sandkühler (Hg): *Wirklichkeit und Wissen*, Frankfurt a.M. (P. Lang) 1992, S. 27−40
50) „Supervenience and Reductionism"
   Erkenntnis 36 (1992), S. 333−343
51) „Metodi formali nelle indagini filosofiche"
   Epistemologia 15 (1992), Fascicolo Speciale (*Il problema della conoscenza formale in scienza e filosofia*), S. 77−94
52) „Causation"
   Journal of Philosophical Logic 22 (1993), S. 563−588
53) „Sebastian's strolls"
   Grazer Philosophische Studien 45 (1993), S. 75−88
54) „Reasons and causes of beliefs"
   In P. Weingartner (ed.): *Scientific and Religious Belief*, Dordrecht (Kluwer) 1994, S. 27−36
55) „Global supervenience and belief"
   Journal of Philosophical Logic 23 (1994), S. 103−110
56) „Moralischer Realismus"
   Logos 1 (1994), S. 241−258
57) „Zwischen Skepsis und Relativismus"
   In G. Meggle & U. Wessels (Hg.): *Analyomen 1* (Proceedings of the 1st Conference „Perspectives in Analytical Philosophy") Berlin, New York (de Gruyter) 1994, S. 207−224
58) „Die Frage nach dem Absoluten in Metaphysik und Religion"
   In P. Ehlen (Hg): *Der Mensch und seine Frage nach dem Absoluten, Ein deutsch-russisches Symposion*. München (Kindt) 1994, S. 13−33
59) „Zwei Formen des Realismus"
   In H. Lenk & H. Poser (Hg): *Neue Realitäten − Herausforderung der Philosophie*. Berlin (Akademie Verlag) 1995, S. 445−459
60) „Drei Versuche einer rationalen Begründung der Ethik: Singer, Hare, Gewirth"
   In Ch. Fehige & G. Meggle (Hg.): *Zum moralischen Denken*, Bd. 1, Frankfurt a. M. (Suhrkamp) 1995, S. 54−77
61) „T × W Completeness"
   Erscheint in *Journal of Philosophical Logic*, ca. 1996.

Sachindex

actualist quantifier 145–146
alethic modal logic 21
analytisch/synthetisch 324, 326 ff., 329–333
Andersonian reduction 9
a priori/a posteriori 324–334, 338–340, 342 ff.
Argument, logisch korrektes/ schlüssiges 436, 440
arithmetischer Platonismus 280
attributiv/referentiell 332 ff., 337 ff., 341 ff.
Aussage, zukunftsbezogene 435, 438–443
Äußerungsbedeutung 265, 269 ff.
axiomatic system 12, 21

Baumstruktur 437
Bedeutung 329 ff.
Begründung 325 ff., 339, 343
Behauptung 266 ff.
Bestätigung 364 ff.
– deduktive 367 ff., 374 ff.
– partielle 368, 370, 375, 379
– reduktive 367, 369 ff.
– sholismus 365 ff.
– skontext 366, 370, 274
– srelevanz 368, 378
bivalence, Bivalenzprinzip 307, 309, 311, 442

characteristic formula 193, 195 ff.
Charakter 323, 330–333
comprehension 144
Computer 117 ff.

deductive equivalence theorem 22
definition 254
Deontologie 45, 53 ff.
Determinismus 172, 430, 435
Dezisionismus 45 ff., 51 ff.
dialektischer oder indirekter Beweis 47 ff.
discriminatory ability 316–20
Disposition 323, 334 ff., 340–343

disquotation 311
Dominanzprinzip 163 ff.
doxastische Logik (s. a. Überzeugungslogik) 95
Dualismus 95
dünne moralische Begriffe 226 ff.
dyadic deontic logic 8

Edinburgher Schule 205 ff.
Eigeninteresse 77, 83 ff.
Einbettung 405
Einheit 238
Emotivismus 183
Entscheidung 192
Erkenntnispragmatik 296
Erkenntnistheorie, Grundfragen der 38 ff.
Erweiterungsproblem 405
Essentialismus 329
ethischer Naturalismus 220 ff.
ethischer Objektivismus 218, 220–222, 225 ff.
existent entities 144
expected truth-value 318
Extension 233, 349 ff.

Farbwahrnehmung 104 ff.
Fechner, G. T. 103 ff.
filtration 15 ff.
Folgebeziehung (Entailmentrelation)
– klassische 364 ff.
– konverse 377
– relevante 369, 374, 376
– tautologische 371 ff.
Folgerungsbedingung 368 ff., 374, 377
formale Theorie (im Sinn Freges) 275, 280, 286 ff.
Formationsvorschrift, satzbildende (syntaktische Formationsregel) 385, 397 ff.
frame constant 9 ff.
free logic, Freie Logik 72, 137 ff.
– negative 137–138
– positive 137–138

Sachindex

Frege 401–407 passim
Fundierung s. Rechtfertigung
funktionelle Abhängigkeit 106

Gefangenen-Dilemma 85 f., 88
Gegenstand einer Vorstellung 64, 69
Gegenstände (nach Meinong) 60 ff.
– mögliche/unmögliche 69, 71 ff.
– vollständige/unvollständige 72 ff.
Geist 115 ff.
general term abstraction 140
Gerechtigkeit 76, 91
Glauben s. Überzeugung
Gödels Vollständigkeitssatz 287 ff.
Goodman-Paradoxie 290 ff.
Größe 244
Größenart 245
Größenträger 237
Größenwert 238

Horn clause 253 ff.
Humesches Gesetz 48

Idee 349 ff.
identifiability thesis 403
Identität 352, 356
Individuum 353 ff.
Indizes (als „mögliche Welten") 234
Induktion 290 ff.
Informationsfragen 182
Inhalt einer Vorstellung 64
Inklusion 348, 359
Inkommensurabilität 204
intendieren 173 ff.
Intension 233
intensional 350, 358 ff.
intensionales Modell 234
Intention 223–226
intentionalistisch 221, 225 ff.
Intentionalitätsthese 62
Interpretationismus 152
– pragmatisch-realistischer 158
Interpretationskonstrukt 155, 158
intrinsic value 8
Intuitionismus 80
intuitionistisch 217 ff., 227
irreale Konditionalsätze 167 ff.
irreflexivity of time 194 ff.

Kamp's „Now" 199, 201 ff.
Kategorischer Imperativ 86, 89
Klasse 351 ff.
Kognitivismus 409, 417

Kompaktheitstheorem 284, 286
Konsequenzbedingung 365 ff., 374, 377
Konsistenz
– der klassischen Mathematik 284
– einer Theorie 274 ff., 282, 286 ff.
– eines Begriffs 276 ff., 288
– von Eigenschaften 281
– von Rechnungsregeln 279
Konsistenzbedingung 368, 378
Konsistenzbeweis 274 ff., 286 ff.
Konstrukt
– erkenntnistheoretisches 157
– interpretatives 155, 158
Kontextabhängigkeit 330
konventionales Ergebnis 266
Kooperativität, bedingte vs. unbedingte 93
Korrespondenztheorie 211

Lemma on Strict Preferences 18 ff.
level of perfection 9, 13
linearity of time 194 ff.
logic of preference 8 ff.
Lügner 262–273

Materialismus 95, 105
Maximierung des zu erwartenden Nutzens 163 ff.
Menschenwürde 55 ff.
Mereologie 347, 358
Merkmal 238
Meßverfahren 240
Mitteilung 266 ff., 272 ff.
modal logic, Modallogik 193, 436 ff.
Modell 274 ff., 282, 284 ff.
mögliche Welt 234
Möglichkeit, logische/physische 436
Möglichkeitsdefinition/-kriterium des Aristoteles 430–432, 434–436
moralische Tatsachen 227 ff.
moralischer Realismus 216 ff.
Moralrelativismus 415
Motivationsproblem 76 ff.

Namen
– Funktion der (nach Twardowski) 65
– „leere" 67
Newcomb-Nachfolgeproblem 176
Newcomb-Problem 160
Newcomb-Situation 160 ff.
Nominalisierung 351, 354, 357

nonextensional 135 ff.
Nonkognitivismus 409
Normalbedingungen 336−340
Notwendigkeit, metaphysische 328−331

Objektive (nach Meinong) 63
Objektivismus,
    (Wert)Objektivismus 44−52 passim, 409 ff.
ostensiver Spracherwerb 296 ff.

paradigm 315
Parameter 352
partial functions 138
partielle Implikation 303
performative Paradoxie 269
permutation argument 402
Person 44−58 passim
Pflichttheorie 54
Physikalismus, logischer 105, 110
Prädikat 350
− positionales 294
− qualitatives 294 ff.
praktische Rechtfertigung 44 ff.
predicates identified with general terms 139
projection 254
Psychophysik 104 ff.

Quantifikation, propositionale 440
Quine's conception of predication 141

Rangfunktion 326 ff., 339
Rationalität
− des Glaubens 161 ff., 165
− der Handlung bzw. Entscheidung 163 ff.
raumzeitliche Invarianz 300 ff.
Realismus
− erkenntnistheoretischer 156 ff.
− interpretationistischer 158
− pragmatischer 156 ff.
− schemainterpretatorisch eingeschränkter 159
− semantischer 150 ff.
Rechtfertigung 26−30, 33−35, 37−42
Reduktion 107 ff.
Reduktionssatz 335 ff., 339 ff., 342 ff.
Referenz 154 ff.

Reflexivitätsthese 207 ff.
Relation 350 ff., 360
Relativitätsthese 152, 154
relevance relation 251 ff.
− properties of 256 ff.
− semantic criteria of 254 ff.
relevance, Relevanz 250 ff., 364 ff.
relevant consequence 259 ff.
relevante Beobachtungsmuster 302 ff.
relevante partielle Konklusion 303
representability 21
rhemes 139
Russell 264 ff.

salva veritate substitution 135
Schemakonstitutionskonzepte 150
Selbstprädikation 350 ff.
Selbstwiderlegung (des Kulturrelativismus) 210 ff.
semantischer Wert 232
Semikognitivismus 409, 417, 422
Simulation 122 ff.
Sinn des Lebens 178
Skeptizismus 343
Solon-Perspektive 414, 425 ff.
Solon-Präferenzen 417, 426
soundness and completeness theorem 13 ff., 21
Sprachrelativismus 294−296
Strukturerweiterung 405
subjektive Wahrscheinlichkeit 291−293
Subjektivismus,
    (Wert)Subjektivismus 45−52 passim, 213, 409 ff.
− metaethischer 410
− normativ-ethischer 410
supervenience 106

Tarski 263 ff.
Teleologie 45, 53 ff.
temporal frames 193 ff.
− minimally adequate 196
tense logic 349, 352, 354
Theorieimprägniertheit 153, 156 ff.
Träger 237
Translation theorem 22
truth value dependence 135−136
Tugenden, natürliche und künstliche 90

Überzeugung 25, 32 ff.

- gerechtfertigte (fundierte) 26–30, 41 ff.
Überzeugungslogik (s. a. doxastische Logik) 97
Universalität 300 ff.
Unrevidierbarkeit 324, 328, 338, 340
unveräußerliche Rechte 53 ff.
Urteil
- disjunktives 387, 391, 396, 398
- hypothetisches 387, 391–398 passim
-- Ganzsatzauffassung 394 ff.
-- Nachsatzauffassung 394 ff.
- kategorisches 391, 393
- Definition eines 390
- Form eines (Urteilsform) 384–391 passim, 396
- Materie eines 384, 391
- Qualität eines 387–397 passim
- Quantität eines 387–396 passim
- Relation eines 387 ff.
Urteilstafel, Kantische 383–398 passim
Utilitarismus 54 ff., 81 ff.

vagueness 307–322 passim
- epistemic theory 308
- expected truth-value theory 316–321
- fuzzy theory 311 ff., 319
- higher-order 309–319 passim
- many-valued theory 309–311
- supervaluation theory 313 ff.
Verknüpfungsausdruck 391 ff.
Vertauschbarkeitsaxiom 291–293
virtual classes 145

Wahrheit 266, 268
- als Ziel unserer Erkenntnisbemühungen 39–42
Wahrheitsbedingungen zukunftsbezogener Aussagen 438 ff., 441 ff.
Wahrheitsbegriff 210 ff.
- starker/schwacher 440 ff.
Wahrheitswertlücken 444
Wahrheitswertnamen 402
Wahrscheinlichkeit 324, 326
Werterfahrung 49, 59, 217 ff.
Werttheorie 54 ff.
Wertverlaufsnamen 402
Wissen als Ziel unserer Erkenntnisbemühungen 36, 42 ff.
Wissenschaftssoziologie 205

Zahlbereichserweiterung 405
Zeitformenlogik 436 ff., 443 ff.
Zukunft 438 ff., 444

Über die Autoren

LENNART ÅQVIST, geb. 1932, promovierte 1960 an der Universität Uppsala (Schweden), wo er seitdem als Dozent für praktische Philosophie tätig ist. Er hat darüber hinaus an der Universität Lund und an der Åbo-Academi, Turku sowie als Gastprofessor an der Brown University, USA und an der Universität Stuttgart gelehrt. Während der vergangenen 20 Jahre hat er über Projekte zur Linguistik (insbesondere zu Anwendungen der Zeitlogik) und zur logischen Rekonstruktion des juristischen Argumentierens gearbeitet. Seine Hauptinteressengebiete umfassen philosophische Logik, Linguistik, Sprachphilosophie, Ethik, Rechtsphilosophie und Erkenntnistheorie. Wichtigste Veröffentlichungen: *A New Approach to the Logical Theory of Interrogatives*, Tübingen 1975; *Introduction to Deontic Logic and the Theory of Normative Systems*, Neapel 1987; *Causing Harm. A Logico-Legal Study* (zus. mit Philip Mullock), Berlin/New York 1989.

ANSGAR BECKERMANN, geb. 1945, studierte Philosophie, Mathematik und Soziologie in Hamburg und Frankfurt/M. Nach seiner Habilitation im Jahre 1978 lehrte er von 1982–1992 an der Universität Göttingen. Von 1988 bis 1994 war er einer der drei Koordinatoren des interdisziplinären DFG-Schwerpunktprogramms *Kognition und Gehirn*. Nach einer dreijährigen Lehrtätigkeit in Mannheim ist er seit 1995 Professor für Philosophie an der Universität Bielefeld. Wichtigste Veröffentlichungen: *Gründe und Ursachen* Kronberg/Ts. 1977; *Descartes' metaphysischer Beweis für den Dualismus* Freiburg/München 1986; *Analytische Handlungstheorie* Bd. 2, *Handlungserklärungen* (Hrg.) Frankfurt/M. 1977; *Emergence or Reduction – Essay on the Prospects of Nonreductive Physicalism* (Hrg. zus. mit H. Flohr und J. Kim), Berlin/New York 1992. Zahlreiche Aufsätze, besonders zur Handlungstheorie, zum Leib-Seele-Problem und zur Erkenntnistheorie.

ANTONELLA CORRADINI ist Dozentin für Philosophie an der Universität Triest (Italien). Sie promovierte mit einer Dissertation über die Kontroverse zwischen teleologischen und deontologischen Ansätzen in der zeitgenössischen analytischen Ethik. Von 1889 bis 1991 war sie als Humboldt-Stipendiatin an der Universität Regensburg tätig. Ihre Hauptarbeitsgebiete sind normative, angewandte und politische Ethik sowie Metaethik. Wichtigste Veröffentlichungen: *Semantica della preferenza e decisione etica*, Mailand 1989; ital. Übersetzung von F. von Kutschera, *Fondamenti dell'etica*, Mailand 1991; *Studi sul formalismo nell'etica analitica*, Mailand 1996.

RUDOLF HALLER, geb. 1929 in St. Gallen, Studium der Philosophie, Soziologie, Geschichte und Kunstgeschichte in Graz. Promotion 1952, Habilitation 1961 an der Universität Graz. 1965 a.o. Professor; 1965/66 Gastprofessor an der

Universität München; 1966 Professor an der Pädagogischen Hochschule Hannover. Seit 1967 ordentlicher Professor für Philosophische Grundlagenforschung an der Universität Graz. Gastprofessuren in Peking, Stanford, Tucson, Rom und Sao Paulo. Mitglied des Institut International de Philosophie (Paris) und der Academia Europea (London). Wichtigste Veröffentlichungen: *Studien zur österreichischen Philosophie* 1979, *Urteile und Ereignisse* 1982; *Facta und Ficta* 1986; *Fragen zu Wittgenstein und Aufsätze zur österreichischen Philosophie* 1986. *Neopositivismus* 1993. Mithrg. der *Meinong-Gesamtausgabe*; Mithrg. von *Otto Neurath, Gesammelte Schriften*; Hrg. der Grazer Philosophische Studien.

RAINER HEGSELMANN, geb. 1950, Studium der Philosophie und der Sozialwissenschaften an der Universität Bochum. 1974–1986 wissenschaftlicher Assistent an der Universität Essen. 1977 Promotion an der Universität Essen. 1983 Habilitation an der Universität Karlsruhe. 1986–1988 Heisenberg-Stipendiat der Deutschen Forschungsgemeinschaft. 1988–1996 Professor für Philosophie an der Universität Bremen. 1994/95 fellow am Netherlands Institute for Advanced Study. 1995 Gastprofessor am Institut für Höhere Studien Wien. Seit 1996 Professor für Philosophie an der Universität Bayreuth. Wichtigste Veröffentlichungen: *Normativität und Rationalität*, 1979. *Formale Dialektik*, 1985. Hrg. von Schriften von M. Schlick und O. Neurath. Zahlreiche Aufsätze zur Geschichte des Wiener Kreises, zu Fragen von Logik und Argumentationstheorie, zu Problemen der Moralphilosophie und zur Modellierung sozialer Dynamiken.

ANDREAS KAMLAH, geb. 1933, promovierte 1968 in theoretischer Kernphysik. Von 1970 bis 1974 war er als wissenschaftlicher Assistent bei Wolfgang Stegmüller am Philosophischen Seminar II der Universität München tätig. Seit 1974 ist er Professor für Philosophie der Naturwissenschaften an der Universität Osnabrück. Wichtigste Veröffentlichungen: Zahlreiche Aufsätze zur physikalischen Begriffsbildung und Theorienstruktur, zum Wahrscheinlichkeitsbegriff, zur Philosophie der Quantenmechanik und zur Philosophie von Raum und Zeit; außerdem zur Philosophie Hans Reichenbachs. Herausgabe der *Gesammelten Werke* Reichenbachs (neun Bände, bisher sechs erschienen).

ANDREAS KEMMERLING, geb. 1950, Professor für Analytische Philosophie an der Ludwig-Maximilians-Universität München; Arbeitsschwerpunkte: Sprachphilosophie und Philosophie des Geistes.

KAREL LAMBERT ist Research Professor für Logik und Wissenschaftstheorie an der University of California, Irvine. Er ist einer der Begründer der „freien Logik", der Erfinder der Theorie der „freien Kennzeichnungsterme" und auch Erfinder einer vereinheitlichenden Theorie des wissenschaftlichen Verstehens.

HANS LENK, geb. 1935, Prof. Dr. phil., Dr. h.c. mult., Ordentlicher Professor für Philosophie an der Universität Karlsruhe. Studium der Mathematik, Philosophie, Soziologie, Sportwissenschaft, Psychologie in Freiburg und Kiel und Kybernetik in Berlin. 1961 Promotion in Kiel. 1966 Habilitation für Philosophie, 1969 Habilitation für Soziologie an der TH Berlin. Zahlreiche Gastprofessuren in den USA, in Brasilien, Venezuela, Norwegen, Japan, Indien, Österreich, Schweiz. 1991–1993 Präsident der Allgemeinen Gesellschaft für Philosophie in Deutschland; Dekan der Europäischen Fakultät für Bodenordnung, Straßburg. Deutscher Präsident der Deutsch-Ungarischen, der Argentinisch-Deutschen, der Chilenisch-Deutschen Gesellschaft für Philosophie, Mitglied des Comité directeur der Fédération internationale des sociétés de philosophie (FISP). Mitglied des Institut International de Philosophie und der Internationalen Akademie für Philosophie der Wissenschaften.

WOLFGANG LENZEN, geb. 1946, Studium der Mathematik, Philosophie und Kunstgeschichte in Münster, Freiburg und München. 1972 Promotion an der Universität Regensburg bei Franz von Kutschera; 1979 Habilitation für Philosophie an der Universität Regensburg. Seit 1981 ordentlicher Professor für Philosophie an der Universität Osnabrück. Hauptarbeitsgebiete: Wissenschaftstheorie, (philosophische) Logik, Geschichte der Logik, Erkenntnistheorie, Leibniz, (angewandte) Ethik, Philosophie des Geistes. Wichtigste Veröffentlichungen: *Theorien der Bestätigung wissenschaftlicher Hypothesen* 1974; *Recent Work in Epistemic Logic* 1978; *Glauben, Wissen und Wahrscheinlichkeit* 1980; *Das System der Leibnizschen Logik* 1990; *Liebe, Leben, Tod* 1997 (im Erscheinen).

GEORG MEGGLE, geb. 1944 in Kempten/Allgäu; Studium in München, Oxford und Regensburg; Promotion bei F. von Kutschera 1979, Habilitation 1984; 1985–89 Professor für Philosophie (Logik und Methodologie der Wissenschaften) in Münster; 1989–94 Professor für Systematik und Ethik in Saarbrücken; seit 1994 Professor für Philosophische Anthropologie und Kognitionswissenschaften in Leipzig. Gründungspräsident der Gesellschaft für Analytische Philosophie (GAP); Mithrg. der Reihe *Perspektiven der Analytischen Philosophie* (PAP). Wichtigste Veröffentlichung: *Grundbegriffe der Kommunikation*, Berlin/New York, 1996^2. Arbeitsschwerpunkte: Handlungs-, Kommunikations- und Sprachtheorie sowie Ethik.

UWE MEIXNER, geb. 1956, promovierte 1986 bei Franz von Kutschera und habilitierte sich 1990 für Philosophie an der Universität Regensburg, wo er seitdem als Privatdozent tätig ist. Er veröffentlichte zwei Bücher und zahlreiche Aufsätze zur Logik, zur formalen Ontologie und zu Themen aus der Geschichte der Philosophie. Ein Buch über Metaphysik sowie ein Buch über allgemeine formale Ontologie sind im Erscheinen.

C. ULISES MOULINES, geb. 1946 in Caracas (Venezuela), war Professor für Wissenschaftstheorie an der Nationaluniversität von Mexiko, an der University of California (Santa Cruz), an der Universität Bielefeld und an der Freien Universität Berlin. Gegenwärtig ist er Professor für Wissenschaftstheorie und Direktor des Instituts für Philosophie, Logik und Wissenschaftstheorie an der Universität München. Wichtigste Veröffentlichungen: *Exploraciones metacientíficas*, Madrid 1982; *An Architectonic for Science* (zus. mit W. Balzer und J. D. Sneed), Dordrecht 1987; *Pluralidad y recursión*, Madrid 1991.

Über die Autoren

JULIAN NIDA-RÜMELIN, geb. 1954 in München, Professor für Philosophie an der Universität Göttingen. Seit 1994 Präsident der Gesellschaft für analytische Philosophie. Forschungsschwerpunkte: Rationalitätstheorie, theoretische und angewandte Ethik, politische Philosophie, Wissenschafts- und Erkenntnistheorie. Buchveröffentlichungen u. a.: *Lexikon der philosophischen Werke* (Hrg.) 1988; *Philosophie der Gegenwart* (Hrg.) 1991, *Kritik des Konsequentialismus* 1993 (Studienausg. 1995), *Logik kollektiver Entscheidungen* (zus. mit L. Kern) 1994, *Praktische Rationalität* (Hrg.) 1994, *Handbuch Angewandter Ethik* (Hrg.) 1996.

ARNOLD OBERSCHELP, geb. 1932 in Recklinghausen; 1952–1957 Studium der Mathematik und Physik in Göttingen und Münster; 1957 Promotion (Mathematische Logik) in Münster; 1961 Habilitation für Mathematik in Hannover; seit 1968 Professor für Logik und Wissenschaftslehre in Kiel. Arbeitsgebiete: Mengenlehre, klassische Logik und Erweiterungen.

EWA ORLOWSKA ist Professorin für Mathematik und Computerwissenschaft am Institut für Telekommunikation in Warschau. Sie studierte Mathematik an der Universität Warschau, wo sie 1971 bei Helena Rasiowa promovierte und sich 1978 habilitierte. Anschließend war sie an der Universität Warschau und bei der Polnischen Akademie der Wissenschaften angestellt; ferner hat sie verschiedene Gastdozenturen an europäischen Universitäten innegehabt. Sie hat sich an den europäischen TEMPUS und COST Projekten beteiligt. Sie ist Mitglied des Rats der Polnischen Gesellschaft für Logik und Wissenschaftstheorie und gehört u. a. dem Editorial Board der Zeitschrift *Studia Logica* an. Ihre Veröffentlichungen umfassen ca. 100 Artikel zur angewandten Logik und zu den mathematischen Grundlagen der Computerwissenschaft. Ihr aktuelles Forschungsgebiet ist die Wissensrepräsentation sowie das Schlußfolgern mit unvollständiger Information.

EIKE VON SAVIGNY machte seine einzige Übung in der Theorie der Berechenbarkeit bei Franz von Kutschera und lehrt jetzt Philosophie an der Universität Bielefeld.

MATTHIAS SCHIRN ist Professor für Philosophie an der Universität München. Er war Gastdozent in Oxford und Cambridge und Gastprofessor in Minneapolis, Campinas, Buenos Aires, Mexico City, Santiago de Compostela und an anderen Universitäten in Europa sowie in Nord- und Südamerika. Er hat zahlreiche Aufsätze über Themen der Sprachphilosophie, der Philosophie der Logik und Mathematik und der Erkenntnistheorie veröffentlicht. Seine Monographie *Gottlob Frege: Grundlagen der Logik und Mathematik* sowie seine Aufsatzsammlung *Frege. Importance and Legacy* (Hrg.) erscheinen bei W. de Gruyter, und seine Aufsatzsammlung *Philosophy of Mathematics Today* (Hrg.) erscheint bei Oxford University Press.

GERHARD SCHURZ geb. 1956 in Graz, ist Magister der Chemie und Doktor der Philosophie. Er habilitierte sich 1989 in Philosophie und ist seit dieser Zeit Universitätsdozent und Assistenzprofessor am Institut für Philosophie der Universität Salzburg. Daneben 1989/90 und 1996 Gastprofessor in Irvine (USA), 1991 Gastprofessor in Fribourg (Schweiz) und 1996/97 Lehrstuhlvertretung in Bochum. Ca. 80 wissenschaftliche Aufsätze und 7 Editionen. Buchpublikationen: *Wissenschaftliche Erklärung* (Graz 1983), *The Is-Ought Problem. A Study in Philosophical Logic* (Dordrecht, erscheint 1996).

PETER SIMONS studierte Mathematik und Philosophie an der Universität Manchester. Er war von 1980 bis 1995 Assistent am Institut für Philosophie der Universität Salzburg, wo er sich 1986 mit dem Werk *Parts* (Oxford University Press 1987) habilitierte. Seit 1995 ist er Professor für Philosophie an der Universität Leeds. Er ist Autor von mehr als 100 Artikeln zu zahlreichen Aspekten der Ontologie und Metaphysik, zur Logik und ihrer Geschichte, zur Geschichte der Philosophie, insbesondere der österreichischen Philosophie, sowie zur Philosophie der Mathematik. Einige dieser Aufsätze sind in der Sammlung *Philosophy and Logic in Central Europe from Bolzano to Tarski* (Kluwer 1992) wiederabgedruckt. Er ist Hrg. der Zeitschrift *History and Philosophy of Logic* und war 1993–1996 Präsident der European Society for Analytic Philosophy. Seit 1989 fungiert er als *scientific consultant* bei der kalifornischen Softwarefirma Ontek Corporation.

WOLFGANG SPOHN, geb. 1950, studierte Philosophie, Logik und Wissenschaftstheorie und Mathematik an der Universität München, wo er 1976 promovierte und sich 1984 habilitierte. Nach Professuren an der Universität Regensburg und an der Universität Bielefeld hat er gegenwärtig einen Lehrstuhl für Philosophie an der Universität Konstanz inne. U.a. ist er seit 1988 geschäftsführender Herausgeber der Zeitschrift *Erkenntnis*.

PIRMIN STEKELER-WEITHOFER, geb. 1952, studierte Philosophie, Mathematik und Sprachwissenschaft in Konstanz, Berlin, Prag und Berkeley. Habilitation in Philosophie 1987. Er lehrte und forschte seitdem in Konstanz, Campinas (Brasilien) und Pittsburgh und ist seit 1992 ordentlicher Professor an der Universität Leipzig.

WERNER STELZNER, geb. 1947, Studium der Philosophie 1965–1969 in Leipzig; 1973 Promotion bei A. A. Sinowjew und E. K. Woischwillo in Moskau zum Thema *Logik der Diskussion*. Danach bis 1987 Mitarbeiter und Dozent am Lehrstuhl Logik der Leipziger Universität. 1979 Habilitation mit der Habilitationsschrift *Effektive epistemische Logik*. Von 1987 bis 1993 Professor für Philosophie und Logik an der Universität Jena. Arbeitsschwerpunkte: Nichtklassische (vor allem epistemische, deontische und relevante) Logik, Wissenschaftstheorie und Geschichte der modernen Logik. Wichtigste Veröffentlichungen: *Epistemische Logik*, Berlin 1984; *Nichtklassische Logik* (Mithrg. und Mitautor), Berlin 1988; *Philosophie und Logik* (Hrg.), Berlin 1993; *Logik und Mathematik* (Mithrg.), Berlin 1995.

RAINER STUHLMANN-LAEISZ, geb. 1942, ist seit 1986 Inhaber des Lehrstuhls für Logik und Grundlagenforschung an der Universität Bonn; davor war er außerplanmäßiger Professor für Philosophie an der Universität Göttingen. Seine hauptsächlichen Arbeitsgebiete sind Philosophische Logik, Erkenntnis- und Wissenschaftstheorie sowie Analytische Ethik. Monographien: *Kants Logik* (1976), *Das Sein-Sollen-Problem* (1983), *Gottlob Freges »Logische Untersuchungen«* (1995).

Über die Autoren 461

CHRISTIAN THIEL, geb. 1937, studierte von 1956 bis 1965 Philosophie, Mathematik, Soziologie, Psychologie und Kunsterziehung. 1965 Promotion an der Universität Erlangen; 1966 Postdoctoral Fellow und 1967 Assistant Professor an der University of Texas at Austin; 1979 Habilitation für Philosophie an der Universität Erlangen; ab 1972 ordentlicher Professor für Philosophie und Wissenschaftstheorie an der TH Aachen; seit 1982 ordentlicher Professor für Philosophie an der Universität Erlangen-Nürnberg; dort auch Direktor des Interdisziplinären Instituts für Wissenschaftstheorie und Wissenschaftsgeschichte. Wichtigste Veröffentlichungen: *Sinn und Bedeutung in der Logik Gottlob Freges*, 1965; *Grundlagenkrise und Grundlagenstreit* 1972, *Philosophie und Mathematik* 1995; Hrg. der Jubiläumsausgabe von Freges *Die Grundlagen der Arithmetik* 1986, 1988; Mithrg. von Freges philosophischer und mathematischer Korrespondenz.

RAINER WERNER TRAPP, geb. in Berlin 1946; Studium der Philosophie, Mathematik und Politikwissenschaft in Frankfurt/M. und München; Habilitation in Philosophie; derzeit Professor für Philosophie an der Universität Osnabrück. Wichtigste Veröffentlichungen: *Analytische Ontologie* (1976), *Nichtklassischer Utilitarismus – eine Theorie der Gerechtigkeit* (1988); zahlreiche Aufsätze auf den Gebieten Ontologie, Wissenschaftstheorie und Praktische Philosophie, seinem gegenwärtigen Hauptarbeitsgebiet.

HERMANN WEIDEMANN, geb. 1942 in Leipzig, studierte Philosophie, Theologie und lateinische Philologie in Heidelberg und Freiburg i.Br.; Promotion 1974 in Freiburg i.Br.; Habilitation 1982 in Münster. 1983–85 Lehrstuhlvertretungen an den Universitäten Erlangen/Nürnberg und Göttingen. 1988–89 Lehrstuhlvertretung an der Universität Hamburg. 1990–91 ordentlicher Professor für Geschichte der Philosophie der Antike und des Mittelalters an der Universität Leiden (Niederlande). Seit Juli 1991 ordentlicher Professor für Philosophie an der Universität Bonn. Wichtigste Veröffentlichungen: *Metaphysik und Sprache. Eine sprachphilosophische Untersuchung zu Thomas von Aquin und Aristoteles*, Freiburg/München 1975; *Aristoteles, Peri hermeneias*. Übersetzt und erläutert, Berlin 1994; zahlreiche Aufsätze, vor allem zur antiken und mittelalterlichen Philosophie.

PAUL WEINGARTNER, geb. 1931 in Innsbruck, studierte Philosophie, Physik und Mathematik, Psychologie und Pädagogik an der Universität Innsbruck. Promotion 1961, anschließend als Forschungsstipendiat des British Council und der A.v.Humboldt-Stiftung an den Universitäten London und München und als Assistent am Institut für Wissenschaftstheorie Salzburg. Habilitation 1965 mit einer Arbeit zum Wahrheitsproblem, für die er den Kardinal Innitzer-Preis für Philosophie erhielt. Seit 1971 ist er ordentlicher Professor für Philosophie an der Universität Salzburg und Vorstand des Instituts für Wissenschaftstheorie am Internationalen Forschungszentrum Salzburg. Wichtigste Veröffentlichungen: *Wissenschaftstheorie I* und *II.1*, 1971, 1976; *Werte und Normen in Wissenschaft und Forschung* 1996; *Von Plato und Aristoteles zu Wittgenstein und Popper*, 1996. 26 Editionen, ca. 120 Aufsätze in Fachzeitschriften und Kongreßbänden.

Verzeichnis der Autoren

Prof. Dr. Lennart Åqvist
Uppsala Universitet
Juridiska institutionen
Box 512
S-751 20 Uppsala

Prof. Dr. Ansgar Beckermann
Universität Bielefeld
Abt. Philosophie
Postfach 100131
D-33501 Bielefeld

Prof. Dr. Antonella Corradini
Università di Trieste
Dipartimento dell'Educazione
via Tigor, 22
I-34124 Trieste

Prof. Dr. Rudolf Haller
Universität Graz
Philosophisches Institut
Heinrichstr. 26
A-8010 Graz

Prof. Dr. Rainer Hegselmann
Universität Bayreuth
Institut für Philosophie
D-95440 Bayreuth

Prof. Dr. Andreas Kamlah
Universität Osnabrück
FB 2 – Philosophie
Postfach 4469
D-49069 Osnabrück

Prof. Dr. Andreas Kemmerling
Ludwig-Maximilians-Universität
Institut für Philosophie, Logik und
Wissenschaftstheorie
Ludwigstr. 31
D-80539 München

Prof. Dr. Karel Lambert
480, Enterprise St.
Hammond, OR 97121-9758
USA

Prof. Dr. Hans Lenk
Institut für Philosophie
Universität Karlsruhe
Kollegium am Schloß, Bau II
D-76128 Karlsruhe

Prof. Dr. Wolfgang Lenzen
Universität Osnabrück
FB 2 – Philosophie
Postfach 4469
D-49069 Osnabrück

Prof. Dr. Georg Meggle
Universität Leipzig
Institut für Philosophie
Augustusplatz 9
D-04109 Leipzig

Priv.-Doz. Dr. Uwe Meixner
Institut für Philosophie
Universität Regensburg
D-93040 Regensburg

Prof. Dr. C. Ulises Moulines
Ludwig-Maximilians-Universität
Institut für Philosophie,
Logik und Wissenschaftstheorie
Ludwigstr. 31
D-80539 München

Prof. Dr. Julian Nida-Rümelin
Georg-August-Universität
Philosophisches Seminar
Humboldtallee 19
D-37073 Göttingen

Prof. Dr. Arnold Oberschelp
Institut für Logik
Christian-Albrechts-Universität
Ludewig-Meyn-Str. 4
D-24098 Kiel

Prof. Dr. Ewa Orlowska
Institute of Telecommunications
Szachowa 1
PL 04-894 Warsaw

Prof. Dr. Eike von Savigny
Universität Bielefeld
Abt. Philosophie
Postfach 100131
D-33501 Bielefeld

Prof. Dr. Matthias Schirn
Ludwig-Maximilians-Universität
Institut für Philosophie, Logik und
Wissenschaftstheorie
Ludwigstr. 31
D-80539 München

Ass.Prof. Dr. Gerhard Schurz
Institut für Philosophie
Universität Salzburg
Franziskanergasse 1
A-5020 Salzburg

Prof. Dr. Peter Simons
Department of Philosophy
University of Leeds
GB-Leeds LS2 9JT

Prof. Dr. Wolfgang Spohn
Philosophische Fakultät
Universität Konstanz
Postfach 5560 D21
D-78434 Konstanz

Prof. Dr. Pirmin Stekeler-Weithofer
Universität Leipzig
Institut für Philosophie
Augustusplatz 9
D-04109 Leipzig

Prof. Dr. Werner Stelzner
Stauffenbergstraße 28/582
D-07747 Jena

Prof. Dr. Rainer Stuhlmann-Laeisz
Seminar für Logik und Grundlagen-
forschung
Universität Bonn
Lennéstr. 39
D-53113 Bonn

Prof. Dr. Christian Thiel
Institut für Philosophie
Universität Erlangen
Bismarckstr. 1
D-91054 Erlangen

Prof. Dr. Rainer Trapp
Universität Osnabrück
FB 2 – Philosophie
Postfach 4469
D-49069 Osnabrück

Prof. Dr. Hermann Weidemann
Philosophisches Seminar A
Universität Bonn
Am Hof 1
D-53113 Bonn

Prof. Dr. Paul Weingartner
Institut für Philosophie
Universität Salzburg
Franziskanergasse 1
A-5030 Salzburg